Juan A. Jorge García–Reyes

Introducción a la Sagrada Escritura ("Scrutamini Scripturas")

Murcia—España

2023

CATALOGING DATA

Author: Jorge García–Reyes, Juan Andrés 1957–

Title: Introducción a la Sagrada Escritura ("Scrutamini Scripturas")

Library of Congress Control Number: 2023905643

ISBN: 978-1-953170-30-9

Published by

Shoreless Lake Press

P.O. Box 157

Stewartsville, New Jersey 08886

"Omnis Scriptura divinitus inspirata est et utilis ad docendum, ad arguendum, ad corrigendum, ad erudiendum in iustitia..."

2 Tim 3:16

"Veritas enim sacrae Scripturae est quoddam lumen per modum radii derivatum a prima Veritate"

Santo Tomás de Aquino: *In de Div. Nom.*, c. 1., lect. I

"La doctrina contenida en el Nuevo Testamento, interpretada y enseñada por la Iglesia durante veinte siglos, es indudablemente una doctrina revelada. Las buenas escuelas de exégesis, que tanto han contribuido al mejor conocimiento de la Biblia gracias a una ardua tarea de investigación, cumplen una misión importante y son insustituibles. Pero los trabajos y avances de la exégesis no pueden ser un obstáculo que nos impida seguir creyendo, con toda tranquilidad, que la Biblia ha sido escrita *para que la gente la entienda* —y además sin necesidad de romperse la cabeza—, y que lo que en ella se contiene *es sencillamente la verdad*. Lo definitivamente cierto, en último término, es la palabra de Dios, *y no la de los eruditos*. En todo caso una Palabra de Dios interpretada por la Iglesia, cuando haya necesidad de hacerlo, por la sencilla razón de que es a ella a quien le corresponde esa tarea y la que tiene que decidir en última y suprema instancia.

Nada de lo cual está claro para estas teologías. Arrogándose el juicio último sobre la Revelación, y sustituyendo la doctrina de la Iglesia por la de los teólogos, se han reconocido a sí mismas como la suprema instancia de toda exégesis".

A. Gálvez *El Amigo Inoportuno* **New Jersey, Shoreless Lake Press, págs. 92–93**

Presentación

Como ya se hacía ver en la Presentación de otros tratados dogmáticos de esta serie, también el presente curso está preparado y pensando, sobre todo, en la formación de los candidatos al sacerdocio de la *Sociedad de Jesucristo Sacerdote*.

Se trata pues de una obra dirigida a aquéllos que se adentran en el estudio de la teología a nivel universitario, con la intención de proporcionarles una herramienta de conocimiento que brinde a la vez, no solo el respeto más delicado por la ortodoxia y la fidelidad al auténtico Magisterio de la Iglesia, sino también la comprensión más aguda de la teología que se deriva de los escritos del fundador de la *Sociedad de Jesucristo Sacerdote*, el P. Alfonso Gálvez.

Teniendo en cuenta tales objetivos, parece útil señalar los principales parámetros que se han seguido en la confección de la presente obra:

1. El presente tratado intenta ser solo un breve resumen y guía de las principales cuestiones que se plantean sobre la Biblia a nivel dogmático. Ciertamente los estudios bíblicos sobre esta materia constituyen una auténtica pléyade, con opiniones para todos los gustos. Aunque se indican las más importantes controversias, la profundización en los detalles exigiría toda una biblioteca. No obstante, para el lector interesado en un conocimiento más

amplio de alguno de los aspectos, el presente tratado sugiere la bibliografía básica a utilizar.

2. Es un curso que se sustenta básicamente, y pretende dar a conocer, la teología tomista.[1] Es cierto que Santo Tomás de Aquino no compuso un tratado sobre la Biblia desde el punto de vista dogmático, pues el presente tratado es de una data mucho más moderna, nacido como tal en la segunda mitad del siglo XIX.[2] Sin embargo, como toda la tradición anterior, el Aquinate hace sus consideraciones sobre variados aspectos de los temas que aquí nos ocupan. Muchas de las investigaciones sobre la natura-

---

[1]Tres buenos estudios introductorios a la doctrina del Doctor Angélico sobre la Biblia son los de M. A. Tábet: *Una Introducción a la Sagrada Escritura*, Madrid, Rialp, 1981; y J. C. Ossandón Widow: *La interpretación Bíblica según San Tomas*, en "Isidorianum" 34 (2008) 227–271; C. Spicq: *Saint Thomas d'Aquin Exégète*, en D.T.C., XV–I (1946), cols. 694–738. Cfr. También, T. McGuckin: *Saint Thomas Aquinas and Theological Exegesis of Sacred Scripture*, en "Louvain Studies" 16 (1991) 99–120; W. Swiezawski: *L'Exégèse Biblique et la Théologie Speculative de S. Thomas d'Aquin*, en "Divinitas" 18 (1974) 138–153; S. Parenti: *Il Senso Litterale della Scrittura Secondo S. Tomasso*, en "Sacra Doctrina" 77 (1975) 69–92; M. Aillet: *Lire la Bible avec S. Thomas. Le Passage de la Littera á la Res dans la Summa Theologica*, Fribourg, Éditions Universitaires, 1993; P. Synave: *La Doctrine de Saint Thomas d'Aquin sur le Sens Littéral des Ecritures*, en "Revue Biblique" 35 (1926) 40–65; W. G. B. M. Valkenberg: *Words of the Living God. Place and Function of Holy Scripture in the Theology of St. Thomas Aquinas*, Leuven, Peeters, 2000; A. Ibáñez Arana: *Las cuestiones 'de prophetia' en Santo Tomás y la Inspiración bíblica*, en "Scriptorium Vict.", (1954), 256–312; D. Torrijos–Castrillejo: *Santo Tomás como exégeta bíblico en su Comentario al Evangelio de San Juan*, en "Fortunatae" 30 (2019) 225–256; P. Kozak: *Depravatio Scripturae. Tomás de Aquino ante los errores hermenéuticos en la exégesis bíblica*, en "Scripta Theologica" 49 (2017) 31–58.

[2]Hay diferentes opiniones sobre el origen histórico de este tratado; para unos se encontraría en el *Compendium* del *Cursus Scripturae Sacrae*, de R. Cornely de 1885; otros, lo indican en la *Bibliotheca Sancta* de Sixto de Siena de 1565. Para una historia del tratado, cfr. V. Balaguer: *Curso de Introducción a la Sagrada Escritura (notas para los alumnos)*, Pamplona 2006, tema 3.

leza de la Biblia en Santo Tomás de Aquino se construyen sobre su teología del carisma de profecía, pues, aunque el carisma profético no se identifica con el de inspiración, sin embargo sirve para profundizar en el pensamiento del Aquinate.[3] Los tres lugares principales en los que el Aquinate trata de la profecía son: la *Quaestio disputata De Veritate* q. 12, a. 13, la *Summa Contra Gentes* libro III capítulo 154 y la *Summa Theologiae*, II^a–II^æ, qq. 171–174. Además a ella hacen referencia algunos de sus comentarios bíblicos: *In Isaiam, In I ad Corinthios, In Hebraeos.*[4] Por

---

[3]Muchos autores de la neo–escolástica —especialmente a partir de la encíclica *Providentissimus Deus* de León XIII— hicieron una aplicación completa del tratado de profecía a la cuestión aneja de la inspiración de la Sagrada Escritura (Billot, Cornely–Merk, Garrigou–Lagrange, Pesch, Vosté, etc.). Sin embargo, desde 1947 en adelante se ha producido una reacción en contra por parte de un buen número de autores que llevan a cabo investigaciones en el campo del tratado *De inspiratione*; por razones de diversa índole —pero que se pueden clasificar en dos bloques: filosóficas (gnoseológicas) e históricas (metodológicas)—, estos autores niegan la validez de dicha aplicación, y sostienen comúnmente que los dos carismas —profecía e inspiración escriturística— son dos cosas esencialmente distintas. Cfr. B. McCarthy: *El modo del conocimiento profético y escriturístico en Santo Tomas de Aquino*, en "Scripta Theologica" 9 (1977) 425–484.

[4]Cfr. L. Bañadares Parera: *Revelación y 'Lumen Propheticum' en Santo Tomás de Aquino*, Pamplona, en "Excerpta e Dissertationibus in Sacra Theologia", vol. XXXIX, n. 4, pág. 219. Sobre este tema, cfr. E. Bini: *La profezia nella Chiesa secondo S. Tommaso d'Aquino*, en "Divinitas" 36 (1991) 38–51; S. T. Bonino: *Le rôle de l'image dans la connaissance prophétique d'après saint Thomas d'Aquin*, en "Revue Thomiste" 89 (1989) 533–568; F. Canals Vidal: *El 'lumen intellectus agentis' en la ontología del conocimiento de Santo Tomás*, en "Convivium" 1 (1956) 102–136; J. M. Casciaro: *El diálogo teológico de Santo Tomás con musulmanes y judíos. El tema de la profecía y la Revelación*, Madrid, Editorial Instituto Francisco Suárez–CSIC, 1969; A. Caturelli: *La profecía como conocimiento del futuro histórico en Santo Tomás de Aquino*, en "Sapientia" 30 (1975) 105–122; B. Decker: *Die Analyse des Offenbarungsvorganges beim Hl. Thomas im Lichte vorthomistischer Prophetietraktate*, en "Angelicum" 16 (1939) 195–244; A. Ghisalberti: *Il lessico della profezia in S. Tommmaso d'Aquino*, en "Cristianesimo nella storia" 17 (1996) 349–368; A. Ibáñez Arana: *Las cuestiones*

otro lado, en sus dos "Principia" (*De Commendatione Sacrae Scripturae* y *De Commendatione et Partitione Sacrae Scripturae*) el Santo aborda temas sobre el texto bíblico. Finalmente, los sentidos bíblicos son tratados en la Suma Teológica[5], en el Comentario a las Sentencias[6] y en otros lugares.[7]

3. Se ha procurado también presentar las polémicas actuales sobre los diferentes aspectos de la teología dogmática sobre la Biblia, con el fin de que el alumno pueda tener las herramientas necesarias para conocer, criticar y responder a las presentaciones más modernas (en muchos casos intentos no logrados y, con cierta frecuencia, heterodoxos), que abundan hoy en día. Un estudio centrado solo en la pura doctrina clásica no prepararía a los alumnos para el mundo y la Iglesia en los que van a vivir.

'de Prophetiis'..., cit.; J. King: *Thomas Aquinas and Prophecy*, en "Pneuma" I (1979) 50–58; O. Mas Herrera: *Algunos aspectos de la teoría del conocimiento en Santo Tomás de Aquino. Introducción a la doctrina de iluminación de la inteligencia en el sistema tomista*, en "Revista de Filosofía de la Universidad de Costa Rica" 13 (1975) 57–71; B. McCarthy: *El modo del conocimiento profético*... cit.; R. Potter: *Prophecy as Revelation, en Prophecy and other Charisms*, Vol. 45 of "Summa Theologiae" (II-II, q. 171-178), London, 1970; J. Richard: *Le processus psychologique de la révélation prophétique selon saint Thomas d'Aquin. Commentaire historique et doctrinal de II-II, q. 173, a.2*, en "Laval Théologique et Philosophique" 23 (1967) 42–75; P. Synave y P. Benoit: *La prophétie*, en "Somme Théologique", Paris 1974; E. Sweeney: *Divine Revelation in the commentary of St. Thomas Aquinas on St. John's Gospel*, Tesis Doctoral, pro manuscripto, Universidad de Navarra, Pamplona 1972; S. M. Zarb: *Le fonti agostiniane del trattato sulla profezia di S. Tommaso*, en "Angelicum" 15 (1938) 169–200.

[5]Santo Tomás de Aquino: *Summ. Theol.*, Iª, q. 1, a. 9–10.

[6]Santo Tomás de Aquino: *Sent.*, IV, dist. 21, q. 1, a. 2, ql. 1.

[7]Santo Tomás de Aquino: *Quod.*, VII, q. 6, a 14–16; *De Pot.*, q. 4, a. 1; *In Gal.*, c. 4, lect. 7.

4. Con todo, la perspectiva global del presente tratado es proporcionar una base segura y verdadera para entender la naturaleza de la Biblia, esencialmente sobrenatural, que tiene por autor principal a Dios mismo, quien por el carisma de inspiración, utilizó a los hagiógrafos para que dijeran solo y todo lo que Él quería revelar, por lo que no puede contener error o pecado alguno, tiene una profunda unidad entre sus diferentes libros, y será siempre Palabra "viva y eficaz". Esto supone acercarse a la Biblia con un espíritu de profunda fe, que exige estudiarla con humildad y sentido de obediencia al auténtico Magisterio y Tradición de la Iglesia, que siempre la han iluminado, explicado y defendido. La Palabra de Dios es de una profundidad infinita, y solo los insensatos y soberbios pueden pretender que tienen el sentido de la misma en exclusiva y, con frecuencia, en contra de lo que veintiún siglos de Cristianismo han enseñado.

Hoy en día, se habla y escribe sobre la Biblia *ad infinitum*. Sin embargo, con relativa frecuencia, se hace desde una perspectiva muy lejana a la fe verdadera. Hay que tener en cuenta que el movimiento bíblico católico que surgió en torno al final del siglo XIX y principios del XX, lleno de esperanzas y de promesas, fue en buena medida y muy pronto acaparado, manipulado y controlado por la herejía Modernista y Neomodernista.[8] Sobre la base de sus principios subjetivistas, inmanentistas e historicistas, intentó demoler la Palabra de Dios, poniéndola al servicio de sus propias teorías. De hecho, con el pretexto de dar impor-

---

[8]Son muy esclarecedores los estudios de F. Spadafora, donde se relata toda esta evolución del movimiento bíblico, con los efectos que ahora se sufren: *Leone XIII e gli Studi biblici*, Rovigo, Istituto Padano di Arti Grafiche, 1976; Cfr. la introducción a su libro *La Resurrezione di Gesú*, Rovigo, Istituto Padano di Arti Grafiche, 1978; *La Tradizione contro il Concilio*, Roma, ed. Volpe, 1989. Un resumen de esta en historia en www.statveritas.com.ar: *El Triunfo del Modernismo sobre la Exégesis Católica*.

tancia de la Biblia, desconocen toda una historia de Magisterio y Tradición a los que se interpretan en sentido historicista y subordinado y en contradicción con la "verdad bíblica" (eso sí, interpretada antes por ellos mismos desde su peculiar perspectiva heterodoxa). De este modo, sobre la base de una pretendida valoración de la Biblia como nunca antes se había hecho, el Neomodernismo, primero desconoce o critica al auténtico Magisterio y Tradición de la Iglesia, y después, acaba destruyendo la propia Sagrada Escritura. El éxito de esa herejía ha hecho que se extienda por doquier un espíritu de "sospecha" contra las verdades reveladas por la Palabra de Dios escrita y proclamadas por el Magisterio, instando a los cristianos a no dejarse engañar por una lectura acientífica, acrítica o superficial de los textos, y descubrir las influencias y manipulaciones introducidas por los intereses de los diferentes hagiógrafos, o de las comunidades cristianas primitivas donde surgen los escritos sagrados, o por la contaminación de culturas vecinas, etc. Al final se consigue que cada teólogo y experto solo considere verdadero, relevante o auténticamente revelado..., justo aquello que él desea que lo sea, con la consecuencia de rechazar las verdades de nuestra fe. ¡Cuántos tratados dogmáticos han sido arrasados literalmente por este modo de usar y abusar de la Palabra de Dios!

Por eso aquí se va a insistir en estudiar la Sagrada Escritura como obra divino–humana que tiene a Dios como autor y causa principal y que fue escrita por medio de hagiógrafos inspirados por Él como causa eficiente instrumental. Es por tanto, una realidad absolutamente sobrenatural, inspirada verdadera y completamente por Dios, accesible para todo aquél que se acerque a ella con fe y buena voluntad, portadora de la verdad eterna de Dios que no miente ni puede mentir. En lugar de dejarnos llevar por el espíritu de la "sospecha", nos conduciremos por el de la fe incuestionable transmitida por el auténtico Magisterio de la Iglesia y la Tradición multisecular. Desde aquí, entonces se pueden valorar, criticar o utilizar todos los métodos de conocimiento humano que puedan ayudar a comprender mejor la Biblia. El cristiano nunca tiene miedo a la verdad, y la acepta y valora donde quiera que la encuentre. Dios es la Verdad Infinita, toda la Verdad. Jesucristo, Dios hecho hombre, es la Verdad encarnada: "Et Verbum caro factum est et habitavit in nobis; et vidimus gloriam eius, gloriam quasi Unigeniti a Patre, plenum gratiae et veritatis" (Jn 1:14). Nunca será suficiente el estudio serio que se haga de la Palabra de Dios; pero sí rechazamos las ambigüedades, las dudas sistemáticas, las falacias, las medio–verdades que en realidad son mentiras, y las manipulaciones contrarias a la fe. Por lo mismo, conviene recordar la necesidad de que el mismo Autor de la Biblia llene nuestros corazones a través de una vida de oración seria, pues es ahí donde se llega a penetrar en el sentido profundo de la misma: "Paraclitus autem, Spiritus Sanctus, quem mittet Pater in nomine meo, ille vos docebit omnia et suggeret vobis omnia, quae dixi vobis" (Jn 14:26).

5. La Bibliografía sobre la Biblia es literalmente inabarcable, y no siempre ortodoxa. Se puede encontrar con profusión en los diferentes manuales.[9]

---

[9]Cfr. por ejemplo bibliografía detallada especializada en los artículos correspondientes del *Dictionnaire de Théologie Catholique* (A. Vacant, E. Mangenot y E. Amann, Paris, 1889–1939); el *Dictionnaire de la Bible* (F. Vigoroux, Paris, Letouzey Et Ane Editeurs, 1912; con varios suplementos, hasta el año 2000, por diferentes autores); *The Catholic Encyclopedia* (New York, Robert Appleton Company, 1907–1912); la *Gran Enciclopedia Rialp* (Madrid, Rialp, 1979); F. Spadafora: *Diccionario Bíblico* (Madrid, ed. Liturgia Española, 1959); *Institutiones Biblicae* (Pontificium Institu-

En el presente manual se han preferido las obras clásicas de Introducción a la Sagrada Escritura, con el fin de preservar el objetivo de la presente obra y dar una base sólida y segura de conocimiento a los que se adentran en los estudios teológicos. Ello no obsta, como ya señalábamos, para explicar también las polémicas y errores actuales, con el fin de que el estudiante posea una preparación completa. Por eso, aunque se considerarán en su momento obras posteriores, sin embargo se ha seguido preferentemente una bibliografía clásica y ortodoxamente segura.

En este sentido conviene indicar —aparte de la bibliografía que se señala en cada capítulo y los elencos mencionados antes—, los estudios fundamentales que se recogen a lo largo de la presente obra, a saber: los artículos correspondientes del *Dictionnaire de Théologie Catholique*;[10] del *Dictionnaire de la Bible*;[11] de la *The Catholic Encyclopedia*[12]; de la *Gran Enciclopedia Rialp*;[13] M. Nicolau y I. Salaverry y I. Dalmau: *Sacrae Theologiae Summa IB. De Ecclesia Christi. De Sacra Scriptura*;[14] AA.VV.: *Introducción General a la Sagrada Escritura*.

---

tum Biblicum, Roma, 1951); A. Díez–Macho y S. Bartina: *Enciclopedia de la Biblia*, 6 vols., Garriga, Barcelona 1963-1965. Un elenco bibliográfico más actualizado, pero con la impronta de la teología moderna, en Xabier Pikaza: *Mil y un libros sobre la Biblia*, Pamplona, Verbo Divino, 2004; M. A. Tábet: *Introducción General...*, cit., págs. 499–505; P. Capelli e G. Menestrina, et alia: *Vademecum per il lettore della Bibbia*, Brescia, Morecelliana, págs. 377–396.

[10]A. Vacant, E. Mangenot y E. Amann, Paris, 1889–1939.

[11]F. Vigoroux, Paris, Letouzey Et Ane Editeurs, 1912; con varios suplementos, hasta el año 2000, por diferentes autores.

[12]New York, Robert Appleton Company, 1907–1912.

[13]Madrid, Rialp, 1979.

[14]Madrid, BAC, 1955 (la trad. inglesa: *Summa of Sacred Theology IB. On the Church of Christ. On Holy Scripture*, U.S.A., Keep the Faith, 2016).

Casa de la Biblia;[15] R. Rábanos: *Propedéutica Bíblica. Introducción General a la Sagrada Escritura.*[16] Entre los manuales más modernos, se han preferido aquí, los siguientes: B. Martín Sánchez: *Manual de Sagrada Escritura*;[17] J. M. Monforte: *Conocer la Biblia*;[18] M. A. Tábet: *Una Introducción..., cit.*[19]; Id.: *Introducción General a la Biblia*;[20] Vicente Balaguer: *Introducción a Sagrada Escritura*;[21] Robert – F. Feuillet: *Introducción a la Biblia*, I y II;[22] J. C. Ossandón Widow: *Introduzione Generale alla Sacra Scrittura.*[23] Además pueden ser útiles otros manuales clásicos. [24]

---

[15] Madrid, ed. Casa de la Biblia, 1966–1968.

[16] Madrid, Ed. La Milagrosa, 1960.

[17] Madrid, Palabra, 1976.

[18] Madrid, Rialp, 2002.

[19] Madrid, Rialp, 1981

[20] Palabra, Madrid, 2015; este manual, tiene presente la *Dei Verbum*, e intenta conservar la enseñanza tradicional de los manuales más antiguos.

[21] Pamplona, Eunsa, 2019.

[22] Es un libro muy conocido que sostiene a veces posiciones de la nueva exégesis, por lo que hay que utilizarlo con criterio. Barcelona, Herder, 1965.

[23] Roma, Edizioni Santa Croce, 2018.

[24] Cfr. Cornely y Merk: *Introductionis in S. Scripturae Libros Compendium*, Paris, Lethielleux, 1934; P. Nieto: *Introducción al Estudio de la Sagrada Escritura*, Madrid, Imprenta Regina, 1934; H. Lusseau y M. Lollomb: *Manuel d'Études Bibliques. I. Introduction Generale*, Paris, 1936; I. Ayer: *Introductio Generalis in Universam Scripturam*, Roma, 1939; E. Cibera Prat: *Lecciones Bíblicas*, Barcelona 1934; J. Steinmüller: *Introducción General a la Sagrada Escritura*, Buenos Aires, 1947; A. Gil Ulecia: *Introducción General a la Sagrada Escritura*, Madrid, 1950; AA.VV. (profesores del P. I. B.): *Institutiones Biblicae*, Roma, 1951; G. M. Perella y J. Prado: *Introducción General a la Sagrada Escritura*, Madrid, ed. Perpetuo Socorro, 1956; A. Robert y A. Tricot: *Initiation Biblique*, Paris, 1954 (trad. española en Méjico 1957); B. Orchard: Verbum Dei. Comentario a la Sagrada Escritura, I. Barcelona, 1956; H. Höpfl y I. Leloir: *Introductio Generalis in Sacram Scripturam*, Romae, 1958.

6. Hay que señalar que en la redacción de la presente obra se utilizan con abundancia (que tal vez a algunos pueda molestar), los listados y las enumeraciones, con la finalidad de intentar facilitar a los alumnos aprender los contenidos básicos que se exponen y ayudarles en la asimilación de los diferentes aspectos que una determinada cuestión puede presentar, intentando evitar que el alumno se quede en meras generalidades y no profundice en los temas.

7. Evidentemente es necesaria la consulta de los textos bíblicos y magisteriales que se aducen. Por la misma razón que se indicaba antes, en muchos casos aparecerán citados textualmente con extensión.

Se recomienda el uso conjunto de varias traducciones buenas de la Biblia,[25] y, si es posible, del Nuevo Testamento griego.[26]

Con respecto a la consulta del Magisterio de la Iglesia, hay varias colecciones de textos magisteriales que se pueden utilizar para contrastarlos y estudiarlos en detalle.

Sin duda alguna, la más conocida y usada es el famoso *Enchiridion* de Denzinger.[27] Es necesario tener en cuenta, no obstante, las vicisitudes por las que pasó la edición del famoso Denzinger desde sus orígenes (primera ed.,

---

[25] A. Gálvez siempre ha recomendado el uso de la *Nova Vulgata Bibliorum Sacrorum Editio*, Roma, 1986; *The New Jerusalem Bible*, Doubleday, New York, 1985; *La Bible de Jérusalem*, Paris, 1983; *La Biblia de Navarra*, Pamplona, 2004; *La Sagrada Biblia* de Nacar–Colunga, Madrid (hasta la edición del año 1955); y *La Sagrada Biblia* de Cantera e Iglesias, Madrid, 1979. Otra buena traducción al español es la de J. Straubinger.

[26] Cfr. más adelante el apartado dedicado a la traducción de la Biblia.

[27] La última edición a la fecha es: H. Denzinger – P. Hünermann, *Enchiridion symbolorum Definitionum et Declarationum de Rebus Fidei et Morum*, Barcelona, 2000 (corresponde a la 38 edición alemana).

Würzburg, 1854) hasta el momento actual (La última edición, la 38ª, incorpora los documentos del Concilio Vaticano II y otros, incluidas las encíclicas papales, hasta 1995).[28] Hay que recordar que Karl Rahner estuvo a cargo de las ediciones del Denzinger desde la 26ª (1952) a la 31ª (1958); y que A. Shönmetzer hizo una profunda refundición, añadiendo 150 nuevos documentos, abreviando otros, y eliminando algunos más, intentando seguir las directrices de los especialistas del momento y de los nuevos planteamientos de los problemas teológicos. Refunde completamente los índices ampliando el índice sistemático y adaptándolo a la terminología bíblica. Realiza también una nueva numeración de los documentos. El resultado (desde la edición 32 en 1963), fue polémico. Se cita como D. S.

En efecto, G. Maron, en su recensión publicada en la revista "Materiales Ofrecidos por el Instituto Bensheim para el Estudio de las Confesiones Cristianas",[29] critica el hecho de que Schönmetzer eliminara una serie de textos que, por su dureza, habrían sido contraproducentes para el movimiento ecuménico. La recensión de J. C. Fenton acusa a Schönmetzer de reducir al mínimo la infalibilidad del Magisterio eclesiástico y de convertirse en el propagandista de una deplorable corriente teológica de la época.[30]

En la edición 38, Hünermann defiende la labor de Schönmetzer:

> "En lo que respecta a la refundición del contenido, hay que destacar especialmente cómo Schönmetzer desmonta las exageraciones de Bannwart en cuanto a la autoridad pontificia y recoge en cambio documentos que son importantes para el debate ecuménico y otros documentos que hablan de la tolerancia y de la libertad del ser humano y que se dirigen contra la esclavitud, la tortura y la ordalía (o "juicio de Dios")... Frente a estas voces aisladas se alza un amplio asentimiento, el cual se demuestra entre otras cosas por la rapidez con que se van sucediendo las ediciones (la 33ª edición de 1965, la 34ª de 1967) con una tirada total de 25.000 ejemplares. A estas ediciones se incorporan por vez pri-

---

[28]Hay una información completa al respecto en la *Introducción* a la edición de Denzinger–Hünermann, con toda clase de detalles (págs. 35 a 38).

[29]G. Maron: *Materialdienst des Konfessionskundlichen Instituts Bensheim*, 16 (1965) 99s.

[30]J. C. Fenton: *The American Ecclesiastical Review*, 148 (1963) 337-345.

mera extractos de las encíclicas 'Mater et Magistra' y 'Pacem in terris' de Juan XXIII y dos documentos de Pablo VI".[31]

Por su parte Hünermann, como ya se ha dicho, incorporó gran parte de los textos del Concilio Vaticano II y de los documentos papales hasta 1995. Se cita como D. H.

La colección de textos de Denzinger es útil para citar textos magisteriales, de una manera que sea posible comprobar al lector medio y experto en teología la exactitud de la cita y estudiarla. En este sentido, es opinión común que está bien hecha la labor crítica de buscar los textos mejores de los documentos que se escogen, señalando las diferencias que pueda haber entre copias y fuentes diferentes, y mostrando en la mayoría de los casos, el mejor texto magisterial disponible. Siendo la colección más citada por la mayoría de los estudios teológicos, he considerado útil seguirla en los textos que recopilo y que cito en el presente tratado. Se utilizan las abreviaturas *D. S* o *D. H*, según corresponda. Con todo, como en este tratado se sigue la teología tomista, es evidente que no utilizo ni concuerdo con el índice sistemático ni la perspectiva teológica que proponen los últimos recopiladores del Denzinger.

Las otras colecciones de textos magisteriales son mucho menos citadas y conocidas, y en bastantes casos sería imposible para el lector medio contrastar las citas que aquí se hacen. Con todo, es útil tener a la vista también la recopilación de J. Ibáñez y F. Mendoza: *La Fe Divina y Católica de la Iglesia*,[32] sobre todo para el estudio de los cursos de dogmática que ambos autores tienen. Su perspectiva tomista coincide con la de este tratado.

Conviene recordar que una colección de textos magisteriales, como la del Denzinger o cualquier otra, no significa que coincida en *todo* con lo que el Magisterio *es en sí*; ni mucho menos. Se trata de un lugar donde se puede encontrar las citas del Magisterio que se siguen. Por lo mismo, de hecho hay documentos que pueden no aparecer en esas colecciones, y que sin embargo han de ser citados y tenidos en cuenta en más de una ocasión. Pero casi todos los textos importantes para explicar dogmática, están recogidos en el Denzinger.

---

[31] Pág. 37.

[32] J. Ibáñez y F. Mendoza: *La Fe Divina y Católica de la Iglesia*, Zaragoza, Editorial Magisterio Español, 1978.

Finalmente declaro que cualquier afirmación que se haga en la presente obra que pueda ir en contra del auténtico Magisterio de la Iglesia, es absolutamente involuntaria, por lo que se ruega se tenga por no escrita, pues es la intención fundamental del presente estudio precisamente basarse, seguir y defender la fe de la Iglesia.

Parte I

Revelación y Biblia

Capítulo 1

Introducción

La Biblia es el libro que más se ha impreso y traducido en la historia de la humanidad.[1] Es fundamento de toda la cultura cristiana occidental que se asienta también sobre las bases greco–romanas y judías. En este sentido, la Biblia es instrumento imprescindible para poder entender todas las manifestaciones de esta cultura, tanto en las artes como en la historia, la filosofía o la teología, etc.[2]

Sin embargo la importancia de la Biblia sobrepasa todas esas consideraciones, puesto que es, sobre todo, una de las dos fuentes de conocimiento de la Revelación de Dios a los hombres. En efecto, Dios que desde el principio decidió revelarse y relacionarse con los seres huma-

---

[1]Señala Casciaro que la Biblia ha sido traducida total o parcialmente a más de mil cien lenguas (Cfr. J. M. Casciaro: *Biblia I*, en GER, t. IV, pág. 143). Un elenco de tales traducciones con su crítica en, M. Fernández Galiano, M. A. R. Patón, A. Díez Macho, A. Peral Torres, J. F. Caubet Iturbe, O. García de la Fuente, J. Pérez Castro, J. M. Casciaro: *Versiones de la Biblia*, en GER, t. IV, págs. 169–197.

[2]Cfr. F. Sagredo Fernández: *La Biblia en el Arte*, en GER, t. IV, págs. 202–203; M. Casciaro: *Biblia I*, cit., pág. 143; V. Balaguer: *Introducción...*, cit., cap. 1.

nos, lo hizo por medio de obras portentosas y de palabras de salvación. Ambas realidades, hechos y palabras de Dios, fueron transmitidas y comunicadas a las sucesivas generaciones humanas oralmente (la llamada Santa Tradición) y por escrito (la Biblia o Sagrada Escritura).

La Biblia constituye pues uno de los puntales fundamentales para conocer y para profundizar en la verdadera religión. La ciencia de Dios, la teología, tendrá la Sagrada Escritura como base, criterio de verdad y acicate para profundizar y avanzar en su desarrollo.

La Biblia es un gran misterio, pues es el único libro que tiene por autor al mismo Dios. Su autoridad es divina; su contenido, sobrenatural, de una profundidad tan insondable como la del mismo Dios; su verdad, la plena Verdad que Dios es; su autoridad, total. Por otro lado, Dios se sirvió de seres humanos para redactarla (los hagiógrafos). Y, al hacerlo, no los "desnaturalizó", es decir, fueron verdaderos instrumentos en las manos de Dios pero conservando las peculiaridades propias de lo que ellos eran: seres humanos, con sus entendimientos, formación, cultura, personalidades, momento histórico en el que vivieron, etc. La Biblia fue pues obra de Dios, pero escrita a través de verdaderos seres humanos que actúan como tales. ¿Cómo pudo ser así? La respuesta está en el misterio del carisma de inspiración, gracia transeúnte de Dios a los hagiógrafos por la cual ellos escribieron todo y solo lo que Dios quería que se revelara por escrito.

Esta realidad no es algo que el hombre pueda alcanzar por medio de su razón natural. Es un verdadero misterio de fe que nos fue revelado por Dios ("Omnis Scriptura divinitus inspirata est", 2 Tim 3:16), que profesamos en el Credo ("...y que habló por los profetas") y que ha sido definido dogmáticamente por el Magisterio solemne de la Iglesia:

> "Si quis sacrae Scripturae libros integros cum omnibus suis
> partibus, prout illos sancta Tridentina Synodus recensuit

(D. S. 1501ss), pro sacris et canonicis non susceperit aut eos divinitus inspiratos esse negaverit: an. s.".[3]

1.1 Definición

La mejor definición de la Biblia nos la proporciona el Concilio Vaticano I:

> "[Colección de libros que] escritos bajo la inspiración del Espíritu Santo, tienen a Dios como autor, y como tales libros inspirados han sido entregados a la Iglesia".[4]

En esas palabras encontramos los tres datos esenciales que caracterizan a la Biblia:

1. La autoría principal de Dios.

2. La inspiración del hagiógrafo.

3. La custodia encomendada a la Iglesia.[5]

1.2 Objeto formal del tratado

La Biblia puede ser estudiada desde muchas perspectivas diferentes según el tipo de ciencia que le apliquemos. Así, están interesadas en la Sagrada Escritura ciencias profanas tan variadas como la historia, la lingüística, la ciencia de las religiones comparadas, la semántica, etc. Desde el campo de la teología puede ser examinada desde distintos puntos de vista: teología fundamental, teología bíblica de cada

---

[3]Concilio Vaticano I, Const. *Dei Filius*, canon 4 (D. S. 3029).

[4]D. S. 3006.

[5]Cfr. J. M. Casciaro: *Biblia I*, en GER, t. IV, págs. 138 ss.

uno de los tratados dogmáticos, exégesis de cada libro, teología propia
de los diferentes autores, evolución de la Revelación, etc..., y también
como dato dogmático, como misterio de fe, antes de entrar a considerar el contenido específico de cada libro o del conjunto de ellos. Esta
es precisamente la perspectiva del presente tratado.

Hay pues varias ciencias que tienen el mismo objeto material (la
Sagrada Escritura) pero diferente objeto formal (la perspectiva de
estudio, con sus métodos de investigación propios, desde la que indaga
sobre la misma).

El objeto formal del presente tratado es la sistematización, explicación y profundización de la Biblia como misterio sobrenatural, por
el que sabemos que es el único libro verdaderamente "sagrado", puesto
que tiene a Dios por autor principal, quien actúa mediante la gracia de
la inspiración sobre escritores humanos (hagiógrafos). Por lo mismo,
más allá de las características propias que dejan en su escritura los
hagiógrafos, la Sagrada Escritura tiene los rasgos que corresponden
a su autor divino: verdad (Dios es la Verdad substancial), santidad
(Dios es la Santidad infinita), unidad (Dios es la Simplicidad total
en el que no hay contradicción alguna) y actualidad (Dios vive en un
eterno presente). Es una de las dos fuentes de la Revelación.

La Introducción a la Sagrada Escritura, por tanto, tiene un carácter de estudio previo a la utilización de la Biblia como fuente de la
Revelación: solo una vez aceptada como verdadera Palabra de Dios,
con toda su autoridad, es cuando se puede proceder a su uso en todos
los otros tratados dogmáticos. Sin embargo, su prioridad es relativa,
puesto que incluso antes de estudiada como dato dogmático, es necesario considerar que la fe en ella es razonable. Este dato previo lo
proporciona la teología fundamental. Una vez establecida la racionalidad de la creencia en la Biblia y de su posibilidad, se procede al
estudio del presente tratado.

El centro del tratado es, pues, la indagación sobre el misterio que explica la naturaleza única de la Biblia, a saber, el carisma de la inspiración. Junto al mismo, se suelen incluir en la Introducción a la Sagrada Escritura otros temas generales, también previos a la utilización de la Sagrada Escritura, a saber, la relación con el proceso de Revelación divina, con la Sagrada Tradición y el papel del Magisterio de la Iglesia; el proceso por el que se reconocieron los libros que realmente fueron inspirados por Dios (tratado del canon); la fiabilidad de las copias que se conservan de los originales, que se han perdido, de los libros inspirados (tratado del texto); y los criterios fundamentales para la interpretación de todos los textos sagrados (tratado de hermenéutica). Algunos autores también tratan de temas generales sobre la Biblia pero desde la información que proporcionan ciencias auxiliares tales como la historia bíblica, la arqueología, la geografía bíblica, etc. En el presente tratado, no se hará referencia a ésta última perspectiva, porque no pertenece propiamente a la teología dogmática.

1.3 Nombres de la Biblia

Uno de los medios de aproximación al estudio de la realidad de la Biblia es la consideración de los nombres que ha recibido. Cada nombre manifiesta uno o varios de sus rasgos y características. Veamos los nombres más utilizados:

Biblia. El término castellano, procede del latín *Biblia*, un plural neutro (*los libros*) que en la Edad Media se utilizaba como un singular femenino. Este término latino era la traducción del griego τα βιβλία, plural neutro del diminutivo βιβλίον (libro), es decir, *libritos*, que posteriormente se trató con valor nominal: *libros*.[6]

---

[6]La palabra que corresponde en hebreo es "séfer" o en plural "sefarîm", documento escrito, libro.

Esta denominación se puede detectar en Is 34:16 ("Buscad en *el libro del Señor* y leed"), o en Da 9:2 ("El año primero de su reinado, yo, Daniel, indagué en *los libros* acerca del número de años...").

Este nombre manifiesta, en primer lugar, que estamos en presencia de documentos de comunicación que se basan en la escritura; en segundo lugar, que es una obra compuesta de varios libros; y, finalmente, que el conjunto de esos libros posee una unidad de intención y sentido.

Escritura o Sagrada Escritura. El vocablo castellano es la transcripción del latín "Scriptura" o "Sacra Scriptura", que a su vez, lo es del griego ἡ ἁγία γραφή.

En la propia Biblia se encuentra de modos diversos:[7]

1. "Escritura": Mc 12:10; Lc 4:21; Jn 2:22; Ro 11:2; Ga 3: 8.22; 1 Pe 2:6; San 2:8.
2. "Las Escrituras": Mt 21:42; Jn 5:39.
3. "Santas Escrituras": Ro 1:2; 2 Tim 3:15.
4. "Escritura divinamente inspirada": 2 Tim 3:16.

Este nombre muestra que los libros son "santos", lo que puede ser aplicado tanto al autor (Dios, el Santo), como al contenido de los mismos (todo es sagrado) o a su finalidad (llevar a la santidad a los destinatarios, en esta vida y en el más allá). Por otro lado, se insiste en que el medio de comunicación de las realidades sagradas es la escritura.

---

[7]En el Antiguo Testamento, no se encuentra esta expresión, pero sí en la traducción de los LXX (1 Cr 15:15; 2 Cr 30:5; Esd 6:18). En el Nuevo Testamento sí se utiliza para hablar del Antiguo; posteriormente, los Santos Padres extendieron el uso de este nombre para indicar los libros del Nuevo Testamento.

Antiguo y Nuevo Testamento. La palabra "testamento" traduce el latín "testamentum" ("Vetus et Novus Testamentum") que es la expresión que en griego se dice διαθήκης (ἡ παλαιάς και ἡ καινής διαθήκης); que es, a su vez, la traducción del "berith" hebreo.[8]

Así se encuentra con frecuencia en toda la Biblia: Jer 11: 1–8; 31: 31–33; Mt 26:28; 2 Cor 3:14; Heb 8:8; 9:15; 10:29, etc.

Hace referencia, en primer lugar, a que en la Biblia se contiene toda la Historia de Salvación en clave de alianzas o de testamentos entre Dios y su pueblo elegido, tanto de la Antigua Ley (Israel) como de la Nueva (la Iglesia); por metanoia, las expresiones pasaron a designar los libros que las contienen.[9] De un modo secundario, se indica que la Biblia es un conjunto de documentos sellados con la autoridad de Dios que contienen las promesas hechas por Dios a los hombres, a las que la muerte de Cristo nos da derecho si cumplimos las condiciones que tales promesas indican.[10]

Otros términos. También se la llama, "Palabra de Dios", "Libros Santos", "Libros Canónicos", etc. Entre los Santos Padres se utilizaban algunas expresiones especiales, como *Instrumentum* (Tertuliano),[11] "Sagradas letras" (San Agustín),[12] *Testimonium Divinum* (San Jerónimo),[13] etc. Se subrayan alguna de las características de la Biblia, como puede ser la canonicidad externa

---

[8]El término hebreo significa alianza o pacto; el latino hace referencia a la última voluntad del testador sobre el destino de sus bienes; el griego incluye ambos significados.

[9]Es el sentido que se deriva del término hebreo y griego.

[10]Es el sentido que se deriva de la palabra latina, y también uno de los del griego.

[11]Tertuliano: *Adv. Praxeam* 20; *Adv. Marcionem* 4, 1.

[12]San Agustín: *In Ps.* 90, serm. 2, 1; *De Civitate Dei*, 20, 4.

[13]San Jerónimo: *Epist. 53 ad Paulinum*, 7.

("libros canónicos"), o su carácter de documento de fe, con autoridad y auténtico para la Iglesia (*instrumentum*).

"Thôráh", "Nebî'îm", "we–Kethûbîm". Es el modo como los judíos hablaban del Antiguo Testamento: La Ley, los Profetas y los Hagiógrafos.

Se puede ver este modo de expresión en el mismo Jesucristo: Mt 7:12; 22:40; Lc 16:16; 24:27.

Indica los tres grandes conjuntos clásicos en que los judíos encuadraban todos los libros del Antiguo Testamento como se verá en su lugar.

Los judíos tenían dos métodos para designar a los libros individuales del Antiguo Testamento. La Biblia hebrea designa los libros con las palabras con las que comienzan (así "Bereshit", "en principio" para el primer libro de la Biblia). La traducción de los LXX designa los libros por su contenido (así por ejemplo, "Génesis" para el "Bereshit" hebreo, porque trata del origen del mundo, del hombre y del Pueblo de Israel).

1.4 Lenguas bíblicas

Las lenguas bíblicas son aquéllas en las que se escribieron los diferentes libros de la Biblia, a saber: el arameo, el hebreo y el griego helenístico.

Todo el Antiguo Testamento está escrito en hebreo, menos algunas pequeñas secciones que están en arameo (Jeremías 10:11; Daniel 2: 4–7.28; Esdras 4: 8–6.18; 7: 12–26), y algunos libros que están en griego: Tobías, Judit, Sabiduría, Sirácida, Baruc, Libros de los Macabeos. El Nuevo Testamento está escrito en griego llamado κοινή (común), la lengua común hablada en todo el oriente helenístico.

1.5 Libros canónicos

La Biblia está compuesta de 73 libros, 46 del Antiguo Testamento y 27 del Nuevo Testamento.[14] La historia de la determinación de la canonicidad de esos libros es el contenido del tratado de Canon, que se verá más adelante.

La lista del Concilio de Trento es la siguiente:

"Índice [o canon] de los libros sagrados, para que a nadie pueda ocurrir duda sobre cuáles son los que por el mismo Concilio son recibidos.

Son los que a continuación se escriben: del Antiguo Testamento: cinco de Moisés, a saber: el Génesis, el Éxodo, el Levítico, los Números y el Deuteronomio; el de Josué, el de los Jueces, el de Rut, cuatro de los Reyes, dos de los Paralipómenos, dos de Esdras (de los cuales el segundo se llama de Nehemías), Tobías, Judit, Ester, Job, el Salterio de David, de ciento cincuenta salmos, los Proverbios, el Eclesiastés, Cantar de los Cantares, la Sabiduría, el Eclesiástico, Isaías, Jeremías con Baruch, Ezequiel, Daniel, doce Profetas menores, a saber: Oseas, Joel, Amós, Abdías, Jonás, Miqueas, Nahum, Habacuc, Sofonías, Ageo, Zacarías, Malaquías; dos de los Macabeos: primero y segundo.

Del Nuevo Testamento: Los cuatro Evangelios, según Mateo, Marcos, Lucas y Juan; los Hechos de los Apóstoles, escritos por el Evangelista Lucas, catorce Epístolas del Apóstol Pablo: a los Romanos, dos a los Corintios,

---

[14]La lista completa fue determinada dogmáticamente en Trento (D. S. 1502–1503), en contra de la Biblia protestante que excluía a los deuterocanónicos, considerados como apócrifos. El Vaticano I reiteró la lista (D. S. 3006), y aparece también en el *Catecismo de la Iglesia Católica*, n. 120.

a los Gálatas, a los Efesios, a los Filipenses, a los Colosenses, dos a los Tesalonicenses, dos a Timoteo, a Tito, a Filemón, a los Hebreos; dos del Apóstol Pedro, tres del Apóstol Juan, una del Apóstol Santiago, una del Apóstol Judas y el Apocalipsis del Apóstol Juan.

Y si alguno no recibiera como sagrados y canónicos los libros mismos íntegros con todas sus partes, tal como se han acostumbrado leer en la Iglesia Católica y se contienen en la antigua edición *Vulgata* latina, y despreciara a ciencia y conciencia las tradiciones predichas, sea anatema".[15]

Estos libros se clasificaron en grandes grupos o partes. Se pueden distinguir las siguientes etapas:

1. La Biblia hebrea (Antiguo Testamento). Se dividían los libros de esta Biblia en hebreo en tres grupos:

   - La "Tôráh": es la "Ley" y contenía el Pentateuco, los cinco primeros libros de la Biblia.
   - Los "Nebî'îm": esto es los "Profetas" (plural de "nabí", "profeta"). Son:
     (a) Todos los libros históricos, llamados "profetas anteriores" ("Nebî'îm ha–re'sonîm"), considerados así, por haber sido escritos por profetas o contener sus historias.
     (b) Los libros proféticos propiamente tales, los profetas escritores, o "profetas posteriores" ("Nebî'îm ha–'ajarônîm").
   - "Kethûbim": o "hagiógrafos" (procede de "katab", "escribir"), que se dividían a su vez en:

---

[15]D. S. 1501–1504.

- "Escritos mayores", es decir, los Salmos, Proverbios y Job.
- "Meghillôth", es decir, los cinco rollos que se leían en las sinagogas en festividades determinadas: el Cantar de los Cantares en la Pascua; Rut en Pentecostés; Lamentaciones en la conmemoración de la caída de Jerusalén; Eclesiástico en los Tabernáculos; Ester en la festividad de los "Pûrîm".
- Los libros de Daniel, Esdras, Nehemías y Crónicas.[16]

2. La Traducción de la Biblia hebrea al griego (el Antiguo Testamento de los LXX): utilizó una división que se llama lógica, porque atiende sobre todo al contenido de los libros; y así se dividieron en tres grandes grupos: libros históricos (Pentateuco, Josué, Jueces, dos de Samuel, dos de Reyes, dos de Crónicas, Ruth, Esdras, Nehemías, Tobías, Judit y Ester, y los dos de los Macabeos), libros sapienciales (Job, Salmos, Qohélet, Cantar, Sabiduría y Sirácida), y libros proféticos (Isaías, Jeremías con Lamentaciones y Baruc, Ezequiel, Daniel y los doce profetas menores).

3. La Biblia cristiana (Antiguo y Nuevo Testamento): en general desde la Edad Media se asumió la división lógica entre libros históricos, sapienciales y proféticos, y se extendió al Nuevo Testamento, de modo que los cuatro Evangelios y los Hechos de los Apóstoles eran históricos, las Cartas eran sapienciales y el Apocalipsis era profético.

La división entre Antiguo y Nuevo Testamento procede de los tiempos cristianos más antiguos, y responde a la centralidad de la figura de Jesucristo, la suprema Revelación de Dios, pues es su

---

[16]Los siete libros deuterocanónicos no están incluidos en la Biblia hebrea.

Palabra hecha carne. Con el Señor comienza la etapa definitiva de la Revelación; Revelación oficial que concluye con la muerte del último de los Apóstoles. Él divide la Biblia en dos partes: el Antiguo Testamento es la etapa preparatoria del Nuevo, donde se recoge toda la Historia de Salvación hasta Jesucristo, tiempo en el que Yahveh conducirá a Israel, su pueblo elegido, por medio de sucesivas alianzas, hasta el Mesías Prometido, la Alianza Nueva y la salvación definitiva que trae Jesucristo, cuya vida, doctrina y los primeros pasos del nuevo Pueblo de Dios (la Iglesia y la llamada universal a todos los pueblos, judíos y gentiles) recogen los escritos del Nuevo Testamento.

1.6 División interna de los libros

Los libros de la Biblia se presentan divididos en capítulos y versículos. Esta ordenación es relativamente reciente y no es de los autores sagrados, por lo que no es inspirada. Sin embargo, por su utilidad práctica, se acabó imponiendo en todas las ediciones de la misma. Es una división que no carece de imperfecciones.

1. Los capítulos fueron determinados por E. Langton, canciller de la Universidad de París y Arzobispo de Canterbury, por vez primera, al inicio del siglo XIII.

   El origen de la partición de los libros en secciones comienza con los propios judíos, quienes dividían toda la "Tôráh" en un ciclo trienal[17] y otro anual,[18] al que se añadían lecturas selectas de los libros proféticos. En algunas festividades, se leían algunos libros en particular.[19] Habitualmente tenían diversos modos

---

[17]En este ciclo, se dividía la "Tôráh" en 167 órdenes.

[18]Se dividía la "Tôráh" en 54 secciones.

[19]Son los cinco "meguillôth" ya mencionados.

para determinar las partes de los libros a que hacían referencia, como se refleja por ejemplo, en la misma predicación de Jesucristo (Mc 12:26 en referencia Ex 3:6, "en el libro de Moisés, en donde lo de la zarza...").

Antes de la ordenación en capítulos, los cristianos dividieron los libros en secciones por razones litúrgicas también. En la antigüedad cristiana se utilizaban partes escogidas del Antiguo Testamento, y se leían todos los libros del Nuevo con una doble lectura: una tomada de los Evangelios, y otra del "Apóstol" (que incluía el resto del Nuevo Testamento, especialmente, de las epístolas). A partir del siglo V o VI, se utilizan solo pasajes escogidos del Antiguo y del Nuevo Testamento.[20]

2. La división en versículos de cada capítulo (cuyo origen remoto se suele considerar el excelente trabajo de los masoretas[21] para el Antiguo Testamento en la alta Edad Media), se encuentra definitivamente en la versión latina de toda la Biblia (Antiguo y Nuevo Testamento) de Santos Pagnino de 1528. Más tarde, hacia mediados de ese siglo XVI, R. Esteban en la edición griega del Nuevo Testamento y en la latina de toda la Biblia, tomó la división de Santos Pagnino para los libros protocanónicos, e introdujo la suya propia para los deuterocanónicos. Ésta división fue la que se generalizó para las ediciones posteriores del texto sagrado.[22]

---

[20]Uso que llega hasta las reformas posteriores al Concilio Vaticano II.

[21]Que se estudiarán en el tratado del texto más adelante en el tratado de Texto.

[22]Cfr. AAVV: *Introducción...*, cit., pág. 10; J. M. Casciaro: *Biblia. Introducción...*, cit., pág. 138.

1.7   Naturaleza de la Biblia. Cristianismo como religión de la Encarnación

Dios decidió revelarse a través de palabras y hechos salvadores, los cuales fueron recogidos en la Tradición oral y en la Sagrada Escritura para ser transmitidos a todos los hombres de todos los tiempos.

Ahora bien, tal decisión suscita inmediatamente claros interrogantes, ya que al escoger la escritura como una de las fuentes de la Revelación, Dios eligió un medio que conlleva muchas limitaciones: todas las propias de una escritura de una región del mundo, que no se entiende en el resto de las naciones; en un momento histórico señalado, que no es el de todos los tiempos; con todas las imperfecciones de cualquier lengua, que acaba siendo caduca pues todo lenguaje con el transcurso tiempo pierde su uso y se convierte en "lengua muerta"; etc. Dios decide utilizar un medio de transmisión de ideas muy limitado para comunicar su Palabra infinita, y por ello, insondable y eterna, siempre actual. Destinada, además, a todos los hombres del mundo a lo largo de la historia, que utilizan lenguas muy diferentes de la bíblica, y que viven en ambientes muy distantes y extraños a los bíblicos. ¿Por qué?

A Dios no se le pueden exigir explicaciones, ni podemos presumir de comprehender sus eternos designios. Sabemos que todo lo que hace es bueno y para nuestro bien. Con todo sí podemos intentar encontrar razones de conveniencia que nos acerquen al misterio hasta donde puede ser entendido.

Y podemos ver en la Biblia un modo de actuar de Dios que se repite en muchos misterios del cristianismo: comunica lo sobrenatural e infinito a través de lo natural y finito. En su amor por los hombres, se abaja a nuestro nivel para hacernos asequibles sus misterios, para comunicarnos lo que nos es infinitamente superior e incomprehensible con las categorías y medios que nosotros utilizamos y comprendemos. Utiliza la naturaleza creada para comunicar la sobrenaturaleza. A otro nivel, es la relación existente entre lo natural y lo sobrenatural, entre el tiempo y la eternidad. Dios se "anonada" como buen pedagogo para "elevarnos" hasta Él (cfr. Flp 2:7).

En este sentido, se puede establecer un paralelismo entre la Encarnación de la Palabra (Verbo) de Dios en la débil naturaleza humana y la expresión de las palabras de Dios en un lenguaje humano.[23]

A los Santos Padres les impresionaba de un modo particular la Encarnación como anonadamiento, "kenosis" del Hijo de Dios. San Agustín reflexionaba de la siguiente manera:

> "Yo, que no era humilde, no tenía a Jesús humilde por mi Dios, ni sabía de qué cosa pudiera ser nuestra flaqueza... El Verbo edificó para Sí una casa humilde de nuestro barro... viviendo ante los hombres débil a la divinidad por haber participado de nuestra túnica de piel".[24]

1.7.1 La Encarnación del Verbo como anonadamiento

Al hacerse hombre, el Salvador quiso asumir todas las limitaciones inherentes a la condición humana. Él es "hombre perfecto" (el más santo), pero también "perfecto hombre" (hombre verdadero, con todas sus consecuencias). Por tanto:

- Asume todas las limitaciones propias de los hombres de todas las épocas: fatiga, dolor muerte, comer, dormir, progresar en sabiduría con la edad, hablar uno o dos idiomas a lo sumo, servirse de sus músculos para trabajar y caminar, etc.

---

[23]Cfr. *Dei Verbum*, 13.

[24]San Agustín: *Confesiones*, VII, 18, 24.

- Asume además las limitaciones del tiempo en que decidió encarnarse, esto es las de la vida palestinense de hace veinte siglos: desplazamientos lentos, modos de enseñanza de su época, medios de transmisión de ideas, sistema de vida y comidas, etc.

Por eso, la Humanidad del Salvador es vehículo de la divinidad, pero al mismo tiempo implica un cierto ocultamiento. Así la Humanidad de Cristo, revela y oculta al mismo tiempo su Divinidad.

Tal vez podría ser útil el siguiente esquema:

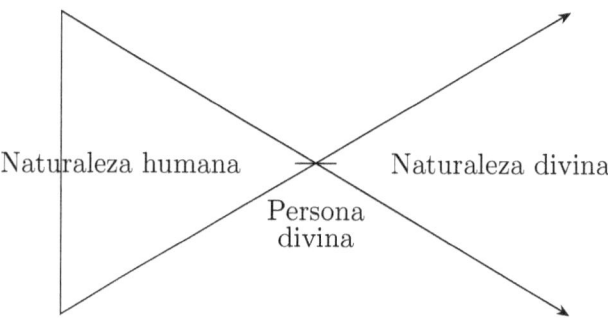

1.7.2 Manifestación de la estructura de la Encarnación en toda la realidad del cristianismo: La Iglesia y la Biblia en particular

Todo en el cristianismo, cuando es verdadero, lleva la marca de Cristo. San Pablo, no duda en llamar a la Iglesia "Cristo": "Pues así como el cuerpo es uno, aunque tiene muchos miembros, y todos los miembros del cuerpo, a pesar de ser muchos, forman un solo cuerpo, así también Cristo" (1 Cor 12:12).

La analogía de la Iglesia no es con la composición del hombre entre cuerpo y alma. Es con Cristo, con sus dos naturalezas unidas en una sola persona. Así también la Iglesia en su parte humana y divina, comparte con Cristo analógicamente su:

- Ontología: la estructura de su ser se podría decir que es análoga a la de Cristo.

- Misión: su misión es la misión de Cristo.

En este sentido lo humano de la Iglesia es instrumento y límite de lo divino, tanto en Cristo como en la Iglesia. Sin lo humano desaparece lo divino. La Iglesia es necesaria para la salvación según la voluntad divina.[25]

La realidad humana de la Iglesia plantea un problema semejante al del anonadamiento del Verbo de Dios: a veces la realidad de una sociedad visible, con sus pecados, lacras, miserias y deficiencias, pareciera ser un obstáculo al cumplimiento de la misión recibida por Cristo. Así se comprueba en:

- Elección de los primeros apóstoles, encargados por Jesús de dirigir la Iglesia siendo hombres sencillos, escasos en número y con deficiencias grandes.

- La vida de la primitiva Iglesia, por ejemplo en el conflicto entre San Pedro y San Pablo (Ga 2: 11–14), o en la descripción de la composición de los primeros cristianos (1 Cor 1: 26ss).

- Toda la historia de la Iglesia, con la multitud de errores, enfrentamientos, debilidades, pecados, etc., de sus miembros humanos.

- El hecho de que ocurrirá algo parecido en el futuro de la Iglesia, pues, como decía Santo Tomás: "Lo que puede fallar, falla alguna vez".[26] Como manifiesta Ferrando: "Los pecados y las torpezas

---

[25]Incluso el buen pagano se salva introducido dentro de las llamadas "fronteras invisibles de la Iglesia". Cfr. *Lumen Gentium*, 13–17.

[26]Santo Tomás de Aquino: *Summ. contra Gent.*, III, 71.

de la Iglesia no serán hoy los mismos que fueron hace uno o varios siglos, pero los habrá necesariamente y resultarán fastidiosos y entorpecedores de su marcha como lo fueron aquéllos (los históricos), por lo menos".[27]

Y, sin embargo, la estructura visible de la Iglesia es imprescindible, por voluntad divina, para llevar a cabo su misión. Los grandes cismáticos y herejes olvidaron esta verdad, y se escandalizaron de los pecados de los miembros de la Iglesia, eligiendo rechazar la doctrina o la jerarquía de la Esposa de Cristo. Lejos de ello, la verdadera actitud cristiana para enjuiciar las falencias de los miembros de la Iglesia debe ser a la vez, valiente para proclamar la verdad y rechazar el pecado, pero a la vez equilibrada, recordando que está compuesta por miembros humanos. Como dice A. Gálvez:

> "Ante el hecho de la miseria de la Iglesia hay que decir con firmeza que esa miseria puede y debe ser denunciada. Por cualquier miembro de la Iglesia, pertenezca o no a la Jerarquía, y del modo más conveniente a la condición de cada uno. Pero solamente será válida y legítima la denuncia si el pecado de la Iglesia y el del mundo han sido asumidos por aquel que la hace. Pues de otro modo la crítica será ineficaz además de deshonesta.
>
> Esta asunción supone, en primer lugar, el sentir con Cristo la angustia por el pecado del mundo (Mt 26: 37–38). En segundo lugar supone una lucha seria por morir al pecado y a sí mismo (Ro 6: 2–4), en la cual va incluida la obediencia total a la Iglesia. En la medida en que todo esto sea real para el cristiano su crítica será eficaz y justa. Porque el apóstol no puede pretender seguir otro camino

---

[27]M. A. Ferrando: *Iniciación a la Lectura de la Biblia*, Madrid, 1976, pág. 340.

que el de su Maestro, de cuyo apostolado, vida y muerte
participa: no solamente Él es el punto de partida y el final
del camino (Ap 1:8 y passim), sino que es el Camino mismo
(Jn 14:6); pero Cristo tomó sobre sí el pecado de la Iglesia
y el del mundo, que es exactamente lo que tendrá que
hacer el discípulo, pues le basta ser como su Maestro (Mt
10: 24–25).[28]

Pero todo esto anda muy lejos de lo que ocurre con
cierta clase de críticas que hoy tienen lugar en la Iglesia.

No se trata de una crítica urgida por la angustia del
pecado. No puede tratarse de eso, porque el pecado ha
sido eliminado del horizonte visual humano por esos sec-
tores. Es cierto que la Iglesia de hoy se siente angustiada,
pero se trata de otra clase de angustia: angustia sociológica podríamos llamarla,[29] o quizás también complejo de
inferioridad o angustia por no llegar tarde.[30]

Si esto es así menos aún va a haber un intento serio por
morir al pecado. Porque eso supondría la oración, la ascé-

---

[28]Hay que advertir que, según el Señor, el discípulo no puede ser más que su
Maestro. Según esto, el cristiano, que *com–padece* en Cristo o padece con Cristo, es
ciertamente pecador, pero no carga con el pecado más que su Señor.

[29]"Consciente la Iglesia de su extrema miseria, de su deficiencia, incapaz de seguir
viviendo en la inseguridad al no encontrar ya en sí misma la referencia al Fuerte de
Israel, siente entonces la necesidad de colgarse del mundo, de sentirse confirmada
por la aprobación de la sociedad, procurando hallar su fuerza en el número, en la
multitud, no encontrando para ello más que un camino: procurar una justificación
al mundo, darle razones para que crea que lo que él hace es justo y bueno. Perdida
en sí misma, trata de atestiguar, ante un mundo poderoso pero inseguro de lo que
persigue, aquello en lo cual ella ya no cree. Ciega conduciendo a un ciego". Jacques
Ellul, o. c. (*L'esperance oubliée*, Paris, 1952). Estas palabras, evidentemente duras,
deben ser leídas dentro del contexto de un libro que, en su conjunto, creemos que es
objetivo y lleno de amor a la Iglesia.

[30]Por no llegar tarde al banquete del mundo, que no al banquete de su Señor.

tica personal y, por lo que hace a nuestro caso, la voluntad
firme de amar y obedecer a la Iglesia. Pero la oración ha
desaparecido de la visión horizontalista que hoy se está
ofreciendo del cristianismo, y la ascética personal ya no
encuentra plaza en la nueva moral superadora de tabúes
y de represiones; luego está además lo de la obediencia a
la Iglesia, pero solamente en aquellas cosas que cada uno
estime que deben ser obedecidas. Así parece que ya no se
trata de ir al mundo para anunciarle la Buena Nueva, sino
para decirle que lo que hace está bien hecho, como decía
Jacques Ellul. Con lo cual se va a remolque del mundo.
No se predica con alegría, sino con complejos, cuando se
está pendiente de lo que quiere el mundo, y también con
rabia cuando se hace mirando a los cristianos que se resisten a aceptar el nuevo cristianismo. De las pretendidas
denuncias a favor de la justicia social, fomentando la lucha
de clases, habría que decir que se trata con frecuencia de
un conservadurismo de lo más vulgar, pues proceden en el
fondo de un deseo de no perder lo que se cree que es el
tren de la Historia y de seguir manejando unos sistemas
de poder".[31]

---

[31]El Cristianismo es un anuncio gozoso de una Buena Noticia. La alegría es con-
sustancial al mensaje cristiano. No hace falta amontonar textos para verlo, desde el
anuncio de los ángeles en la noche de Belén, hasta el Apocalipsis, pasando por las
Bienaventuranzas y San Pablo cfr. N. Beaupere, *Saint Paul et la Joie*, París, 1973. El
mismo Zaqueo recibió al Señor "con alegría." Hasta el mismo dogma del infierno no
es sino el reverso de aquel anuncio gozoso: es el hecho de la posibilidad de perderlo,
pero sin que llegue a ensombrecer la alegría del cristiano, que sabe que todo ha sido
querido por un Dios que es Amor. Cfr. A. Gálvez: *La Fiesta del Hombre y la Fiesta
de Dios*, New Jersey, Shoreless Lake Press, 2011, págs. 56–59.

La Iglesia es también "esposa santa e inmaculada" del Cordero, y ha recibido de su Esposo la garantía de la fidelidad a su mensaje (cfr. Mt 16:18; 28:20; Hech 1: 8.9). Ambos aspectos están indisolublemente unidos en la única realidad de la Iglesia. En este sentido se habla de la estructura sacramental de la Iglesia: la gracia invisible nos llega a través de los signos sensibles.

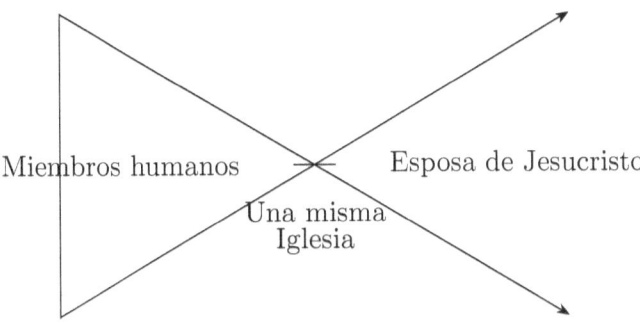

1.7.3 La estructura de los sacramentos

El esquema que vamos repitiendo se encuentra también en los sacramentos de la Iglesia, pues allí se descubre cómo lo creado (signos sacramentales) son instrumento y vehículo de lo divino (la gracia), hasta tal punto de que si no se realizan los signos no se produce la gracia sacramental.

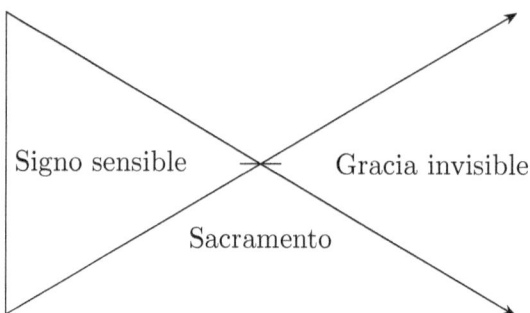

Signo sensible   Gracia invisible

Sacramento

1.7.4 La Biblia, Palabra de Dios y palabra humana

La misma estructura que descubrimos en Cristo y en la Iglesia, la encontramos en la Biblia. La Biblia transmite el infinito e inefable mensaje de Dios dentro de los límites de la estructura "visible" de una lengua.

Dios ha querido hablar a los hombres. Podría haber guardado silencio. Y una vez que se decidió a comunicarse con el hombre usó el idioma humano. Podría haber decidido comunicarse íntimamente con cada hombre sin necesidad de Biblia. Pero decidió hacerlo utilizando el instrumento normal de comunicación entre los hombres: el idioma. Solo se pueden entender dos interlocutores cuando utilizan los mismos signos.

1. Esto "encierra" a lo infinito e inefable de Dios dentro de las condiciones del idioma humano. En efecto:

   (a) En general, toda lengua, tiene sus limitaciones:

      - Las lenguas al principio son vivas o habladas, pero todas acaban por transformarse o desaparecer. Así pasó con las lenguas bíblicas y pasará con las actuales.
      - Una lengua es instrumento de comunicación con algunos hombres, pero también lo es de distanciamiento con respecto a otros, los "extranjeros" que utilizan

un lenguaje distinto y tienen que hacer un esfuerzo de adaptación para aprender el nuevo idioma, con estructuras mentales diferentes, sintaxis, sonidos, etc. Un nuevo idioma es tanto más difícil de aprender en la medida en que la distancia cultural y temporal del que desea aprenderlo sea más grande.

- Una lengua no siempre consigue transmitir los conceptos mentales de un modo perfecto. Es el problema del significado y el significante en lingüística.

- Una lengua tiene muchos elementos de polisemia, doble sentido, estructuras complejas, etc.

(b) A nivel de la Biblia además de estas limitaciones, encontramos otras:

- Por un lado, los escritores humanos de la Biblia son a veces rudos. Dios no siempre escoge a los mejores literatos para transmitir su mensaje.

- La mayoría de los cristianos se ven precisados de usar traducciones, pues pocos llegan a conocer los idiomas originales. Pero las traducciones son siempre imperfectas porque es imposible transponer perfectamente a la clave de un idioma distinto el sistema de signos y de símbolos propios de una lengua dada. Las palabras traducidas no pueden despertar en el lector idénticas armonías que despertaban en los lectores del mismo idioma y ambiente cultural que el autor. La traducción no da ni el ritmo ni el tono de una lectura hecha por quien lee un texto escrito en su lengua materna. Y el ritmo, aliteraciones, acentos, estructuras literarias, etc., tienen también un incalculable valor significativo.

- La interpretación de un texto de una lengua muerta y antigua presenta especiales problemas. Los descubrimientos en el campo de la lingüística y de la arqueología sirven mucho a este propósito. Por eso debemos de ser cautos a la hora de valorar las distintas explicaciones técnicas, pues lo que se consideraba indiscutible hace unos años, queda desvalorizado con el descubrimiento de nuevos hechos.

- Los libros escritos siglos antes de que la imprenta fuera inventada se han conservado en copias manuscritas, en general muy posteriores a la época en la que fueron redactados. La Biblia es también en este terreno un libro con las condiciones y desafíos que presenta de todo libro antiguo.

2. Con todo, así como la Encarnación o la estructura visible de la Iglesia fueron queridas por Dios como instrumentos de salvación por los que Dios actúa humanamente en el mundo, así también la Biblia encierra la Palabra infinita de Dios en un molde humano, pero éste no la sofoca, sino que es vehículo apropiado de comunicación entre Dios y sus creaturas. En efecto:

   - La Palabra de Dios se ha encarnado en unos idiomas concretos y gracias a ello puede ser oída.

   - Cada lectura de la Biblia con esfuerzo inteligente y corazón sencillo lleva a descubrir un nuevo destello de la Verdad eterna e inextinguible.

   - La Biblia no envejece, como tampoco lo hace su autor principal, Dios. "Es viva y eficaz, como espada de doble filo" (Heb 4:12). Hay una claridad divina capaz de iluminar a los hombres de todas las épocas y culturas. La Biblia no envejece; es actual siglo tras siglo, y esa perpetua juventud es una prueba convincente de que sus palabras humanas son palabras de Dios.

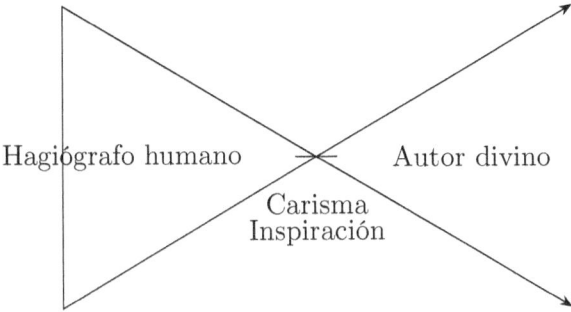

1.7.5 Explicación final: Condescendencia y amor divinos

Ferrando concluye: "¿Por qué un Redentor tan verdadero hombre? ¿Por qué una Iglesia tan peligrosamente humana? ¿Por qué una palabra divina embebida en palabras humanas? ¿Por qué ha querido Dios depender tanto del hombre para actuar en este mundo?"[32]

La respuesta se ha dado desde muy diferentes perspectivas, pero se podrían sintetizar diciendo que la razón última de tales decisiones estriba en la condescendencia de Dios hacia los seres humanos como consecuencia del amor infinito que Él es. Realmente, la Encarnación, la Iglesia, los sacramentos y la Biblia, manifiestan de variadas maneras el misterio del amor auténtico y real de Dios por el hombre. Ahora bien, el amor verdadero tiene sus notas fundamentales, sus características esenciales, como ha subrayado la teología de A. Gálvez.[33] Los textos de A. Gálvez son contundentes: "La nota esencial de *reciprocidad*

---

[32]M. A. Ferrando: *Iniciación...*, cit., pág. 345.

[33]A. Gálvez las llama "leyes fundamentales del amor" (*Comentarios...*, cit., vol. I, pág. 104) o "reglas universales y constantes del amor" (*ibidem*, pág. 100).

inherente al amor";[34] la nota de la *totalidad* que "responde a la esencia
del amor";[35] la nota de la *inmediatividad*: el amor es intermediario e
inmediato al mismo tiempo;[36] la nota de la *entrega de los amantes*:
"lo realmente decisivo, en el verdadero amor, es que los amantes se
entreguen el uno al otro en totalidad";[37] la nota de *la mutua posesión
y pertenencia* de los amantes es esencial en el amor: "ser objeto de
posesión o pertenencia es precisamente lo primero que desea quien
está verdaderamente enamorado;"[38] la nota de la *comunión–unión de
vidas* y la *identidad* de los amantes: el amor produce la unidad, pero
no destruye la realidad de las personas, puesto que de otro modo, se
auto–destruiría como tal amor: "el Amor, que se identifica con el Ser
infinito y con el Sumo Bien, es un *ser personal*, en el que se dan, además, pluralidad de personas, sin que eso sea obstáculo a la perfecta
simplicidad y a la absoluta unicidad de su esencia";[39] la nota de *la
libertad* y su relación con la nota de posesión;[40] la nota de la *paten-
tización*: el amor necesita patentizarse por su propia naturaleza;[41] la
nota de la *plena realización* de cada uno de los amantes: la felicidad se
concreta en un estado de excitación y exaltación, producido por una
cierta exuberancia de vida, que se traduce a su vez en el sentimiento
de una plena actuación de todas las potencias vitales y de que se han
alcanzado, por fin, los deseos más íntimos y profundos del corazón; no

---

[34]A. GálvezA]Gálvez, A · *Comentarios...*, cit., vol. I, pág. 107, n. 3. A. Gálvez:
Siete..., cit., págs. 207.211; etc.

[35]*Ibidem*, pág. 45.

[36]*Ibidem*, págs. 47–48.

[37]*Ibidem*, pág. 116.

[38]*Ibidem*, pág. 66.

[39]*Ibidem*, pág. 112.

[40]*Ibidem*, pág. 67.

[41]*Ibidem*, págs. 100–101.

cabe duda de que se trata de sentimientos que responden adecuada y satisfactoriamente al ansia de vivir;[42] etc.

Y son esas notas esenciales del amor las que ayudan a comprender la razón de la condescendencia divina. De entre las mismas, se pueden señalar especialmente las siguientes para el caso que nos ocupa:

1. La igualdad entre los amantes. En efecto, el amor tiende a igualar a las personas que se aman; ahora bien, es verdad que el hombre no podía hacerse Dios, por eso, Dios quiso hacerse hombre "para que el hombre se hiciera Dios". Dios ha querido ser "partner" real del hombre, por amor: "Conocéis la gracia de Nuestro Señor Jesucristo, quien siendo rico se hizo pobre por amor, para que vosotros seáis ricos por su pobreza" (2 Cor 8:9). Dios, en sus relaciones con el ser humano quiso abajarse, descender a nuestro mismo nivel, y decidió respetar nuestras condiciones, nuestro modo de comunicación, corporalidad, limitaciones, etc. Es el misterio de la humildad y la condescendencia divinas que se manifiesta en su decisión de adecuar sus acciones al modo de ser y actuar de los hombres.

2. La entrega total de los amantes y el consiguiente intercambio de vidas. El amor produce el intercambio de vidas entre las personas que se aman a consecuencia de la entrega total que cada uno de los amantes realiza, lo que apoya la idea de la condescendencia divina. Pues Dios decidió hacer suya nuestra vida humana con todas sus limitaciones, al tiempo Él nos regalaba la suya.[43]

---

[42] *Ibidem*, pág. 185.

[43] Cfr. A. Gálvez: *Comentarios...*, cit., vol. I., págs. 24, 26, 45, 73, 91–92, 129, 130–133, 134–136, 148–151, passim; Id: *Siete...*, vol. I, págs. 22–23; Id: *Disputationes...*, cit., pág. 9–10; etc.

3. La reciprocidad en el amor. El intercambio de vidas mencionado es producto de otra de las notas del amor: la reciprocidad en la entrega y posesión de los amantes.[44] El hombre está llamado por vocación divina entregar a Dios su vida y todo lo que tiene. Consecuencia lógica de la nota de la reciprocidad del amor pues Dios quiso entregarse por entero al ser humano, lo que se manifiesta en la *kenosis* de Verbo.

También existe otro motivo de conveniencia de tales decisiones divinas: el respeto de Dios a la bondad de lo que ha creado. Dios creó todo bueno, y ha querido que el hombre y la creación sean instrumentos adecuados de su acción reveladora y salvadora. Es el más profundo desmentido de cualquier tipo de maniqueísmo.

Por eso no es de extrañar que estas realidades se rechacen por los hombres que no tienen fe, y por todas las herejías gnósticas y racionalistas de uno u otro signo. La Encarnación lleva en sí germinalmente todo el misterio de la Cruz, "escándalo para los judíos, necedad para los gentiles" (1 Cor 1: 23). Son estas mismas doctrinas las que interpretan la Biblia de un modo meramente humano, sin fe, y acaban por destruirla.

1.8   Traducciones de la Biblia

Los criterios básicos para determinar la calidad de una traducción de la Biblia que sea católica, son los siguientes:

---

[44]A. Gálvez: *Comentarios...*, cit., vol. I: "Como se ha dicho tantas veces, todo en el amor es reciprocidad: no hay entrega, o recepción, de uno de los amantes sin la correspondiente recepción, o entrega, del otro... Aquí se está más bien ante algo que responde a la naturaleza íntima de una realidad, cual es la del amor, que no existe nunca sino como espiración o procedencia de dos" (pág. 127). Cfr. págs. 17–18; 26, 44–45, 61–62, 64, 68–69, 73, 77, 78,79, 100, 102, 107–109, 129, 135, 180, 239, 256–257, passim.

1. Que sea lo más fiel posible a los originales hebreo, arameo y griego.[45] Ante la dificultad que supone el desconocimiento de esas lenguas, es conveniente acudir a alguna traducción que haya intentado tal fidelidad, aún a costa del estilo literario elegante. Es el caso, por ejemplo, de la traducción al castellano de *Cantera e Iglesias*.[46]

2. Que respete la traducción oficial de la Iglesia Católica: *Nova Vulgata*.[47]

3. Que contenga el *nihil obstat* y el *imprimatur* de la autoridad eclesiástica correspondiente. Últimamente se encuentran muchas traducciones sin las mismas.[48]

4. Que contenga notas explicativas adecuadas y ortodoxas.[49]

5. Que la traducción de algunos pasajes claves no hayan sido manipulados para "acercar" los textos a teologías rechazables como la protestante, las de la liberación o las de tipo Neo–Modernista, como pueden ser los pasajes marianos, los vinculados a los sacramentos, los referentes al Primado de San Pedro, los relativos

---

[45]Así lo aconseja también la *Dei Verbum*, n. 22.

[46]F. Cantera Burgos y M. Iglesias González: *Sagrada Biblia. Versión crítica sobre los textos hebreo, arameo y griego*, Madrid, BAC, 2022.

[47]*Nova Vulgata Bibliorum Sacrorum editio. Sacros. Oecum. Concilii Vaticani II Ratione Habita, iussu Pauli PP. VI. recognita auctoritate Ioannis Pauli PP. II promulgata*, Roma, Libreria Editrice Vaticana, 1979.

[48]En el canon 825, 2 del Código de Derecho Canónico se precisa que los fieles pueden preparar y publicar versiones de la Sagrada Escritura, "con licencia de la Conferencia Episcopal", y que estas deben estar "acompañadas de las convenientes notas aclaratorias".

[49]La *Dei Verbum* 25, avisa que el texto de las traducciones debe estar "provisto de las explicaciones necesarias y suficientes para que los hijos de la Iglesia se familiaricen sin peligro y provechosamente con las Sagradas Escrituras y se penetren de su espíritu".

a la justificación por la fe y las obras, el prólogo del Evangelio
de San Juan, los textos de la Resurrección del Señor, etc.

6. Que no contenga un lenguaje tan cercano al ordinario y corriente
   del hombre de la calle, que resultan chabacanas y falsas.

Con relación a las traducciones protestantes y ecuménicas, lo más
aconsejable es evitarlas, sobre todo a nivel de los que inician sus estudios teológicos. Algunas buenas ediciones, sobre todo críticas, deben
ser reservadas para especialistas.[50]

A. Gálvez recordaba la importancia de ser rigurosamente fieles a
los textos de la Biblia original, sin tergiversarlos con malas traducciones influenciadas por intereses ideológicos o culturales "ad casum":

> "Es frecuente en la exégesis moderna el empeño en ha-
> cer que ciertos textos de la Escritura sean más accesibles
> a espíritus proclives al escándalo. O al menos eso es lo
> que parece. Aunque no en todos los casos, viene a ser una
> manifestación más, entre tantas, de la ola de racionalismo–
> modernismo que actualmente permeabiliza la teología ca-
> tólica. El hecho es que algunos exegetas y comentaristas,
> como Zerwick (*Analysis Philologica*) entre otros, conside-
> ran el término ("odiar" de Lc 14:26) como un hebraísmo y

---

[50]La *Dei Verbum* 22, advierte que el uso de traducciones "llevadas a cabo con
la colaboración de los hermanos separados" debe hacerse "oportunamente y con el
beneplácito de la Iglesia". Por otro lado, existe toda una normativa sobre las versiones
ecuménicas: *Normas para la cooperación interconfesional en la Traducción de la
Biblia*, publicadas por el Secretariado para la Unión de los Cristianos, Roma, 1987.

lo traducen por *minus diligo*, lo que tiene poco fundamento y suena a arbitrariedad.[51]

Aquí sería oportuno aludir a las *Biblias del Pueblo* suramericanas, auténticos engendros bibliográficos aparecidos en los últimos tiempos y también difundidos desgraciadamente en Europa. Lo que induce a pensar, como puede verse, que el mal es también, a su manera, *diffusivum sui*. Hasta ahora todo el mundo había creído ingenuamente que la Biblia siempre había sido cosa del Pueblo y para el Pueblo, puesto que es la Palabra de Dios revelada para todos los hombres. Pero la moderna Pastoral ha llevado a cabo el asombroso descubrimiento de las *Biblias del Pueblo*, planteando así el grave y misterioso problema de su naturaleza: pues, ¿en qué consisten y a quién van dirigidas las otras Biblias, que por lo visto pertenecerían sólo a una elite? Claro que estos abortos de la naturaleza, habida cuenta del lenguaje marxistoide que utilizan y de su modo igualmente marxistoide de retorcer las ideas, no contribuyen en modo alguno a hacer más accesible la Palabra de Dios. Aunque eso es otra historia. Porque aquí nos encontramos

---

[51]El verbo griego μισέω posee el significado bien definido de *odiar* o *aborrecer*, como puede comprobarse en el mismo Lucas 6: 22.27; 16:13; 21:17. En cuanto a los otros Sinópticos y San Juan, sucede exactamente lo mismo, como se desprende fácilmente, por ejemplo, de textos como Mt 5:43; 6:24; Mc 13:13; Jn 3:20; 7:7; etc., por citar solamente algunos y sin que sea posible admitir vacilación al respecto. Suponer hebraísmos en un hagiógrafo como San Lucas, procedente de la gentilidad griega y cuya educación helenística queda fuera de toda duda, es totalmente infundado y hasta divertido. En realidad no hay necesidad de acudir a componendas exegéticas o filológicas que, además de no abordar ni resolver el problema, difuminan la fuerza del texto y siembran la confusión. Cuando en la exégesis bíblica se utilizan eufemismos, expresiones suavizadas o cosas semejantes para *explicar* el texto inspirado, se acaba debilitando la fuerza de su contenido y su significado.

de lleno con las tendencias de la teología neomodernista y de todos los que se sienten reacios a dar cabida al mundo de lo sobrenatural. Y puesto que, de un modo o de otro, no están dispuestos a admitir la existencia del verdadero amor, tampoco reconocen su auténtica naturaleza y la solidez de su esencia".[52]

Por tanto, ante la dificultad de encontrar una buena traducción, es aconsejable que se tengan a la vista varias buenas traducciones, para contrastar los versículos o pasajes que puedan ser dudosos.[53] En particular, para un estudio inicial de la Biblia y considerando solo las traducciones más accesibles, convendría consultar las siguientes:

1. La *Nova Vulgata*.

2. La Traducción de Cantera e Iglesias.

3. La Biblia de Navarra.[54]

4. Es conveniente alguna traducción más antigua, como las de Bover–Cantera, Nacar–Colunga (ed. anterior a 1955), o la de Straubinger. Sobre todo por las notas de tipo dogmático.

---

[52]A. Gálvez: *Esperando a Don Quijote*, cit., págs. 181–183.

[53]Una presentación de las diferentes traducciones a lenguas modernas en M. A. Tábet: *Introducción general...*, cit., págs. 285–292, donde se aconseja la información que proporciona, ABD: *Versions*, VI, 813–851; J. A. Fitzmyer: *An Introductory Bibliography for the Study of Scripture*, Roma, Biblical Institute Press, 1990, nn. 180–211. Cfr. también, M. Tuya y J. Salguero: *Introducción a la Biblia, I,* Madrid, BAC, 1967, Introducción, I, págs. 584–598; F. Pérez Castro, *Versiones modernas*, GER, 25, 185–197. 246–251. Hay varios programas de ordenador que permiten elegir y trabajar con varias traducciones de la Biblia. Siempre hay novedades. Dos de los programas más conocidos hasta este momento son los de *Bible Works* y *e–Sword*.

[54]*Biblia de Navarra edición de estudio – comentada* (5 tomos), Pamplona, Eunsa, 2008.

5. La Biblia de Jerusalén en francés o en inglés.

Son desaconsejables las siguientes traducciones de la Biblia al castellano:

- *Biblia Latinoamérica, Latinoamericana o Biblia pastoral.* Una traducción marxistas con comentarios a favor de la teología de la liberación.

- *Biblia de América*, un esfuerzo por contrarrestar a la Biblia Latinoamérica, pero tiene sesgo modernista.

- *Biblia del Pueblo de Dios*, edición argentina muy popular, pero con una traducción desafortunada y un tanto tendenciosa.

- *Biblia versión Popular Dios Habla Hoy.* De origen protestante, sin notas católicas.

- *Biblia en Lenguaje actual.* Es traducción protestante.

- *Biblia católica para jóvenes.* Contiene el texto de la Biblia de América con sus defectos, a los que se añade el hecho de contener reflexiones sentimentalistas, sin doctrina, ecuménicas y ambiguas.

- *Biblia católica para la Familia.* Texto de la Biblia de Levoratti (Biblia del Pueblo de Dios). Y además sus reflexiones e introducciones son contrarias a la tradición y a la interpretación clásica de las Escrituras.

- *Nueva Biblia de Jerusalén.* Texto totalmente diferente al de la antigua edición. No defiende algunos dogmas contra falsas exégesis bíblicas ni la historicidad del texto Sagrado.

- *Biblia del Nuevo Milenio Ecuménica.* Pone en duda la historicidad de la Biblia y sus notas son cuestionables y ambiguas.

- *Biblia Ecuménica.* En colaboración con protestantes. No tiene notas dogmáticas, la traducción y comentarios está hecha en base a compromisos doctrinales con los exégetas protestantes.[55]

Con respecto a las traducciones clásicas al inglés,[56] las más conocidas son:

- La de *Douay–Rheims*: es una traducción de la *Vulgata* latina hecha por biblistas británicos que vivieron en Rheims y Douay en Francia durante las persecuciones protestantes en los inicios del siglo XVII. Fue la edición standard para los católicos. Es muy segura, pero no tiene los adelantos de la *Nova Vulgata*.

- La de *Confraternity Editions*: Es una traducción católica hecha por expertos americanos en 1941.

- *The New American Bible*, realizada por la USCCB con la Asociación Bíblica Católica; es la usada en la liturgia e intenta ser literal.

- La *Revised Standard Version Catholic Edition* (RSVCE) es una traducción que intenta ser muy literal y es la preferida por muchos teólogos en el siglo XX.

- *New Jerusalem Bible* (NJB), es la que combina mejor el estilo con la fidelidad.

---

[55]Tomado del blog *La Sagrada Biblia* 27–Nov–2014. Cfr. también http://juanstraubinger.blogspot.com/2014/11/las-peores-biblias-en-espanol.html.

[56]Hay más de 450 traducciones al inglés disponibles hoy día. Indicamos aquí las clásicas más conocidas. Para la mayoría de las traducciones al inglés cfr. D. Norton: *A History of the English Bible as Literature*, Cambridge, Cambridge University Press, 2000.

- *King James Version*: es una traducción protestante inglesa de 1611. Contiene errores, y fue prohibida para los católicos.[57]

1.9 Historia del tratado

El tratado de Introducción a la Sagrada Escritura, como ya se avanzó, es relativamente reciente en la teología.[58]

En los primeros siglos del cristianismo falta un tratado sistemático sobre la Sagrada Escritura,[59] y hay que esperar a San Agustín para encontrarlo: su *De Doctrina Christiana*.[60] San Agustín distingue entre la *res*, la realidad de la que se habla, y el *signum*, la realidad sensible que se emplea para dar a conocer esa realidad. La realidad es Dios mismo, y la plenitud de su manifestación que se produjo con la Encarnación del Verbo.[61] Considerando el *signum*, el Santo de Hipona señala que el *verbum*, la palabra, tiene un valor primordial. Por el *verbum* se ha de entender no solo el contenido conceptual, sino también

---

[57]Entre las traducciones protestantes son particularmente desaconsejables: *The Message* by Eugen Peterson; *The Passion Translation* by Brian Simmons; *The Living Bible* by Kenneth Taylor; *The Good News Bible* by the American Bible Society y la *Contemporary English Version* by the American Bible Society.

[58]M. A. Tábet: *Introducción general...*, cit., págs. 21–23; Id.: *Le trattazioni teologiche sulla Bibbia: Un approccio alla storia dell'esegesi*, Cinisello Balsamo, San Paolo, 2003; AA.VV.: *Introducción general...*, Casa de la Biblia, cit., págs. 14–15; J. C. Ossandón Widow: *Introduzione generale...*, cit., págs. 247–253.

[59]Se pueden considerar unos primeros intentos, los de Orígenes en su *Peri Archon*, IV, 1–3, o los de San Gregorio de Nisa en el prólogo a sus *Homilías al Cantar de los Cantares*.

[60]La obra de San Agustín, junto a otras, como la *Isagoge ad Sacras Scripturas* (P. G. 98,1271–1311) del monje Adriano (+450) tuvo gran influencia en tratados análogos, como las *Institutiones Divinarum et Saeculiarum Litterarum* (P. L. 70,1105–1150) de Casiodoro (490-583). Esta obra fue exitosa y algunos consideran que es la primera "Introducción" propiamente dicha a la Escritura.

[61]Esto es lo que aborda en el primer libro, *De rebus*.

la proclamación oral y la representación gráfica en los textos escritos.
Ahora bien, como Dios se quiso manifestar a través de palabras escritas recibidas en la Iglesia, se hace esencial saber con certeza qué textos
tienen origen divino y gozan de un valor autoritativo para la fe. Para
ello hay que considerar el canon de la Escritura y los criterios para su
discernimiento. Además, la Escritura fue dada para que el cristiano la
obedeciera, por eso es necesario entender bien lo que dicen los textos
sagrados, analizando su contenido en las lenguas originales y en las
traducciones, etc. Todo lo cual supone la necesidad de estudiar las
figuras de dicción que se emplean, la fiabilidad de los códices con los
que se trabaja, etc. Con éstos y otros instrumentos se podrá esclare-
cer los textos ambiguos y resolver las dificultades que se presenten.[62]
En el último libro, San Agustín aborda el modo de exponer la verdad
contenida en la Escritura.

Santo Tomás de Aquino sigue las ideas de San Agustín y acaba
de sistematizarlas, siendo el objeto de su reflexión principalmente el
carisma de profecía.

Se suele considerar que el primer tratado moderno de nuestro tema
es la *Bibliotheca Sancta* (1591) de Sixto de Siena. Es un libro que
está influido por las controversias y herejías luteranas que enfrentó el
Concilio de Trento (canon, autoridad, interpretación, etc.). El centro
de atención no es ya tanto la interpretación correcta de la Sagrada
Escritura para descubrir el significado y comprensión de Cristo y su
doctrina, cuanto estudiar la realidad de un conjunto de libros que se
consideran santos. El tratado es en realidad una propedéutica bíblica
para luego estudiar la teología.

Los manuales del s. XIX recogen ya los temas básicos de inspiración, canon y hermenéutica. En este momento tiene fuertes tintes
apologéticos, debidos a los ataques sufridos por la teología católica

---

[62]En el segundo libro, trata de los signos y de su interpretación.

desde el mundo protestante de un lado, y agnóstico y ateo del momento de otro. Se tratan con especial cuidado los temas de inspiración e inerrancia de la Biblia, a los que se añaden estudios filológicos e históricos, en auge en ese siglo XIX. Nacen nuevas disciplinas como la filología sagrada, la arqueología bíblica, la historia de Israel, etc., que se reflejan en los temas de Introducción a la Sagrada Escritura. Se da importancia al tema de la inspiración, pero los manuales siguen estructurándose en torno al tema del canon.[63]

El misterio de la inspiración bíblica cobra central importancia como reacción a las ideas del modernista Loisy, quien en 1890 defendía que la Biblia no debía ser estudiada desde la teología, sino desde la historia crítica de la Sagrada Escritura, por lo que el dogma de la inspiración no tendría que ser tratado como tal sino desde el punto de vista historicista, como historia del dogma de la inspiración. Rechazando tal posición, los biblistas y teólogos ortodoxos hicieron que el tema de la inspiración ocupara el puesto central de la Introducción a la Sagrada Escritura.

En esos momentos aparecen las grandes encíclicas Bíblicas papales, y los manuales de la primera mitad del siglo XX reflejan tales condiciones. Por eso se dividen en las siguientes grandes secciones:

1. La inspiración como elemento principal y unificador de todos los otros aspectos del tratado.

   - Determinación de su existencia y su naturaleza.
   - Importancia dada al Magisterio de las encíclicas bíblicas.

---

[63]Ejemplo de los manuales de la época es el *Manuale Isagogicum in Sacra Biblia* (1868) de F. J. Caminero Muñoz, dividido en las siguientes secciones: a) la arqueología y la geografía bíblicas, b) la doctrina sobre el canon, la historia del texto y las distintas versiones, c) la introducción particular a cada libro, d) la inspiración de los libros sagrados, y e) la hermenéutica sagrada.

- La inspiración tiene como consecuencias la inerrancia, santidad, unidad y actualidad de la Sagrada Escritura.

2. Después se desarrollan los temas clásicos del pasado:

- Canon.

- Texto.

- Interpretación.

En torno al Concilio Vaticano II se estudia la inspiración en relación con el tema de la Revelación y se acentúa el lugar de la Iglesia en la recepción e interpretación de los libros sagrados (cfr. Constitución *Dei Verbum*). Los tratados de este momento van a explicar el ser de la Sagrada Escritura en el marco más general de la Revelación y, además, intentan usar los criterios de las ciencias positivas del lenguaje y de las filosofías contemporáneas. Se percibe también con claridad la influencia de la teología neomodernista en muchas de las nuevas exposiciones.

Todo lo cual llevó a la propuesta de nuevas interpretaciones de la inspiración, que no siempre son acertadas. Aunque se verán más adelante, se pueden citar como pasos que se dieron los siguientes:

1. P. Grelot, que intenta explicar la inspiración bíblica en el marco de los carismas presentes en la Biblia.

2. Wilfrid J. Harrington, quien propugna partir de la naturaleza de la revelación de un Dios a un pueblo, para entender el misterio de la inspiración bíblica.

3. K. Rahner, quien propuso entender la inspiración dentro del marco de Dios como causa y fundador de la Iglesia, dentro de lo que él llamaba "carismas fundacionales".

4. P. Benoit, utiliza la comparación con la inspiración poética y literaria.

5. A. Schökel propuso unir los datos de la tradición con los de las ciencias del lenguaje.

6. S. Schneiders, quien examina las cuestiones habituales de la Sagrada Escritura (inspiración, veracidad, carácter sagrado, etc.) desde la perspectiva de moderna teoría lingüística y hermenéutica, especialmente desde las tesis de P. Ricoeur, y de unas intuiciones de Hoffman.

7. François Martin, quien plantea una nueva noción de inspiración que tiene en cuenta los datos bíblicos aunque los sitúa en una teoría semiótica de la enunciación.

8. Etc.

1.10 La Introducción General a la Biblia como disciplina teológica

El presente tratado ha de considerarse como parte de la teología dogmática. Puede ser definido como la parte de la teología que examina todas las cuestiones necesarias para la recta comprensión de los libros sagrados.[64]

Su objeto formal es el estudio de la completa realidad de la Biblia como obra divina y humana, esto es Palabra de Dios inspirada a los hagiógrafos y entregada a la Iglesia para su custodia, transmisión e interpretación. De este modo su objeto formal se diferencia del de otras ciencias (como es el caso de las ciencias crítico–literarias, la historia de las religiones, las distintas ciencias históricas, etc.) que estudian la

---

[64]Cfr. M. A. Tábet: *Introducción general...*, cit., págs. 19–21.

Biblia desde otras perspectivas. En efecto, las otras ciencias consideran el libro sagrado como:

- Mera obra literaria, interesándose tan solo por el número diverso de libros, los distintos géneros literarios, las lenguas múltiples y antiguas en que se escribieron, etc.

- Fenómeno religioso, que contiene elementos que estructuran una fe religiosa.

- Monumento histórico de un pueblo durante muchos siglos.

- Etc.

El método seguido por la Introducción General a la Biblia es el teológico, esto es el de la fe que busca entender. Se conocen los contenidos de las ciencias auxiliares mencionadas, pero los supera ampliamente con los datos de la fe.

Los autores clásicos suelen distinguir entre la *Introducción general a la Sagrada Escritura* (de la que se ocupa la presente obra) y la *Introducción especial a la Biblia*:

- La primera estudia los temas comunes de todos los libros inspirados, que se concretan en cuatro sub–tratados: inspiración, canon, texto y hermenéutica.

- La segunda se dedica a los temas específicos de cada uno de los libros inspirados (tiempo de su composición, lugar, destinatarios, contenido, estructura, etc.).

Tradicionalmente, el tratado de Introducción a la Sagrada Escritura tiene tres grandes secciones: inspiración, canon y hermenéutica.

Antes de ello es conveniente estudiar algunos aspectos introductorios, tales como el contenido fundamental de los libros sagrados, la relación entre Revelación, Biblia, Tradición y Magisterio, el nombre del libro Sagrado, etc.

Con ello se da el marco de comprensión necesario, para considerar la Sagrada Escritura desde tres perspectivas fundamentales: la palabra de Dios hecha escritura, que es el objeto de la inspiración; después, la palabra de Dios en cuanto escrita y normativa, que es propiamente la canonicidad; y finalmente, la palabra de Dios leída e interpretada en la Iglesia, que es la hermenéutica.

Capítulo 2

El cambio del Tratado de introducción a la Sagrada Escritura por influencia de la teología neo–modernista

2.1 Introducción

Es necesario adelantar el punto de vista que se va a seguir en la exposición de los diferentes temas que pertenecen al tratado dogmático de Introducción a la Sagrada Escritura.

Para lo cual hay que recordar que se produjo un cambio radical en el estudio de la Biblia desde el segundo tercio del siglo XX por parte de los exégetas católicos. Coincide con la aceptación de los métodos histórico–críticos agnósticos y protestantes como instrumentos que se consideraron imprescindibles para hacer verdadera hermenéutica. Es parte esencial del programa del movimiento modernista que actuaba intentando pasar desapercibido para las autoridades de la Iglesia y sumergido en el anonimato, después de su condena firme por parte de San Pío X.[1]

Ya Santo Tomás de Aquino avisaba de la necesidad de descubrir y combatir las explicaciones erróneas de la Biblia. Como dice P. Roszak:

> "Era preocupación del Aquinate presentar una correcta comprensión de la Palabra de Dios de la que emergen las verdades de la fe. Para que emerjan es necesario —nos dice— un estudio amplio, formular preguntas y plantear la *disputatio*.[2] Como buen maestro medieval, Tomás habla tanto de los errores como de las exposiciones correctas y completas. En su didáctica indica un camino de cómo se debe aprender incluso de los errores, que de esta forma sirven de ayuda para una comprensión adecuada. No obstante, esto no cambia el hecho de que un error cometido al inicio (y no descubierto y denunciado) puede tener graves consecuencias".[3]

---

[1]Cfr. F. Spadafora: *El triunfo del modernismo sobre la exégesis católica*, en https://studylib.es/doc/6398210/el-triunfo-del-modernismo-sobre-la-exégesis-católica, consultado el 8.12.2021; Id.: *León XIII y los estudios bíblicos*, Rovigo, 1976; A. Romeo: *La encíclica "Divino Afflante Spiritu" y las "opiniones novae"*, en "Divinitas", 4 (1966) 378–456; B. W. Harrison: *Los estudios bíblicos católicos: la Leyenda Áurea*, en "Glaudius" 69 (2007) 35–62; B. Gherardini: *La seconda riforma —uomini e scuele del protestantesimo moderno*, Brecia, Morcelliana, 1966; P. Althaus: *Il cosidetto Kerygma e il Gesú della storia*, Roma, ed. Universidad de Letrán, 1962 (Althaus es acatólico).

[2]Cfr. *Summ. Theol.*, II^a–II^{ae}, q. 1, a. 9, ad 1.

[3]Cfr. Santo Tomás de Aquino: *De ente et essentia*, prooemium: "Quia parvus error in principio magnus est in fine" (se trata de la cita de Aristóteles en I *De caeli et mundi*). P. Roszak: *Depravatio Scripturae. Tomás de Aquino ante los errores hermenéuticos en la exégesis bíblica*, en "Scripta Theologica", 49 (2017) 32.

Hay que tener en cuenta que la buena exégesis clásica en todos sus manuales así como el Magisterio supremo de la Iglesia aceptaban y animaban a utilizar las herramientas que proporcionaban los "géneros literarios", los métodos de la "crítica" verdadera y las ciencias positivas auxiliares, para ayudar a la exégesis. Pero ahora se pretendía aceptar el método histórico–crítico racionalista y generalizado entre la exégesis protestante que prescindía por principio de cualquier consideración a los principios dogmáticos de la correcta exégesis católica.

2.2 El modernismo y la Biblia

El modernismo utiliza términos clásicos de la teología, pero les cambia radicalmente su contenido en un sentido herético. En relación con la Biblia, los principales conceptos que el modernismo defiende y reinterpreta son los siguientes:[4]

- *Revelación*: Hay que rechazar todo lo que viene de afuera, particularmente los sacramentos y la Iglesia, pero también la Revelación divina (Lutero). Esa Revelación es el fruto subjetivo del concepto de Dios que brota del sentimiento religioso de dependencia, en lo más recóndito de la conciencia (Schleirmacher). La Revelación divina que no se realice en nosotros y que no se nos haga inmediata no existe para nosotros. Aquí no se puede eliminar el yo (Sabatier). La idea común de la Revelación es una

---

[4]Cfr. D. Bourmaud: *Cien años de modernismo: genealogía del Concilio Vaticano II*, Buenos Aires, Fundación San Pío X, 2006, págs. 425ss. La bibliografía sobre el modernismo es inmensa. Para una visión global del mismo, cfr. R. García de Haro: *Historia Teológica del Modernismo*, Pamplona 1972; Id. *Modernismo Teológico*, en GER, cit., t. XVI, págs. 139–147; C. Izquierdo: *Cómo se ha entendido el "modernismo teológico". Discusión historiográfica*, en Anales de Historia de la Iglesia, 16 (2007) 35–75; C. Fabro: *La Aventura de la Teología progresista*, Navarra, Eunsa, 1976; S. Ramírez: *Teología Nueva y Teología*, Ateneo, Madrid, 1958.

mera niñería. Dios se revela en y por la humanidad (Loisy). La Revelación es más impresión que expresión, y más experiencia que afirmación. Si el hombre pudiera leer las necesidades de su espíritu y de su conciencia, podría prescindir de maestro (Tyrrell). La producción divina del horizonte apriorístico de nuestro conocimiento y libertad ha de considerarse como una manera peculiar y originaria de Revelación, la cual sustenta incluso toda otra revelación (Rahner). Lutero replanteó todo el cristianismo y fue realmente un hombre de Iglesia, porque era incapaz de recibir algo que no proviniera de su propia experiencia (Congar).[5]

- *Evangelios*: El Evangelio es símbolo del progreso de la humanidad. El mito, el símbolo, es más importante que el hecho. El Evangelio no habla tanto de acontecimientos que ocurrieron hace mil ochocientos años en Palestina, como de la evolución mística de las almas representada por los supuestos acontecimientos (Strauss). El cuarto Evangelio es un libro de teología mística en el que se oye la voz de la conciencia cristiana, no la del Cristo de la Historia (Loisy). ¿Podía ese carpintero judío del primer siglo enseñar algo de importancia, si el universo estelar le era desconocido y no se interesaba más que por el reino de Dios y su justicia? (Tyrrel). De manera más general, me gustaba volver a encontrar por todos lados el simbolismo histórico, o la historia simbólica, que ya caracterizan a nuestros Evangelios. Los Padres de la Iglesia enseñan que las mismas palabras bíblicas pueden expresar dos sentidos que significan dos realidades distintas, una humana y una espiritual (De Lubac).

---

[5]Para la expresión de que "el creyente lee e interpreta siempre la Escritura en la fe de la Iglesia y aporta a la comunidad el fruto de su lectura, para enriquecer la fe común" (Comisión Bíblica, 1993) cfr. el estudio que se desarrolla más abajo, sobre el *sensus fidei*.

- *Tradición*: La ley de la vida consiste en que cada organismo alcance los límites de su desarrollo para luego morir y sobrevivir sólo en su descendencia. Así como el judaísmo tuvo que transformarse para sobrevivir en el cristianismo, ¿no deberá morir el cristianismo para revivir bajo una forma más amplia y elevada? (Loisy). El río de la Tradición no puede llegar hasta nosotros si no se draga su lecho continuamente. ¿En qué consiste esa Tradición viva? Es la simple expresión de su relativismo dogmático, que rechaza los dogmas recibidos como tales. Las creencias ulteriores de la Iglesia no han de estar necesariamente vinculadas por un nexo lógico con lo que siempre ha creído explícitamente desde los primeros siglos (De Lubac).

- *Dogma*: Puesto que la religión es ante todo un sentimiento de dependencia, cada Iglesia deberá construir después su dogmática particular, variable en función de la profundidad y la pureza de su sentimiento de dependencia (Schleiermacher). Las fórmulas dogmáticas son en cierto sentido el producto de la vida. Los dogmas son para la verdadera Iglesia lo que un plano de Londres para la ciudad misma, una simple guía con fines prácticos. La elaboración teológica fue útil en su momento, pues preservó el germen evangélico como el mamut congelado en el hielo (Tyrrel).

- *Infalibilidad del dogma*: Tanto en el dogma como en la Revelación, sólo el objeto es eterno e inmutable en sí, pero no la forma que ese conocimiento ha revestido en la Historia humana (Loisy). Lo que la fórmula de fe dice suele ser completamente falso, pero la verdad a la que apunta es revelada, una verdad que es directamente una verdad práctica, una verdad de preferencia, una verdad aproximativa, y sólo indirectamente una verdad especulativa (Tyrrell).

2.3   El modernismo bíblico en la Iglesia

Dicha teología penetró profundamente en los centros de investigación teológica católicos, y, lógicamente afectó a los estudios bíblicos.

Los teólogos modernistas, para acabar imponiendo su pensamiento teológico, también en las cuestiones bíblicas, actuaron poco a poco y con gran inteligencia. En el campo de la Biblia utilizaron varios medios fundamentales:

1. Relectura en clave modernista de la Encíclica *Divino Afflante Spiritu* de Pío XII.

2. Consecución de la dirección de la Comisión Bíblica Pontificia y del Pontificio Instituto Bíblico, centro principal de formación de los profesores de Biblia para todo el orbe católico.

3. Rechazo del esquema preparatorio sobre la Biblia del Concilio Vaticano II ("De las fuentes de la Revelación"), para substituirlo por el nuevo esquema que daría lugar a la constitución apostólica *Dei Verbum*.

    El *iter* de este rechazo es sintomático de lo ocurrido en varias ocasiones durante el Concilio.[6] Juan XXIII, tras manifestar el 25 de enero de 1959 su intención de convocar el Concilio, nombra el día 17 de mayo de aquel año una comisión ante–preparatoria, presidida por el cardenal secretario de

---

[6]Cfr. R. Latourelle: *Teología Fundamental. Dei Verbum* cit.; R. W. Wiltgen: *El Rin desemboca en el Tíber*, Madrid, Criterio, 1999, pags. 202–212; P. Grelot: *La Constitution sur la Révélation. I. La préparation d'un schema conciliaire*, en "Etudes", 324 (1966) 99–113; Id.: *Contenu et portée au texte conciliaire*, en "Etudes", 324 (1966) 233–246; G. Baum: *Vatican II's constitution on revelation: history and interpretation*, en "Theological Studies" 28 (1967) 51–-75; W. Harrington y L. Walsh: *Vatican II on Revelation*, Dublin, Scepter Publisher, 1967; K. Schelkens: *Catholic Theology of Revelation on the Eve of Vatican II – a redaction history of the schema De fontibus revelationis (1960-1962)*, Brill's series in Church History, Boston, Leiden, 2010.

Estado, Domenico Tardini, con la tarea de "tomar los oportunos contactos con el episcopado católico de las diversas naciones para obtener de ellos consejos y sugerencias; recoger las propuestas formuladas por los sagrados dicasterios de la curia romana; trazar las líneas generales de los temas que tratar en el Concilio, oído además el parecer de las facultades teológicas y canónicas de las universidades católicas".[7] Comienza con ello una consulta de carácter universal que nunca se había realizado anteriormente.

Entre los temas mayores que se propusieron entonces para la tarea conciliar se reservaba una atención especial al problema de la "naturaleza de la revelación", de la "modalidad de transmisión de la revelación" y de la "relación entre el magisterio y la palabra de Dios". La comisión teológica preparatoria[8] se apresuró a realizar una cierta sistematización de un tema tan complejo, haciendo redactar un esbozo de esquema o resumen como primera plataforma de trabajo.

Este texto llevaba el expresivo título de *Schema compendiosum Constitutionis de fontibus revelationis.*

El proceso de elaboración definitiva fue largo y hecho con gran cuidado.[9]

---

[7]Cfr. *Acta et Documenta Concilio Oecumenico Vaticano II apparando*, series 1, vol. 1, Ciudad del Vaticano 1960, 23

[8]Formada por siete miembros: Tromp, Piolanti, Garofalo, Ciappi, Gagnebet, Burth, Balié, más dos consultores, Staffa y Philippe, la presidía el cardenal Ottaviani, siendo nombrado secretario el padre S. Tromp, profesor de apologética en la Universidad Gregoriana.

[9]Enviado a los miembros de la comisión teológica, no sufrió particulares retoques. Para darle un conveniente desarrollo, el 27 de octubre de 1960 se constituyó una subcomisión interna, presidida por monseñor Garofalo, encargada de elaborar un esquema sobre las fuentes de la revelación. El 23 de junio del año siguiente estaba ya preparado el texto del *Schema* y, tras una revisión a cargo de la comisión teológica, fue enviado al examen y a la aprobación de la comisión central el 14 de octubre de 1961. Se hicieron numerosas enmiendas al texto propuesto; finalmente, el *Schema* fue aprobado por la comisión central el 22 de junio de 1962, y todo el *Schema Constitutionis dogmaticae de fontibus revelationis* fue finalmente aprobado por Juan XXIII el 13 de julio de dicho año, siendo enviado luego a los padres conciliares para su discusión en el aula conciliar. Cfr. U. Domínguez del Val: *Revelación y tradición*, en "Salmanticensis" 14 (1967) 245–280; R. Latourelle: *La Révélation et sa transmission selon La Constitution 'Dei Verbum'*, en "Gregorianum" 47 (1966) 5–40.

El 14 de noviembre de 1962 el *Schema* sobre "Las Fuentes de la Revelación" fue presentado en el Concilio. A este propósito hay que observar que los padres estaban entrando ya en el clima de *aggiornamento* que el Papa había querido establecer desde su discurso inaugural del 11 de octubre como el mejor fruto del Concilio, y que la discusión del documento sobre la renovación litúrgica estaba ya produciendo sus primeros resultados.

Hay que añadir a ello otro hecho: previamente se les había presentado a los padres otros tres esquemas, que constituían de suyo otros tantos textos en competencia con el documento oficial. El primero había sido elaborado por el Secretariado para la unidad de los cristianos, con la aportación decisiva de Stakemeier y de Feiner; el segundo, preparado con una increíble rapidez, fue redactado por K. Rahner bajo el patrocinio de las conferencias episcopales austriaca, belga, francesa, holandesa y alemana, y tenía por título *De revelatione Dei el hominis in Jesu Christo facta*; el tercero era un folio redactado por el padre Congar con el título *De Traditione et Scriptura*.

El cardenal Ottaviani, en su presentación oficial del documento, defendió contra esos intentos el *Schema* elaborado por la comisión teológica. De todas formas, la relación fue leída por monseñor Garofalo.

Pero los partidarios de la nueva teología no aceptaron tal propuesta en base ad diferentes razones: unos consideraban el *Schema* absolutamente inaceptable; otros destacaron las lagunas y hablaban de la necesidad de una transformación radical del mismo.[10]

Se llegó a la votación y se presentó la petición de voto con una fórmula singular, ya que se preguntaba a los padres "si hay que interrumpir la discusión del esquema de la constitución dogmática sobre las fuentes de la revelación". La pregunta era ambigua, y se podía entender o como que la suspensión de la discusión equivalía al rechazo del *Schema* o como que solo se suspendía el debate en el aula pero sin rechazar el esquema propuesto.

---

[10]Las motivaciones que llevaban a repudiar el *Schema* apuntaban especialmente al primer capítulo. Se destacaba la impropiedad y el equívoco del lenguaje "doble fuente", que aparecía con una frecuencia casi obsesiva; pero, sobre todo, se demostraba que esta formulación llevaba a consecuencias doctrinales que veían la Escritura y la Tradición como fuentes independientes la una de la otra. En una palabra, se criticaba la línea asumida por la comisión, ya que equivalía a una opción teológica unilateral sin justificación alguna.

El resultado de la votación, comunicado el 20 de noviembre, fue el siguiente: de 2.209 votantes, hubo 1.368 *placet*, 822 *non placet* y 19 votos nulos; faltaban 115 votos para la mayoría. Por tanto, no se había alcanzado jurídicamente el *quorum* de los dos tercios, necesario para rechazar el esquema.

El rechazo final del Schema se debió a la decisión personal de Juan XXIII quien hizo retirar con su autoridad el documento hasta que no quedara radicalmente enmendado.

4. Introducción en la *Dei Verbum* de expresiones ambiguas junto con otras totalmente ortodoxas que son contradictorias con las primeras para convencer a los Padres conciliares de la aparente continuidad de las nuevas doctrinas que propugnaban; se imponen silencios sobre temas controvertidos a la espera de un desarrollo posterior en sentido modernista; solo parcialmente se hicieron caso a algunas correcciones impuestas por el Papa; etc.

5. Extensión de las ideas del método histórico–crítico en la enseñanza de la Biblia en los seminarios. Campaña de descrédito contra la exégesis y los exégetas católicos que sostuvieron la doctrina tradicional (Lagrange, Vaccari, Allo, Clamet, Braun, Spicq, etc.) Aceptación del método histórico–crítico, "en sus buenos aspectos", como algo incuestionable, en los documentos oficiales de la Iglesia que trataban sobre temas bíblicos, y en los nuevos libros sobre la Biblia, que prácticamente nunca fueron corregidos oficialmente.

2.4 Tres dogmas sobre la Biblia

Hay tres dogmas fundamentales bíblicos, verdades de fe definidas en el Concilio Vaticano I e ilustradas con precisión por los documentos del Magisterio —encíclicas bíblicas del s. XIX y XX—, que han de ser considerados siempre en los estudios bíblicos. A saber:

1. *Inspiración de las Sagradas Escrituras.* Dios es el verdadero autor literario de toda la Sagrada Escritura:

   > "Ahora bien, la Iglesia los tiene por sagrados y canónicos, no porque compuestos por sola industria humana, hayan sido luego aprobados por ella; ni solamente porque contengan la revelación sin error; sino porque escritos por inspiración del Espíritu Santo, tienen a Dios por autor, y como tales han sido transmitidos a la misma Iglesia [Can. 4]".[11]

2. *Inerrancia absoluta de los textos sagrados,* consecuencia inmediata y directa de la inspiración divina. Al ser una verdad tan estrechamente ligada a la de la inspiración divina, los papas hablan de ambas verdades como de un único dogma:

   > "Todos los libros que la Iglesia recibe como sagrados y canónicos, han sido escritos íntegramente, en todas sus partes, por dictado del Espíritu Santo, y tan lejos está que la divina inspiración pueda contener error alguno, que ella de suyo no sólo excluye todo error, sino que los excluye y rechaza tan necesariamente como necesario es que Dios, Verdad suprema, no sea autor de error alguno.
   >
   > Ésta es la antigua y constante fe de la Iglesia, definida también por solemne sentencia en los Concilios

---

[11]Concilio Vaticano I, Constitución *Dei Filius*, D. S. 3006. "Si alguno no recibiere como sagrados y canónicos los libros de la Sagrada Escritura, íntegros con todas sus partes, tal como los enumeró el santo Concilio de Trento [v. 783 s], o negare que han sido divinamente inspirados, sea anatema" (canon 4, D. S. 3029). Esta verdad fue explicada con extensión por la *Providentissimus Deus* de León XIII: "[Dios movió a los hagiógrafos a que] fielmente habían de querer consignar y aptamente expresar con infalible verdad todo aquello y solo aquello el Él mismo les mandara" (D. S. 3293).

de Florencia[12] y de Trento[13] y confirmada finalmente y más expresamente declarada en el Concilio Vaticano, que promulgó absolutamente: Los libros del
Antiguo y del Nuevo Testamento... tienen a Dios por
autor[14]".[15]

3. *La Iglesia es la única depositaria e intérprete autorizada de la*
   Sagrada Escritura:

> "Mas como quiera que hay algunos que exponen
> depravadamente lo que el santo Concilio de Trento,
> para reprimir a los ingenios petulantes, saludablemen-
> te decretó sobre la interpretación de la Escritura divi-
> na, Nos, renovando el mismo decreto, declaramos que
> su mente es que en materias de fe y costumbres que
> atañen a la edificación de la doctrina cristiana, ha de
> tenerse por verdadero sentido de la Sagrada Escritura
> aquel que sostuvo y sostiene la santa madre Iglesia, a
> quien toca juzgar del verdadero sentido e interpreta-
> ción de las Escrituras santas; y, por tanto, a nadie es
> lícito interpretar la misma Escritura Sagrada contra
> este sentido ni tampoco contra el sentir unánime de
> los Padres".[16]

---

[12]D. S. 1335.

[13]D. S. 1501.

[14]D. S. 3006.

[15]León XIII, encíclica *Providentissimus Deus*, D. S. 3292–3293. Cfr. Benedicto XV, encíclica *Spiritus Paraclitus* (D. S. 3652); Pio XII, encíclica *Divino Afflante Spiritu* (E. B. 538).

[16]León XIII: *Prov. Deus* (D. S. 3007); Pio XII: *Divino Afflante Spiritu* (E. B. 551).

Una consecuencia clara es la historicidad de los Evangelios.[17]

Estos tres dogmas,[18] fueron rechazados por el Modernismo, y San Pio X condenó tales tesis modernistas en el decreto *Lamentabili*:

- "Excesiva simplicidad o ignorancia manifiestan los que creen que Dios es verdaderamente autor de la Sagrada Escritura".[19]

- "La inspiración divina no se extiende a toda la Sagrada Escritura, de modo que preserve de todo error a todas y cada una de sus partes.[20] La inspiración de los libros del Antiguo Testamento consiste en que los escritores israelitas enseñaron las doctrinas religiosas bajo un peculiar aspecto poco conocido o ignorado por los gentiles".[21]

---

[17]F. Spadafora: *Origen apostólico e historicidad de los Evangelios en la* Dei Verbum, en "Palestra del Clero" n. 15–16, 1972); Id.: *León XIII y los estudios bíblicos*, Rovingo, 1976, págs. 80–93.

[18]F. Spadafora recuerda que los tres dogmas, "aparecen claramente a partir de los textos de los Concilios dogmáticos de Trento y de Vaticano I, recordados repetidamente por los Papas, por los documentos del Santo Oficio y por las decisiones doctrinales de la Pontificia Comisión Bíblica (la auténtica, hasta 1937), decisiones a las que San Pío X declaraba (Motu Propio *Præstantia* del 18 de noviembre de 1907) que todos absolutamente deben someterse por deber de conciencia... del mismo modo que a los Decretos de las Sagradas Congregaciones... aprobados por el Sumo Pontífice (D. S. 3503)". Como dogmas los considera la Comisión Bíblica Pontificia en 1915, 1923, 1934 (D. S. 3629; Ench. Bibl. 498–499 y 501). Insiste Spadafora que esta doctrina se encuentra enseñada, además, en todos los Manuales de Sagrada Escritura, al menos hasta Vaticano II. Vgr. J. Renié, tomo I, Lyon–París, 6ª edición, 1949, págs. 58–61; G. Perrella–L. Vaggagini: *Introduzione alla Bibbia - Volume I: Introduzione Generale*, Turin, Marietti, 1960, págs. 55 sq.; F. Spadafora: *León XIII y los estudios bíblicos*, cit. págs. 93–100. En particular las dos por así decir clásicas Introducciones generales a la Sagrada Escritura: Höpfl–Leloir, Nápoles-Roma 1958, y A. Merk–A. Bea, Pontificio Instituto Bíblico, Roma 1951: *De Inspiratione*, págs. 85-90.

[19]D. S. 3409.

[20]D. S. 3411.

[21]D. S. 3410.

- "La interpretación que la Iglesia hace de los Libros Sagrados no debe ciertamente despreciarse; pero está sujeta al más exacto juicio y corrección de los exegetas.[22] El magisterio de la Iglesia no puede determinar el genuino sentido de las Sagradas Escrituras, ni siquiera por medio de definiciones dogmáticas".[23]

2.5 Diferencias fundamentales entre la Introducción a la Biblia de la teología tradicional y la neomodernista

Con esos antecedentes, y aunque sea adelantando los contenidos que se estudiarán con detalle más adelante, se puede hacer un estudio comparativo de la teología tradicional en contraste con la neo–modernista en los temas relativos al tratado de Introducción a la Sagrada Escritura. Téngase en cuenta que dentro de cada uno de los temas (señalado con un número), la letra (a) indica la doctrina tradicional, y la letra (b) la nueva interpretación neo–modernista:

1. *Tres dogmas bíblicos*, esto es, la inspiración de las Sagradas Escrituras, la inerrancia absoluta de los textos sagrados y la Iglesia como la única depositaria e intérprete autorizada de la Sagrada Escritura:

   (a) Aceptados como inspiradores y límite de los estudios bíblicos.

   (b) Olvidados o interpretados con criterios historicistas. La hermenéutica bíblica no se tiene que sentir vinculada por ellos, sino solo por las reglas del método histórico–crítico.

---

[22]D. S. 3402.
[23]D. S. 3404.

2. *Revelación*:

    (a) Los hechos y palabras de Dios (Revelación) son transmitidos fielmente por las dos fuentes de la Revelación.

    (b) Los hechos y palabras de la Revelación de Dios fueron en realidad re–interpretadas por el Pueblo de Dios. Se entiende la Biblia desde la Revelación, lo que no tendría en principio mayor dificultad; pero el problema estriba en que la relación entre ambas, para el neomodernismo, no es fiable. Porque, basándose en el principio de que el contenido de la Revelación es de profundidad infinita, divina e inefable, concluyen que la Biblia solo lo recoge en parte y además según la experiencia de fe del hagiógrafo o de la comunidad de un momento histórico determinado. Por eso, la Biblia debe ser entendida como un monumento histórico con instituciones y enseñanzas que han de ser re–interpretadas en cada época histórica. Lo que se creía bíblico en el pasado, estuvo bien para el pasado. Pero la Revelación inefable y divina ha de ser re–vivida en cada momento histórico. Como consecuencia se le hace decir a la Biblia lo que cada "experto" quiere; no hay verdades definitivas y perennes; los pasajes difíciles son considerados como obsoletos y propios de su época, y no afectan a la verdad o santidad de la Biblia. La verdad está en la Revelación inefable y divina, nunca verdaderamente expresable en lenguaje humano.

3. *Fuentes de la Revelación*:

    (a) Biblia y Tradición Apostólica.

    (b) La Tradición viva del Pueblo de Dios que se expresó en la Biblia en un momento histórico determinado. La Tradición sigue viva para re–interpretar la Biblia en cada momento

histórico según la perciba el Pueblo de Dios en cada época
histórica.

4. *La Tradición*:

   (a) La Tradición Apostólica, cerrada con la muerte del último
   de los Apóstoles.

   (b) El nuevo concepto de la Tradición "viva" de la Iglesia.

5. *El depositario de la Revelación, la Iglesia*:

   (a) En la Iglesia el oficio de guardar, interpretar y enseñar pertenece a la jerarquía (Magisterio) con el "munus docendi"
   en relación al Pueblo de Dios. El Pueblo es infalible "in
   credendo", pero no "in docendo".

   (b) En la Iglesia, es el pueblo todo de Dios el que recibe guarda
   y vive la Revelación en cada momento histórico. El Magisterio jerárquico solo escucha y proclama la fe infalible que
   tiene el pueblo.

6. *El papel del Magisterio*:

   (a) Interprete oficial de la Revelación, enseñando al Pueblo de
   Dios con autoridad. No re–interpreta ni innova la Revelación.

   (b) Interprete de la fe del Pueblo de Dios. Proclama esa fe cambiante que descubre en el Pueblo de Dios en cada momento
   histórico.

7. *La inspiración*:

   (a) Carisma divino sobre los hagiógrafos al escribir los libros
   sagrados (*todo y solo* escriben lo que Dios quiere). Se prefiere explicar la naturaleza de la inspiración en base a las llamadas teoría "psicológica" (encíclicas bíblicas papales hasta

el segundo tercio del siglo XX) y la "metafísica" (utilizando la analogía de la causa eficiente principal e instrumental; Sto. Tomás y Papas).

(b) Carisma divino que ha de ser interpretado de tal modo que se puedan explicar los "errores" de la Biblia. Con ese fin, se inventan otras teorías acerca de la naturaleza de la Biblia (vgr. los carismas; las diferentes intervenciones del Espíritu Santo en la Historia de la salvación; inspiración al estilo de los autores literarios; inspiración social del Pueblo de Dios; etc.).

8. *Dios autor de la Biblia*:

   (a) En sentido estricto: autor principal escriturario (obra escrita). Esto es clave del entendimiento de la naturaleza de la inspiración y de la hermenéutica católicas.

   (b) Insistencia en olvidar tal expresión (Dios–autor), y desarrollar mejor otras consideraciones más amplias y ambiguas acerca del papel de Dios en la inspiración de los libros sagrados, basándolo en entendimiento del carisma de inspiración según los criterios mencionados.

9. *La verdad de la Biblia*:

   (a) La verdad bíblica es incuestionable. Se deben utilizar el procedimiento que brindan los géneros literarios y otros métodos verdaderos de interpretación para los pasajes bíblicos oscuros. El Evangelio es histórico.

   (b) La verdad de la Biblia es para nuestra salvación (entendida en un sentido muy amplio y ambiguo). La Biblia es el modo como experimentaron (la experiencia) hechos históricos el pueblo de Dios o los hagiógrafos. No es histórica realmente. Es interpretación de hechos históricos o imaginados. Los Evangelios no son históricos, sino reflejo de la fe de la comunidad primitiva.

10. *La santidad de la Biblia*: *idem* que 7.

11. *La actualidad de la Biblia*:

    (a) El autor de la Biblia es el Dios Vivo y Eterno. Su palabra siempre es actual. Pero todo está contenido en la Biblia y la Tradición, que en sí no cambian. Solo se profundiza en lo que estaba "escondido".

    (b) La Biblia es experimentada de modo diverso por cada generación cristiana, que descubre verdades nuevas o contradictorias con las anteriores. Relación con el concepto de "tradición viva" de la Iglesia.

12. *El tratado del texto*:

    (a) Se busca llegar lo más posible a los textos originales manuscritos (que son los inspirados) a través de la depuración de las copias y del estudio de su transmisión.

    (b) Se abandona la búsqueda de los textos originales (que se considera tarea imposible), para centrarse en el estudio histórico—crítico de las copias, que reflejarían tan solo las experiencias de fe de un momento histórico particular sobre Dios y la Revelación. Se considera que las copias fueron manipulas con diversas intenciones teológicas según la época de su composición.

13. *El canon*:

    (a) Estudio clásico sobre el proceso histórico de determinación del canon y su declaración como dogma.

(b) Estudio historicista sobre las bases anteriores. De hecho se le da importancia como la clave para entender la naturaleza de la inspiración: Dios guía a la Iglesia para descubrir su doctrina en algunos libros en particular, compuestos antes por obra de los hagiógrafos, sin una intervención especial de Dios sobre éstos.

14. *Hermenéutica bíblica*:

(a) Las ciencias positivas (históricas, literarias, lingüísticas, etc. y criterios naturales de interpretación) y la dogmática bíblica (los mencionados dogmas bíblicos, y los criterios sobrenaturales de interpretación), tienen que actuar a la vez en la búsqueda de la verdadera interpretación de la Biblia. Las primeras para indagar sobre la obra del instrumento humano elegido y guiado por Dios; la segunda, como consecuencia de que el libro es sagrado y tiene a Dios por verdadero autor principal.

(b) La hermenéutica bíblica actúa independientemente de la dogmática bíblica. Sigue sus propias reglas "científicas" históricas y críticas, sin contrastar sus conclusiones con la dogmática.

15. *La filosofía como auxiliar* de la Teología:

(a) Se sigue la filosofía realista y en particular, el tomismo. Aunque a veces según diferentes tendencias y escuelas. Se previene contra el uso de filosofías de signo inmanentista y racionalista.

(b) Se acepta cualquier clase de escuela de filosofía, prefiriendo las racionalista e idealistas y las filosofías del lenguaje; y se tiende a rechazar el tomismo o a reinterpretarlo de modo que se ajuste a las filosofías modernas.

16. *Las ciencias positivas del estudio de la Biblia*:

   (a) Se usan sin problema siempre que sean verdaderas y para el conocimiento del sentido literal. Siempre sujetas a ser "siervas" de la dogmática.

   (b) Se acepta el método histórico–crítico de la teología protestante y agnóstica, asumiendo todos sus postulados (*Formengeschichte, Redactiongeschichte*, etc.). Ellas sujetan a la dogmática (rechazo de los milagros, de la divinidad de Cristo, de la resurrección, etc.).

17. *Los teólogos "expertos" en Biblia*:

   (a) Sujetos en todo al Magisterio de la Iglesia.

   (b) Los que enseñan la verdad al Magisterio de la Iglesia.

2.6 Perspectiva del presente manual

La teología sobre la Biblia que se va a desarrollar en este libro es la tradicional de la Iglesia, seguida por la doctrina más segura hasta el cambio actual por efecto de la influencia de las ideas neo–modernistas. Pero se enfrentarán los desafíos de esta teología nueva, para conocerlos y poder rebatirlos.[24]

---

[24]Si en algún momento se encontrara elementos de verdad en alguno de sus métodos, no habría inconveniente en asumirlos, ya que la verdad de la auténtica teología no puede ser contradictoria con la verdad de la verdadera ciencia positiva. No hay dos o tres verdades: si algo es verdad tiene que coincidir con la verdad hallada por otras ramas del conocimiento, pues todas descienden de la única Verdad Divina. Esto no es, en absoluto, caer en el relativismo o en el eclecticismo, sino pura aplicación de los criterios teológicos tradicionales de la relación entre ciencia positiva, filosofía y teología.

En efecto, después de la irrupción del modernismo en la exégesis católica, se llegó a aceptar como incuestionable que no se podía ya prescindir de la investigación según los nuevos métodos histórico–críticos de la Biblia que se consideraban absolutamente probados y ciertos, aunque procedieran de pensamientos agnósticos y protestantes. Tal investigación crítica cuestionaba el sentido de muchos textos bíblicos que se había tenido por correcto y revelado hasta ese momento.

Ante la nueva situación, a los teólogos y exégetas se les presentaban tres posibles actitudes a seguir que podrían ser denominadas: *la teología de la ruptura* con todo lo nuevo, *la hermenéutica de la continuidad*, y *la teología de la revolución* con todo lo tradicional. La que aquí se sigue es una posición entre la primera y la segunda actitud.

2.6.1   Teología de "la ruptura"

El principio que podría resumir *la teología de la ruptura* es que todo lo nuevo es rechazable. Ante los evidentes errores y herejías que se estaban produciendo en la teología a consecuencia del cambio de rumbo general propiciado por el modernismo, con la consiguiente crisis de fe y ataque a los dogmas más básicos de la Iglesia y a su fundamento en las fuentes de la Revelación,[25] la *teología de la ruptura* elige la repetición de los contenidos tradicionales seguros, sin enfrentar los ataques sufridos por el pensamiento nuevo. Se prefiere el aislamiento a la lucha. Se decide prescindir de esa investigación histórico–crítica

---

[25]Se llegó a atacar la fundamentación bíblica de dogmas tales como la divinidad de Cristo, la virginidad de la Virgen María, la Resurrección del Señor, el Primado de San Pedro y los papas, el pecado original, etc.

que al fin y al cabo sostenía simples hipótesis más o menos probadas, y mantener el sentido recibido del pasado y rechazando lo novedoso.[26]

2.6.2 Teología de "la continuidad"

El lema de la *teología de la continuidad* podría resumirse en que todo lo nuevo es compatible e interpretable como continuidad homogénea con lo tradicional, como una evolución armónica de lo tradicional en los modernos planteamientos.

Como explica V. Balaguer, ante los nuevos métodos, un importante número de exégetas católicos, que los consideraban como irrenunciables aunque fueran tan problemáticos, siguieron esta segunda posición, optando por:[27]

> "...aceptar el análisis crítico de los textos, profundizar en las nuevas metodologías y procurar descubrir el legado de doctrina, el contenido de la Revelación, no al margen de lo que dicen los textos estudiados críticamente, sino en la misma dirección, insistiendo en el conocimiento del sentido literal de los textos pretendido por los hagiógrafos como único camino para poder llegar al sentido querido por Dios. La gran mayoría de teólogos y exégetas modernos siguieron esta... perspectiva de estudio".

Hay que tener en cuenta que entre los años cuarenta y setenta surgió una generación de biblistas católicos importantes que en bastantes casos fueron educados en este espíritu. Se puede recordar, entre los

---

[26]En algunas ocasiones, se optó por refugiarse en la hermenéutica de tipo espiritual de los textos cuestionados, para evitar rechazar abiertamente los novedosos y ampliamente aceptados métodos.

[27]Cfr. V. Balaguer: *La Constitución dogmática Dei Verbum y los estudios bíblicos en el siglo XX*, en "Anuario de Historia de la Iglesia" 10 (2001) 239–251.

investigadores del Antiguo Testamento a Roland de Vaux, discípulo de Lagrange, a Henri Cazelles, a Agostino Bea y a Joseph Coppens; en los estudios hermenéuticos del Nuevo Testamento a Pierre Benoit y Marie–Émile Boismard, discípulos de Lagrange; Ceslas Spicq; los también franceses André Robert, André Feuillet, Pierre Grelot, Stanislas Lyonnet y Xavier Léon–Dufour; los belgas Lucien Cerfaux, Albert Descamps, Ignace de la Potterie y Jacques Dupont; el alemán Rudolf Schnackenburg; y los norteamericanos Raymond E. Brown y Joseph A. Fitzmyer. No todos los autores siguen, por supuesto, la misma línea de pensamiento con relación a la Biblia, y se encuentran los que son totalmente ortodoxos,[28] junto con los que derivaron en posiciones que no pueden ser consideradas católicas.[29] Con todo, como dice Ossandón:[30]

---

[28] Por ejemplo, Spicq, Cerfaux, Feuillet, Díez Macho, etc.

[29] Los ejemplos son innumerables, pero baste como botón de muestra F. Lambasi: *L'autenticitá storica dei Vangeli*, Bolonia, Ed. Dahoniane, 1978; I de la Potterie: *La vérité de la Sainte Écriture et l'Histoire du salut d'après la constitution dogmatique "Dei Verbum"*, en "Nouvelle Revue Théologique" 98 (1966) 149–169; Xavier–Léon Dufour: *Résurrection de Jésus et message pascal*, Paris, ed. du Seuil, 1971; R. E. Brown: *The virginal conception and bodily resurrection of Jesus*, New York, Paulist Press, 1973; etc.

[30] J. C. Ossandon: *El "sentido literal" de la Sagrada Escritura según la encíclica Divino Afflante Spiritu de Pío XII. algunas consecuencias para la exégesis bíblica*, en "Razón y Tradición: estudios en honor de Juan Antonio Widow; volumen 1", Santiago de Chile, 2011, págs. 208–210; cfr. Id.: *Los sentidos de la Escritura. Aproximación a una definición teológica del sentido literal*, en "Excerpta e Dissertationibus in Sacra Theologia" 49 (2006) 9–103. El autor menciona como ejemplo de esta posición las notas a pie de página de la Biblia de Jerusalén, que puede considerarse un fruto de la mejor exégesis católica de este período. En su elaboración tomaron parte casi todos los exegetas franceses y belgas mencionados más arriba, pero también literatos e intelectuales, como Étienne Gilson y Henri–Irénée Marrou. La primera edición vio la luz en 1955; la segunda, en 1973; la tercera, en 1998 (sobre el origen y las características de esta obra, cfr. O. T. Venard: *The Cultural Backgrounds and Challenges of La Bible de Jérusalem*, en Philip McCosker (editor), "What is it that the Scriptu-

"Para todos ellos, la carta magna de la hermenéutica
católica era la *Divino Afflante Spiritu.* Y en ella se apoyan
cuando definen el sentido literal... En línea con estas definiciones, la exégesis debe intentar reconstruir lo que quiso
comunicar el autor inspirado en las circunstancias concretas de emisión del mensaje. Para conseguirlo, emplea los
mismos métodos que se aplican a la interpretación de textos profanos. De este modo, la inspiración, aunque se crea
en ella, carece de consecuencias prácticas para la interpretación".

El magisterio contemporáneo también parece optar por esta vía,
como se puede comprobar en muchas de las más recientes declaraciones de la Comisión Bíblica Pontificia y de las de la Sagrada Congregación de la Doctrina de la fe, que se estudiarán más adelante.

En otros términos, se intenta utilizar y el llamado método de la
"hermenéutica de la continuidad" (interpretar lo novedoso como legítima evolución homogénea de lo tradicional), al modo como se intentó
aplicar al sentido de otras doctrinas del Concilio en general.[31]

2.6.3 Teología de "la revolución"

La teología de la revolución es la posición radical más liberal, que
acepta un nuevo comienzo de toda la exégesis y de la doctrina a raíz
de la aceptación de los métodos histórico–críticos modernos y de las
perspectivas aportadas por la teología modernista. Se rechaza todo lo
anterior, como obsoleto, primitivo, anticientífico, etc.; o se considera

---

re Says?: Essays in Biblical Interpretation, Translation and Reception in Honour of
Henry Wansbrough OSB", London–New York, T. and T. Clark, 2006, pp. 111–134.;
J. Taylor: *The Jerusalem Bible: Past and Future,* en "Angelicum" 86 (2009) 975–984).

[31]Sobre la valoración de A. Gálvez sobre la llamada hermenéutica de la continuidad,
cfr. su *Sociedad de Jesucristo...,* cit. págs. 184–186.

adecuado para otras épocas históricas ya pasadas, pero en absoluto válido para la ciencia, cultura y mundo actuales. Se emprende un feroz revisionismo de la mayor parte de las doctrinas de fe. Se acaba negando el valor de la Biblia como auténtica fuente inerrante del conocimiento de la Revelación, pues se manipula y tergiversa para hacerla decir cualquier doctrina nueva, por herética o errónea que sea.[32]

2.6.4   Perspectiva del presente manual

Ante un panorama como el descrito, la posición del presente manual es una combinación de la primera y la segunda posición. Se ha de aplicar el principio que sobre los errores, indicaba San Agustín:

> "No seáis tan benévolos con los malos que les deis aprobación; ni tan negligentes que no los corrijáis; ni tan soberbios que vuestra corrección sea un insulto".[33]

En efecto, por un lado aquí se trata de desarrollar la doctrina de siempre, segura y ortodoxa, defendida durante siglos por el auténtico Magisterio de la Iglesia. Pero, por otro lado, al mismo tiempo, es necesario conocer y explicar los nuevos desarrollos teológicos y exegéticos que son parte ya del *modus operandi* y del *modus credendi* de muchos teólogos y pastoralistas católicos, incluso miembros de la alta jerarquía con una doble finalidad:

- Para enfrentar las nuevas ideas en cuanto sean heterodoxas, defenderse de su influjo y rebatirlas, sobre la base de un conocimiento profundo de la verdadera fe de la Iglesia.

---

[32] Aquí se puede recordar la larga lista de teólogos plenamente neomodernistas.

[33] San Agustín: *Sermón* 88, 20–22, Obras completas. Trad. de P. de Luis Vizcaíno, en http://www.augustinus.it/spagnolo/discorsi/index2.htm. 5.

- Al mismo tiempo hay que reconocer y aceptar los buenos y auténticos logros que proporcionen las verdaderas ciencias positivas auxiliares y de los propios de los métodos de la correcta exégesis bíblica contemporánea en la medida en que se ajusten a la verdad. Si algún desarrollo moderno tiene algo de verdad, no puede ser contradictorio con la única verdad de siempre.

A. Gálvez ha seguido esta posición, como se puede comprobar en su aceptación y ponderación de la traducción de la *Neovulgata* o de la *Biblia de Jerusalén* original francesa, o en sus comentarios a autores como Feuillet, Spicq o Cerfaux.

Así pues, creemos que la opción aquí asumida es la más correcta y conveniente hoy en día, pues se basa en las siguientes razones:

- Es la más concorde con el pensamiento del Magisterio auténtico de la Iglesia.

- Se fundamenta en el respeto pleno a la realidad misteriosa y única de la Sagrada Escritura, como obra que tiene a Dios como autor principal y a los hagiógrafos como causas eficientes instrumentales.

- Se fundamenta en la verdadera naturaleza de la inspiración bíblica tal y como fue explicada por el auténtico Magisterio de la Iglesia.

- Es la que aporta los datos bíblicos que sustentan firmemente los dogmas y verdades de la doctrina de la Iglesia.

- Evita el historicismo, relativismo, racionalismo y fideísmo de mucha de la teología contemporánea, descubriendo sus errores e, incluso, herejías.

- No se cae ni en el literalismo fundamentalista de un sector de la teología protestante, ni en el concordismo artificial entre la ciencia y la fe revelada que se buscó en el s. XIX, ni en el rechazo de todo lo bueno que pueda aportar la correcta ciencia bíblica.

- Se acepta la colaboración y utilidad de las ciencias positivas históricas y del lenguaje, así como de la sana filosofía, sobre la base de que la verdad es única y no puede contradecirse ni por la buena ciencia ni por la sana teología. Pero no se aceptan las imposiciones de teorías ni ideologías aprioRÍSTICAS y de origen agnóstico o protestante, que se alejan de la verdad y acaban destruyendo la fe de la Iglesia.

- Se rechazan los abusos y herejías a que ha dado lugar la aceptación ciega del método histórico–crítico en todas las ramas de la teología.

.

Capítulo 3

Síntesis de los libros de la Biblia. Antiguo Testamento

Aunque cada uno de los libros que componen la Biblia merecerá un tratamiento mucho más profundo y amplio en los cursos correspondientes de Sagrada Escritura en su parte especial, sin embargo debemos procurar tener una visión global de la misma, por lo que parece conveniente hacer una breve presentación del descripción del contenido y naturaleza de cada uno de sus libros.

El objetivo es conocer lo que la Biblia dice y dónde lo dice a grandes rasgos. De modo que cuando profundicemos en algún aspecto tengamos:

- Una referencia segura de lo que estamos hablando.

- Una visión de conjunto de toda la obra.[1]

El Antiguo Testamento

3.1 El Pentateuco

3.1.1 Generalidades

El Antiguo Testamento comienza con un conjunto de cinco libros al que los griegos le dieron el nombre de "Pentateuco" ("penta" = cinco; "teukhos" = instrumentos, o estuches para rollos de papiro, y finalmente libros).[2]

Los judíos hablaban de la "Torah", la Ley, y los cinco libros eran cada uno un quinto de la Ley.

Como sabemos, los judíos los designaban simplemente por sus primeras palabras (o sus palabras más significativas). Los griegos qui-

---

[1]Sigo las descripciones y explicaciones de M. A. Ferrando (*Iniciación...*, cit., págs. 14–130), en ocasiones al pie de la letra, y al mismo tiempo descartando algunas limitaciones de la perspectiva del autor y resumiendo algunos detalles. También he introducido algunas ampliaciones que me parecieron oportunas. La bibliografía sobre el contenido de los libros sagrados, como puede imaginarse, es inabarcable. Son recomendables los libros de M. A. Tábet: *Introducción al Antiguo Testamento I. Pentateuco y libros históricos*, Madrid, Palabra, 2008; Id.: *Introducción al Antiguo Testamento II. libros proféticos*, Madrid, Palabra, 2009; Id.: *Introducción al Antiguo Testamento III. Libros poéticos y sapienciales*, Madrid, Palabra, 2007. Con utilidad y de un modo práctico, puede profundizarse la información con las introducciones a cada libro sagrado que aparecen en las traducciones que se aconsejan en este tratado, en particular, *La Sagrada Biblia de la Universidad de Navarra*, en cinco vols., Pamplona, Eunsa, 2004; *la Biblia de Jerusalén* original francesa, y la *Sagrada Biblia–Versión crítica sobre los textos hebreo, arameo y griego* de Cantera–Iglesias. También los artículos correspondientes de las enciclopedias recomendadas en la Presentación de este manual.

[2]Datos generales de H. Cazalles: *La Torah o Pentateuco*, en A. Robert – A. Feuillet: *Introducción...*, cit., págs. 274ss.

sieron darle un título que expresasen algo de su contenido, y las traducciones latinas adaptaron el nombre griego al latín. El primer libro, "Génesis", describe los orígenes del mundo, la humanidad y el pueblo escogido. El segundo, "Éxodo", trata de la salida del Egipto. Luego viene el "Levítico" en el que se expone el ritual (sacerdotes levitas, procedentes de la tribu de este nombre). Le siguen los "Números" que deben su nombre a los censos de que hacen mención. Por fin, el "Deuteronomio", una segunda ley que parece completar en las llanuras de Moab las prescripciones dadas por Moisés en el Sinaí.

Estos libros están encadenados entre sí y en ellos se puede encontrar una trama seguida de acontecimientos desde la creación del mundo a la muerte de Moisés.

El contenido de estos libros ha sido considerado siempre como la Ley de Israel, y, de hecho, en ellos se encuentra la colección fundamental de textos legislativos de la Biblia. Fuera de ellos solo hay algunas leyes en ciertos versículos del libro de Josué (20: 4–6, cf. Num 35: 9ss), y en el plan expuesto en el libro de Ezequiel (cap. 40–48). Así se tuvieron desde el principio, como demuestran los siguientes datos:

- Fueron libros canónicos tanto para los judíos como para los samaritanos.

- El nieto de Ben Sirá distinguía entre la "Torah", los "profetas" y "otros libros" al redactar hacia el año 130 el prólogo a su traducción del Eclesiástico (Eclo. Prólogo: 1).

- La traducción de los LXX comprendía en sentido estricto solo el Pentateuco.

- En el Nuevo Testamento se habla de la "Ley" y "los Profetas" (Mt 5:17; Lc 16:16); la "Ley" es lo dado por Moisés (Lc 24:44), lo cual es confirmado por San Juan (1:17.45; 7:19; etc.).

- El judaísmo posterior le otorga un rango sin igual a la "Torah" por encima del resto de los libros canónicos.

Una ley representa la estructura de un pueblo, presenta las normas de su vida social. Así la "Torah" forma la base de la vida de Israel. El Pentateuco tiene por fin darnos a conocer:

- Constitución del pueblo de Dios.

- Revela la existencia de un pueblo de Dios en medio de otros pueblos.

- Manifiesta las condiciones de su elección.

3.1.2 Génesis

Está compuesto de dos partes desiguales.

La primera abarca los capítulos 1–11, que tratan de la primitiva historia de la humanidad e introduce el tema de la historia de la salvación que será básico en toda la Biblia, pues nos habla de:

- La creación del universo y de la humanidad (1–2).

- El pecado y sus consecuencias (3–5).

- El incremento de la maldad humana y del castigo del diluvio (6–7).

- La repoblación de la tierra con Noé y sus descendientes (6–10).

- Con el objetivo de presentar finalmente la historia de la Torre de Babel y las genealogías que llegan al patriarca Abram (11).

La segunda parte contiene los capítulos 12–50 y trata de la historia de los patriarcas, los grandes antepasados de Israel:

- Abraham es el hombre de fe, y Dios le recompensa con la promesa de una descendencia para sí (Isaac) y para sus descendientes con la tierra prometida (12:1 a 25:18). Destacan las siguientes historias, que serán reinterpretadas y meditadas por muchos libros del Antiguo y del Nuevo Testamento:

  - Partida de Abram (12).

  - Alianza de Dios con Abram (15).

  - Agar e Ismael (16).

  - Nuevo pacto de Dios y Abraham. La circuncisión (17).

  - La teofanía de Mambré: tres varones (18).

  - Destrucción de Sodoma y Gomorra (19).

  - Isaac e Ismael (21).

  - Sacrificio de Isaac (22).

  - Desposorios de Isaac y Rebeca (24).

  - Muerte de Abraham (25).

- La figura de Isaac es descrita más en relación a su padre, Abraham, y a su hijo Jacob que por sí misma (capítulos 24, 26 y 27).

- Jacob es el hombre astuto, que suplanta a su hermano Esaú, engaña a su padre Isaac para que le dé la bendición de primogenitura y sobrepasa en astucia a su tío Labán que no tiene escrúpulos. Pero toda su astucia no hubiera servido de nada si Dios antes de su nacimiento no le hubiera preferido a Esaú o renovado su promesa otorgada a Abraham (capítulos 27–36).

- Los doce hijos de Jacob representan a los antepasados de las doce tribus de Israel.

- Los capítulos finales del Génesis (37 a 50, excepto 38 y 49) están dedicados enteramente a uno de ellos, José, el hombre de la sabiduría. El ciclo dedicado a José, a diferencia de las historias anteriores, se desarrolla sin una intervención visible de parte de Dios y sin ninguna nueva revelación.

3.1.3 Éxodo

Junto con Levítico y Números está estructurado sobre la vida de Moisés. Los tres libros muestran la formación del pueblo elegido y cómo se constituyó su ley social y religiosa.

El Éxodo está dedicado a dos temas principales: la liberación de Egipto (1:1 a 15:21) y la Alianza sinaítica (19:1 a 40:38). Un tema secundario, el viaje a través del desierto, conecta a los dos anteriores (15:22 a 18:27).

Moisés después de recibir la revelación del nombre de Yahveh en la montaña de Dios, conduce a la misma a los israelitas tras lograr su liberación. En una teofanía majestuosa, Dios concluye una alianza con su pueblo y proclama sus leyes. La alianza es rota casi tan pronto como fue hecha, y el pueblo adora al becerro de oro. Pero Dios perdona los pecados de su pueblo y renueva la alianza. Después sigue una serie de ordenanzas regulando la práctica del culto en las condiciones del desierto.

Son de particular importancia para escritos posteriores de la Biblia, los siguientes capítulos:

- El nombre de Yahveh (3).

- Liberación de la cautividad del faraón (1–13).

- La celebración de la Pascua (12).

- Paso del Mar Rojo (14).

- Las codornices y el maná (16).

- Las aguas de la roca de Horeb (17).

- El Decálogo (20).

- Ratificación de la Alianza con sacrificio de sangre (24).

- Violación del pacto y adoración del becerro de oro (32).

- Perdón de Dios (33) y renovación de la Alianza (34).

3.1.4 Levítico

Está dedicado casi por entero a la legislación, y rompe el hilo narrativo de los libros que le preceden y siguen.

Su contenido es como sigue:

- Sacrificios rituales: holocausto, oblación, sacrificio pacífico, expiatorio, etc. (1–7).

- Ceremonia de la investidura sacerdotal descrita en términos de la consagración de Aarón y sus hijos (8–10).

- Ordenanzas relativas a las cosas puras e impuras (11–15).

- Ritual del gran Día de la Expiación (16).

- El "Código de Santidad" (17–26).

- Condiciones para redimir a personas o animales consagrados a Dios (27).

3.1.5   Números

Resume la historia del viaje por el desierto del pueblo de Israel. Hay un preludio de la partida del Sinaí con el censo del pueblo (1–4) y las ofrendas de bienes con ocasión de la dedicación del lugar (7). Se celebra la segunda Pascua y tras dejar la montaña santa (9–10), el pueblo llega a Kadesh después de varios altos en el camino. Hay un intento fallido de entrar en la tierra de Canaan por el sur (11–14). Después de una larga estancia en Kadesh, el pueblo retoma su viaje hasta que alcanzan las llanuras de Moab, opuestas a Jericó (20–25). Los madianitas son derrotados y las tribus de Gad y Rubén se asientan en Transjordania (31–32). El capítulo 33 está dedicado a un resumen de los campamentos realizados a lo largo de todo el camino entre Egipto y Moab.

Entremezclados con la narración existen varias leyes rituales, bien para completar el código sinaítico o para preparar la colonización de Canaan:

- Expulsión de los impuros, ley del nazareato, etc. (5–6)

- Consagración de los levitas (8).

- Funciones y derechos de los levitas, etc. (15–19).

- Distinta clase de sacrificios (26–30).

- Ciudades levíticas y de asilo, etc. (34–36).

3.1.6   Deuteronomio

Tiene una estructura propia. Es un código de leyes civiles y religiosas (12 a 26:15), enmarcado dentro de un discurso muy largo de Moisés (capítulos 5–11 y 26:16–28). Todo el material está precedido por otro discurso más breve de Moisés (1–4) y seguido por un tercer discurso (29–30). Todo se cierra con unas secciones dedicadas a los últimos días de Moisés: la elección de Josué como sucesor, el cántico y bendiciones de Moisés y su muerte (31–34). El código del Deuteronomio es una nueva aprobación parcial de las leyes promulgadas en el desierto.

Los discursos de Moisés conmemoran los grandes eventos del Éxodo, del Sinaí y de los principios de la conquista, explicando la significación religiosa de los mismos, resaltando la importancia de la Ley y exhortando al pueblo elegido a ser fiel a Yahveh.

3.2   Los libros históricos (los *Libros Proféticos Anteriores*)

En la Biblia hebrea, los libros de Josué, Jueces, 1 y 2 de Samuel y 1 y 2 de Reyes se llaman los "Profetas Anteriores", y los libros de Isaías, Jeremías, Ezequiel y los doce profetas menores constituían los "Profetas Posteriores". La razón de la adscripción de estos libros históricos a los profetas, es múltiple:

1. Creencia de que tuvieron a profetas por autores: Josué el libro de su nombre; Samuel para Jueces y los libros de Samuel; Jeremías para Reyes.

2. Parentesco de estos libros con el mensaje de los profetas.

3. En muchas de sus páginas aparecen los profetas actuando.

La finalidad de estos libros era subrayar las lecciones de la historia: la infidelidad a la alianza fue siempre perniciosa para el pueblo escogido.

3.2.1 Josué

Relata la obra del sucesor de Moisés.
Consta de los siguientes contenidos:

- Prólogo: empalma con la obra de Moisés (1).

- Relato de la conquista de la tierra prometida, con algunos relatos significativos y algunos sumarios (2–11). Es necesario recalcar que muchas de las acciones que se narran aparecen como hazañas militares y acciones litúrgicas a la vez (vgr. el paso del Jordán con diferentes acciones religiosas o la toma de Jericó).

- Repartición de la Tierra Prometida entre las tribus (13–21).

- Discursos y datos finales: Josué resume su obra y previene contra el peligro de contaminación que corre Israel en medio de las naciones (23); discurso en Siquén sobre la obra de Yahveh desde Abraham hasta el reparto de la tierra prometida, insistiendo en la necesidad de ser fieles a Yahveh y no a los otros dioses (24); noticia sobre la sepultura de Josué, José y el sacerdote Eleazar (24).

3.2.2 Jueces

Los jueces son unos cuantos héroes cuyas hazañas se refieren en el libro. No son magistrados propiamente sino hombres fuertes que restablecen la situación comprometida de una o varias tribus de Israel creada por la opresión de pueblos vecinos y por la infidelidad de la tribu misma.

Su contenido es como sigue:

- Introducción histórica (1 a 2:5). Sumario de la instalación de las tribus en Canaán; éstas actúan separadamente, avanzan lentamente y sufren reveses, con lo que se manifiesta la situación difícil de los israelitas en esta época y da razón de la existencia de los jueces.

- Prólogo doctrinal que enlaza con el final de Josué y sugiere las lecciones que se desprenden de los relatos que siguen: los israelitas conocieron la opresión de sus enemigos porque habían abandonado a su Dios por los dioses cananeos; Yahveh, conmovido por sus gemidos, les envió jueces para liberarlos; pero, una vez muerto el juez, recaían y hacían cosas peores.

- Historia episódica de cierto número de jueces:

  - Seis jueces menores: Samgar (3:31), Tola y Yaír (10: 1–5), Ibsan, Elón y Abadón (12: 8–15).

  - Seis jueces mayores con relatos extensos: Otniel (3: 7–10); Ehúd (3: 11–30); Débora y Baraq (4–5); Gedeón y Abimelek (6–9); Jefté (10: 6–12:7); Sansón (13–16).

- Apéndices finales que relatan la anarquía que reinaba en Israel en aquella época (17–21).

3.2.3 Libros de Samuel

Primitivamente ambos formaban una sola obra. Cuando se tradujeron al griego se escribieron en dos rollos de la misma longitud más o menos, división que se acabó imponiendo hasta en la Biblia hebrea del s. XV.

Por otro lado, en la edición griega se unieron al libro de los Reyes, dividido a su vez en dos volúmenes. La *Vulgata* adoptó esta presentación, donde el libro de Samuel aparece como el primero y segundo de los Reyes, y así se encuentra todavía en algunas ediciones de la Biblia.

Aunque lleva el nombre de Samuel (por pensar que fue escrito por este profeta) no narra únicamente la historia de él, que en realidad solo ocupa los quince primeros capítulos del primer libro.

Contenido:

- Samuel (1 Sam 1–7). El voto de su madre, su nacimiento, su infancia en el santuario de Silo, confidente e intérprete de Dios, pérdida del Arca de la Alianza capturada por los filisteos quienes tras las desgracias que les acarrea el tenerla se desprenden de ella. Samuel es considerado un "juez" por ser el libertador de su territorio.

- Samuel y Saul (1 Sam 5–15). El pueblo reclama un rey. Samuel se niega. Pero encuentra a Saul, a quien unge secretamente rey en Gilgail. Saul es presentado a todo el pueblo en Mispá. Saul hace la guerra contra los filisteos y los amalecitas pero por no haber cumplido las órdenes de Dios y su profeta, es rechazado.

- David y Saul (1 Sam 16–2 Sam 1). Unción real secreta de David. Servicio de David a Saul como escudero. David y Goliat. Amistad con Jonatán. Celos de Saul e intentos de perder a David. Fuga de David. Persecución de Saul y perdón de David cuando podría matarlo. David se refugia entre los filisteos, pero no lucha contra Israel. Los filisteos derrotan a Israel y mueren Saul y Jonatán. Elegía de David.

- David Rey (2 Sam 2–20): La tribu de Judá consagra a David como rey en Hebrón, mientras que un hijo de Saul, Isbaal, es proclamado rey de Israel. Tras varias luchas, David es proclamado rey de Israel también. Hechos memorables que evocan la grandeza de su reinado: toma de Jerusalén, guerra contra filisteos, traslación del Arca a Jerusalén, oráculo de Natán, etc. Crónica familiar de David: pecado de David, nacimiento de Salomón, sublevación de Absalón, situación crítica de David, victoria final de David, sublevación de las tribus de Israel (norte) y reducción de la misma.

- Suplementos (2 Sam 21–24), con noticias variadas (muerte de los descendientes de Saul, empadronamiento, listas de hazañas contra filisteos, etc.).

3.2.4 Libros de los Reyes

Refieren la historia de los reyes de Judá e Israel desde la muerte de David hasta la cautividad de Babilonia.

La división en dos libros es artificial. Se remonta a los LXX, quienes distribuyen al libro de los Reyes en dos rollos, uniéndolos a Samuel y recibiendo todos el nombre de "Libro de los Reinados". La *Vulgata* transmite esta división. Así los libros 1 y 2 de Reyes del hebreo corresponden a los 3 y 4 de la Biblia *Vulgata*.

Contenido:

- Historia de Salomón (1 Re 1–11). Intrigas en su elección; magnificencia de su reinado; manifestación de la sabiduría otorgada por Dios; riqueza y gloria por las construcciones que emprende; su castigo por la condescendencia con los falsos cultos de sus mujeres (enemigos exteriores y levantamiento de Jeroboam).

- Los dos reinos (1 Re 12 a 2 Re 17). División del reino: las diez tribus del norte eligen a Jeroboam, mientras que el hijo de Salomón, Roboam, conserva solo a Judá. El cisma político va acompañado de un cisma religioso condenado por los profetas. La existencia de dos reinos es evocada por una serie de noticias consagradas a cada rey, clasificadas en orden cronológico. Un lugar muy destacado ocupa la crónica de los profetas Elías y Eliseo. Esta parte acaba con la toma de Samaría por los asirios, y las reflexiones morales sobre las infidelidades morales y religiosas que sanciona el libro.

- Reino de Judá hasta la cautividad (2 Re 18–25). El relato se detiene en Ezequías por razón de su fidelidad religiosa y sus relaciones con Isaías (18–20), y en Josías (22–23) por su reforma en base al libro de la Ley descubierto en el templo. Toma de Jerusalén por Nabucodonosor, primera deportación bajo Yoyaquim, revuelta de Sedecías, saqueo de la ciudad y segunda deportación.

Los libros son una interpretación de la historia a la luz de la doctrina del Deuteronomio. Quiere mostrar que durante el periodo de la monarquía una serie de infidelidades al culto del verdadero Dios y a las prerrogativas del templo condujeron a los dos reinos a su ruina, a pesar de los esfuerzos de los profetas y de algunos reyes por atraer de nuevo al pueblo a la obediencia. No es Dios el que ha sido infiel, sino el pueblo.

3.3   Libros proféticos (o *Profetas Posteriores*)

Los profetas han sido llamados los "inquietadores de Israel" (Darmesteter), los guías espirituales de la teocracia, los que mantienen la alianza, los fundadores del porvenir. Hombres con un mensaje, hombres de espíritu, estos inspirados se adelantan a su tiempo, presienten la religión del mañana, que enlazan con la de ayer. Sus sentimientos vibran al unísono con el del Dios viviente, tienen horror a todo lo que atenúa la palabra de Dios: casuística, diplomacia. Finalmente, la percepción y la comunicación de su mensaje son favorecidos por los trastornos de la historia y el clima catastrófico en que hallan sus temas de predicación. El fenómeno profético es el centro del Antiguo Testamento.[3]

Se distinguen los profetas en oradores y profetas escritores; pero la aparición de estos últimos en el siglo VIII es un hecho accidental. El libro solo tenía significado como prolongación de la predicación, y los profetas puramente oradores continúan después de Amós: Jonás (2 Re 14:25), Urías (Jer 26: 20–23), Holda (2 Re 22: 14–20).

Los profetas oradores más importantes ocurren desde Samuel a Amós. Son de destacar:

- Natán (2 Sam 7: 1–7; 12: 1–15; 1 Re 1–2).

- Gad (1 Sam 22:5).

- Ahiyyá de Silo (1 Re 11: 29–39).

- Miqueas ben Yimlá (1 Re 22).

- Las organizaciones de "los hijos de profetas" (2 Re 2; 4: 38–41; etc.).

- Elías (1 Re 17 a 2 Re 2).

- Eliseo (2 Re 2–8).

Los profetas escritores se suceden en cuatro grupos:

1. Grupo del siglo VIII:

   - Amós.
   - Oseas.

---

[3]Cfr. A. Gelin: *Libros Proféticos Posteriores*, en A. Robert–A. Feuillet: *Introducción...*, cit., págs. 436–437.

- Miqueas.
- Isaías (1–39).[4]

2. Grupo de los siglos VII y VI:

- Sofonías.
- Nahum.
- Habacuc.
- Jeremías.

3. Grupo de la cautividad:

- Ezequiel.
- Deutero-Isaías (40–55).

4. Grupo de la época persa:

- Ageo.
- Zacarías.
- Tercer Isaías (51–66).
- Malaquías.
- Jonás.
- Joel.
- Abdías.
- Zacarías (9–14).

Este fenómeno se produce desde Samuel hasta la vuelta del destierro de Babilonia (siglos XI al V a JC.).

---

[4]El llamado "Proto–Isaías" por aquellos biblistas que distinguen tres autores del libro de Isaías, pertenecientes a tres épocas diferentes. Cfr. *infra*.

Conviene recordar algunos datos históricos importantes para ubicar los libros que ahora tratamos:

A.- La División del Reino de Salomón[5]

A la muerte de Salomón, los israelitas del Norte piden al sucesor Roboam que suavice la opresión que sobre ellos había impuesto su padre. La petición no es escuchada por Roboam, por lo que los israelitas del Norte le retiran su obediencia y eligen rey a Jeroboam, un antiguo ministro de Salomón. Con esto, las tensiones que siempre existieron entre las tribus del Norte y Judá (que había absorbido a la tribu de Simeón), se consuman en la división del reino. Ahora hay dos reinos: el del Norte, el de "Israel" (llamado a veces de "Efraim" por ser ésta la tribu preponderante) y el del Sur, el de "Judá".

Al cisma político sigue el religioso. Jeroboam coloca un ídolo en el antiguo santuario de Betel, un becerro de oro que quiere ser representación de Yahveh. Evita así las peregrinaciones del pueblo a Jerusalén, centro de la antigua monarquía unida, pero sienta las bases para un peligroso sincretismo entre el culto a Yahveh y los cultos cananeos.

B.- El Reino de Israel hasta la Caída de Samaría (932—721 a JC)

Desde la primera mitad del s. IX este reino tiene por capital Samaría.

La secesión de Jeroboam beneficia a los grandes terratenientes y comerciantes. Con el dinero crecen las injusticias y la corrupción. Hay monarcas que son grandes políticos y economistas, como Omri y Jeroboam II. Pero sólo consiguen detener algún tiempo la decadencia. Las dinastías se suceden unas a otras y todas terminan con el asesinato del rey de turno y de sus hijos.

Mientras el imperio egipcio se debilita continuamente y no tiene el poder y esplendor de antaño, crece otro imperio que pasará a la historia por su crueldad, el de Asiria.

Los reyes de Israel no perciben el peligro asirio y se enzarzan pequeñas guerras locales. Cuando la amenaza asiria llega, hacen alianza con el débil Egipto contra el poder asirio. Egipto e Israel atacan a Judá y éste pide ayuda a Asiria que aprovecha la ocasión para intervenir en Palestina. Como consecuencia cae Samaría en manos de Sargón II (a. 721 a JC). Muchos judíos son deportados y sustituidos por colonos extranjeros. El reino de Israel se convierte en provincia del imperio con un gobernador asirio al frente.

Ya antes, la religión en el Norte palidece, y desde el santuario de Betel se extiende el sincretismo religioso en el que el culto a Yahveh se reviste de formas típicas del

---

[5]La descripción de los datos históricos, en su gran mayoría, están tomados de M. A. Ferrando: *Iniciación...*, cit., págs. 25–57.

culto cananeo de Baal. Se produce un punto de inflexión cuando Jezabel en una ocasión organiza una matanza de profetas fieles a Yahveh.

Elías ejerce su acción profética en la primera mitad del siglo IX y Eliseo, su discípulo, en la segunda. Son ellos los que defenderán la pureza del yahvismo en este tiempo. Elías vivirá lleno de peligros y de desafíos constantes. Se enfrenta con Jezabel y su vida corre peligro más de una vez. Eliseo parece ser jefe de uno de los grupos de profetas. Ambos realizan grandiosos milagros pero tienen también gestos violentos para ayudar a defender la verdadera fe.[6]

Amós y Oseas serán los profetas que viven y realizan su ministerio en el Reino del Norte durante la segunda mitad del s. VIII. Son los primeros profetas escritores.

C.- *El Reino de Judá hasta la caída de Samaría (932—721 a JC)*

En el reino del Sur, Judá, la situación es mucho más estable que en el Norte durante casi todo el siglo VIII. Hay pequeñas guerras y alianzas con el reino de Israel y con los árabes del Sur, sin mayor trascendencia. Al estar en una región más aislada de los grandes centros comerciales y de las influencias paganas, la vida es más tranquila y no hay ni un solo cambio de dinastía: todos los reyes son descendientes directos de David, lo que produce una situación muy equilibrada políticamente. La mayor parte de estos monarcas son sinceros yahvistas, relativamente fieles a las exigencias de la Alianza.

Sin embargo, progresivamente desde la mitad del mismo siglo, Judá se ve envuelto en parecidas dificultades a las que sufre el Reino del Norte, pues se relajan los lazos sociales, aumentan las injusticias y, ante la creciente presión asiria, se busca apoyo en alianzas con otros pueblos, que al final serán desastrosas para el pueblo judío. Este es el marco de la predicación de los profetas Miqueas e Isaías.

D.- *El Reino de Judá desde la caída de Samaría a la caída de Jerusalén (721—587 a JC)*

Durante este periodo el Reino de Judá es gobernado por varios monarcas:

- Ezequías (716–687 a JC): la extensión del reino queda reducida a Jerusalén y sus alrededores; los judíos sufrirán la presión anexionista de Asiria, aunque consiguen mantener su independencia. Ezequías será un rey bueno, fiel a Dios

---

[6]Los defensores de la teoría documental para la composición de algunos libros del antiguo Testamento centran en este reino del Norte y antes de la caída de Samaría la redacción de la llamada "tradición Elohísta" una de las fuentes del Pentateuco, caracterizada por el uso del nombre de "Elohim para referirse" a Dios. La llamada "tradición yahvista" se compuso durante el reinado de Salomón, caracterizada por el uso del nombre de "Yahveh" para Dios; se designa con la letra "J".

y que intenta hacer una profunda reforma de la vida religiosa. Los defensores de la teoría documental, ubican en este momento la composición definitiva del Deuteronomio, realizado probablemente por sacerdotes del Norte, fieles a Yahveh, que se refugian en Jerusalén después de la caída de Samaría.[7]

- Manasés (687–642 a JC): es un rey impío, que introdujo los cultos astrales de origen mesopotámico, tal vez aceptados como signo de vasallaje con respecto a los reyes de Nínive. Sus pecados serán gravísimos. El profetismo casi desaparece durante este reinado.

- Josías (640–609 a JC): monarca piadoso que intenta, con la ayuda de los sacerdotes y de los profetas (Sofonías, quien profetizó durante la menor edad del rey; Jeremías; Habacuc; etc.), una reforma religiosa inspirada en el Deuteronomio, descubierto en una de las dependencias del templo. La situación política es difícil y el rey no supo valorarla con precisión. En efecto, en este tiempo Asiria ya está en decadencia, y el imperio que surge con fuerza es el de Babilonia, el caldeo. Aprovechando la situación, el faraón de Egipto se alía con Asiria para luchar contra Babilonia, pero son derrotados. Josías, en cambio, lucha contra Egipto pero es derrotado y muerto.

- Reyes de Judá entre 609–598 a JC. Este periodo acaba en el momento en que Nabucodonosor, rey de Babilonia conquista por vez primera Jerusalén y se produce la primera deportación de judíos a Babilonia. Época marcada por el mandato de monarcas sin importancia ni visión política que se empeñan en hacer alianza con el faraón de Egipto contra los caldeos. Es el momento en que el profeta Jeremías intenta, por primera vez, avisar a sus compatriotas..., sin éxito.

- Sedecías (597–587 a JC) es el último rey de Judá. Es el tiempo de máxima actividad del profeta Jeremías, quien aconseja la sumisión a los caldeos, se enfrenta con el jefe de los profetas de la Corte, Jananías, cuya muerte es predicha por Jeremías, y es rechazado por los profetas de su tiempo. Sedecías y otros reyes hacen una coalición contra Nabucodonosor, la que termina con el sitio de Jerusalén (587); el pueblo reacciona bien, haciendo penitencia y, con la conversión del pueblo, se produce el levantamiento del sitio. Ante tal alivio, el pueblo se relaja y vuelve a caer en el pecado. Jeremías sigue con su calvario,

---

[7]Según los defensores de la teoría documental del Pentateuco, de esta época sería la tradición deuteronómica. El libro queda olvidado tal vez por culpa de estos sacerdotes y por el momento de impiedad de Manasés, y será re–descubierto en tiempos de Josías, sirviéndole como fundamento de su reforma religiosa.

pues es acusado de traidor por aconsejar la sumisión a los caldeos.[8] Tras una última entrevista de Jeremías con Sedecías donde le vuelve a aconsejar la sumisión, el rey se opone, y Jerusalén es arrasada y el templo destruido por el fuego. El rey es condenado a perder sus ojos, no sin antes asistir al degüello de sus hijos. Los judíos son deportados a Babilonia.

- Interregno de Godolías, impuesto por Nabucodonosor sobre un resto de judíos dejados para cultivar las tierras. Asesinato de Godolías y huida del resto a Egipto, en contra de los consejos del profeta Jeremías a quien no hacen caso. Vida en Egipto donde es arrastrado el anciano y fracasado profeta. Sus hermanos de raza apostatan de Yahveh. Hay una tradición que dice que el profeta muere en Egipto apedreado por sus conciudadanos cansados ya de oírle.

E.- El Destierro

Tras la destrucción de Jerusalén, los judíos han sido deportados a Babilonia. El antiguo reino de Judá ha quedado prácticamente sin habitantes. Los caldeos, a diferencia de lo que hicieron los asirios con Samaría, no llevan colonos extranjeros a las tierras abandonadas. Hay un pequeño resto en Egipto. Pero la comunidad restaura su esperanza en Babilonia entre los años que dura el destierro: desde 598 (primera oleada) y 597 (segunda oleada) hasta el 538.

Ha sucedido lo que parecía imposible: la destrucción del Templo y la extinción de la dinastía davídica. Ello ha significado el derrumbamiento de todas las instituciones que aparentemente dan coherencia a un pueblo: la patria soberana, un gobierno propio, un santuario nacional. Pero Israel sobrevive.

Los judíos digieren poco a poco su derrota. Toman conciencia clara de su superioridad religiosa sobre sus vencedores, a pesar del poderío político, económico y social de éstos. Se van dando cuenta de la verdad de su elección como pueblo de Dios, de que las amenazas proferidas por los profetas no eran exageraciones de espíritus calenturientos. Sacan una conclusión impecable: si las amenazas resultaron verdaderas también lo serán las promesas de restauración. Israel se siente ahora orgulloso de sus tradiciones y de su pasado, seguro y esperanzado frente al porvenir.

Para no desaparecer, Israel:

- Edifica el primer ghetto, la primera judería de la historia.

---

[8]Como consecuencia es encerrado en un sótano quien ruega al rey que lo saque de allí, tras lo cual vuelve a predicar la sumisión, por lo que es arrojado a una cisterna con barro de donde es salvado por el rey.

- Va a acentuar la fidelidad a unas prácticas que subrayan la separación de la comunidad judaica, cuyos miembros evitarán mezclar su sangre con la de los pueblos vecinos de otra religión. Estas prácticas son el descanso sabático, la abstención de determinados alimentos, la circuncisión, y, en definitiva, la fidelidad a la Ley del Sinaí. La fidelidad a cada uno de estos preceptos es, para el desterrado, un lazo más que le liga con el Dios y con el pueblo de la Alianza, una barrera más que defiende su identidad.

- Al mismo tiempo los sacerdotes empiezan a cobrar una importancia decisiva como medio de salvaguardar esos ideales.

- Leyes, amenazas, promesas aparecen recordadas en las tradiciones orales y escritas. Sobre todo las escritas serán objeto de una atención especial. El pueblo judío se va a convertir durante el destierro en *el pueblo del Libro.*

- Una institución nueva va a dar coherencia a los esfuerzos comunes por sobrevivir: la sinagoga. Esta no es un templo donde se ofrecen sacrificios, sino un lugar de reunión ("sin–agoga", es griego, y significa lugar de reunión). Los sábados acuden los judíos a dos cosas: a orar en común y a escuchar la lectura y explicación de la Ley y los Profetas.

- El culto sinagogal, simultáneo en diferentes lugares, exige la multiplicación de copias de los libros sagrados.

En esta época nacen el libro del profeta y sacerdote Ezequiel y la parte del Deuteroisaías del libro de Isaías (Is 40–55).[9]

F.- La Época Persa (siglos VI–IV a JC)

Al imperio caldeo o babilónico le sucede el imperio Persa, cuyo rey Ciro en el año 538 dejará que los judíos desterrados vuelvan a Palestina, aunque sin tener independencia política (los antiguos reinos de Israel y de Judá se integran en la quinta Satrapía del imperio persa y dependen de un gobernador no judío con sede en Samaría). Los persas son tolerantes en materia religiosa y dejan a los judíos que sigan tranquilamente su Ley y sus peculiares costumbres, pero les prohíben tener una política exterior independiente y hacer guerras por su cuenta.

---

[9]De este tiempo es también la tradición sacerdotal del Pentateuco para los defensores de la teoría documental. Se denomina con la letra "P" del alemán "priester", y recoge una gran síntesis de la historia y de la legislación de los primeros tiempos de Israel para salvar el espíritu del Pueblo de Israel frente a los peligros de desaparición y confusión por el Destierro babilónico. A esta tradición pertenecería el Levítico, más de la mitad del Éxodo y buena parte de Números, con algunas secciones del Génesis.

Es una larga época de relativa paz. Con todo, la vida de los que regresan del destierro no es fácil porque los campos están abandonados y los edificios en ruinas. Por el sur sufren incursiones de los árabes de Edom, que quieren impedir la reconstrucción del templo, lo que obliga a los judíos a trabajar en la reconstrucción con dificultad y teniendo que defenderse. El templo queda terminado el año 515 y las murallas de Jerusalén el 445.

Al final de este período se escriben los libros de Esdrás y Nehemías, donde se narran pequeños incidentes a mediados del s. V cuando los judíos reconstruyen las murallas de su ciudad.

Hay una aceptable situación religiosa, porque se produce una intensa devoción a la Ley, y los sacerdotes y los levitas aseguran un culto regular en el nuevo templo. El pueblo da frecuentes señales de tibieza, pero los cultos cananeos prácticamente desaparecen.

La actividad literaria de este periodo es intensa e importante, sólo que ha perdido la espontaneidad y la fuerza de otras épocas. Va acabando el fenómeno del profetismo (de esta época son los últimos profetas escritores: Ageo, Zacarías, el tercer Isaías, Malaquías, Joel, Abdías), mientras florece el género sapiencial. Se nota el peso de las escuelas dirigidas por los escribas. Los libros antiguos son bien conocidos y a veces se les imita. Es característico un estilo "antológico" hecho de expresiones tomadas de obras anteriores.

3.3.1   Profetas del s. VIII

Amós (Reino del Norte), el profeta ganadero

Es de Tecoa y se dedica a la ganadería cuando es llamado al ministerio profético. Predica en la puerta del templo cismático de Betel durante el reinado de Jeroboam II (c. 750), pero su actividad dura muy poco porque el rey y los sacerdotes le obligan a callarse. Su mensaje es tajante, pues por un lado, denuncia la falsa seguridad de una corte brillante y corrompida, y por otro, critica la existencia de un culto exterior privado de espíritu que en realidad solo sirve para adormecer las conciencias. También condena las injusticias sociales. Uno de sus temas más destacados es el de la justicia de Yahveh, quien es el soberano Señor de la historia; Él castiga a las naciones y va a castigar a Israel: el día de la cólera divina es llamado el "día de Yahveh" (5: 18–26) y la venganza será ejercida por los asirios, un pueblo a quien Dios mismo llama. Solo queda una esperanza de salvación para un pequeño grupo, un "resto" de israelitas (9: 8–12).

El estilo oral es característico de este profeta, quien se sirve de fórmulas mnemotécnicas: "por tres crímenes... y aun por cuatro..." (cfr. 1: 3ss, 2: 1ss, etc.). Manifiesta gusto por el ritmo, la fórmula repetitiva, el juego de palabras (8:2), la aliteración (5:5), etc.

Oseas (Reino del Norte, Israel), el profeta del amor

Se le considera un judío de buena posición social, con una acentuada sensibilidad. Su ministerio, probablemente, transcurre entre los años posteriores al profeta Amós y la caída de Samaría.

El libro se puede dividir en dos partes que se cierran con un epílogo:

1. La primera parte (1–3) está dedicada al drama de su vida matrimonial.

   En primer lugar, Dios manda al profeta que tome a una mujer prostituta que le da tres hijos cuyos nombres son simbólicos, pero que le es infiel y le abandona; cuando la mujer decide volver a casa tras varios años de ausencia, Yahveh da la orden al profeta de recibirla, aunque éste dude en hacerlo, gesto que será una metáfora de lo que Dios quiere hacer por su pueblo infiel: recibirlo y perdonarlo de corazón (cfr. 2: 16–25) a pesar de sus idolatrías que para el Señor son como adulterios.

   En segundo lugar, Dios manda al profeta que se case con una mujer que cayó en adulterio. Con esto entra de lleno en la Biblia un tema fundamental: el de las relaciones de Dios con su pueblo como unas relaciones matrimoniales.

2. La segunda parte reúne varios oráculos (4–13) contra el rey, los grandes y los sacerdotes que conducen al pueblo a la ruina; ataca las alianzas políticas con otros pueblos; censura el culto que no es sino idolatría y desenfreno; vaticina el destierro, pero también el perdón. Contiene uno de los poemas de amor paterno filial más bellos de la Biblia (11: 1–9).

3. El epílogo (14) combina dos temas de esperanza: la promesa de conversión y la vuelta del destierro.

Miqueas (Reino de Judá), el profeta campesino

Miqueas es un hombre de campo, contemporáneo de Oseas y de Isaías. Su lenguaje es rudo y suele limitarse a los problemas de su aldea. Pero cuando habla de Jerusalén se encrespa: juzga con mucha severidad a la ciudad y a sus gobernantes, a sus sacerdotes, a los comerciantes y a los profetas profesionales.

El gran pecado no es el cultual —no es que en el Templo se hagan mal las cosas— sino ético: los pecados del pueblo y sus dirigentes.

Miqueas anuncia la ruina de la ciudad e incluso del Templo. Espera a un mesías–rey, pero con un triunfo bastante modesto, limitado a la reconciliación pacífica entre los dos reinos divididos. Son importantes los oráculos mesiánicos de los capítulos 4–5 ("y tú Belén de Efratá..."). El versículo 6:8 es un buen resumen del mensaje de los profetas estudiados: "Él te ha indicado, ¡Oh hombre! lo que es bueno, lo que Yahveh de ti reclama: tan solo practicar la equidad, amar la piedad y caminar humildemente con tu Dios".

Isaías, el profeta aristócrata

Su actividad profética transcurre entre los años 739 y 701, y se inicia con su vocación narrada en el capítulo 6. Pertenecía a la aristocracia, según todos los indicios. El suyo es uno de los mejores estilos literarios del Antiguo Testamento, junto con el libro de Job. Está lleno de fuerza poética.

Su relación con los reyes es compleja, pues cuando el rey Ajaz es atacado por los reyes de Siria e Israel que quieren arrastrarlo a una coalición contra Asiria, Isaías le recomienda que no tema a los reyes aliados, pero que tampoco llame en su ayuda a Asiria. El rey no sigue el consejo profético y se alía con el imperio Asirio, que para protegerlo le exigen tributo. El profeta se retira de la escena pública. De esta época son los oráculos del llamado "libro del Enmanuel" (6–12), de gran importancia para la doctrina mesiánica.

Reaparece el profeta con el rey Ezequías, con el que tiene buena relación, pero que al mismo tiempo critica en su actuar cuando va en contra de la voluntad de Dios. El rey no sigue el consejo de Isaías cuando le indica que no busque apoyo en Egipto para luchar contra Asiria; desobediencia que supuso la invasión de los asirios, que en el año 701 ponen sitio a Jerusalén. Isaías anima al rey y al pueblo a la resistencia, promete la ayuda de Dios, ora y el ejército invasor, vencido por la peste, levanta el asedio de la ciudad.

El final de Isaías según un libro apócrifo judío fue trágico, pues murió asesinado por el malvado rey Manases.

Isaías tuvo discípulos (8:16) que coleccionaron y editaron los oráculos del maestro. Según una corriente exegética actual, el libro bíblico titulado con el nombre de "Isaías" no sería entero de él, puesto que la sección que contiene los capítulos 40–55 habría sido compuesta dos siglos más tarde por un autor al que llaman "Deutero-Isaías"; y la parte correspondiente a los capítulos 56–66, sería una recopilación de materiales diversos, hecha después del Destierro, que aunque puede contener algunos oráculos de Isaías, sin embargo, tendría como autor al denominado "Tercer Isaías". Con todo, otros biblistas consideran que tal división no es tan clara.[10] Por otro lado, la inspiración se produciría con respecto a la obra de hagiógrafo que compuso el libro definitivo que ha llegado hasta nosotros y fue reconocido por inspirado por la Iglesia en el canon oficial de libros sagrados, pero se aplicaría a los escritores previos que pudieron haber participado antecedentemente en la composición del libro según los criterios de la llamada "inspiración sucesiva", como se estudiará en el capítulo correspondiente.[11]

Dejando para más adelante el contenido de los capítulos 40 al 56, los capítulos 1–39 pueden dividirse en:

- 1-12: Oráculos de Judá y Jerusalén.

- 13-23: Oráculos sobre las naciones, reunidos aparte como en Jeremías y Ezequiel.

- 24-27: Oráculos escatológicos o gran Apocalipsis de Isaías.

- 28-33: Colección de imprecaciones.

- 34-35: Oráculos escatológicos o pequeño Apocalipsis de Isaías.

- 36-39: Apéndice histórico, de gran valor para conocer muchos detalles de la vida de Isaías. Son casi idénticos a 2 Re 18–20.

---

[10]Así, por ejemplo, A. Gelin (*Los Libros...*, cit., pág. 463) equilibra esta supuesta separación entre los tres autores haciendo notar que existen unas constantes que se repiten a lo largo de todo el libro. Por ejemplo, a lo largo de toda la obra se llama a Dios "el Santo de Israel" y se subraya fuertemente su transcendencia; los temas de la fe, del resto, de los "pobres" aparecen reiteradamente; por todas partes se discierne el clima mesiánico y escatológico que convierte al libro en un clásico de la esperanza. La traducción de los LXX acentuó todavía más esa unificación. Ben Sirá (Eco 48:24–25) sentía el libro como una unidad.

[11]Cfr. Cap. 10.3.

3.3.2 Los profetas de los siglos VII y VI

Sofonías, el profeta del "resto de Israel"

Su libro contiene tres capítulos. En sus días se ha debilitado el poder de Asiria y Babilonia todavía no es una potencia temible. Renace la esperanza de una restauración nacional acompañada y sostenida por una reforma religiosa. Sofonías prepara esa reforma, pero no comparte totalmente el optimismo de muchos de sus contemporáneos. Una catástrofe amenaza a Judá por sus muchos pecados, de la cual solo un "resto" se librará.

Sofonías no identifica ese "resto" con una categoría social, sino que se trata de un concepto religioso: el de los humildes, modestos y mansos: "Yo dejaré en medio de ti un pueblo humilde y pobre, y en el nombre de Yahveh se cobijará el resto de Israel" (cfr. 3: 12ss; 2:3; etc.). con ello se refuerza un tema fundamental en el Antiguo Testamento y que tendrá su máxima expresión en el Sermón de la Montaña del Señor: el de la pobreza espiritual.

Nahum, el profeta de la destrucción de Nínive

La parte más extensa e importante de su libro está dedicada a la destrucción de Nínive (capital del imperio Asirio). Resalta por su pasión, brillantez de imágenes, concisión de estilo y poder evocador. El cuadro pintado es terrible. El profeta se alegra enormemente de la caída del enemigo secular; causa sorpresa tal gozo, y podría escandalizar a los pusilánimes, pero que subraya la idea de que Dios trata con justicia a un imperio muy cruel con los pueblos a los que sometió y en ese momento se extingue por no seguir el plan de Dios.

Habacuc, el profeta de la justicia divina

Parece ser que Habacuc fue contemporáneo de Jeremías. Nínive ha sido destruida, pero la satisfacción y la paz dura poco, ya que aparece la amenaza de Babilonia. El profeta anuncia que los caldeos serán instrumento de Dios para castigar el pecado del pueblo elegido, pero ellos serán a su vez aniquilados como retribución justa de su terrorífica e inmisericorde violencia.

El libro plantea por vez primera el problema teológico de la aparente "injusticia" con la que Dios gobierna el mundo, ya que aunque Israel es castigado merecidamente por sus pecados, sin embargo la retribución proviene de los Imperios Asirio y Babilónico, que son mucho peores que los judíos. ¿Es eso justo? Habacuc incluso cuestiona airado a Dios (1:13).

La solución es: "He aquí que sucumbe quien no tiene el alma recta, mas el justo por su fidelidad vivirá" (2:4). Es decir, el malo, los caldeos en esta ocasión, terminará sucumbiendo, sin embargo el que es fiel a Dios y cumple su voluntad —los judíos ahora amenazados— tienen garantizada la seguridad y la vida, a pesar de todas las calamidades y dolores que transitoriamente le sobrevengan.

Jeremías, el profeta sacerdote, maestro del sufrimiento

Es una de las figuras más impresionantes y santas del judaísmo. Su fisonomía y su historia aparecen bien detalladas en su libro. Se podrían citar como hitos más importantes de su vida los siguientes:

1. Vocación en torno al año 645 a JC.

2. Sacerdote del Templo. Denuncia la superficialidad de la reforma de Josías. Es apaleado por orden del sumo sacerdote. Los otros sacerdotes y profetas piden que se le aplique la pena de muerte.

3. Ordena a Baruc, su secretario, que escriba un rollo de amenazas y lo lea al rey, quien no hace caso y quema el rollo.

4. Toma de Jerusalén por Nabucodonosor (598), quien nombra rey a Sedecías. El profeta aconseja la sumisión a los caldeos. Enfrentamiento con el jefe de los profetas de la Corte, Jananías, cuya muerte es predicha por Jeremías. Éste es rechazado por los profetas de su tiempo.

5. Coalición de Sedecías y otros reyes contra Nabucodonosor. Sitio de Jerusalén (587). Conversión del pueblo y levantamiento del sitio. Vuelta al pecado del pueblo. Jeremías acusado de traidor por aconsejar la sumisión a los caldeos, es encerrado en un sótano quien ruega al rey que lo saque de allí. Vuelta a predicar la sumisión, por lo que es arrojado a una cisterna con barro de donde es salvado por el rey.

6. Caída de Jerusalén. Última entrevista con Sedecías donde le aconseja la sumisión. El rey se opone, y Jerusalén es arrasada, y el Templo es pasto de las llamas. Lo último que ve el rey antes de que le arranquen los ojos es el degüello de sus hijos. Los judíos son deportados a Babilonia.

7. Interregno de Godolías, impuesto por Nabucodonosor sobre un resto de judíos dejados para cultivar las tierras. Asesinato de Godolías y huida del resto a Egipto, en contra de los consejos del profeta a quien no hacen caso.

8. Vida en Egipto donde es arrastrado el anciano y fracasado Jeremías. Sus hermanos de raza apostatan de Yahveh. Hay una

tradición que dice que el profeta muere en Egipto apedreado por sus conciudadanos cansados ya de oírle.[12]

Jeremías también relata conmovedoramente su drama interior que pivota entre su amor a Dios y la experiencia del sufrimiento que conlleva su misión profética, donde no encuentra el consuelo de su esposa e hijos, es abandonado por todos y considerado traidor a su patria, no puede utilizar el Templo para rezar, etc. Sus sentimientos quedan soberanamente expresados en las siguientes palabras: "Me has seducido, Yahveh, y me dejé seducir; Tú eras el más fuerte y fui vencido. Ahora soy todo el día la irrisión, la burla de todo el mundo. Pues siempre que hablo tengo que gritar, tengo que clamar: '¡Ruina y devastación!' Y todo el día la Palabra de Yahveh es oprobio y vergüenza para mí. Y aunque me dije: 'no me acordaré más de Él, no volveré a hablar más en su nombre', es dentro de mí como fuego abrasador, encerrado dentro de mis huesos y me he fatigado por soportarlo pero no puedo" (20: 7–9).[13]

Se puede dividir el libro en cinco partes básicamente:[14]

1. Oráculos contra Judá y Jerusalén (1:4–25:13).

2. Oráculos contra las naciones (25:13–38; 46–51).

3. Profecías de bienaventuranza (26–35).

4. Los sufrimientos de Jeremías (36–45).

5. Apéndice: la catástrofe de 586 y la rehabilitación de Yoyakín (52).

---

[12]Cfr. todos estos datos en el orden cronológico correcto, están en el propio libro de la siguiente manera: 19: 1–20; 26; 36; 45; 28–29: 51: 59–65; 34: 8–32; 37–44.

[13]Cfr. también 11:18–12:6; 15: 10–21; 17: 14–18; 18: 18–23.

[14]El libro presenta una amalgama de datos de diferente fuente que tienen como lugar común la relación con este profeta.

Se puede comprobar que las tres primeras partes siguen la disposición clásica de Isaías y de Ezequiel: profecías contra Judá, contra las naciones y de bienaventuranza.

Lamentaciones y Baruc

Ambos libros siguen en las Biblias griega y latina al escrito de Jeremías, pero el redactor definitivo puede no ser ni el profeta ni su secretario.

El primero es un conjunto de elegías individuales o colectivas. Fueron escritas después de la caída del Templo, tal vez para la liturgia del templo en ruinas. Son bellísimos. Se cantan en Semana Santa.

El libro de Baruc es muy tardío y recoge la vida de las comunidades judías de la diáspora (ideal mesiánico del momento, su modo de hacer oración, su conexión con Jerusalén, su modo de entender la Ley, etc.).

3.3.3 Los profetas del destierro en Babilonia

Tras la destrucción de Jerusalén, los judíos sufren el destierro en Babilonia. Ya hemos mencionado el ambiente religioso, social y cultural en que el pueblo judío vive y preserva su identidad en medio de una cultura extraña (construcción de guetos, fidelidad a prácticas religiosas propias, importancia del papel de los sacerdotes, centralidad de la Ley, etc.).

En este ambiente nace el libro del sacerdote y profeta Ezequiel. Para algunos exégetas, es el momento también en que se fragua la llamada tradición sacerdotal y los oráculos del llamado Deutero–Isaías.

Ezequiel, profeta sacerdote forjador del "judaísmo" durante el destierro

El libro de Ezequiel parece a primera vista una unidad bien trabada y elaborada, pero no deja de presentar grandes desafíos a los biblistas. Su contenido puede ser dividido del siguiente modo:

1. Introducción: vocación y misión del profeta de parte de Dios (1–3).

2. Críticas y amenazas a los judíos antes de la toma de Jerusalén (4–24).

3. Proclamas contra las naciones (25–32).

4. Consuelo a los israelitas, durante y después de la toma de Jerusalén, prometiéndoles un futuro más feliz (33–39).

5. Medidas y normas para la constitución religiosa y política de la futura comunidad, una vez que se restablezca en Palestina (40–48).

Es Ezequiel un hombre complejo, un profeta difícil, y ha dividido mucho a los estudiosos que lo han tratado.[15] Tal vez su realidad se explica por vivir a caballo de dos épocas: una que desaparece (la monarquía), y otra que surge (el judaísmo). Al tiempo que señala como responsables de la decadencia de las instituciones judías a los reyes y sacerdotes, el profeta intenta ayudar a la construcción de un futuro para el pueblo que vive en tremendas dificultades. Por eso, predica la conversión, presenta los planos para la construcción del templo futuro, ordena su liturgia, descarta la monarquía como forma

---

[15]Para las cuestiones de detalle se puede consultar a A. Gelin: *Los Libros Proféticos...*, cit., págs. 491–504.

de gobierno, y propone una teocracia sacerdotal. Predica y sostiene la restauración de Israel.

Se podrían subrayar las siguientes notas en torno al presente libro:

1. Ezequiel es el hombre del Libro por excelencia. La palabra de Dios no se presenta como un mensaje oral sino como un rollo escrito que hay que tragar (2:9–3:2).

2. Tiene un sentido muy profundo de la majestad y santidad divinas. A Dios le horroriza la impureza y por eso abandona el Templo profanado de Jerusalén para no volver hasta que sea edificado de nuevo. El mismo profeta participa del horror a las impurezas legales.

3. Es muy aficionado a la casuística y le gusta multiplicar las leyes. Fuera del Pentateuco solo existe un código legal, el de éste profeta (los capítulos finales, 40–48, se llaman "La Torah de Ezequiel").

4. Es característico del profeta el gusto por los gestos extraños y las acciones simbólicas (cf. representa en mímica la toma de Jerusalén, 4:1–5:4; la salida de los exilados, 12: 1–7; la unión de Judá e Israel, 37: 15ss; etc.).

5. Se singulariza también el libro de Ezequiel por sus visiones, de las que se narran cuatro visiones extensas (1–3; 8–11:37; 40–48), que nos introducen en un mundo fantástico: las cuatro creaturas del carro de Dios, la celebración monstruosa del culto en el Templo por un enjambre de bestias e ídolos, los huesos secos que vuelven a la vida, los planos del Templo futuro del cual mana un río imaginario que corre a través de una utopía imaginaria. Esta imaginación extraordinaria también se manifiesta en sus

alegorías: la prostitución de Ahola y Aholiba en c. 23; el naufragio de Tiro en c. 27; el faraón y el cocodrilo en c. 29 y 32; el árbol gigante en c. 31; el descenso al infierno del c. 32.

Entre las ideas más importantes que transmite el profeta contamos:

- La afirmación de la responsabilidad individual (c. 18) y la posibilidad continua de conversión.

- Las relaciones entre Dios y su pueblo vistas como infidelidad matrimonial del segundo y generosidad en el perdón por el Primero (c. 16).

- Anuncio de la sustitución del corazón de piedra por un corazón de carne y la infusión de un espíritu nuevo (36: 25–27).

- El Mesías es Pastor más que rey (c. 34).

El Deutero—Isaías o el Libro de la Consolación de Israel

Casi todos los exégetas están de acuerdo en que Is 40–55 difiere de Is 1–39 por el tono optimista y reconfortante de los oráculos, por el ambiente histórico que en ellos se transparenta, por su teología y por su estilo literario.[16]

Se le ha llamado el "Libro de la Consolación de Israel" porque comienza con un gran grito de júbilo: "Consolad, consolad a mi pueblo Israel", que es el tono dominante en todos los capítulos a diferencia del amenazador de los del primer Isaías. El optimismo se funda en los cambios habidos en la situación del entorno. Se celebra la caída del

---

[16]Los especialistas que defienden la existencia del llamado Deutero–Isaías, señalan que su estilo es bello y armonioso, pero no tiene la sobriedad clásica de Isaías. El autor es un gran poeta y un gran profeta.

imperio caldeo en manos de los persas. A Ciro se le llama "el ungido" (45:1), y presenta la vuelta del destierro como un nuevo Éxodo en el que Dios realizará hechos portentosos de nuevo, que desembocarán, finalmente, en la paz y la felicidad verdadera (40: 3ss; 41: 8ss; 43: 16ss; etc.).

Del contenido de estos capítulos, resaltan por su importancia los siguientes datos:

1. El monoteísmo que aparece con más vigor, rigor y claridad que en ningún otro texto del Antiguo Testamento (cfr. 44 y 45).

2. La vocación de Israel presentada en paralelismo con la formación del mundo como obra divina no menos grande que ésta.

3. Los Cantos del Siervo de Yahveh (42: 1–9; 49: 1–6; 50: 4–11; 52:13–53:12), que fueron muy citados en el Nuevo Testamento.[17]

3.3.4 Los profetas postexílicos. La época persa

Ageo, el profeta de la reconstrucción del templo

Es el primer profeta de este periodo. Su libro es muy pequeño (dos capítulos). Hace una llamada al pueblo a construir el Templo frente a la general apatía expresada en 1:2. En el oráculo 2: 10—14 aparece el profeta en busca de una ley sacerdotal según la cual lo impuro tiene efectos contagiosos, pero no así lo santo. Al final está descrita la esperanza mesiánica aplicada a una persona concreta, Zorobabel, y que luego sería identificado como un descendiente de la casa de David.

Zacarías, el profeta visionario (Mesías cabalgando en un asno)

El libro ha sido dividido en tres partes:

---

[17]Cfr. Mt 3:17; Lc 22:37; Jn 12:38.

1. Capítulos 1–8: el judaísmo no puede vivir sin el Templo y la liturgia correspondiente. Esta liturgia exige pureza ritual pero el profeta insiste en la conversión honda del corazón. Anuncia la prosperidad de Jerusalén. Es importante el tono apocalíptico manifestado por el gusto por las visiones, de las que refiere ocho, así como la importancia concedida a los ángeles.

2. Capítulos 9–11: conjunto heterogéneo que parece vinculado a una situación histórica posterior (la dominación griega).

3. Capítulos 12–14: conjunto de ideas apocalípticas sobre la Jerusalén de los últimos tiempos.

Dos pasajes han sido referidos a Cristo por el Nuevo Testamento:

1. Llegada de un Mesías humilde y manso cabalgando en un asno (9: 9ss, cfr. Mt 21: 4–5).

2. Algunos aspectos de la Pasión de Jesucristo: "Y derramaré sobre la casa de David, y sobre el habitante de Jerusalén espíritu de gracia y de plegaria, y mirarán hacia mí, a quien traspasaron, y plañirán por él cual suele plañirse por el hijo único, y se hará duelo amargo por él como suele hacerse por el primogénito" (12:10, cfr. Jn 19:37).

El tercer Isaías (el Señor en la Sinagoga de Nazareth)

Para los defensores de los tres autores de Isaías, el Trito–Isaías sería de esta época, y sus oráculos abarcarían los capítulos 56 al 66 del libro de Isaías. Es un conjunto heterogéneo de poemas de diversa procedencia, y algunos tienen un tono apocalíptico muy subrayado.

El capítulo 61 fue aplicado por Cristo a Sí mismo (Lc 4:18ss).

Malaquías (el Precursor y la vuelta de Elías)

Con solo tres capítulos, es una obra que ataca las corruptelas que vuelven a aparecer entre los judíos: diezmos pagados de mala gana, poco celo de los sacerdotes, escándalo de los matrimonios mixtos y de los divorcios. No es posible burlarse de Dios. El profeta anuncia el día de Yahveh que purificará a los sacerdotes, consumirá a los malos y dará el triunfo a los justos.

Tres versículos son de destacar, por su importancia posterior:

- 1:11, porque el Concilio de Trento ve anunciada la eucaristía, como "oblación pura" ofrecida a Dios "en todo lugar".

- 3:1, porque el Bautista será identificado con el mensajero enviado por Dios para que allane el camino delante de Él (Mt 3:3; 11: 10ss).

- 3:23, porque la referencia al envío de Elías antes de que llegue el día de Yahveh es recordada en el Nuevo Testamento (Mt 16:14; Jn 1:21; Lc 1:17).

Joel, el profeta del ayuno y del arrepentimiento. El día de Yahveh

Este libro tiene dos partes características:

1. La descripción de una plaga de langostas, señal del gran juicio de Dios.

2. Apocalíptica: describe el juicio final y la victoria definitiva de Yahveh y de Israel, su pueblo.

Destacan dos temas que tienen una gran importancia desde el punto de vista bíblico:

- 3: 1ss: efusión del espíritu en el día de Yahveh que San Pedro verá realizado en el día de Pentecostés (Hech 2: 16–21).

- Todo el tema del día de Yahveh: el profeta se incrusta en la larga historia de este concepto. En un primer momento, se concibe el día de Yahveh como la intervención del mismo Dios en las campañas de Israel en contra de sus enemigos; posteriormente se vincula a una teofanía; luego, en Amós (5: 18–20) e Isaías (2: 12–17) lo interpretan como día de destrucción y no de salvación para Israel; finalmente, Isaías (Is 13: 9ss) y Joel (2: 10ss y 4: 18ss), lo interpretan en sentido escatológico: después de haber contemplado la caída de Jerusalén y el exilio, miran hacia un futuro que traiga nueva salvación para Israel y destrucción para los poderes impíos de las naciones.

Abdías, el más breve de los libros proféticos

Es un libro muy breve que tiene veintiún versículos. Se condena y rechaza la invasión del reino de Edón en el sur de Judea, con ocasión de la ruina que ocurrió en Jerusalén. Pero al mismo tiempo de pondera y alaba el poder y la justicia de Dios.

Jonás, el profeta rebelde

Dentro de los profetas es un libro desconcertante. No contiene oráculos contra Israel o las naciones, sino una narración en prosa sobre el profeta mismo. Y no describe un profeta fiel a su misión sino un rebelde que quiere escapar de ella y que se disgusta cuando sus oyentes se arrepienten.

Por el género literario parece más que una narración histórico—biográfica, una narración midráshica y didáctica, de estilo repetitivo influido por la literatura sapiencial.

Cristo utilizó el ejemplo de Jonás varias veces (Mt 12: 38–40; 16:4; Lc 11: 29–32).

3.4 Literatura sapiencial: Proverbios, Job, Cantar, Salmos, Eclesiastés, Eclesiástico, Sabiduría

La literatura sapiencial data de la época de Salomón, pero tiene su apogeo en los años tranquilos de la dominación persa y el primer siglo de la griega. Para encuadrarla es conveniente tener en cuenta algunos datos históricos importantes.

1. *En la época persa.* Durante este tiempo, ya comentado con anterioridad, se realiza la redacción definitiva de los libros de los Proverbios, Job, Cantar de los Cantares y Salmos.

2. *Desde Alejandro Magno hasta la dinastía Seléucida (333–200).* La dominación persa del territorio de Palestina acaba con las conquistas de Alejandro Magno. Éste vence a los persas en la batalla de Isos (333) y Siria y Mesopotamia pasan a la jurisdicción griega. Judá y Samaría se incorporan sin convulsiones al nuevo imperio. A la muerte de Alejandro, sus generales se disputan la sucesión. Por fin, Tolomeo Lágida se instala en el trono de los faraones y Judá pasa a depender de Egipto. En Siria es Seleuco quien consigue la realeza, y a su jurisdicción queda sometida la región de Samaría. El desmembramiento político de Palestina se consuma ante la pasividad de sus habitantes, que apenas son afectados por él. Los lágidas siguen la misma política paternalista de los persas. Los judíos encuentran gran facilidad para viajar dentro del reino y muchos se instalan en Alejandría. En Judá permanece inalterada la naturaleza de la comunidad judía: es ante todo una comunidad religiosa presidida por un sumo sacerdote que tiene autoridad a la vez en el terreno religioso y el civil. Continua la actividad literaria de marcado carácter sapiencial. De este periodo son Crónicas, Esdrás, Nehemías, Qohélet, Ester, Tobías.

3. *Desde la dominación seléucida hasta Pompeyo Magno (200–63).* En el año 200, el rey de Siria, Antíoco III de la dinastía seléucida vence al rey de Egipto y extiende su autoridad sobre Jerusalén. Antíoco se mostrará muy favorable al

Templo de los judíos. En 188 se enfrenta contra los romanos, quienes le obligan a retirarse de Asia Menor y a pagar un fuerte impuesto. Seleuco IV, hijo y sucesor de Antíoco III, emprende una serie de campañas contra sus vecinos para obtener con que pagar a Roma: uno de sus generales trata de saquear el Templo sin conseguirlo (cfr. 2 Mac 3). Siria está más cerca de Judea que de Egipto. Ello favorece la difusión del pensamiento y de las costumbres helenistas entre los judíos, sobre todo entre las clases más acomodadas. En esta época y ambiente nace el último de los libros sapienciales escrito en Palestina: el Eclesiástico o Sirácida. En el año 175 sube al trono de Siria Antíoco IV Epífanes. También él tiene dificultades con los romanos y necesita más dinero del que puede conseguir. Emprende varias campañas para apoderarse del tesoro de los templos. Muere en 163 sin obtener su propósito; su agonía espantosa es prototipo de la muerte que espera a los enemigos de Dios (1 Mac 6; 2 Mac 9). Este rey quiso forzar la unidad de su imperio helenizándolo rápidamente. Los judíos se resisten a abandonar las tradiciones patrias. Los israelitas fieles a la Ley empiezan a ser duramente perseguidos. Estalla la revolución capitaneada por Matatías (167) que muere poco después de iniciarla. Sus hijos se suceden en el mando de los rebeldes. El más famoso será Judas Macabeo que dará nombre a la familia entera, y que conseguirá impresionantes victorias sobre el ejército sirio, mucho más numeroso. Los triunfos militares de los macabeos logran que cese la persecución religiosa y que se les reconozca el derecho a seguir sus propias leyes. Pero los jefes de los judíos ya no se contentan con ello: ahora quieren también la independencia política. Se viven años turbulentos en los que abundan las intrigas, las traiciones, los arreglos, los asesinatos políticos. Jonatán, hermano y sucesor de Judas compra el título de sumo sacerdote que no le correspondía. Los judíos se dividen en facciones a favor y en contra: saduceos, fariseos, esenios. A finales del siglo II los sucesores de los macabeos toman el título de "rey" y fundan la dinastía de los asmoneos. Siguen las intrigas y las guerras fratricidas. En el año 63 interviene Pompeyo Magno que pone fin a la efímera independencia conquistada por los macabeos. Palestina pasa a formar parte de la provincia romana de Siria. Es en estos años cuando se redactan los libros I y II de Macabeos, Daniel, Judith y Sabiduría.

La Biblias hebraicas recogen un conjunto variado de libros bajo el nombre de "Ketubim". Las griegas y latinas utilizan el título de "Libros Sapienciales", bajo cuya rúbrica consideran a Job, Salmos, Proverbios,

Eclesiastés (Qohélet), Cantar de los Cantares, Sabiduría y Eclesiástico (Sirácida).

La sabiduría como género literario florece en oriente de muchos maneras. En Israel lo hace tras la época de los profetas. El sabio se alía con el sacerdote y el doctor de la Ley y forman la elite que guía espiritualmente al pueblo en esta época.

Su contenido es muy variado: desde consejos de sentido común o experiencia, hasta los grandes temas del Antiguo Testamento, principalmente en los últimos libros sapienciales (Eclesiástico y Sabiduría): la Ley, la alianza, la elección, la salvación. Los consejos que dan los sabios judíos son más que simples recetas para pasar la vida sin problemas excesivos; tratan de poner de manifiesto que en el mundo hay un orden objetivo, una moralidad anclada en la naturaleza misma de las cosas que es preciso respetar para ser feliz. En definitiva la sabiduría verdadera es el temor de Dios y la piedad.

Conviene destacar que en algunos libros sapienciales hay una personificación de la sabiduría, de gran importancia para la teología del Nuevo Testamento. El problema de la retribución de los buenos encuentra respuestas cada vez más cercanas a las del Nuevo Testamento.

3.4.1 Proverbios

Este libro contiene una serie de colecciones de apotegmas que recogen principios de la sabiduría de muy distinta índole: comparaciones, refranes, consejos... Esta sabiduría humana se integra en la fe en Yahveh, el Dios de Israel.

Las colecciones, que no tienen un orden bien definido, son siete, fácilmente reconocibles en los títulos que las introducen vinculándolas a los sabios de donde procederían (máximas de los sabios, dichos de Agur, proverbios numéricos, dichos de Lamuel, etc.). Las más señeras y principales son la titulada "Proverbios de Salomón" (10–22), y otra que comienza con la frase: "También éstos son proverbios de Salomón, transcritos por los hombres de Ezequías, rey de Judá" (25–29). Termina el libro con un poema acróstico sobre la mujer perfecta (31), y precedido todo de un prólogo muy largo sobre la "elección entre sabiduría y necedad" (1:1–9:18).

Lo más importante de él son los versículos en los que aparece la Sabiduría personificada (en este estadio de la Revelación es ¿recurso literario, o persona real muy cercana a Dios?). El Nuevo Testamento interpretará esta Sabiduría aplicándola a la preexistencia y atributos divinos de Jesús.

3.4.2   Job

Es, para muchos, la obra maestra del género sapiencial por su profundidad, realismo y sinceridad, así como por la belleza de su estilo.[18]

La obra consta de un prólogo (1–2) y un breve epílogo (42: 7–17), ambos en prosa que cuentan la historia de Job, hombre piadoso y rico que pierde todo en una prueba de Dios a su fe y confianza en Él. Al final de la prueba, recupera mucho más de todo lo que había perdido.

Entre la introducción y la conclusión discurren treinta y nueve capítulos en verso que contienen una meditación sobre el sufrimiento del inocente. Estos capítulos están estructurados como discursos en forma de disputa: tres tandas de discursos de los tres amigos de Job

---

[18]Cfr. las explicaciones de Santo Tomás en J-I. Saranyana: *Por qué sufren los buenos y triunfan los malos. Comentario literal de Tomás de Aquino al libro de Job (capítulos 1–3)*, Pamplona, Servicio de publicaciones de la Universidad de Navarra, 2010; S. Ausín: *La providencia divina en el libro de Job. Estudio sobre la 'Expositio in Iob' de Sto. Tomás de Aquino*, en "Scripta theologica", 8 (1976) 477–550. L. Carvajal Puyana: *Doctrina de Santo Tomás sobre la Providencia en la 'Expositio super Iob ad litteram'*, Universidad de Navarra (Facultad de Teología), tesis doctoral, Pamplona 1982, *pro manuscipto.*

con respuesta de éste; nuevos discursos de otro amigo (Elihu); dos discursos de Dios y la respuesta sumisa de Job.

Cada uno de los amigos se esfuerza en demostrar a Job que si sufre es por ser un gran pecador (tesis de Proverbios). Job se sabe inocente y se defiende. Pero, ¿puede decir alguien que es inocente ante Dios? El nuevo interlocutor, Elihu, surge de pronto y en una larga arenga habla del valor medicinal del sufrimiento, pero no resuelve ningún problema. Finalmente habla Dios mismo, quien declara su poder infinito manifestado en las maravillosas obras de la creación, proclama la justicia de sus caminos aunque sean incomprensibles para el hombre y reprocha a Job la indiscreción de sus quejas. Job acepta la voluntad de Dios.

La respuesta del libro de Job está dentro del proceso de revelación progresiva y pedagógica de Dios en la Biblia. Es por tanto insuficiente. Solo con Cristo, el problema del sufrimiento humano del inocente recibe su plena explicación. Los capítulos 9, 10 y 14 muestran hasta lo más hondo el corazón desgarrado de un hombre que no sabe que Dios es Padre. En cuanto a los versículos 19: 25–27, claves de interpretación del libro, parece que indicaran la esperanza del justo en una resurrección feliz, única respuesta satisfactoria al enigma de los sufrimientos de esta vida. Pero su lectura es discutida.

3.4.3 El Cantar de los Cantares

A primera vista, es un conjunto de cantos de amor entre el esposo y la esposa, con intervención a veces de un coro. Recuerda en su estructura a una obra de teatro. Sin embargo su sentido real es mucho más profundo y de una importancia capital en la Revelación, pues muestra la relación que Dios quiere tener entre Él mismo (esposo) y el ser humano (esposa).

Está compuesto de cinco poemas, en los que se canta el amor de un hombre y una mujer que mutuamente se poseen, se pierden, se buscan, se encuentran y vuelven a separarse, hasta alcanzar la unión definitiva. Están precedidos los poemas por un prólogo (1) y concluye con un epílogo de tipo sapiencial (8: 8–14).

Es quizá el libro del Antiguo Testamento que más comentarios e interpretaciones dispares ha recibido:

1. Para algunos son una colección de himnos cantados en Israel durante las bodas, del tipo que Jeremías menciona (Jer 7:34; 16:9; 25:10; 33:11).

2. Para otros se trataría de relatar la historia de salvación entre Dios y su pueblo, según la metáfora del esposo y la esposa usada por algunos profetas e inaugurada por Oseas.

3. Desde muy antiguo los cristianos han visto en el Esposo a Cristo y en la esposa a la Iglesia.

4. Pero para la gran tradición de la Iglesia, y en particular para los místicos cristianos, el Cantar describe las relaciones de amor entre Dios y cada persona, hasta llegar a la unión total.

Es un libro de singular importancia para A. Gálvez, quien ha dedicado dos de sus principales obras a su comentario,[19] y rechaza que se pudiera reducir su significado a una pura colección de cantos epitalámicos, como con frecuencia se ha considerado por parte de la exégesis contemporánea. En efecto:

---

[19] A. Gálvez: *Comentarios al Cantar de los Cantares*, cit. 2 vols. El Cardenal Jorge Medina Estévez, que fue Rector de la Universidad Católica de Chile, y Prefecto de la Congregación para el Culto Divino y la Disciplina de los Sacramentos, manifestaba que era el mejor comentario al libro sagrado que se había hecho.

"Aseguran algunos, para los cuales *El Cantar de los Cantares* no es sino un canto epitalámico propio de la Antigüedad, que se le asignan al Libro propósitos y objetivos que jamás existieron en la mente de sus autores. Muchos exégetas analizan hasta la exageración el texto hebreo original en busca de posibles fuentes cuyo testimonio, interpretado a veces con no poca arbitrariedad, certifique en favor del Libro sagrado como la narración poética de un simple himeneo.

Estos planteamientos olvidan que el Libro *es un libro inspirado*. Por lo que resulta difícil admitir que Dios haya convertido un libro en instrumento sagrado y parte del Depósito de la Revelación para describir la narración poética de un canto epitalámico.

El problema radica en el empeño de las ideologías modernas de reducir lo sobrenatural a conceptos puramente naturales, pendientes de la aprobación del hombre en cuanto a su veracidad y valor. Donde queda claro, una vez más, que cualquier intento de conciliación entre la Fe y las ideologías naturalistas es absolutamente imposible.

De la lectura del Libro se desprende con claridad que trata de exponer un desbordamiento amoroso e íntimo, hasta más allá de lo explicable, entre el Esposo y la esposa. Sin que en ningún momento aparezcan contratiempos o apariencias de problema entre ambos. Su contenido es como el *allegro vivace* de una Sinfonía, continuado y sin interrupción, que va *in crescendo* hasta la eclosión final. Los mutuos requiebros se suceden sin interrupción hasta la culminación del único Poema y Cántico Sagrado al amor en ninguna otra parte escrito."[20]

Esta es la clave interpretativa del Cantar: no es un poema epitalámico, sino de amor verdadero entre Dios y el ser humano. A. Gálvez declara insuficientes o erróneos otros modos de considerar su naturaleza (poema épico, discurso narrativo, un texto ateo o psicoanalista, catequético o didactista, etc.). Incluso la interpretación del Cantar como un poema del amor de Cristo por su Iglesia, no puede hacer olvidar que el Cuerpo Místico de Cristo no es una mera colectividad, sino que está integrado por cristianos que son personas individuales y capaces de amar y ser amadas personalmente por Jesucristo.

> "Conviene insistir, por otra parte, en que *El Cantar de los Cantares* no es en modo alguno un poema épico, y menos aún meramente narrativo. E incluso, si es que se quiere complicar más el problema, debe mantenerse que se trata de una composición enmarcada dentro del género de la poesía mística (que en modo alguno debe ser confundida con la poesía religiosa); ya de por sí arcana e inasequible para muchos. Si hablar de poesía es introducirse en un terreno difícil, intentar hablar de poesía mística es aún mucho más serio y complicado. Puesto que se trataría de desentrañar un misterio contenido dentro de otro no menos profundo, a saber: utilizando para ello el esoterismo propio de la poesía para expresar el esoterismo propio de la mística. Dos realidades bastante difíciles de abordar, cada una de por sí; aunque de esto se hablará después. Aquí bastará decir, al menos por ahora, que atribuir al *Cantar* cualquier interpretación referente a algún hecho histórico puede ser un intento arriesgado. Sin olvidar nunca que *El Cantar de los Cantares* es un poema de amor. Lo que significa que no es un poema meramente

---

[20] A. Gálvez: *Mística...*, cit., págs. 120–121. Cfr. 122. Cfr. Id.: *El amigo...*, cit., pág. 105; Id.: *Siete cartas...*, cit., pág. 144; Id.: *El invierno...*, cit., págs. 91–92; Id.: *Sociedad...*, cit., págs. 68, 212; Id.: *Florilegio*, cit., pág. 197; Id.: *El misterio...*, cit., págs. 189–190.

epitalámico, sino de amor; como no podía ser de otra manera tratándose de un libro divinamente inspirado.[21] De ahí también que atribuirle, como significación casi única, la de una relación amorosa de Cristo con su Iglesia, supone olvidar que el amor es algo eminentemente *personal*; y que el Cuerpo Místico de Cristo está compuesto por seres individuales que son personas: precisamente porque es a través de la Iglesia como Cristo vino a ofrecerle a los hombres el Amor del Padre (Jn 17:26)".[22]

"Curiosamente, sin embargo, no se encuentra en el *Cantar* huella alguna de divinización, bien por parte del Esposo con respecto a la esposa, y ni siquiera por parte de la esposa en su reconocimiento del Esposo. Por lo que bien podría decirse en ese sentido que el *Cantar* es un libro ateo; y de ahí que no hayan sido pocos los que han pensado que no es sino un poema epitalámico. Conclusiones que, tomadas en consideración, no conducirían a otra cosa que a una completa distorsión de la realidad.

El Poema no pretende sino cantar la gloria inefable del Amor divino–humano. Sucede, sin embargo, que la realidad de unos desposorios de Dios con su creatura —*mysterium tremendum*— es cosa *excesiva*; en el sentido al menos de que supera con mucho las posibilidades del entendimiento y del corazón humanos. De ahí que afirmar que el acontecimiento sorprende al hombre como enteramente *desprevenido*, siempre es decir algo, aunque no mucho.

Esa es precisamente la razón del peculiar estilo literario del *Cantar*. Y puesto que el Libro no es un tratado catequístico para ilustración y formación de neófitos, de ahí su aparente carencia de didactismo. Aquí no existe el propósito de insistir en la obligación (*ob–ligare*), por parte de la creatura, de reconocer su relación de dependencia con respecto a su Creador y de actuar en consecuencia. Ni de proclamar, por parte del Creador, la vinculación por la que la creatura le queda enteramente sometida y ligada (*re–ligare*, como etimológico de *religio*). Como si de un libro bíblico más se tratara. Aquí se trata de cantar las excelencias del Amor divino–humano, el cual, por ser precisamente Amor y en

---

[21]La significación del vocablo epitalámico, o epitalamio, es inmensamente más limitada que la del vocablo amor. Cuesta trabajo creer que se haya intentado reducir a eso *El Cantar de los Cantares*.

[22]A. Gálvez: *Comentarios...*, vol 2, cit., págs. 354–355.

su grado más elevado, es *entrega voluntaria, mutua y recíproca y en absoluta libertad.* Aquí se dejan de lado los derechos y prerrogativas del señor y las obligaciones y deberes del siervo, puesto que el Amor coloca a los amantes en igualdad de planos y condiciones: *Ya no os llamo siervos...a vosotros, en cambio, os he llamado amigos*" (Jn 15:15)".[23]

"La necesidad de que *El Cantar de los Cantares,* como sucede con todos los libros inspirados, utilice el lenguaje humano, le proporciona una especie de *muro de contención,* o de *barrera–filtro* que se interpone entre lo que Dios *dice* y lo que es *entendido* por el hombre. La diferencia es de gran transcendencia, que aquí se hace más notable desde el momento en que se habla del amor divino–humano; por más que sea la forma poética y metafórica la utilizada como la más adecuada. Hablaremos después del tema con más amplitud, aunque de momento bastará con decir que eso es lo que ha hecho posible que muchos *expertos* y exegetas hayan interpretado el libro como una mera colección de cantos epitalámicos.

A propósito de lo cual, aunque vamos a prescindir aquí de comentarios marginales sobre las tendencias de la moderna teología (totalmente impregnada de Modernismo), las cuales tienden a explicar todo lo perteneciente al orden sobrenatural mediante razones de índole natural y más asequibles al hombre de hoy, sí debemos insistir en que dichos expertos han olvidado lo más importante y fundamental, que es aquello sin lo cual el libro inspirado de *El Cantar de los Cantares* no tendría sentido alguno ni habría modo posible de entenderlo:

Es importante saber que el tema del libro es el amor, y más concretamente el Amor de Dios gratuitamente ofrecido al hombre. La aceptación de tal amor por este último abre la posibilidad a las relaciones de amor divino–humanas, que en casos señalados alcanzan niveles de profundidad que entran ya dentro del campo de la mística y de la oración contemplativa.

Siendo el Amor la realidad más misteriosa, elevada y sublime que existe en el universo tanto visible como invisible, hablar de él con posibilidades de algún acierto significa emprender una empresa bastante

---

[23]A. Gálvez: *Siete...,* cit., págs. 237–238.

arriesgada.[24] Si tenemos en cuenta, además, que el Amor se identifica con Dios (1 Jn 4:8), aparece enseguida la necesidad de la Fe para abordarlo de algún modo que excluya los errores. Puesto que solamente desde el amor se puede hablar del amor, y dado que el verdadero amor es siempre una participación del amor divino (y de otra forma no es amor), de ahí que solamente quien ama puede conocer a Dios. Lo que a su vez es el único modo de saber algo acerca del amor: *El que no ama no conoce a Dios, porque Dios es amor.*[25]

De todo lo cual se desprende que acceder al Libro de *El Cantar de los Cantares* sin estar movido por el amor de Dios, equivaldría a acometer una empresa más difícil que la de tratar de leer un viejo manuscrito chino sin tener ninguna idea de ese idioma".[26]

La alegoría divina que representa el amor entre Cristo (esposo) y el auténtico y perfecto cristiano o la Iglesia de los creyentes verdaderos (esposa), con figuras tomadas de la relación y afecto que existe entre un marido y su mujer, fue a menudo empleada en la Escritura para describir la relación de amor más íntima, más firme y segura, tal como aparece en el Salmo 45; en Isaías 54: 5–6.; 62:5; en Jeremías 2:2; 3:1; también en Ezequiel, Oseas y en la misma predicación de Jesucristo (Mt. 9:15; 25:1); de ahí pasa a otros escritos neotestamentarios, como el Ap 21: 2.9, o Ef 5: 27ss; etc.

Tal interpretación, fue seguida por los Santos Padres, salvo Teodoro de Mopsuestia (s. V).[27] El comentario más antiguo que conocemos es el de San Hipólito (s. III), quien interpretó el libro como la revelación del matrimonio entre Cristo–el esposo, y la Iglesia–la esposa;

---

[24]Son de admirar los esfuerzos de los Antiguos para explicar la realidad del amor. Los *Diálogos* de Platón, que bien pueden considerarse como una de las obras cumbres de la Humanidad, logran cotas elevadas de hallazgos en torno al concepto del amor, aunque mezclados a la vez con descomunales y reprobables errores.

[25]1 Jn 4:8.

[26]A. Gálvez: *El misterio...*, cit., págs. 41–44.

[27]Quien solo aceptaba la interpretación como un canto de amor profano. Fue condenado en el Concilio II de Constantinopla por sus tesis cristológicas heréticas.

el matrimonio se realizó en la Cruz, desde donde Cristo expande sus aromas espirituales, su vida, a su Iglesia.

Esta interpretación mística y espiritual fue sostenida también por Orígenes, San Ambrosio, San Agustín y otros. El primer comentarista extenso del libro será Orígenes, del que se conservan dos homilías y un comentario con cuatro libros: ya no queda ninguna referencia a un canto epitalámico humano, sino que todo el libro es un canto al amor divino, que está reservado solo para los cristianos espirituales, los perfectos; la esposa amada por Cristo no es solo la Iglesia, sino también el alma humana enamorada que busca la unión con Dios en la Iglesia.

San Gregorio de Nisa interpreta la esposa como la naturaleza humana y como el alma cristiana, quienes son convocados por el Esposo para embellecerse y perfumarse con las virtudes; y de ese modo poder unirse con Él, que se entrega en los sacramentos, especialmente en la Eucaristía. Siguen esa misma interpretación Nilo de Ancira, Teodoreto de Ciro, etc. El uso litúrgico del Cantar en las celebraciones de los sacramentos también se enfocó en el mismo sentido: el alma cristiana se embellece a través de los sacramentos.

Y también los Santos Padres latinos (San Ambrosio, San Agustín, San Jerónimo, etc.) lo leen con frecuencia en el sentido mencionado, aunque no tienen comentarios completos al Cantar. A veces se identifica a la esposa con la Virgen María Asunta al Cielo, modelo de las vírgenes cristianas que se unen en matrimonio espiritual con Dios.

San Gregorio el Grande hizo una Exposición del Cantar que recogía esas ideas. Luego fueron seguidos por los escritos de San Buenaventura, San Bernardo, San Juan de la Cruz, Santa Teresa de Ávila, San Francisco de Sales, Santa Teresa de Lisieux. Hay que señalar también el comentario de Fray Luis de León *In Canticum Canticorum triplex explanatio*, quien reivindica el sentido literal pero sin olvidar el espiritual que estaba implícito en el literal.

3.4.4 Salmos

Es la mayor colección de poesía lírica en el Israel antiguo, aunque no falten algunos salmos de carácter didáctico–sapiencial.

Son ciento cincuenta salmos y su numeración difiere en la Biblia hebrea y en la griega. Hoy se prefiere la numeración hebrea. Así aparece en la *Neovulgata*.

El vocablo "salmo" sirve para nombrar a un número muy variopinto de poemas. Es lo que nosotros entendemos como himnos, canciones o versos. Se nota su origen y destino en el hecho de que en el principio de muchos de ellos se encuentra la indicación de la melodía y el instrumento que deben ser usados en su canto. Encontramos también, ocasionalmente, el motivo de la composición del salmo y el autor al que se adscribe.

El Salterio es un libro de oración y de cantos religiosos de Israel, no solo como parte esencial de la liturgia del Templo donde parece que hubo siempre grupo de músicos y cantores, sino también para uso personal en la oración privada. En el cristianismo, se siguen empleando los Salmos como fuente importante de su liturgia.

Hay muchas clases de salmos:

1. Himnos de alabanza.

2. Himnos de acción de gracias.

3. Súplicas colectivas o individuales.

4. Poemas líricos.

5. Tiras de versos de tono sapiencial.

6. Versos cuyo contenido es la historia de salvación de Israel.

7. Algunos reciben el nombre de "reales" porque fueron compuestos con ocasión de la coronación, de la boda de un rey, etc.

8. También se han llamado "mesiánicos" a los que hacen referencia al Mesías (2, 72, 110 —el más citado en el Nuevo Testamento—).

9. Etc.

Son también variados en cuanto a su aliento poético, extensión, sentimientos de alegría o tristeza que expresan, etc.

Por su contenido, el salterio es un resumen del Antiguo Testamento: en él se refleja la historia de Israel, sus esperanzas mesiánicas, su literatura sapiencial, la moral de la Ley, los sentimientos más profundos, etc.

El Salterio está dividido en cinco libros, cada uno de los cuales termina con una doxología. Pero esta división es artificial y construida con la intención de conseguir una correspondencia con el Pentateuco:

1. Capítulos 1–41.

2. Capítulos 42–72.

3. Capítulos 73–89.

4. Capítulos 90–106.

5. Capítulos 107–150 (éste último sería como la doxología de toda la colección).

Setenta y tres salmos se atribuyen literalmente a David. El resto son anónimos o se atribuyen a otros autores. Se recogen pues varias colecciones en este libro de la Biblia, que se reunieron en forma definitiva en la época persa.

3.4.5 Qohélet o Eclesiastés

Con este libro nos encontramos ya en la época helenística.

El título del libro procede del v.1 del primer capítulo: "Palabras de Qohélet, hijo de David, rey de Jerusalén". *Qohélet* se tradujo al griego por *Ekklesiastes*, predicador. En cualquier caso hace referencia a la raíz "asamblea" ("qahal").

Es una obra muy curiosa y que ha dado serios problemas de interpretación sobre su significado último. Se pondera el sentido de la vida del hombre. El autor está lleno de pesimismo y desilusión ante los bienes de la tierra. La riqueza, los honores, los placeres, la sabiduría, la larga vida, todo es "vanidad de vanidades" (1:2). Pero Qohélet no es un escéptico absoluto, sino que aconseja vivir las posibilidades limitadas de la existencia haciéndose eco del primer estadio, más primitivo y pragmático, de la instrucción sapiencial. Pero esta instrucción de disfrutar de la vida se interpreta de nuevo a la luz de todo el legado de Israel como una posibilidad que está garantizada por Dios y que el hombre recibe de su mano (2: 24–25; 3:13; 5: 17–18). El final del discurso es un buen resumen de su mensaje más profundo: "Teme a Dios, y sus preceptos guarda, pues esto es todo el hombre. Pues a toda obra, Dios traerá a juicio, acerca de todo lo oculto, ya bueno, ya malo".

No parece que el libro tenga una estructura sistemática o siga un desarrollo lógico. Probablemente recoge un grupo variado de aforismos, que se van hilvanando con palabras reclamo o temas de contenido similar: "vanidad", "atrapar vientos", "trabajo", "ganancia", "porción" y otras palabras que se repiten constantemente.

3.4.6 El Eclesiástico o Sirácida

El libro, titulado en griego "Sabiduría de Jesús, hijo de Sira", es tradicionalmente conocido como "Eclesiástico", título dado por los Santos

Padres desde San Cipriano, no tanto por ser el libro más leído en las comunidades cuanto por su semejanza con el Eclesiastés.

Presenta la novedad de ser el único libro del Antiguo Testamento que nos informa tanto del autor del texto hebreo como del traductor griego. En efecto, en el capítulo 50:29 se dice expresamente que el autor del libro fue "Jesús, hijo de Sira, hijo de Eleazar". Asimismo el traductor griego señala como autor del original hebreo a su abuelo. El autor ideológicamente pertenece al movimiento saduceo: el núcleo del pensamiento lo constituye la sabiduría centrada en la Ley; nada se dice de la resurrección de los muertos ni de la inmortalidad del alma, aspectos que aparecen claramente en el libro de la Sabiduría.

En el prólogo se dan noticias muy interesantes sobre cómo era traducida, leída y estimada la Biblia en las florecientes colonias judías del norte de Egipto. Este prólogo informa de cuando fue compuesto el original hebreo (hacia el año 190 a JC) y el fin que su autor perseguía al escribirlo.

Se considera inspirado el libro en su traducción griega.

En la forma, el libro se parece a sus predecesores y modelos. Si se descuenta la sección de himnos dedicados a la gloria de Dios en la naturaleza (42:15–43:33) y en la historia (44:1–50:29), este libro no es más sistemático que Proverbios o Eclesiastés. Se tratan de los más diversos asuntos sin orden y con ciertas repeticiones: los temas se presentan en pequeños grupos de máximas conexionadas de un modo un tanto ligero. Se añaden dos apéndices al final del libro: un himno de acción de gracias (51: 1–17) y un poema sobre la búsqueda de la sabiduría (51: 18–30).

3.4.7   El libro de la Sabiduría

Es el último de los libros escritos del Antiguo Testamento. Su autor conoce la cultura y la filosofía helénicas, utilizando sus conceptos

y género literario en ocasiones; la obra se realizó en Alejandría a mediados del S.I a JC.

El motivo de la obra es afianzar la fe de los judíos en su propia
religión y cultura, ante la posibilidad de no apreciarlas al verse rodeados de la cultura espectacular del helenismo. Por eso anima a sus
hermanos a buscar la sabiduría que procede de Dios y que se consigue
en la oración; ella es la raíz de las virtudes y procura todos los bienes.
No desprecia la ciencia de los griegos, porque en definitiva no hace
más que descubrir las obras de la Sabiduría divina (7: 17–21).

Habla de la distinción entre el alma y el cuerpo, la inmortalidad
del alma, la incorruptibilidad junto a Dios como recompensa de la
sabiduría (2:23; 6: 17–19; 9:15), con lo que el problema planteado por
Job recibe la explicación definitiva.

La Sabiduría es un atributo divino. Se identifica con Dios en el
gobierno del mundo. Pero también es una emanación pura de la gloria
del Omnipotente... un reflejo de la luz eterna, y aparece como distinta
de Dios, personificada (cfr. 7:22–8:8). Estas afirmaciones completan y
profundizan la doctrina de Proverbios y del Sirácida . No son la revelación de la Segunda Persona de la Trinidad, pero prepara el camino
a los autores del Nuevo Testamento (Col 1:15; Heb 1:3; Jn 1:18).

En cuanto al contenido se ha dividido de muchas maneras. Una
que parece bastante adecuada es la siguiente:

1. Libro escatológico (1–6:8) donde se describe el destino de los
   justos y de los impíos.

2. Panegírico de la sabiduría (6:9–11:1).

3. Consideración en forma de homilía de exaltación de los judíos y
   su historia, en forma semejante al capítulo 11 de la carta a los
   Hebreos (11:1–19).

3.5   Otros libros del antiguo testamento

Nos ocupamos ahora de algunos libros que han sido tradicionalmente incluidos en alguna de las clasificaciones vistas, pero que por
distintas razones tienen un carácter peculiar que merece ser resalta-
do. Muchos de ellos estaban incluidos en el tercer bloque de escritos
sagrados de los judíos, los "Escritos" que incluían a muchos de los
llamados "sapienciales" y un conjunto de libros de carácter más heterogéneo y fluctuante que la Torah y los Profetas. Parte de ellos se nos
han transmitido en hebreo y parte en griego. Desde el punto de vista
literario, se extiende a producciones tan variadas como la obra del
Cronista (Esdras, Nehemías, Crónicas) del género histórico teológico,
o relatos edificantes como Ruth, Ester, Tobit, Judit, o incluso libros
propiamente apocalípticos como el de Daniel. No obstante la mayoría
de ellos pertenecen, como ya he dicho, a la literatura sapiencial de
carácter fundamentalmente didáctico.

A todos ellos los agrupamos en esta última sección.

1. De la época persa:

   - Ruth (histórico-didáctico).

2. De la época griega hasta la dinastía seleúcida:

   - 1 y 2 de Crónicas (histórico).

   - Esdras (histórico).

   - Nehemías (histórico).

   - Ester (histórico–didáctico).

   - Tobías (histórico–didáctico).

3. De la época seleúcida hasta Pompeyo Magno.

   - 1 Macabeos (histórico).

- 2 Macabeos (histórico).

- Daniel (profético y apocalíptico).

- Judith (histórico).

3.5.1 Ruth

Cuenta la historia de la bisabuela de David, una moabita, extranjera, viuda, que no ha querido abandonar a su suegra cuando ésta regresa a Judá, su patria. Se alaba la institución del "goel" (redentor), en este caso Booz que accede a cumplir la ley del levirato en beneficio de un pariente muerto sin descendencia, el marido de Ruth. Aunque se perjudica económicamente al dar un hijo a Ruth, sin embargo cumple la mayor de las obras de misericordia que consiste en perpetuar en Israel el nombre de un difunto.

Los personajes están tratados con gran profundidad, como se comprueba con Noemí, la suegra buena y astuta, con Booz, intachable, sencillo e ingenuo, o con la figura de un pariente rico con más obligación que Booz a ser "goel", pero que no cumple, etc. En ese ambiente Ruth es alabada como la moabita pagana y sumisa que, por piedad hacia su suegra y deseo de permanecer fiel a la religión de Yahveh, es bendecida, entrando a formar parte de la ascendencia del rey David.

3.5.2 1 y 2 Crónicas, Esdras y Nehemías

Estos cuatro volúmenes son la obra de un solo autor, sacerdote, escrita en el s. IV, al final de la época persa o a principios de la griega.

Las dos primeras partes, 1 y 2 de Crónicas, vuelve a contar la historia de Israel, remontándose a los orígenes, Adán. Engrandece al rey David, exaltando sus virtudes y no mencionado sus pecados. Es muy detallista y manifiesta mucho cariño por el Templo de Jerusalén; en cambio, nada manifiesta sobre el reino cismático del Norte.

Por eso, el autor debe ser algún judío versado en las Escrituras que se centra en los problemas y expectativas típicas del sacerdocio jerosolimitano, después del destierro. Contiene algunos datos históricos, ausentes de otros libros del A.T. que la historia profana confirma.

Esdras y Nehemías recogen fuentes contemporáneas a los hechos narrados. Son una obra necesaria para conocer lo que pasó en el oscuro periodo que siguió a la ubicación de los judíos en Palestina a la vuelta del destierro.

En el capítulo 8 de Nehemías se habla de que Esdras leyó el libro de la Ley. Se trata de la recopilación del Pentateuco en su forma definitiva (para los defensores de la teoría documental se habría hecho sobre la base de las fuentes Yahvista, Eloísta, Deuteronomista y sacerdotal), que llevó a cabo este escriba, con ocasión de la necesidad de presentar un código de leyes a los persas que sirviera para regirse toda la nación judía a su vuelta del destierro.

3.5.3   Ester

Es uno de los cinco "megil–lot", rollos que se leían en las principales fiestas judías, en concreto éste se utilizaba en las sinagogas en la celebración del "Purim", fiesta popular con banquetes e intercambios de regalos.

La idea de este libro es mostrar como Dios salva a su pueblo de los que quieren exterminarlo: Él dirige los acontecimientos con su providencia ordinaria, sin que nadie pueda oponérsele. Dios escuchó las oraciones de su pueblo y lo salvó del peligro de la persecución orquestada por sus enemigos. En efecto, Ester evita que un ministro no persa de Asuero, o Jerjes, organice una matanza de hebreos. El programa que ha planeado se vuelve contra él y contra los que ya se felicitaban pensando en la orgía de sangre y saqueos que se avecinaba.

El libro se puede dividir en el prólogo, donde se expone el sueño de Mardoqueo (1: 1a–1k); Ester convertida en reina (1:1–2:18); Mardoqueo y Amán se enfrentan (2:19–3:6); Decreto de exterminio de los judíos (3: 7–15a); los judíos claman a Dios (3:15b–4:17); Mardoqueo se impone sobre Amán (5:1–6:14); Dios salva al pueblo del exterminio (7:1–10:3a); epílogo en el que se interpreta el sueño que había servido de prólogo (10:33–3b).

En el libro se manifiestan un conjunto de virtudes que consiguen el favor de Dios. Ester es prototipo de humildad, fidelidad a la Ley de Dios, oración y ayuno. Será considerada como una figura de la Virgen María.

3.5.4   Tobías

Es una historia de familia que se relata con el fin de infundir en el lector la idea de que Dios protege a los justos y les salva de las desgracias que puedan sobrevenir si se le implora con la oración. Además aparece con fuerza la presencia de los ángeles como instrumentos de Dios para nuestra protección. También se manifiesta cómo las desgracias que nos puedan ocurrir forman parte del plan de Dios con una finalidad que solo se conoce al final de nuestra historia; en este sentido, la providencia de Dios queda exaltada y manifestada en los diferentes eventos que se relatan. Se insiste en la importancia de la pertenencia al Pueblo Elegido mediante la práctica de las normas y costumbres del mismo (ayunos, alimentos prohibidos, oraciones, práctica de la limosna, normas sobre los entierros, etc.). Finalmente, ensalza el matrimonio contraído con los del mismo clan. La oración de los esposos antes de convivir es muy bella y muestra la alta idea de la vida conyugal (8: 4–8).

Tobit, deportado en Nínive, piadoso y caritativo, queda ciego. Su hijo Tobías en compañía de un misterioso viajero, que aparecerá al final del relato como el arcángel San Rafael, se dirige a Media para cobrar una suma de dinero que deben a Tobit. Antes de llegar al término del viaje, contrae matrimonio con Sara una muchacha del clan. Mientras se celebran las bodas, el acompañante va a cobrar la deuda. La vuelta es feliz gracias a Rafael. El viejo Tobit recobra la vista con las entrañas de un pez que pescan en el viaje. Reconocimiento de San Rafael y bendiciones.

El libro se puede dividir en tres grandes partes: La desgracia y oración de Tobit en Nínive y de Sara en Media (1:1–3:17); Viaje de Tobías a Media acompañando del arcángel San Rafael (4:1–10:14); vida en Nínive de vuelta y el final de Tobit (11:1–14:15).

3.5.5   1 y 2 de Macabeos

Aunque ambos libros se refieren a la misma época histórica, esto es, la rebelión contra el poder seleúcida bajo la dirección de los Macabeos, sin embargo son muy diferentes en estilo, tiempo de composición y finalidad.

El primer libro de los Macabeos narra la historia de la primera generación asmonea, la de los hijos de Matatías. Comienza el libro cuando Antíoco Epífanes se hace con el reino de Siria e intenta helenizar a los judíos; y acaba con la muerte del último de los hijos de Matatías, el último gobernador, Simón. El libro se puede dividir en torno a los hechos de sus principales personajes: helenización de Jerusalén por parte de Antíoco IV (1: 1–64); rebelión de Matatías (2: 1–70); Judas Macabeo en el poder tras la muerte de su padre Matatías (3:1–9:12); etapa de Jonatán, sucesor de Judas, tras la muerte de su hermano, quien consigue hacerse con el oficio de Sumo Sacerdote, controla la Palestina y sella pacto con los romanos (9:23–12:53); la época de Simón, y la independencia de Judea (13:1–16:24). En este libro, el protagonista central es la Ley, pues las luchas no son tanto entre enemigos políticos o con extranjeros, sino con los que cumplen la Ley y los que la rechazan o la olvidan. En este sentido la Ley tiene ya en sí los designios de Dios para la Historia, y Dios no necesita comunicarlos de nuevo expresamente; también la conducta del ser humano se juzga y premia o castiga por su adhesión a la Ley; y por defenderla se justifican las acciones duras de los Macabeos en su rebelión.

El segundo libro no es continuación del primero, sino una obra independiente que relata lo sucedido con Judas Macabeo (que ya recogía el Libro I desde su capítulo tercero al 7:49). El libro puede ser dividido en tres partes: una introducción y dos partes. En la introducción (1:1–2:32) el autor explica el propósito de la obra y presenta dos cartas de los judíos de Jerusalén a los de Egipto insistiéndoles en la celebración de la Fiesta de la Dedicación del Templo. La primera parte está dedicada a la historia de la profanación del Templo y a su purificación (3:1–10:8), donde resaltan las historias de fidelidad hasta el martirio de Onías, el Sumo Sacerdote, o de Eleazar y la madre de los siete hijos; la rebelión de Judas acaba triunfando, y se produce la purificación y dedicación del Templo, instituyéndose la fiesta que se indicaba en el prólogo. La segunda parte (10:9–15:39) narra la seguridad y paz para los judíos que consigue Judas luchando contra las tropas reales y contra las ciudades helenizadas.

El autor dice que este libro no es sino un resumen de otra en cinco volúmenes de un tal Jasón de Cirene. El autor pretende interesar a sus hermanos de Alejandría por lo que ocurre con los de Palestina. Insiste más que en el libro primero en el lado religioso de la lucha. La lucha por el cumplimiento de la Ley en toda su pureza ya no se mezcla con objetivos de tipo político, y todo se centra en la necesidad de mantener la santidad del Templo de Jerusalén; la religión tiene un carácter absoluto que se origina por su vinculación con la santidad de Dios y del Templo; los caídos en batalla son para 1 Mac. víctimas inevitables de la guerra; para el 2 Mac. son mártires cuya sangre alcanza de Dios la victoria; se presentan las intervenciones milagrosas de Dios y los hechos extraordinarios de los ángeles. También aparece la revelación progresiva más alta del A.T. sobre la suerte del hombre y la explicación del sufrimiento del justo: las sanciones de ultratumba y la resurrección del hombre, el mérito de los mártires y la intercesión de los santos (6: 18–7:41; 7:9; 14:16; 15: 12–16).

El libro está compuesto según el estilo literario de la llamada "historia épica", esto es, narrar un acontecimiento con el fin de persuadir y de conmover, resaltando el sentido religioso de los acontecimientos y los sentimientos de los principales protagonistas. Para conseguirlo se utiliza un fuerte dramatismo, tanto en los hechos como en los discursos.

3.5.6 Daniel

El libro recibe su nombre de su personaje principal, Daniel, quien es un desterrado judío que vive en Babilonia durante los reinados de un monarca caldeo, otro medo y otro persa. Recoge su historia y sus visiones.

Por eso encontramos que la historia se escribe de dos modos. El primero consiste en que un narrador cuenta las historias de Daniel (1–6, con las adiciones griegas de los capítulos 13—14): la entrada de Daniel y sus compañeros en la corte, interpretación del sueño de Nabucodonosor de la estatua, el castigo del horno ardiendo, interpretación del sueño del rey del árbol abatido, interpretación del escrito en la pared al rey Baltasar, y Daniel en el foso de los leones, el juicio de la casta Susana, los sacerdotes de Bel y la muerte del dragón; esta forma de narrar pertenecen al "género aggádico", en el cual, ciertos acontecimientos que ocurrieron en el pasado se narran en forma que sirva de lección a los lectores de época posterior. El segundo modo estriba en que el mismo Daniel narra sus cuatro visiones (7–12): la visión de las cuatro bestias que salen del mar y la del "un como hijo de hombre", la del carnero que es atacado y vencido por un macho cabrío, la de las setenta semanas y la del hombre vestido de lino; pertenece al llamado "género apocalíptico".

El objetivo histórico del autor es animar a los que luchan con la revolución de los Macabeos. Daniel y sus compañeros se han visto sometidos a las mismas pruebas que ellos; los perseguidores de Daniel han tenido que reconocer el poder de Dios; también tendrán que reconocerlo los perseguidores de hoy.

El autor espera el fin, el establecimiento definitivo del reino de Dios sobre los hombres. Pero en su apocalíptica es mucho más sobrio y cauto que los libros apocalípticos extra–bíblicos. Su obra es una interpretación de la historia humana hecha desde el punto de vista de Dios. Dios revela su designio sobre el pueblo elegido y sobre los demás pueblos de la tierra: el de establecer un Reino que se extenderá sobre todos ellos, el reino misterioso del "Hijo del hombre" (7: 13ss), título de una importancia muy grande en cristología, que será el que más utilizará Jesucristo durante su predicación y su vida pública, por el carácter de mesianismo divino que encierra, y que constituye el último eslabón de las profecías mesiánicas del Antiguo Testamento. Es el último libro profético del Antiguo Testamento y el más cercano al Nuevo.

Son temas importantes a lo largo del libro, la insistencia en la unicidad de Dios y la falsedad de los ídolos: Dios es el soberano universal que ejerce su poder sobre toda la historia y también sobre los reyes paganos (les deja sin juicio o se lo hace recobrar, les provoca la muerte por la soberbia que han demostrado, hace milagros de muy diversa índole, etc.). Por lo mismo, Dios es Señor de la Historia y sus planes se cumplen siempre. Es también el Salvador, y Juez de vivos y muertos. La suerte de los muertos y de la resurrección es también importante (12: 2–3), pues la salvación llegará a los que vivan en el momento final y también a los que murieron siendo fieles a Dios. De ahí el llamado a la fidelidad a Dios a pesar de todas las dificultades, virtud que resplandece en Daniel y en sus compañeros.

La profecía de las setenta semanas fue y es importante por las interpretaciones milenaristas que ha tenido (9: 20—27). Tiene una gran influencia en el Apocalipsis de San Juan, y su conocimiento ayuda a entender las profecías del libro neotestamentario. Ambos pertenecen al género literario de "revelación", y tienen como objetivo suscitar en el creyente la virtud de la esperanza, ya que Dios salva en las situaciones límite, como la del horno encendido o la del foso de los leones. Así también salvará a su Pueblo de las persecuciones y del poder del mal, acabando por establecer el reino de los santos.

3.5.7 Judith

Una mujer salva del asedio de su ciudad Betulia cortando la cabeza del general sitiador. Es una llamada a la esperanza en Dios que no se olvida de su pueblo y lo salva cuando es invocado con rectitud de corazón. Por otro lado, Dios puede salvar sirviéndose de cualquier medio, incluso de los instrumentos más débiles.

El libro puede ser dividido en dos partes.

En la primera se relata el peligro en que está el Pueblo de Dios frente a un enemigo de gran poderío (1:1–7:32): el ejército de Nabucodonosor, comandado por Holofernes, pone asedio a Betulia, una ciudad judía. Los judíos invocan a Dios. Uno de los jefes de Holofernes, Ajior, un extranjero amonita, pronuncia un discurso magnífico ante el general que termina afirmando que si en los judíos no hay iniquidad, mejor es detener el asedio, pues su Dios podría protegerles y los atacantes podrían ser la irrisión de toda la tierra (5:21). Ajior es amenazado de muerte y es expulsado del campamento, siendo recibido por los judíos.

En la segunda parte, Dios confunde a los enemigos por medio de Judith (8:1–16:25), judía que invoca Dios pidiéndole ayuda y fuerzas para perpetrar el plan que ella tiene ideado. Saliendo de la ciudad sitiada, consigue estar en un banquete dado por Holofernes, donde después de emborrachado, ella le corta la cabeza. Su ejército huye y se dispersa. Ajior es admitido a ser parte del pueblo judío.

Este relato sirvió que fortalecer los ánimos de los judíos que luchaban por defender su Ley. La clave del relato se puede encontrar en la oración de Judith (9: 1–14), donde se muestra que la fidelidad y confianza en Dios siempre son premiadas.

Capítulo 4

Síntesis de los libros de la Biblia. Nuevo Testamento

Es útil conocer la información básica sobre los diferentes escritos del Nuevo Testamento, para tener una visión general del mismo antes de avanzar en el conocimiento de la Biblia.[1] El estudio extenso de los mismos se hace en las asignaturas específicas del ciclo institucional, y allí nos remitimos para más detalles.

---

[1] Como ya advertimos antes con referencia a los libros del Antiguo Testamento en el capítulo 3, para este apartado sigo, incluso literalmente, el libro de M. A. Ferrando: *Iniciación...*, cit., págs. 14–130, descartando algunas limitaciones que desde mi punto de vista presenta el autor y añadiendo información o bibliografía cuando así parecía conveniente. Con utilidad y de un modo práctico, puede profundizarse la información con las introducciones a cada libro sagrado que aparecen en las traducciones que se aconsejan en este tratado, en particular, *La Sagrada Biblia de la Universidad de Navarra*, en cinco vols., Pamplona, Eunsa, 2004; *la Biblia de Jerusalén* original francesa, y la *Sagrada Biblia–Versión crítica sobre los textos hebreo, arameo y griego* de Cantera–Iglesias. También los artículos correspondientes de las enciclopedias recomendadas en la Presentación de este manual.

4.1   Marco histórico

La Encarnación del Señor y los primeros momentos de la Iglesia, donde se producen los libros canónicos del Nuevo Testamento, están enmarcados por algunos datos históricos fundamentales.[2]

Los judíos se encontraban sometidos a la dominación romana desde el año 63 a. JC., cuando Pompeyo incorpora a Judea y Samaría al Imperio Romano y quedan sometidas a la autoridad del legado romano de Siria. Hasta el año 37 a. JC., los reyes de la dinastía asmonea conservan todavía cierta autoridad en Palestina. Pero en ese año empieza a reinar la dinastía idumea, con Herodes del Grande (37 a. JC., al 4 d. JC.), quien siendo muy inmoral, consiguió el título de "Rey Socio" de Roma dejando de depender del legado de Siria y quedando él vinculado directamente al Emperador romano. Durante su mandato nace Jesucristo, siendo emperador Octavio Augusto.

Al morir, Herodes divide su reino en tres partes: Judea y Samaría, bajo la autoridad de Arquelao; Galilea, bajo Herodes Antipas, y Traconítide, bajo Filipo. Son personajes que aparecerán en la Historia de Jesús y de San Juan Bautista. Las malas prácticas y la inmoralidad de Arquelao consiguieron que fuera desterrado por los romanos y acabó su reinado en el año 6 d. JC.; los romanos ya no nombraron para Judea y Samaría a ningún rey o etnarca judío, sino que constituyen esos territorios en una provincia romana bajo la autoridad de un procurador romano que se encarga de la administración militar y de los impuestos. Herodes Antipas conservará su poder hasta el año 39 d. JC., y Filipo hasta el 34.

---

[2]Cfr. M. A. Ferrando: *Iniciación...*, cit., págs. 83—91. De nuevo, conviene insistir, en que solo se pretende exponer algunos hitos que nos recuerden el marco histórico de los libros que vamos a reseñar. El estudio detallado de los mismos pertenece a la Historia Antigua de la Iglesia, y a la Patrología.

Poncio Pilato será procurador de Judea desde el año 26 al 36 d. JC. Fue removido de su cargo en ese año por el emperador Tiberio, tal vez como consecuencia de un informe desfavorable de su gestión hecho por el legado de Siria. Le sucedieron varios procuradores, y los romanos vuelven a admitir a un rey judío para Judea y Samaría, Herodes Agripa I, que gobernará junto con el procurador romano desde el año 37 al 44, y es quien aparece en Hech. 12. Le sucede su hijo, Agripa II. En el año 66 estalla una revuelta contra los romanos (entre otros motivos, por las arbitrariedades y tiranía del procurador Gesio Floro que gobernó entre el año 64 al 66), encabezada por el grupo de los zelotes, a consecuencia de la cual, las legiones romanas al mando de Vespasiano y más tarde de Tito, destruirán a Jerusalén y su Templo en el año 70, tal como predijo Jesús. Solo quedan algunos judíos y una guarnición romana.

El emperador Adriano decide reconstruir Jerusalén en el año 130 y consagra el Templo a Júpiter. En el año 132 se produce una nueva sublevación judía, hasta que en el año 135 Jerusalén vuelve a ser arrasada y los principales rebeldes son ajusticiados. El emperador prohibirá que nadie se pueda asentar en un radio de terreno desde donde se pueda ver la ciudad de Jerusalén.

Por lo que hace a la naciente Iglesia, los Apóstoles, tras la ascensión de Jesús y la recepción del Espíritu Santo en Pentecostés, empiezan a predicar a Cristo como Mesías Salvador e Hijo de Dios hecho hombre entre las comunidades judías de Jerusalén y de Judea. Luego se van extendiendo a toda la Palestina y pronto entran en contacto con judíos que vivían en la gentilidad, los helenistas (Hech 6:1ss). También muy pronto llega la Buena Noticia a los paganos que piden ser bautizados, y los cristianos que provienen de judaísmo les pretenden imponer las prácticas propias del judaísmo (circuncisión, etc.). Los Apóstoles deciden, primero por iniciativa de San Pedro y luego en el primer Concilio de Jerusalén (año 50), aceptarlos al bautismo sin exigirles la Ley de Moisés (Hech 10 y 15). Ya por esos años se había producido la predicación de Bernabé y Pablo con grandes conversiones entre los gentiles (Hech 13 y 14). Los diferentes viajes de San Pablo que narra el libro de los Hechos, dan cuenta de la expansión progresiva del cristianismo por todo el Imperio. Por las noticias que da Suetonio sobre los judíos expulsados de Roma por el emperador Claudio por incitar a la rebelión en nombre de un tal "Cresto", se puede deducir que en torno al año 49 ya había presencia cristiana en Roma. Probablemente, tras la muerte de ese emperador, muchos judíos y cristianos expulsados antes, regresarían a la capital del Imperio. San Pablo escribe a los cristianos de Roma más o menos en torno al año 57 o 58, a quienes comunica su intención de viajar a Hispania (Ro 15:24).

El cristianismo naciente va a enfrentar la incomprensión y la persecución, tanto por parte de los judíos como de las autoridades paganas, lo que ayudará también a la expansión de la nueva fe, no solo por el misterio sobrenatural de la fecundidad espiritual de la sangre de los mártires, sino también porque la expulsión y necesidad de huir a otros lugares propiciaba tal extensión.

Por parte de los judíos, hay que recordar que ya en el año 42 muere decapitado el primero de los Apóstoles, Santiago el Mayor. Muchos de los discípulos de Cristo huyen a Antioquía y Alejandría que eran, con Roma, las ciudades más importantes del Imperio. Desde el día de Pentecostés, los cristianos se dispersan por todo el Imperio romano y llegan hasta las regiones más lejanas.

Así se suceden las primeras persecuciones y martirios bajo los emperadores Nerón (a. 64 al 68), Domiciano (a. 95) y Trajano (a. 111–113). En la persecución de Nerón murió una gran multitud de cristianos, entre ellos San Pedro y San Pablo. En la de Domiciano, muere por degüello Flavio Clemente (cónsul y primo suyo) y su mujer Flavia Domitila, por "ateísmo"; San Juan es desterrado a Patmos. Con la de Trajano alcanzan el martirio San Ignacio de Antioquía (110) y San Simeón, obispo de Jerusalén (120 años de edad y pariente del Señor).[3] La expansión se va produciendo sobre todo en las ciudades, pues eran el punto de vertebración en el que se sostenía el Imperio romano. La ciudad se componía de un núcleo urbano que era donde se difundió primero el cristianismo, y una comarca rural, el "pagus", donde la nueva religión entró con más dificultad, hasta el punto que sus habitantes ("paganus") llegan a significar los no cristianos.[4] Para este momento ya se han compuesto todos los libros del Nuevo Testamento.

En los tres primeros siglos de vida de la Iglesia, su presencia es mayor en Asia Menor, Egipto y Siria. También hay núcleos importantes de cristianos en muchas ciudades griegas, en Italia, Hispania y África proconsular.

4.2 Evangelios sinópticos

Jesucristo no escribió ningún libro ni mandó a sus Apóstoles que lo hicieran. Su misión era "ir por todo el mundo y predicar el Evangelio" (Mc 16:15). Se establece así la Sagrada Tradición Apostólica como la primera fuente de la Revelación neotestamentaria. Los Apóstoles van transmitiendo oralmente lo que han visto, vivido y aprendido junto a Jesús, y les fue aclarado por la infusión del Espíritu Santo.

Sin embargo por necesidad de la misma predicación y para la información de las nuevas comunidades de cristianos, muy pronto, desde los inicios, se van produciendo relatos de lo sucedido con Jesucristo. Por eso, San Lucas, cuando procede a escribir su Evangelio, hace no-

---

[3]Cfr. los principales datos de la época de las persecuciones en José Orlandis: *Historia de la Iglesia. I. Antigua y Medieval*, Madrid, Palabra, 1995, págs. 27–43.

[4]Cfr. E. Moliné: *Los Padres de la Iglesia. Una Guía Introductoria*, Madrid, Palabra, 1982, págs. 33–45.

tar que se sirvió de esas fuentes que ya circulaban entre las primitivas comunidades: "Ya que muchos han intentado poner en orden la narración de las cosas que se han cumplido entre nosotros, conforme nos las transmitieron quienes desde el principio fueron testigos oculares y ministros de la palabra, me pareció también a mí, después de haberme informado con exactitud de todo desde los comienzos, escribírtelo de forma ordenada, distinguido Teófilo, para que conozcas la indudable certeza de las enseñanzas que has recibido" (Lc 1: 1–4).

Se escriben cuatro Evangelios canónicos, esto es, que la Iglesia reconoce oficialmente como inspirados por el Espíritu Santo por lo que tienen a Dios por autor principal.[5] Todos los Evangelios narran la verdadera historia y predicación del Señor, los dichos y hechos de Jesús, como compendiaba San Lucas en el prólogo al libro de los Hechos al referirse a su Evangelio: "Escribí el primer libro, querido Teófilo, sobre todo lo que Jesús comenzó a hacer y enseñar hasta el día en que, después de haber dado instrucciones por el Espíritu Santo a los apóstoles que él había elegido, fue elevado al cielo" (Hech 1: 1–2). Sin embargo, cada evangelista lo hace desde perspectivas propias, con su propio estilo, escogiendo de todo lo que el Señor hizo unos u otros elementos. La explicación de este "calidoscopio" de visiones puede estar en que tal vez sea el mejor modo de comunicar a los hombres lo inefable y maravilloso de la figura del Hijo de Dios hecho hombre.

Por otro lado, los Evangelios no pretenden exponer todo lo que Jesús dijo e hizo, pues sería imposible. Fue la voluntad de Dios que quedaran recogidos solo algunos de los mismos, suficientes para lo que necesitamos para nuestra salvación: "Muchos otros signos hizo también Jesús en presencia de sus discípulos, que no han sido escritos en este libro. Sin embargo, éstos han sido escritos para que creáis que Jesús

---

[5]Muy posteriormente surgen los llamados "Evangelios apócrifos", de los que se ocupa la Patrología y que en absoluto son inspirados.

es el Cristo, el Hijo de Dios, y para que creyendo tengáis vida en su nombre" (Jn 20: 30–31). Por eso San Juan cerraba su Evangelio con esta clara indicación:

> "Hay, además, otras muchas cosas que hizo Jesús y que, si se escribieran una por una, pienso que ni aun el mundo podría contener los libros que se tendrían que escribir" (Jn 21:25).

En general se distingue entre los tres Evangelios llamados "sinópticos" y el de San Juan, pues, así como los primeros se parecen mucho en su estructura y modo de narrar,[6] en cambio el de San Juan tiene un modo muy propio y singular. La razón puede estar en el hecho de que el escrito del Apóstol amado es el más profundo, escrito cuando ya era muy anciano, el que más penetró y mejor nos reveló la figura de Jesucristo. Recordemos que solo el amor nos hace conocer de verdad a la Persona amada.[7]

Cuando se estudian los cuatro Evangelios, es importante recordar siempre los siguientes extremos:

1. Es necesario leer los Evangelios con fe, lo mismo que fue necesaria la misma virtud, para poder acoger la realidad plena del Señor. Acercarse a la Palabra de Dios sin ella, es condenarse de antemano a no entenderla. Esto supone humildad y confianza en que Dios no miente ni puede mentir.

2. Hay una identidad entre el Jesús de la Historia y el Cristo de la fe. Por tanto, la figura, dichos y hechos del Señor narrados en

---

[6]El adjetivo "sinópticos" indica que se ve todo en un solo golpe de vista.

[7]Las sinopsis de los evangelios muestran claramente lo dicho. Cfr. entre las muchas que hay, por ejemplo: P. Benoit – M. E. Boismard – J. L. Malillos: *Sinopsis de Los Cuatro Evangelios*, Bilbao, Desclée de Brouwer, 1983.

los Evangelios corresponden con la realidad de lo que ocurrió. No hubo manipulación, ni deseos de engañar, ni invenciones de ningún tipo.

3. Que la inspiración de los libros sagrados supone que Dios es el autor principal de los mismos, y que no contienen pues ni errores ni falsedades.

4. Que las diferencias entre uno y otro Evangelio se pueden explicar, como siempre lo ha hecho la Iglesia, por el mismo misterio de la inspiración bíblica, esto es, porque Dios no anula la realidad humana de los hagiógrafos, que siendo causas instrumentales de Dios en la escritura, sin embargo no se convierten en máquinas o se pierden las cualidades personales de cada uno.

5. Que hay que leer los Evangelios teniendo en cuenta las sanas reglas de la hermenéutica católica, con la analogía de la fe bíblica y canónica, con el sentido de unidad de la misma, con la obediencia y aceptación del auténtico Magisterio de la Iglesia, etc.

6. Que hay que tomar con precaución y cierto relativismo las novedades que van apareciendo constantemente sobre la interpretación de las conexiones, fuentes, interinfluencias, etc., entre los cuatro Evangelios, o al menos, sobre los Evangelios sinópticos. La multitud de explicaciones que se suceden, muchas veces contradictorias, nos indican lo relativo de las propuestas. Por eso, los alcances de la historia y de la crítica literaria, que pueden ser todo lo interesantes que deseemos, hay que contrastarlos siempre con lo que dice el auténtico Magisterio de la Iglesia y lo que

sostiene la Tradición Apostólica.[8] Como dice el comentario al Nuevo Testamento de la Biblia de Navarra:

> "...Pero esto (las interpretaciones modernas sobre la cuestión sinóptica) no deja de ser una hipótesis imaginativa; lo cierto es que, en la actualidad, en lo que se ha venido en llamar *la cuestión sinóptica*, no hay una solución que sea aceptada por todos."

En este sentido es interesante recordar algunos comentarios que hice sobre otra teoría histórico–crítica, la documentaria para el Pentateuco en el Antiguo Testamento, que son muy ilustrativos para prevenir a los más ingenuos con respecto a las que se proponen para el problema sinóptico:

"Las polémicas surgidas en torno a la composición del Pentateuco ilustran bien una realidad que se debe de tener en cuenta cuando se hacen estudios de exégesis bíblica: hay que tener siempre presentes en la lectura de los textos el dogma de la inspiración divina de la Biblia, y el sentido de leerla dentro de la Iglesia y siguiendo su auténtico Magisterio. Estos principios nos dan la seguridad en el significado de los textos, así como luz para su recta y profunda interpretación. La exégesis científica, utilizando multitud de criterios diversos, puede ser más o menos útil e interesante, incluso erudita y sorprendente, pero es siempre relativa: las afirmaciones de un experto son desmentidas poco después por otro; una teoría sustituye rápidamente a otra; etc. Por eso, siendo conveniente estar al día de los hallazgos de la sana y seria hermenéutica, sin embargo no hay que olvidar tampoco su relatividad.

El caso de las teorías de Wellhausen sobre el Pentateuco (la llamada *hipótesis documentaria*) es ilustrativo en este sentido. En efecto, lo que se señalaba sobre el

---

[8]Ya los Santos Padres eran conscientes de estas influencias. Así, por ejemplo, San Agustín señalaba que San Mateo fue el primero en componer su Evangelio; le siguió San Marcos, abreviando el de San Mateo; el último fue San Lucas, que consultó los otros dos anteriores, y compuso el suyo (cfr. S. Agustín: *De Consensu Evangelistarum*, 1, 1–2). En cambio, para San Clemente de Alejandría los primeros Evangelios fueron los que contenían las genealogías de Jesús; después de San Mateo que escribió para los cristianos procedentes del judaísmo, San Lucas lo adaptó para los procedentes de la gentilidad, y finalmente San Marcos compendió ambos (cfr. Eusebio de Cesarea: *Historia Eclesiástica*, 6, 14, 4).

origen de Ge 1:1–2:4C]Ge 1:1–2:4 en la escuela sacerdotal, no es sino una manifestación de la interpretación que sobre el Pentateuco hizo aquel autor, teoría que gozó
de un asentimiento bastante generalizado hasta los años 70 del siglo pasado (Cfr. J.
Wellhausen: *Die Komposition de Hexateuche und der historischen Bücher des Alten
Testament*, Reiner, Berlin, 1889). Pero desde esos años, la llamada *teoría documentaria* fue criticada por muchos autores (U. Cassuto, Rolf Rendtorff, J. Blenkinsopp,
J. van Seters, M. Rose, R. Whybray, A. F. Campbell, T. L. Thompson, etc.), rein-
terpretando las tesis de Wellhausen y proponiendo otras soluciones.[9] De tal manera,
que Tábet concluye:

> "Como hemos visto en estos últimos decenios la hipótesis docu-
> mentaria clásica ha sufrido una profunda revisión. Ha disminuido el
> consenso sobre la existencia de fuentes narrativas continuas e identifi-
> cables del periodo anterior al exilio que cubran todo el Pentateuco. Se
> ha creado una situación en la que nada se puede dar por descontado.
> Se advierten solo algunas orientaciones generales: un cierto acuerdo
> en que el estudio de la forma definitiva del texto debe preceder a la
> crítica de las fuentes (Rentdorff, Blum); el hecho de que este estudio
> se debe extender a las tradiciones legales y no solo a los textos de
> carácter narrativo (Blenkinsopp, Ska), la necesidad de promover una
> coexistencia entre los diversos sistemas interpretativos con sus diversas
> metodologías, etc...[10],[11]

En los sinópticos se puede detectar un esquema común de desarrollo de la vida de Jesucristo:

1. Predicación de San Juan Bautista.

---

[9]Un estudio detallado de estas propuestas críticas a Wellhausen en M. A. Tá-
bet: *Introducción al Antiguo Testamento. I. Pentateuco y libros proféticos*, Palabra,
Madrid, 2004, págs. 49–79; y J. L. Ska: *Introduzione alla Lettura del Pentateuco*,
Roma, 1998, págs. 165–181. Para la historia de la interpretación, cfr. S. Ausín: *La
Composición del Pentateuco. Estado Actual de la Investigación Crítica*, en "Scripta
Theologica", 23 (1991) 171–183.

[10]M.A. Tábet: *Introducción al Antiguo...*, cit., pág. 70.

[11]Juan A. Jorge: *Creación y Elevación*, New Jersey, Shoreless Lake Press, 2021,
vol 1, págs. 40–41.

2. Bautismo de Jesús al comienzo de su vida pública.

3. Predicación y milagros de Jesús.

4. Elección y preparación del grupo de los Apóstoles.

5. Oposición creciente de las autoridades judías.

6. Condena, Pasión y Muerte de Jesús en Jerusalén por los romanos a instigación de las autoridades civiles y religiosas judías.

7. Resurrección de Jesucristo.

8. Envío de sus discípulos en una misión de carácter universal.

Y, al mismo tiempo, cada uno de los evangelistas sinópticos, tiene sus peculiaridades en la exposición de los hechos. Veamos algunas de ellas:

San Marcos. Es el Evangelio más antiguo. Su autor es Juan Marcos, que fue, primero, discípulo y colaborador de San Pablo y San Bernabé, y, después, compañero de San Pedro (Hech 12: 12–25; 13: 5–13; 15: 37ss; Col 4:10; Flm 24; 2 Tim 4:11; 1 Pe 5:13). Recoge directamente la predicación del primer Papa.[12] Es el Evangelio sinóptico más breve, y está lleno de detalles pintorescos y de una frescura singular; contiene abundantes datos de la verdadera humanidad y personalidad del Señor. Está más centrado en los hechos que en la predicación de Jesús. Insiste mucho en la mesianidad de Jesucristo y en su divinidad, aunque fuera rechazada por sus contemporáneos.

---

[12]Eusebio de Cesarea lo denomina "discípulo" de Pedro (*Historia Eclesiástica*, 2, 15, 1), o su "intérprete" y "discípulo e intérprete" (*Historia Eclesiástica*, 3, 39, 14–15; 5, 8, 3). Es Eusebio el que recoge la noticia de Papías. De hecho, es el Evangelio en que a San Pedro se le nombra hasta veinticinco veces y aparece como el portavoz de los otros apóstoles: Mc 1:36; 11:21; 13:3; 14:37.

Se le puede dividir en cuatro partes:

- Presentación (1: 1–13).

- Primera parte: ministerio de Jesús en Galilea (1:14–8:30).

- Segunda parte: ministerio camino de Jerusalén (8:31–10:52).

- Tercera parte: ministerio en Jerusalén (11:1–16:20).

San Mateo. Los Santos Padres hablaron de la existencia de un Evangelio de San Mateo escrito en arameo ("la lengua de los hebreos"), que ellos utilizaron. Sin embargo no se ha conservado.[13] El actual, que es el inspirado, está escrito en el griego de la "koiné", la lengua popular, cuyo uso se extendió en todo el Imperio en el momento en que nacía el Cristianismo.

Fue escrito por el Apóstol San Mateo, Leví (Mt 9:9; 10:3; Lc 5:27; Mc 2:14). Aparece en la lista de los Doce (Mt 10: 1–4; Mc 3: 13–19; Lc 6: 12–16; Hech 1:13).

Va dirigido a comunidades cristianas que proceden del judaísmo, de ahí las continuas referencias al cumplimiento de las profecías veterotestamentarias en Jesucristo, y la descripción de las polémicas contra los judíos.

Se inicia, como San Lucas, con un evangelio de la infancia, al que siguen cinco relatos de hechos y de milagros de Jesús, complementados cada uno de ellos con un discurso: el Sermón de la Montaña (caps. 5–7), el discurso a los Apóstoles (cap. 10), las parábolas del Reino (cap. 13), el discurso eclesiástico (cap. 18), y el discurso escatológico (caps. 24–25). Todo se cierra con los relatos de la Pasión, Muerte, Resurrección y Ascensión

---

[13]Así, Papías, cfr. Eusebio de Cesarea: *Historia Eclesiástica*, 3, 39, 16.

del Señor. Algunos autores han visto en estos cinco discursos el modo de manifestar que la Torah, el Pentateuco, ha sido llevado a su plenitud con Jesucristo en el Nuevo Testamento.

Se puede dividir en cuatro secciones, como ocurre en todos los sinópticos:

- Presentación: Evangelio de la infancia y preparación del ministerio de Jesús (1:1–4:11).

- Primera parte: ministerio de Jesús en Galilea (4:12–16:20).

- Segunda parte: ministerio camino de Jerusalén (16:21–20:34).

- Tercera parte: ministerio de Jesús en Jerusalén (21:1–28:20).

San Lucas. El autor aparece como el fiel compañero de San Pablo en varios de los textos del Nuevo Testamento (Hech 16: 10ss; 20: 5ss; 27: 1ss; Col 4: 10–14; 2 Tim 4:11).[14] De todos los sinópticos es el que utiliza un griego más cuidado.[15]

Es un Evangelio que va destinado a cristianos procedentes del paganismo, y por eso, no tiene las preocupaciones típicamente judaicas que presenta el de San Mateo, y aparecen explicaciones sobre costumbres judías que no podían conocer los paganos (abluciones, ritos de purificación, etc.). Por lo mismo, la presencia de los paganos en el mismo tiene un papel muy relevante y positivo.

---

[14]Esta idea y la autoría de Lucas para el Evangelio de su nombre es recogida por Santos Padres y escritores eclesiásticos tan importantes como San Ireneo, Orígenes, San Clemente de Alejandría, Tertuliano, Eusebio de Cesarea, San Jerónimo, etc.

[15]Así lo reconoce San Jerónimo: *Epistolae*, 20:4.

Entre los rasgos que sobresalen de este Evangelio se encuentran, entre otros, el valor dado a la oración, la pobreza de espíritu o la acción del Espíritu Santo, el respeto por la mujer, la importancia de la misericordia divina (parábolas de la misericordia de Lc 15), etc:

Como ocurre con los otros sinópticos, este Evangelio puede dividirse en cuatro secciones:

- Presentación (1:1–4:13).

- Primera parte: el ministerio de Jesús en Galilea (4:14–9:50).

- Segunda parte: el ministerio de Jesús en la subida a Jerusalén (9:51–19:27).

- Tercera parte: el ministerio en Jerusalén (19:28–24:53).

4.3 Evangelio de San Juan

El cuarto Evangelio es probablemente la revelación más profunda del misterio del ser y el ministerio de Jesucristo. Así tenía que ser debido a que San Juan fue el discípulo que más amó y penetró en el corazón del Señor. También fue el discípulo que más vivió, y escribió su Evangelio al final de toda una vida de santidad entregada al ministerio apostólico en la naciente Iglesia. Refleja al testigo ocular de muchos detalles sobre la vida y la personalidad humana del Señor: precisión sobre el tiempo de duración de la vida pública de Jesús, detalles sobre su viaje a Jerusalén o del proceso ante las autoridades religiosas y políticas del momento, la realidad de la piscina de los cinco pórticos o del lugar Gabbatá, donde se dictó sentencia contra el Señor por parte de Pilato, etc. El mismo evangelista insiste en que da testimonio de lo que él "ha visto" (Jn 19:35; 21:24).

Su autoría[16] y su gran autoridad está constatada desde los primeros escritos del cristianismo, donde aparece citado con frecuencia.[17]

La estructura y el estilo de este Evangelio es singular, y no sigue un esquema idéntico al de los sinópticos.[18] Se sigue el esquema de las diferentes fiestas religiosas judías y la progresiva manifestación de su condición de Mesías e Hijo de Dios. En este sentido se podría dividir el cuarto Evangelio del siguiente modo:

- Prólogo (1: 1–18): donde se hace una verdadera confesión de fe de todo el ser y el ministerio de Jesucristo.

- Primera parte (1:19–12:50): la manifestación de Jesús como el Mesías esperado, a través de sus signos y palabras.

- Segunda parte (13:1–21:25): la manifestación de Jesús como Mesías, Hijo de Dios, en su Pasión, Muerte y Resurrección.

4.4 Hechos

Es la continuación del Evangelio escrito por el mismo San Lucas. El libro conserva los rasgos y modo de escribir del autor del tercer Evangelio. Así como el Evangelio narra la vida de Jesucristo desde

---

[16]San Ireneo: *Adv. Haer.*, 3, 1, 1; Papías (cfr. Eusebio de Cesarea: *Historia Eclesiástica*, 3, 39, 1); etc. Para el cap. 21, tal vez interviniera un secretario.

[17]Cfr. San Ignacio de Antioquía: *Ad Philad.*, 7, 1; San Policarpo (quien fue ordenado por el mismo San Juan): *Ad Philip.*, 7, 1, 2; San Justino: *Apología*, 1:61; etc.

[18]Por ejemplo, de los veintinueve milagros que describen los Evangelios sinópticos, solo dos de ellos están en San Juan (Jn 6: 11.19); y éste nos informa de cinco milagros distintos (Jn 2: 1–11; 4: 46–54; 5: 1–9; 9: 1–41; 11: 33–44). Por otro lado, los hechos de la Pasión, Muerte y Resurrección de Cristo que son idénticos con los sinópticos, sin embargo son interpretados como glorificación de Cristo, la llegada de "su hora" (Jn 2:4; 7:30; 13:1; 17:1) en la que el Padre glorificará al Hijo, en la que va a ser exaltado al vencer al pecado, al demonio y a la muerte (Jn 3: 14–15; 8:28; 12: 32–33).

el punto de vista de su ida a Jerusalén, donde se iba a consumar la salvación, los Hechos presentan la expansión del mensaje y la obra del Señor desde Jerusalén al mundo entero (de Judea y Samaría, a Antioquía y desde allí, a través de las primeras Iglesias y comunidades cristianas, hasta la capital del Imperio, Roma).

Se narra la expansión del cristianismo desde la Ascensión del Señor hasta la cautividad de San Pablo en Roma. Es la historia de la primitiva Iglesia, impulsada por el Espíritu Santo prometido por el Señor antes de su partida, y llevada a cabo por manos de los Apóstoles. Tiene dos figuras principales: el primer Papa, San Pedro, que rige a toda la Iglesia y concentra especialmente su predicación entre los cristianos provenientes del judaísmo; y San Pablo que es el encargado de transmitir la Buena Nueva a los paganos. Es toda una epopeya de entrega, sacrificio, gracia de Dios, obras extraordinarias, milagros, etc., donde la Iglesia de todos los tiempos tendrá un espejo en el que mirarse para comprender bien cuál es su misión.

La narración pivota sobre el llamado "Concilio de Jerusalén" (Hech 15), donde se decide la apertura oficial de la nueva religión a los pueblos paganos, no imponiéndoles las prácticas judaicas y extrayendo lo más genuino, propio y original de la fe en Jesucristo. Antes del Concilio, la figura principal de la narración será San Pedro, y el territorio central, Jerusalén; después del Concilio, San Pablo será el gran protagonista, y la ciudad más importante, Antioquía.

Se puede dividir su contenido en las siguientes partes:

- Presentación (Hech 1: 1–11): donde se enlaza la historia de la primitiva Iglesia con el Evangelio.

- Primera sección (Hech 1:12–7:60): dedicada a la Iglesia en Jerusalén, que culmina con el martirio de San Esteban y las persecuciones, lo que lleva a los cristianos a desplazarse a otras regiones aledañas a Jerusalén.

- Segunda sección (Hech 8:1–12:25): donde se narra la expansión de la iglesia fuera de Jerusalén, por Judea, Samaría y Siria. La Iglesia comienza su apertura a los gentiles.

- Tercera sección (Hech 13:1–20:38): se ocupa de la difusión de la Iglesia entre los gentiles a través de los viajes misioneros de San Pablo.

- Cuarta sección (Hech 21:1–28:31): donde se manifiesta a San Pablo como prisionero y testigo de Jesucristo. Narra la cautividad del Apóstol de las Gentes hasta Roma, capital del Imperio, y desde donde el cristianismo se expandirá a todas las naciones.

Es un libro histórico, con la forma propia de narración de la época. Está lleno de detalles de un testigo presencial (de hecho, San Lucas, a partir del cap. 16:10 emplea con frecuencia el "nosotros" para contar los acontecimientos que pasaban). Los datos que aparecen en la narración se pueden contrastar con los que se dan en las epístolas paulinas.[19]

4.5 Cartas de San Pablo

Son catorce en total que el Apóstol de las Gentes escribió a diferentes comunidades primitivas (Tesalonicenses, Romanos, Corintios,

---

[19]Así por ejemplo, San Pablo perseguidor de la Iglesia, en Hech 8:3 y 9:1 y en Ga 1:13 y 1 Cor 15:9; conversión cerca de Damasco en Hech 9:3 y en Ga 1:17; primera visita a Jerusalén después de su conversión en Hech 9: 23–27 y en Ga 1:18; envío de San Pablo a Tarso en Hech 9:30 y en Ga 1:21; Silas y Timoteo compañeros de San Pablo después de su separación de Bernabé en Hech 15: 22.40 y 16:1, y en también aparecen en las Cartas; el camino de Filipos, Tesalónica, Atenas, Corinto, Éfeso, Macedonia y Acaya en Hech 16–19 y en 1 Tes 2:2; 3:1; 1 Cor 2:1; 16: 5–9; 2 Cor 12: 14ss, Ro 16: 1.23; etc.

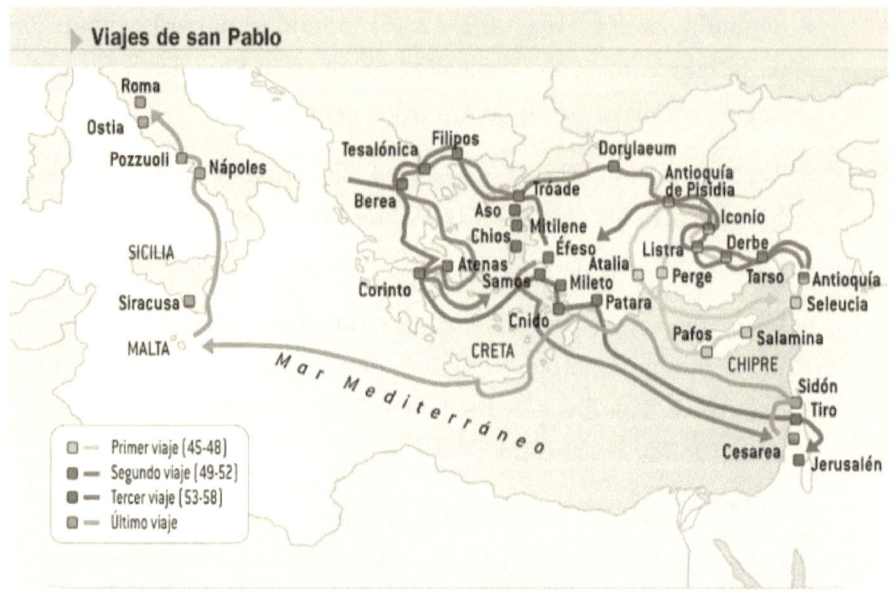

(Los viajes de San Pablo)

etc.), o a sus colaboradores más inmediatos (Timoteo, Tito), o algún cristiano en particular (Filemón). También se considera dentro de las mismas, la dirigida a los Hebreos, que tradicionalmente se adscribió a San Pablo, y que, más allá de las disputas sobre la autoría de la misma, es una epístola que muestra el influjo claro y la autoridad del Apóstol.

Son cartas que responden a necesidades de las comunidades a las que escribe, pero contienen doctrinas que son perennes, como es propio de la Palabra de Dios. No constituyen tratados estructurados de teología cristiana, pero están todos los elementos que luego servirán para la construcción de esos tratados.

Como resume J. Straubinger:

"San Pablo nos da a través de sus cartas un inmenso conocimiento de Cristo. No un conocimiento sistemático, sino un conocimiento espiritual que es lo que importa. Él es ante todo el Doctor de la Gracia, el que trata los temas siempre actuales del pecado y la justificación, del Cuerpo Místico, de la Ley y de la libertad, de la fe y de las obras, de la carne y del espíritu, de la predestinación y de la reprobación, del Reino de Cristo y de su segunda Venida".[20]

Para la exposición de su doctrina se vale de todos los recursos literarios a su alcance.

4.5.1 Las más antiguas cartas: a los Tesalonicenses

Es opinión común que tal vez sean los escritos más antiguos del Nuevo Testamento. Tesalónica fue la capital de la provincia de Macedonia, una ciudad en la que había una gran comunidad judía. San Pablo la visitará en torno al año 50 (Hech 17: 1–9). Después enviará a Timoteo para visitar a la comunidad, informarse de su situación y animar la fe de los cristianos (Hech 18 y 1 Tes 3). Ya en Corinto, y con Timoteo y Silvano, escribe las cartas que conservamos, alrededor de los años 51 y 52.

Los temas más señalados versan en torno a la Parusía, que algunos entendían mal o la consideraban inminente, con la práctica errónea de no trabajar (1 Tes 4: 1–5 y 11; 2 Tes 2: 1–12 y 3: 6–12).

La estructura de la Primera de estas Cartas es la siguiente:

- Encabezamiento (1:1).

- Sección primera (1:2–3:11): recuerdos de la evangelización de Tesalónica.

---

[20]J. Straubinger: *La Santa Biblia. Traducción directa de los Textos Primitivos*, La Plata, Universidad Católica de la Plata, 2007, pág. 200 (del Nuevo Testamento).

- Sección segunda (4:1–5:24): exhortación a vivir en conformidad con la predicación que recibieron, y consideración especial del tema de la Parusía.

- Despedida (5: 25–28).

Por su parte, la Segunda Carta se puede estructurar en las siguientes secciones:

- Encabezamiento (1: 1–2).

- Sección primera (1: 3–12): progresos de los tesalonicenses y retribución final de Dios.

- Sección segunda (2: 1–17): el día del Señor no es inminente, por lo tanto, no hay que dejarse engañar por falsas creencias en contra de la tradición recibida.

- Sección tercera (3: 1–15): deseos de que la Palabra de Dios siga progresando por el mundo y necesidad de aplicarse al trabajo.

- Despedida y saludos (3: 16–18).

4.5.2 Las epístolas mayores

Se suelen denominar así a las Cartas dirigidas a los Romanos, las dos a los Corintios y la de los Gálatas. Son las más extensas y, valga la expresión, las de contenido teológico más importante. Los grandes temas paulinos aparecen tratados allí de un modo particular.

Carta a los Romanos

Es la más larga de todas, y para muchos teólogos y escrituristas, la más importante. Se expone la obra redentora de Jesucristo y sus consecuencias, así como temas esenciales de la vida cristiana. Tal vez la idea central de la carta está contenida en el cap. 1: 16–17, es decir, la salvación por medio de la justicia de Dios, que se nos comunica por la fe. En torno a esta idea central discurren todas las otras consideraciones, que son como sus consecuencias.

Se suele dividir en cuatro partes:

- Prólogo (1: 1–17).

- Primera sección, doctrinal (1:18–11:36): se describe la situación de la humanidad caída en el pecado, tanto de los gentiles como de los judíos, lo que manifiesta la necesidad de la Redención de Jesucristo para el perdón de los pecados y alcanzar la gracia de Dios. La justificación es por la fe, como se comprueba en el caso de Abraham. A la justificación se oponen cuatro realidades: el pecado y la muerte, la carne y la Ley. De estos enemigos del hombre solo pueden liberarle la obra de la Redención del Señor, a la que se adhiere el ser humano por la fe y no por las obras, aunque éstas acompañen al hombre redimido, que pasa a ser santo e hijo adoptivo del Padre, nueva creatura. Finaliza la sección con la consideración sobre la infidelidad del antiguo Pueblo de Dios, la elección del nuevo en la Iglesia y la conversión final de Israel, signo de los últimos tiempos. Todo ello lleva a la alabanza a Dios, a su sabiduría, que se completa con una doxología final.

- Segunda sección, parenética o exhortativa (12:1–15:13): es la aplicación de toda la doctrina anterior a la vida del cristiano, en la fe auténtica, en el Espíritu y en las actitudes a observar en medio de un mundo pagano al que hay que llevar la salvación.

- Despedida (15:14–16:27): San Pablo se despide de los cristianos de Roma dando cuenta de sus planes de viaje para el futuro, y concluyendo con una gran doxología.

Escrita después de la dirigida a los Gálatas, amplía y profundiza mucho de sus temas. La escribió desde Corinto, en el invierno–primavera de los años 57–58,[21] con la intención de preparar su viaje a Roma, presentando sus títulos como Apóstol, pues algunos cristianos de Roma no los conocían aún. Tampoco él había estado allí todavía y los consejos que da son de carácter más bien general (cap. 12–14). Es anterior a las epístolas de la cautividad. Se sirve de su secretario Tercio (16:22).

Esta carta ha sido muy comentada en toda la historia de la teología, y ha influido mucho en la liturgia cristiana. Su interpretación errónea es una de las causas de la escisión protestante y de otras herejías.

Cartas primera y segunda a los Corintios

Junto con la de los Romanos, debido a su extensión y a los temas que aborda, fueron consideradas tradicionalmente como lo más importante del *Corpus Paulinum*.

Corinto era una ciudad principal, capital de la provincia romana de Acaya. Se señalaba también por la abundancia de sus vicios y su vida disoluta. San Pablo estuvo dieciocho meses en la ciudad donde fundó, no sin sortear graves dificultades, la comunidad cristiana, que contaba con miembros de origen judío y pagano. Entre los cristianos se encuentran grandes virtudes, pero también singulares defectos que el Apóstol intenta corregir, lo que le lleva a dejar una abundante doctrina sobre Cristo, la Iglesia, los sacramentos o la Historia de la Salvación.

Las dos cartas fueron elaboradas con la colaboración de secretarios: la primera, de Sóstenes (1 Cor 1:1) y fue redactada en Éfeso entre el

---

[21]En el cap. 15 se indica que San Pablo la escribió al final de su tercer viaje, poco antes de volver a Jerusalén. Algunos exégetas la adelantan al año 52–53.

año 54 al 57; y la segunda, de Timoteo (2 Cor 1:1; 8:1; Hech 20: 1–4), redactada desde Macedonia a fines del año 57.

La primera de las Cartas enfrenta problemas pastorales de la comunidad: disensiones entre facciones que se enfrentan mutuamente (de Apolo, de Pedro, de Pablo, de Cristo), abusos, escándalos, procesos y pleitos, desórdenes en los ágapes, ciertas libertades de las mujeres en la iglesia, etc. En la corrección de los mismos, San Pablo, manifiesta principios de valor universal sobre la sexualidad, los dones del Espíritu Santo, la caridad, la verdadera sabiduría, la unidad de los cristianos en la diversidad de carismas y dones, la Iglesia, la victoria de Cristo sobre el pecado y la muerte, etc. Se puede dividir del siguiente modo:

- Introducción (1: 1–9): con un saludo y una acción de gracias.

- Primera sección (1:10–4:21): sobre la división entre los cristianos.

- Segunda sección (5:1–11:34): donde se trata de las graves cuestiones de la vida de la comunidad de las que el Apóstol de las Gentes ha tenido noticia: el incestuoso, el acudir a los tribunales paganos, pecados de la carne, el matrimonio y el celibato, los principios a seguir en la cuestión de las carnes sacrificadas a los ídolos y el comportamiento en las celebraciones litúrgicas.

- Tercera sección (12:1–15:58): se dedica a dos temas teológicos de gran importancia. Uno, eclesiológico, sobre la diversidad de dones y la centralidad de la caridad; otro, escatológico, sobre la suerte de los difuntos y el tema de la resurrección de los muertos.

- Epílogo (16: 1–24): se centra en la colecta para Jerusalén y el anuncio de sus próximos viajes.

La segunda Carta, que San Pablo escribió a fines del año 57, poco después de la primera, está motivada por las buenas noticias que

Timoteo le trae de Corinto, donde la comunidad ha acatado las directrices del Apóstol, aunque todavía quedan problemas que proceden de los judíos y de los judeo–cristianos, y que merecen nuevas explicaciones y una defensa personal del Apóstol frente a sus críticos. El resultado es que en esa carta se decanta una profunda teología sobre el ministerio apostólico en la Iglesia. El contenido de la misma puede ser desglosado del siguiente modo:

- Primera parte (caps. 1–7): el Apóstol describe las características del evangelizador cristiano.

- Segunda parte (caps. 8–9): dedicada a la colecta para la Iglesia de Jerusalén.

- Tercera parte (caps. 10–13): contiene una apología de San Pablo frente a las calumnias de sus adversarios.

Carta a los Gálatas

Esta carta debió de escribirse desde Éfeso, antes de la de los Romanos y después de la Segunda a los Corintios, en torno a los años 54 y 55.

Galacia estaba en el centro de la actual Turquía, y constituía una provincia romana en tiempos de San Pablo,[22] quien la evangelizó en el segundo viaje, y la visitó en el tercer viaje.[23]

El centro de la carta es la teología de la justificación, que ocurre por la fe en Jesucristo y no por la circuncisión. San Pablo enfrenta, pues, las ideas judaizantes que se extendieron en el primitivo cristianismo. Al corregir estas tendencias, nos da la doctrina de la gracia,

---

[22]Esta provincia abarcaba por el sur, a ciudades muy nombradas en el libro de los Hechos: Derbe, Listra, Iconio, Antioquía de Pisidia.

[23]Hech 16:6 y 18:23. En el primer viaje estuvo en las ciudades del sur de la provincia.

que expondrá todavía con más detalle en su carta a los Romanos. Supone la teorización de las decisiones del Concilio de Jerusalén.

Se puede estructurar la carta en cuatro partes:

- Saludo y presentación (1: 1–10).

- Primera sección (1:11–4:31): doctrinal, donde se resume el "evangelio" predicado por San Pablo, con muchos datos autobiográficos, y un desarrollo doctrinal sobre los grandes temas paulinos de la justificación por la fe, la Ley y la Promesa y la filiación divina.

- Segunda sección (5:1–6:10): moral o parenética, que está dedicada a los temas de la libertad y de la caridad cristianas, con los frutos del Espíritu y la contraposición entre las obras del espíritu y las de la carne.

- Conclusión (6: 11–18): contraposición entre la mala actitud de los judaizantes y el buen espíritu del Apóstol.

4.5.3 Las cartas de la cautividad

Son las que escribió San Pablo cuando estuvo encarcelado en Éfeso y en Roma. De ahí su nombre. Las dirigió a los Filipenses, Colosenses, Efesios y a Filemón.

Carta a los Filipenses

San Pablo se describe como estando "en cadenas por Cristo" (Flp 1: 12–17) sin especificar más. La fecha de esta carta depende, pues, del momento de la prisión en la que se encontrara el Apóstol. Si se trata de la sufrida en Éfeso (Hech 19), entonces sería escrita en el año 56; si es la de Roma, la datación sería del año 61 a 62.

Es uno de los escritos de San Pablo más entrañables, donde se vierte el corazón tierno de San Pablo hacia estos cristianos.[24] Tiene una impronta muy afectuosa y un tanto desordenada, donde el corazón del Apóstol repasa variados temas pertinentes a tal comunidad.

Precisamente por el tono del mismo es un escrito más difícil de estructurar que los otros de San Pablo. Con todo, se puede sugerir la siguiente división:

- Saludo y descripción de la situación del Apóstol en la cárcel (1: 1–26).

- Enseñanzas del Apóstol sobre la fe, humildad (con himno cristológico), filiación divina y testimonio de fe ante el mundo (1:27– 2:18).

- Proyectos y noticias sobre Timoteo y Epafrodito (2: 19–30).

- Aviso contra las seducciones de los falsos profetas judaizantes y exhortación a la perseverancia en la alegría (3:1–4:9).

- Agradecimiento por ayuda recibida y despedida (4: 10–23).

Carta a los Colosenses

Es una carta que muy probablemente fue escrita desde Roma (año 62), en la cautividad de San Pablo, pero donde gozaba de cierta libertad (Col 4: 3ss). La ocasión es la presencia de problemas doctrinales en la Iglesia de Colosas, de los que fue informado por Epafras, pues parece que San Pablo no evangelizó directamente esta región (Col 2:1). Los problemas se debían a que algunos predicadores venidos de fuera

---

[24]Cfr. "Os llevo en el corazón" (Flp 1:7); "Hermanos míos muy queridos y añorados, mi gozo y mi corona" (Flp 4:1); es la única comunidad de la que San Pablo aceptó ayuda en toda su vida; passim.

de la comunidad sostenían la existencia de unos seres intermediarios entre Dios y los hombres, y a los que se aplacaba y ponían en favor de sus devotos por medio de ciertas observancias externas de signo judaico. Cristo, sería uno de esos seres intermediarios; tal vez, el más poderoso, pero de esa naturaleza de seres intermedios.[25] San Pablo proclama la absoluta preeminencia de Cristo en la Iglesia y en el universo entero, y se desautoriza a los falsos maestros. En este sentido, es propio de esta Carta la doctrina de la capitalidad de Cristo sobre toda la creación y sobre la Iglesia, mientras que en otras de sus Cartas se concentra más bien en la doctrina de la Redención en favor de los hombres.

Con San Pablo se encuentra Timoteo (1:1). Es una carta que tiene grandes afinidades con la de los Efesios en estructura e ideas.

La Carta puede ser dividida de la siguiente manera:

- Presentación, acción de gracias e himno cristológico (1: 1–23).

- Autoridad del ministerio de San Pablo al servicio del Evangelio (1:24–2:5).

- Necesidad de fidelidad al depósito de la fe y de resistir los engaños de las falsas creencias (2: 6–23).

- La vida moral del cristiano como consecuencia de su unión con Cristo (3:1–4:6).

- Conclusión y despedida (4: 7–18).

---

[25]Eran doctrinas que sostenían un sincretismo religioso con elementos judaicos, de las religiones mistéricas y una incipiente gnosis cristiana.

Carta a los Efesios

Como ya sabemos, hay una gran afinidad con la Carta a los Colosenses.[26] Por eso, sostiene M. A. Ferrando que se produce entre esas dos cartas un caso parecido a la relación entre las Cartas a los Gálatas y Romanos: la dirigida a los de Colosas sería una respuesta rápida a problemas que luego serán tratados con más extensión y profundidad en la de Efesios.[27]

Éfeso era la capital de la provincia romana de Asia Menor, situada junto al mar Mediterráneo. En su segundo viaje apostólico, San Pablo estuvo allí tres años (Hech 18 y 19).

Es probablemente la más importante de las cartas de la cautividad desde el punto de vista doctrinal, y también la más extensa de este grupo. El peligro que enfrenta el Apóstol es el de las falsas doctrinas sincretistas que ya mencionábamos. La respuesta de San Pablo desarrolla la superioridad de Jesucristo sobre todos los poderes celestiales y terrenales, por lo que su señorío es absoluto y solo Él es el Salvador; en consecuencia, todo lo existente está sometido al Señor, cuyo Cuerpo místico es la Iglesia.

Se puede estructurar en seis secciones, enmarcadas entre la habitual salutación (1: 1–2) y los saludos finales (6: 21–24):

- Sección primera: a modo de introducción de toda la Carta, dedicada al misterio salvífico de Dios realizado en la Iglesia, cuya cabeza es Cristo (1: 3–23).

- Sección segunda: la llamada a los gentiles a una vida nueva (2: 1–10).

---

[26] Es un dato curioso que casi la tercera parte de los versículos de Efesios tiene un versículo paralelo en Colosenses.

[27] M. A. Ferrando: *Iniciación...*, cit., pág. 121.

- Sección tercera: Cristo unió a los gentiles y judíos en un nuevo Pueblo de Dios (2: 11–22).

- Sección cuarta: la misión del Apóstol es llevar la salvación de Cristo a los gentiles (3: 1–21).

- Sección quinta: necesidad de guardar la unidad de la Iglesia (4: 1–16).

- Sección sexta: la vida nueva de los fieles en Cristo y en la Iglesia (4:17–6:20).

Carta a Filemón

Es el escrito más breve de San Pablo.

Se menciona que el Apóstol, "anciano", está prisionero, pero no sabemos a cuál de sus cautividades se refiere. Se suele pensar que fue escrita en Éfeso, entre los años 54 a 57. Es en Éfeso donde habría conocido y hecho amistad con Filemón,[28] a raíz de sus predicaciones a las que acudían de toda la región. Filemón es tratado con gran amistad y confianza y se le denomina "colaborador" (Flm 1). Con el mismo afecto aparece tratado el esclavo Onésimo.

La ocasión de la carta es la devolución del esclavo a su dueño legal, pidiéndole a éste que lo reciba como a un hermano, como lo haría con San Pablo mismo.

Se puede estructurar del siguiente modo:

- Saludo (1–3).

- Acción de gracias por la fe y caridad de Filemón (4–7).

---

[28]Un rico propietario de Colosas.

- Cuerpo de la carta: intercesión en favor de Onésimo, siervo fugitivo de Filemón, que regresa a la casa de su amo para que sea acogido como un hermano querido (8–21).

- Recomendaciones y despedida (22–25).

Es un escrito donde más allá de las diferentes condiciones sociales, se pide a los cristianos que se comporten como hermanos muy amados. Se ve el espíritu sobrenatural del cristianismo que no puede ser entendido como un movimiento de reivindicaciones sociales (en este caso, la abolición de la esclavitud, ya que el Apóstol respeta las leyes civiles del Imperio), pero que contiene los principios sobrenaturales que, bien vividos y asimilados, luego conducirán a una sociedad más justa y libre.

4.5.4 Las cartas pastorales

Están dirigidas a hijos espirituales de San Pablo que fueron los obispos a cargo de comunidades primitivas. Son, pues, cartas dirigidas a un destinatario concreto. En las mismas se enfrentan consejos sobre cómo ejercer sus labores pastorales y el modo de responder a los problemas que tales tareas planteaban. Contienen también normas sobre la organización de las Iglesias y la función de los ministros. Son las dos dirigidas a Timoteo (su delegado en Éfeso)[29] y la de Tito (su delegado en Creta). Son las últimas de la vida del Apóstol, escritas en un momento que ya no se menciona en el libro de los Hechos.[30] Las tres son muy parecidas entre sí. Tienen un tono sencillo y familiar, y

---

[29]Cfr. 1 Tim 4:12; 2 Tim 2:22.

[30]En la Segunda Carta a Timoteo se menciona que está en cadenas y que tiene la seguridad de que va a ser condenado a muerte. No se menciona la cautividad, sin embargo, ni en la Primera, ni en la Carta a Tito.

se nota la preocupación por formar a sus discípulos en la tarea que les tiene encomendada.

1 Carta a Timoteo

Timoteo[31] está al frente de una comunidad que tiene los problemas propios de los primeros momentos de la evangelización, esto es, el ambiente pagano que les rodea, la organización de los diferentes grupos en la comunidad, o las costumbres relajadas de algunos hermanos, por lo que Timoteo tiene que velar por la doctrina recibida y por la altura moral propia del cristiano, sin importar la juventud que tenía.[32]

El escrito se puede estructurar de la siguiente manera:

- Saludo inicial (1: 1–2).

- Primera sección (1: 3–20): defensa de la doctrina verdadera frente a los falsos doctores.

- Segunda sección (2: 1–15): modo de realizar el culto cristiano.

- Tercera sección (3: 1–16): cualidades del verdadero ministro encargado de la comunidad.

- Cuarta sección (4:1–6:19): modo de relacionarse con los distintos grupos de cristianos, ancianos, viudas, presbíteros, esclavos, ricos, herejes, etc.

- Despedida y desafío a conservar el depósito de la fe (6: 20–21).

---

[31]Su figura aparece muchas veces en el libro de los Hechos, 16: 1.12; 17:14; 18:5; 19:22; 20:4. También en otras cartas de San Pablo: 1 Tes 3:2; 1 Cor 4:17; 16:10; 2 Cor 1:1; Col 1:1; Flp 1:1; 2: 19.22, etc.

[32]Cfr. 1 Cor 16:11.

2 Carta a Timoteo

Es una carta de tonos entrañables, con alusiones muy personales hacia su discípulo, en los que el Apóstol se despide de su hijo Timoteo puesto que se sabe cercano a morir.[33] Se la ha denominado como un "testamento espiritual" de San Pablo. Es más breve que la primera, pero conserva el estilo de la primera y se percibe la misma comunidad cristiana con sus desafíos y dificultades. Le exhorta a su hijo espiritual a ser fiel a la doctrina hasta la muerte, puesto que es depósito recibido que tiene que salvaguardar, y por ello, luchar contra los falsos maestros que la quieren distorsionar.

Su contenido es el siguiente:

- Saludo inicial lleno de ternura (1: 1–5).

- Primera sección (1:6–2:13): necesidad de cuidar del depósito de la fe recibida, mediante una adecuada predicación, manteniendo vivo siempre el recuerdo de Jesucristo que permanece siempre fiel.

- Segunda sección (2:14–4:8): importancia de la enseñanza fiel de la doctrina, evitando el error y ejerciendo la paciencia con los que se yerran, previniendo contra los peligros contra la fe. Para ello es esencial la fidelidad a la Palabra de Dios.

- Conclusión (4: 9–22): despedida y peticiones finales.

Carta a Tito

Tito fue el delegado de San Pablo para dirigir la Iglesia de Creta.[34] El Apóstol manifiesta un gran cariño hacia él.[35] No se menciona

---

[33]2 Tim 4: 6–7.

[34]Tit 1:5; 3:12.

[35]Tit 1:4.

a Tito en el libro de los Hechos, pero sí en varias de las otras Cartas paulinas.[36] El ambiente de la Carta, los temas y los problemas que refleja son muy parecidos a los de la 1 Tim. Se manifiesta el ambiente de una comunidad nueva, en la que los ministros deben de esforzarse por conservar la sana doctrina frente a los falsos maestros propugnadores de doctrinas perturbadoras.

Se puede estructurar en cuatro partes:

- Saludo inicial (1: 1–4).

- Primera sección (1: 5–16): condiciones de los ministros encargados de las diferentes comunidades de la Iglesia de Creta.

- Segunda sección (2:1–3:11): la gracia salvadora de Jesucristo recibida por los cristianos, ha de manifestarse de varios modos en su vida, según la edad y condición de cada uno, y siempre en el respeto a la legítima autoridad, evitando las disputas doctrinales que no conducen a nada.

- Despedida y recomendaciones finales (3: 12–15).

4.5.5 La carta a los Hebreos

Eusebio de Cesarea en su *Historia Eclesiástica* menciona que San Clemente de Alejandría y San Juan Crisóstomo, entre otros Santos Padres, consideraron que esta Carta fue escrita por San Pablo;[37] de hecho, desde el siglo VI al siglo XVI fue tenida por tal unánimemente, siendo la razón principal que en ella se encuentra una resonancia fiel de las doctrinas del Apóstol de las Gentes. Sin embargo es cierto que su estilo —un griego culto y cuidado—, su vocabulario, su estructura —no tiene el saludo inicial ni la conclusión propias del estilo epistolar,

---

[36]Ga 2: 1–5; 2 Cor 7:14; 8: 6.16–23; 12:18.

[37]Eusebio de Cesarea: *Historia Ecclesiastica*, 6, 14, 2; 3, 25, 2–3.

las partes parenéticas están intercaladas entre las partes doctrinales, etc.—, su modo de entender el Antiguo Testamento y el modo de tratar los temas teológicos son peculiares y parecen diferentes de los de las otras cartas paulinas. Esto llevó a algunos Santos Padres a dudar de la autoría directa de San Pablo, opinión que se extendió desde el siglo XVI. La explicación de la aporía podría estar en el uso de algún redactor diferente del Apóstol, pero que siguió sus directrices de contenido doctrinal. En palabras de Orígenes:

> "Las ideas de la epístola son ciertamente del Apóstol; la dicción y la composición parecen, sin embargo, de otro que quiso recordar el pensamiento de Pablo, como quien escribe las palabras del maestro".[38]

Sea cual sea las posición sobre el problema de la autoría, es indudablemente un escrito inspirado y canónico.[39]

El tema central de la carta parece resumido en los versículos 7 al 17 del capítulo 13:

> "Acordaos de vuestros pastores, que os proclamaron la palabra de Dios, e imitad su fe, considerando el buen final de su conducta. Jesucristo es el mismo ayer y hoy, y por los siglos. No os dejéis llevar por doctrinas diversas y extrañas, porque lo bueno es fortalecer el corazón con la gracia y no con alimentos que no aprovecharon a quienes obraron conforme a ellos. Nosotros tenemos un altar del que no tienen derecho a comer los que ofician el culto del Tabernáculo. Porque los cuerpos de los animales, cuya sangre introduce el sumo sacerdote en el santuario para

---

[38]Cfr. Eusebio de Cesarea: *Historia Ecclesiastica*, 6, 25, 14.

[39]Concilio de Trento, ses. IV (D. S. 2176).

expiar el pecado, son quemados fuera del campamento. Por eso, también Jesús, para santificar al pueblo con su sangre, padeció fuera de la puerta. Salgamos, por tanto, hacia él, fuera del campamento, cargados con su oprobio; porque no tenemos aquí ciudad permanente, sino que vamos en busca de la venidera. Ofrezcamos continuamente a Dios por medio de él un sacrificio de alabanza, es decir, el fruto de los labios que confiesan su nombre. No os olvidéis de hacer el bien y de compartir lo vuestro, porque Dios se complace en esa clase de sacrificios. Obedeced a vuestros pastores y someteos a ellos —porque velan por vuestras almas como quienes han de rendir cuentas— para que hagan estas cosas con alegría y sin quejarse, pues esto no os convendría".

En base a esas palabras, la Carta podría estructurarse en ocho secciones, cuatro doctrinales y cuatro parenéticas intercaladas, con una conclusión que contiene varias recomendaciones finales:

- Primera sección doctrinal: preeminencia de Cristo (1: 1–4), y superioridad de Cristo sobre los ángeles (1: 5–2:18).

- Primera sección parenética (2: 1–4): necesidad del seguimiento de Cristo para la salvación.

- Segunda sección doctrinal (3: 1–4:13): superioridad de Cristo sobre Moisés.

- Segunda sección parenética (3:7–4:13): necesidad de imitación de los fieles que aceptaron la Revelación.

- Tercera sección doctrinal (4:14–7:28): superioridad del sacerdocio de Cristo sobre el levítico.

- Tercera sección parenética (5:11–6:10): esperanza gozosa y normas de vida cristiana.

- Cuarta sección doctrinal (8: 1–19:18): superioridad del sacrificio de Cristo sobre todos los de la Antigua Ley.

- Cuarta sección parenética (10:19–12:29): ejemplos de fe a imitar por el cristiano.

- Últimas recomendaciones (13: 1–19).

Pudiera ser que la fecha de composición fuera antes del año 70 porque no se menciona la destrucción del Templo de Jerusalén y se presupone en toda la Carta que el Templo y el culto mosaico está en vigor.[40]

4.6 Cartas católicas

Son un conjunto de siete cartas en las que se explica a sus destinatarios la obra redentora de Jesucristo y las consecuencias directas para su vida cristiana. Siguen un género literario parecido al de las cartas paulinas. Sin embargo, sus destinatarios no son personas o comunidades concretas (salvo la segunda y tercera Carta de San Juan), lo que les da un carácter universal, como dirigidas o aceptadas por todas las Iglesias (de ahí el nombre tradicional que recibieron de "católicas"),[41] y su extensión suele ser más reducida que las de San Pablo.

Cinco de ellas son deuterocanónicas, pues entraron en el Canon de la Sagrada Escritura en un segundo momento, como se verá en el capítulo correspondiente. Son las de Santiago, la segunda de Pedro, la segunda y tercera de Juan y la de Judas.

---

[40]Cfr. Heb 8:4; 9:7; 13:25; etc.

[41]Desde finales del siglo IV reciben esta denominación. Cfr. S. Jerónimo: *De Viris Illustribus*, 2, 4.

4.6.1 Carta de Santiago

Es una carta que se dirige a las "doce tribus que están en la diáspora" (1:1), por tanto, al menos, a todos los judeo–cristianos de dentro y fuera de Palestina.

Santiago ha sido considerado tradicionalmente como el Apóstol llamado "Santiago el Menor", "hijo de Alfeo o Cleofás" (Mt 10:3) y de "María" (Mt 27:56) pariente de la Virgen. Por eso se le llama pariente o "hermano del Señor", según la denominación judaica de esos tiempos (Ga 1:19; Mt 13:55; Mc 6:3). Sus hermanos eran José y Judas (Mc 15:40; Mt 27:56; Jn 19:25; Jds 1). Es mencionado por San Pablo como una de las "columnas" o apóstoles que gozaban de mayor autoridad en los primeros tiempos de la Iglesia (Ga 2:9). Fue obispo de Jerusalén y murió mártir en el año 62.

Escribe esta carta poco antes de esa fecha y su intención es fortalecer a los cristianos procedentes del judaísmo que sentían debilitarse su fe a causa de las persecuciones. Santiago les recuerda la necesidad de vivir plenamente las exigencias de la vida cristiana, evitando los defectos que son incompatibles con ella: murmuración, rencillas, envidias, maledicencia, injusticias con los más pobres, etc. Insiste en la necesidad de que la fe vaya realmente acompañada de las obras, lo que completa la enseñanza paulina sobre la justificación.[42]

No es una carta muy sistemática en cuanto a los temas que trata. Pero se pueden encontrar cuatro secciones:

- Primera sección (1:1–2:13): enseñanzas en torno al sufrimiento, la congruencia entre vida y doctrina, y la necesidad de evitar la acepción de personas.

---

[42]El rechazo del valor de las obras propio de la teología luterana, llevó a Lutero a considerar esta carta como "paja" en comparación con "oro verdadero" del Evangelio.

- Segunda sección (2: 14–26): el mensaje central de que la fe sin obras está muerta.

- Tercera sección (3:1–5:6): manifestaciones prácticas variadas de la congruencia entre la fe y la conducta cristiana.

- Cuarta sección (5: 7–20): actitudes durante la espera de la Parusía, en particular, fidelidad y unidad entre los cristianos.

4.6.2   Primera Carta de San Pedro

San Pedro[43] dirige esta carta a los cristianos de "la diáspora",[44] como Santiago, pero sus destinatarios más bien parecen ser procedentes de la gentilidad.[45] Parece que fue escrita poco antes del inicio de la persecución de Nerón, en el año 63. Lo hace desde Roma, a la que llama Babilonia por la corrupción de su ambiente pagano (5:13).[46] Manifiesta la cohesión y unidad de la Iglesia frente a un mundo pagano. Proclama las exigencias que se derivan del bautismo, siendo éste y la Cruz, los motivos determinantes de las afirmaciones que se hacen a lo largo del escrito.

Como dice Straubinger, "En estas breves cartas..., llenas de la más preciosa doctrina y profecía, vemos la obra admirable del Espíritu Santo, que transformó a Pedro después de Pentecostés. Aquel ignorante,

---

[43]Se autodesigna como "Apóstol de Jesucristo" (1:1) y testigo de los sufrimientos de Cristo (5:1). Fuera de los Evangelios, y después de los datos del Libro de los Hechos y de las referencias de Ga 2: 11–14, no hay más información sobre él en el Nuevo Testamento. No se sabe el momento de su llegada a Roma, ni la fecha exacta de su martirio bajo las persecuciones de Nerón, pero la Tradición sostiene que fue el año 67 el mismo día que el martirio de San Pablo.

[44]Se dirige a varias comunidades de origen pagano asentadas en el Norte y Este del Asia Menor (1:1).

[45]De ahí las constantes referencias al bautismo que recibieron y a sus consecuencias.

[46]Cfr. Ap 14:8; 16:19; 17:5; 18: 2.10.21.

inquieto y cobarde pescador y negador de Cristo, es aquí el apóstol lleno de caridad, de suavidad y de humilde sabiduría..."[47] Llama la atención el uso del buen griego utilizado, rico en vocabulario y con un estilo sencillo pero muy cuidado.

Fue redactada con la ayuda de Silvano (5:12).

Su intención es la de fortalecer a los nuevos cristianos frente a las calumnias y hostilidades que manifestaban los romanos paganos entre los que vivían. De ahí las referencias a los sufrimientos del Señor y a su Cruz que mencionábamos antes. Al tiempo que les consuela, les pide que sean respetuosos con las autoridades del Imperio.

Cabe dividir su contenido en tres secciones, enmarcadas, como es usual, entre una presentación y una conclusión. En este caso, el encabezamiento está dedicado a proclamar la dignidad del cristiano (1: 1–12), y las exhortaciones finales van dirigidas a presbíteros y fieles todos de la Iglesia para que confíen en el Señor (5: 1–14):

- Sección primera (1:13–2:10): resume elementos propios de una catequesis bautismal, puesto que se señala al bautismo como inicio de la vida del cristiano como parte del pueblo sacerdotal que es la Iglesia, y que le exige la búsqueda de la santidad.

- Sección segunda (2:11–3:12): obligaciones del cristiano en medio del ambiente hostil en el que vive.

- Sección tercera (3:13–4:19): la razón última para sufrir con paciencia las persecuciones está en la participación del misterio de la Redención de Jesucristo.

---

[47]Cfr. *La Santa Biblia*, cit., pág. 329 de la traducción del Nuevo Testamento.

4.6.3 Segunda Carta de San Pedro

Esta segunda epístola petrina[48] va dirigida, a diferencia de la primera, a todos los cristianos, manifestando el carácter universal del oficio papal de San Pedro (1:1). Fue escrita poco antes de su martirio (1:14), por lo que la fecha de composición debiera ser entre los años 64 a 67. La ocasión es, en este momento, la necesidad de enfrentar a los falsos maestros que se habían introducido entre las primeras comunidades cristianas, quienes despreciaban las Escrituras, abusaban del rebaño del Señor, sostenían un falso concepto de la libertad e incluso afirmaban que no habría Parusía del Señor. Por eso la esperanza en la Segunda Venida del Señor ilumina y anima toda la Carta.

Su estilo es culto y un tanto alambicado. Puede ser estructurada en otras tres secciones, ubicadas entre la introducción (1: 1–2) y la conclusión (3: 17–18):

- Sección primera (1: 3–21): exhortación a los destinatarios a la fidelidad a la doctrina que recibieron.

- Sección segunda (2: 1–22): diatriba contra los falsos doctores.

- Sección tercera (3: 1–16): doctrina sobre la Parusía.

4.6.4 Carta de San Judas

El autor se presenta como "Judas, siervo de Jesucristo y hermano de Santiago" (v. 1), y tradicionalmente se ha identificado como el Apóstol llamado Judas de Santiago o Judas Tadeo,[49] aunque no ha

---

[48]Más allá de las discusiones a este respecto, conviene subrayar las múltiples referencias que hay en la Carta a experiencias del mismo Pedro: testigo ocular de la Transfiguración (1: 16–18), su nombre "Simón Pedro" (1:1), su referencia a la carta primera (3:1), o su alusión a San Pablo como "nuestro querido hermano" (3:15).

[49]Cfr. Lc 6:16; Hech 1:13; Mt 10:3; Mc 3:18.

faltado la hipótesis de que se tratara de uno de los parientes de Jesús (Mc 6:3 o Mt 13:55; cfr. 1 Cor 9:5) al no incluirse el autor entre los Apóstoles (v. 17).

Va dirigida a "los que han recibido la llamada divina" (v. 1), por lo que parece referirse a todos los cristianos, si bien, por su contenido y referencias a libros apócrifos judíos,[50] pudieran ser sobre todo a los procedentes del judaísmo. Las fechas de su composición sugeridas por los exégetas, van desde los años 50 a finales de siglo. Hay una gran semejanza entre Jds 4–18 y 2 Pe 2:1–3:3.

Es un escrito muy fuerte contra los falsos maestros, aunque no especifica sus doctrinas; con todo, debieron ser del ámbito moral, porque denuncia su libertinaje, sobre todo en la impureza y en la avaricia. Les llama alucinados, libertinos e interesados.

4.6.5 Primera Carta de San Juan

Según la tradición, el Apóstol San Juan el Evangelista escribió tres Cartas desde Éfeso, después de su destierro en Patmos, hacia el final del siglo I.[51]

La primera es la más larga e importante de las tres Cartas joánicas. Va dirigida a todas las comunidades cristianas de Asia Menor, para prevenirlas de los falsos maestros y profetas, que son "anticristos" y "falsos profetas". Por ello, desde el punto de vista cristológico, el Apóstol insiste en la Encarnación del Verbo y en su carácter mesiánico, frente a las herejías que lo negaban; y, desde el punto de vista moral, en su sublime doctrina sobre el amor, frente a los intentos erró-

---

[50]El uso de referencias a los libros apócrifos de la *Asunción de Moisés* (v. 9) y del *Libro de Henoc* (v. 14–15), es perfectamente compatible con el dogma de la inspiración, como se verá en su lugar.

[51]Cfr. San Policarpo: *Ad Philip.*, 7. 1,2; S. Ireneo: *Adv. Haer.*, 3.16, 5.8; San Clemente de Alejandría: *Stromata*, 2, 15, 66; 3, 4, 32; 3, 5, 44; etc.

neos de sostener que no habría pecado, o que el conocimiento de Dios eximiría de cumplir los mandamientos, o que el amor de Dios excluiría el amor a los hermanos.

Se puede estructurar el escrito en tres partes:

- Prólogo que abunda en las ideas del inicio del Evangelio joánico (1: 1–4).

- Cuerpo de la Carta, dividido a su vez, en tres secciones:

  - Dios es Luz, y la vida cristiana es caminar en la luz (1:5–2:29).

  - Filiación de Dios, y la vida cristiana como vivir como verdaderos hijos de Dios (3: 1–24).

  - Consecuencia: fe en Cristo y amor del Señor (4:1–5:12).

- Epílogo (5:13) que resume el tema de la Carta ("los que creéis en el nombre del Hijo de Dios, para que sepáis que tenéis vida eterna"), y apéndice final (5: 14–21).

4.6.6   Segunda y Tercera Cartas de San Juan

Son escritos muy breves, por lo que se han denominado, "epístolas menores" de San Juan. El autor se presenta como "el Presbítero" (2 Jn 1; 3 Jn 1), y su identidad con el Discípulo Amado se manifiesta por el estilo literario y los temas que aborda, que son de sabor típicamente joanneo.

La segunda va dirigida a una Iglesia local, con el seudónimo de "la Señora Elegida y sus hijos" (2 Jn 1), y se centra en los temas de la primera de las Cartas, aunque de un modo mucho más resumido: el amor fraterno y el cumplimiento de los mandamientos (vv. 4–6), los anticristos, los seductores, que no confiesan a Cristo venido en carne (vv. 7–11). La tercera se dirige a Gayo, a quien elogia por ser un auténtico cristiano (vv. 3–4) como demuestra la práctica de la hospitalidad con los hermanos(vv. 5–8), y censura a un tal Diotrefes, responsable de la comunidad, que critica al mismo San Juan y no recibe a sus hermanos (vv. 9–10). En cambio se elogia a Demetrio (v. 12), tal vez el encargado de sustituir a Diotrefes.

4.7 Apocalipsis

Es el único libro del Nuevo Testamento de carácter típicamente profético. Como ha subrayado A. Gálvez:

> "El *Apocalipsis*[52] es un libro profético. El único libro profético del Nuevo Testamento.[53] La Biblia se cierra con un *adiós* que es más bien un *hasta luego*, puesto que toda profecía es una mirada hacia el futuro; en este caso, hacia un *después* que dará sentido y cumplimiento a todo lo anterior".[54]

---

[52]En griego, *Revelación*.

[53]Lo que no quiere decir que algunos de los restantes libros del Nuevo Testamento no contengan diversas profecías. Intencionadamente se omite, por no ser de este lugar, cualquier referencia a la interminable lista de Concilios, tanto Nacionales como Ecuménicos, que han definido la autenticidad y canonicidad del Libro del *Apocalipsis*, además de añadir los correspondientes anatemas para quienes las nieguen. Solamente en España, el Concilio IV de Toledo (año 633) excomulgaba a los que negaran su autenticidad y no reconocieran el Libro como sagrado; incluyendo a los que no predicaran sobre él en las misas de los tiempos litúrgicos que van desde Pascua a Pentecostés (Can. XVI).

[54]A. Gálvez: *Siete Cartas...*, cit., pág. 5. Esta obra, comentario a la primera parte del Apocalipsis, es de imprescindible lectura para el que quiera comprobar la profunda actualidad es sus profecías.

El autor se presenta como "profeta" y como "Juan" (1:1; 22: 16–19), a quien la tradición identificó con el Apóstol Juan el Evangelista.[55]

Es el libro que cierra la Biblia, y donde encontramos una referencia final a los acontecimientos iniciales de la creación: la antigua creación es sustituida por la nueva; se menciona al río que daba vida al Paraíso (Ge 2:6 y Ap 22:1) y al árbol de la vida (Gen 2:8 y Ap 22:14).

El título del libro significa "revelación", y surge directamente como un libro de consolación para la Iglesia militante, que gracias a Jesucristo, será la triunfadora final frente a todas las persecuciones que sufre[56] y sufrirá hasta la Parusía, en su lucha contra el Mundo y el Demonio, y contra todas las herejías internas,[57] que intentan asolarla. Es un auténtico anuncio de la suerte que le espera a los cristianos hasta el fin de la Historia.

La Segunda Venida del Señor y el establecimiento definitivo del Reino de Dios al final de los tiempos es el mensaje principal del libro; ideas que sirven de engarce para las consideraciones sobre Dios uno y Trino, Jesucristo, o la Iglesia. La Historia humana está bajo el señorío de Cristo, quien consiguió la victoria definitiva sobre el demonio y el pecado con su Pasión y Resurrección. La salvación está ya realizada, pero hasta su consumación y victoria definitiva, hay un periodo de combate entre el bien y el mal por la salvación de los elegidos, esto

---

[55]San Justino: *Diálogo con Trifón*, 81; Melitón de Sardes y Papías, según Eusebio de Cesarea en *Historia Eclesiástica*, 4, 26, 22; Orígenes: *In Ioannem*, 1, 14; Tertuliano: *Adv. Marcionem*, 3:14; *De Resurrectione Carnis*, 25; etc.

[56]En este momento, proceden de los judíos (2: 9-10) y de los romanos (6: 9–10; 17:6).

[57]En el tiempo de composición del Apocalipsis existen herejías entre los cristianos que intentan desvirtuar el auténtico sentido de la fe. Así aparecen en el libro la secta de los nicolaítas quienes aceptan una cierta convivencia con el paganismo y las costumbres de las religiones idolátricas, y las sectas judaizantes, "sinagoga de Satanás" (3:2) o falsos judíos (2: 9–10). Se denuncia el hecho de la pérdida del fuego del primer amor, o la decadencia en la firmeza de la fe (2:4; 3:2).

es, el tiempo de la Iglesia militante e itinerante, que acabará con la Parusía y el establecimiento de "los cielos nuevos y la tierra nueva". El conocimiento de estas verdades, anima y consuela a los cristianos que se ven sujetos de esa batalla sobrenatural.

A. Gálvez ha mostrado la dificultad de identificar las diferentes situaciones reveladas con acontecimientos o personas concretas de la Historia de los inicios del cristianismo o de épocas posteriores, porque su valor profético es de perenne actualidad:

> "Por descontado que aquí se va a dar por supuesto el carácter profético del *Apocalipsis*. Veinte siglos de venerable tradición, sin la menor duda al respecto, son algo más que una dura dificultad para quienes pretenden sostener lo contrario. Por lo demás, el mismo Libro del *Apocalipsis* lo proclama solemnemente, tanto al principio (Ap 1: 1–3) como al final (Ap 22:19): algo así como para abarcarlo por completo y eliminar cualquier incertidumbre sobre el tema.
>
> Según lo cual, por ejemplo, las teorías que sostienen que las Cartas a las Siete Iglesias de Asia (Éfeso, Esmirna, Pérgamo, Tiatira, Sardes, Filadelfia y Laodicea) se refieren a las tribulaciones que tales Comunidades hubieron de afrontar a finales del siglo I, con el objeto de servirles de consolación, si bien puede ser aceptada como verdadera, *no es probable sin embargo que contemple toda la verdad*. El *Apocalipsis* tiene suficiente empaque, y más que sobrada importancia, como para reducir un fragmento suyo tan fundamental a una serie de eventos que tuvieron lugar al mismo tiempo que se redactaba el Libro, sin otra proyección y ningún significado de futuro. Han transcurrido numerosos siglos durante los cuales la fe del Pueblo

Cristiano ha visto algo demasiado transcendente en esas *Cartas*; referido, por supuesto, a las siete Comunidades de Asia *pero con un alcance, sin embargo, que va mucho más allá de lo que sería una mera contemporaneidad*. Y resulta difícil admitir ahora que tal fe no ha pasado nunca de ser una creencia equivocada. Bastaría con leer atentamente las recomendaciones que el Espíritu dirige a los *Ángeles de las siete Iglesias* para convencerse de lo contrario: ¿Una mera crónica narrativa para hacer comprender a aquellos cristianos que no estaban solos...? Es evidente que el intento de *reducir* ha sido siempre una manía obsesiva de todas las sectas y herejías, ya desde los tiempos anteriores al Cristianismo.

Sucede, sin embargo, que el *reduccionismo* en Historia, tanto en lo que se refiere a los acontecimientos transcurridos en el tiempo, en el espacio, o de la forma que sea, suele acabar siempre manifestando su falsedad.

Es lo que le sucedió, por citar algún caso, a los más antiguos intérpretes y comentaristas del *Apocalipsis* (incluidos también otros más tardíos), los cuales creyeron reconocer a Nerón en la figura del Anticristo...

En contrapartida, por lo tanto, tampoco es posible identificar a estos genocidas y criminales [de la historia de la humanidad] con el Anticristo...

Y algo parecido habría que decir acerca de la manía de identificar a la Babilonia del *Apocalipsis* con Roma...

Tratándose de la interpretación de las profecías, la determinación concreta de lugares y tiempos suele ser terreno resbaladizo. A lo largo de los siglos han sido demasiadas las fechas fijadas, *con pretendida exactitud*, para la Aparición del Anticristo partiendo de los datos del *Apocalipsis*; y todas ellas han resultado escandalosamente falsas. Todo parece indicar que la encarnación del Mal, tal como aparece en los diversos personajes surgidos a lo largo de la Historia, tiende a manifestarse con más intensidad a medida que el tiempo transcurre; y de ahí que el grado de perversidad de los criminales antiguos sea muy inferior al de los modernos. De lo que cabrían inferirse dos cosas, de las que la primera se referiría a que lo peor no ha llegado todavía; en cuanto a la otra, tendría que ver con la particularidad de que, cuando por fin aparezca el Anticristo, sea éste quien fuere o lo que fuere, es indudable que habrá de ser algo más serio de lo que los cristianos han venido imaginando hasta ahora".[58]

Se han propuesto muchos modos de estructurar el libro. Con todo hay dos grandes partes fácilmente diferenciables: las cartas dirigidas a las siete Iglesias de Asia (1:4–3:22) y las visiones escatológicas (4:1–22:15). La primera parte muestran a unas comunidades con sus cualidades y sus defectos, miedos y esperanzas, así como la preocupación de Dios por su mejoría. Son las Iglesias de Éfeso (2: 1–7), Esmirna (2: 8–11), Pérgamo (2: 12–17), Tiatira (2: 19–29), Sardes (3: 1–6), Filadelfia (3: 7–13) y Laodicea (3: 14–22).

La segunda parte, dedicada a las visiones escatológicas, tiene una evolución lógica:

1. Visión introductoria de Dios en su gloria. Los designios de Dios sobre el mundo y la Iglesia solo pueden ser desvelados por Jesucristo, el Cordero de Dios, quien abre los siete sellos (caps. 4–5).

---

[58]A. Gálvez: *Siete cartas...*, cit., págs. 7–11

2. Acontecimientos previos al desenlace final, con varias visiones que concluyen con la de la séptima trompeta (6:1–11:14).

3. Victoria de Cristo sobre los poderes del mal y la glorificación de la Iglesia (11:15–22:5), es narrada de modo sucesivo:

   - Presentación de los contrincantes: la Iglesia y el Cordero por una parte, y la Serpiente y las bestias, de otro (12:1–16:21).

   - Castigos de los poderes del mal, antes de su derrota (17:1–18:24).

   - Alegría del Cielo por la victoria del bien (19: 1–10).

   - Cristo triunfa en los combates contra el mal, se produce el Juicio final, la nueva creación y la aparición de la Jerusalén celestial (21:1–22:5).

4. Epílogo: el vidente recibe el encargo de dar a conocer estas verdades (22: 6–15).

Uno de los recursos literarios es la repetición del número siete, de plenitud: siete cartas a siete Iglesias; un libro con siete sellos; siete trompetas; siete copas con las siete plagas.

Capítulo 5

Revelación, Biblia, Tradición y Magisterio

El correcto entendimiento de la naturaleza de la Biblia supone conocer su adecuada relación y distinción con otras realidades con las que está vinculada: la Revelación sobrenatural de Dios a los seres humanos, las fuentes de conocimiento de tal Revelación, la Tradición Apostólica y el Magisterio de la Iglesia. Este capítulo está dedicado a explicar esas realidades de un modo sucinto.[1]

---

[1]Este tema se estudia ampliamente en el tratado de Teología Fundamental. Para más información, cfr. F. Ocáriz Braña - A. Blanco: *Revelación, fe y credibilidad. Curso de teología fundamental*, Madrid, Palabra, 1998, cc. 1–5; U. Betti: *La Rivelazione divina nella Chiesa*, Roma, Città Nuova Editrice, 1980, 68–117; C. Fabro: *Dios. Introducción al problema teológico*, Madrid, Rialp, 1961; M. A. Tábet: *Introducción General...*, cit., págs. 31–47; V. Balaguer: *Introducción...*, cit., págs. 43–67.

5.1   Revelación

5.1.1   Definición

El hombre puede conocer a Dios con certeza a través de sus obras; es la llamada *Revelación natural* (cfr. Sal 19: 2–5; Sab 13:1–9; Ro 1: 18:23).[2]

Pero Dios quiso revelarse y darse al hombre por una decisión libre de su voluntad (es la llamada *Revelación sobrenatural*). El hombre no puede llegar a esta comunicación sobrenatural por sus propias fuerzas.[3]

El contenido de la Revelación sobrenatural consiste en:[4]

1. Dar a conocer su propia vida, a pesar de que Él "vive en una luz inaccesible" (1 Tim 6:16).

2. Comunicar su propia vida a los hombres, haciéndolos hijos adoptivos en su único Hijo (Ef 1: 4–5), haciéndoles consortes de su divina naturaleza (Ef 2:18; 2 Pe 14:4).[5]

3. Su libérrima voluntad que quiere hacer capaces a los hombres, más allá de sus propias fuerzas naturales, de:

   - Responderle.
   - Conocerle.
   - Amarle.[6]

El modo de realizar tal Revelación sobrenatural es:

---

[2]Cfr. Dei Filius, n⁰ 2 (D. S. 3005)) *Catecismo de la Iglesia Católica*, n⁰ 50.

[3]Cfr. Dei Verbum, n⁰ 6 (D. H. 4206);*Catecismo de la Iglesia Católica*, n⁰ 50.

[4]Cfr. *Catecismo de la Iglesia Católica*, n⁰ 52.

[5]*Dei Verbum*, n⁰ 2 (D. H. 4202).

[6]Dei Verbum, n⁰ 2 (D. H. 4202).

1. Por medio de acciones y palabras íntimamente ligadas que se esclarecen entre sí, *gestis verbisque intrinsece inter se connexis.*[7]

2. Progresivamente, por medio de la denominada "pedagogía divina" que se va expresando poco a poco hasta llegar a la plenitud de la Revelación que es Cristo.[8]

5.1.2 Etapas de la Revelación

En el mencionado progreso de la Revelación se pueden distinguir dos periodos: antes de Cristo y después de Cristo.

Hay cuatro etapas fundamentales de la Revelación antes de Jesucristo:

1. La realizada a Adán y Eva, nuestros primeros padres:[9]

   - Antes del pecado: elevados a la gracia habitual para poder comunicarse personalmente con Dios, que se manifiesta personalmente también a ellos: "Oyeron a Yahweh Elohim, que se paseaba por el jardín al fresco del día..." (Ge 3:8).

   - Después del pecado original, con el primer anuncio de la salvación, el *protoevangelio*: "Pondré enemistad entre ti y la mujer, entre tu linaje y el suyo; él te herirá en la cabeza, mientras tú le herirás en el talón" (Ge 3:15).

2. La Alianza con Noé, con toda la humanidad (Ge 9:9), con "las naciones" (Ge 10: 5.20–31).[10] Su objetivo es establecer un orden

---

[7]Dei Verbum, n⁰ 2 (D. H. 4202); cfr. también números 7, 8, 14, 17, 18 de la Constitución (D. H. 4207, 4210, 4221, 4224, 4225).

[8]Cfr. *Catecismo de la Iglesia Católica*, n⁰ 53. Cfr. San Ireneno: *Adversus haereses*, 3,20,2; 3, 17,1; 4,12,4; 4,21,3.

[9]Cfr. *Dei Verbum*, n⁰ 3 (D. H. 4203); *Catecismo de la Iglesia Católica*, n⁰ 54–55.

[10]Cfr. *Catecismo de la Iglesia Católica*, n⁰ 56–58.

social, religioso, cósmico con la pluralidad de las naciones (cfr. Hech 17: 26–27), con el fin de limitar el orgullo de la humanidad caída.[11]

- Esta Alianza permanece en vigor hasta la proclamación universal Evangelio que mandó Jesucristo (Lc 21:24; Jn 11:52).
- "Las naciones" se desvían pronto de Dios: Torre de Babel (Ge 11: 4–6), politeísmo, etc.
- La Biblia venera algunas grandes figuras de "las naciones":
  - Abel, el Justo (Mt 23:35).
  - Melquisedec (Ge 14:18; Heb 7:3).
  - Noé, Daniel, Job fueron "justos" (Ez 14:14).

3. La elección y Alianza con Abraham, Padre del Pueblo Elegido, para reunir a la humanidad dispersa (Ge 12: 1–3; 17:5): "En ti serán benditas todas las naciones de la tierra" (Ge 12:3; cfr. Ga 3:8).[12] Como dice el Catecismo de la Iglesia Católica:

> "El pueblo nacido de Abraham será el depositario de la promesa hecha a los patriarcas, el pueblo de la elección (cfr. Ro 11:28), llamado a preparar la reunión un día de todos los hijos de Dios en la unidad de la Iglesia (cfr. Jn 11:52; 10:16); ese pueblo será la raíz en la que serán injertados los paganos hechos creyentes (cfr. Ro 11: 17–18.24)".[13]

Son venerados como santos en todas las tradiciones litúrgicas de la Iglesia:

---

[11]Cfr. *Catecismo de la Iglesia Católica*, nº 57.

[12]Cfr. *Catecismo de la Iglesia Católica*, nº 59–61.

[13]Cfr. *Catecismo de la Iglesia Católica*, nº 60.

- Los patriarcas.

- Los profetas.

- Otros personajes del Antiguo Testamento.

4. La formación por Dios de su pueblo, Israel, el Pueblo elegido, pueblo sacerdotal (Ex 19:6).[14] El proceso tuvo las siguientes etapas:

  - La liberación de la esclavitud de Egipto.

  - La Alianza sinaítica con la Ley, con dos finalidades:

    - Reconocerle y servirle como Dios.

    - Esperar al Salvador prometido.

  - La promesa, hecha por los profetas, de una Alianza nueva en el corazón (cf. Jer 31: 31–34; Heb 10:16) y para todos los hombres (cfr Is 2: 2–4; cfr. 49: 5–6; 53:11).

  - La esperanza de la nueva Alianza la conservan en sus corazones sobre todo los pobres (cf. So 2:3) —como las Santas Mujeres, entre ellas, como principal, la Virgen María (Lc 1:38)—.

5.2 Jesucristo Mediador y plenitud de la Revelación

1. Dios ha dicho todo en el Verbo:[15]

  - Heb 1: 1–2.

  - Jn 1:18.

---

[14]Cfr. Dei Verbum, n⁰ 3 (D. H. 4203); *Catecismo de la Iglesia Católica*, n⁰ 62–64.

[15]Cfr. *Dei Verbum*, n⁰ 2; *Catecismo de la Iglesia Católica*, n⁰ 65.

- San Juan de la Cruz: "Nos habló todo junto, de una vez, en esta sola Palabra".[16]

2. No habrá otra Revelación pública hasta la Parusía:[17]

   - La Revelación pública está acabada.

   - Pero no completamente entendida, y se irá explicitando gradualmente a través de los siglos.[18]

3. El valor relativo de las revelaciones privadas. No son depósito de la fe.[19]

   - Si son aprobadas por la Iglesia, solo "ayudan a vivir" la Revelación oficial más plenamente en una cierta época de la historia.

   - Nunca "mejoran" o "completan" la Revelación pública.

   - No se pueden aceptar las supuestas "revelaciones" de las:

     − Religiones no cristianas.

     − Ciertas sectas cristianas recientes.

---

[16]San Juan de la Cruz: *Subida del monte Carmelo* 2,22, 3–5.

[17]Cfr. *Dei Verbum*, nº 4 (D. H. 4204); *Catecismo de la Iglesia Católica*, nº 66.

[18]El Catecismo de la Iglesia Católica (nº 66) dice "no está completamente explicitada", expresión que ha de entenderse en el sentido de lo que el Cardenal Newman definió para el dogma como "evolución homogénea del dogma", y no puede malentenderse en el sentido en que lo hace la Teología neomodernista (cfr. el original latín: "Attamen, quamquam Revelatio est completa, plene explanata non est; fidei manet christianae, saeculorum decursu, omnem eius amplitudinem gradatim intelligere"). La palabra "plene explanata" no supone, pues, una nueva Revelación, y menos aún contraria o distinta de la original.

[19]*Catecismo de la Iglesia Católica*, nº 67.

5.3 La transmisión de la Revelación divina

La razón de la necesidad de la transmisión de la Revelación está en 1 Tim 2: 3–4: "Dios, nuestro Salvador, quiere que todos los hombres se salven y lleguen al conocimiento de la verdad". Lo que implica el anuncio de la verdad que es Jesucristo y su doctrina (Jn 14:6).[20]

Cristo mandó predicar a los Apóstoles: "Id por todo el mundo" (Mt 28: 19–20).[21]

Los Apóstoles transmitieron el Evangelio:[22]

1. Oralmente:

   - El contenido de lo transmitido fue:
     - Las obras y palabras de Jesucristo.
     - Lo que el Espíritu Santo les enseñó.

   - El medio de transmisión fue:
     - Predicación.
     - El ejemplo de sus vidas.
     - Las instituciones que establecieron.

2. Por escrito, hechos por:

   - Los Apóstoles u otros de su generación.
   - Inspirados por el Espíritu Santo.

Y encargaron a sus sucesores la transmisión de la Revelación recibida.[23] "Esta transmisión viva, llevada a cabo en el Espíritu Santo es

---

[20] *Catecismo de la Iglesia Católica*, n⁰ 74. Cfr. *Dei Verbum*, n⁰ 7 (D. H. 4207).

[21] *Catecismo de la Iglesia Católica*, n⁰ 75. Cfr. *Dei Verbum*, 7.

[22] *Catecismo de la Iglesia Católica*, n⁰ 76. Cfr. *Dei Verbum*, 7.

[23] *Catecismo de la Iglesia Católica*, n⁰ 77. Cfr. *Dei Verbum*, 7–8.

llamada *Tradición*, en cuanto distinta de la Sagrada Escritura, aunque estrechamente ligada a ella".[24] Se encuentra reflejada en la:

- Enseñanza de la Iglesia.

- Vida de la Iglesia.

- Culto de la Iglesia.

- Escritos de los Santos Padres.

5.3.1   La Sagrada Escritura

Es la fuente escrita de conocimiento de la Revelación. A ella está dedicado el conjunto de este Tratado, y no es necesario ahora una explicación más detallada.

5.3.2   La Tradición Apostólica

Es la segunda fuente de conocimiento de la Revelación divina, y por tanto de lo que pertenece al depósito de la fe.[25]

---

[24] *Catecismo de la Iglesia Católica*, nº 78. Cfr. *Dei Verbum*, 8.

[25] AA.VV: *Our Goal and our Guides*, Chicago, Mentzer, Bush and company, 1955, pags. 93–96. V. Proaño Gil: *Tradición (Teología)*, en GER, vol. 22, págs. 661–670; Id.: *Escritura y tradiciones*, en "Burgense" 3 (1960) 9–67; Id.: *Tradición, Escritura e Iglesia*, en "Burgense" 5 (1964) 287–400; J. V. Bainvel: *De Magisterio vivo et Traditione*, París, Gab. Beauchesne, 1905; A. Bea: *La doctrina del Concilio Vaticano II sobre la Revelación*, Madrid, Razón y Fe, 1968, 119–166; L. Billot: *De Sacra Traditione*, París, PUB, 1904; ID, *De inmutabilitate Traditionis*, 4 ed. París, PUG, 1929; J. H. Dalmais: *La liturgia y el depósito de la fe*, en A. G. Martimort, "La Iglesia en oración", Barcelona, Herder, 1967, 259–267; J. Filograssi: *Tradizione divinoapostolica e Magisterio della Chiesa*, "Gregorianum" 33 (1952) 135–167; J. R. Geiselmann: *Sagrada Escritura y Tradición*, Barcelona, Herder, 1968; H. De Lubac: *La révélation divine*, Lyon, La Bonté, 1966; A. Michel: *Tradition*, en DTC 15,1252–1350; V. Proaño Gil: *Escritura y tradiciones*, en "Burgense" 3 (10) 9–67; Id.: *Tradición, Escritura e Iglesia*, en "Burgense" 5 (1964); G. Proulx: *Tradition et Protestantisme*, París 1929;

A veces se utiliza el término "tradición" en un sentido amplio que no es el que aquí tiene: abarcaría la enseñanza entera de la Iglesia católica, incluyendo la Biblia, y sería la Iglesia viva que actúa como testigo de Jesucristo y de la obra del Espíritu Santo por medio de su enseñanza, su liturgia y su entera vida.

Aquí hay que utilizar el término en sentido estricto y más propio: aquellas doctrinas de fe y moral enseñadas por Jesucristo y el Espíritu Santo a los Apóstoles (transmitidas por éstos a sus sucesores) pero que no fueron escritas en los Libros Sagrados. Cristo enseñó oralmente a sus Apóstoles. Éstos, siguiendo el ejemplo del Maestro sobre todo enseñaron oralmente. Siete de los Apóstoles no dejaron ningún escrito. Cuando el último Apóstol murió, la Iglesia poseía el conjunto de enseñanzas dadas por Jesucristo y sus Apóstoles: la totalidad en forma oral y una porción en escrito. La parte escrita (el Nuevo Testamento) comparada con el todo es relativamente más pequeña, como recordaba el mismo San Juan Evangelista en la conclusión de su Evangelio: "Muchas otras cosas hizo Jesús que, si se escribiesen una por una, creo no podrían contener los libros" (Jn 21:25); "muchas otras señales hizo Jesús en presencia de los discípulos que no están escritas en este libro" (Jn 20:30).[26]

La Tradición Apostólica mcrccc la misma estima y reverencia que la Sagrada Escritura; y así como el Magisterio de la Iglesia es el intérprete infalible y auténtico de la Biblia, solo la Iglesia puede dar el verdadero sentido de las verdades contenidas en la Tradición.

J. Salaverri: *El argumento de tradición patrística en la Iglesia antigua*, en "Revista Española de Teología" 5 (1945) 107–119; M. Schmaus: *Teología Dogmática*, 1, 2 ed. Madrid 1963, 150–174; P. De Vooght: *Écriture et Tradition d'aprés des études catholiques récentes*, en "Istina" 3 (1958) 183–196.

[26]Frente a la Tradición Apostólica, se puede hablar de la tradición eclesiástica, para referirse a la transmisión de usos, devociones, etc. surgidas después de la era apostólica.

Con relación a la Sagrada Escritura la Tradición puede ser:

- *Constitutiva*, cuando nos permite conocer una verdad que no se contiene en la Sagrada Escritura.

- *Inhesiva*, si la doctrina transmitida está contenida también explícitamente en los libros sagrados.

- *Interpretativa*, cuando expone una verdad clara u obscuramente contenida en los libros santos.

En los primeros años del cristianismo la Tradición oral fue la única forma de conocer la revelación porque consta históricamente que Jesús ni escribió un libro para transmitirnos la propia Revelación ni ordenó hacerlo a los apóstoles. El Señor aparece en los Evangelios predicando y no escribiendo. Pero utilizó recursos en sus enseñanzas orales que estaban destinados a que los Apóstoles pudieran recordar sus palabras: paralelismos, sentencias rítmicas fáciles de aprender de memoria, símiles y parábolas, etc. Y además prepara a los Apóstoles para que prediquen lo que han aprendido del Maestro: les escoge para que estén con Él y para enviarlos a predicar (Mc 3: 13–14); les va formando personalmente y les va explicando el sentido de las parábolas; les da igualmente una interpretación normativa de las antiguas Escrituras (Mt 5: 20–48); y les envía a predicar e instruir a las gentes en todo lo que Él les había enseñado (Mt 28: 18–20).[27]

Los Apóstoles, por lo tanto, estaban convencidos de que su deber se centraba en la predicación del Evangelio, no en escribirlo.

La propia Biblia atestigua la realidad y el valor de la Tradición Apostólica. Negarle valor de fuente de Revelación en favor de la "sola

---

[27]Cfr. *Dei Verbum* 7 (D. H. 4207); *Catecismo de la Iglesia Católica* nº 76.

Scriptura" como hace la teología protestante, es rechazar el contenido mismo de las declaraciones de la propia Biblia.[28] En efecto:

- 2 Tes 2:15, "Manteneos, pues, hermanos, firmes y guardad las tradiciones en que habéis sido adoctrinados, ya de palabra, ya por carta nuestra".

- Flp 4:9, "Y practicad lo que habéis aprendido y recibido y habéis oído y visto en mí, y el Dios de la paz será con vosotros".

- 2 Tim 2:11, "Verdadero es el dicho: 'Si padecemos con El, también con El viviremos'".

- 1 Cor 11:23, "Porque yo he recibido del Señor lo que os he transmitido..."

- 1 Cor 15:3 (parádosis), "Pues, a la verdad, os he transmitido, en primer lugar, lo que yo mismo he recibido, que Cristo murió por nuestros pecados, según las Escrituras..."[29]

- Etc.

Por otro lado, en el Nuevo Testamento se manifiesta con claridad cómo la Tradición de los Apóstoles es comunicada a sus sucesores para que la transmitan inmutablemente a otros cristianos y para que la custodien. Se la denomina "el depósito de la fe" firme e inalterable y se establece así una cadena que enlaza a los Apóstoles con sus sucesores. Aparece claramente en las epístolas pastorales de San Pablo: "Guarda el depósito" (1 Tim 6:20); "Conserva el buen depósito mediante el

---

[28]Cfr. J. Daniélou: *Écriture et tradition dans le dialogue entre les chrétiens séparés*, "La Documentation Catholique" 54 (1957) 283; H. Lennerz: *¿Scriptura sola?*, en "Gregorianum" 40 (1959) 38–53; Id.: *Sine scripto traditiones* ib. 624–635.

[29]Cfr. L. Cerfaux: *La tradition selon S. Paul*, en "Vie Spirituelle Suppl." (1953) 176–188.

Espíritu Santo que habita en nosotros" (2 Tim 1:14). Los sucesores han de comunicar ese depósito a hombres fieles, especialmente a los que han recibido el sagrado orden mediante la imposición de las manos (cfr. 1 Tim 4:14; 2 Tim 1:6; 2:2), para que transmitan todo lo que han oído y, así, instruyan a otros (2 Tim 2:2).[30]

Los Santos Padres, desde los más antiguos, apelarán a la necesidad de ser fieles a las tradiciones recibidas en sus contiendas contra los primeros errores y herejías. Así, por ejemplo, San Ireneo decía de San Policarpo que no hizo otra cosa que predicar lo que aprendió de los Apóstoles.[31] Y también que la verdadera Tradición, "es la que, viniendo de los Apóstoles, está conservada en la Iglesia por los sucesores de los presbíteros".[32] Tertuliano, por su parte, subrayaba la importancia de la sucesión apostólica para conocer la verdadera Tradición doctrinal: "nuestro Señor Jesucristo envió a los Apóstoles a predicar, no podemos recibir otros predicadores que a los que Cristo constituyó como tales... Cuál sea la doctrina predicada, nos consta por las iglesias por ellos fundadas... Estas iglesias tienen sus credenciales en las listas de Obispos que se remontan hasta los Apóstoles en una sucesión ininterrumpida".[33] En las luchas contra las herejías trinitarias y cristológicas, los Santos Padres acuden también a la Tradición como criterio de verdad, como se ve en San Gregorio de Nisa: "Tenemos como garantía más que suficiente de la verdad de nuestra enseñanza en la Tradición, es decir, la verdad que ha llegado hasta nosotros desde los Apóstoles, por sucesión, como una herencia";[34] o en S. Atanasio: "Veamos, asimismo, la Tradición que remonta al comienzo; la enseñanza y

---

[30]Cfr. *Dei Verbum* 7 y 8 (D. H. 4207. 4209); *Catecismo de la Iglesia Católica* nº 77.

[31]San Ireneo de Lyon: *Adv. Haer.* 3, 4 (P. G. 7, 852).

[32]San Ireneo de Lyon: *Adv. Haer.* 3,2,1 (P. G. 844); cfr. 4, 26, 2 (P. G. 7, 1053).

[33]Tertuliano: *De praescriptione haereticorum*, cap. 32 (P. L. 2,52).

[34]San Gregorio de Nisa: *Contra Eunomium*, cap. 4 (P. G. 45,653).

la fe de la Iglesia católica (fe) que el Señor ha dado, que los Apóstoles han anunciado, que los Padres han conservado".[35] Los Santos Padres también testimonian la existencia de verdades que no están contenidas en la Escritura, pero a las que hay que dar pleno asentimiento por estar transmitidas por la Tradición oral: "Entre la doctrina y definiciones conservadas en la Iglesia, recibimos unas de la enseñanza escrita y hemos recibido otras transmitidas oralmente de la Tradición apostólica. Todas tienen la misma fuerza respecto de la piedad; nadie lo negará, por muy poca experiencia que tenga de las instituciones eclesiásticas: porque si tratamos de eliminar las costumbres no escritas con la excusa de que no tienen gran fuerza, atentaríamos contra el Evangelio, sin darnos cuenta, en sus puntos más esenciales".[36]

El Concilio de Trento, en el decreto *De Canonicis Scripturis* de 1546, admite como fuentes de la Revelación la Sagrada Escritura y a la Tradición, atribuyéndolas el mismo valor, frente a la doctrina de los protestantes que sólo admitían la Sagrada Escritura:

> "[El Concilio busca que] se conserve en la Iglesia la pureza misma del Evangelio que, prometido antes por obra de los profetas en las Escrituras Santas, promulgó primero por su propia boca Nuestro Señor Jesucristo, Hijo de Dios y mandó luego que fuera predicado por ministerio de sus Apóstoles a toda criatura (Mt 28: 19ss; Mc 16:15) como fuente de toda saludable verdad y de toda disciplina de costumbres; y viendo perfectamente que esta verdad y disciplina se contiene en los libros escritos y las tradiciones no escritas que, transmitidas como de mano en mano, han llegado hasta nosotros desde los apóstoles, quienes las

---

[35]San Atanasio: *Ep. ad Serapionem*, 28: (P. G. 26, 593).

[36]San Basilio: *De Spiritu Santo*, 27,66 (P. G. 32,188). Cfr. también San Epifanio: *Panarion* 61.

recibieron o bien de labios del mismo Cristo, o bien por inspiración del Espíritu Santo; siguiendo los ejemplos de los Padres ortodoxos, con igual afecto de piedad e igual reverencia recibe y venera todos los libros, así del Antiguo como del Nuevo Testamento, como quiera que un solo Dios es autor de ambos, y también las tradiciones mismas que pertenecen ora a la fe ora a las costumbres, como oralmente por Cristo o por el Espíritu Santo dictadas y por continua sucesión conservadas en la Iglesia Católica".[37]

"... Y si alguno no recibiere como sagrados y canónicos los libros mismos íntegros con todas sus partes, tal como se han acostumbrado leer en la Iglesia Católica y se contienen en la antigua edición *Vulgata* latina, y despreciare a ciencia y conciencia las tradiciones predichas, sea anatema".[38]

Como dice Proaño Gil:

"El Concilio fundamenta la autoridad de las tradiciones en dos puntos: uno es la sucesión apostólica y otro la acción del Espíritu Santo. Si el Concilio acepta las tradiciones es que tienen el mismo origen que las Escrituras, el Espíritu Santo. Ahí está, en su raíz, el núcleo de la doctrina católica al respecto, a partir del cual cabe desarrollar amplias consecuencias. El Concilio de Trento, sin embargo, no se extendió en ello. De acuerdo con su criterio general de ir a lo esencial de la doctrina católica frente al peligro del oscurecimiento nacido de Lutero, el Concilio se limita a poner de manifiesto que son dos las formas en las que

---

[37]D. S. 1501.

[38]D. S. 1504. Cfr. H. Holstein: *La tradition dans l'Église*, París 1960; Id.: *La Tradition d'aprés le Concile de Trente*, en "Revue Sciences Religieuses" 47 (1949) 637–690.

el Evangelio de Jesucristo, fuente de toda verdad salvífica
y disciplina cristiana, se nos comunica en toda su pureza,
y a subrayar que ambas formas han de ser recibidas con
igual afecto de piedad, pero no entra a precisar más sus
relaciones".[39]

El Concilio Vaticano I sigue las huellas de Trento en sus referencias
a la Tradición, incluso copiando su dicción, en la Constitución *Dei
Filius*. Los padres conciliares fundan su doctrina en "la Palabra de
Dios escrita o transmitida".[40] El papel del Magisterio es conservar,
guardar y declarar el depósito de la fe contenido en la Escritura y en
la Tradición.[41]

Pío XII, en la Encíclica *Humani Generis* resalta el papel del Magisterio guardando el depósito de la fe contenido "en las Sagradas
Escrituras y la divina Tradición".[42]

El Concilio Vaticano II vuelve a tratar de la Tradición en la Constitución *Dei Verbum*, que seguirá posteriormente el *Catecismo de la
Iglesia Católica*.[43] El Concilio declaró también que la Tradición sigue
presente y activa en la Iglesia.[44] Esta expresión ha de ser correctamente entendida. La teología neomodernista la ha interpretado como
una realidad que va cambiando a lo largo del tiempo precisamente por
estar "viva", con lo que su contenido puede ser diferente del original.
Esta interpretación historicista ha de ser rechazada. La cualidad de
"viva" proviene del hecho de que siendo Dios su autor, siempre será

---

[39]V. Proaño Gil: *Tradición*, cit., págs. 666–667.

[40]D. S. 3000, 3006 y 3011.

[41]D. S. 3000, 3012, 3020, 3069.

[42]D. S. 3884 y 3886.

[43]*Dei Verbum*, n. 7, 8, 9 y 10; *Catecismo de la Iglesia Católica*, nº 75–79.

[44]*Catecismo de la Iglesia Católica*, nº 79. Cfr. *Dei Verbum* 8 (D. H. 4211).

actual, como el mismo Dios; y por ello aplicable a las situaciones de cada momento histórico. Igual que ocurre con la Sagrada Escritura.

La Tradición antecede en tiempo a la Sagrada Escritura y nos enseña verdades que no están explícitamente recogidas en la Biblia total o parcialmente. Por ejemplo:

- El canon de los libros bíblicos.

- El cambio de la celebración del día del Señor desde el sábado al domingo.

- La necesidad del bautismo de los niños.

- La Inmaculada Concepción de la Virgen.

- Su gloriosa Asunción.

- Etc.

Pero, ¿cómo se puede conocer la Tradición Apostólica?, ¿dónde consta?, ¿cuáles son los criterios que descubren su realidad? Los medios de tal conocimiento son variados y se han de valorar siempre con la ayuda del auténtico Magisterio de la Iglesia. A saber:[45]

1. Los escritos de los Santos Padres y Escritores eclesiásticos. Desde antiguo los Concilios ecuménicos recurren al consentimiento de los Padres, con el fin de conocer la doctrina tradicional de la Iglesia.[46] Para que los Santos Padres constituyan un verdadero criterio de la Tradición se requieren tres condiciones:

---

[45]Cfr. *Dei Verbum* 8 (D. H. 4208); *Catecismo de la Iglesia católica*, nº 78.

[46]Así, Éfeso para la maternidad divina de María (D. S. 251), Calcedonia para las dos naturalezas de Cristo (D. S. 561), el segundo de Nicea para las imágenes (D. S. 602-603), etc.

- Que propongan una doctrina como perteneciente a la fe o a las costumbres.

- Que la propongan como testigos de la fe o como doctores auténticos de manera segura y cierta.

- Que exista un consentimiento moralmente unánime entre los Padres acerca de una verdad de fe.[47]

2. Decretos de Papas y Concilios, en el ejercicio de su Magisterio. En efecto, el Magisterio auténtico de la Iglesia es intérprete autorizado, testigo y eco de la Tradición que es recogida en sus declaraciones y definiciones.

3. Libros y prácticas litúrgicos. El Papa Pío XI habló de la liturgia como "didascalia de la Iglesia..., como el órgano más importante del Magisterio ordinario". El Papa Pío XII afirmaba que "con dificultad se hallará una verdad de la fe cristiana que no esté de alguna manera expresada en la liturgia". Las doxologías y los símbolos usados en el culto han sido siempre lugares destacados en los que se reflejaba la verdad de la fe, ya sea afirmándola contra los herejes que la atacaban, ya sea consignando los avances conseguidos. Por otra parte, nadie puede negar cuán preciosas enseñanzas se derivan de la praxis litúrgica, p. ej., en la veneración de las imágenes y en la administración concreta de los sacramentos. La disciplina penitencial está llena de informaciones sobre la teología de este sacramento.

---

[47]El problema radica en señalar cuándo existe ese sentir *unánime* de los Padres, pues pueden darse casos especiales en que el consentimiento de unos pocos, por la gran autoridad que tuvieron en la Iglesia, equivalga al de una mayoría. Más aún, puede suceder que el testimonio de un solo Padre sea un criterio cierto de Tradición, sobre todo si ese Padre es altamente significativo en la materia que trata, por ejemplo, S. Atanasio en materia trinitaria, S. Agustín en la gracia y S. Cirilo de Alejandría en cristología. Cfr. V. Proaño Gil: *Tradición*, cit., col.

4. Inscripciones en tumbas y otros monumentos cristianos.

5. Actas de los mártires.

6. El contraste entre los diferentes credos.

7. Etc.

5.3.3 Relación de la Tradición con la Sagrada Escritura

La Tradición Apostólica y la Sagrada Escritura tienen una fuente común y un mismo fin, pero son dos modos distintos de transmisión de la Revelación.

1. Ambas tiene una fuente común y un mismo fin: "íntimamente unidas y compenetradas".[48] Ambas hacen presente y fecundo el misterio de Cristo siempre presente hasta el fin del mundo (Mt 28:20).

2. Son dos modos distintos de transmisión de la Revelación:[49]

   - Por escrito: la Sagrada Escritura, Palabra de Dios escrita en cuanto inspirada por el Espíritu Santo.

   - Transmitida oralmente por Jesucristo y el Espíritu Santo a los Apóstoles y sus sucesores: Tradición Apostólica.

3. Como consecuencia:

   - La Iglesia no extrae exclusivamente de la Escritura la certeza de todo lo revelado.

   - Ambas fuentes de la Revelación han de ser recibidas y respetadas con el mismo espíritu de devoción.[50]

---

[48] *Catecismo de la Iglesia Católica*, nº 80; cfr. *Dei Verbum* 9.

[49] *Catecismo de la Iglesia Católica*, nº 81; cfr. *Dei Verbum* 9.

[50] *Catecismo de la Iglesia Católica*, nº 82; cfr. *Dei Verbum* 9.

4. Es necesario distinguir entre la Tradición Apostólica y las diferentes tradiciones eclesiales:

- La Tradición Apostólica viene de Jesucristo y el Espíritu Santo a los Apóstoles y sus sucesores y tiene un valor pleno. El Nuevo Testamento mismo atestigua esa Tradición.[51]

- Las tradiciones teológicas, disciplinares, litúrgicas y devocionales de las diferentes Iglesias locales desarrolladas con el transcurso del tiempo:
  - Tienen un valor relativo en la medida en que reflejen la Tradición Apostólica y siempre bajo la guía del Magisterio.[52]
  - Pueden ser mantenidas, modificadas o abandonadas.

5.3.4 Error neomodernista sobre la Tradición

El neomodernismo ha desarrollado una teología de la Tradición, en la que conservando el vocablo, sin embargo lo vacía de su auténtico y correcto sentido. Por un lado lo interpreta conforme a las ideas heréticas que sostiene; y por otro lado, lo usa para justificar esas mismas ideas. Para ello, como ocurre en otros campos de la teología, utiliza un lenguaje ambiguo, esotérico y mezcla diferentes sentidos del concepto de "tradición".

En efecto, el neomodernismo empieza subrayando el hecho de que la Revelación se realizó con palabras y hechos divinos que sucedieron mucho antes de que se testimoniaran por escrito. Desde el momento de la producción de aquéllos hasta su recepción en la Escritura, esos hechos se transmiten por "tradición" o "tradiciones" de muchos y variados modos. Se mezclan hechos reales, con imaginación colectiva,

---

[51] *Catecismo de la Iglesia Católica*, nº 83; cfr. *Dei Verbum* 9.

[52] *Catecismo de la Iglesia Católica*, nº 83.

con explicaciones de los dirigentes del pueblo (políticos, intelectuales o religiosos) que reinterpretan esos hechos con diferentes finalidades, etc. Finalmente esas tradiciones quedan expresadas en las Escrituras. Son las ideas de ese pueblo y de su experiencia religiosa. Los hechos que reflejan no pueden ser considerados como estrictamente históricos en muchas ocasiones. Las tradiciones se van impregnando y variando conforme a las circunstancias históricas en las que viven los que las transmiten, modificándolas y reinterpretándolas. Todo este proceso está ayudado por la acción del Espíritu, siempre vivo.

También hablan de lo que la auténtica doctrina católica entienden como Tradición Apostólica. Pero se entiende con los parámetros anteriores: es la experiencia de los Apóstoles como testigos privilegiados de los hechos ocurridos y reinterpretados conforme a los intereses que tienen y las condiciones en las que viven. También están conducidos por el Espíritu vivo de Dios.

Esta Tradición está "viva", en el sentido de que cada generación cristiana, vuelve a considerarla de acuerdo a las circunstancias históricas y experiencia religiosa en la que vive. De este modo la Tradición se corrige, se amplía y se reforma conforme a esas nuevas condiciones. La Tradición viva, pues, puede cambiar y contradecir lo que proclamaba en épocas anteriores. Siempre conducida por el Espíritu.

Como consecuencia, la Tradición "viva" de cada momento es fuente de Revelación, por lo que ésta cambia y se ajusta a cada momento histórico.

Como se ve, el concepto de Tradición Apostólica, queda desfondado de su auténtico sentido, se hace relativista e historicista, y nada tiene que ver con su verdadera realidad. Se ha convertido en un nuevo instrumento de extensión de las ideas del neomodernismo.

5.4 La interpretación del depósito de la fe

5.4.1 La interpretación auténtica

El depósito de la fe fue (Tradición y Sagrada Escritura que son la fuente de conocimiento de la Revelación, 1 Tim 6:20; 2 Tim 1: 12–14), fue confiado por los Apóstoles al conjunto de la Iglesia, esto es al Pueblo de Dios unido a sus pastores, para conservarlo, practicarlo y profesarlo.[53]

Pero la interpretación auténtica corresponde al Magisterio de la Iglesia,[54] esto es, a los obispos en unión con el Papa.

El Magisterio, en relación con la Palabra de Dios revelada:

- *No está por encima* de la Palabra de Dios.

- *Está a su servicio* por mandato divino y con la asistencia del Espíritu Santo. De este modo:
  - La enseña puramente.
  - La escucha devotamente.
  - La custodia celosamente.
  - La explica fielmente.[55]

5.4.2 Error protestante

El protestantismo rechazó el papel del Magisterio como intérprete auténtico y autorizado del depósito de la fe, para propugnar la interpretación privada de cada fiel. Los principios seguidos son los siguientes:

---

[53] *Dei Verbum* nº 10 (D. H. 4213); *Catecismo de la Iglesia Católica*, nº 84.

[54] *Catecismo de la Iglesia Católica*, nº 85; cfr. *Dei Verbum*, 10 (D. H. 4213).

[55] *Catecismo de la Iglesia Católica*, nº 86; cfr. *Dei Verbum*, 10 (D. H. 4213).

1. "Sola Scriptura". La Revelación recibe una expresión no parcial sino completa en las Escrituras y así es ofrecida no a la jerarquía, sino a todo cristiano.

2. "Primo Scriptura". El principio de la "sola Scriptura", lleva a la afirmación de la primacía de la Escritura sobre todo Magisterio. "Si Dios me ha escrito personalmente, ni el Papa puede decirme qué leo y qué no leo, como hacían las superioras a sus monjitas en los conventos".[56]

3. Libre examen. La fe le da al cristiano un sentido por el que reconoce el carácter divino de los libros sagrados y tiene la inspiración personal del Espíritu Santo para interpretarlos y aplicarlos.

4. Inadecuación del dogma para expresar el misterio.

5.4.3   La función de los fieles

La función de los fieles es recibir con docilidad las enseñanzas del Magisterio auténtico: Lc 10:16 "quien a vosotros escucha a mí me escucha".[57] Esta función queda delimitada por su relación con los distintos grados del Magisterio, sobre todo con los dogmas, por el llamado "sensus fidei" del Pueblo de Dios y por el crecimiento en la inteligencia de la fe.

1. Los dogmas.[58]

   - Definición: dogmas son verdades contenidas en la Revelación divina, o que tienen con ellas un vínculo necesario,

---

[56]Cit. por A. Calderón: *La Lámpara*, cit.

[57]*Catecismo de la Iglesia Católica*, nº 87.

[58]*Catecismo de la Iglesia Católica*, nº 88–90.

propuestas por el Magisterio de una forma que obliga al pueblo cristiano a una adhesión irrevocable de fe.[59]

- Relación con la vida de fe. Los dogmas iluminan y hacen segura nuestra fe, y una vida recta hace que la razón y la voluntad estén abiertas para acoger la luz que emanan de los dogmas de la fe.[60]

- Hay que tener en cuenta que existe una jerarquía y vinculación de los dogmas en relación al conjunto de la Revelación del Misterio de Jesucristo: "los vínculos mutuos y la coherencia de los dogmas pueden ser hallados en el conjunto de la Revelación del Misterio de Cristo".[61]

2. El verdadero sentido del "sensus fidei" del Pueblo de Dios.[62] "La totalidad del Pueblo de Dios" bajo la dirección del Magisterio guiado por el Espíritu Santo se adhiere indefectiblemente a la fe transmitida a los santos de una vez para siempre, la profundiza con un juicio recto y la aplica cada día más plenamente en la vida (1 Jn 2: 20–27; Jn 16:13).[63] Este tema ha sufrido una interpretación errónea por parte de cierta teología actual, y merece un tratamiento más extenso.[64]

3. Se produce un crecimiento en la inteligencia de la fe, que no es cambiarla ni manipularla, a través de:

---

[59] *Catecismo de la Iglesia Católica*, nº 88.

[60] *Catecismo de la Iglesia Católica*, nº 89.

[61] *Catecismo de la Iglesia Católica*, nº 89; cfr. Vaticano I, "mysteriorum nexus" (D. S. 3016).

[62] *Catecismo de la Iglesia Católica*, nº 91–93.

[63] *Lumen Gentium*, 12 (D. H. 4130–4131).

[64] Cfr. la siguiente sección de este capítulo.

- Obediencia a la proclamación de la fe por parte del Magisterio auténtico de la Iglesia.

- Estudio e investigación teológica.

- Contemplación en la oración.[65]

5.5 Excursus: Errónea interpretación del "sensus fidei" por la teología neomodernista

El concepto auténtico del "sensus fidei" se ha tergiversado por la teología neo–modernista, con consecuencias muy graves sobre la verdad del carisma de interpretación auténtica de la Revelación en la Iglesia. Para entender este desenfoque es necesario conocer la doctrina clásica sobre el "sensus fidei" así como las declaraciones del Magisterio al respecto.

5.5.1 Doctrina clásica del "sensus fidei" del Pueblo de Dios.

El *sensus fidei* incluye dos facetas de una misma realidad. Propiamente es una cualidad del creyente, a quien la gracia de la fe y el amor del Espíritu confieren una capacidad de percibir lo cristiano —y de distinguirlo de lo extraño—. El término fue utilizado por grandes autores del siglo XIII (Guillermo de Auxerre, San Alberto Magno, Santo Tomás de Aquino); surgió del análisis de las facultades de la fe en el creyente. El término *sensus fidelium*, por su parte, hace referencia a lo que se puede captar desde fuera —objetivamente— acerca de cuanto creen y profesan los fieles; es propio de los teólogos de la

---

[65] *Catecismo de la Iglesia Católica*, nº 94.

segunda mitad del siglo XVI (Melchor Cano, San Roberto Belarmino, Francisco Suárez), y nace de un estudio sobre criterios doctrinales.[66]

El Concilio Vaticano I, en su constitución *Dei Filius* establecía:

> "La doctrina de la fe que Dios ha revelado... ha sido entregada a la Esposa de Cristo como un depósito divino para ser fielmente guardada e infaliblemente declarada. De ahí que también hay que mantener perpetuamente aquel sentido de los sagrados dogmas que una vez declaró la santa madre Iglesia y jamás hay que apartarse de ese sentido so pretexto y nombre de una más alta inteligencia [Can. 3]. 'Crezca, pues, y mucho y poderosamente se adelante en quilates, la inteligencia, ciencia y sabiduría de todos y de cada uno, ora de cada hombre particular, ora de toda la Iglesia universal, de las edades y de los siglos; pero solamente en su propio género, es decir, en el mismo dogma, en el mismo sentido, en la misma sentencia'[67]".[68]

Este oficio, según la doctrina teológica clásica, corresponde al Magisterio exclusivamente, esto es a los Papas y a los obispos.[69] ¿Cómo entender el papel del "sensus fidei" del Pueblo de Dios en este campo? La sentencia cierta aceptada por la teología católica era que "universitas fidelium in credendo falli nequit", esto es, cuando la totalidad

---

[66]Cfr. S. Pié-Ninot: *Sentido*, en https://mercaba.org/DicTF/TF-sentido.htm; J. Sancho Bielsa: *Infalibilidad del Pueblo de Dios*, Pamplona, Eunsa, 1979.

[67]San Vicente de Lerins: *Commonitorium primum*, 23, 3 (P. L. 50, 668A).

[68]Vaticano I, Constitución dogmática *Dei Filius*, del 24 de abril de 1870 (D. S. 3020).

[69]Cfr. A. Calderón: *La Lámpara Bajo el Celemín*, Buenos Aires, Rio Reconquista, 2009, págs. 218–222; J. B. Franzelin: *Tractatus de Divina Traditione et Scriptura*, Romae, Typographia polyglotta S. C. de Propaganda Fiedi, 1882, tesis XII; H. Marzella: *Praelectiones Scholastico–Dogmaticae*, Torino, 1937, vol. I, pág. 450ss; F. Marín–Sola: *La Evolución Homogénea del Dogma Católico*, Madrid, BAC, 1952, c. 4.

moral de los fieles católicos profesa creer (*in credendo*) alguna verdad como de fe, no puede equivocarse. Por tanto, el "consensus fidelium in doctrinam fidei" es criterio infalible de la Tradición divina.[70]

Pero la infalibilidad doctrinal (*in docendo*) no proviene de la fe del pueblo cristiano, sino del Magisterio de la Iglesia, cuyo sujeto no es la Iglesia universal sino el Papa y los obispos cuando ejercen propiamente el carisma de la infalibilidad. De ahí que la infalibilidad del Pueblo de Dios por su "sensus fidei" es "in credendo" a lo que dice el Magisterio de la Jerarquía de la Iglesia cuando actúa "in docendo". Así pues la "infalibilidad in docendo" es causa de la "infalibilidad in credendo". Hay un único carisma de infalibilidad respecto a la profesión de fe: el concedido por Jesucristo a San Pedro, con o sin los Apóstoles.

El Pueblo de Dios es infalible al creer en el auténtico magisterio; su carisma no es el de enseñar las doctrinas. Dios podría haber propuesto las verdades de fe por una locución interior de manera que fuera por sí misma criterio evidente e inefable del carácter revelado de tal verdad (esto es lo que ocurre con los ángeles, al crearlos o iluminarlos directamente con los inteligibles). Pero este modo de certeza no corresponde a los seres humanos pues va contra su naturaleza social: es propio del hombre llegar a la verdad enseñado por el magisterio de sus autoridades naturales.

¿Qué sentido tiene entonces hablar de "la infalibilidad del *sensus fidei* del Pueblo de Dios" distinto del Magisterio para juzgar lo que pertenece a la Tradición? ¿No bastaría con aceptar solo las proposiciones del Magisterio del Papa y los obispos? La razón de la conveniencia de la infalibilidad del "sensus fidei" es que hay verdades propuestas infaliblemente por el Magisterio ordinario universal de un modo oral, cuya existencia solo puede ser conocida por la profesión de fe de la Iglesia universal. Pero la universalidad de los fieles nunca podría haber creído

---

[70]Verdad que es "de fe católica cierta" aunque no sea dogma de fe.

infaliblemente alguna verdad que no hubiera sido propuesta como tal por el Magisterio de la Iglesia.

5.5.2 Magisterio moderno

La idea del *sensus fidei* es recogida en la Constitución *Lumen Gentium* del Concilio Vaticano II:

"El Pueblo santo de Dios participa también de la función profética de Cristo, difundiendo su testimonio vivo sobre todo con la vida de fe y caridad y ofreciendo a Dios el sacrificio de alabanza, que es fruto de los labios que confiesan su nombre (cf. Hb 13:15). La totalidad de los fieles, que tienen la unción del Santo (cf. 1 Jn 2: 20 y 27), no puede equivocarse cuando cree, y esta prerrogativa peculiar suya la manifiesta mediante el sentido sobrenatural de la fe de todo el pueblo cuando 'desde los Obispos hasta los últimos fieles laicos'[71] presta su consentimiento universal en las cosas de fe y costumbres. Con este sentido de la fe, que el Espíritu de verdad suscita y mantiene, el Pueblo de Dios se adhiere indefectiblemente 'a la fe confiada de una vez para siempre a los santos' (Jds 3), penetra más profundamente en ella con juicio certero y le da más plena aplicación en la vida, guiado en todo por el sagrado Magisterio, sometiéndose al cual no acepta ya una palabra de hombres, sino la verdadera palabra de Dios (cf. 1 Tes 2:13)".[72]

---

[71]Cf. San Agustín: *De praed. sanct.*, 14, 27 (P. L. 44, 980).

[72]*Lumen Gentium* 12, (D. H. 4130).

Posteriormente el Catecismo de la Iglesia Católica repite la misma idea, citando literalmente en sus números 92 y 93, el nº. 12 de la *Lumen Gentium*.[73]

Como se puede comprobar, se utilizan expresiones que parecen reproducir la doctrina católica clásica, pues se habla de la infalibilidad *in credendo* (*universitas fidelium in credendo falli nequit*), bajo la conducción del Magisterio (*sub ductu sacrii magisterii*). Sin embargo lamentablemente no termina de dejarse claro cuál es la función del "sensus fidei" y, sobre todo, cómo se articula ese "sentido de fe de los fieles" con la función magisterial propia de la Jerarquía.

El carácter ambiguo de ciertas expresiones podía ser entendido en sentido ortodoxo o en un nuevo sentido conforme a las tesis de la teología modernista. Esto último es lo que ocurrió con frecuencia.

5.5.3 Interpretación neomodernista

En efecto, estas expresiones fueron usadas y entendidas por la teología de cuño neomodernista en sentido de que la infalibilidad es de todo el Pueblo de Dios,[74] ocupando el sentido primero y fundamental el *sensus fidei* de la universalidad de los fieles (incluyendo a los obispos no en cuanto tales, sino en cuanto simples creyentes), y secundaria y complementariamente la guía del Magisterio. El juicio certero para explicar y aplicar "la fe confiada a los santos" (a todos los fieles, y no solo a la jerarquía) es propiedad del *sensus fidei* inspirado inmediatamente por el Espíritu Santo. Al Magisterio no le corresponde enseñar como el que sabe al que no sabe, sino guiar atendiendo a lo que el

---

[73]Cfr. otras referencias en documentos del Concilio Vaticano II: LG 12. *sensus fidei*: PO 9; *sensus catholicus*: AA 30 *sensus christianus fidelium*: GS 52; *sensus christianus*: GS 62 *sensus religiosus*: NA 2; DH 4; GS 59; *sensus Dei*: DV 15; GS 7; *sensus Christi et Ecclesiae*: AG 19; *instinctus*: SC 24; PC 12; GS 18.

[74]Cfr. por ejemplo, H. Küng: *¿Infalible? Una pregunta*, Barcelona, Herder, 1972. En el mismo sentido K. Rahner.

Espíritu Santo enseña a la Iglesia en el corazón de los fieles (*sensus fidei*), confirmando con su autoridad lo que se ha mostrado venir de Dios ("el juicio de autenticidad y de su ejercicio razonable pertenece a quienes tienen autoridad en la Iglesia, a los cuales compete ante todo no sofocar el Espíritu, sino probarlo todo y retener lo que es bueno", L.G. 12 finis). Una vez que lo sentido por la fe de todos recibe el sello de la autenticidad de la Jerarquía, entonces "no se acepta ya una palabra de hombres sino la verdadera palabra de Dios" que goza de infalibilidad.[75]

Así, se integra este modo de entender el *sensus fidei*, con la reinterpretación modernista del sacerdocio común de los fieles (en sentido protestante más que católico) y su entendimiento de la perspectiva fundamental del Concilio Vaticano II de la Iglesia como Pueblo de Dios. En efecto, como reconoce C. Mendoza:

> "Muchos sabios investigadores coinciden ampliamente en afirmar que uno de los puntos característicos de la identidad del replanteo teológico conciliar fue la recolocación del tema eclesiológico "pueblo de Dios" en todos los documentos claves. También en la *Dei Verbum*. En este marco, la categoría "sensus fidelium" sin duda expresa de un modo

---

[75]Cfr. Z. Alszeghy: *El sentido de la fe y el desarrollo dogmático*, en, "R. Latourelle (ed.), Vaticano II Balance y perspectivas", Salamanca 1989, 105–116; D. Vitali: *Sensus fidelium. Una funzione ecclesiale di intelligenza della fede*, Dissertatio ad doctoratum (PUG), Brescia, 1993; Id: *Universitas fidelium in credendo falli nequit (LG 12. Il sensus fidelium al concilio Vaticano II)*, en "Gregorianum" 86,3 (2005) 607–628; F. Ardusso: *La totalidad de los fieles no puede equivocarse en la fe*, en: Id., *Magisterio eclesial. El servicio de la Palabra*, Madrid, 1997, 52–74; S. Pié-I-Ninot: "Sentido de la fe", en: DTF 1348–1351; L. M. Fernández de Tróconiz: *"Sensus fidei"-lógica connatural de la existencia cristiana*, Vitoria, Eset, 1976; S. Pie-Ninot: *Aportaciones del Sínodo 1987 a la teología del laicado*, en "Revista Española de Teología" 48 (1988) 321–376.330.362–364.

claro un aspecto fundamental del modo de la fe del pueblo
de Dios y de su participación (¿activa?) en la función profética (¿sacerdotal?) de Cristo. Un gran especialista insistía
hace muy poco en afirmar que la recepción de la categoría
"sensus fidelium" es un modo privilegiado de verificar la
efectiva recepción del Concilio Vaticano II.

Dada la estrechísima conexión del tema "sensus fidelium" con la fe (de allí con la Revelación, de allí con la
transmisión de la Revelación, de allí con la inteligencia
eclesial de la Revelación, de allí con el Magisterio...), aparece como un punto íntegramente abarcador. La Constitución *Dei Verbum*, en su número 8, reconoce concretamente
que el "sensus fidelium", junto a la teología y al magisterio, cumple una función específica en "el crecimiento de la
Tradición apostólica...[76]

Acoger la doctrina del "sensus fidelium" significa reconocer y promover un rol positivamente activo del pueblo de Dios. La doctrina del "sensus fidelium" y el modelo
de Iglesia–Pueblo–de–Dios son correlativos. Un modelo de
pueblo que se sabe enriquecido en la diversidad, con distintas funciones y ministerios, en el que debemos aprender
a convivir, sin dejar de crecer en comunión".[77]

---

[76]"Esta tradición Apostólica va creciendo en la Iglesia con la ayuda del Espíritu
Santo; es decir, crece la comprensión de las palabras e instituciones transmitidas
cuando los fieles las contemplan y estudian repasándolas en su corazón..., y cuando
comprenden internamente los misterios que viven, cuando las proclaman los obispos,
sucesores de los apóstoles en el carisma de la verdad" (D. H. 4209–4211).

[77]Cfr. C. Mendoza: *Logros y tareas a 40 años de la promulgación de la Constitución
Dogmática sobre la Divina Revelación* en Revista de la Facultad de Teología de la
Pontificia Universidad Católica Argentina, 88 (2005) págs. 557–572.

Hubo una débil reacción por parte del Magisterio contra los abusos de tal entendimiento del "sensus fidei", y así aparece explícitamente considerado en dos documentos de la Congregación para la Doctrina de la Fe: "Mysterium Ecclesiae" de 1973 y "Donum veritatis" de 1990. Ambos documentos manifiestan preocupación por una lectura ideológica del "sensus fidelium" tendiente a contestar la autoridad del Magisterio en nombre de una especie de dimensión magisterial de la teología y reivindicando también una suerte de autoridad doctrinal de los fieles. Pero no se condenan ni aclaran los principios erróneos que dan lugar a tales lecturas ideológicas, ya que se repite la doctrina de la doble infalibilidad: la de la Iglesia universal ("Dios ha querido dotar a su nuevo Pueblo, que es la Iglesia, de una cierta infalibilidad participada, que se circunscribe al campo de la fe y las costumbres, que rige cuando todo el pueblo sostiene, sin lugar a dudas, algún punto doctrinal pertenecientes a estos campos" n⁰ 36); y la infalibilidad del Magisterio de la Iglesia (n⁰ 37) afirmando que muchas veces, aunque no siempre, el Magisterio solo sanciona *a posteriori* el previo consentimiento de los fieles.[78] De este modo, el Magisterio no tiene tanto la misión de enseñar (como siempre se había entendido), cuanto la de garantizar el correcto ejercicio del "sensus fidei", es decir: "Protegiendo al pueblo de las desviaciones y extravíos, y garantizándole la posibilidad objetiva de profesar sin errores la fe auténtica en todo momento y en las diversas situaciones".[79]

---

[78]Más claro es el documento de la Comisión Teológica Internacional sobre el "Magisterio y la Teología" de 1975, donde se defiende que la Revelación es conservada, transmitida y explicada primera y principalmente no por la Jerarquía, sino por el conjunto de los fieles gracias al "sensus fidei"; por eso el carisma de la infalibilidad no es exclusivo de la Jerarquía sino que también y primariamente pertenece a los fieles. Cfr. C.T.I. Documentos 1970–1979, Madrid, Cete, tesis 3 y 4.

[79]Comisión Teológica Internacional sobre el "Magisterio y la Teología", n⁰, 14. Cfr. n⁰ 8 y 13.

Esta confusión afectará peligrosamente el recto entendimiento de la relación entre Revelación y el papel del Magisterio. Como dice A. Calderón:

> "[Se] le ha dado gran importancia a la doctrina acerca de la infalibilidad del 'sensus fidei' porque: 1) posee la dignidad de un dogma de la más alta cuna tradicional; 2) es difícil precisar teológicamente su naturaleza; 3) parece abrir una brecha en los muros de la infalibilidad del Magisterio, con que la Jerarquía hace de la Revelación su propiedad privada.
>
> La falacia está en la inversión del orden de subordinación: ya no se reconoce que la infalibilidad del 'sensus fidei' depende de la del Magisterio como el efecto de su causa propia, según enseña la doctrina católica; sino pone al Magisterio en dependencia del 'sensus fidei' como la función de la parte sirve al fin del todo: el Magisterio unifica la pluralidad de sentires del pueblo fiel.
>
> Hecha esta inversión, el lenguaje conciliar puede permitirse repetir todas las sentencias dogmáticas del Vaticano I sobre la infalibilidad del Magisterio: ahora tienen un nuevo sentido reinterpretadas a la luz de la doctrina del 'sensus fidei'.
>
> Las consecuencias prácticas son enormes, porque inhibe el ejercicio de la autoridad magisterial de la Jerarquía: en lugar de formar el espíritu de los fieles apoyados en su propia luz que le viene de Cristo, el Papa y los obispos se creen obligados a escrutar el corazón de los fieles para descubrir allí lo que el Espíritu dice a la Iglesia".[80]

---

[80] A. Calderón: *La lámpara...*, cit., pág. 235.

5.6 Conclusión

La relación correcta entre las fuentes de la Revelación y el Magisterio queda clara en la conclusión sobre el tema que hace el Catecismo de la Iglesia Católica:

> "La santa Tradición, la Sagrada Escritura y el Magisterio de la Iglesia, según el plan prudente de Dios, están unidos y ligados, de modo que ninguno puede subsistir sin los otros; los tres, cada uno según su carácter, y bajo la acción del único Espíritu Santo, contribuyen eficazmente a la salvación de las almas".[81]

Correlación muy diferente de la propuesta por la teología modernista, como muestra el siguiente cuadro.[82]

---

[81] *Catecismo de la Iglesia Católica*, nº 95. *Catecismo de la Iglesia Católica*, nº 95; *Dei Verbum*, 10.3 (D. H. 4214). Cfr. "La Sagrada Tradición, pues, y la Sagrada Escritura constituyen un solo depósito sagrado de la palabra de Dios, confiado a la Iglesia; fiel a este depósito todo el pueblo santo, unido con sus pastores en la doctrina de los Apóstoles y en la comunión, persevera constantemente en la fracción del pan y en la oración (cfr Hech 8:42), de suerte que prelados y fieles colaboran estrechamente en la conservación, en el ejercicio y en la profesión de la fe recibida". *Dei Verbum*, 10.1 (D. H. 4214; nótese la ambigüedad de esta última sentencia).

"Pero el oficio de interpretar auténticamente la palabra de Dios escrita o transmitida ha sido confiado únicamente al Magisterio vivo de la Iglesia, cuya autoridad se ejerce en el nombre de Jesucristo. Este Magisterio, evidentemente, no está sobre la palabra de Dios, sino que la sirve, enseñando solamente lo que le ha sido confiado, por mandato divino y con la asistencia del Espíritu Santo la oye con piedad, la guarda con exactitud y la expone con fidelidad, y de este único depósito de la fe saca todo lo que propone como verdad revelada por Dios que se ha de creer". *Dei Verbum*, 10.2 (D. H. 4214).

[82] Cfr. A. Calderón: *La lámpara...*, cit., pág. 225.

LA REVELACIÓN SEGÚN LA DOCTRINA CATÓLICA	LA REVELACIÓN SEGÚN LA DOCTRINA PROTESTANTE Y NEOMODERNISTA
Es acción *exterior* de un Dios *transcendente* por misión *visible* de los Profetas (AT) y Cristo (NT) manifestada en *palabras* a la inteligencia *acabada* con la muerte del último Apóstol.	Es acción *interior* de un Dios *inmanente* por misión *invisible* del Espíritu Santo manifestada en *experiencias* al corazón continuada hasta el fin de los siglos.
Es recibida inmediatamente por la *Jerarquía* dotada del carisma infalible del magisterio. La Jerarquía escruta el *"depositum fidei"* y *lo enseña*: *es maestra de la verdad, rectora del "sensus fidei"*. La Revelación desciende por la *predicación* de la Iglesia *docente* a la Iglesia *discente*.	Es recibida por el *Pueblo fiel* dotada del carisma infalible del *"sensus fidei"*. La Jerarquía escruta el *"sensus fidei"* y lo *expresa*: *es sierva de la unidad, regida por el "sensus fidei"*. La Revelación emerge del *diálogo* entre el Pueblo que "siente" y la Jerarquía que "dice".
La expresión adecuada al simple fiel es el *Catecismo* palabra mediata de Dios, *por debajo* del Magisterio. La Biblia no enseña todos los misterios revelados. Se lee *individualmente* explicada por el *Magisterio*.	La expresión adecuada al simple fiel es la *Biblia* palabra inmediata de Dios, *por encima* del Magisterio. La Biblia *simboliza* todo el *misterio* revelado. Se lee *comunitariamente* explicada por el *Espíritu Santo*.
Cada dogma *significa adecuadamente* un artículo de fe definidos *para siempre* en el mismo sentido y sentencia. El *Traditum* progresa *sin contradicción*.	Cada dogma *simboliza inadecuadamente* el misterio de fe a redefinir *en cada tiempo* en nuevo sentido y sentencia. El *Traditum* se rehace por *contradicción* dialéctica.
El *"sensus fidei"* es *informado* por el *Magisterio*. Es infalible cuando es *dócil* al Magisterio infalible. La Jerarquía debe *corregir* el sentir del pueblo fiel.	El *"sensus fidei"* es *inspirado* por el *Espíritu Santo*. Es infalible cuando es *libre* de toda autoridad humana. La Jerarquía debe *asumir* el sentir del pueblo fiel.

Parte II

Tratado de inspiración

Es la parte más importante del tratado dogmático de Introducción a la Sagrada Escritura. Es la clave para acercarse al misterio de la Biblia. Muchas veces se la malinterpreta o desvaloriza en los diferentes estudios que se hacen sobre la Biblia, con lo cual, ésta se hace ininteligible o se convierte en una especie de cadáver sin vida. La Biblia, sin inspiración, es un puro libro humano, y pierde todo su valor.

La inspiración es definida por J. M. Casciaro como:

> "Carisma sobrenatural dado por Dios a ciertos hombres en el seno del Pueblo de Dios del Antiguo y del Nuevo Testamento para consignar por escrito con validez general y pública, aquellos misterios de Dios y de su intervención en la Historia de la Salvación humana que Dios ha querido que fuesen entregados de ese modo a su Iglesia por causa de nuestra salud y santificación".[83]

Lamentablemente, la inspiración es uno de los dogmas de fe que se intentan reinterpretar con parámetros que acaban difuminando su verdadero sentido, y con él, el de la Biblia entera. No es sorprendente que la teología neomodernista haya hecho de tal reinterpretación uno de sus principales objetivos, necesario para seguir deconstruyendo el sistema teológico seguro de la fe.

---

[83] J. M. Casciaro: *Inspiración divina de la Biblia*, en GER, vol. III., pags. 148ss.

Es necesario pues acercarnos al misterio con gran cuidado y precisión, de la mano del Magisterio auténtico y de la Tradición Apostólica, para entenderlo, hasta donde la razón puede, sin traicionar los datos seguros de la verdadera fe.

Siguiendo una presentación tradicional, se estudiarán cuatro grandes realidades: los criterios de inspiración, el hecho de la misma, la naturaleza de la inspiración y finalmente, las consecuencias de este misterio (verdad, santidad, unidad, actualidad de la Biblia).[84]

---

[84]La bibliografía general, de nuevo, es abundante. Además de las referencias bibliográficas más específicas que se hagan en cada capítulo, se pueden encontrar diferentes desarrollos en los estudios que ahora se citan. La exposición clásica se puede encontrar en G. Pérez Rodríguez y O. García de la Fuente: *Tratado de Inspiración*, en "Introducción general a la Sagrada Escritura", Madrid, Ed. Casa de la Biblia, 1966, págs. 19–148, y en la bibliografía general allí sugerida: J. M. Lagrange: *Inspiration des livres saints*, en "Revue Biblique" 5 (1896) 199–220; Id.: *L'inspiration et les exigences de la critique*, Ibídem, 496–518; J. B. Franzelin: *Tractatus de divina Traditione et Scriptura*, Roma 1896; E. Mangenot: *Inspiration*, en D. B. III (1903) 887–911; C. Pesch: *De inspiratione Sacrae Scripturae*, Freiburg, 1906; A. Durand: *Inspiration de la Bible*, en DAFC 2 (1911) 894–917; E. Mangenot: *Inspiration de l'Ecriture* en DTC 7 (1927) 2068–2266; L. Billot: *De inspiratione Sacrae Scripture*, Roma 1929; A. Colunga: *La inspiración divina de la Sagrada Escritura* en "Ciencia Tomista" 42 (1930) 58–77; J.M. Voste: *De divina inspiratione et veritate Sacrae Scripturae*, Roma 1932; A. Cornely–Merk: *Introductionis in Sacrae Scripturae libros compendium*, París 1934; S. Tromp: *De Sacrae Scripturae Inspiratione*, Roma, 1945; A. Bea: *De inspiratione et inerrantia Sacrae Scripturae (Notae historicae et dogmaticae in usum privatum auditorum)*, Roma, Pontificium Institutum Biblicum, 1947; G. Courtade: *Inspiration et inerrance*, Dict. de la Bible suppl., 4 (1949) 482–559; E. Forit: *Ispirazione biblica*, Roma, 1951; A. Ibáñez Araya: *Las cuestiones De prophetia en Santo Tomás y la inspiración bíblica*, en "Scriptorium Vict." (1954) 256–312; W. Harrington: *The Inspiration of Scripture* en "Irish Theological Quaterly" 29 (1962) 3–24; G. Auzou: *La palabra de Dios*, Madrid, Fax, 1964 (de la 3.a ed. francesa, 1962).

Para bibliografía más actualizada, con diferente valor, cfr. M. A. Tábet: *Introducción General...*, cit., pág 50; J. C. Ossandón: *Introduzione...*, cit., págs. 227–246; T. Citrini: *Identità della Bibbia. Canone, interpretazione, ispirazione delle Scritture sacre*, Brescia, Queriniana, 1982; A. Ibáñez Araya: *Inspiración, inerrancia e interpre-*

tación de la S. Escritura en el Concilio Vaticano II, Vitoria, Eset, 1987; M. Artola: *De la Revelación a la inspiración. Los orígenes de la moderna teología católica sobre la inspiración bíblica*, Bilbao, Universidad de Deusto, 1983; Id.: *La Escritura inspirada. Estudios sobre la inspiración bíblica*, Bilbao, Mensajero,1994; M. A. Tábet: *Teologia della Bibbia. Studi di ispirazione ed ermeneutica biblica*, Roma, Armando Editore, 1998; AA.VV.: *L'interpretazione della Bibbia nella Chiesa. Simposio Internacional promovido por la Congregación de la Doctrina de la Fe, Roma, sept. 1999,* Vaticano 2001; P. S. Williamson: *Catholic principles of the Bible in the Church,* Roma 2001; A. Izquierdo: *Scrittura ispirata (Actas del Simposio internacional sobre inspiración promovido por el Ateno Pontificio, Regina Apostolorum, 18–20 de noviembre de 2001,* Vaticano 2002; W. Vogels: *Three Possible Models of Inspiration,* en "A. Izquierdo (a cura di): Scrittura ispirata...", cit., págs. 61–79.

Capítulo 6

Criterios de inspiración

6.1   Noción

En este epígrafe, se estudian los criterios que sirven para definir lo que constituye la inspiración de la Biblia y la distingue de cualquier otro libro pagano. Es necesario que tales criterios se puedan aplicar a todos los libros de la Biblia, y no solamente a algunos.[1]

---

[1]Entre la bibliografía básica, S. Zarb: *De criterio inspirationis et canonicitatis Sacrae Scripturae Librorum*, en "Divus Thomas" 34 (1931) 147–186; Y. M. J. Congar: *Inspiration des Ecritures canoniques et Apostolicité de l'Eglise*, en "Revue des Sciences Philosophiques et Théologiques, 45 (1961) 32–42; P. batiffol: *L'Eglise naissante, Le Canon du N. T.*, en "Revue Biblique" 12 (1903) 10–26, 226–233; R. Smyth: *The Criterion of N. T. Inspiration*, en "The Catholic Biblical Quaterly" 2 (1940) 229–244; P. Joüon: *Le criterium de l'inspiration pour les livres du N. T.*, en "EtRel" 1 (1904) 80–91; J. Ruwet: *De criterio inspirationis Novi Testamenti*, en "Verbum Domini" 21 (1941) 89–99; M. J. Lagrange: *Histoire ancienne du canon du Nouveau Testament*, París, Gabalda et Cie, 1933, páginas 171–175; F. Ogara: *Notae quaedam praeviae et de apostolatu ut criterio inspirationis*, en "Gregorianum" 16 (1935) 577–585; G. M. Perrella: *De apostólico et prophetico munere ut inspirationis et canonicitatis criterio*

Κρίνειν es un verbo del griego clásico que significa "discernir, analizar, separar"; de esta palabra deriva Κριτιχός es decir "critico", "criticar".

Como se ha señalado, se trata de determinar el medio que descubre la inspiración del libro sagrado y lo distingue de cualquier otro libro profano.

Las características del criterio de inspiración han de ser las siguientes:

1. *Claridad*: esto es, que se pueda entender *por cualquier hombre*, y no solo por algunos expertos.

2. *Universalidad*: esto es, que sirva *para todos los libros inspirados*, y no solo para algunos.

3. *Exclusividad*: esto es, que sirva para *solo los libros inspirados*; que sea eficaz para distinguir claramente los libros inspirados de los no inspirados.

4. *Certeza de fe*: esto es, que el criterio esté *dotado de autoridad divina*, y no meramente humana.

Tal criterio ha de encontrarse en uno de los tres elementos que intervienen en la realidad de cada libro de la Biblia: en el mismo libro sagrado, o en el autor principal, Dios, o en el instrumento humano, el hagiógrafo.

---

altero pro N. altero pro V. T., en "Divus Thomas" 35 (1932) 49–61; 145–176; Idem: *In margine alia questione dell'apostolato come criterio d'ispirazione*, en "Divus Thomas" 37 (1934) 510–516; G. De Rosa: *De apostolatu qua canonicitatis et inspirationis criterio animadversiones*, en Divus Thomas 44 (1941) 53–64; A. Durand: *Inspiration de la Bible*, en Dictionnaire Apologétique de la Foi Catholique" 2 (1911) 908–911; J. Slavicek: *El 'testimonium Spiritus Sancti' como criterio de la interpretación*, en "XIII Sem. Bibl. Española. El movimiento ecumenista", págs. 49–70.

6.2 Invalidez del criterio tomado del libro sagrado

El origen de este criterio está en la teología protestante. En efecto:

- Por un lado rechaza la Tradición como fuente de Revelación, y, por otro, el Magisterio como intérprete auténtico.

- Como consecuencia, solo se acepta que la propia Sagrada Escritura sea testigo de su propia inspiración. La Sagrada Escritura sería así "autopistos" o "axiopistos", es decir se declara a sí misma como inspirada.

El descubrimiento de tal auto–declaración podría venir de varios rasgos internos del propio libro sagrado, que sin embargo no convencen ni son válidos por no cumplir con una o varias de las características antes mencionadas del verdadero criterio de inspiración.

En efecto, se proponen entre otros, los siguientes rasgos internos:

1. "El gusto por las cosas celestiales que se experimenta al leer la Sagrada Escritura" (criterio estético).

2. "Su contenido literario–doctrinal".

3. "La unidad y armonía de la Sagrada Escritura".

4. "La presencia de milagros y profecías".

5. "La intensidad con la que Cristo es predicado en esos libros". Criterio propuesto por el propio Lutero, quien señalaba como norma de inspiración el "testimonio dado por la Escritura a Cristo y a su obra redentora", por lo que distinguió varios grados de autoridad en los diferentes libros sagrados según condujeran

más o menos a Cristo.[2] Modernamente fue seguido por W. G.
Kummel y E. Kaseman.[3]

6. "La declaración como tales por parte de la investigación histórica
sobre la formación del canon".

Sin embargo los diferentes rasgos internos señalados no cumplen
alguna o ninguna las características del verdadero criterio de inspiración. En efecto, hay algunos libros de la Sagrada Escritura a los
que no se puede aplicar la característica de la *universalidad* o la de
la *exclusividad*. Por ejemplo, el primer rasgo interno señalado por la
teología protestante, esto es el gusto por las cosas celestiales que se
experimenta al leer la Sagrada Escritura, no cumple ni con la *universalidad* (no parece que puedan aplicarse al libro del Eclesiastés o al
de Crónicas), ni tampoco con la *exclusividad* (hay libros no inspirados
que producen ese efecto de gusto por las cosas sagradas, como podría
ser el caso de la *Didajé*, la Carta a los Corintios de San Clemente
de Roma, o las Cartas de San Ignacio de Antioquía). Otro ejemplo
de invalidez del sexto rasgo interno, es que tampoco cumple con la
cualidad de la *claridad*.

6.3   Invalidez de los criterios tomados del au-
tor sagrado

Se han propuesto dos criterios principales desde esta perspectiva:

---

[2]Con más detalle, el Reformador distinguía entre *libros privilegiados* que guar-
daban el testimonio apostólico central sobre Cristo, esto es, la doctrina sobre la
justificación por la fe sin obras (Romanos y Gálatas); *libros ordinarios* testigos de un
cristianismo primitivo; y *libros postergados* que no conducían a Cristo de un modo
adecuado y que rechazó como inspirados (Hebreos, Apocalipsis, Santiago, Judas y 1
de Pedro).

[3]Cfr. M. A. Tábet: *Introducción general...*, cit., pág. 218.

1. *La afirmación por el propio hagiógrafo* de que componía el libro bajo el influjo del Espíritu Santo.

   Sin embargo este criterio no cumple con las características de:

   - Universalidad, porque hay muchos libros en que el autor no menciona nada al respecto, e incluso subraya su esfuerzo personal en la composición del mismo (cfr. Lc 1:1ss).

   - Certeza de fe, ya que el autor podría esta alucinado (como es el caso de las historias sobre el Libro de Mormón en la Iglesia de los Santos de los Últimos Días); además ningún hombre podría afirmar con certeza de fe estar actuando bajo el influjo del carisma de inspiración.

2. *Posesión del carisma de profecía o de apostolado*, para los libros del Antiguo Testamento y del Nuevo respectivamente. Fue propuesto por el protestante Michaelis (1750), y en tiempo más reciente, por O. Cullmann[4] y E. Brunner. Fue seguido también por algunos católicos (vgr. Ubaldi, Lagrange, etc.)[5] por ser un criterio usado por los Santos Padres. No obstante lo ampliaban en cuanto a la extensión de sus sujetos, de tal modo que se consideraba "Apóstol" también a los discípulos de los Apóstoles.

   Sin embargo tampoco este criterio cumple con las características de:

   - Universalidad, ya que no todos los libros de la Biblia fueron escritos por Apóstoles o profetas.

---

[4]O. Cullmann: *La Tradition, problème exégétique, historique et théologique*, Neuchâtel–Paris, Delachaux, 1963.

[5]Sin embargo rechazaron este criterio Franzelin, Pesch, Bea, Perrella, Benoit, etc.

- Exclusividad o eficacia, ya que en realidad del carisma de inspiración es distinto del carisma de profecía y de apostolado. El primero es temporal y para la composición de un libro sagrado; los segundos son permanentes y conllevan la infalibilidad pero no la inspiración para escribir. Por eso, el carisma de inspiración y el del profecía–apostolado no solo no se exigen mutuamente, sino que también pueden darse independientemente el uno del otro.

El criterio del Apostolado solo sirve desde un punto de vista negativo:

- Ningún libro escrito después del último Apóstol puede ser inspirado.

- Solo los Apóstoles recibieron la revelación de los libros concretos que estaban inspirados.

- De hecho todos los libros del Nuevo Testamento tienen por hagiógrafo a un Apóstol o a un discípulo de alguno de ellos (vgr. San Lucas o San Marcos).

6.4 Ambivalencia de los criterios tomados del autor principal, Dios

Se han propuesto dos criterios desde esta perspectiva. Uno es inválido; el otro es el correcto.

1. Primer criterio inválido: *"la iluminación interna del Espíritu Santo" a cada alma*, que acabaría generando un consenso público de la comunidad de los fieles sobre los libros que eran realmente inspirados.

Fue el criterio sostenido por la Confesión de Westminster y la de Calvino: "la Escritura ha de conocerse como las cosas blancas o negras manifiestan de por sí su color, o las cosas dulces o amargas su sabor". Modernamente es seguido por K. Barth, con algunos matices.[6]

Sin embargo este criterio no es adecuado, porque carece de los rasgos de:

- Claridad, esto es que sea válido para todo hombre y no solo para algunos iluminados. No todo hombre recibiría esta iluminación interna.

- Certeza de fe, porque es subjetivo.

2. Segundo criterio válido: *El testimonio de Dios, transmitido por la Tradición Apostólica y propuesto por el Magisterio auténtico e infalible de la Iglesia.*

Se descubre este criterio de inspiración, único verdadero, como dice Tábet, "por el uso que la Iglesia Apostólica y primitiva hicieron de los libros sagrados en la vida eclesial, tal y como lo manifiestan principalmente los testimonios de los Padre, Escritores eclesiásticos, las decisiones de los Concilio y la vida litúrgica de la Iglesia".[7]

En efecto, solo Dios puede dar testimonio de la inspiración porque es un fenómeno sobrenatural sin repercusiones exterio-

---

[6]K. Barth: *Dogmatique* I, 1, págs. 96–216. Cfr. J. Salguero: *La Biblia, diálogo de Dios con el hombre*, Madrid, Studium, 1968, págs. 347–371; M. A. Tábet: *Introducción general...*, cit. págs. 215–216. 218.

[7]M. A. Tábet: *Introducción general...*, cit., pág. 178. Cfr. U. Betti: *La transmissione della divina Revelazione*, en U. Betti et al. (eds.) "Commento alla Costituzioni dogmatica sulla Divina Rivelazione 'Dei Verbum, in "Quaderni di Orientamento Pastorale, I documenti del Concilio commetantati, n. 4, Milan, Massimo, 1967, pág. 105.

res en el hombre o en el libro que puedan detectarse. Dios lo hizo saber a través de la Tradición Apostólica que es fuente de conocimiento de la Revelación.

Este criterio es el único válido porque:

- Cumple con las cuatro características de un verdadero criterio de inspiración:
  - Claridad.
  - Universalidad.
  - Exclusividad.
  - Certeza de fe infalible.
- Porque es el afirmado por la Tradición, como puede comprobarse en los escritos de San Ireneo,[8] Tertuliano[9] o San Agustín.[10]
- Porque es también la práctica de la Iglesia en su Magisterio infalible, al proponer como dogma de fe el canon de los libros inspirados en:
  - Concilio de Trento.[11]
  - Concilio Vaticano I.[12]
  - Concilio Vaticano II, en la *Dei Verbum*: "La misma tradición [Apostólica] dio a conocer a la Iglesia el canon íntegro de los libros sagrados".[13]

---

[8]San Ireneo: *Adv. Haer.* 1, 2, 1–2, donde sostiene que solo la Iglesia recibió la Tradición de los Apóstoles.

[9]Tertuliano: *Praescr.*, 15–19 (P. L., 2, 29–31).

[10]San Agustín: *De doctr. christ.*, 2, 8, 12; *Cont. epist. Manich.*, 5, 6, donde sostiene que él no creería al Evangelio si no le moviera a ello la autoridad de la Iglesia.

[11]D. S. 1501.

[12]D. S. 3029.

[13]*Dei Verbum*, nº 8 (D. H. 4211).

Capítulo 7

La existencia de la inspiración

¿Dónde se encuentran las pruebas de la realidad de la inspiración de los libros sagrados? ¿Es acaso una invención de la comunidad primitiva cristiana, o una declaración de la Iglesia sin mayor fundamento?

Como se comprobará, los testimonios de la existencia de la inspiración son múltiples y de muy variadas fuentes.[1]

7.1 Testimonio de la Sagrada Escritura

La propia Sagrada Escritura afirma la realidad de la inspiración en múltiples ocasiones.

---

[1] J. M. Voste: *Inspiratio biblica iuxta testimonium ipsius S. Scripturae et definitiones Ecclesiae*, en "Angelicum" 3 (1926) 23–45; R. Rabanos: *Propedéutica...*, cit., págs. 31–39; G. Pérez Rodríguez: *Tratado...*, cit., págs. 29–36; M. A. Tábet: *Introducción general...*, cit., págs. 51–71; V. Balaguer: *Introducción...*, cit., págs. 102–113.

7.1.1 En el Antiguo Testamento

Aunque no hay un testimonio explícito de su inspiración divina, sin embargo el hecho se refleja de muchas maneras:

1. Los hagiógrafos reciben el "mandato divino" de escribir sus obras:

   - Ex 17:14, "Luego el Señor dijo a Moisés. Escribe esto en un libro para que sirva de recuerdo".

   - Is 8:1, "El Señor me dijo: Toma un tabla grande y escribe en ella con cincel de hombre".

   - Jer 36: 1–2, "Fue dirigida a Jeremías, de parte del Señor, esta palabra: 'Toma un rollo de escribir y escribe en él todas las palabras que te he dicho contra Israel, contra Judá y contra todas las naciones, desde el día que empecé a hablarte en tiempos de Josías hasta el día de hoy'".

   - Ez 4: 1–2, "Tú, hijo de hombre, toma un adobe y ponlo delante de ti. Graba en él una ciudad, Jerusalén. Pon en torno a ella como un asedio, edifica una torre de asalto, eleva un terraplén, pon campamentos contra ella y sitúa arietes a su alrededor".

   - Ha 2:2, "El Señor me respondió diciendo: Escribe la visión, grábala clara en tablillas, para que pueda leerse de corrido".

2. Los hagiógrafos son llamados "boca de Yahweh" y se dice que profirieron "palabras del Señor". Cuando los profetas hablan dicen con frecuencia la frase "esto dice el Señor". El libro que escriben es referido como "Libro de la Palabra de Dios":

   - 2 Sam 23:2, "[Dice David] El espíritu del Señor habla por mí y sus palabras están en mi lengua".

- Jer 15:19, "Y si separas lo precioso de lo vil, serás como mi boca".

- Lc 1:70, "Como lo había anunciado desde antiguo por boca de sus santos profetas".

- 2 Pe 1: 20–21, "Porque nunca profecía alguna ha venido por voluntad humana, sino que, impulsados por el Espíritu Santo, aquellos hombres hablaron de parte de Dios".

- Jos 24:26, "Josué escribió esas palabras en el libro de la Ley de Dios".

- Is 34:16, "Buscad en el libro del Señor y leed".

- Neh 8:8, "Leían el libro de la Ley de Dios con claridad, explicando el sentido, para instruir con la lectura".

3. El mandato de escribir va dirigido a hombres "llenos del Espíritu de Yahweh", lo que es manifestación de la inspiración en acto:

- Num 11:25, "Tomó un poco del espíritu que había sobre Moisés y lo infundió sobre cada uno de los setenta ancianos. Y cuando el espíritu reposó sobre ellos se pusieron a profetizar".

- Num 24: 2–3, "Balaam levantó sus ojos y vio a Israel acampado por tribus; vino sobre él el espíritu de Dios, y proclamó su mensaje diciendo: Oráculo de Balaam, hijo de Beor, oráculo del caballero clarividente...".

- 1 Sam 10:6, "También a ti te invadirá el espíritu del Señor, profetizarás con ellos y te transformarás en otro hombre".

- Jer 20: 8–9, "La palabra del Señor es para mí oprobio y escarnio cada día. Yo me dije: No me acordaré de Él, ni hablaré más en su Nombre. Pero es dentro de mí como fuego abrasador, encerrado en mis huesos; me esfuerzo por soportarlo, pero no puedo".

4. Hay en Israel una colección de libros "santos" que son "colocados junto al Arca de la Alianza":

- De 31:9.26, "Escribió Moisés esta ley y la entregó a los sacerdotes hijos de Leví, los que portan el arca de la alianza del Señor, y a todos los ancianos de Israel..., diciendo Tomad este libro de la ley y colocadlo al lado del arca de la alianza del Señor, vuestro Dios. Ahí servirá de testimonio contra ti".

- 1 Sam 10:25, "Samuel expuso al pueblo el derecho del rey, lo escribió en un libro y lo depositó ante el Señor".

- 1 Mac 12:9, "Aunque no las necesitamos, porque tenemos el consuelo de las escrituras santas que están en nuestras manos".

- 2 Mac 2: 13–14, "En los archivos y memorias de Nehemías se relataba esto mismo y cómo éste construyó una biblioteca y reunió los libros de los reyes, de los profetas, de David, junto con las cartas de los reyes acerca de las ofrendas. De igual modo, Judas ha reunido todos los libros que se habían perdido a causa de la guerra que sufrimos, y ahora están en nuestro poder".

- Dan 9:2, "Yo, Daniel, indagué en los libros acerca del número de años que estableció la palabra del Señor dirigida al profeta Jeremías para que se cumpliera la ruina de Jerusalén. eran setenta años".

- Eco: Prólogo.

7.1.2 Autores extrabíblicos

1. Filón, quien denomina al Antiguo Testamento, "libros sagrados" y "Sagradas Escrituras". Moisés recibió algunos oráculos en estado de éxtasis, dictados verbalmente; aunque la mayor parte de las veces el Espíritu divino ayudaba a Moisés para ser intérprete de Dios.[2]

2. Flavio Josefo: Los profetas conocieron por inspiración cosas antiguas, por lo que los judíos consideran que lo que se encuentra en los libros que escribieron son sentencias de Dios.[3]

3. Los talmudistas: Los libros sagrados proceden del Espíritu de Dios y son verdad. Así, por ejemplo, Rabí Moisés de Maimón dice: "Por el Espíritu Santo compuso David los Salmos, y Salomón los Proverbios, el Eclesiastés y el Cantar de los Cantares. También el Espíritu Santo compuso los libros de Daniel, de Job y de las Crónicas y los otros libros hagiográficos, que llamamos *Ketubim* o escritos mediante el Espíritu Santo".[4]

4. En la literatura apócrifa apocalíptica (vgr. el IV Libro de Esdras) aparece una concepción de la inspiración de tipo estático, pues Esdras es inspirado para dictar la Ley y cinco hombres escribían lo que se decía alineando letras que no conocían.[5]

7.1.3 Testimonios de Jesucristo y los Apóstoles

1. La Sagrada Escritura tiene una *autoridad absoluta e infalible*, sus contenidos se realizan infaliblemente.

---

[2]Filón: *Vida de Moisés*, 2, 188–191; 2, 37; 2:40. Cfr. M. J. Lagrange: *Études sur les Religions Sémitiques,* Paris, Librarie Victor Lecoffre, 1905, pag. 141.

[3]Flavio Josefo: *Contra Apión*, 1, 7–8.

[4]Cfr. C. Pesh: *De inspiratione...*, cit., pág. 31.

[5]IV *Libro de Esdras*, 14: 40s.

- Mt 5:18, "En verdad os digo que mientras no pasen el cielo y la tierra, de la Ley no pasará ni la más pequeña letra o trazo hasta que todo se cumpla".

- Lc 24:44, "Les dijo: Esto es lo que os decía cuando aún estaba con vosotros: es necesario que se cumpla todo lo que está escrito en la Ley de Moisés, en los Profetas y en los Salmos acerca de mí".

- Jn 10:35, "Si llamó dioses a quienes se dirigió la palabra de Dios, y la Escritura no puede fallar..."

- Hech 1:16, "Hermanos, era preciso que se cumpliera la Escritura que el Espíritu Santo predijo por boca de David acerca de Judas, que fue guía de los que prendieron a Jesús..."

2. La razón de tal autoridad es porque Dios habla en ella, porque su *origen es divino*.

   - Mt 22:29–32, "Jesús les respondió: Estáis equivocados por no entender las Escrituras ni el poder de Dios... Y sobre la resurrección de los muertos, ¿no habéis leído lo que os dejó dicho Dios: 'Yo soy el Dios de Abrahán y el Dios de Isaac y el Dios de Jacob'? No es Dios de muertos sino de vivos".

   - Jn 5:46, "En efecto, si creyeseis a Moisés, tal vez me creeríais a mí, pues él escribió sobre mí".

   - Hech 1:16, "Hermanos, era preciso que se cumpliera la Escritura que el Espíritu Santo predijo por boca de David..."

   - Ga 3:8, "La Escritura, previendo que Dios justificaría a los gentiles por la fe, anunció de antemano a Abrahán: En ti serán bendecidas todas las naciones".

   - Etc.

3. Se atribuye a Dios el ser la *causa principal* de la Escritura y al hagiógrafo la *causa instrumental*.

- Mt 1:22, "Todo esto sucedió para que se cumpliera lo que dijo el Señor por medio del Profeta: 'Mirad, la virgen concebirá y dará a luz un hijo, a quien pondrán por nombre Emmanuel', que significa 'Dios–con–nosotros'".

- Hech 1:16, "Hermanos, era preciso que se cumpliera la Escritura que el Espíritu Santo predijo por boca de David acerca de Judas, que fue guía de los que prendieron a Jesús".

- Hech 4:25, "El que por el Espíritu Santo, por boca de nuestro padre David tu siervo, dijiste: '¿Por qué se han amotinado las naciones, y los pueblos han tramado empresas vanas?'".

7.1.4 El lugar clásico: 2 Tim 3:16

El testimonio bíblico más claro sobre la inspiración de la Sagrada Escritura es el de San Pablo en 2 Tim 3:16:[6]

"Toda la Escritura es inspirada por Dios y útil para enseñar, para argumentar, para corregir y para educar en la justicia".

---

[6]Cfr. M. A. Tábet: *Introducción general...*, cit., págs. 56–57; C. Spicq: *Les Épîtres pastorales II, Excursus X: Écriture sainte, inspirée et utile au pasteur*, Paris, Gabalda, 1969, 790–796; Íd.: *Note di lessicografia esegetico del Nuovo Testamento*, Brescia, Claudiana, 1995, I, págs. 766–767; E. Schweizer: *Theópneustos*, en "Grande Lessico del N. T.", Torino, Claudina, 1975, vol. X, pág. 1104; G. de Virgilio: *Ispirazione ed efficacia della Scrittura in 2 Tm 3, 14–17*, en "Rivista Biblica Italiana" 38 (1990) 485–494; R. Fabris: *Lo Spirito e le Scritture in 2 Tm e in 2 Pt*, en "Ricerche Storico–Bibliche" 12 (2000) 302–307.

"Πᾶσα γραφὴ θεόπνευστος καὶ ὠφέλιμος πρὸς διδασκαλίαν, πρὸς ἐλεγμόν, πρὸς ἐπανόρθωσιν, πρὸς παιδείαν τὴν ἐν δικαιοσύνῃ".

Dada su importancia, es necesario examinar el texto:

- "Toda Escritura". Estas palabras pueden ser tomadas en dos sentidos:

  - Sentido colectivo: la Sagrada Escritura en conjunto.

  - Sentido distributivo: cuanto es Sagrada Escritura.

- "Divinamente inspirada".

  - La teología protestante lo traducen en sentido activo: toda Escritura *inspira*....

  - Pero su sentido verdadero es el pasivo, esto es: toda Escritura *es inspirada*. Traducción que es preferible por varias razones:

    * Por la gramática (normalmente los adjetivos que se combinan con la palabra "dios" y terminan en "-tos" (θεόπνευστος), tienen significado pasivo.

    * Por el contexto (que tiene un sentido distributivo: cuanto es Sagrada Escritura).

    * Por comparación con el profetismo del Antiguo Testamento, que al referirse al profeta como "lleno de Yahweh" tiene sentido pasivo: es él el que está lleno del Espíritu y no es él que da el Espíritu.

    * Por la confirmación de la tradición judía y patrística, como veremos más adelante.

- "Divinamente inspirada útil" ("Πᾶσα γραφὴ θεόπνευστος"). No hay verbo copulativo, por lo que "inspirada" puede tener dos sentidos:

  - Atributivo: "La Sagrada Escritura, divinamente inspirada, es útil". Aquí la inspiración aparecería de un modo indirecto e implícito.

  - Predicativo: "La Sagrada Escritura es inspirada y útil". Aquí la inspiración aparecería en sentido directo y explícito.

7.1.5 El testimonio de San Pedro: 2 Pe 1: 20–21

Otro de los testimonios clásicos es el la segunda Carta del Apóstol San Pedro 1: 20–21, donde se quiere aportar a los cristianos un criterio de interpretación de la Biblia y se rechaza que sea interpretada por la opinión de cada fiel, ya que tiene un origen divino debido a que los hagiógrafos eran instrumentos de Dios:

> "Pues ante todo debéis saber que ninguna profecía de la Escritura depende de la interpretación privada, porque nunca profecía alguna ha venido por voluntad humana, sino que, impulsados por el Espíritu Santo, aquellos hombres hablaron de parte de Dios".
>
> "τοῦτο πρῶτον γινώσκοντες ὅτι πᾶσα προφητεία γραφῆς ἰδίας ἐπιλύσεως οὐ γίνεται, οὐ γὰρ θελήματι ἀνθρώπου ἠνέχθη προφητεία ποτέ, ἀλλὰ ὑπὸ πνεύματος ἁγίου φερόμενοι ἐλάλησαν ἀπὸ θεοῦ ἄνθρωποι".

Hay que tener en cuenta que el texto se refiere a la profecía hablada y escrita.

Además M. A. Tábet[7] señala que es un compendio de la doctrina bíblica sobre la Escritura, porque:

1. Señala la fuente divina de la Sagrada Escritura, que tiene su origen en una acción del Espíritu Santo, que ha impulsado a los profetas a hablar en nombre de Dios.

2. Manifiesta la naturaleza de la inspiración (qué es, de dónde viene, quién la recibe).

3. Muestra que la Biblia, por su origen divino, tiene necesidad de una guía, también divina, para ser interpretada adecuadamente.

7.1.6   Otros textos

Hay otro grupo de textos en el Nuevo Testamento, que aunque no sean apodícticos como prueba de la existencia de la inspiración, sin embargo corroboran que el Nuevo Testamento se considera inspirado tanto como lo fue el Antiguo, ya que otorgan la misma autoridad a los escritos de ambos Testamentos. En efecto:

1. 1 Tim 5:18, "Pues dice la Escritura: 'No pondrás bozal al buey que trilla' y 'Digno es el obrero de su salario'".

   Aquí se considera Sagrada Escritura tanto a De 25:4 como a Lc 10:7.

2. 2 Pe 3: 15–16, "Creed que la paciencia del Señor es para nuestra salud, según que nuestro amado hermano Pablo os escribió conforme a la sabiduría que a él le fue concedida. Es lo mismo

---

[7]M. A. Tábet: *Introducción general...*, cit., pág. 58; cfr. P. De Ambroggi: *Le epistole cattoliche di Giacomo, Pietro, Giovanni e Giuda*, Torino, Marietti, 1949; C. Spicq: *La seconda lettera di Pietro*, Roma, Città nuova, 1971, págs. 68–72; R. Fabris: Lo Spirito..., cit., págs. 307–311.

que hablando de esto enseña en todas sus epístolas, en las cuales
hay algunos puntos de difícil inteligencia, que hombres indoctos
e inconstantes pervierten, no menos que las demás Escrituras,
para su propia perdición".

Se da a los escritos de San Pablo el valor que a los del Antiguo
Testamento. Las palabras "según la sabiduría que le fue otorgada" hace referencia a las revelaciones y dones que el Apóstol
recibió para hacer posible su ministerio. La fuente divina de esa
sabiduría es claramente indicada porque sus escritos se igualan
en autoridad a "las demás Escrituras", esto es, al Antiguo Testamento cuya inspiración era fe común de los judíos y cristianos
en le época en que se escribió la segunda Carta de San Pedro.

3. Apocalipsis de San Juan:

- Se recibe el mandato de escribir (Ap 1: 11.19; 2:1; 19:9).
- Su libro es "profecía" (Ap 22:19).
- Se le asigna autoridad máxima (Ap 22: 18ss).

7.2   El testimonio de la Tradición

El testimonio de los Santos Padres es *unánime, universal y constante* en afirmar la existencia de la inspiración de los libros sagrados
de la Biblia.[8] Existe una clara continuidad entre la doctrina patrística
y la del Nuevo Testamento. Pero se produce una elaboración doctrinal

---

[8]M. A. Tábet: *Introducción general...*, cit., págs. 58–62; C. Pesch: *De inspiratione
Sacrae Scripturae*, Freiburg, Herder, 1925, nn. 40–123; G. M. Perrella: *La nozione
dell'ispirazione scritturale secondo i primitivi documenti cristiani*, en "Angelicum"
20 (1943) 32–52; G. Courtade: *Inspiration*, Dictionnaire de la Bible, Supplément 4
(1949) 491–493.

profunda, explicando algunos conceptos y creando un vocabulario técnico para expresar la inspiración. Ciertamente, hay discusiones sobre el sentido de algún texto en particular, pero todos afirman ser escritos bajo la inspiración del Espíritu Santo, sosteniendo que la Sagrada Escritura *no es un libro meramente humano, sino divino*, siendo Dios el autor principal y el hagiógrafo el instrumental. Subrayaron así más la acción de Dios que la del hagiógrafo.

Posición que se puede comprobar en todas las etapas de la patrística:

1. Padres apostólicos:

   - *Didajé*: los libros de ambos Testamentos son "Palabra del Señor".

     - "En cuanto al domingo del Señor, una vez reunidos, partid el pan y dad gracias... Que no se profane vuestro sacrificio. Pues a este hay que referir lo dicho por el Señor: 'En todo lugar y en todo tiempo me ofreceréis un sacrificio puro' (Mal 1: 11.14)".[9]

     - "Que nadie coma ni beba de vuestra acción de gracias, salvo los bautizados en el nombre del Señor, pues acerca de ellos dijo el Señor: 'No deis lo santo a los perros' (Mt 7:6)".[10]

   - Clemente Romano: se atribuyen al Espíritu Santo expresiones que son citas del Antiguo y del Nuevo Testamento:

     "Seamos, pues, humildes, hermanos, deponiendo toda jactancia, ostentación, insensatez y arrebatos de ira, y cumplamos lo que está escrito. Pues

---

[9] *Didajé*, XIV, 1–3.

[10] *Didajé*, IX, 5; VIII, 2.

dice el Espíritu Santo: 'No se gloríe el sabio en su sabiduría, ni el fuerte en su fuerza, ni el rico en su riqueza' (cfr. Jer 9: 22–23), sino que 'el que se gloríe gloríese en el Señor' (cfr. 1 Cor 1:31; 2 Cor 10:17)".[11]

También declara que las Escrituras Sagradas son verdaderas porque fueron inspiradas por el Espíritu Santo.[12]

- Pseudo–Bernabé: son "profecía del Espíritu Santo".

2. Padres apologetas:

- San Justino: los profetas han escritos "movidos o llevados por el Espíritu Santo o por el Verbo de Dios";[13] son "inspirados por Dios". El Espíritu Santo habló por Moisés sobre Jesucristo; también los Salmos.[14]

- San Ireneo: El Espíritu Santo predicó por los profetas, los planes de Dios, la venida, la generación desde la Virgen, la Pasión...[15] Aunque toda verdad procede de Dios, sin embargo en las Escrituras se encuentra la perfecta comunicación de la Verdad: "Debemos pues dejar tales cosas a Dios que nos ha hecho también a nosotros, sabiendo rectamente que las Escrituras son perfectas en cuanto dichas por el Verbo de Dios y su Espíritu".[16]

---

[11]Clemente de Alejandría: *Carta a los Corintios*, XIII, 1.

[12]Clemente de Alejandría: *Carta a los Corintios*, XLV, 1–2; San Pablo bajo la inspiración del Espíritu Santo envió una carta (XLVII. 3).

[13]San Justino: *Apología* I, 61, 13. El Verbo habló por Salomón: *Diálogo con Trifón* 33, 36, 38.

[14]San Justino: *Apología*, I, 32, 1; *Diálogo con Trifón*, 61, 62.

[15]San Ireneo: *Adv. Haer.* I, 10, 1.

[16]San Ireneo: *Adv. Haer.*, II, 28, 2–3.

- Atenágoras se refería "a los escritos de Moisés, a los de Isaías y Jeremías y a los de los otros profetas que, saliendo de sus propios pensamientos, por moción del Espíritu divino hablaron lo que en ellos se obraba, pues el Espíritu se servía de ellos como un flautista que sopla su flauta".[17]

- Teófilo de Antioquía: los hagiógrafos son "semejantes a instrumentos musicales tocados por Dios".[18]

3. Los Padres de los siglos III al VII. Sus expresiones son clarísimas:[19]

   - El profeta es considerado *instrumento* por el cual Dios comunicó su voluntad (San Hipólito, Eusebio, San Ambrosio, San Juan Crisóstomo, San Jerónimo, San Agustín, San Gregorio Magno).

   - El ser humano ha escrito el libro Sagrado bajo la *inspiración divina*, es decir, Dios ha inspirado la Sagrada Escritura (Orígenes, San Hilario, San Cipriano, San Efrén, San Epifanio, San Juan Crisóstomo, San Jerónimo, San Agustín).

   - Por eso, las Escrituras son *oráculos de Dios*, Palabra de Dios (San Ireneo, San Basilio, San Cipriano, San Gregorio Nazianzeno, San Epifanio).

   - Las Sagradas Escrituras son *cartas que nos envía desde el cielo* el Padre Celestial (San Juan Crisóstomo, San Agustín, San Gregorio Magno).

---

[17] Atenágoras: *Súplica en favor de los cristianos*, 9 (P. G. 4, 544).

[18] Teófilo de Antioquía: *A Autolycum*, 2, 10 (P. G. 4, 621).

[19] Cfr. G. Pérez Rodríguez: *Tratado...*, cit. págs. 33–34; Perella, G. M.: *La nozione dell'ispirazione scritturale secondo i primitivi documenti cristiani*, en "Angelicum" 20 (1943) 32–52; V. Balaguer: *Introducción...*, cit. págs. 115–123; R. Rabanos: *Propedéutica...*, cit., págs. 36–37.

Esa doctrina les daba el fundamento necesario para defender la fe verdadera, sustentándola sobre la base de una fuente indiscutible de verdad, que es la Sagrada Escritura por ser inspirada por Dios. Así se puede comprobar en sus controversias contra:

- Los paganos, para probar el monoteísmo.

- Los herejes gnósticos y maniqueos, que consideraban que el Antiguo Testamento no fue escrito por el Dios bueno verdadero, sino por el Dios del Mal.

- Las herejías de distinto cuño, trinitarias, cristológicas, morales, etc., que tuvieron que enfrentar.

7.3 El Magisterio de la Iglesia

El Magisterio de la Iglesia va explicando la realidad de la inspiración cada vez de un modo más detallado. Desde esta perspectiva se pueden clasificar los textos magisteriales en tres grupos.

1. Textos en los que se afirma que *Dios es el autor de la Sagrada Escritura*.

   - Estatutos de la Iglesia Antigua (S. V–VI): "El que va a ser ordenado obispo, primero sea examinado... Debe ser interrogado también si cree que el autor y Dios del Nuevo y del Antiguo Testamento, es decir, de la Ley y de los Profetas y de los Apóstoles, es el único y el mismo".[20]

   - Carta de León IX a Pedro de Antioquía (S. XI): "Creo también que el Dios y Señor omnipotente es el único autor

---

[20] *Examen de fe antes de la ordenación episcopal* (D.S. 325).

del Nuevo y del Antiguo Testamento, de la Ley y de los Profetas y de los Apóstoles...".[21]

- Concilio II de Lyon (S. XIII): "Creemos también que el Dios y Señor omnipotente es el único autor del Nuevo y del Antiguo Testamento, de la Ley, los Profetas y los Apóstoles".[22]

2. Textos en los que se añade a la anterior afirmación su fundamentación: la autoría divina se explica porque la Sagrada Escritura *está inspirada por el Espíritu Santo*.

  - Concilio de Florencia (S. XV): "Profesa que uno solo y mismo Dios es autor del Antiguo y Nuevo Testamento, es decir, de la ley, de los profetas y del Evangelio, porque por inspiración del mismo Espíritu Santo han hablado los Santos de uno y otro Testamento".[23]

  - Concilio de Trento (S. XVI): "Y viendo perfectamente que esta verdad y disciplina se contiene en los libros escritos y las tradiciones no escritas que, transmitidas como de mano en mano, han llegado hasta nosotros desde los Apóstoles, quienes las recibieron o bien de labios del mismo Cristo, o bien por inspiración del Espíritu Santo; siguiendo los ejemplos de los Padres ortodoxos, con igual afecto de piedad e igual reverencia recibe y venera todos los libros, así del Antiguo como del Nuevo Testamento, como quiera que un solo Dios es autor de ambos, y también las tradiciones mismas que pertenecen ora a la fe ora a las costumbres, como

---

[21]D. S. 685.

[22]D. S. 854.

[23]D. S. 1334.

oralmente por Cristo o por el Espíritu Santo dictadas y por continua sucesión conservadas en la Iglesia Católica".[24]

- Concilio Vaticano I: "Ahora bien, la Iglesia los tiene por sagrados y canónicos, no porque compuestos por sola industria humana, hayan sido luego aprobados por ella; ni solamente porque contengan la revelación sin error; sino porque escritos por inspiración del Espíritu Santo, tienen a Dios por autor, y como tales han. sido transmitidos a la misma Iglesia".[25]

3. Textos en los que se añade a las afirmaciones anteriores, la descripción del carisma de la inspiración.

- León XIII, en su encíclica *Providentissimus Deus* (S. XIX):
  - Dios *excita* al hagiógrafo a escribir.
  - Dios, durante la composición del libro, influye en:
    * El entendimiento, para que *conciba* rectamente.
    * En la voluntad, para que *quiera* relatar fielmente.
    * En las facultades ejecutivas para que *expresen* infaliblemente lo que Dios quiere comunicar.[26]
- Benedicto XV, en su encíclica *Spiritus Paraclitus* (S. XX), recibe la enseñanza de León XIII, pero concreta el modo en que la inspiración actúa en cada una de las facultades del hagiógrafo:
  - En el entendimiento, es un *lumen*.
  - En la voluntad, es una *moción*.

---

[24]D. S. 1501.

[25]D. S. 3006; 3029.

[26]D. S. 3293.

– En las facultades ejecutivas, es una *asistencia*.[27]

- Pío XII, en su encíclica *Divino Afflante Spiritu* (S. XX), reafirma la enseñanza de León XIII y Benedicto XV, y fundamenta el uso de los géneros literarios para la recta interpretación de los hagiógrafos.[28]

7.4 Tema complementario: conocimiento de la inspiración por la Iglesia y el Pueblo de Dios

Ya se han expuesto los testimonios clarísimos de la existencia de la inspiración de los Libros Sagrados.

Se puede ahora plantear la cuestión de cómo la jerarquía del Pueblo Elegido de Dios en el Antiguo Testamento y el Nuevo Pueblo de Dios en el Nuevo Testamento, fueron conscientes y conocieron el hecho de la tal inspiración.[29]

Es necesario recordar que el hecho de que Dios es autor de la Biblia es una realidad que escapa a toda experiencia humana directa. Pero Dios puso al frente de su Pueblo a dirigentes con poderes sobrenaturales especiales para beneficio de la comunidad, quienes serán los encargados de determinar el misterio de la inspiración y de los libros que han sido inspirados.

---

[27]D. S. 3651.

[28]D. S. 3825 ss.

[29]Cfr. J. Frey: *La révélation d'après les conceptions juives au temps de Jésus–Christ*, en "Revue Biblique", 13 (1916) 472–510. Sigo en esta sección alguna de las explicaciones de J. M. Ferrando: *Iniciación...*, págs. 137 ss. Pero no se puede aceptar el fondo de su propuesta, porque adolece de los principios de la teología modernista, pues básicamente, considera que la determinación de la inspiración se realiza por el Pueblo de Dios en el Antiguo y el Nuevo Testamento, quedando desdibujado el papel fundamental de la jerarquía y su *munus docendi* magisterial.

- Solo Dios, revelándolo, puede dar seguridad de que existen libros inspirados por Él y cuáles son.

- La Iglesia recibe esa revelación y la va proponiendo a los fieles a través de su Magisterio infalible ordinario y extraordinario asistido por el Espíritu Santo.[30]

- Los Papas y los Concilios llegan a conocer tal revelación divina a través de la Tradición y de la misma Biblia.

7.4.1 Pueblo de Israel

El Pueblo de Israel es consciente de la autoría divina de las Escrituras, y llega a tal convencimiento a través de una serie de etapas:

1. Dios prepara al Pueblo elegido para la revelación de la existencia de la inspiración, por la experiencia que Israel tiene de las intervenciones de Yahweh en su favor tanto con palabras como con acciones. La palabra escrita de tales intervenciones divinas también es obra de Dios que perpetua el recuerdo de esos hechos y palabras.

   El Pueblo de Israel está convencido con fe firme que Dios actúa poderosamente en todo, y no confunden la acción de Dios con la de los hombres. Tienen una conciencia clara de la realidad providente de Dios.

2. Por otro lado, también se produce una preparación que se podría denominar como *histórica*: más allá de la general y universal providencia divina en el orden natural, Dios actúa en momentos

---

[30]Cfr. Vaticano I: constitución *Dei Filius* (D. S. 3006); Vaticano II: constitución *Dei Verbum*, n. 11 (D. H. 4215).

cumbre de la historia de su Pueblo con intervenciones extraordinarias sobrenaturales, de las que una de ellas, es la Biblia misma. En efecto, así se comprueba en:

- Los profetas, que actúan movidos por Dios.
- Los legisladores, quienes legislan dirigidos directamente por Dios.
- Los sabios, quienes hablan bajo influencia directa de Dios.
- Muchas de las autoridades secundarias del Pueblo (jefes militares, artistas, escribas, etc.) que obran del mismo modo.

Así Israel va poco a poco descubriendo los textos inspirados por Dios, no de un modo homogéneo ya que algunos textos son descubiertos pronto y de un modo muy claro; otros, poco a poco y con dudas por parte de algunas autoridades. A veces, los mismos hagiógrafos no son conscientes de recibir el carisma de inspiración. Pero las profecías negativas de la destrucción del Pueblo o de Israel por sus infidelidades a Yahweh se cumplen infaliblemente..., y por ello también se han de cumplir las profecías positivas sobre la restauración futura.

En torno al siglo I antes de JC. ya hay seguridad de la existencia de libros que tienen a Dios por autor. Sin embargo no se ha producido todavía la plenitud de la Revelación que llegará con Jesucristo. Por eso, en tiempos del Señor se aceptan hasta tres cánones distintos de los libros inspirados, aceptados todos sin mayores controversias.[31]

Finalmente, serán las autoridades religiosas de Israel las que determinen el canon de los libros inspirados del Antiguo Testamento, sobre todo en polémica contra el canon que estaba usando la primitiva Iglesia cristiana (Sínodo de Yamnia —Jobne—, 95–100 después JC.). En

---

[31]Los autores contemporáneos no mencionan ninguna polémica al hablar del canon, ni Flavio Josefo en Palestina, ni Filón en Alejandría.

efecto, los rabinos allí reunidos deciden seguir el canon *Palestinense* con 39 libros, excluyendo el canon amplio *Alejandrino* de los LXX y el mínimo de los *Saduceos* que aceptaban solo la Torah como inspirada.

7.4.2   La Iglesia

La Iglesia fundada por Nuestro Señor, es la que reafirma la verdad de la inspiración del Antiguo Testamento. Por Tradición Apostólica, las autoridades de la Iglesia conocen la inspiración de los Libros Sagrados, determinando así el canon verdadero de los mismos.

Además tanto los Apóstoles como San Pablo eran judíos y tenían plena consciencia de la realidad de la inspiración del Antiguo Testamento. Como conocen que Jesucristo es el Logos de Dios hecho hombre, la plenitud de la Revelación, es lógico que los escritos que recogieran sus enseñanzas y sus acciones también tuvieran esa naturaleza. Tenían a Dios por autor y a los hagiógrafos por instrumentos vivos de Dios.

Con todo, el proceso de determinación del canon no se produce instantáneamente sino durante un cierto tiempo, y con la intervención de la autoridad magisterial que actuará contra los errores y herejías del momento. Mucho influirá también la consideración del uso litúrgico (una de las fuentes de conocimiento de la Tradición Apostólica) de los libros del Nuevo Testamento.

Capítulo 8

Datos sobre la naturaleza de la inspiración

La Constitución *Dei Verbum* describe la inspiración de la siguiente manera:

> "Las verdades reveladas por Dios, que se contienen y manifiestan en la Sagrada Escritura, se consignaron por inspiración del Espíritu Santo. La santa Madre Iglesia, según la fe apostólica, tiene por santos y canónicos los libros enteros del Antiguo y Nuevo Testamento con todas sus partes, porque, escritos bajo la inspiración del Espíritu Santo, tienen a Dios como autor y como tales se le han entregado a la misma Iglesia. Pero en la redacción de los libros sagrados, Dios eligió a hombres, que utilizó usando de sus propias facultades y medios, de forma que obrando Él

en ellos y por ellos, escribieron, como verdaderos autores (*veri auctores*), todo y sólo lo que Él quería (*vellet*)".[1]

Es necesario conocer la naturaleza de este carisma singular, clave para entender correctamente la realidad sobrenatural de la Sagrada Escritura.[2]

Para ello, es necesario conocer los datos positivos que sobre la naturaleza de la inspiración aportan tanto la Sagrada Escritura, como la Tradición y el Magisterio de la Iglesia.

En el siguiente capítulo se tratará de las diferentes teorías que la doctrina teológica ha desarrollado para explicarlos.

8.1 En la Sagrada Escritura

No hay en ella un concepto de la inspiración, pero sí se encuentran todos los datos básicos y fundamentales para comprenderla.[3]

---

[1] *Dei Verbum*, nº 11 (D. H. 4215). Esta descripción, que puede ser entendida en un sentido correcto según la teología tradicional, sin embargo es un tanto ambigua, por lo que pudo ser interpretada, y de hecho lo fue por muchos autores, en sentido neomodernista.

[2] Cfr. G. Pérez Rodríguez: *Tratado...*, cit., págs. 37–70; R. Rábanos: *Propedéutica...*, cit., págs. 40–57; M. A., Van Den Oudenrign: *De prophetiae charismate in populo israelítico libri quattuor*, Roma, 1927; H. Lusseau: *Essai sur la nature de l'inspiration écrituraire*, París, 1930; A. Bea: *De inspiratione et inerrantia...*, cit.; F. Sebastián: *Interpretación teológica de la inspiración*, en "XIV Sem. Bíblica Española", Madrid 1954; H. D. Morris: *The concept of inspiration in the Roman Catholic Church teaching and developments since the Council of Trent*, en "Australian biblical review", 1 (1951) 113–133.

[3] C. M. Perrella: *Ispirazione profetica e inspiratione scritturale. Origine e natura*, en "Divus Thomas" (Piacenza), 36 (1933) 121–143; R. Rábanos: *Propedéutica ...*, cit., págs. 42–46; E. Mangenot: *Inspiration...*, cit., cols. 2068–2078; J. Enciso: *El modo de la inspiración profética según el testimonio de los Profetas* en "Estudios Bíblicos" 6 (1947) 447ss; 9 (1950) 5–37.

Además, es necesario distinguir el carisma de profecía del de inspiración, que no se pueden confundir, aunque sí estudiar las analogías entre ambos.[4] En efecto, el profeta:

- Recibe los mensajes divinos de tal modo que apenas hay lugar para la iniciativa del hombre.

- Recibe un impulso irresistible de Dios para comunicar el mensaje recibido, como se puede comprobar, por ejemplo, en:

  - Ex 4: 15–16 (Moisés y la zarza).
  - 2 Sam 23:2 (últimas palabras de David).
  - Ez 2: 2–9 (vocación del profeta).
  - Jer 1: 7ss (llamada de Jeremías).
  - Jon 1: 1–2 (misión de Jonás).
  - Etc.

En cambio, el hagiógrafo bíblico muchas veces no menciona ningún tipo de revelación recibida ni impulso irresistible para escribir. A veces, los hagiógrafos parecen componer sus obras por propia iniciativa: Prov 31:1 (sentencias del rey Lemuel..., que le enseñó su madre); prólogo del Eclesiástico; Lc 1:1ss (dedicatoria de la obra a Teófilo); Hech 1: 1ss (introducción al libro).

Una vez hecha la distinción, el carisma de inspiración divina aparece en la Sagrada Escritura con las siguientes características:

1. Es una acción del Espíritu Santo que no suspende la actividad de las facultades del hombre (2 Tim 3:16).

---

[4]Ya se señaló que es el modo como algunos teólogos tomistas abordan el estudio de la inspiración en Santo Tomás.

2. Es una acción comparable a la dictación. Se dice "palabra de Dios" o "por boca de". Sin embargo no es el sentido de dictación verbal mecánica:

   - Ez 3:10, "Díjome también: Hijo de hombre, todas las palabras que yo te digo recógelas en tu corazón y dales atento oído..."

   - Jer 14:14, "Los [falsos] profetas profetizan mentira en mi Nombre. Ni los envié, ni les di órdenes, ni les hablé. Falsas visiones, sortilegios, fantasías y engaños de su propia cosecha es lo que os profetizan"; 23:16, "Esto dice el Señor de los ejércitos: No escuchéis las palabras de los [falsos] profetas. Ellos os auguran, os dan falsas esperanzas, cuentan visiones que salen de su fantasía, no de la boca del Señor".

3. Semejante a la acción de un mensajero.

4. Dios aparece como causa principal del libro y el hagiógrafo como causa instrumental. En efecto, el hagiógrafo aparece como:

   - "Boca de Yahweh": 2 Sam 23:2, "El espíritu del Señor habla por mí y sus palabras están en mi lengua"; cfr. Jer 15:19, Hech 1:16.

   - Instrumento de Yahweh: Jer 20: 7ss, "Me sedujiste, Señor, y yo me dejé seducir"; Am 3: 7–8, "En verdad, no hace el Señor Dios cosa alguna sin que revele su designio a sus siervos los profetas. Ruge el león, ¿quién no temerá? Habla el Señor Dios, ¿quién no profetizará?".

   - Habla Dios por medio de sus profetas: Lc 1:70, "Como lo había anunciado desde antiguo por boca de sus santos profetas"; Hech 1:16, "Hermanos, era preciso que se cumpliera la Escritura que el Espíritu Santo predijo por boca de David acerca de Judas, que fue guía de los que prendieron a Jesús"; cfr. Hech 2: 14–31, 2 Pe 1: 20–21.

8.2 En la Tradición de los Santos Padres

El pensamiento de los Santos Padres, puede ser condensado en seis ideas:[5]

1. Usan el vocablo "inspiración" o análogos para definir la acción de Dios sobre los hagiógrafos. En San Gregorio de Nisa se puede leer: "Los hombres conducidos por la fuerza del Espíritu se llenan de las cosas santas, y por esto toda la Escritura se dice divinamente inspirada, porque la enseñanza proviene de la inspiración divina".[6]

2. "Dios es el autor de la Sagrada Escritura".[7]

   - Esta expresión aparece con los Santos Padres pero no aparece en la Sagrada Escritura ni en los primeros escritores eclesiásticos.

---

[5]G. M. Perrella: *La nozione dell'ispirazione scritturale secondo i primitivi documenti cristiani*, en "Angelicum" 20 (1943) 32–52; F. J. Delitzsch: *De inspiratione S. Scripturae quid statuerint Patres Apostolici et Apologeae saec.* II, Leipzig, 1872; G. Bardy: *L'inspiration des Peres de l'Eglise*, en "Revue des Sciences Religieuses" 40 (1952) 7–26; E. Mangenot: *Inspiration...*, cit., cols. 2077–2094; 2098–2018.

[6]San Gregorio de Nisa: *Contra Eunom.* 1, 7 (P. G. 45, 744).

[7]Cfr. A. Bea: *Deus auctor Sacrae Scripturae*, en "Angelicum" 20 (1943) 16–31.

- Se usa por vez primera en los *Statuta Ecclesiae Antiqua* (s. V–VI), y es recogida en los Concilios Segundo de Lyon,[8] Florencia,[9] Trento,[10] Vaticano I[11] y Vaticano II.[12]

3. Dios es "autor" en sentido estricto de "escritor de libros",[13] en confrontación con las ideas gnósticas, marcionitas y maniqueas que negaban que Dios fuera el autor de los libros del Antiguo Testamento.[14] Así, por ejemplo, San Agustín: "Resultan viles (para la Iglesia maniquea) los dones del Antiguo Testamento y de su autor, y como diligentísima guardiana de su fama, no recibe las cartas más que de su esposo (Cristo)"; se venera "a Dios autor de uno y otro testamento".[15] Por su parte, San Isidoro dice: "Estos son los escritores de los libros sagrados que hablaron con inspiración divina... Pero creemos que el autor de estas mismas Escrituras es el Espíritu Santo. Pues El mismo escribió que dictó para que escribiesen los profetas".[16]

---

[8]D. S. 854.

[9]D. S. 1334.

[10]D. S. 1501.

[11]D. S. 3006.

[12]*Dei Verbum* 11 (D. H. 4215).

[13]Por tanto, no en sentido amplio, como por ejemplo el de autor de la Economía de Salvación del Antiguo y del Nuevo Testamentos.

[14]Principio que defenderán también el Concilio Vaticano I y León XIII.

[15]San Agustín: *Contra Adimantum*, 13, 6 (P. L. 42, 157). Cfr. también *De Civ. Dei*, 2, c (P. L. 41, 318); *Contra Adv. Legis et prophet.*, 2, c. 4, n. 13 (P. L. 42, 646); ibidem 1, 17, 35 (P. L. 42, 623); *Tract. 9 in Joan*, 5 (P. L. 32, 1460); *Quaestiones in Heptateucum*, 2, 73 (P. L. 34, 623); etc. Cfr. C. J. Costello: *St. Augustine's doctrine on the inspiration and canonicity of Scripture*, Washington D. C., The Catholic University of America, 1930.

[16]San Isidoro: *De Ecc. Offic.* 1, 12, 13 (P. L. 83, 750).

4. Se utiliza la voz "dictar"[17] pero entendido en sentido amplio y no como dictación mecánica, según el uso del latín clásico que abarcaba las ideas de decir, componer, enseñar o prescribir. Por ejemplo, San Agustín afirmaba: "Cristo, por la humanidad que asumió, es cabeza de todos sus discípulos, miembros de su cuerpo. Por tanto, cuando ellos escribieron las cosas que Él reveló y dijo, no se puede en modo alguno decir que Él no haya escrito, ya que sus miembros llevaron a cabo lo que conocieron por el dictado de la cabeza. Lo que Él quiso que nosotros leyéramos de sus hechos y dichos se lo mandó escribir como a sus manos".[18] O también en Orígenes: "Pues decía estas cosas pudiendo hablar o callar, ya que los profetas no mantenían inactiva su mente, como algunos piensan, de modo que hablasen obligados por el Espíritu, sino que eran libres para hablar o no hablar".[19] Es un sentido parecido al que el Concilio de Trento aplicó a la Tradición oral siglos después.

5. En alguna ocasión se emplean expresiones inexactas que se podrían interpretar como dictación semántica automática o mántica. Es el caso de la comparación de la inspiración con el manejo de un instrumento musical. Parece que el primero que la utilizó fue Atenágoras, al señalar que los hagiógrafos del Antiguo Testamento eran movidos por el Espíritu Santo, como el flautista la flauta.[20] San Hipólito de Roma, por ejemplo: "Los profetas, preparados por el espíritu profético y honrados por el mismo Ver-

---

[17]Parece que se usa en la tradición latina a partir del siglo IV. Cfr. M. A. Tábet: *Introducción general...*, cit. pág. 61.

[18]San Agustín: *De Consensu Evangelistarum.*, 1, 35, 54 (P. L. 34, 1070); Cfr. San Juan Crisóstomo: *Epist.* 120, 10 (P. L. 22, 997).

[19]Orígenes: *In Ezech., Hom.* 6, 1 (P. G. 13, 709).

[20]Atenágoras: *Legatio pro Christianis*, 7, 9 (P. G. 6, 904, 905–907).

bo, tenían en sí siempre al Verbo como un plectro, por el cual siendo movidos anunciaban lo que Dios quería".[21] También se encuentran dicciones parecidas en San Justino.[22] Como algunos herejes usaron esta misma comparación (Montano, Tertuliano), los Santos Padres posteriores rechazaron esa metáfora.

6. Al explicar la inspiración suelen considerar el caso del profeta que transmite el mensaje de Dios a los hombres, con el resultado de identificar el concepto de inspiración con el de Revelación, y limitándose a hablar del influjo de Dios solo sobre el entendimiento del hagiógrafo. Así, por ejemplo:

- San Justino: "Cuando escucháis las palabras de los profetas dichas como por boca de alguno, no penséis que las dicen los inspirados, sino la Palabra de Dios que los movía".[23]

- Teófilo de Antioquía: "Los hombres de Dios, que fueron portadores de un espíritu santo y profetas, recibiendo de Dios inspiración y sabiduría, se hicieron discípulos de Dios y santos y justos. Por ello fueron tenidos por dignos de recibir la recompensa de convertirse en instrumentos de Dios y de ser henchidos de su sabiduría, y por esta sabiduría hablaron sobre la creación del mundo y sobre las demás cosas".[24]

---

[21]San Hipólito de Roma: *Sobre Cristo y el Anticristo*, II (P. G. 10, 718). Otro ejemplo en la *Exhortación a los Griegos* "Los escritores sagrados..., no necesitaban de palabras artificiosas...; les bastaba ofrecerse sencillamente a la acción del Espíritu Santo, para que aquel divino plectro, bajado del cielo, usando de los hombres a la manera como se utilizan los instrumentos, la cítara o la lira, nos revelara las realidades celestiales y divinas" (P. G. 6, 256).

[22]San Justino: *Cohortatio ad Graecos*, 8 (P. G. 6, 256);*Apol.* 1, 33 (P. G. 6, 327–440).

[23]San Justino: *Apol.* I, 36.

[24]Teófilo de Antioquía: *Los tres libros a Autólico*, II, 9 (P. G. 6, 1065).

8.3 Teología medieval

Baste considerar dos hitos de este pensamiento sobre la naturaleza de la inspiración:

- Hugo de San Victor: distingue entre el carisma que reciben los profetas y el de los hagiógrafos de la Biblia, lo que ayudó a que se fueran entendiendo en profundidad y distinguiendo ambos carismas.

- Santo Tomás: su pensamiento aporta dos aspectos particularmente importantes.[25]

  - Distingue entre "autor principal" y "autor instrumental", pero insistiendo en el uso de la analogía cuando se usa el binomio (ejemplo: "el hombre es como una suerte de instrumento").[26]

  - Casi no aplica la teoría de la instrumentalidad a la profecía,[27] pero sí lo hace con respecto a la Sagrada Escritura al

---

[25]Cfr. D. Zannecchia: *Divina inspiratio Sacrarum Scripturarum ad mentem S. Thomae Aquinatis*, Roma 1898; S. Zarh: *S. Thomas et l'inspiration biblique*, en "Revue thomiste" 41 (1936) 367–382; A. Ibáñez Arana: *Las cuestiones 'de prophetia'...*; M. A. Tábet: *Una introducción...*, cit. págs. 79–81; M. J. Lagrange: *Une pensée de Saint Thomas sur l'inspiration scripturaire*, "Revue Biblique", 4 (1895) 563–571; E. Mangenot: *Inspiration...*, cit., cols. 2120–2122; Th. M. Pègues: *Une pensée de Saint Thomas sur l'inspiration scripturaire*, "Revue Thomiste", 3 (1895) 95–112; E. Lévesque: *Questions actuelles d'Écriture Sainte*, "Revue Biblique", 4 (1895) 420–428; D. Zanecchia: *Divina inspiratio Sacrarum Scripturarum ad mentem Sancti Thomae Aquinatis*, Roma, F. Pustet, 1898.

[26]Santo Tomás de Aquino: *Summ. Theol.*, II^a–II^{ae}, q. 172, a. 4, ad 1, "instrumento deficiente".

[27]En su tratado *De prophetia*, casi no usa la noción de instrumentalidad. Cfr. P. Benoit: *St. Thomas d'Aquin. Somme Théologique. La prophétie*, Paris, Desclée et Cie, 1947; G. Pérez Rodríguez: *Tratado...*, cit., pág. 43.

estudiar la relación entre el Espíritu Santo y el hagiógrafo: "El autor principal de la Sagrada Escritura es el Espíritu Santo... No hay inconveniente en que el hombre que fue autor instrumental de la Sagrada Escritura entendiese en una palabra muchas cosas".[28] Insiste en la necesidad del uso analógico del concepto de causa instrumental porque el hagiógrafo es "solo una especie de instrumento" y no pierde el uso de sus facultades humanas.

8.4 Del Concilio de Trento al Vaticano I

1. El Concilio de Trento.

   - Alude a la inspiración, pero no la define, porque no era objeto de controversia con la teología protestante. Pero sí define por esa misma razón:
     - El canon de los libros inspirados.
     - El valor de la Tradición Apostólica como fuente de conocimiento de la Revelación.
   - Sin embargo utiliza el vocablo "dictar" entendido en sentido amplio porque se refiere también a la Tradición Apostólica.
     - "Spiritu Sancto dictante...".[29]
     - "Tamquam vel oretenus a Christo vel a Spiritu Sancto dictatas et continua successione in Ecclesia catholica conservatas..."[30]
   - Pero sí insiste el Concilio en que Dios es el autor de todos y cada uno de los libros de la Biblia (frente a los protestan-

---

[28]Santo Tomás de Aquino: *Summ. Theol.*, IIª–IIæ, q. 173, a. 4.

[29]D. S. 1501.

[30]D. S. 1501.

tes que negaban la inspiración de alguno de los libros del Antiguo y del Nuevo Testamento, o de alguna de sus partes).[31] Por eso, no existen grados diferentes de inspiración que pudieran llevar a aceptar o venerar a algún libro sobre los otros.

2. En la teología posterior a Trento se produce una controversia sobre el sentido del término "dictar":[32]

   (a) Para unos, tendría un sentido estricto, y el hagiógrafo sería un mero amanuense, porque el Espíritu Santo habría inspirado cada una de las palabras concretas que aparecen en los libros sagrados y no solo el sentido o las sentencias. Se elimina toda actividad de Dios sobre el entendimiento y voluntad del escritor. Así fue sostenido por:

   - Báñez (+ 1604).[33]
   - Fray Luis de León (+ 1591).[34]
   - Billuart (+ 1757).[35]
   - Los teólogos protestantes luteranos y calvinistas, como se manifiesta en la *Fórmula de Consensus Helvética* (1675).

   (b) Para otros, tendría un sentido amplio. El hagiógrafo actuaría libremente y la inspiración sería o la aprobación poste-

---

[31]Por ejemplo, consideraron que los Salmos tenían una inspiración suprema, mientras el libro de Ester, una mínima.

[32]Cfr. V. Balaguer: *Introducción...*, cit., págs. 142–144; G. Pérez Rodríguez: *Tratado...*, cit. págs. 43–49.

[33]Báñez: *Scholastica Commentaria in primam partem Angelici Doctoris D. Thomae usque ad sexagesimam quartam quaestionem complectentia*, Roma 1584 (In q. 1, art. 8).

[34]Fray Luis de León: *Opera Omnia*, 5, 222 y 227.

[35]Billuart: *De regula fidei*, dissertatio 1.

rior por Dios de la obra ya escrita antes, o la asistencia meramente negativa de Dios al hagiógrafo para no errar durante la escritura del libro sagrado. Fue la posición de:

- L. Lessio (+ 1623) quien afirmaba tres tesis:

  - Para que un libro sea Sagrada Escritura no es necesario que todas sus partes estén inspiradas (sean reveladas).

  - Tampoco es necesario que lo estén inmediatamente todas las verdades y frases concretas.

  - Es posible que un libro compuesto sin asistencia del Espíritu Santo pueda convertirse en Sagrada Escritura porque el Espíritu Santo testifique posteriormente que no tiene error alguno.

  Así Lessio rechaza, por un lado, la inspiración de cada una de las palabras, y por otro, sugiere entender la inspiración como inerrancia. Sus doctrinas fueron censuradas por las Universidades de Lovaina y de Douai, y enfrentadas por la escuela tomista de teología (en particular por Báñez).[36]

- J. Bonfrere (+ 1642),[37] para el que el Espíritu Santo actuaría de tres formas con el carisma de inspiración:

  - *Inspiración antecedente* a la obra escrita, es decir un influjo previo a la composición del escrito.

---

[36]Cfr. A. M. Artola: *De la revelación a la inspiración*, Bilbao–Valencia, Institución San Jerónimo, 1983, págs. 75–78; cfr. recensión por J. M. Casciaro en "Scripta Theologica" 18 (1986) 674–677.

[37]J. Bonfrere: *In totam Scripturam Sacram praeloquia*, Antwerp, 1921 (en Migne, Srip. S. Cursus Completus, V, VI, 791).

- *Inspiración concomitante*, que afectaría a la dirección de la escritura: la presencia divina que asegura la exclusión del error en el acto de escribir.

- *Inspiración consecuente* a la escritura del libro, que se produciría por el testimonio del Espíritu Santo de que lo ya escrito es verdadero; de tal modo que un libro concebido sin asistencia del Espíritu Santo podría igualarse a los otros libros inspirados por el testimonio posterior del Espíritu Santo.

- El obispo D. B. von Haneberg (+ 1876),[38] quien adjudica cada uno de los tres modos de Bonfrere a diferentes clases de libros bíblicos. Así en pasajes donde aparece "esto dice el Señor" (libros proféticos), habría una inspiración antecedente o inspiración estrictamente dicha; los pasajes de género doctrinal y sapiencial, estarían inspirados de modo concomitante, con mera asistencia divina; los de tipo empírico–histórico lo serían consecuentemente.[39]

- Chrismann (+ 1792) y J. Jahn (+ 1816),[40] entendieron la inspiración como mera asistencia negativa, lo que coincidiría con la infalibilidad: "llamamos inspiración a la asistencia divina para preservar los errores".

3. Concilio Vaticano I.

- Por un lado, rechaza los errores de:

---

[38]D. Haneberg: *Versucht einer. Geschichte der biblischen Offenbarung*, Regensburg, 1850.

[39]D. B. von Haneberg, se retractó de sus opiniones posteriormente, tras las declaraciones en contra del Concilio Vaticano I. Su doctrina fue condenada explícitamente por la Encíclica *Spiritus Paraclitus* (D. S. 3652).

[40]J. Jahn: *Einleitung in die göttlichen Bücher des Alten Bundes*, Viena, 1802.

- Haneberg, en sus afirmaciones sobre que:
  * Solo el hagiógrafo es el autor de los libros sagrados.
  * La inspiración es la aprobación divina de los libros escritos por el autor humano: los libros bíblicos tendría autoridad divina, pero no origen divino.[41]
- Las tesis de Jahn. En concreto que:
  * Solo el hagiógrafo sería el autor del libro sagrado.
  * La inspiración es solo infalibilidad, porque Dios aprobaría los libros porque no contienen errores.[42]

- Por otro, afirma la autoría de Dios: "quod Spiritu Sancto inspirante conscripti Deum habent auctorem, atque uti tales ipsi Ecclesiae traditi sunt".[43] Expresión que no ha de ser entendida en sentido amplio, como lo hiciera Newman (con el sentido de fundador, inventor o algo parecido), sino tal y como lo expondría más tarde la *Humani Generis* de Pio XII.[44]

---

[41]"Eos [Veteris et Novi Testamenti libri integri] vero Ecclesia pro sacris et canonicis habet, non ideo, quod sola humana industria concinnati, sua deinde auctoritate sint approbati" (D. S. 3006).

[42]"Nec ideo dumtaxta, quod revelationem sine errore contineant" (D. S. 3006).

[43]D. S. 3006. Cfr. V. Balaguer: *Introducción...*, cit., págs, 126–127. Cfr. H. Dieckmann: *De essentia Inspirationis quid Conc. Vat. definierit et docuerit*, en "Gregorianum", 10 (1929) 72–84; N. I. Weyns: *De notione inspirationis biblicae juxta Conc. Vaticanum*, en "Angelicum" 30 (1953) 315–336; J. Salguero: *El Concilio Vaticano I y la doctrina sobre la inspiración de la Sagrada Escritura*, en "Angelicum" 47 (1970) 308–343; H. Dieckmann: *De essentia inspirationis quid Concilium Vaticanum definierit et docuerit*, en "Gregorianum", 10 (1927) 72–84.

[44]"Etenim sensum definitionis Concilii Vaticani de Deo Sacrae Scripturae auctore audacter quidam pervertunt; atque sententiam, jam pluries reprobatam, renovant, secundum quam Sacrarum Litterarum immunitas errorum ad ea solummodo, quae de Deo ac de rebus moralibus et religiosis traduntur, pertineat" (D. S. 3887).

8.5 Las encíclicas bíblicas de los s. XIX y XX

Ya se han mencionado los avances que hacen dichas encíclicas a la teología de la inspiración, sobre todo recogiendo toda la doctrina magisterial anterior y describiendo el modo como Dios actúa sobre el hagiógrafo a través del carisma de inspiración.

1. León XIII en la encíclica *Providentissimus Deus* (1893), estudia de un modo detallado la inspiración.[45]

2. Benedicto XV en la encíclica *Spiritus Paraclitus* (1923) da nombres a cada una de las acciones divinas sobre el entendimiento, la voluntad y las facultades ejecutivas de los hagiógrafos.[46]

3. Pio XII en la encíclica *Divino Afflante Spiritu* (1943) utiliza la palabra "inspiración", concibe al hagiógrafo como "instrumento vivo y racional" y da fundamento e impulso al uso de los géneros literarios como instrumento de interpretación de los textos sagrados.[47]

8.6 Inspiración en la *Dei Verbum* del Vaticano II

La Constitución *Dei Verbum*, como todo el Concilio Vaticano II, declaró que no trataba de presentar ninguna doctrina nueva sino aceptar la Tradición precedente del Magisterio, aunque expresada de un modo renovado de acuerdo con la finalidad teológico–pastoral del Concilio. Como dice Balaguer:

---

[45]Cfr. D. S. 3293. Fue llamada "la carta magna de los estudios bíblicos" por Pio XII.

[46]D. S. 3650–3651.

[47]D. S. 3826.

"*Dei Verbum* declara en el Proemio, que quiere seguir las huellas de los concilios de Trento y Vaticano I, cuyas enseñanzas asume y acoge. Además su texto está repleto de notas a pie de página con referencias a documentos del magisterio anterior, especialmente cuando propone alguna novedad...

Con todo, el contexto de los dos concilios del Vaticano es un poco distinto... El Vaticano II se sitúa en un contexto distinto. Propone la doctrina de la revelación y la entiende como encuentro: Dios sale en busca del hombre".[48]

La nueva perspectiva de la *Dei Verbum*, conlleva otros puntos novedosos. A saber:

1. Aunque conserva la expresión "autor" aplicada a Dios, sin embargo la aplica también al autor humano hablando de ellos como "autores verdaderos".

2. Considera la inspiración en relación directa con la Revelación y no con la inerrancia: "Las verdades reveladas por Dios, que se contienen y manifiestan en la Sagrada Escritura, se consignaron por inspiración del Espíritu Santo"[49]. Aquí se subraya que la inspiración se orienta a poner por escrito lo que había sido revelado.

3. La inspiración se refiere expresamente a los "escritos sagrados".

4. Para señalar la labor del hagiógrafo en los libros sagrados, prefiere utilizar la expresión bíblica de "(Dios) actuando en ellos y por medio de ellos", en lugar del concepto clásico "instrumento".

---

[48]Cfr. V. Balaguer: *Introducción...*, cit., págs, 127–128; M. A. Tábet: *Introducción General...*, cit., pág. 69.

[49]*Dei Verbum* n. 11.

5. Se subraya el destino eclesial de la Escritura Sagrada.

6. Se señala el carácter de "Palabra de Dios" de la Escritura.

7. La inspiración se contempla desde la perspectiva y con la analogía de la Encarnación, del Verbo Encarnado (cf DV 13).[50]

8.7   Pontificia Comisión Bíblica: *La inspiración y la verdad de la Sagrada Escritura* de 22 de febrero de 2014

Aunque los documentos de la Pontificia Comisión Bíblica no son magisterio, como ella misma reconoce, sin embargo reflejan los problemas y desafíos más importantes que enfrentan los estudios bíblicos, así como la solución que proponen los especialistas más cercanos a la posición que se puede considerar "oficial" de la Iglesia.[51] En el tema que aquí se estudia, hay un documento del año 2014 que hay que conocer.

---

[50]M. A. Tábet señala que tal analogía es asumida por el Catecismo de la Iglesia Católica (n. 101) y fue desarrollada por Juan Pablo II en su discurso *De tout coeur* pronunciado con ocasión del centenario de la encíclica *Providentissimus Deus* y los cincuenta años de la encíclica *Divino afflante Spiritu*, ante los miembros de la Pontificia Comisión Bíblica, el 23-IV-1993 (EB 1239-1258, en particular EB 1241–1252). En este discurso, el Pontífice subraya la importancia de dicha analogía y la constituye en la clave interpretativa de las dos encíclicas mencionadas (M. A. Tábet: *Introducción General...*, cit., pág. 69).

[51]Con respecto a este mismo documento, el Cardenal Müller reconocía que "no constituye una declaración oficial del Magisterio de la Iglesia sobre el tema, ni pretende exponer una doctrina completa sobre la inspiración y sobre la verdad de Sagrada Escritura, sino sólo referir los resultados de un atento estudio exegético de los textos bíblicos en lo que concierne a su proveniencia de Dios y su verdad" (Pontificia Comisión Bíblica, *Inspiración y verdad de la Sagrada Escritura. La Palabra que viene de Dios y habla de Dios para salvar el mundo*, Madrid, BAC, 2014, 11).

Como resultado del Sínodo de los Obispos de 2008 sobre el tema "La Palabra de Dios en la vida y en la misión de la Iglesia", el Papa Benedicto XVI publicó una Exhortación Apostólica Postsinodal con el título de *Verbum Domini* del 30 de septiembre del 2010.

En ella se hacía mención a que "ciertamente, la reflexión teológica ha considerado siempre la inspiración y la verdad como dos conceptos clave para una hermenéutica eclesial de las Sagradas Escrituras. Sin embargo, hay que reconocer la necesidad actual de profundizar adecuadamente en esta realidad, para responder mejor a lo que exige la interpretación de los textos sagrados según su naturaleza. En esa perspectiva, expreso el deseo de que la investigación en este campo pueda progresar y dar frutos para la ciencia bíblica y la vida espiritual de los fieles".[52]

Siguiendo ese deseo, la Pontificia Comisión Bíblica publicó el documento *La inspiración y la verdad de la Sagrada Escritura*, de 22 de febrero de 2014.

Sobre el tema de la inspiración, el documento se mantiene en un plano bíblico muy general y no enfrenta y da solución de los interrogantes teológicos más recientes que plantea la existencia y naturaleza de la inspiración. En efecto, el propio documento afirma que:

> "No es tarea de la Comisión Bíblica, a quien se ha pedido manifestarse sobre esta temática, ofrecer una doctrina sobre la inspiración, que pretendiera competir con lo que se presenta habitualmente en los manuales de teología sistemática".[53]

Por tanto, no se reflexiona sobre la naturaleza, proceso y alcance del carisma de la inspiración (Dios causa principal—hagiógrafo causa

---

[52]Exhortación *Verbum Domini*, n. 19.

[53]Pontificia Comisión Bíblica: *Inspiración...*, cit., n. 138.

instrumental; inspiración verbal; el modelo de la revelación profética...). Este documento parece desplazar el estudio de la inspiración
del ámbito de la teología sistemática, en el que ha estado radicada
tradicionalmente, al campo de los biblistas. Y trata de la relación entre la acción de Dios y la del hagiógrafo de un modo muy general, para
probar que los libros santos provienen de Dios, pero sin profundizar
teológicamente en el carisma de la inspiración:

> "Al estudiar la inspiración de la Biblia, pretendemos
> verificar lo que dicen los mismos escritos bíblicos acerca de
> su proveniencia de Dios. En lo que se refiere a la verdad
> de la Biblia, debemos tener presente ante todo el hecho
> de que, a pesar de que en ella se tratan temas múltiples y
> diversos, el asunto primario y central de la misma es uno:
> Dios mismo y la salvación".[54]

El documento dedica toda su primera parte al estudio del testimonio bíblico de la *proveniencia de Dios de los textos bíblicos*, desde la
perspectiva señalada. Tras una introducción a esa sección en la que se
consideran las ideas fundamentales a desarrollar,[55] se pasa a estudiar
el testimonio de algunos escritos escogidos del Antiguo Testamento,[56]
para concluir con el estudio del mismo tema en algunos escritos del
Nuevo Testamento.[57]

---

[54] Pontificia Comisión Bíblica: *Inspiración...*, cit., 23.

[55] La Revelación e inspiración en la *Dei Verbum* y en la *Verbum Domini*; los escritos
bíblicos y su proveniencia de Dios; los escritos del Nuevo Testamento y su relación
con Jesús; los criterios para la verificación de la relación con Dios en los escritos
bíblicos.

[56] Pentateuco, libros proféticos, libros históricos, los salmos y el libro del Eclesiástico.

[57] Los cuatro Evangelios; los Hechos de los Apóstoles; las cartas del Apóstol Pablo;
la carta a los Hebreos y el Apocalipsis.

Se mantiene, pues, una perspectiva que podríamos calificar de fenomenológica, de la relación entre la acción de Dios y la del hagiógrafo en la Biblia. Las conclusiones a las que se llega son muy generales y no parecen aportar mucho a los problemas que plantean algunos modernos estudios de teología dogmática sobre la inspiración. Así se puede comprobar en las siguientes conclusiones del documento:

- En los escritos del Antiguo Testamento, la relación entre los diversos autores humanos y Dios se expresa de muchas maneras. En el Nuevo Testamento, la persona de Jesús, su actividad y su camino constituyen la culminación de la Revelación divina, por lo que para todos los autores y escritos del Nuevo Testamento toda relación con Dios depende de la relación con Jesús (nº 51).

- La inspiración aparece descrita como una "relación especial con Dios (o con Jesús) por la que Él concede a un autor humano decir —mediante el Espíritu— lo que Él quiere comunicar a los hombres" (nº 54).

- Esa "relación especial con Dios" del autor humano tiene varias características:

  - Es fundamental el don de una relación personal con Dios (fe incondicional en Dios, temor de Dios, fe en Jesucristo, Hijo de Dios).

  - En esta relación el autor acoge los diversos modos en que Dios se revela (creación, historia, presencia de Jesús de Nazaret).

  - En la economía de la Revelación de Dios, que culmina en el envío de su Hijo Jesús, tanto la relación personal con Dios como el modo de la revelación sufren variaciones, determi-

nadas por las fases y las circunstancias de la Revelación
($n^{\underline{o}}$ 52).

- La inspiración es analógicamente idéntica para todos los autores de los libros bíblicos (como se señala en la *Dei Verbum*, n.
11), pero resulta diversificada por razón de la economía de la
Revelación divina.

- La forma apropiada de acoger los libros inspirados debe ser el
escuchar al mismo Espíritu que inspiró a los autores. En el caso
de los del Nuevo Testamento, con el espíritu que actuó sobre los
Apóstoles, como verdaderos discípulos de Cristo (Mt 28:19) e
impregnados por la fe viva en Él (Jn 20:31) ($n^{\underline{o}}$ 53).

- Los escritos del Nuevo Testamento atestiguan la inspiración del
Antiguo Testamento y ofrecen una interpretación cristológica
del mismo ($n^{\underline{o}}$ 54ss).

- Para el recto entendimiento de la inspiración hay que tener en
cuenta el largo proceso de formación de los escritos bíblicos.
La inspiración concierne tanto a cada texto en particular, como
al conjunto del Canon, que relaciona entre sí tradiciones veterotestamentarias y neotestamentarias: de hecho, las antiguas
tradiciones de Israel, consignadas por escrito, fueron releídas,
comentadas e interpretadas, finalmente, a la luz del misterio de
Cristo, que les da su sentido pleno definitivo.

- Esta concepción de la inspiración, permite al lector descubrir el
modo en que se han ampliado y desarrollado los temas teológicos. La lectura canónica de la Biblia permite poner de relieve el
desarrollo de la revelación, en función de una lógica diacrónica
y sincrónica a la vez ($n^{\underline{o}}$ 56).

- Afirmar que un libro bíblico está inspirado significa reconocer que el mismo constituye un vector específico y privilegiado de la Revelación de Dios a los hombres, y que sus autores humanos fueron impulsados por el Espíritu a expresar verdades de fe, en un texto situado históricamente y recibido como normativo por las comunidades creyentes (nº 57).

- Afirmar que la Escritura, en su conjunto, está inspirada, equivale a reconocer que ella constituye un Canon, es decir un conjunto de escritos normativos para la fe, recibidos en la Iglesia. En cuanto tal, la Biblia es el lugar de la revelación de una verdad insuperable, identificada en una persona —Jesucristo—, la cual, con sus palabras y sus obras, "cumple" y "perfecciona" las tradiciones del Antiguo Testamento, revelando al Padre de manera plena (nº 57).

Ciertamente el documento hace un recorrido exhaustivo sobre la relación de los hagiógrafos con Dios en los textos bíblicos, pero las conclusiones a las que llega son muy generales, y al tiempo que se recuerdan los principios establecidos por el Magisterio sobre todo en el Concilio Vaticano II, se hacen declaraciones normalmente aceptadas por la teología moderna de la inspiración sin entrar a considerar sus posibles insuficiencias. En resumen: no parece aportar profundización alguna sobre la naturaleza específica del carisma de inspiración, ni se enfrenta a las posibles posiciones contemporáneas erróneas.

Por otro lado, el punto de vista elegido en el documento se proyecta, lógicamente, sobre el concepto de verdad bíblica. De nuevo, encontramos una idea de la verdad tan amplia y general, que no podría servir para rechazar las interpretaciones erróneas que se han hecho de muchos textos bíblicos que sustentan dogmas fundamentales de nuestra fe (cfr. por ejemplo, la historicidad verdadera de los Evangelios, la verdadera resurrección corporal de Cristo, la verdad de los evangelios de la infancia, los milagros todos como auténticamente sucedidos, etc.).

Además, como ha señalado H. J. Guevara Llaguno,[58] pareciera que el documento no reflexiona el tema de la inspiración en relación a los autores, sino en relación a la finalidad del texto a través del cual Dios llama a los hombres a la salvación. Es decir, traslada la cuestión desde el lugar del autor al del lector, al momento mismo de la experiencia de la lectura del texto y de los efectos que éste produce.

En conclusión, pareciera que el Documento, o no encuentra una respuesta adecuada a los cuestionamientos teológicos actuales sobre la inspiración, o no quiere entrar en afirmaciones contundentes o en condenas a doctrinas erróneas. Y, sin embargo, es necesario establecer una doctrina clara sobre los dogmas de la inspiración y de la veracidad de la Escritura, que enfrente y dé solución a las incertidumbres que se han diseminado estudios de exégesis, que llegan a afectar a importantes dogmas de la Iglesia (al perder su fundamento en las fuentes de la Revelación). Esta situación de duda y confusión, se debe, en mi opinión, a la aceptación acrítica por parte de influyentes estudiosos de la Biblia de los nuevos métodos "científicos" de hermenéutica (vgr. histórico–literario, histórico–crítico, los basados en el análisis literario, en la tradición, en las ciencias humanas, etc.), sin suficiente criterio teológico y considerándolos como prioritarios y esenciales para el estudio de la Biblia. A lo que se añade, que, con frecuencia, se prescinde voluntariamente de los criterios tradicionales seguros, teológicos y dogmáticos, de hermenéutica (entre otros, la realidad fundamental de que Dios es el autor principal de la Sagrada Escritura o el papel

---

[58]M. Junkal Guevara Llaguno: *Inspiración y verdad de la sagrada escritura. La Palabra que viene de Dios y habla de Dios para la salvación del mundo. Último documento de la Pontificia Comisión Bíblica*, Facultad de Teología de Granada (España), pag. 4.

del Magisterio como intérprete auténtico, depositario y custodio de la misma). Todo lo cual ha arrojado inmensas dudas sobre la realidad y la naturaleza del dogma de la inspiración bíblica, y, como consecuencia, sobre el sentido de la veracidad de la Biblia.[59]

---

[59]La situación se hace todavía más problemática si se añade el hecho de que las nuevas perspectivas de algunos estudios sobre el Canon de la Sagrada Escritura y sobre el Tratado del Texto, contribuyen al cuestionamiento del valor de los textos sagrados, pues desisten del objetivo de lograr reconstruir un texto verdadero, único y fiable cercano a los manuscritos originales, que como afirma la sana teología, serían los únicos inspirados.

Capítulo 9

Teorías sobre la naturaleza de la inspiración

Tras el recorrido por los datos de la Revelación y del Magisterio, queda claro que la inspiración no puede ser entendida:[1]

1. Por defecto, como:

- Aprobación subsiguiente de la Iglesia a una mera obra humana.
- Mera asistencia negativa para no decir lo que Dios no quiere que se diga.
- Mero influjo moral.
- Mera inspiración poética.

---

[1] M. A. Ferrando: *Iniciación a la Lectura...*, págs. 150–151; G. Pérez Rodríguez: *Tratado...*, cit., págs. 67–68.

- Mera aprobación subsiguiente de Dios a una obra puramente humana.

2. Por exceso, como:

  - Mera transmisión mecánica al dictado de los vocablos divinos.

  - Identidad con la Revelación.

  - Inspiración mántica.

Entonces, ¿cuál es el constitutivo formal de la inspiración?, ¿cuál es su naturaleza?

Se propusieron varias explicaciones. Dos de ellas son las más seguras, pues corresponden a la doctrina de los Papas establecida en las encíclicas bíblicas y más acorde con los principios de la teología tradicional: la que podría ser denominada *onto–psicológica* (el carisma de inspiración estudiado en su vertiente activa de la acción divina y pasiva de su efecto en las facultades psicológicas del hagiógrafo), y la *metafísica* aplicando a la inspiración el esquema de la causa eficiente principal y de la instrumental (Dios y el hagiógrafo). Otras posiciones buscaron un fundamento con diferentes perspectivas, para acomodarse a la evolución que sufrían los estudios bíblicos tanto en el campo dogmático como hermenéutico. Su valor es más discutible y, en algún caso, totalmente rechazable.

En este capítulo se examinarán las diferentes propuestas.

9.1 Teoría onto–psicológica de la inspiración activa y pasiva

La naturaleza de la inspiración desde este punto de vista teológico, distingue entre la inspiración activa (el carisma en cuanto operado por Dios) y la inspiración pasiva (el carisma en cuanto recibido por el hagiógrafo).[2]

9.1.1 Inspiración activa

El Magisterio ha calificado a la acción de Dios en la inspiración como:

- *Supernaturalis virtus* (León XIII).[3]

- *Gratia collata... donec librum perficiat* (Benedicto XV).[4]

Las características de este carisma son:

1. *Acción*: Dios es la causa agente de la misma.

2. *Positiva*: Dios actúa no con una mera asistencia negativa como ocurre con la infalibilidad.

3. *Ad extra*: y por lo tanto, común a las tres divinas Personas.

4. *Atribuida por apropiación al Espíritu Santo*: por su relación con la salvación y santificación de las almas.

---

[2]Cfr. I. B. Nisius: *Die Encyclica 'Providentissimus' und die Inspiration*, en "Zeitschrift für katholische Theologie" 18 (1894) 627–686; H. Lusseau: *L'inspiration et l'intelligence*, en "Biblica" 10 (1929) 421–444; Id.: *A propos d'un 'Essai sur la nature de l'inspiration scripturaire'*, en "Biblica" 13 (1932) 28–48; E. M. Estévez: Acción de la inspiración en el entendimiento en "Estudios Bíblicos" 5 (1946) 271-280; R. Rábanos: *La función del entendimiento del hagiógrafo en la inspiración según San Agustín*, en "Estudios Bíblicos" 5 (1946) 73–93; A. Desroches: *Jugement practique et Jugement speculatif chez l'Ecrivain inspiré (Dis. Ángel. Roma)*, Ottawa 1958; M. A. Tábet: *Introducción general...*, cit., págs. 88–92; G. Pérez Rodríguez: *Tratado...*, cit., págs. 49– 57.

[3]D. S. 3293.

[4]D. S. 3651.

5. *Sobrenatural*: distinta del concurso natural que Dios presta a las acciones de sus creaturas.

6. *Eficaz*: consigue lo que se propone sin contar con la libertad humana.

7. *Carismática*: tiene como finalidad principal, no el bien del ha-giógrafo, sino el de la totalidad de la comunidad cristiana.

8. *Simultánea*: la acción de Dios es simultánea con la del hombre, de tal modo que todo el libro procede de Dios y todo él procede del hombre.

9. *Transitoria*: se da para el acto de escribir y no como hábito.

9.1.2   Inspiración pasiva

El hagiógrafo en afectado por la acción divina en todas las facul-tades humanas que intervienen en la composición de un libro: enten-dimiento, voluntad y facultades ejecutivas.

En el entendimiento

Así aparece en las encíclicas bíblicas citadas, y es lógica esta in-fluencia porque sin el uso del entendimiento no se pueden redactar libros; si Dios es el autor principal de la Biblia, su influencia tiene que afectar al entendimiento del hagiógrafo.

Pero la actividad del entendimiento en la composición de un libro abarca a un amplio espectro de posibilidades. Se suele distinguir entre:

1. La recogida de materiales informativos que van a ser usados en el libro (*acceptio rerum*).

   La doctrina suele considerar que en la *acceptio rerum*, no necesariamente hay un influjo divino, ya que hay hagiógrafos que describen el esfuerzo que hicieron en la recopilación de datos que utilizaron. Es, por ejemplo, el caso del prólogo de San Lucas ("Me pareció también a mí, después de haberme informado con exactitud de todo desde los comienzos, escribírtelo de forma ordenada, distinguido Teófilo", Lc 1:3), o el del segundo libro de los Macabeos ("Para nosotros que nos hemos propuesto la dura tarea de hacer el resumen, no ha sido algo fácil, sino una empresa llena de esfuerzo y vigilias", 2 Mac 2:26). Además hay autores que fueron testigos de los hechos que relataron. Solo es necesario el influjo divino sobre la *acceptio rerum* para narrar acontecimientos o doctrinas que no pudieron conocer de un modo natural (misterios, profecías, etc.).

Santo Tomás hace ver que el profeta recibe influjo tanto en la *acceptio rerum* como en el *iudicium de acceptis*, mientras que el hagiógrafo solo en éste último aspecto. La esencia de un libro no está tanto en los materiales que utiliza cuanto en el juicio que se hace de ellos.

2. El juicio sobre los materiales obtenidos (*iudicium de acceptis*), que puede ser de tres clases:

   - *El juicio teórico* sobre la verdad lógica de los materiales recogidos, donde parece probable que exista el influjo de Dios. No obstante hay dos posiciones en la doctrina clásica:

     – Algunos teólogos (Lagrange, Bea, Billot, etc.), sostienen que es necesario este influjo directo de Dios para esta clase de juicios, ya que es más concorde con los textos magisteriales estudiados y con la teología de Santo Tomás.

     – Otros teólogos (Pesh, Vacant, etc.), asimilan este momento al de la *acceptio rerum*, pues el hagiógrafo, anteriormente a la inspiración, ya tendría en su mente esas ideas pensadas y juzgadas, y el influjo inspirativo sería no para formarlas, sino para escribirlas: un juicio práctico, en realidad.

- *El juicio práctico* sobre la conveniencia de la exteriorización de los juicios teóricos mediante el libro. Este juicio sí es parte de la inspiración pasiva, porque si solo fuere el hagiógrafo el que determinara qué juicios van a constituir el libro, Dios no podría ser llamado "autor" del libro (causa principal eficiente).

- *Juicio sobre la forma literaria* más conveniente para la redacción del libro. También este tipo entra dentro de la inspiración pasiva sin lugar a discusión, porque pertenece a la razón de libro, y si Dios no actuara en este momento no podría ser considerado "autor" del mismo.

Con relación al modo de la influencia divina en el entendimiento, el Magisterio habla de una "lumen" o de "para que conciba rectamente". Lo cual consistiría en:

- En cuanto al sujeto que recibe la influencia: Dios elevaría el entendimiento por encima de su capacidad natural para que con ese "lumen" forme los juicios que serán por tanto, divinos y humanos.

- En cuanto al objeto de esa influencia: Dios representaría (por medio de especies sensibles, imaginarias o intelectuales), en los sentidos, en la fantasía y en la mente, las imágenes de aquellas cosas que quiere comunicar que son desconocidas por el hagiógrafo; o bien, iluminaría con más claridad las cosas ya conocidas por el hagiógrafo.

En la voluntad

El hecho de la influencia de Dios en la voluntad del escritor humano del libro bíblico se sustenta en que:

- Está claro en los textos pontificios citados.[5]

- Es lógico, ya que sin el uso de la voluntad, no habría libro. Si Dios es autor de la Biblia, tiene que influir (como causa eficiente principal) en la voluntad de hagiógrafo (como causa eficiente instrumental). Si Dios influyera solo en el entendimiento, pero luego no actuara sobre la voluntad del hagiógrafo, sería el hombre solo el que se decidiera a escribir y solo él sería el "autor" de la obra.

La naturaleza del influjo divino sobre la voluntad del escritor humano tiene los siguientes rasgos:

1. *Directa.* Se produce directamente en la voluntad y no indirectamente a través del entendimiento (que presentaría un bien a la voluntad, y ésta le seguiría), porque si no, no se podría afirmar que Dios es el "autor" del libro. Los teólogos se dividen sobre la naturaleza de esta intervención divina directa sobre la voluntad:

   - Para los tomistas, se trata de una "premoción física".
   - Para los molinistas, es una actuación de la "ciencia media".
   - San Agustín habla de una "moción moral".

2. *Física.* No basta con la moción moral, el consejo divino o el mandato de Dios, porque en estos casos Dios sería solo el autor moral de la obra, pero no la causa eficiente principal. Por eso, Dios tiene que actuar sobre el autor humano en su actividad de lenguaje.

---

[5]Cfr. D. S. 2393 y 3651.

3. *Concreta.* Es decir, para cada una de las sentencias. En cada una de ellas se contiene un juicio y la voluntad tiene que decidirse a escribir todas y cada una de ellas.

Pero la voluntad humana también tiene que intervenir en el proceso de la inspiración pasiva de la voluntad, ya que Dios no utiliza al hombre como instrumento mecánico, sino libre. La compaginación de ambas verdades remite al problema clásico de la gracia eficaz y la libertad humana.

En las facultades ejecutivas

Dios interviene también sobre las facultades ejecutivas del hagiógrafo, a saber:

- Sobre las facultades ejecutivas psicológicas (memoria y voluntad).

- Sobre las facultades fisiológicas (cerebro, músculos y nervios).

El hecho de tal influencia:

- Consta en los textos magisteriales estudiados.

- Es lógico, porque son actividades necesarias para la composición del libro, siendo Dios la causa eficiente principal y el hagiógrafo la instrumental. Si Dios no influyera, el hagiógrafo no podría transmitir *apte et infallibili* las cosas que Dios quería enseñar.

La naturaleza de este influjo es:

1. *Positiva.* No meramente negativa.

2. *Continua.* Hasta que la obra se concluye.

3. *Inmediata o mediata.* Hay dos explicaciones posibles para la naturaleza de la inspiración en estas facultades: o se trata de un influjo inmediato en las facultades ejecutivas, o lo es mediato a través del entendimiento y la voluntad fortalecidos por Dios de tal manera que tendrían tal control sobre las facultades ejecutivas que el error fuera imposible.

9.2 Teoría de Sto. Tomás: causa eficiente principal e instrumental

Aunque Santo Tomás de Aquino no escribió una obra dedicada en sentido estricto a la inspiración bíblica, sin embargo profundizó en el carisma de profecía, al que incluso dedicó un tratado (*De Prophetia*). Los teólogos tomistas, sirviéndose de los datos en que convergen el carisma profético y el de inspiración, construyeron una teoría sobre la naturaleza de la inspiración basada en el criterio de la relación entre la causa eficiente principal de una obra (en este caso, Dios como autor principal de la Biblia) y la causa eficiente instrumental (en este caso, los hagiógrafos, movidos por Dios a través del carisma de inspiración).[6]

El tratado de profecía en la Suma Teológica se encuentra en la II^a–II^{ae}, qq. 171–178. El esquema del tratado está organizado así: esencia de la profecía (q. 171); causa de la profecía (q. 172); el conocer profético (q. 173); división de la profecía (q. 174); el rapto (q. 175); el don de lenguas (q. 176); dones del discurso (q. 177); carisma de milagros (q. 178). A la profecía en sí misma se dedica la mitad de las

---

[6]Un estudio profundo sobre el tema es el de M. A. Tábet: *Una introducción...*, cit., págs. 21–82 (índole de la sagrada escritura según santo tomás: Dios es el autor principal de la biblia); págs. 83–110 (La posición del hagiógrafo según Santo Tomás). Cfr. una interpretación distinta, en B. McCarthy: *El modo del conocimiento profético...*, cit.

cuestiones del tratado, que además supera en número de artículos a las otras cuestiones (la profecía tiene 22, mientras que las otras cuatro cuestiones suman sólo un total de 12 artículos). El Aquinate trató de la profecía también en su obra *Quaestiones disputatae de veritate* (entre 1256 y 1259), además del cap. 154 del lib. III de la *Summa contra gentes* (hacia 1261–1264) que es también un tratado, aunque más breve, sobre el tema. En muchos otros lugares, sobre todo en sus comentarios bíblicos, añade agudas observaciones.[7]

9.2.1 Dios causa eficiente principal

Dios es el autor principal de la Sagrada Escritura. Pero no se trata de la divinidad actuando como causa primera de todo lo creado, esto es, como creador y conservador de la creación entera (que abarca a todo el ser y obrar de las creaturas, cuya acción principal está basada en el hecho de darles a todas el acto de ser, su "esse", y donde las causas segundas tienen su propio efecto adecuado a su naturaleza). En este sentido Dios podría ser considerado como causa primera de la escritura de cualquier libro y no específicamente de la Biblia.

Aquí, sin embargo, Dios actúa como verdadero autor principal de una obra literaria concreta, de un "opus proprium" de Dios, causa primera y principal del mismo, equiparable a un milagro: un efecto de Dios que supera las virtualidades y fuerzas de cualquier criatura (puede servir como analogía lo que ocurre en Jesucristo, donde la divinidad de Cristo actúa a través de su humanidad). Dios realiza una obra divina que supera la capacidad humana.

No se puede entender este actuar de Dios como algo estrambótico y espectacular, asequible a la experiencia de los humanos (apariciones, locuciones celestiales, etc.), sino más bien como algo parecido a la actuación divina que ocurre con otros misterios fundamentales del

---

[7]Cfr. J. M. Casciaro Ramírez: *Inspiración...*, cit., págs. 150–152.

cristianismo: la elevación de la creatura por el bautismo al orden de la gracia; la inhabitación de la Santísima Trinidad en el alma del justo; la presencia real y verdadera de Cristo en la hostia consagrada; la Encarnación del Verbo en el seno de María Santísima siempre Virgen; etc.

En conclusión, la naturaleza de la autoría principal de Dios supone que Dios actúa de un modo:

- Inmediato.

- Por encima de las causas segundas.

- Con una eficacia "excedente", por lo que la obra es propiamente una obra de Dios.

Doctrina ha de ser complementada con la que inmediatamente se estudiará sobre la causalidad instrumental del hagiógrafo.

Conviene señalar que esta posición claramente descubre y refuta las reducciones actuales sobre la naturaleza de la inspiración. En efecto, en la moderna teología de signo neo–modernista:

- Se tiende a trasladar el acento desde la noción de "Dios–autor de la Biblia" al de "carisma de inspiración", pero desvaneciendo este concepto hasta diluirlo en un instinto religioso o sentimiento poético del hagiógrafo.

- Por otro lado se potencia desordenadamente el papel de hagiógrafo, olvidando que:

  - Es instrumento de Dios.

  - Es causa desproporcionada al efecto que produce.

– Está en total dependencia de la voluntad de Dios.[8]

Ahora bien, si Dios es el autor principal de la Sagrada Escritura, entonces la Biblia contiene una sabiduría que no es humana, sino divina. La Trinidad puso en la Biblia una fuente de sabiduría infinita. Santo Tomás hace unas sugerentes comparaciones: es como el rayo de luz derivado de la Verdad Primera; como la gota de agua bajada del Cielo. Por eso, hay una infinita desproporción entre los misterios divinos en sí mismos y el conocimiento que la razón humana pueda llegar a alcanzar, por lo que Dios elige, eleva y colma de sentido las palabras humanas del hagiógrafo. De este modo Dios abre un panorama insospechable a la razón humana, porque la Palabra de Dios es más profunda que todos los comentarios que se hayan hecho juntos.[9]

El valor de las palabras humanas elegidas por Dios depende de si tratan de realidades naturales, en cuyo caso tienen un sentido pleno; o de realidades sobrenaturales, en cuyo caso tienen un sentido analógico.

Por eso las palabras de la Biblia nunca están agotadas en su significación. Y con relación al conocimiento en la patria definitiva son un "todavía no", aunque también un "ya", tanto por los contenidos revelados como por la intimidad que procuran con Dios.

9.2.2 El hagiógrafo, causa eficiente instrumental

Es conveniente recordar los principios generales que explican la relación entre la causa instrumental y la causa principal:

---

[8]Como consecuencia se produce un desenfoque del método exegético, manifestado en que no se da importancia al Magisterio o a la Tradición de la Iglesia, al tiempo que se valoran en exceso las ciencias humanas como única ayuda a la exégesis. Con lo cual no se entiende nada (sería como pretender estudiar los milagros sin fe).

[9]Algo así como ocurre, valga la analogía y salvando la distancia infinita existente, con la comparación con el sabio cuyas palabras tienen mucha más profundidad que las del hombre vulgar.

- *Principio de doble acción*: existen dos acciones, una la de la causa principal y otra la de la instrumental.

- *Principio de común efecto*: ambas acciones tienen un efecto final común.

- *Principio de que la causa instrumental no obra por sí misma*: la causa instrumental no es independiente de la principal.

- *Principio de asimilación del efecto a la causa principal*: su acción es apropiada a la de la causa principal.

La aplicación de esos principios al hagiógrafo ilumina la comprensión de la naturaleza de la relación entre el autor principal y el instrumental de la Biblia: Dios y el escritor humano.

El hagiógrafo es afectado por Dios de la siguiente manera:

- Por una "elevación" del hagiógrafo en general. Una vocación propia.

- Por la "elección específica" del hagiógrafo para actuar como escritor de un libro sagrado.

- Por la "asimilación" de la acción del hagiógrafo a la de la causa principal, Dios.

- Por la "transitoriedad" del instrumento, que solo recibe la inspiración para la elaboración del libro sagrado.

- Por la "divinización" del instrumento en cuanto obra por Dios unos efectos desproporcionados al simple escritor humano.

Como efecto de tal instrumentalidad, se produce un excedente divino en el lenguaje bíblico, ya que se potencian y profundizan no solo las palabras mismas, sino también la conciencia del hagiógrafo y el contenido del mensaje.

Se comprenden así los llamados "sentidos de la Sagrada Escritura", que para el presente caso, podrían ser reducidos al literal y al espiritual.[10] En efecto:

1. *Sentido literal*, descrito por Santo Tomás como el de la intención del hagiógrafo y de Dios expresado en las palabras inspiradas.

   - Como consecuencia:
     - Hay que explorar la polisemia de las palabras.
     - No caer en el reduccionismo de significados.
     - Aceptar en auténtico valor el sentido de "la verdad" de la Biblia.
     - Se justifica la regla de oro tomista para la exégesis bíblica: "toda verdad que, atendiendo al tenor de las palabras, pueda ajustarse a la Sagrada Escritura, pertenece a su sentido".[11]
   - Se valoriza la importancia de la intención del hagiógrafo.
   - Se descubre la conexión de las intenciones divina y humana.

---

[10]Cfr. J. C. Ossandón Widow: *La interpretación bíblica según Santo Tomás*, en "Isidorianum" 34 (2008) 227–271; M. J. Villagrán: *La doctrina tomista de los sentidos bíblicos a la luz de Lc 24 y aplicada en el Salmo 22*, Roma, Facultad de Teología Angelicum, 2014; P. Roszak: *Depravatio Scripturae. Tomás de Aquino...*, cit.; G. Dahan: *Lire la Bible au moyen âge: Essais d'herméneutique médiévale*, Geneve, Droz, 2009; O. T. Venard: *Le sens littéral des Écritures*, Paris: Cerf, 2009; T. Mc. Guckin: *Saint Thomas Aquinas and Theological Exegesis of Sacred Scripture*, en "Louvain Studies" 16 (1991) 99–120; Ch. Baglow: *Rediscovering St. Thomas Aquinas as Biblical Theologian*, en "Letter and Spirit" 1 (2005) 137–146.

[11]Santo Tomás de Aquino: *De Pot.* IV, a 1, c.

2. *Sentido espiritual*, descrito por Santo Tomás como el de las realidades expresadas por los vocablos que significan también realidades futuras.[12] Este sentido:

- Es exclusivo de la Biblia.

- Tiene su fundamento en la autoría de Dios. Dios creador y conservador de toda la realidad, a través de su Gobierno, es el que ordena todas las realidades que aparecen en el texto bíblico para que tengan un significado más profundo.

- Pero es posible que también se produzca, aunque no necesariamente, una visión sobrenatural del hagiógrafo que le ilumine sobre el significado de este sentido.

Todo lo cual, manifiesta la condescendencia divina, que se abaja a las condiciones limitadas del ser humano para hacerle más asequible y entendible el camino de la salvación. Por eso es necesario tener en cuenta siempre, por un lado la analogía del lenguaje bíblico que no es unívoco ni equívoco, con lo que hay que rechazar la llamada "hermenéutica estructuralista", y por otro, la peremne actualidad de la Biblia, como obra del Dios Vivo.

---

[12]Santo Tomás de Aquino: *Summ. Theol.*, Iª, q 1, a 10, c. Sobre el sentido espiritual bíblico en el Aquinate, cfr. P. Roszak: *Depravatio...*, cit., pág. 39–42; M. J. Villagrán: *La doctrina tomista...*, cit., págs. 37–42; M. D. Mailhiot: *La pensée de saint Thomas sur le sens spirituel*, en "Revue Thomiste" 59 (1959), 613–663; M. Arias Reyero: *Historia y teología. La interpretación de la Escritura en Santo Tomás*, en "Salmanticensis" 22 (1975) 499–526; A. Fernández: *Sentido plenior, literal, típico, espiritual*, en "Biblica" 34 (1953) 299–326; C. Spicq: *Saint Thomas exégète*, cit.; J. C. Ossandón: *La interpretación...*, cit., págs. 25–36; M. Á. TÁBET: *Il senso letterale e il senso spirituale della Sacra Scrittura: un tentativo di chiarimento terminologico e concettuale* en "Annales Theologici" 9 (1995), 3–54; Tábet: *Una introducción a la Sagrada Escritura*, Madrid, Rialp, 1981.

9.3   Nuevas teorías de tipo lingüístico y carismático

El Magisterio de las encíclicas bíblicas se fundamenta en las teorías onto–psicológica y metafísica examinadas. Ambas salvan por completo y ayudan a entender los tres dogmas sobre la Biblia a que antes se hacía mención.[13]

Hacia mitad del siglo XX, con el triunfo de la teología neomodernista, aparecen otras teorías sobre la inspiración que pretenden compaginar la nueva visión de la Biblia y de la teología con los dogmas bíblicos. Se justificaba tal intento sobre la base de que no se podía prescindir en la investigación de los nuevos métodos histórico–críticos de estudio de la Biblia (considerados como absolutamente probados y, por tanto, imprescindibles), aunque procedieran de pensamientos agnósticos y protestantes, y, con frecuencia, cuestionaran el sentido de los textos bíblicos que se había tenido por correcto y revelado hasta ese momento. Para lo cual era necesario cambiar el concepto de lo que tradicionalmente se consideraba como "la verdad de la Biblia", por una nueva visión del carisma de inspiración suficientemente amplia que pudiera explicar los nuevos descubrimientos. Se propusieron varias teorías, que más que basarse en criterios ontológicos, lo hacían sobre el de la comunicación, la transmisión del lenguaje y los carismas.

Las más conocidas fueron las del P. Bonoit, P. Grelot y la de A. Schökel. No parece que consiguieron su propósito, y permitieron la aparición de exégesis en varios campos del saber teológico que aunque se auto–proclamaban católicas, sin embargo desconocían por completo los aspectos dogmáticos de la Biblia (precisamente, los estudiados sobre todo por el tratado de Introducción a la Sagrada Escritura), y

---

[13]Cfr. el capítulo segundo de la presente obra.

acabaron negando la historicidad de muchos de los hechos narrados en ella.

Además, ya desde una perspectiva directamente alejada de las explicaciones clásicas, Rahner propuso su teoría de la inspiración colectiva, que fue seguida por muchos teólogos, pero que no es en absoluto aceptable.

9.3.1 La teoría de P. Benoit. La inspiración, carisma de comunicación

P. Benoit,[14] propuso distinguir tres subclases de inspiración, frente a la teoría tradicional que solo contemplaba la inspiración para escribir el libro sagrado. A las tres subclases las englobaba bajo el nombre de "inspiración bíblica":

1. La *inspiración pastoral, dramática o para la acción*. El Espíritu Santo inspira a personajes singulares (del Antiguo Testamento, como a Josué, David, etc.; o del Nuevo Testamento, Pedro, Pablo, etc.) a ejecutar hazañas en favor del Pueblo elegido.

2. La *inspiración oratoria, profética o apostólica*. El Espíritu Santo insta e ilumina a profetas y apóstoles a proclamar la Palabra de Dios.

3. La *inspiración escriturística o hagiográfica*, por la que el Espíritu Santo dirigiría la composición de los libros sagrados, no solo en

---

[14]P. Benoit: *La Prophétie (en S. Tomas D'Aquin*, Somme théologique, París 1947, págs. 293–376; Id.: *L'inspiration* (en "Initiation Biblique", París 1954, ed. 3.a, págs. 6–44; Id.: *Les analogies de l'inspiration*, en "Sac Pag" 1 (P. Lembloux 1959) 86–89; id.: *Révélation et inspiration. Selon la Bible, chez Saint Thomas et dans les discussions modernes*, en "Revue Biblique" 70 (1963) 321–370; Id.: *Inspiración y Revelación*, en "Concilium" núm. 10, XII, 1965, págs. 13–32.

el momento de su escritura, sino también en su transmisión (vgr. traducción griega del Antiguo Testamento).

La inspiración escriturística se encuentra dentro de un gran conjunto inspirativo del que forma parte, al lado y como consecuencia de las dos anteriores (pastoral y oratoria).

Por otro lado, distingue Benoit por un lado el *carisma de revelación*, por el que Dios ilumina la mente de los profetas y apóstoles para que el contenido de sus juicios que proponen como Palabra de Dios, como revelación, tengan la luz de la certeza divina; y, por otro lado, el *carisma de inspiración* que regiría la actividad práctica de comunicar las verdades obtenidas por el carisma de revelación, iluminando no solo los juicios especulativos (como en el carisma de revelación) sino también los juicios especulativo–prácticos y prácticos. Este carisma de inspiración del hagiógrafo tiene como finalidad el comunicar por escrito a unos destinatarios determinados lo que ya había sido revelado antes.

La garantía de la verdad de lo comunicado estaría en la revelación primera, pero no en lo que finalmente escribió de hecho el hagiógrafo. De este modo las páginas difíciles de la Biblia se considerarían como propuestas deficientes del hagiógrafo al expresar la revelación verdadera dada por Dios.

Si se examina esta conclusión, en realidad se está cambiando tanto el concepto de inspiración y como de verdad bíblica, pudiéndose llegar entender como propuestas deficientes del hagiógrafo lo que son dogmas que aparecen en la Biblia (vgr. la virginidad de María, la resurrección del Señor, etc.).[15]

---

[15]Cfr. V. Balaguer: *Introducción...*, cit., págs. 155–156. También criticado por A. Schökel (*La Palabra inspirada. La Biblia a la luz de la ciencia del lenguaje*, Barcelona, Herder, 1966, pág. 158) y por G. Pérez Rodríguez (*Tratado...*, cit., pág. 58).

9.3.2 La teoría de los carismas de transmisión de la Palabra de Dios de P. Grelot

Para Grelot el carisma de inspiración está relacionado con otra serie de carismas dedicados a la creación y conservación de la Palabra de Dios.[16] A saber:

- *Carisma de conocimiento* de la Palabra de Dios, otorgado al profeta (Antiguo Testamento) o al Apóstol (Nuevo Testamento), quienes reciben la Revelación y la proponen como Palabra de Dios.

- *Carisma funcional de transmisión* de la Palabra de Dios, otorgado a los que enseñan, transmiten, proponen o conservan la Palabra de Dios (ancianos, sacerdotes, cantores, maestros, etc. del Antiguo Testamento; doctores, maestros, profetas, evangelistas, etc. del Nuevo Testamento).

- *Carisma escriturario*, de inspiración de la Escritura, otorgado a los que escriben los libros sagrados. Este carisma puede estar referido al carisma de conocimiento de la Palabra de Dios, en cuyo caso, prolongaría por escrito la locución divina; o al carisma de transmisión, en cuanto la transmisión se hiciera por escrito.

Esta teoría no explica bien el carisma de inspiración, ya que se fundamenta sobre presupuestos que no pueden ser probados, como es el caso de la exigencia de vincular el carisma de la inspiración a un cargo fundacional. De hecho no consta que los hagiógrafos hayan

---

[16]Cfr. P. Grelot: *Introducción teológica al estudio de la Sagrada Escritura*, Barcelona, Herder, 1968, cap. 2 "La inspiración escriturística"; Id.: *Biblia y Teología*, Barcelona, Herder, 1979, págs. 147–152; M. A. Tábet: *Introducción general...*, cit., págs. 99–100; V. Balaguer: *Introducción...*, cit., págs. 157–158.

sido siempre Apóstoles, profetas o miembros fundacionales de la comunidad tal y como los concibe Grelot (es el caso de los autores de los libros de la Sabiduría, 1 y 2 de Macabeos, o San Marcos y San Lucas). Además no es por la autoridad del autor por lo que los libros sagrados han sido recibidos en la Iglesia como canónicos, sino por la existencia de la Tradición Apostólicas que así los consideraba.

9.3.3   La teoría de A. Schökel: la inspiración como carisma de lenguaje

A. Shökel propuso entender la naturaleza de la inspiración sobre la analogía con la inspiración y composición de una obra literaria.[17]

En el proceso de composición de una obra literaria se dan tres pasos, fundamentalmente:

- *Recogida de materiales* con los que se compondrá la obra literaria. En los autores sagrados no cae directamente bajo el carisma de la inspiración.

- *Intuiciones generalizadoras*, momento del verdadero inicio de la obra literaria, fuente de energía que va dando vida y sentido a todos los materiales con el fin de llegar al libro escrito, aunque todavía no se haya expresado en proposiciones. En los autores sagrados sí cae bajo el carisma de inspiración.

- *Ejecución de la obra*, donde el lenguaje y discurso interior toma forma escrita. Todo esto entra bajo el poder del carisma de inspiración, que afecta no solo al hagiógrafo sino también al libro.

---

[17]A, Schökel: *La Biblia a la luz de la ciencia del lenguaje*, Madrid, Ed. Cristiandad, 1986; Id.: *Preguntas nuevas acerca de la inspiración*, en XVI Semana Bíblica Española, Madrid, 1956, págs. 273–290. Cfr. M. A. Tábet: *Introducción general...*, cit., págs. 102–103; V. Balaguer: *Introducción...*, cit., págs. 158–160; G. Pérez Rodríguez: *Tratado...*, cit., págs. 58–60.

Schökel aplica su teoría al entendimiento de la verdad bíblica, no como un conjunto de sentencias objetivas, generales, intemporales y asépticas, sino que la verdad bíblica ha de ser entendida matizadamente, según la clase de lenguaje que se utilice en cada libro (con función "informativa" de los hechos y acciones reveladoras de Dios, "expresiva" de quién es el que habla, o "apelativa" buscando la respuesta del lector).

La tesis de Schökel no es suficiente para explicar la realidad de la verdad de la Biblia al rechazar entenderla como conjunto de verdades objetivas. Además, el autor no parece dar relevancia al papel del Magisterio en la interpretación auténtica de la Biblia, y considera que solo cuando Jesucristo afirma los textos bíblicos o no los niega, se han de tener por autoritarios.

9.3.4 Teoría de la inspiración como carisma de la Iglesia naciente de Rahner

K. Rahner propuso una explicación de la inspiración bíblica que tuvo mucho éxito entre los defensores de las nuevas tendencias neomodernistas.[18] Como acostumbra a hacer en otros campos de la teología, Rahner utiliza términos teológicos tradicionales, pero los cambia por

---

[18]K. Rahner: *Über die Schriftinspiration*, Friburgo, 1958. Trad. española *Inspiración de la Sagrada Escritura*, Barcelona, Herder, 1970. Una buena síntesis de la posición teológica de Rahner, en C. Fabro: *La Aventura...*, cit.; *La Svolta Antropologica di Karl Rahner*, Rusconi, Milán 1974 (*El Viraje Antropológico de Karl Rahner*, Ediciones CIAFIC, Buenos Aires 1981); J. A. Sayés: *La Esencia del Cristianismo. Diálogo con Karl Rahner y H. U. von Balthasar*, Ed. Cristiandad, Madrid, 2005; J. F. X Kanassas: *Esse as the Target of Judgement in Rahner and Aquinas*, en "The Thomist", 51 (1987) págs. 222–245; P. de Rosa: *Rahner's Concept of 'Vorgriff': an Examination of its Philosophical Background and Development*, (tesis doctoral), Oxford University, 1988; y en D. Bourmaud: *Cien Años de Modernismo*, cit., págs. 275–301. Su influencia en el Concilio Vaticano II, en R. Wiltgen: *El Rin Desemboca...* cit.

completo de sentido. Además utiliza un lenguaje oscuro y ambiguo cuyo significado exacto no es nada fácil de determinar.[19]

Hay dos conceptos que el autor redefine:

- *Dios, como "autor de la Sagrada Escritura"*. Partiendo de que la expresión no se encuentra en la Biblia, afirma que Dios no quiere ser un escritor; en cambio el hagiógrafo es el que verdaderamente quiere en su interior escribir un libro. Y el que el autor humano lo quiera así es lo que en última instancia proyecta Dios. Lo que Dios quiere es la Iglesia como comunidad de salvación sobrenatural e histórica, y ella se objetiva a sí misma en un libro. Al autor humano le compete el título de "autor literario" por haber compuesto la obra; Dios sería autor de los libros como "causa agente".

  Rahner respeta la expresión magisterial de "Dios como autor literario de los libros sagrados", pero lo cambia de significado. Dios no actúa directa e inmediatamente en las facultades del

---

[19]No conviene subestimar la influencia que K. Rahner ha tenido en la difusión del neo–modernismo. A. Gálvez ha descrito la raíz de la teología rahneriana, así como de su gran influencia:

"Karl Rahner fue el personaje más influyente en las deliberaciones y desarrollo del Concilio Vaticano II. Sus intrigas doctrinales, antes del Cónclave y durante él, son imposibles de ocultar en cuanto que existe documentación histórica. Karl Rahner fue el profeta de la duda. Si hubiera que redactar un brevísimo resumen de su obra habría que decir que consistió sobre todo en cuestionar todos los principales dogmas del Catolicismo. Incluso hoy día, muchos años después de acabado el Concilio, Karl Rahner, además de ser el Gran Patriarca y Definidor de toda la Teología Católica, es también, precisamente por eso, el principal responsable de la difusión del neomodernismo en la Iglesia actual" (A. Gálvez: *Esperando a Don Quijote*, New Jersey, Shoreless Lake Press, 2007, pág. 437; cfr. Id: *El Amigo inoportuno*, New Jersey, Shoreless Lake Press, 1995, pág. 73; Id: *Siete cartas a siete obispos*, New Jersey, Shoreless Lake Press, 2009, págs. 169.316–317).

hagiógrafo en el momento en que éste compone el libro, sino de un modo indirecto.[20]

- *La Biblia es un libro de la Iglesia y para la Iglesia.* Lo que le hace relacionar el concepto de inspiración con el del canon. Al definir el canon, se está definiendo a sí misma y a su propia doctrina de salvación.

  El sujeto de la inspiración es la Iglesia, que reconoce la Escritura como expresión de su propia vida haciéndola suya.[21] Pero como la Iglesia hace el acto aprobatorio inspirada por Dios, Él se hace verdadero autor del libro; tan autor como la misma Iglesia.

Estos dos conceptos, los va a poner en relación con su teoría de los "carismas fundacionales de la Iglesia naciente". En efecto, la voluntad divina fundamental es salvar a todos los hombres en Jesucristo, y para ello quiere y crea la Iglesia. La Iglesia es lo que Dios quiere de modo absoluto, por lo que su designio de la Encarnación del Logos incluye dentro de sí la fundación de la Iglesia.

Ahora bien, la Iglesia se presenta en dos fases: la *Iglesia–raíz* (la primitiva), la de los testigos (1 Jn 1: 1-2); y la *Iglesia que viene de los Apóstoles* (la de los tiempos siguientes), la de quienes reciben el testimonio de éstos (1 Pe 1:8).

---

[20]Interpreta la causa eficaz de Dios en el libro en sentido molinista, sosteniendo que Dios concibe, quiere y ejecuta el libro en virtud de una "predeterminación formal": Dios influye en el entendimiento del hagiógrafo determinando que adquiera el conocimiento seguro y determinado que Él quiere, e influye en la voluntad determinando aquellas causas segundas (ruegos, circunstancias) que previó por la ciencia media como decisivas en orden a mover al autor humano a escribir. No hay pues, una acción directa e inmediata de Dios.

[21]Algo parecido al caso del Papa cuando hace suyo un documento redactado por otros considerándolo como expresión de su propio pensamiento.

La primera requiere una intervención peculiar de Dios que no exige la segunda.[22] En la primera está contenida la Revelación de Dios, que en la Iglesia primitiva se presenta definitiva y completa, pero para poder poseer tal carácter definitivo y completo, Dios tuvo que pre–definir formalmente a la Iglesia primitiva en su fe como fuente y norma de la fe de los tiempos posteriores. Para conseguir lo cual, la Iglesia apostólica sufre una serie de vicisitudes históricas que le sirven para "auto–delimitarse" (conflictos, herejías, etc.). Pero el punto culminante de este proceso es cuando la Iglesia no solo se delimita y mide a sí misma, sino que ella misma produce de hecho la norma por la cual ha de medirse: es la Sagrada Escritura, que aparece como un elemento más constitutivo de la objetivización de la fe normativa de la primitiva Iglesia.

Es en ese contexto en el que Rahner entiende la naturaleza de la inspiración:

> "La inspiración divina es un momento intrínseco de la formación de la Iglesia apostólica y de este hecho deriva su carácter peculiar... La inspiración de la Escritura no es nada más que la fundación divina de la Iglesia en cuanto se aplica precisamente a ese constitutivo esencial de la Iglesia apostólica que es la Escritura".

La relación entre Escritura e Iglesia no consiste pues en que Dios creara la Escritura y se la diera a la Iglesia, ni tampoco que Dios creara la Iglesia y que ésta creara por sí misma la Escritura. La relación es que la creación de la Escritura es lo mismo que la creación de la Iglesia en sus elementos esenciales históricos.

---

[22]"El acto, pues, de la fundación de la Iglesia es *terminative*, cualitativamente distinto del de su conservación" (K. Rahner: *Uber*..., pág. 51).

La Escritura no es algo que le viene dado desde fuera por Dios y el hagiógrafo, sino que la Iglesia misma se auto–propone en la Escritura, dejando plasmada en sus libros, su fe y su vida eclesial. Sus libros surgen como actos vitales de la Iglesia misma; y el conocimiento que ella tiene de su relación indisoluble con la Escritura, es lo que le testifica su inspiración y canonicidad. Y como la Iglesia primitiva, el momento fundacional, no es solo el primer periodo temporal de la Iglesia, sino su fundamento y norma para todo el futuro, la Escritura será el canon, la ley conforme a la cual deberá vivir la Iglesia en todo el tiempo de su existencia.

La teoria de Rahner no es aceptable y ha recibido varias críticas:[23]

- Es confusa por el polivalente concepto de autor que utiliza Rahner, y parece una nueva formulación de la teoría de Franzelín rechazada por el Magisterio.

- No salva el influjo más bien inmediato de Dios sobre los hagiógrafos que señalan los documentos del Magisterio (*in illos et per illos*), y que, a su vez, sanciona toda la tradición anterior que arranca de los mismos libros sagrados.

- Tampoco los hagiógrafos pueden considerarse *verdaderos autores* instrumentales de la Sagrada Escritura.

---

[23]Cfr. A. M. Artola: *Juicios críticos en torno a la inspiración bíblica del P. Rahner*, en Lum 13 (1964) 384–408; Id.: *La Escritura Inspirada*, Deusto-Bilbao 1994, págs. 159–181; A. M. Dubarle: (recensión de la obra de Rahner) en "Revue des Sciences Philosophiques et Théologiques" 43 (1959) 137–168; Y. M. J. Congar: *Inspiration des Écritures canoniques et Apostolicité de l'Église*, en "Revue des Sciences Philosophiques et Théologiques" 45 (1961) 32–42; G. Pérez Rodríguez: *Tratado...*, cit., págs. 62–63; J. Salguero: *La Biblia, diálogo...*, cit., págs. 128–129; M. A. Tábet: *Introducción...*, cit., págs. 95–96.

- Establece la identidad entre inspiración y gracia eficaz. Pero la segunda no hace al hombre instrumento de Dios, de modo que los mismos molinistas no acuden a ella al tratar de la inspiración.

- Aunque no parece coincidir la teoría de Rahner con la de la inspiración colectiva y aprobación subsiguiente (porque pone el acto aprobatorio de la Iglesia de los libros que reflejan su propia fe como algo inspirado por Dios), sin embargo se parece bastante a aquélla.[24]

- La Iglesia, en cuanto depositaria de los libros sería la verdadera autora, siendo los hagiógrafos "operarios de la Iglesia", cayendo el carisma de inspiración directamente sobre la Iglesia, e indirectamente, a través de ella, sobre los escritores sagrados. Además los juicios habrían sido elaborados por el hombre solo y tendrían un puro origen humano, y quien decidió directa e inmediatamente consignar esos juicios por escrito sería la misma voluntad humana.

- Tampoco respeta el concepto de autor, esto es, del individuo que es responsable de algo, en cuanto que es su fuente y origen, lo que no puede aplicarse a la Iglesia en su totalidad, sino a la cadena de profetas y apóstoles tomados individualmente.[25]

- Abre la posibilidad a un entendimiento erróneo sobre la verdad en la Biblia, acabando por aceptar que puede contener errores

---

[24]Otros seguidores del pensamiento de Rahner llevaron su teoría a su lógica consecuencia, afirmando abiertamente el carácter social de la inspiración. Es el caso claro de J. L. McKencie (*The social Character of Inspiration*, en "Catholic Biblical Quaterly" 24 (1962) 115–124; Id.: *Myths and Realities*, Milwaukee, 1963); y un poco más moderadamente el de D. J. McCarthy (*Personality, Society and Inspiration*, en "Theological Studies" 24 (1963) 553–576). Cfr. M. A. Tábet: *Introducción General...*, cit, págs. 96–98.

[25]Cfr. Y. M. J. Congar: *Inspiration des Écritures canoniques...*, cit., pág. 42.

debido a la labor del hagiógrafo, que no está directamente inspirado por Dios.

- Finalmente, la explicación que Rahner hace de la inspiración del
Antiguo Testamento, según la cual los judíos precisaban que el
convencimiento que tenían de la inspiración de los libros veterotestamentarios fuera ratificado por Cristo, los Apóstoles y la
Iglesia para adquirir la canonicidad (clave de la inspiración para
Rahner), no es generalmente aceptada por los teólogos que sigue
al mismo Rahner en lo demás.

9.3.5 Teoría de Vicente Balaguer: la inspiración y el carisma de locución (instinto profético) de Santo Tomás de Aquino

V. Balaguer, siguiendo las intuiciones del prof. Gonzalo Aranda,
propone entender el misterio de la inspiración a partir de las consideraciones que Santo Tomás de Aquino hizo sobre el carisma profético,
ya que el Aquinate no trató la inspiración de la Sagrada Escritura de
modo directo y expreso.[26] Hasta ahora se había estudiado analógicamente la profecía y la inspiración, como ya señalamos. Con las nuevas
propuestas, que se alejan de las tradicionales explicaciones psicológicas y metafísicas del carisma de inspiración, se desechó utilizar tal
analogía por tratarse de carismas diferentes (así lo hacen ver Benoit,
Grelot y Schökel, justificando sus propios puntos de vista).

B. Balaguer rescata el valor del planteamiento tomista, pero centrado en el pensamiento del Aquinate sobre el "instinto profético" como
distinto de la profecía propiamente dicha:

---

[26]V. Balaguer: *Introducción...*, cit., págs. 162–169.

"Cum ergo aliquis cognoscit se moveri a spiritu sancto ad aliquid aestimandum, vel significandum verbo vel facto, hoc *proprie ad prophetiam* pertinet. Cum autem movetur, sed non cognoscit, non est perfecta prophetia, sed quidam *instinctus propheticus*".[27]

"Mens prophetae dupliciter a Deo instruitur, uno modo, per expressam revelationem; alio modo, per quendam instinctum, quem interdum etiam nescientes humanae mentes patiuntur, ut Augustinus dicit, II super Gen. ad Litt. De his ergo quae expresse per spiritum prophetiae propheta, cognoscit, maximam certitudinem habet, et pro certo habet quod haec sibi sunt divinitus revelata. Unde dicitur Ierem. XXVI, in veritate misit me dominus ad vos, ut loquerer in aures vestras omnia verba haec. Alioquin, si de hoc ipse certitudinem non haberet, fides, quae dictis prophetarum innititur, certa non esset. Et signum

"Cuando alguien sabe que está siendo movido por el Espíritu Santo para proferir un juicio sobre algo, de palabra o de obra, se da *profecía propiamente dicha*. Pero cuando es movido sin que él lo sepa, entonces no hay profecía perfecta, sino *instinto profético*".

"La mente del profeta es ilustrada por Dios de un doble modo: mediante una revelación expresa y mediante cierto instinto, que, a veces, recibe la mente humana sin saberlo, tal como dice San Agustín en II Super Gen. ad litt. 18. Por consiguiente, el profeta posee máxima certeza sobre cosas que conoce expresamente por el *espíritu profético* y está seguro de las que ha recibido por revelación divina. Por eso se dice en Jer 26,15: El Señor me ha enviado en verdad a vosotros, para que hiciera llegar a vuestros oídos todas estas palabras. De lo contrario, si el mismo profeta no tuviera certeza, dejaría de ser cierta la fe que se basa en la enseñan-

---

[27]Santo Tomás de Aquino: *Summ. Theol.*, IIª–IIª, q. 173, a. 4.

propheticae certitudinis accipere possumus ex hoc quod Abraham, admonitus in prophetica visione, se praeparavit ad filium unigenitum immolandum, quod nullatenus fecisset nisi de divina revelatione fuisset certissimus. Sed ad ea quae cognoscit per instinctum, aliquando sic se habet ut non plene discernere possit utrum hoc cogitaverit aliquo divino instinctu, vel per spiritum proprium. Non autem omnia quae cognoscimus divino instinctu, sub certitudine prophetica nobis manifestantur, talis enim instinctus est quiddam imperfectum in genere prophetiae. Et hoc modo intelligendum est verbum Gregorii. Ne tamen ex hoc error possit accidere per spiritum sanctum citius correcti, ab eo quae vera sunt audiunt, et semetipsos, quia falsa dixerint, reprehendunt, ut ibidem Gregorius subdit".[28]

za de los profetas. Pero tenemos un ejemplo de la certeza profética en el hecho de que Abrán, avisado en una visión profética, se dispuso a inmolar a su unigénito, lo cual no habría hecho si no hubiera estado sumamente seguro de la revelación divina. En cuanto a las cosas que conoce por *instinto,* a veces es incapaz de distinguir adecuadamente si las ha pensado por instinto divino o por su propio espíritu, puesto que no todo lo que conocemos por espíritu divino se nos manifiesta con certeza profética, porque ese instinto es algo imperfecto en el orden de la profecía. Así hay que entender las palabras de San Gregorio. Sin embargo, para que no puedan incurrir en error, advertidos pronto por el Espíritu Santo, reciben de Él la verdad y se corrigen a sí mismos por haber dicho cosas falsas, como dice San Gregorio más adelante".

Balaguer sostiene que Santo Tomás parece incluir los libros sagrados en la categoría de profecía: ya sea profecía perfecta, o ya sea

---

[28]Santo Tomás de Aquino: *Summ. Theol.*, IIª–IIæ, q. 171, a. 5. Ejemplos de la diferencia entre profecía perfecta e instinto profético en a. 3 y a. 4 de la misma cuestión.

resultado del instinto profético. Es claro que los tiene como un instinto profético, y como profecía perfecta cuando son interpretados por los Apóstoles a la luz que les da el Señor.[29]

Por eso, la Sagrada Escritura es inspirada por recibir el hagiógrafo un carisma de conocimiento —"de profecía" según la terminología de Santo Tomás— que es perfecto.

Balaguer define la inspiración como "un carisma sobrenatural gracias al cual los autores sagrados conocen y proponen a los destinatarios de sus obras literarias una enseñanza verdadera —en cuanto proviene de Dios— sobre Dios mismo y su misterio salvífico. En algunos casos —cuando el escritor lo conoce expresamente, como por ejemplo, San Pablo en sus cartas— se trata de verdadera palabra de Dios manifestada por escrito. En la mayor parte de los casos, el carisma es un instinto profético, ya que, aunque hay verdadero conocimiento, el escritor sagrado no ha recibido la luz sobrenatural que le da seguridad, certeza, de que sus palabras son palabras de Dios.

Para el Pueblo de Dios, destinatario de la Revelación, esos libros tienen el carácter propuesto por los escritores, esto es, palabra de Dios. Tal convicción se hace más fuerte a medida que se comprueba que lo anunciado se cumple en verdad. Pero solo el juicio de Jesús sobre las Escrituras y el de la comunidad apostólica (Tradición) instituida por Cristo, guiada por el don del Espíritu Santo y constituida en torno a San Pedro y a los doce, son los que enjuician estos libros como Palabra de Dios verdadera.

En conclusión, la inspiración tiene un doble aspecto:

> "Desde la perspectiva de Dios autor: Dios se sirve del conocimiento y las facultades de los autores sagrados como instrumentos para componer los libros sagrados, y de

---

[29]V. Balaguer: *Introducción...*, cit., págs. 165.

la Escritura —los mismos libros sagrados— como instrumentos para proponer por escrito la palabra de Dios en la Iglesia".[30]

A primera vista, la teoría de Balaguer parece sugestiva por valorar, rescatar y aplicar más ajustadamente las intuiciones de Santo Tomás sobre la profecía al caso de la inspiración de los libros sagrados. Sin embargo, en la tesis de Balaguer, el carácter de la verdad bíblica podría entenderse como dependiente de la aceptación de un libro particular en el canon de la Iglesia, lo que haría perder fuerza al hecho de que la misma Escritura por sí, con independencia de su reconocimiento por la Iglesia, estaba ya inspirada y contenía la verdad divina en ella.

Por otro lado, se aprecia la influencia de las tesis de Rahner sobre la inspiración colectiva, según la cual la Iglesia reconocería en los libros de la Biblia la expresión verdadera de su propia experiencia de fe eclesial sin que hubiera una intervención carismática especial en el propio hagiógrafo (de ahí la importancia de la determinación del canon bíblico), que pueden dar lugar a distorsiones importantes en el correcto entendimiento del carisma de inspiración y en el de la verdad de la Sagrada Escritura, como se verá a continuación.

9.4 Teorías erróneas de otros autores

Partiendo de principios teológicos completamente diferentes de los católicos, algunos autores acatólicos propusieron ideas sobre la naturaleza de la inspiración que son absolutamente inaceptables. Con todo, influyeron en algunas de las visiones de los teólogos católicos modernistas. Conviene examinar las más conocidas.

---

[30]V. Balaguer: *Introducción...*, cit., pág. 169.

9.4.1 La inspiración como dictado mecánico y como capacidad de inspirar al lector en los primeros protestantes

Lutero y Calvino, insistiendo en el carácter objetivo de la inspiración divina, la llegaron a concebir como algo parecido a un dictado mecánico.[31] Con ello se desconocían los datos bíblicos, donde algunos de los hagiógrafos narran sus esfuerzos personales para componer el libro sagrado, o la diversidad de formas literarias que se encuentran en la Biblia.

A esta concepción se le añadió el principio de la "sola Scriptura", es decir, el lector es el que tiene la capacidad de entender por sí mismo el sentido de la Palabra de Dios, sin ninguna intervención de Magisterio oficial o de la Tradición Apostólica ("interpretación libre" movidos por el Espíritu). En relación con dicha tesis, los reformadores sostuvieron también la "eficacia" del texto sagrado, es decir, su capacidad para inspirar en el lector la fe fiducial tal y como ellos la entendían. Se insiste en el significado activo de la palabra "inspirada" de 2 Tim 3:16: el Espíritu inspira al lector cuando éste lee la Biblia.

Consecuencia de todo lo anterior fue que cuando se enfrenta la necesidad de precisar el canon de los libros, Lutero señaló como criterio

---

[31]Cfr. G. Pérez Rodríguez: *Tratado...*, cit., págs. 67; A. Durand: *Inspiration de la Bible. L'inspiration chez les protestants*, en "DAFC" 2 (1911) 911–915; K. Schmidt: *De Protestantium exegesi "pneumática"*, en "Verbum Domini" 25 (1947) 12–22, 65–73; P. E. Hughes: *The Inspiration of Scripture in the English Reformers Illuminated by John Calvin*, en "Westminster Theological Journal" 23 (1961) 129–151; B. Roussel: *L'autorité de l'Écriture. Les responses confessionnelles Des Protestantes*, en "Bible de tous les temps", V, Paris, Beauchesne, 1989, 309–325. Ya en la antigüedad algunos sostuvieron la inspiración estática o mantica: el hagiógrafo perdía el uso humano de todas sus facultades de escribir, para convertirse en un mero instrumento mecánico, inanimado, movido totalmente por Dios, en una especie de alienación mental. Esta posición parece que fue sostenida por Filón de Alejandría entre los judíos, y por Montano entre los primeros herejes cristianos.

de inspiración y canonicidad el de la "capacidad de cada libro para llevar a Cristo". Como obviamente hay libros que no parecen tener tal cualidad, Lutero distinguirá entre libros inspirados y libros menos inspirados.

Lutero rechaza, pues, la Tradición de la Iglesia como criterio de canonicidad, y se erige como tal la percepción que tenga el lector de la capacidad de los libros para llevarle a Cristo. Calvino también se aparta del criterio de la Tradición, para apostar por el de la *auto–pistis*: la Biblia misma se reconoce como inspirada por su fuerza potente e infalible, "como las cosas blancas o coloradas se conocen por su color, y las dulces y amargas por su sabor".

Como concluye Tábet: "En la teoría de los reformadores, 'Biblia inspirada' y creyentes que la reconocen como tal por la iluminación del Espíritu', constituyen un círculo teológico–hermenéutico cerrado".[32]

Como lógica consecuencia de esos principios, el subjetivismo se extendió en el protestantismo, y dio su fruto más señero en el protestantismo liberal racionalista que negaría la inspiración como algo transcendente y sobrenatural para explicarlo con criterios psicológicos o sociológicos.

Para escapar del racionalismo y rechazarlo, el protestantismo de signo fundamentalista resucitó la primitiva teoría de los reformadores, y sostuvo que el escritor humano recogió "el dictado del Espíritu palabra por palabra", sin que las cualidades humanas del hagiógrafo intervinieran de modo alguno en el resultado final del libro sagrado.

9.4.2 Teoría pneumática de K. Barth y A. Oepke

Barth y sus discípulos seguirán las ideas de los primeros reformadores. En efecto, la inspiración de la Biblia consiste en que contiene un mensaje espiritual (*espíritu, pneuma*) que percibirá subjetivamen-

---

[32]M. A. Tábet: *Introducción general...*, cit. pág. 104.

te el que la lea o estudie con reverencia porque se sentirá divinamente inspirado.[33]

El lector piadoso experimentaría la misma acción divina que sintieron los hagiógrafos. Este mensaje espiritual subjetivamente percibido es lo importante en la Biblia; los datos históricos, arqueológicos, etc. son elementos naturales y, por tanto, sujetos al error.

Pero la Biblia no llega a ser Palabra de Dios por la fe del creyente, porque el hombre es pura negatividad y está corrompido por el pecado original, por eso "no es el hombre el que se adueña de la Biblia, sino que es la Biblia la que se adueña de él".

Esta explicación es claramente rechazable, aunque lógica dentro de los principios protestantes ya examinados, porque acaba en un relativismo teológico: la exégesis bíblica tendrá como guía y objeto la percepción subjetiva del lector. Además, admite el error en las cosas secundarias, lo que fue rechazado por la Tradición y el Magisterio.

9.4.3   Progresistas moderados

Sostienen estos autores que la inspiración es algo personal del hagiógrafo y no real de los libros sagrados. Los libros contienen la Palabra de Dios, pero no son Palabra de Dios, sino palabra de hombres que fueron impulsados de modo diverso por Dios (que les dio un conocimiento más profundo de las verdades reveladas sobre las que después ellos escribieron por su cuenta, o bien tuvieron una experiencia interna que los hizo idóneos para escribir los libros, etc.), por lo que

---

[33]K. Barth: *Die Kirchliche Dogmatik. I, 1. Die Lehre vom Wort Gottes*, Zürich 1947 (trad. francesa *Dogmatique*, 26 vols., Genève 1953–1969, I, 2/3, 1–285). Cfr. R. Burnett: *Karl Barth's exegesis: the hermeneutical principles of the Römerbrief period*, Tubinga, Mohr Siebeck, 2001; O. Cullmann: *Les problèmes poses par la methode exégétique de l'école de K. Barth*, en "Revue d'histoire et de philosophie religieuses" 8 (1928) 70–83; A. H. Yuen: *Barth's Theological Ontology of Holy Scripture*, Oregon, Wipf and Stock Publishers, 2014.

pueden contener errores, incluso en doctrinas teológicas o morales. Los hagiógrafos escribieron humanamente sin asistencia especial de Dios que los protegiera de cometer errores. La Biblia es "inspirada" solo en el sentido de que fue escrita por "hombres inspirados" (en el sentido visto).

Esta teoría no explica cómo Dios sea el verdadero autor de la Sagrada Escritura, ni tampoco que los libros sagrados sean inspirados en sentido propio. Además hay libros muy espirituales de la época de los canónicos, que no son inspirados (ej. Natán o Gad, cfr. 1 Cr 29:29; 2 Cr 9:29).

9.4.4 Protestantes liberales y críticos racionalistas

Para este sector de teólogos, la inspiración es el sentido religioso del Pueblo elegido del Antiguo Testamento o de la Iglesia en el Nuevo.

Como ese sentimiento se da en todas las religiones, todas son iguales y todas tienen sus libros "inspirados".

No hay inspiración extrínseca por parte de Dios, sino solo una especie de entusiasmo religioso subjetivo y natural que expresa esos sentimientos en libros que se consideran "sagrados".

La Biblia aparece como cualquier libro de otras religiones, producto puramente del espíritu humano.

9.4.5 Modernistas

Influenciados por el protestantismo liberal, los modernistas o niegan directamente la inspiración o la consideran como un impulso religioso que mueve a la comunidad o al creyente a expresar por palabra o por escrito tal sentimiento y experiencia religiosa particular. Puede ser comparada a la inspiración poética.

Ya se estudiaron antes los principios del modernismo y su concepción de la Biblia. Es en realidad un sistema agnóstico, fideista, inmanentista e historicista.

En modo alguno se considera a Dios autor de la Sagrada Escritura, ni que ésta sea inerrante.

Capítulo 10

Cuestiones complementarias

Se han planteado algunos interrogantes en relación con el alcance y recto entendimiento de la inspiración. Es conveniente conocer los más importantes.

10.1 Conciencia de la inspiración

Los datos aportados por los propios hagiógrafos sobre su conciencia de estar siendo inspirados por Dios durante la composición del libro, son contradictorios:

- Hay autores que no mencionan influjo alguno, como el caso de los libros históricos del Antiguo Testamento.

- Hay autores que mencionan haber escrito con sus propias fuerzas y recursos, como por ejemplo:

  - Lc 1: 1–4, "Ya que muchos han intentado poner en orden la narración de las cosas que se han cumplido entre nosotros, conforme nos las transmitieron quienes desde el principio fueron testigos oculares y ministros de la palabra, me pareció también a mí, después de haberme informado con exactitud de todo desde los comienzos, escribírtelo de forma ordenada, distinguido Teófilo, para que conozcas la indudable certeza de las enseñanzas que has recibido".

— 2 Mac 2: 24.27–28, "Considerando la enorme cantidad de números, y la dificultad que encuentran quienes quieren adentrarse en las explicaciones de la historia a causa de la amplitud de la materia...Igual que al que prepara un banquete y busca el agrado de los demás no le resulta fácil, así nosotros soportaremos con gusto la dura tarea, dejando para el historiador la exactitud de cada detalle, y esforzándonos en seguir las reglas de un resumen".

- Finalmente hay autores que sí mencionan un influjo divino al escribir:

  — 2 Sam 23:2, "El espíritu del Señor habla por mí y sus palabras están en mi lengua".

  — Jer 20: 9, "Yo me dije 'No me acordaré de Él, ni hablaré más en su Nombre'. Pero es dentro de mí como fuego abrasador, encerrado en mis huesos; me esfuerzo por soportarlo, pero no puedo".

  — Apoc 1:1, "Revelación de Jesucristo, que Dios le ha comunicado para manifestar a sus siervos lo que va a suceder pronto, y que, enviando a su ángel, dio a conocer a su siervo Juan"; 22: 18–19, "Yo doy testimonio a todo el que oiga las palabras proféticas de este libro. Si alguien añade algo a ellas, Dios enviará sobre él las plagas descritas en este libro. Y si alguien quita alguna de las palabras de este libro profético, Dios le quitará su parte en el árbol de la vida y en la ciudad santa que se han descrito en este libro".

En consecuencia no es necesario que se dé tal conciencia. Y la razón es clara: la inspiración es una "gratia gratis data" que se adapta perfectamente a la naturaleza humana, como se puede comprobar cuando se recibe la gracia santificante, cuya realidad o efectos no necesariamente se "experimentan".[1]

10.2 Inspiración de los colaboradores de los hagiógrafos

Existen colaboradores de los hagiógrafos, que intervinieron de varios modos en la redacción de alguno de los libros sagrados. Son los casos de:

- Autores de añadidos, bien sea de algún bloque literario o de algunos versículos, que sin embargo forman parte del texto definitivo. Puede ser el caso, por ejemplo, del inciso final del Salmo 51 (vv. 20–21), que según algunos expertos parece compuesto sin continuidad con los versículos anteriores.

- Redactores, que realizaron un trabajo libre de composición de un escrito, en base a un argumento que el hagiógrafo les habría propuesto. Podría ser el caso de la Carta a los Hebreos, cuyo redactor habría dado forma escrita literaria a lo que San Pablo le hubiera comunicado.

---

[1]Cfr. G. Pérez Rodríguez: *Tratado...*, cit., págs. 63–67; S. Zarb: *Num hagiographi sibi conscii fuerint charismatis divinae inspirationis*, en "Angelicum", 11 (1934) 228–244.

- Amanuenses, esto es, personas que escriben al dictado lo que dice el verdadero hagiógrafo. Es el caso, por ejemplo, de parte del libro de Jeremías: "Llamó, pues, Jeremías a Baruc, hijo de Nerías, y escribió éste en un volumen, dictándole Jeremías, todas las palabras que Yahweh le había dicho" (Jer 36:4, cfr. también vv. 18.32; 45:1); o de Tercio, en la Carta a los Romanos: "Os saludo yo, Tercio, que escribo esta epístola, en el Señor" (Ro 16:22).

¿Recibieron también ellos el carisma de la inspiración? El principio generalmente admitido por la doctrina teológica es que todo aquél que participe en la elaboración del libro recibe el carisma en la medida de la tarea que realice, porque ha intervenido positivamente en la composición del libro definitivo y entra dentro del concepto amplio de hagiógrafo. Lo que se sustenta sobre dos principios: la inspiración afecta a las tres facultades de cualquier persona que intervenga en la composición del libro sagrado; y, además, el carisma es siempre en beneficio de la comunidad a la que el libro va dirigido.[2]

En el caso de los amanuenses se podría precisar más, diciendo que ellos recibieron solo una asistencia divina negativa en sus facultades intelectuales, de tal modo que registraran con fidelidad lo que escuchaban del hagiógrafo.[3] Sin embargo por lo que respecta a las facultades ejecutivas, el amanuense necesitaría la asistencia divina completa del mismo modo que el hagiógrafo, porque poner por escrito de hecho es parte esencial de la composición del libro, sin cuya acción éste no existiría.[4]

---

[2]Cfr. G. Pérez Rodríguez: *Tratado...*, cit., págs. 63–67; J. M. Vosté: *Utrum amanuenses quibus hagiographi usi sunt fuerint inspirati?*, en "Angelicum" 7 (1930) 61–64; M. A. Tábet: *Introducción general...*, cit., pág. 92.

[3]Creen que también fueron influidos en las facultades racionales, Bea y Lusseau.

[4]Por ejemplo, lo sostienen Vosté, Perella, Tábet, Pérez Rodríguez.

10.3 Inspiración sucesiva

La doctrina sostiene que el redactor definitivo del texto es el que recibe el carisma de inspiración. Sin embargo, es un dato aceptado comúnmente que en algún libro intervinieron varios redactores. Si esto fuera así, se plantea el problema de si el redactor inspirado es solamente el último o también lo pudieron ser todos los que intervinieron sucesivamente.

Este problema es diferente del precedente sobre la inspiración de los colaboradores, ya que en la inspiración sucesiva se trata de autores que han participado sucesivamente en la composición del libro cuya forma final pudo no coincidir con la de los autores anteriores.

La opinión se divide entre los biblistas. Algunos sostiene que todos los que intervinieron en la redacción literaria del libro religioso participan del carisma de inspiración en la medida de su actividad en la composición del mismo.[5]

Sin embargo, otros autores, piensan que tal explicación no es apodíctica, porque como ya se ha dicho, en la recolección de materiales de la fase de actividad intelectual del hagiógrafo, no es necesaria siempre la intervención del carisma de inspiración. Por lo que solo gozaron de la inspiración los escritores que hicieron la redacción definitiva y fija del libro sagrado, pero no los autores previos (estos serían movidos por la Providencia ordinaria de Dios, pero no por la extraordinaria).[6]

---

[5]Así, G. Pérez Rodríguez: *Tratado...*, cit. pág. 64; R. F. Smith y N. Lohfink (*Il problema dell'inerranza*, en AAVV: "La veritá della Bibbia nel dibattito attuale", Brescia, 1968).

[6]Así P. Benoit (*Traité de la prophétie*, Paris, 1947), Grelot, J. Salgueró (*La Biblia. Diálogo de Dios con el hombre*, Madrid, Studium, 1968); M. A. Tábet (*Introducción general...*, cit., págs. 93–94).

10.4   Sociología de la inspiración

El hecho de que los hagiógrafos no vivieron en un ambiente solitario y aislado, sino que fueron parte de una historia y de una sociedad particular, la del Pueblo escogido o la de la Iglesia, ha causado una polémica entre los biblistas más recientes. Para algunos autores tal realidad supondría que el sujeto de la inspiración no sería el escritor individual sino el Pueblo de Dios de un momento histórico particular (inspiración colectiva).

Esta posición fue sostenida por:

- Los defensores de la llamada "Historia de las formas" (Dibelius, Bultmann).

- K. Rahner, quien como ya se estudió, consideraba que Dios inspiraría la Biblia en cuanto que es autor de la Iglesia. La Escritura es uno de los elementos constitutivos de la Iglesia, por lo que la Escritura no es algo que le viene dada a la Iglesia desde fuera sino que es la misma Iglesia que se auto–propone en la Escritura, dejando plasmado en sus libros su fe y su vida eclesial.

Este modo de pensar fue rechazado por muchos teólogos por no poderse compaginar con la doctrina tradicional segura sobre la inspiración. Destacan las posiciones de:

- Barucq — Cazelles: quienes no aceptan la teoría de la inspiración colectiva, aunque admitan que la colectividad pudiera influir de algún modo en el hagiógrafo.

- P. Benoit, quien rechaza la inspiración colectiva, aunque acepta la "inspiración para la colectividad".

- A. Schökel, concluye de la misma manera.

Las razones principales de las críticas a la inspiración colectiva son:

1. Aunque el hagiógrafo pueda recoger materiales diversos de su propia historia y sociedad, sin embargo este acopio de materiales no siempre supone la inspiración bíblica, como ya se vio.

2. No se puede olvidar que es sólo el autor humano el que recibe la inspiración en sus distintas facultades (entendimiento, voluntad y ejecutivas) como se establece en las encíclicas *Providentissimus Deus* y en la *Dei Verbum*.[7]

3. La teoría de la inspiración colectiva responde a una falsa filosofía sociológica según la cual el grupo tiene una especie de existencia autónoma y preponderante en la que el individuo acaba perdiéndose, cuando en realidad es la comunidad la que depende y se forma por los individuos que la han dirigido en la historia o que la dirigen en la actualidad.[8]

10.5 Algunos casos especiales

Hay que recordar que en la Biblia, tanto en el Antiguo como en el Nuevo Testamento, se menciona la existencia de libros que no se han conservado. En efecto:

- Antiguo Testamento:

  - Num 21:14, "Libro de las Guerras de Yahweh".
  - Jos 10:13, "Libro del Justo".

---

[7]Dei Verbum, nº 11.

[8]Cfr. P. Benoit, en *Concilium* 10 (1965) p. 23; G. Pérez Rodríguez: *Tratado...*, cit. pág. 66; M. A. Tábet: *Introducción general...*, cit., pág. 94.

- 2 Cr 9:29; 12:15; 29:92, "Crónicas del Profeta Natán", "Profecía de Ajías de Siló", "Las visiones del vidente de Yedó", "Crónicas del profeta Semaias", "Crónicas de Ido el vidente", etc.

- Nuevo Testamento:

  - 1 Cor 5:9, se menciona otra carta a los Corintios.

  - Col 4:16, se menciona otra carta a los Laodicenses.

Estos hechos plantean algunos problemas concretos que hay que aclarar.[9] A saber:

1. Posibilidad de que se perdiera algún libro que fue inspirado por Dios antes de ser canónico.

   En teoría cabría tal posibilidad, porque Dios podría haber inspirado un libro con una misión peculiar sin transcendencia para el futuro de la Iglesia; cumplida tal misión, nada exigiría su inclusión en el canon para utilidad de la Iglesia hasta el fin del mundo.

   Pero no sabemos si algo por el estilo ocurrió de hecho.

2. El caso de la pérdida de un libro inspirado y canónico: es posible en teoría (con tal de que las verdades que él comunicara se conserven en los libros que sí están en el canon pues nada se perdería de la Revelación), pero imposible de hecho (es difícil suponer una dejadez tal por parte de la Iglesia).

   Un caso más probable sería el de la pérdida de algún fragmento de un libro inspirado y canónico, siempre que no tenga

---

[9]Cfr. G. Pérez Rodríguez: *Tratado...*, cit., págs. 27–28.

una importancia substancial. Su recuperación sería parte de las tareas de la crítica histórica y textual.[10]

3. El caso de un posible descubrimiento de algún libro escrito por algún Apóstol que fuera desconocido hasta ese momento. ¿Sería inspirado y podría entrar en el Canon? Algunos teólogos sostienen esta posición, pero sería difícil que se produjera tal eventualidad ya que como la Iglesia definió el actual canon basándose en la Tradición, difícilmente podría incluir el hipotético libro del que faltase información alguna en la misma Tradición. Como dice U. Betti:

> "Si se encontrase algún otro escrito de origen apostólico, no podría entrar a formar parte del canon. El motivo es que, en una tal hipótesis, la atestación del escrito apostólico tendría solamente un carácter documental y, por ello, sería rechazado de la vida de la Iglesia. Por este motivo, no podría tener valor normativo para la fe; precisamente, por quedarse fuera de la Tradición apostólica, no sería Sagrada Escritura, que lo es solo cuando la Tradición se encuentra a sí misma en ella".[11]

---

[10]Cfr. M. A. Tábet: *Introducción general...*, cit., pág. 179.

[11]U. Betti: *La trasmissione della divina Rivelazione*, en U. Betti, et al.: "Commento alla Constituzione dogmatica sulla Divina Rivelazione", Milán, Massino, pág. 105; M. A. Tábet: *Introducción general...*, cit. pág. 179.

10.6   Diferencia entre inspiración y Revelación

Es importante diferenciar la Revelación del carisma de inspiración, ya que a veces se han confundido. Es el caso de algunas sectas protestantes que las identifican, basándose en la idea que sostienen sobre la naturaleza de la inspiración (como actividad mantica o como dictado mecánico).

Se pueden señalar tres diferencias principales:

1. En cuanto al contenido u objeto: la Revelación es más amplia porque tiene en cuenta la realidad de Cristo como plenitud de la Revelación y además incluye a la Tradición Apostólica, mientras que la inspiración en sentido estricto es solo para la Sagrada Escritura.

   Además, la Revelación trata de cosas desconocidas para el hagiógrafo, mientras que la inspiración generalmente es sobre cosas conocidas por él.

2. En cuanto a las facultades del ser humano que las recibe: en la Revelación se produce la acción divina sobre el entendimiento, mientras que en la inspiración tal acción alcanza al entendimiento, la voluntad y las facultades ejecutivas para escribir el libro sagrado.

3. En cuanto a la situación del entendimiento: en la Revelación está pasivo, mientras que en la inspiración se encuentra activo.

10.7   Diferencia entre inspiración y profecía

También conviene distinguir entre el carisma de inspiración y el profético. Hay dos modos principales en que se diferencian:

1. En cuanto a su objeto: la profecía se refiere normalmente al futuro; en cambio la inspiración puede referirse al pasado, al presente (sobre objetos que el hagiógrafo puede captar con sus propias fuerzas humanas) o al futuro.

2. En cuanto al modo de actuar:

   - La actuación de Dios en el hombre:
     - En el profeta Dios actúa al inicio, transmitiendo la Revelación, pero luego una vez recibido el mensaje, el profeta actúa con sus propias fuerzas.
     - El hagiógrafo bíblico actúa bajo la inspiración durante todo el proceso de la composición del libro, como ya se señaló.
   - En cuanto a naturaleza de la acción humana que desarrolla:
     - En el caso del profeta se le insta normalmente a hablar.
     - En el caso del hagiógrafo es para escribir.
   - En cuanto al nivel de consciencia que se tiene del influjo divino recibido:
     - En la consciencia del profeta la actuación de Dios es imperativa e irresistible.
     - En el hagiógrafo la actuación recibida de Dios es a veces inconsciente.

10.8 Diferencia con los dogmas

En los dogmas, la asistencia de Dios al Magisterio es negativa, para no errar (inerrancia).

En la inspiración, la asistencia de Dios al hagiógrafo es positiva, de modo que Dios es el verdadero "autor" de la Sagrada Escritura.

10.9   Inspiración de copias y versiones

La inspiración actúa sobre los textos originales tal como salieron de las manos de los hagiógrafos. Las copias y versiones están inspiradas solo *equivalenter*, es decir, en tanto en cuanto respondan al texto original. Los copistas y traductores no gozaron del influjo inspirativo y pudieron equivocarse.

La aplicación de ese principio, plantea dificultades sobre todo en tres casos:

1. La traducción del Antiguo Testamento de los LXX. El problema es que se trata de una traducción del Antiguo Testamento del hebreo al griego que fue realizada casi por entero antes de que se terminara la redacción de los libros del Antiguo Testamento y se construyera el canon bíblico. Algunos Santos Padres la consideraron inspirada, como San Agustín, por ejemplo.[12] Además, es la usada y citada por el Nuevo Testamento, y es, por tanto, la versión oficial de la Iglesia primitiva. Finalmente, este texto es más rico teológicamente hablando y más explícito que el original hebreo, como se puede comprobar en:

   - Ge 3:15 (el problema del sentido del αὐτός).
   - Is 7:14 en relación con Mt 1:23 (παρθένος).
   - Sal 16: 8–10 en relación con Hech 2: 25–31.

   La respuesta al problema es que los textos idénticos al original no se considerarían inspirados, mientras que las adiciones sí lo estarían, porque por un lado caerían dentro del principio de

---

[12]San Agustín: (*De civitate Dei*, 18:34, (P.L. 41, 604). Entre teólogos modernos aceptan su inspiración, P. Benoit, P. Auvray, P. Grelot, D. Barthélemy; en contra, F. Dreyfus o A. M. Dubarle.

la inspiración de los colaboradores, y, por otro, son citados por el Nuevo Testamento.[13]

2. San Mateo griego. El problema consiste en que parece[14] que hubo un Evangelio de San Mateo escrito en hebreo (arameo), anterior al griego canónico que hoy conservamos, y que fue sobre el que se hizo la traducción (con adiciones) griega del Evangelio que hoy conservamos.

   La solución es considerar como inspirado el texto griego, porque es el texto que citan los Santos Padres en sus obras (testigos de la Tradición Apostólica).

3. La *Vulgata* o *Neovulgata*. En este caso, el problema consiste en que se declaró auténtica jurídicamente por el Concilio de Trento.[15]

   Sin embargo, es evidente que se trata de una traducción al latín, y las traducciones no están inspiradas, aunque sea la versión oficial de la Iglesia y la mejor de todas.

---

[13]Quienes niegan la inspiración de los LXX, solo aceptan que compusieron los libros con esfuerzo humano, natural o sobrenatural, movidos por la Providencia divina de Dios. Cfr. M. A. Tábet: *Introducción general...*, cit., págs. 119–120.

[14]Sin entrar en la polémica sobre las razones a favor o en contra de su existencia, recordemos que lo atestiguan varios Santos Padres y Escritores eclesiásticos. Según Eusebio (*Hist. Ecl.*, 111, XXXIX, 16), Papías dijo que Mateo recopiló ("synetaxato"; o según dos manuscritos, "synegraphato", compuso) "ta logia" (los oráculos o máximas de Jesús) en el lenguaje hebreo (arameo), y que cada uno lo tradujo lo mejor que pudo. San Jerónimo ha declarado repetidamente que Mateo escribió su Evangelio en hebreo (*Ad Damasum*, XX; *Ad Hedib.*, IV), pero dice que no se conoce con certeza quién lo tradujo al griego. San Cirilo de Jerusalén, San Gregorio Nacianceno, San Epifanio, San Juan Crisóstomo, San Agustín, etc. y todos los comentadores de la Edad Media repiten que Mateo escribió su Evangelio en hebreo.

[15]*Mutatis mutandis* se podría decir lo mismo de la *Neovulgata* del año 1979.

Capítulo 11

Extensión de la inspiración

Un aspecto de la inspiración que fue muy debatido por la doctrina teológica sobre todo después del Concilio de Trento fue el de la extensión de la inspiración.[1]

No se trata con esta cuestión de saber cuáles y cuántos son los libros inspirados, tema que pertenece al tratado del canon que se estudia más adelante. El problema aquí es conocer a qué aspectos del libro sagrado llega la inspiración: ¿a todos los contenidos?, ¿a los juicios y pensamientos?, ¿a cada una de las palabras escritas?, ¿a la forma literaria?, etc.

Hay que estudiar dos cuestiones diferentes:

1. La primera trata de si la inspiración de los libros sagrados se extendió a todos ellos con todas sus partes (inspiración universal),

---

[1] Sigo las explicaciones de G. Pérez Rodríguez: *Tratado...*, cit., págs. 83–91; V. Balaguer: *Introducción...*, cit., págs. 142–146; M. A. Tábet: *Introducción general...*, cit., págs. 112–120.

o solo a algunas de ellas (inspiración parcial). El Magisterio ha declarado que la inspiración es universal.

2. La segunda trata de dilucidar si todas las palabras escritas y tal como fueron escritas son inspiradas (inspiración verbal), o solo lo fueron los contenidos, dejando que el hagiógrafo escogiera las palabras para comunicarlos (inspiración no verbal). Sobre esta cuestión no se ha definido el Magisterio.

11.1 Inspiración universal o parcial: ¿partes no inspiradas?

San Pablo establece que "toda Escritura es inspirada" (2 Tim 3:16), y "que todo lo que ha sido escrito (Antiguo Testamento) ha sido escrito para nuestra enseñanza" (Ro 15:4). ¿Cómo ha de ser entendido ese "todo"?: ¿todos los libros con sus partes de tal modo que Dios es el autor de toda la Sagrada Escritura, o puede haber alguna parte que fue obra del hagiógrafo humano y así escapó a la autoría directa de Dios?[2]

A lo largo de los siglos los escritores eclesiásticos enseñaron la inspiración total de todos los contenidos de la Biblia, pero a partir de la época de los llamados "estudios bíblicos" o de la "cuestión bíblica", algunos exégetas pusieron en duda la inspiración total de la Sagrada Escritura.

---

[2]Cfr. E. Mangenot: *Inspiration...*, cit., cols. 2178–2192; G. Pérez Rodríguez: *Tratado...*, cit., págs. 83–86; F. von Hummelauer: *Inspiration und Mythus* en "Stimmen aus Maria", Laach 21 (1881) 348–362, 448–456; J. Corluy: *Y a-t-il dans la Bible des propositions non inspirées?* en "Science–catholique" 7 (1893) 481–507; C. Lattey: *De extensione et intensione inspirationis*, en "Verbum Domini" 9 (1929) 225–235; J. Duggan: *Num sententia Card. Newman de inerrantia S. Scripture defendí possit?* en "Verbum Domini" 18 (1938) 219–224.

11.1.1 Errores sobre la inspiración real universal

Algunos autores quisieron solucionar fácilmente ciertas dificultades bíblicas mediante el expediente de distinguir las partes del libro que son obra de Dios (inerrantes) de las que son fruto del puro escritor humano (cabrían inexactitudes y errores).

Varios autores propusieron diferentes teorías:

1. Holden (s. XVII): la inspiración solo es de los temas doctrinales o íntimamente unidos a ellos.

2. Röhling, Lenormant, Girardi, Di Bartolo: no estarían inspirados las descripciones de fenómenos físicos o de los asuntos profanos.

3. Semería y Savi: no estarían inspiradas las cosas que no tiene relación directa con el fin intentado por Dios.

4. Cardenal Newman: no caen bajo el carisma de la inspiración:

   - Las cosas de poca importancia.

   - Frases incidentales.

   - Ciertos detalles geográficos o arqueológicos.

   Por ejemplo, el detalle de la cola del perro de Tobías (To 11:4) o la capa de San Pablo (2 Tim 4:13).

11.1.2 Pruebas de la inspiración real universal

Estas limitaciones al alcance de la inspiración fueron rechazadas por el Magisterio de la Iglesia. Ciertamente no hay definición dogmática al respecto, pero sí se contiene implícitamente en varios documentos doctrinales:

- Concilio de Trento, en el *Decreto sobre los libros santos y las tradiciones* de 8 de abril de 1546: "libros ipsos integros cum omnibus suis partibus..."[3]

- Concilio Vaticano I, en la constitución *Dei Filius*: "libri integri cum omnibus suis partibus..."[4]

- León XIII, encíclica *Providentissimus Deus*: "libri omnes atque integri, quos Ecclesia tamquam sacros et canonicos recipit, cum omnibus suis partibus, Spiritu Sancto dictante conscripti sunt; tantum vero abest, ut divinae inspirationi error ullus subesse possit, ut ea per se ipsa non modo errorem excludat omnem".[5]

- San Pio X, en su decreto *Lamentabili* condenando el error modernista: "Inspiratio divina non ita ad totam Scripturam sacram extenditur, ut omnes et singulas eius partes ab omni errore praemuniat".[6]

- Benedicto XV en la encíclica *Spiritus Paraclitus*, condenando las interpretaciones limitativas del alcance de la inspiración en cuanto a su extensión.

- Vaticano II, Constitución *Dei Verbum*, al afirmar la inspiración de todos los libros sagrados "con todas sus partes".[7]

- Catecismo de la Iglesia Católica: "que todos los libros del Antiguo y del Nuevo Testamento, con todas sus partes, son sagrados y canónicos".[8]

---

[3] D. S. 1504.

[4] D. S. 3006.

[5] D. S. 3292.

[6] D. S. 3411.

[7] *Dei Verbum*, 11.

[8] Catecismo de la Iglesia Católica, nº 105.

Por otro lado, en la Sagrada Escritura, aparece el hecho de que tanto Jesucristo como los Apóstoles citan la Biblia sin distinguir asuntos religiosos o profanos. La Biblia no se equivoca porque está inspirada. En efecto:

- Mt 5: 17–18, "No penséis que he venido a abolir la Ley o los Profetas; no he venido a abolirlos sino a darles su plenitud. En verdad os digo que mientras no pasen el cielo y la tierra, de la Ley no pasará ni la más pequeña letra o trazo hasta que todo se cumpla".

- Lc 16:17, "Es más fácil que pasen el cielo y la tierra que el que se anule un solo trazo de la Ley".

- Jn 5:39, "Examinad las Escrituras, ya que vosotros pensáis tener en ellas la vida eterna: ellas son las que dan testimonio de mí".

- 2 Tim 3:16, "*Toda* la Escritura es inspirada por Dios..."

La Tradición también apoya la inspiración real de toda la Escritura. Los Santos Padres unánimemente consideran que toda la Sagrada Escritura está inspirada, y no distinguen entre:

- Asuntos profanos o religiosos.

- Partes esenciales o accidentales.

- Partes verdaderas o falsas o erróneas.

Valgan como ejemplos los textos de Orígenes: "La sabiduría divina alcanza por entero a la Escritura hasta en su más pequeña letra";[9] o

---

[9]"No hay nada superfluo en las palabras inspiradas por el Espíritu Santo" (*In Num.*, *homil.* XXVII, 1, P. G., t. XII, col. 782. Cfr. *In Jer.*, *homil.* XXXIX, t. XIII, col. 544); "El Espíritu Santo se ha encargado de hacer las Escrituras hasta en sus detalles mínimos, al menos en razón de su sentido espiritual" (*In Gen.*, *homil.* IV, n. 2, t. XII, col. 185).

los de San Juan Crisóstomo cuando declara: "No dejéis pasar ni la más leve expresión ni una sílaba de cuanto se lee en las Escrituras divinas, porque aunque sean palabras pequeñas, son Palabras del Espíritu Santo".[10]

Así pues, la propia naturaleza de la inspiración exige su alcance real y universal, ya que está basada en el principio según el cual en la confección del libro sagrado actúan simultáneamente tanto la causa eficiente principal (Dios) y la instrumental (el hagiógrafo), por lo que la acción de Dios a través del hagiógrafo ha de llegar a todos los libros sagrados y a todas sus partes. Si no fuera así, libros enteros de la Biblia o grandes partes de algunos de ellos quedarían excluidos de la acción de Dios y ya no podrían ser considerados sagrados e inspirados.

11.2 Inspiración verbal y no verbal: ¿palabras concretas no inspiradas?

11.2.1 Estado de la cuestión

Hacia el fin del siglo XVI, y con la intención de precisar el alcance de la expresión tridentina "dictante", se suscita una polémica en torno a la extensión de la inspiración en las universidades de Lovaina y Salamanca. Esto dio lugar a dos posiciones: los defensores de la inspiración no verbal que solamente afectaría al contenido conceptual los libros, y los de la verbal que alcanzaría también a las palabras y expresiones utilizadas por el hagiógrafo.

La solución que se dé, ha de basarse sobre el principio de que si Dios es el autor "literario" de la Biblia, su acción ha de afectar tanto al contenido como a la forma. Ahora bien, ¿Cómo afecta Dios a la forma del escrito? Y a la pregunta cabe responder de dos maneras: solo

---

[10]*In Gen., homil.* XV, 1, P. G., t. LIII, col. 119. Cfr. Ibidem XX, n. 1, col. 175.

negativamente, esto es preservando al hagiógrafo del error; o también positivamente, lo que significa que Dios habría movido al escritor en la elección de las palabras y términos utilizados.[11]

11.2.2 Adversarios de la inspiración verbal

Algunos autores desde el siglo XVI rechazaron la inspiración verbal distinguiendo en los libros sagrados sus elementos materiales (pensamientos y contenidos) de los formales (palabras y expresiones). Dios inspiraría el elemento material, y asistiría negativamente (para no incurrir en error) en el formal.

Entre los defensores de esta posición destacan: Lessio (1586), quien es el primero que la expone;[12] Marchini (s. XVIII); Franzelin (S. XIX);[13] y muchos autores hoy en día.[14]

Sus principales argumentos son los siguientes:

1. *El concepto de autor*: para ser considerado tal basta con que comunique las ideas y contenidos a otra persona que los escribe materialmente.

2. Existen *secretarios o redactores*: incluso la Comisión Bíblica acepta que los autores de algunos libros podrían ser otros diferentes de los considerados tradicionalmente (caso de Moisés

---

[11]E. Mangenot: *Inspiration...*, cit., cols. 2191–2207; Th. M. Pegues: *Une pensée de saint Thomas sur l'inspiration scripturaire* en "Revue Thomiste" 3 (1905) 95–112; G. Mortari: *La nozione di causa instruméntale e le sue applicazioni alia questione de l'inspirazione verbale*, Verona 1928; J. M. Bover: *Inspiración bíblica de la forma literaria* en "La Ciencia" 10 (1945) 389–397.

[12]Cfr. su posición en el capítulo anterior.

[13]J. B. Franzelin: *Tractatus de divina Traditione et Scriptura*. 4.a ed., Roma, 1896, 316–332.

[14]Vigoroux–Bacuez, Mazzella, Brucker, Pesch, Schiffini, Cornely Hagen, Van Laak, Nogara, Tromp, etc. Cfr. A. Fernández *De inspiratione verbali* en "Verbum Domini" (1927) 308 ss.

con respecto al Pentateuco, o de San Pablo con respecto a la Carta a los Hebreos).

3. El *fin de la inspiración*: es comunicar verdades divinas y conducir a los hombres a la salvación, fines que pueden expresarse de formas diferentes.

4. Las *divergencias en lugares paralelos*: si la inspiración fuera verbal tendrían que tener la misma redacción (cfr., por ejemplo, las diferencias en la fórmula eucarística).

5. Las *versiones de la Biblia*: serían todas inspiradas, aunque las palabras no sean las mismas que las originales.

6. La *diversidad de estilos* en la Biblia: realidad que no parece poder compaginarse con la inspiración verbal.

7. Las *imperfecciones del lenguaje*: parecen apoyar la inspiración no verbal.

8. Algunos hagiógrafos relatan *el duro esfuerzo que realizaron* en la composición de sus libros (vgr. Lc 1: 1–4; 2 Mac 2:27; 15: 37ss).

9. *Algunos Santos Padres* insisten más en la realidad de la inspiración de los contenidos que de la forma de los textos bíblicos (vgr. San Agustín o San Jerónimo).

11.2.3   Defensores de la inspiración verbal

Los defensores de esta posición, insistían en que la inspiración verbal no significaba que fuera un dictado mecánico; que el hagiógrafo escogía el vocablo, pero no con sus solas fuerzas, sino asistido por la inspiración de Dios; que la inspiración de las palabras era una exigencia debido a su conexión con los contenidos.

La generalidad de los teólogos hasta el siglo XVI defendieron la inspiración verbal, incluyendo a Santo Tomás de Aquino. Fue el caso de la escuela tomista que se opuso a la posición de Lessio; también la de muchos jesuitas que tomaron idéntica actitud: Francisco Suárez; Roberto Belarmino; Alfonso Salmerón; Melchor Cano;[15] Domingo Báñez;[16] Juan de Santo Tomás; C. R. Billuart; etc.

En siglos posteriores y hasta la actualidad la han defendido varios teólogos de gran fama.[17]

Los principales argumentos que esgrimían pueden ser resumidos en los siguientes puntos:

1. *La naturaleza de la causalidad instrumental*: si Dios no fuera autor de las palabras escogidas, entonces el hagiógrafo no se-

---

[15]Melchor Cano, en sus famosos "lugares teológicos" consideraba como el primero de ellos, la Sagrada Escritura por su origen divino, por lo que la acción de Dios tendría que extenderse a todo el escrito, incluso a los detalles.

[16]Báñez expuso la tesis distinguiendo, en su *Comentario a la Suma Teológica de Santo Tomás*, In Iª, q. 1, a. 8, tres modos de procedencia sobrenatural de un escrito: *revelación propiamente dicha* donde Dios revela al hombre contenidos desconocidos para la mente humana (vgr. el Apocalipsis); *influjo sobrenatural para escribir* realidades parcialmente conocidas por el hombre (vgr. el Evangelio de San Mateo); el *interior dictado del Espíritu* por el cual el hagiógrafo recibe por el Espíritu Santo la selección de palabras concretas por las que pueda expresar su pensamiento (vgr. los Evangelios de San Marcos o San Lucas quienes no fueron testigos de lo que narran). Cfr. V. Balaguer: *Introducción...*, cit., págs. 142–143.

[17]G. Lagrange, Scheeben, Tanqueri, Calmes,, Merkelbach, Zanecchia, Billot, Hugon,, Vosté, Bea, Prado, etc. fr. C. M. Perella: *Nuovi argomenti contra l'inspirazione verbale*, en "Divus Thomas", 33 (1930) 189–197; E. Granelli: *De inspiratione verbali S. Scripturae brevis dissertatio* en "Divus Thomas", 23 (1902) 211–223, 321–340, 433–445; Levesque *Questions actuelles d'Écriture sainte*, en "Revue Biblique" 4 (1895) 420–428; E. J. Young: *The Verbal–Plenary inspiration of Scriptures*, en "Bibliothcca Sacra", Dallas, Texas, 121 (1964) 117–124; 236–242; 303–310; J. A. Witmer: *The Biblical Evidence for the Verbal–Plenary inspiration of the Bible*, en "Bibliotheca Sacra" 121 (1964) 243–252.

ría causa instrumental, sino principal. La teoría de la causa principal—causa instrumental exige que *todo* el libro sea de Dios y del hombre.

2. *Razón psicológica*: la experiencia señala que hay una estrechísima relación entre las palabras y las ideas. Admitir su separación supondría una violenta bisección en la psicología humana que no se puede justificar.

3. *Razón exegética*: las palabras son la base inmediata de la hermenéutica. Es difícil de sostener que el fundamento de ésta sea un elemento puramente humano.

4. *La Tradición*: aunque los Santos Padres no se plantean directamente este problema, su modo de expresarse parece apoyar la inspiración verbal. En efecto, ellos suelen comparar al hagiógrafo con un instrumento musical, o utilizan la metáfora del dictado; por otro lado, cuando ellos interpretan la Biblia lo hacen cuidadosamente a partir de las palabras escritas.

Además, los defensores de la inspiración verbal responden a las dificultades propuestas por sus adversarios:

1. *Sobre el auténtico concepto de "autor"*: la Tradición y el Magisterio hablan de Dios como autor principal *en sentido estricto* y no amplio.

2. *La comparación de la relación de San Pablo o Moisés* con un redactor o secretario, con la relación entre Dios y el hagiógrafo, basándose en las sentencias de la Comisión Bíblica, no corresponde, porque la Comisión se está refiriendo a la autenticidad de los dones y no a cuestiones de inspiración (la Comisión supone en su respuesta que tanto Moisés y San Pablo como sus redactores y secretarios gozaban de la inspiración).

3. *Fin de la inspiración*: es la comunicación de verdades salvíficas, pero transmitidas en un libro... Y no da lo mismo escribir algo de una forma u otra.

4. *Divergencias en los lugares paralelos*: quedan explicadas porque Dios respeta las cualidades de los hagiógrafos como instrumentos libres y racionales. Además el hecho de que son redacciones distintas de una misma catequesis oral, manifiesta que son sustancialmente idénticas y accidentalmente distintas.

5. *Las versiones de la Biblia*: solo son inspiradas en la medida en que coincidan con el texto original.

6. *Diversidad de estilo*: es un hecho debido a que Dios respeta la libertad y racionalidad del instrumento humano, por lo que no se puede entender como una especie de "dictación" o "adivinación mántica".

7. *Las imperfecciones del lenguaje*: cfr. nº 6.

8. *El trabajo y esfuerzo desarrollado por los hagiógrafos*: Dios cuenta con este presupuesto, conforme a lo ya expuesto.

9. *Los Santos Padres*: cuando insisten en que hay que atender más a los conceptos que a las palabras ofrecen un principio exacto de interpretación, pero no proponen criterios sobre la misma.

Hay que hacer hincapié que el entendimiento católico de la inspiración verbal no es el que desarrollaron algunas sectas del mundo protestante desde el finales del siglo XIX, y que recibió el nombre de "fundamentalismo protestante",[18] que concibió la acción de Dios como

---

[18]Así por ejemplo en el Congreso Bíblico Americano de 1895 (Niágara, Nueva York) donde se estableció como una de las verdades fundamentales contra el secularismo, la inerrancia verbal de la Sagrada Escritura. Sobre la misma, se volverá más adelante.

un dictado mecánico y defendió una lectura literalista y al pie de la letra de la Biblia.

Capítulo 12

Efectos de la inspiración I: la verdad de la Biblia. Principios

Si la Biblia es obra de Dios como su autor principal, una de sus consecuencias es que ha de estar libre de error, ha de contener la Verdad pura e incontaminada que Dios quiso consignar para nuestra salvación.[1]

---

[1]Cfr. M. A. Tábet: *Introducción general...*, cit., págs. 137–155; O. García de la Fuente: *Consecuencias de la inspiración*, en AA. VV "Introducción General a la Sagrada Escritura", Madrid, Ed. Casa de la Biblia, págs. 93–142; V. Balaguer: *Introducción...*, cit., págs. 171–186; J. M. Casciaro: *Veracidad y santidad de la Biblia*, en GER, vol IV, págs. 163–168; J. M. Vosté: *De divina inspiratione S. Scripturae*, Roma, Coll. Angelico, 1932; G. M. Perella y J. Prado: *Introducción General a la Sagrada Escritura*, cit., págs. 82–112; J. H. Crehan: *Inspiración e inerrancia de la S. Escritura*, en AAVV. Verbum Dei: Comentario a la Sagrada Escritura, Barcelona, 1956, págs. 112–167; A. Durand: *Inerrance biblique*, en "Dictionnaire apologétique de la Foi Catholique", Paris, II (1911) cols. 752–787; M. Sales: *Doctrina S. Thomae de inerran-*

Esta realidad ha sido objeto de muchas críticas y negaciones por parte de algunos exégetas y herejes. Es necesario, pues, entender bien el concepto de verdad bíblica y solventar todas las dudas y objeciones que pudieran oponerse.

12.1 Pruebas de su realidad

12.1.1 La verdad de la Biblia en la misma Sagrada Escritura

Hay dos expresiones bíblicas que solo se pueden explicar sobre la base de que la Biblia transmite la verdad completa:

1. "Está escrito". Tanto para Jesucristo, como para los Apóstoles y los judíos, la expresión significa que la Sagrada Escritura es absolutamente verdadera. Así se puede comprobar en la explicación que se da a los siguientes acontecimientos:

   - Mt 4: 4.7.10, tentaciones en el desierto, y la continua referencia a "está escrito" como criterio de verdad.

   - Mt 21: 12–13, explicación de la acción de Cristo al expulsar a los vendedores del templo.

   - Mc 1:2, en el profeta Isaías está anunciada la misión de San Juan Bautista.

---

tia bíblica, en "Divus Thomas" 3 (1924) 84–106; E. Iglesias: *La inerrancia bíblica*, en "Revue Biblique" (1939) 85–90; G. Courtade: *Inspiration–Inerrance*, en "Dictionnaire de la Bible. Supplément", IV, Paris, 1949 cols. 520–550; A. Rivera: *Imposibilidad de admitir en los autores sagrados un sentido humano sujeto a error*, en "XII Semana Bíblica Española" Madrid 1952, 3–28; P. Benoit: *Inspiration*, en "Initiation biblique", Tournai-París, 3ª, págs. 34–44; Id.: *Note complementare sur l'inspiration*, en "Revue Biblique", 63 (1956) 416–422; Id.: *Inerrance biblique*, en "Catholicisme" 5, 22 (1963) 1539–49; M. Adinolfi: *Ispirazione e inerranza*, Roma, Paoline, 1962.

- Lc 2:23, la razón de la presentación de Jesús en el Templo.

- Hech 13:29, la explicación de la pasión y muerte de Jesús.

- Etc.

2. "Es necesario que se cumpla todo lo que está escrito". Porque Dios es fiel a sus promesas y no miente.

   - Lc 24:44, a los discípulos de Emaús sobre los sufrimientos del Mesías.

   - Mt 26:54, la explicación del arresto de Jesucristo.

   - Jn 10:35, sois dioses y "la Escritura no puede fallar".

   - Hech 1:16, la explicación de la traición de Judas.

12.1.2 La verdad de la Biblia en los Santos Padres

Los Santos Padres unánimemente sostuvieron el principio de la verdad de la Biblia. Por ejemplo:

- San Justino: "No me atrevería a pensar ni a decir que las Escrituras se puedan oponer entre ellas..., más bien confesaré que no entiendo lo que significa".[2]

- San Ireneo: "Dios concedió a sus discípulos el poder de predicar el Evangelio; por medio de ellos conocemos la verdad, es decir, la doctrina del Hijo de Dios".[3]

- San Juan Crisóstomo: "Cuando veas que alguien, movido por sus razonamientos, se atreve a contradecir la divina Escritura, trátalo como a un loco".[4]

---

[2] San Justino: *Dial.*, 65, 2 (P. G. 6, 652).

[3] San Ireneo: *Adv. Haer.*, III, 1, 1.

[4] San Juan Crisóstomo: *In Jn 1, hom. 10*, 6 (P. G. 53, 87).

- San Jerónimo: "Es de impíos afirmar que la Escritura miente".[5]

- San Agustín: "Creo firmemente que ninguno de sus autores [de los libros de las Escrituras] ha cometido error alguno al escribir. Si alguna vez me encuentro en ellos algo que parezca contrario a la verdad, no tendré la menor duda en afirmar que eso depende del códice defectuoso o del traductor que no ha interpretado correctamente lo que está escrito, o que mi mente no ha llegado a comprenderlo".[6]

La razón que aportan para defender la verdad de la Sagrada Escritura es el origen divino de la misma.[7] Muchos utilizan la expresión "nos enseña la verdad de nuestra salvación".

Y ellos son conscientes de las dificultades que se pueden encontrar en el texto sagrado, pero siempre lo atribuyen a la falta de entendimiento del lector o a otra causa extrínseca al libro, y nunca a que exista error en la Biblia. El texto más claro es el ya citado de San Agustín.

Por eso, León XIII atestiguaba con rotundidad la unanimidad de la Tradición sobre la verdad de la Biblia:

> "Hasta punto tal estuvieron los Padres y Doctores todos absolutamente persuadidos de que las divinas Letras, tal como fueron publicadas por los hagiógrafos, estaban absolutamente inmunes de todo error, que con no menor sutileza que reverencia pusieron empeño en componer y

---

[5]San Jerónimo: *In Nahum*, 1, 9 (P. L. 22, 366); *Epist.*, 18, 7, 4 (P. L. 25, 1238). La encíclica *Spiritus Paraclitus* de Benedicto XV dedica una sección a exponer el pensamiento de San Jerónimo al respecto (cfr. nº 15–16, E. B. 450).

[6]San Agustín: *Epist.* 82, 1, 3 (P. L. 33, 277). Texto recogido por la Encíclica *Providentissimus Deus* (D. S. 3293).

[7]Así, San Clemente Romano, San Hipólito, San Juan Crisóstomo, etc.

conciliar entre sí no pocas de aquellas cosas (que son poco más o menos las que en nombre de la ciencia nueva se objetan ahora), que parecían presentar alguna contrariedad o desemejanza; pues profesaban unánimes que aquellos libros, en su integridad y en sus partes, procedían igualmente de la inspiración divina, y que Dios mismo, que por los autores sagrados había hablado, nada absolutamente pudo haber puesto ajeno a la verdad".[8]

12.1.3 La teología tradicional

Santo Tomás de Aquino, siguiendo a los Santos Padres, proclama la absoluta verdad de la Sagrada Escritura: "Todo lo que contiene la Sagrada Escritura es verdad".[9] La Sagrada Escritura es *omnisapiens et verissima.*[10]

La teología posterior seguirá al Aquinate hasta que se produzca el problema de la llamada "cuestión bíblica".

12.1.4 El Magisterio de la Iglesia

Por lo mismo, y debido al hecho de que nadie cuestionaba la verdad de la Biblia, el Magisterio fue parco en declaraciones hasta el siglo XIX. Con todo cabe señalar:

1. San León I, epístola 82 *ad Matianum Augustum* (451), insistiendo en que, en relación a la doctrina evangélica y apostólica, no es lícito disentir ni siquiera en una sola palabra, o sentir algo diferente de lo que enseñaron y transmitieron nuestros padres.[11]

---

[8]*Providentissimus Deus* (D. S. 3293).

[9]Santo Tomás de Aquino: *Quod.* XII, q. 17, a. 26, ad. 1.

[10]Santo Tomás de Aquino: *In de Div. Nom.* 1, lect. 1, n. 21.

[11]Cfr. E. B. nº 25.

2. Juan XXII en la constitución *Cum inter nonnullos* (1323) contra los errores de los espirituales, quienes sostenían que Cristo y sus Apóstoles no tenían nada ni siquiera en común. Esto es contrario a lo que dice la Sagrada Escritura: "como quiera que expresamente contradice a la Sagrada Escritura que en muchos lugares asegura que tenían algunas cosas, y supone que la misma Escritura Sagrada, por la que se prueban ciertamente los artículos de la fe ortodoxa, en cuanto al asunto propuesto contiene fermento de mentira, y, por ello, en cuanto de semejante aserción depende, destruyendo en todo la fe de la Escritura, vuelve dudosa e incierta la fe católica, al quitarle su prueba".[12]

3. Benedicto XII sobre los errores de los armenios (1341) negando que Cain fuera muerto por Lamec en contra de lo que dice el Génesis.[13]

4. Clemente VI, en su epístola *Super quibusdam ad Consolatorem, Catholicon Armenorum* (1351) donde se afirma que en el Nuevo y Antiguo Testamento "en todos los libros que nos ha transmitido la autoridad de la Iglesia Romana, contienen en todo la verdad indubitable".[14]

12.2 La "cuestión bíblica"

Sin embargo tal unanimidad fue cuestionada a raíz de la llamada "cuestión bíblica" en el siglo XIX, la cual surge debido al auge de las ciencias históricas y naturales a lo largo de ese siglo y del anterior.

---

[12]D. S. 930.

[13]Cfr. E. B. nº 45.

[14]D. S. 1065.

Se cuestionan las afirmaciones bíblicas sobre aspectos propios de las ciencias naturales o sobre datos históricos.

La primera reacción de los teólogos, desafortunada, fue el concordismo bíblico, que intentaba justificar todas y cada una de las afirmaciones de la Biblia, incluso en el campo científico.

12.2.1 Respuesta a los desafíos de las ciencias de la naturaleza

Los Papas de la época enfrentaron pronto y definitivamente los problemas que planteaban los desafíos de las ciencias de la naturaleza. En efecto:

1. León XIII en su *Providentissimus Deus*:[15]

   - Recoge los criterios de Santo Tomás y de San Agustín.

   - Dios no quiso enseñar la constitución del mundo, porque esto no sirve para nada para la eterna salvación del hombre.

   - La Biblia utiliza expresiones de los fenómenos naturales:

     - En sentido metafórico.

     - Usando expresiones del lenguaje corriente de la época en que se escribieron.

     - Acomodado a la experiencia sensitiva externa (el sol "sale" por el oriente).

2. San Pio X, en la respuesta de la Comisión Bíblica Pontificia (1909) a la duda: "Si dado el caso que no fue la intención del autor sagrado, al escribir el primer capítulo del Génesis, enseñar de modo científico la íntima constitución de las cosas visibles y el orden completo de la creación, sino dar más bien a su nación una

---

[15]D. S. 3287.

noticia popular acomodada a los sentidos y a la capacidad de los hombres, tal como era uso en el lenguaje común del tiempo, ha de buscarse en la interpretación de estas cosas exactamente y siempre el rigor de la lengua científica. Resp.: Negativamente".[16]

3. Benedicto XV, en la encíclica *Spiritus Paraclitus* (1920), defendiendo que los sentidos no se equivocan cuando se proyectan sobre su propio objeto que son las cosas sensibles.[17]

4. Pio XII, en la encíclica *Divino Afflante Spiritu*, quien confirma la doctrina de sus predecesores.[18]

12.2.2 El problema de los desafíos de la ciencia histórica

Este desafío era mucho más delicado, porque toda la Revelación cristiana está basada en una *Historia Salutis*. Si los datos históricos consignados en la Sagrada Escritura fueran erróneos, entonces se pondría en peligro el contenido de la Revelación. Mientras que la constitución íntima de los fenómenos naturales no está en relación necesaria con la salvación, sí que lo están los hechos históricos. Como dice M. A. Tábet:

> "Entre las verdades de fe y los acontecimientos históricos correspondientes hay una conexión estrecha. Las principales verdades que se refieren a Dios y a la economía de la salvación han sido reveladas a través de acontecimientos históricos, que sucedieron en momentos y lugares determinados, o vinculados a ellos. La creación, el pecado original,

---

[16]D. S. 3518.

[17]D. S. 3652.

[18]D. S. 3830.

la Encarnación, la Redención, la fundación de la Iglesia, la institución de los sacramentos, etc., son acontecimientos históricos que manifiestan el sentido último de la vida del hombre y de sus relaciones con Dios. Si se negase la realidad histórica de esas narraciones, se debilitaría la verdad que encierran".[19]

En el campo de la ciencia se habían hecho grandes adelantos en los descubrimientos históricos, arqueológicos y en las lenguas antiguas. La imagen histórica que descubrían no coincidían con algunos hechos bíblicos históricos interpretados al pie de la letra.

Primera reacción apologeta inaceptable

Esto llevó a muchos críticos del cristianismo y de la religión en general a sostener que:

- La Biblia no estaba inspirada, porque contenía errores históricos.

- La Biblia no servía como fuente de conocimiento de la Historia.

La primera reacción de los apologetas católicos fue luchar contra las nuevas ideas, pero situándose en el campo del enemigo, por así decir, y aceptando sus términos de combate. Para estos primeros defensores de la Biblia, solo cabía mostrar que tanto la inspiración como la inerrancia tenían límites. Fue la posición de Newman (no estaría inspirado los "obiter dicta"), la de Didiot y D'Hulst (solo están inspirados los textos relativos a la fe y las costumbres) y la de otros estudiosos que sostuvieron que la inerrancia solo afectaba a las doctrinas religiosas, pero no a lo profano o secundario.

Esta primera respuesta de la apologetica fue rechaza por el Magisterio de la Iglesia. En efecto:

---

[19]M. A. Tábet: *Introducción general...*, cit., págs.144–145.

- León XIII en la *Providentissimus Deus* sostuvo que:

  - No hay límites a la inspiración.
  - No hay límites a la inerrancia.[20]

- San Pio X, en el Decreto *Lamentabili* defendía:

  - Inspiración para toda la Sagrada Escritura.
  - Inerrancia para todas y cada una de sus partes.[21]

  En la encíclica *Pascendi* condenaba pues:

  - El pensamiento modernista que admitía errores en la Biblia sobre temas de fe y costumbres.
  - La teoría de "la verdad relativa".[22]

- Pio XII en la *Divino Afflante Spiritu* confirmaba las doctrinas de sus predecesores.[23] Y en la *Humani Generis*, condenaba la tesis de que la inerrancia se extendía solo a los textos que tratan de Dios, la religión y la moral.[24]

Otras teorías de valor ambivalente para las discrepancias históricas

Junto a esa primera respuesta rechazada por el Magisterio, surgen otras propuestas, de valor ambivalente. En efecto:

1. *Teoría de las citas implícitas.* El hagiógrafo citaría un documento erróneo, sin aprobarlo ni hacerlo suyo. Por eso no sería

---

[20]D. S. 3292.

[21]D. S. 3411.

[22]E. B. 272.

[23]D. S. 3826.

[24]E. B. 592.

responsable del error. El principal defensor de esta posición fue F. Prat.[25]

Sin embargo el Magisterio matizó su posible uso. En efecto:

- La Comisión Bíblica en 1905 declaró que el expediente no puede ser usado como remedio universal para las posibles dificultades. No obstante podría ser utilizado de un modo excepcional para algunos casos, siempre que se probara que realmente el hagiógrafo citaba palabras ajenas.
- San Pío X en la *Pascendi* rechaza la teoría considerándola una limitación al alcance de la inspiración.[26]
- Benedicto XV en la encíclica *Spiritus Paraclitus* considera que podría ser un método válido en principio, pero condena los abusos del mismo.[27]

2. *Teoría de la Historia según apariencia.* Según esta teoría, los hagiógrafos refieren hechos históricos según la voz popular o según se los recordaba su memoria. Fue defendida por M. J. Lagrange[28] y por F. Von Hummelauer.[29]

Fundamentaban esta explicación en base a:

- Aplicar la solución aceptada para la descripción bíblica de los fenómenos físicos a los problemas de tipo histórico.
- Algunas afirmaciones de varios Santos Padres como San Jerónimo o San Agustín.

---

[25]Cfr. F. Prat: *La Bible et l'histoire*, Paris, Bloud and Cie, 1904; Id.: los artículos en la revista "Études": 86 (1901) 474–500; 93 (1902) 289–312. 610–633.

[26]E. B. 266.

[27]E. B. 474.

[28]M. J. Lagrange: *La méthode historique*, Paris, V. Lecoffre, 1904.

[29]F. Von Hummelauer: *Exegetisches zur Inspirationsfrage*, Freiburg, Herder, 1904.

Sin embargo la teoría fue criticada porque los textos de los Santos Padres que aducían estaban sacados de contexto, y en otros lugares de sus obras los mismos Santos Padres afirmaban el carácter histórico verdadero de las narraciones en cuestión. Además las solución dada a la descripción de fenómenos físicos no se puede extrapolar a la de los históricos porque la Historia intenta aproximarse a los hechos históricos verdaderamente ocurridos distinguiéndolos de las opiniones o narraciones populares.

Este método solo podría ser aceptable para el caso de que el hagiógrafo verdaderamente atestiguara que recoge opiniones populares. Así lo determinaba la Pontificia Comisión Bíblica: "A la duda: Si puede admitirse como principio de la recta exégesis la sentencia según la cual los libros de la Sagrada Escritura que se tienen por históricos, ora totalmente, ora en parte, no narran a veces una historia propiamente dicha y objetivamente verdadera, sino que presentan sólo una apariencia de historia para dar a entender algo que es ajeno a la significación propiamente literal o histórica de las palabras. Se respondió (con aprobación de Pío X): Negativamente, excepto, sin embargo, el caso, que no ha de admitirse fácil ni temerariamente, en que, sin oponerse el sentido de la Iglesia y salvo su juicio, se pruebe con sólidos argumentos que el hagiógrafo quiso dar no una historia verdadera y propiamente dicha, sino proponer, bajo apariencia y forma de historia, una parábola, alegoría, o algún sentido alejado de la significación propiamente literal o histórica de las palabras".[30]

3. *Teoría de la verdad absoluta y de la verdad relativa.* La tesis de esta posición es que los asuntos religiosos tendrían siempre un valor de "verdad absoluta", para toda época y circunstancias.

---

[30]Cfr. Pontificia Comisión Bíblica, decreto del 23 junio 1905.

En cambio, los asuntos profanos tendrían un valor de "verdad relativa" siendo verdadero solo para una época, ambiente o circunstancia particular.

Las críticas y limitaciones en la aceptación de esta tesis son similares a las dos teorías anteriores.

Los géneros literarios desde la Divino Affante Spiritu al Concilio Vaticano II

Un método que se ha probado ortodoxo y fructífero para la interpretación correcta de la Biblia es de *los géneros literarios*. El género literario es una forma determinada de expresar las ideas que tiene lugar en un tiempo y lugar concreto. M. A. Tábet los define como "las formas o modos habituales y originales de entender, de expresarse, de narrar, en uso en una determinada época o región, regulados por normas particulares y utilizados por el que habla o por el que escribe con una finalidad determinada. Se trata de un fenómeno presente en todas las obras literarias, antiguas y modernas, primitivas o desarrolladas".[31] Aplicando el caso a los hagiógrafos bíblicos, se sostiene que son autores del Antiguo Oriente y escriben utilizando los géneros literarios propios de su tiempo. La intención del autor sagrado se descubre analizando el género literario que utilice.

Los primeros teólogos católicos que propusieron esta tesis fueron Lagrange, Prat y Hummelauer.[32] Pio XII en la encíclica *Divino Afflante Spiritu* aceptó el criterio y uso de los géneros literarios para

---

[31]M. A. Tábet: *Introducción general...*, cit., pág. 148.

[32]En el campo protestante, se inició con H. Gunkel. Cfr. L. Alonso Shökel: *Hermenéutica racional: los géneros literarios*, en "L. Alonso Shökel y A. M Artola: La Palabra de Dios en la Historia de los hombres", págs. 396–407; H. Höplf: *Critique Biblique. Genres Littéraires*, en "Dictionnaire de la Bibla, Supplément" 2 (1934) 202–212; M. A. Tábet: *Introducción general...*, cit., págs. 147–150.

la interpretación de la Biblia, y lo extendió del campo de los libros históricos a toda la Biblia.[33] Pero exigió dos condiciones: que no se estableciera la realidad de un posible género literario *a priori*, sino tras un estudio atento de las literaturas orientales de la época bíblica; y por otro lado, que se tuviera en cuenta que los géneros literarios del Antiguo Oriente no se corresponden con los nuestros.[34]

Este método tiene indudables ventajas y puede ser muy fructífero para solucionar dificultades históricas, porque se fundamenta, y siempre que se fundamente, en la verdad. Cuando los géneros literarios se usan con exactitud, sirven para conocer la intención del autor sagrado, lo que realmente quiso decir, con lo que se aclaran muchas objeciones contra de la verdad y fidelidad históricas de la Biblia.

Para determinar la realidad de un género literario es necesario considerar tres factores internos y uno externo:[35]

- Tres factores internos:

  - Un tema particular (vgr. el Reino de Dios, la misericordia, etc.).

  - Una estructura o forma interna peculiar (vgr. cántico, himno, fábula, etc.).

  - Un repertorio de procedimientos frecuentes (vgr. el uso de unas imágenes concretas).

- El factor externo hace relación con las condiciones del tiempo y del lugar donde se produce el género literario (*Sitz im Leben*).

---

[33] *Divino Afflante Spiritu*, nº 23–25 (D. S. 3829–3830).

[34] Este fue el caso, por ejemplo, de P. Hummelauer quien estableció un número de géneros literarios sin base científica o documental, porque en su tiempo todavía no se conocían bien las antiguas literaturas orientales.

[35] M. A. Tábet: *Introducción general...*, cit., pág. 148.

También hay que distinguir también entre el "género", la "forma" y la "unidad literaria":

- "Género" es una forma literaria más extensa y amplia (vgr. narración histórica, salmo, poema sapiencial, etc.).

- "Forma" es una unidad oral o escrita de menor extensión (vgr. algunas normas legales, breves himnos de acción de gracias, etc.).

- "Unidad literaria" es un giro o manera de hablar breve y expresiva (vgr. saludos de paz, breves confesiones de fe, etc.).

Es necesario hacer hincapié que el principio de los géneros literarios no resuelve todos los problemas hermenéuticos. Pero el método abrió perspectivas y avances muy importantes. Así lo reconoció la *Dei Verbum*: "para descubrir la intención de los hagiógrafos, entre otras cosas, se deben tener en cuenta los géneros literarios".[36]

Los criterios generales relativos a la utilización de los géneros literarios aplicados a la interpretación de la Biblia pueden resumirse en los siguientes:

1. La Escritura admite cualquier género literario con tal que no se oponga a la verdad y a la santidad de Dios, como podría ser el caso de un género que indujera a engaño o confusión.[37]

---

[36] *Dei Verbum*, nº 12 (D. H. 4217).

[37] M. A. Tábet: *Introducción General...*, cit., pág. 151. Cfr. Pío XII, Divino Afflante Spiritu: "Porque ninguna de aquellas maneras de hablar de que entre los antiguos, y señaladamente entre los orientales, se valía el lenguaje humano para expresar el pensamiento, es ajena a los Libros Sagrados, con la condición, sin embargo, que el género de decir empleado no repugne en modo alguno a la santidad ni a la verdad de Dios, como lo advierte con su peculiar sagacidad el mismo Angélico Doctor con estas palabras: 'En la Escritura las cosas divinas se nos dan al modo como suelen usar los hombres'" (D. S. 3831).

2. Cada género literario tiene su propio modo de decir la verdad. Por ejemplo, la historia no es parábola, por lo que si se trata una parábola como si fuera historia o viceversa nos equivocaríamos.

3. Los géneros literarios no se deben de establecer *a priori*, sino tras un atento estudio de las literaturas orientales de la época bíblica.[38]

4. El catálogo de los géneros literarios usualmente aceptados por la ciencia hermenéutica,[39] es el siguiente:

   - Géneros literarios históricos, muy diversos que se estudian más adelante.

   - Fábula, como Jue 9: 8–16 (los árboles ungen al rey) o 2 Re 14:9 (el cardo del Líbano envió embajada al cedro del Líbano).

   - Parábola, como en 2 Sam 12: 1–4 (la historia de la oveja del pobre para acusar a David de su crimen), y todas las que aparecen en el Nuevo Testamento.

   - Alegoría, como en Ez 16:23 (la infidelidad – prostitución de Israel) o Jn 10: 1–18 (alegoría del Buen Pastor).[40]

   - Diálogos, como el Libro de Job o el Cantar de los Cantares.

   - Apocalipsis, como Ez 40–48; Da –12; el Apocalipsis de San Juan; etc.

   - Salmos–himnos, como los Salmos 8, 19, 29, 33, etc.

---

[38] Pío XII, *Divino Afflante Spiritu* (D. S. 3830). Cfr. M. Alesso (ed.): *Hermenéutica de los géneros literarios: de la Antigüedad al cristianismo*, Buenos Aires, Ed. Facultad de Filosofía y Letras, 2013.

[39] Cfr. M. A. Tábet: *Introducción general...*, cit., págs. 153–155; A. Robert y A. Feuillet: *Introducción a la Biblia*, cit. págs. 137–162.

[40] Cfr. Sal 23.

- Cánticos de Sión, como los Salmos 46, 48, 76.

- Cánticos acrósticos (alfabéticos), como los Salmos 119 y 145, o Lam 1–4.

- Lamentaciones colectivas, como los Salmos 12, 44, 58, 60; o Lam 5.

- Lamentaciones individuales, como los Salmos 5, 6, 7, 17, 22, 25, etc.

- Liturgias, como los Salmos 15, 24 o 134.

- Poesía épica, como Ex 15: 1–18 (cantos de Moisés y los israelitas tras el paso del Mar Rojo), Ju 5 (canto de Débora), Ha 3: 2–19.

- Poesía lírica, como en Is 5: 1–7 (canto sobre la viña del amigo); o Jon 2: 3–10 (canto de Jonás en la ballena); o Na 1: 1–13.

- Poesía didáctica, como Ju 14, o Sal 1, 37 y 49.

- Poesía popular, como Is 23:16.

- Genealogía, como en Num 1:26; 1 Cr 2: 3–25; 8: 1–28; Mt 1: 2–16 o Lc 3: 23–28.

- Poesía epitalámica, como el Cantar.

- Enigma, como Ju 14: 12–18 (sobre Sansón), o 1 Re 10:1.

- Proverbios, como en Is 5:21ss; o 1 Sam 10:12; o el libro de los Proverbios.

- Oráculo, como en Is 13–27.

- Cartas, como las del Nuevo Testamento.

- Código de santidad, como en Le 11–15; 1–7; la ley de los sacrificios; etc.

- Profecías abundantes en el Antiguo y el Nuevo Testamento.

- Etc.

5. Es necesario, saber utilizar el criterio de los géneros literarios equilibrada y adecuadamente, para no traicionar el verdadero sentido de la verdad transmitida por Dios en los libros sagrados. A. Gálvez ha recordado este principio con relación a la interpretación del Cantar de los Cantares:

> "Sucede, sin embargo, que se suele poner demasiado énfasis en el género literario poético del Cantar de los Cantares. De ahí la inclinación a pensar que se trata de mera poesía amorosa o epitalámica; con lo que el carácter inspirado del libro pasa a ocupar un modesto segundo o tercer plano. A lo que hay que añadir la misteriosa y profunda condición de la que está dotada la poesía. La cual, si es auténtica, contiene mucho más de lo que se desprende del mero significado de los vocablos; hasta el punto de que, no pocas veces, incluso parece escapar a la percepción y al control de su autor".[41]

12.2.3   La nueva perspectiva del Concilio Vaticano II

Pio XII recogía y aceptaba los buenos descubrimientos de la auténtica exégesis moderna, al tiempo que rechazaba las nuevas ideas exegéticas que se extendían por la Iglesia con la invasión de la teología modernista, como habían hecho sus predecesores en la Sede Apostólica.

Sin embargo, los avances aceptados por Pio XII fueron interpretados por los partidarios de la exégesis modernista, como un verdadero

---

[41] A. Gálvez: *Siete Cartas a Siete Obispos*, pág. 133.

cambio de rumbo del Magisterio, que finalmente iba a dar entrada a la aceptación del método histórico crítico (*Formgeschichte* y *Redaktionsgeschichte*, etc.). Este método, como ya se explicó, rechazaba los tres dogmas bíblicos (inspiración de toda la Biblia, total inerrancia e historicidad de los Evangelios). Los defensores del mismo, exigían que la exégesis se rigiera por sus propias normas histórico–críticas con independencia de la dogmática católica.

El resultado final fue que la nueva exégesis modernista se extendió rápidamente, capturó a algunos de los profesores del Instituto Bíblico de Roma y se introdujo entre ciertos expertos de la Comisión Bíblica Pontificia. Desde ahí se hicieron toda clase de propuestas para que la Iglesia aceptara los nuevos métodos.

Los amargos frutos de esta situación fueron la aparición de muchos estudios donde se rechazaba la historicidad de los Evangelios, la realidad de la institución del Papado por Jesucristo, la realidad de la Eucaristía, la resurrección y divinidad de Jesucristo, la virginidad de Santa María, la realidad del pecado original, la verdad sobre el Purgatorio, etc.

Por otro lado, los profesores de Sagrada Escritura que se estaban formando en el Instituto Bíblico, recibían las nuevas enseñanzas y las iban extendiendo por las diferentes facultades de Teología y seminarios.

Este transfondo explica las presiones que se dieron en el Vaticano II en torno a la redacción y aprobación de la Constitución *Dei Verbum*. Por un lado, la Iglesia no podía rechazar su magisterio tradicional; pero los nuevos expertos y exégetas que estaban influidos por la teología modernista buscaron fórmulas de compromiso, amplias, ambiguas y susceptibles de variadas interpretaciones, que pudieran servir más adelante para el reconocimiento pleno el método histórico–crítico. En la Constitución se descubre la huella de las tensiones del momento, y junto a declaraciones clarísimas en favor de los principios dogmáticos y de la exégesis tradicional (necesarios para que los Padres conciliares aceptaran la Constitución), hay expresiones que han sido utilizadas posteriormente para justificar la aceptación de la exégesis modernista.

Es evidente que las declaraciones de la *Dei Verbum*, como las de cualquier documento conciliar, han de ser interpretadas de acuerdo y en continuidad con la doctrina del Magisterio de siempre y no en su contra.[42] En este sentido, hay que recordar que la Biblia no puede contener error, ni de hecho ni de derecho, por ser Dios autor de la Biblia. La cual verdad ha de ser entendida teniendo en cuenta los siguientes principios:

1. Que no se tratan de errores en sentido lógico (falta de adecuación entre el juicio y la realidad) y *no equivocaciones de tipo material* por falta de pericia.

2. Que es necesario tener en cuenta el *género literario* usado por el hagiógrafo.

3. Que deben de tratarse de afirmaciones auténticas del hagiógrafo, es decir aprobadas por él en el sentido que él quiso.

4. Que se debe de tratar del texto autógrafo y no de las copias.[43]

Los principales cambios que la *Dei Verbum* sostuvo sobre la verdad de la Sagrada Escritura, fueron:

1. *Una nueva perspectiva "positiva".* El problema de la verdad bíblica no debe ser enfrentado desde el punto de vista negativo

---

[42]Sobre todo el problema de la llamada *hermenéutica de la continuidad*, cfr. A. Gálvez: *El invierno...*, cit., págs. 7–10.

[43]Cfr. M. A. Tábet: *Introducción General...*, cit. pág. 138.

de la mera inerrancia, sino desde la perspectiva positiva de la afirmación de la verdad de la Escritura. ""Los libros de la Escritura enseñan firmemente, con fidelidad y sin error, la verdad que Dios quiso consignar..."[44] De este modo, se abandona el campo de los enemigos de la Biblia, para plantear la polémica en un campo nuevo. Se abandona la actitud apologética para utilizar otra más teológica.

2. *Principio de verdad "para nuestra salvación".* "Los libros de la Escritura enseñan firmemente, con fidelidad y sin error, la verdad que Dios quiso consignar en las Sagradas letras para nuestra salvación".[45]

3. *Principio de la intención didáctica del autor sagrado.* "Habiendo, pues, hablado Dios en la Escritura por medio de los hombres a la manera de los hombres, para que el intérprete de la Sagrada Escritura comprenda lo que Él quiso comunicarnos, debe investigar atentamente qué intentaron expresar realmente los hagiógrafos y plugo a Dios manifestar con las palabras de ellos".[46]

12.3 Principios fundamentales sobre la verdad bíblica

Cuando es estudia el problema de la verdad de la Biblia, el objetivo es descubrir qué quisieron realmente decir en la Sagrada Escritura tanto Dios (como autor principal de la Biblia, causa eficiente principal) como el hagiógrafo (como autor verdadero pero causa eficiente instrumental). No lo que los expertos puedan decidir al respecto, sino

---

[44]*Dei Verbum*, III, 11 (D. H. 4216).

[45]*Dei Verbum*, ibidem.

[46]*Dei Verbum*, III, 12 (D. H. 4217).

lo que realmente Dios y los hagiógrafos dijeron. Los principios que vamos a desarrollar, hacen referencia a Dios (principio A y B) y al hagiógrafo (principio C).

12.3.1 Primer principio general: la verdad de la Biblia tiene como *objeto formal* la revelación del misterio de nuestra Salvación

1. Este principio se sostiene sobre un doble fundamento:

   - La verdadera finalidad de la Revelación, que es sobrenatural: Dios quiso manifestarse a Sí mismo y el misterio de su voluntad (esto es el misterio de la salvación realizada en y por Cristo).[47]

   - La transmisión de la Revelación, a través de la Sagrada Tradición y de la Biblia, tiene la misma finalidad y objeto formal que la Revelación: "la verdad que Dios quiso consignar en las Sagradas Letras para nuestra salvación".[48]

2. Como consecuencia, la verdad de la Biblia *no es* puramente la verdad científica, filosófica o histórica desligadas del misterio de nuestra salvación, sino *que es* la verdad de la salvación revelada por Dios y realizada en Cristo.

   El objeto material de la Revelación es múltiple y comporta realidades de todo orden, cósmicas, filosóficas, históricas, etc. Pero estas verdades son garantizadas con la cualidad de la verdad divina en la medida que tengan relación con el objeto formal (el misterio de la salvación).

---

[47]Cfr. *Dei Verbum* del Concilio Vaticano II, I, 6 (D. H. 4206), que hace referencia a la *Dei Filius* del Vaticano I (D. S. 3005).

[48]Vaticano II, *Dei Verbum*, III, 11 (D. H. 4216).

Como el objeto formal de la verdad de la Biblia es el plan salvífico de Dios, desde esta perspectiva, todo en la Biblia es verdadero.

3. Es necesario hacer notar que este principio difiere radicalmente de las antiguas teorías sobre la inerrancia solo en materia de fe y costumbres, o sobre la distinción ente elementos religiosos y profanos, etc. El hagiógrafo valora todas las cosas que escribe desde la perspectiva del misterio de la salvación.

Por eso, todo en la Biblia está ordenado a ese fin y se escribe desde esa perspectiva. Como consecuencia, por un lado hay que afirmar que en la Biblia no hay verdades propiamente profanas, y por otro, que en la Biblia todo es verdad y no puede haber error.

4. Si la Biblia fue querida por Dios para ofrecer "la sabiduría que conduce a la salvación por la fe en Jesucristo" (2 Tim 3:15), Dios inspiró a los autores sagrados consecuentemente desde esa perspectiva, impulsándolos a escribir todo y solo aquello que Él quiere.

¿De qué modo serviría a nuestra salvación el conocimiento de las cosas puramente profanas? ¿Acaso no serviría solo para satisfacer la curiosidad natural y hacer imposible el mandato del Génesis: "sometedlo todo y henchid la Tierra..."?

5. Así fue entendido por los Santos Padres y doctores de la Iglesia. En efecto, San Agustín decía:

> "El Espíritu no quiso enseñara los hombres estas cosas que de nada les sirven para su salvación... No se lee en el Evangelio que el Señor haya dicho 'Os mando

el Paráclito que os enseñará cómo camina el sol y la luna', pues quería hacer cristianos; no matemáticos".[49]

Por su parte, Santo Tomás de Aquino, hablando de la profecía decía que:

> "Materia de la profecía son todas aquellas cosas cuyo conocimiento puede ser útil para la salvación, ya sean pasadas o futuras, ya eternas, necesarias o contingentes... Necesarias para la salvación, ya sean necesarias para la instrucción de la fe ya para la ordenación de las costumbres. Pues muchas cosas que son demostradas por las ciencias pueden ser útiles para esto..., y por eso encontramos que se hace mención de ellas en la Sagrada Escritura".[50]

12.3.2 Segundo principio general: La Escritura nos *revela progresivamente* la verdad de nuestra salvación

1. El fundamento de este segundo principio general son dos verdades de fe:

   - Cristo es la "plenitud de la Revelación", como aparece claramente en Heb 1: 1–2, y recuerda la *Dei Verbum*.[51]

     Como consecuencia, todo lo anterior a Cristo es:

     – Preparación.

     – Incompleto y parcial.

---

[49]San Agustín: *De Gen. ad litt.*, 2, 9, 20 (P. L. 34, 270); cfr. *De actis cum Felice man.* 1, 10 (P. L. 42, 525).

[50]Santo Tomás de Aquino: *De Ver.*, q. 12, a. 2, in co.

[51]*Dei Verbum*, 2 (D. H. 4204).

- Tendente a la plenitud.

- Va revelándose y creciendo poco a poco.

- Necesitado de aclaración.

- Dios decidió revelarse progresiva y pedagógicamente, adaptándose a las condiciones del género humano en los tiempos que precedieron a Cristo,[52] y acomodándose a la fragilidad e ignorancia de los hombres, como declara Jesucristo con la permisión del libelo de repudio por Moisés (cfr. Mt 5:31; 19:17; Mc 10:4).

2. Los efectos de este principio son claros:

- "Estos libros (Antiguo Testamento), aunque contengan también ciertas cosas imperfectas y pasajeras, demuestran sin embargo la verdadera pedagogía divina".[53]

- La Revelación durante el tiempo que se va escribiendo la Biblia, está en periodo de crecimiento continuo, por lo que *la verdad de la Biblia debe apreciarse desde esa perspectiva*, teniendo en cuenta el tiempo en que se redactaron los libros y el nivel en el que se encuentra el proceso revelador, cuyo culmen será Jesucristo.

  Olvidar esta realidad, supondría que carecería de sentido y de novedad lo que Cristo fue y reveló.

- La verdad de las afirmaciones de los hagiógrafos reside en el *complemento y plenitud* que son capaces de recibir de la Revelación posterior, más que de la materialidad de sus afirmaciones tomadas aisladamente.

---

[52] *Dei Verbum*, 3 y 4 (D. H. 4203–4204).

[53] *Dei Verbum* IV, 15 (D. H. 4222).

- La verdad del Antiguo Testamento se sitúa en última instancia a veces en el *sentido pleno (espiritual) y otras veces en el sentido tipológico.*[54]

3. En este sentido se manifiesta la *Dei Verbum* en varias ocasiones:

> "Dios creador y conservador de todo, queriendo abrir a los hombres el camino de la salvación sobrenatural, se manifestó ...[primeros padres, Abraham, etc.]. Luego instruyó a este pueblo por los Patriarcas, por Moisés y por los profetas..., y de esta forma,a través de los siglos fue preparando el camino del Evangelio".[55]

> "Los autores sagrados escribieron los cuatro Evangelios escogiendo algunas cosas de las muchas que ya se transmitían de palabra o por escrito, sintetizando otras o explicándolas *atendiendo a la condición de las Iglesias...*, de manera que siempre nos comunicaban (nos transmitieron siempre datos auténticos y genuinos acerca de Jesús) la verdad sincera acerca de Jesús".[56]

> "Para sacar el sentido exacto de los textos sagrados hay que atender no menos diligentemente al contenido y a *la unidad de toda la Sagrada Escritura*, teniendo en cuenta la *Tradición* viviente de la Iglesia y la *analogía de la fe*".[57]

---

[54]Cfr. infra, los principios y críticas al documento de la Pontificia Comisión Bíblica Pontifica: *La Interpretación de la Biblia en la Iglesia*, de 1993.

[55]*Dei Verbum*, I, 3 (D. H. 4203).

[56]*Dei Verbum* V, 19 (D. H. 4226) Sobre el ambiguo concepto de "verdad sincera", cfr. infra.

[57]*Dei Verbum*, III, 12 (D. H. 4217).

12.3.3 Tercer principio general: La intención didáctica de los hagiógrafos

Ese principio declara que Dios quiso servirse de los hagiógrafos para escribir la Sagrada Escritura, pero respetando la naturaleza racional y libre de los mismos.

Es necesario determinar también lo que realmente quiso decir el hagiógrafo (inspirado por Dios para escribir todo y solo lo que Dios quiso), para poder entender realmente la Sagrada Escritura.

La Dei Verbum recoge este principio de la *Divino Afflante Spiritu* de Pio XII:

> "Para que el intérprete de la Sagrada Escritura comprenda lo que Dios quiso comunicarnos, debe investigar con atención qué pretendieron expresar realmente los hagiógrafos y plugo a Dios manifestar con las palabras de ellos".[58]

En consecuencia, hay que tener en cuenta:

1. Los *textos originales son los inspirados*, y no los textos y versiones que hoy poseemos, que son copias y podrían contener errores.

2. *Los juicios divinos son fácilmente descubiertos* si el hagiógrafo:

   - Aduce formalmente las palabras de Dios.

   - Aduce su juicio propio formalmente con la intención de exigir de los lectores su asentimiento.

3. Pero *a veces los juicios divinos no son fácilmente descubiertos*, cuando el hagiógrafo propone opiniones personales sin ánimo

---

[58] *Dei Verbum* III, 12 (D. H. 4217–4218).

de obtener asentimiento del lector. Para ello hay que estudiar cuidadosamente:

- El género literario que utiliza.

- La noción de verdad que posee.

- El texto y el contexto literario próximo y remoto.

- A veces el hagiógrafo expone al final realmente su pensamiento, y toda la obra es preparación o introducción al juicio último.

4. Hay que tener en cuenta que *existen diversos posibles grados de afirmación* en los asertos del hagiógrafo, quien puede presentar una cosa como:

- Cierta.

- Posible.

- Más o menos probable.

- Dudosa (cfr. 1 Cor 1:16; 2 Cor 12: 2ss; Jer 15:12; Sal 6:4; etc.).

- Referencias a palabras ajenas que no hace suyas necesariamente (cfr. Hech 7: 2–53, discurso de San Esteban).

- Sus opiniones personales propias que pueden no ser siempre rectas (cfr. Eclesiastés, Sal 73, etc.).

En todos estos casos, como Dios no duda, ni ignora, ni padece emociones, etc., no se trata de enseñanzas propiamente dichas, aunque sí fueron inspiradas por el Espíritu Santo. Por eso decía la Comisión Bíblica Pontificia en 1915 que "todo lo que el hagiógrafo afirma, enuncia o insinua ha de tenerse como afirmado, enunciado o insinuado por el Espíritu Santo".[59]

---

[59]D. S. 3629.

5. También *puede haber citas explícitas* (caso de Num 21:14 que refiere al "Libro de las guerras del Señor", o Jos 10:13 y 2 Sam 1:18 que hablan del "Libro del Justo"); o implicitas (caso de Is 36–39, que recoge hechos relatados en 2 Re 18–20; o Jer 39: 1–10, que hace lo mismo con 2 Re 25: 1–12; el libro de las Crónicas coincide mucho con 1 y 2 Sam y con 1 y 2 de Re.), del hagiógrafo extraídas de un documento ajeno.

Estas citas, pueden ser aprobadas o reprobadas explícitamente, como se ve en Tit 1: 12–13 o Sal 14:1 y 53:2. Por ello no todos y cada uno de los elementos que se afirman son aceptados por el hagiógrafo, y es necesario un estudio muy cuidadoso. Por ejemplo:

- En los discursos de Job hay una aprobación general en Job 42:7, y una desaprobación parcial en Job 38:2; 33: 7ss; 42:3.

- En los discurso de los amigos de Job, hay una desaprobación general en Job 42:7, pero una aprobación parcial que hace el mismo San Pablo (así en 1 Cor 3:19, se acepta Job 5:13).

Esas citas son aprobadas directa e equivalentemente cuando la persona que habla es de absoluta garantía, como es el caso de:

- Dios mismo, como en Ge 3:14 o 2 Sam 7: 14–16.

- Jesucristo: Mt 5: 2–7 (las bienaventuranzas).

- La Virgen María: Lc 1: 46–55 (el *Magnificat*).

- Los ángeles: Lc 1: 13–17 (el anuncio a Zacarías).

- Profetas o Apóstoles en cuanto órganos de la Revelación (cfr. Num 24: 15–19, o Hech 2: 14–36).

- Personas llenas del Espíritu Santo, como Zacarías (en Lc 1: 67–69).

Lo cual exige que el intérprete haga:

- Un examen diligente del género literario.

- Que tenga en cuenta que los profetas y apóstoles como personas privadas no están exentas de error, como se puede ver en 2 Sam 7:3 (Natán a David en primera instancia); o en Hech 20:25 (la declaración de que no volverían a ver a San Pablo).

- Que a veces un santo puede cometer un error, como San Esteban citando a Abraham por Jacob (cfr. Hech 7:16 en relación con Ge 23:17 y 33:19).

- Que no todas las acciones de personas alabadas, son consideradas santas, como el caso de las mentiras de Jacob en Ge 27:10, o la conducta de Judith en Jdt 10: 11–13; 12: 13–18.

6. *No siempre se juzgan los temas desde todos los puntos de vista y bajo todos los aspectos posibles*, sino solo bajo un aspecto que corresponde al objetivo de la obra o al género literario empleado. Es el caso del mundo visible, descrito de un modo muy distinto por un naturalista o un poeta o un pedagogo.

12.3.4 Verdad en el documento de la PCB de 2014

Como ya se señalaba en el estudio de la inspiración, la Pontificia Comisión Bíblica publicó el documento *La inspiración y la verdad de la Sagrada Escritura*, de 22 de febrero de 2014. Toda la segunda parte del mismo está dedicado al tema de la verdad de la Sagrada Escritura.

El documento recoge los principios de interpretación de la verdad de la Biblia según el Vaticano II, ya estudiados antes. Pero cuando expone su propia contribución al tema, lo hace en base al punto de vista de su concepción de la inspiración al que dedicó su primera parte (principalmente una fenomenología bíblica de la inspiración); por lo que, en mi opinión, se arrastran y contagian las insuficiencias de la primera parte a la segunda parte (la verdad de los libros sagrados).

En efecto, básicamente, se propone un concepto de verdad bíblica que es muy amplio (verdad para nuestra salvación que llega a su plenitud en Jesucristo y su obra redentora) sin mayores precisiones, por lo que se acaban aceptando bastantes de las conclusiones a las que llega la exégesis moderna; exégesis que pone en duda o niega la objetividad, veracidad e historicidad de un buen número de textos bíblicos. En realidad, tal efecto no es sino la lógica consecuencia de la perspectiva adoptada. Se subestima la importancia de la exactitud y correspondencia con la realidad objetiva de los conceptos y narraciones que aparecen en los libros sagrados, para privilegiar la interpretación de su veracidad en cuanto pueden ser referidos de algún modo a la verdad para nuestra salvación. Pareciera que se hubieran omitido u olvidado las condenas hechas por el Magisterio anterior a las teorías insuficientes o erróneas sobre la veracidad de la Biblia.

Así, mientras que el documento sostiene principios tradicionales sobre la verdad bíblica, extrae conclusiones que parecen aceptar gran parte de la exégesis crítica moderna. En efecto, por un lado encontramos la doctrina tradicional:

- Por venir de Dios, la Escritura tiene cualidades divinas. Entre ellas la fundamental de atestiguar la verdad, entendida no como una suma de informaciones exactas sobre diversos aspectos del conocimiento humano, sino como revelación de Dios mismo y de su plan de salvación. La Biblia da a conocer, en efecto, el amor de Dios, manifestado en el Verbo hecho carne, quien por medio del Espíritu conduce a la perfecta comunión de los hombres con Dios (*Dei Verbum*, n. 2).

De este modo queda claro que la verdad de la Escritura es la que tiene como objetivo la salvación de los creyentes. Las objeciones —planteadas en el pasado y recurrentes aún hoy— debido a inexactitudes, contradicciones de orden geográfico, histórico, científico, más bien frecuentes en la Biblia, objeciones que pretenden cuestionar la fiabilidad del texto sagrado y, en consecuencia, su mismo origen divino, son rechazadas por la Iglesia con la afirmación de "que los libros de la Escritura enseñan firmemente, fielmente y sin error, la verdad que Dios, por nuestra salvación, quiso que fuera consignada en las sagradas letras" (*Dei Verbum*, n. 11). Esta es la verdad que da plenitud de sentido a la existencia humana y esto es lo que Dios ha querido dar a conocer a todas las gentes (n⁰ 144; cfr. n⁰ 104).

- ¿En qué consiste esta verdad sobre Dios y sobre la salvación del género humano, que constituye el centro de la revelación divina y alcanza su última y definitiva expresión en Jesús? La respuesta a esta pregunta la encontramos en la actuación de Jesús. Él revela al Dios que es Padre, Hijo y Espíritu Santo (Mt 28,19), al Dios que es y vive en sí mismo la comunión perfecta. Jesús llama a sus discípulos a la comunión de vida consigo en el seguimiento (Mt 4,18-22) y les encomienda hacer discípulos suyos a gente de todos los pueblos (Mt 28,19). Expresa, además, su mayor deseo cuando pide al Padre: "Que también ellos estén conmigo donde yo estoy y contemplen mi gloria" (Jn 17,24). Esta es la verdad revelada por y en Jesús: Dios es comunión en sí mismo y Dios ofrece la comunión con él por medio de su Hijo (cf. *Dei Verbum*, n. 2) (n⁰ 103).

- La inspiración, cuyo carácter trinitario hemos reconocido en los autores del Nuevo Testamento, se presenta como el camino adecuado para la comunicación de esta verdad. Entre la inspiración y la verdad de la Biblia hay correspondencia (nº 103).

- Las Sagradas Escrituras constituyen un todo unitario, porque todos los libros "con todas sus partes" (*Dei Verbum*, n. 11) tienen el carácter de texto inspirado y tienen al mismo Dios "como autor" (ibid.). Sin embargo, aun admitiendo que cada palabra del texto sagrado puede ser calificada de Palabra de Dios, coherente con todas las demás, la Iglesia ha reconocido siempre el aspecto múltiple de esas palabras, el cual podría oponerse aparentemente a su origen divino único (nº139).

- En el Antiguo Testamento encontramos "cosas imperfectas y provisionales". Hace suya la doctrina de la "condescendencia de la Sabiduría eterna", que procede de Juan Cristóstomo, aunque, sobre todo, se apela a los "géneros literarios" usuales en la antigüedad, remitiendo a la Encíclica *Divino afflante Spiritu* de Pío XII (EB 557-562).

- Por otra parte, si es verdad que Dios se revela por medio de "hechos y palabras intrínsecamente conexos entre sí", entonces una "historia de la salvación" no existe sin un núcleo histórico (*Dei Verbum*, n. 2). Además, si la inspiración abarca el Antiguo y el Nuevo Testamento "con todas sus partes" (n. 11), no podemos eliminar ningún pasaje de la narración; el exegeta debe esforzarse por encontrar el valor que tiene cada inciso en el contexto de todo el relato por medio de los distintos métodos enumerados en el documento de la Pontificia Comisión Bíblica, *La interpretación de la Biblia en la Iglesia* (nº 105).

- La perspectiva católica en la interpretación de la Biblia sostiene además que la verdad de Dios debe ser acogida en la integridad de la Revelación, atestiguada en el Canon de las Sagradas Escrituras. Esto significa que la verdad revelada no puede ser limitada a una parte del patrimonio sagrado (rechazando, por ejemplo, el Antiguo Testamento, para afirmar el Nuevo), ni ser restringida a un núcleo homogéneo, que eliminaría el resto o lo relativizaría como poco significativo. No sólo todo lo que es inspirado es necesario para la plena revelación de Dios, sino que cada una de las partes debe leerse en relación con las otras, según un principio de armonía que no se identifica con la uniformidad, sino más bien con la suave convergencia de los elementos diversos.

  Resulta claro, sin embargo, que, en la perspectiva cristiana, la verdad del escrito bíblico se da en el testimonio sobre el Señor Jesús, "mediador y plenitud de toda la revelación" (*Dei Verbum*, n. 2), Él que se define "Camino, Verdad y Vida" (Jn 14:6). Esta centralidad esencial del misterio de Cristo no excluye, sino que más bien resalta las tradiciones antiguas, que, como afirma el mismo Cristo, hablan de Él (cf. Jn 5:39) y de la salvación definitiva que se realizó en su muerte y resurrección Cristo es, en su infinito misterio, el centro que ilumina toda la Escritura (n$^\circ$ 147).

Pero como se ha señalado antes, al mismo tiempo se aceptan las conclusiones de gran parte de la exégesis crítica moderna, que aparece como incuestionable. En efecto:

- En la Biblia encontramos contradicciones, inexactitudes históricas, narraciones inverosímiles y, en el Antiguo Testamento, preceptos y comportamientos morales que entran en conflicto con la enseñanza de Jesús. ¿Cuál es la verdad de estos pasajes bíblicos? No cabe duda de que nos encontramos con verdaderos desafíos relativos a la interpretación la palabra de Dios (nº 104).

- Si bien un estudio diacrónico de los textos es indispensable para captar las diversas reinterpretaciones de un oráculo o de un relato original, el verdadero sentido de un pasaje está unido a su forma última, aceptada en el Canon de la Iglesia (nº 105).

- A primera vista, muchos textos de la Biblia crean la impresión de que pretenden ser una crónica que cuenta lo que ha ocurrido realmente. A esta impresión corresponde un modo de leer la Biblia que en todo lo narrado descubre hechos realmente acontecidos. Esta forma de leer parece favorecer una aproximación al contenido de la Biblia que es sencillo, inmediato, accesible a todos y con resultados claros y seguros.

  Frente a ello, la lectura de la Biblia que tiene en cuenta las ciencias modernas (historiografía, filología, arqueología, antropología cultural, etc.) hace la comprensión de los textos bíblicos más compleja y parece proponer resultados menos ciertos. Pero no podemos sustraernos a las exigencias de nuestra época e interpretar los textos de la Biblia al margen de su contexto histórico: debemos leer en nuestra época, con y para nuestros contemporáneos. La pista seguida en este Documento muestra que la búsqueda del significado de los textos, que supera la preocupación por fijar exclusivamente los hechos realmente ocurridos, conduce a una comprensión más adecuada y profunda de su sentido (nº 136).

- Esta se hallaba garantizada ante todo por la autoridad de los escritores, que, según una venerable y antigua tradición, habían sido reconocidos como enviados por Dios y dotados del carisma de la inspiración. Así, durante muchos siglos y hasta la época moderna, no se cuestionó la paternidad literaria, atribuido en bloque a Moisés, ni la de los diversos libros proféticos y sapienciales, que, cuando no tenían un título específico, se atribuían a autores bien conocidos (como David, Salomón, Jeremías, etc.).

Esta forma de recepción tradicional se asumió también en relación con los escritos del Nuevo Testamento, todos los cuales se consideraba procedían del círculo de los Apóstoles. En nuestros días y debido a investigaciones convergentes realizadas con metodologías literarias e históricas no podemos mantener la misma perspectiva que los antiguos; la ciencia exegética ha demostrado, en efecto, con argumentos convincentes, que los distintos libros bíblicos no son el producto exclusivo del autor indicado en el título de la obra o reconocido como tal en la tradición. La historia literaria de la Biblia postula, por el contrario, una pluralidad de intervenciones y consiguientemente una colaboración de diversos autores, la mayoría anónimos, a través de una historia redaccional bastante larga e incluso complicada. Esta obligada asunción de un modelo interpretativo relativo al origen de los escritos sagrados no se opone diametralmente a la concepción tradicional, a la que a veces se tacha con ligereza de ingenuidad hermenéutica. De hecho la Iglesia, en la paciente y rigurosa tarea de discernimiento que ha durado varios siglos ha reconocido siempre que podía acoger como inspirado aquel escrito que estaba en consonancia con el depósito de la fe custodiado sólidamente y fielmente por la comunidad creyente, garantizado por aquellos a quienes Dios había antepuesto como pastores y guías de los fieles. El Espíritu que actúa en la Iglesia, con la fuerza de inteligencia que le es propia, posibilitaba separar lo que era auténtica comunicación divina de las formas engañosas o no suficientemente fundantes. Se rechazaba, en algunos casos, un texto, atribuido en su título a un hombre inspirado, mientras se acogía con veneración otro escrito que, pese a no estar garantizado por la firma de un autor reconocido, llevaba, sin embargo, el sello inconfundible del mismo. Con una percepción extraordinaria de la verdad de la Revelación, la Iglesia se auto–constituye en el reconocimiento obediente de la Palabra de Dios, de la que ella vive.

- Los estudiosos de la Biblia han propuesto la hipótesis razonable de la existencia de corrientes, escuelas o grupos religiosos capaces de custodiar, de forma vital, tradiciones literarias consideradas sagradas que confluyeron luego en el cauce de la Sagrada Escritura, de modo que, aun reconociendo la utilidad de elaborar una historia de la composición de los textos bíblicos, no se puede y no se debe atribuir un valor distinto ni una autoridad diversa a lo que era "originario" frente a lo que tiene un origen secundario.

  Efectivamente, en muchos casos no poseemos las *ipsissima verba* del profeta (inspirado por Dios) más que en las palabras de sus discípulos. Esto se realiza de forma emblemática en los Evangelios, cuya inspiración está fuera de toda discusión; en este género de escritos el autor (es decir, los evangelistas) se presenta como un testigo fiel del Maestro y en algunos casos como discípulo de sus primeros discípulos (no siendo mencionado en la lista de los Apóstoles).

Para poder afirmar los principios teológicos sobre la verdad de la Biblia, y al mismo tiempo aceptar las conclusiones de los nuevos métodos de exégesis, el documento, desde mi punto de vista, parece forzar el concepto de verdad considerándolo de un modo muy amplio, ambiguo y vago, como se puede comprobar en las siguientes conclusiones:[60]

- Existe el peligro —que se debe evitar cuidadosamente— de que el no descubrir en los relatos bíblicos la crónica de los hechos narrados, lleve a concluir que todo en la Biblia es una invención y el producto de ideas y creencias humanas. Dios se revela en la historia, su "plan de la revelación se realiza con hechos y palabras intrínsecamente conexos entre sí" (*Dei Verbum*, n. 2). La Biblia transmite estos hechos y palabras. Una lectura seria y adecuada de la Biblia debe estar atenta a estos hechos y palabras (nº 136).

- Resulta evidente que estas consideraciones no resuelven todas las dificultades; pero también es innegable que con la expresión "la verdad... para nuestra salvación", (n. 11) la *Dei Verbum* restringe la verdad bíblica a la revelación divina que se refiere a Dios mismo y a la salvación del género humano. Por otra parte, el subrayado de los géneros literarios ha dado mayor respiro a la tarea, ya de suyo difícil, de los exégetas (nº 105).

- El problema es entonces comprender qué significa "verdad por nuestra salvación" en el contexto de la *Dei Verbum*. No basta considerar el término "verdad" en su acepción común; tratándose de verdades cristianas, el concepto resulta enriquecido por el significado bíblico de verdad, y, todavía más, por el uso del término que hace el Concilio en otros documentos. En el Antiguo Testamento, Dios mismo es la suma verdad por la firmeza de sus elecciones, de sus promesas y de sus dones; sus palabras son

---

[60]Pero este no parece el mejor medio de defender la verdad total de la Biblia, y, además en lugar de dar verdadera respuesta a los desafíos que presenta la defensa de la verdad bíblica, pareciera que relativizara la importancia de la misma y la de enfrentar los argumentos contrarios que se han levantado contra ella.

verdaderas y reclaman una aceptación igualmente sólida en la respuesta del hombre, en el corazón y en las obras (cf. p.ej. 2 Sam 7:28 y Sal 31:6). La verdad es el fundamento de la alianza. En el Nuevo Testamento, Cristo mismo es la verdad, porque él es el Amén encarnado de todas las promesas de Dios (cf. 2 Cor 1: 19–20) y porque él, que es "el camino, la verdad y la vida" (Jn 14:6), al revelar al Padre (cf. Jn 1:18), da acceso a Él (cf. Jn 14:6), que es la fuente última de la vida (cf. Jn 5:26; 6:57). El Espíritu que da Cristo es el Espíritu de la verdad (Jn 14:17; 15:26; 16:13), el cual sostendrá el testimonio de los apóstoles (Jn 15: 26–27) y la solidez de nuestra respuesta de fe. La verdad tiene, por consiguiente, una dimensión trinitaria, pero esencialmente cristológica, y la Iglesia que la anuncia es "columna y fundamento de la verdad" (1 Tim 3:15). Así, pues, Revelador y objeto de la verdad para nuestra salvación es, por tanto, Cristo, preconizado en el Antiguo Testamento: la verdad se manifiesta en el Nuevo Testamento en su persona y en el Reino, presente y escatológico, anunciado e inaugurado por él. El concepto de verdad del Concilio Vaticano II se explica en el mismo ámbito trinitario, cristológico y eclesial (cf. *Dei Verbum*, nn. 2.7.8.19.24; *Gaudium et spes*, n. 3; *Dignitatis humanae*, n. 11): el Hijo en persona revela al Padre, y su revelación es comunicada y confirmada por el Espíritu Santo y transmitida en la Iglesia (nº 64).

- De estas indicaciones se deduce que, a partir de lo que la Biblia dice de sí misma, es necesario, asumir una definición más amplia y más matizada del concepto de inspiración. Pero no en el sentido de que en el texto sagrado habría partes insignificantes y faltas de valor, sino más bien en el sentido de que el carisma inspirador se ha desplegado de forma diversificada; en cualquier caso es posible y obligado prestar el homenaje de la atención

obediente de manera privilegiada a todo aquello que atestigua
con mayor claridad a Cristo y su perfecto mensaje de salvación.

- Así hay que afirmar que la verdad bíblica es multiforme, lo que
es una primera característica de la verdad bíblica es la de hallarse expresada en muchas formas y en diversos modos (Heb
1,1). Habiendo sido transmitida por muchos hombres y en épocas diversas, tiene esencialmente un carácter múltiple, tanto en
lo que concierne a las afirmaciones doctrinales y las disciplinas
normativas, como en lo que se refiere a las formas literarias. Los
autores del texto sagrado exponen cuanto, en su momento histórico y según el don de Dios, podían comprender y transmitir;
y lo que había dicho el Señor en el pasado era combinado con
nuevas y diversas revelaciones divinas. La verdad bíblica asume además una gran variedad de géneros literarios, por lo que
no existe únicamente la proposición dogmáticamente relevante,
sino también la verdad propia del relato, la de la norma legisla-
tiva o de la parábola, la del texto de oración y la de un poema
de amor como el Cantar, la de las páginas críticas de Job y el
Eclesiastés y la de los libros apocalípticos. Por otra parte, dentro de estos mismos géneros literarios, todos pueden constatar
la pluralidad de puntos de vista, indudablemente más evidente
que la simple convergencia repetitiva.

Esta manifestación multiforme de la verdad divina no se
restringe sólo a la literatura del Antiguo Testamento, sino que
se descubre también en la revelación testimoniada en el Nuevo
Testamento, donde tenemos formas narrativas y formas discursi-
vas que no se pueden sobreponer sin más, y donde constatamos
divergencias significativas en la presentación del mensaje. Tenemos, en efecto, cuatro Evangelios, y la Iglesia ha rechazado
como algo indebido la tentativa de una solución concordista; lo

que está escrito "según Lucas", por ejemplo, debe ser respetado y aceptado, aunque no coincida inmediatamente con lo que dice Marcos o Juan. Es más, mientras que en el caso de los Evangelios el mensaje se basa esencialmente en la vida de Jesús y en sus palabras, en el caso de Pablo la verdad de Cristo se arraiga de forma casi exclusiva en el acontecimiento de su muerte y resurrección. Por otra parte, la diversidad de planteamiento entre la carta a los Romanos y la carta de Santiago resulta paradigmática en relación con la pluralidad mediante la cual la Escritura atestigua la verdad de Dios.

Esta polifonía de voces sagradas se le ofrece como modelo a la Iglesia, para que asuma en el presente la misma capacidad de conjugar el mensaje que debe transmitir a los hombres con el necesario respeto a la variedad multiforme de las experiencias individuales, de las culturas y de los dones otorgados por Dios (nº 145).

- La verdad de la Biblia hay que entenderla como dada en forma histórica. En efecto, una segunda característica importante de la verdad bíblica se expresa en su haberse ido configurando en forma histórica. Algunos libros de la Escritura llevan la indicación de la época en la que fueron escritos; en los otros casos la ciencia exegética los sitúa de manera plausible en distintas épocas históricas. El arco temporal abarcado por la literatura bíblica es sin duda amplísimo, pues supera el milenio; en él se revela necesariamente el legado de ideas ligadas a una época particular, de opiniones fruto de experiencias y preocupaciones características de un momento específico del pueblo de Dios. La labor desarrollada por los redactores en orden a dar cierta coherencia doctrinal y práctica al texto sagrado no ha eliminado en modo alguno las huellas de la historia, desvelando sus titubeos y sus imperfecciones, tanto en el ámbito teológico como en el antropológico. Deber del intérprete es, pues, evitar la lectura fundamentalista de la Escritura y situar de este modo las diversas formulaciones en su contexto histórico, según los géneros literarios entonces al uso. Es acogiendo esta modalidad de la Revelación divina como seremos conducidos al misterio de Cristo, manifestación plena y definitiva de la verdad de Dios en la historia de los hombres (nº 146).

Capítulo 13

Aplicación de los principios sobre la verdad biblica

Es necesario afirmar que la verdad es una sola; es lo que sostiene el principio de no contradicción: las cosas no pueden ser y no ser al mismo tiempo y bajo el mismo aspecto. Las verdades de las ciencias humanas, las de la filosofía, del Magisterio, de la Sagrada Escritura y de la Tradición no pueden ser diversas o incluso contradictorias. No puede haber oposición entre ellas porque tienen como único y mismo autor a Dios. Por eso el Concilio Vaticano I sostuvo, recordando al V Concilio de Letrán:

"(De la imposibilidad de conflicto entre la fe y la razón). Pero, aunque la fe esté por encima de la razón; sin embargo, ninguna verdadera disensión puede jamás darse entre la fe y la razón como quiera que el mismo Dios que revela los misterios e infunde la fe, puso dentro del alma humana la luz de la razón, y Dios no puede negarse a sí mismo ni la verdad contradecir jamás a la verdad. Ahora bien, la vana apariencia de esta contradicción se origina principalmente o de que los dogmas de la fe no han sido entendidos y expuestos según la mente de la Iglesia, o de que las fantasías de las opiniones son tenidas por axiomas de la razón. Así, pues, 'toda aserción contraria a la verdad de la fe iluminada, definimos que es absolutamente falsa' (V Concilio de Letrán; D. S. 738)".[1]

Por eso, en caso de una aparente contradicción es necesario distinguir entre la verdad de la Biblia y de las ciencias positivas, y la de las meras hipótesis.

13.1 La verdad de la Biblia y las ciencias naturales

Los principios a tener en cuenta sobre la Biblia y la verdad de las ciencias naturales son los siguientes:

1. Primer principio: los hagiógrafos describen *a veces los fenómenos naturales de forma metafórica*. Utilizan imágenes y metáforas para proponer doctrinas religiosas. Hay muchos ejemplos como Bar 3:34 ss; Is 24:33; Job 26:11; 37:18; Sal 104:2, etc., donde se afirma que "las estrellas se alegran..."; "acuden a la cita..."; "el sol y la luna se avergüenzan..."; "los ríos aplauden..."; etc.

2. Segundo principio: los hagiógrafos describen los fenómenos físicos de la naturaleza *según las apariencias externas*. Es un modo de expresarse del lenguaje vulgar que emplean incluso los hombres de ciencia cuando no hablan intencionalmente y técnicamente de esas materias.

---

[1]D. S. 3017.

Pero los hagiógrafos no hablan técnicamente y ex profeso de asuntos que nada tienen que ver con la revelación del misterio de salvación.

Por ello es absurdo decir que el hagiógrafo se equivocó al decir que el sol y la luna son las luminarias mayores (Ge 1:16) porque eso es su apariencia externa. O que lo hizo, cuando en el Antiguo Testamento se afirma que el sol da vueltas alrededor de la tierra, ya que está usando el lenguaje vulgar en base a las apariencias, del mismo modo que también hoy día usamos ese modo de expresarnos cuando decimos que el sol "sale" por el oriente y "se pone" por el occidente.

Se podría acusar de error del hagiógrafo si éste se propusiera dar una lección de astronomía; pero no lo hay cuando dan una lección de religión revelada.[2]

3. Tercer principio: Los hagiógrafos hablan de cosas físicas *según el lenguaje corriente de su tiempo*, y este lenguaje suele estar basado en apariencias sensibles.

Dios no quiso acomodarse a las concepciones, a veces erróneas, del hagiógrafo, sino al lenguaje humano que sobre los fenómenos de la naturaleza se expresa según apariencias externas.

---

[2]Por eso, insiste Casciaro que los autores sagrados, al hablar de las verdades religiosas en orden a la salvación, aluden a cuestiones naturales, como no puede ser menos, y lo hacen con arreglo a los usos del lenguaje común en el tiempo en que respectivamente han vivido. De otro modo, ni ellos hubieran podido expresarse ni sus lectores entenderlos. ¿De qué otro modo hubieran podido expresarse los hagiógrafos sin constituir un enigma incomprensible, indescifrable durante siglos y siglos? Ni era cometido de la inspiración bíblica enseñar a los hagiógrafos hasta convertirlos muy anticipadamente en los mejores científicos de la humanidad postrera, lo que les hubiera convertido en ininteligibles para sus contemporáneos. Cfr. J. M. Casciaro: *Inspiración*, cit., en GER IV, pág. 165.

Así, por ejemplo, en Mt 13:22 se dice del grano de mostaza que es la más pequeña de las semillas... Pero el Señor no quiso dar una lección de botánica, sino expresar un misterio de salvación con el lenguaje humano de la época.

La aplicación de los tres mencionados principios, sirve para explicar muchas "incorrecciones" de datos de las ciencias naturales que aparecen en la Biblia. Basten algunos ejemplos:

- Imagen del cosmos en el Antiguo Testamento (cfr. Ge 1: 6–8.16; 7:11; Job 37:18ss; Is 24:18; Sal 24:2; 136:6; etc.). Hay que entenderlo teniendo en cuenta que:

  - Era la concepción de los pueblos orientales.

  - El hagiógrafo no quiere dar lecciones de ciencias naturales.

  - El hagiógrafo utiliza el lenguaje común de la época.

  - La tierra en cierto modo es el centro del universo, desde el punto de vista de la Historia de salvación y del protagonismo del hombre como rey del universo.

- La detención del sol en Jos 10: 12–14. La descripción histórica está en Jos 10: 7–11; luego viene la descripción poética en Jos 10: 12–14 (cfr. la referencia al "Libro del Justo" del v. 14). Por tanto, hubo una granizada fuerte; el cielo se oscureció; después siguió viéndose el sol (téngase en cuenta que los poetas hablan en metáforas).

- La liebre catalogada entre los rumiantes en Lev 11:6 o De 14:7. Hay que tener en cuenta que:

  - Para la apariencia externa de un hombre antiguo, la liebre mueve la mandíbula como los rumiantes.

– En realidad se está enseñando sobre los animales puros e impuros, siguiendo criterios de apariencia externa.

13.2 La Biblia y la Historia

El tema de los hechos históricos narrados en la Biblia y su exactitud es mucho más delicado que el de los datos de las ciencias de la naturaleza. En efecto, la descripción de la naturaleza es un mero presupuesto para las enseñanzas religiosas que en la Biblia se dan, mientras que, en cambio, la historia está ligada intrínsecamente al mensaje central de la Biblia, de modo que grandes dogmas y algunos fundamentos de la religión cristiana están enraizados muy concretamente en la historia.[3] Nuestra religión es una religión de *Historia Salutis*, basada en hechos históricos concretos.

Para solucionar los posibles problemas históricos que se puedan detectar en la Biblia no se pueden aplicar soluciones falsas,[4] tales como:

- El reduccionismo de la inspiración, y por tanto, de la inerrancia.

- El fideísmo, que niega todo valor histórico a la Biblia, siendo lo único importante la experiencia o el testimonio de fe que en ella encontremos. Esta fue la posición errónea de todas las "desmitologizaciones" desde Bultmann y el protestantismo liberal al neomodernismo teológico. Se pretende volatilizar el problema histórico, pero con ello se destruye también el valor único y la naturaleza singular de la Biblia, produciéndose además una ruptura insalvable entre el creyente y el científico de la Historia.

---

[3]Cfr. J. M. Casciaro: *Inspiración*, cit. GER, vol. IV, pág. 166.

[4]Cfr. J. M. Casciaro: *Inspiración*, cit., GER, vol. IV, pág. 166.

Los criterios para explicar los desafíos históricos de la Biblia deben ser diferentes:

- Son verdaderos todos los hechos que el hagiógrafo presenta como realmente sucedidos.

- Pero para interpretar bien al hagiógrafo ("lo que quería decir realmente" según los dichos magisteriales), es necesario tener en cuenta:

  - El concepto de *"verdad" en la Biblia y el Magisterio*.
  - El *concepto moderno de verdad histórica*.
  - La *verdad de la historia bíblica* en sí misma.
  - Los *géneros literarios* en historia antigua.

A la determinación de esas cuatro realidades se dedican los siguientes apartados.

13.3   La idea de verdad en la Biblia y el Magisterio

Para determinar el concepto de verdad en la Biblia y el Magisterio es necesario recordar el *concepto filosófico de verdad*, cuya definición es la adecuación del pensamiento a la cosa, lo que haría que sea verdadero un relato de un hecho sucedido y falso el de un hecho no sucedido. Por otro lado, hay grados en la certeza dependiendo del nivel de adecuación a la realidad objetiva. En efecto, se pueden distinguir:

- *La máxima verdad*, que es Dios, quien tiene una inteligencia y una verdad infinitas porque es el Ser supremo.

- *Los primeros principios del conocer*, innatos y que corresponden a la idea del ente–ser en general.

- *Otros grados de certeza* según su adecuación a los diferentes grados del ser real.

- El *conocimiento sensible*, que es oscuro y confuso, porque tiene una realidad objetiva pequeña.

Los positivistas modernos de los siglos XIX–XXI consideraron que el concepto histórico de verdad equivalía al conocimiento objetivo del pasado tal y como realmente sucedió, pues, para ellos, la verdad en Historia es objetiva y exacta como la de las ciencias positivas. Hoy día la historiografía moderna es más consciente de las limitaciones propias del método histórico.

13.3.1 Concepto bíblico de verdad = *emeth*

Por otro lado, en la Biblia el concepto de verdad, sin negar su sentido general filosófico, presenta unos rasgos propios: el de *fidelidad* y el de *sabiduría salvadora*. En efecto:

1. *Verdad como fidelidad.* Así aparece tanto en el Antiguo como en el Nuevo Testamento.

   - En el Antiguo Testamento, la verdad es:
     - Fidelidad, un atributo de Dios relacionado con la Alianza y las promesas: Dios no falla a su alianza con el Pueblo elegido, como se ve en Ex 34:6; De 7:9; Sal 89: 3.15.25.34.50.
     - Protección, refugio y amparo de Dios a los justos que imploran su ayuda. Dios es leal y hace el bien, como se puede ver en Sal 91:4; 54:7; 40:12.

   - En el Nuevo Testamento, la verdad es fidelidad de Dios a sus promesas. Es "la verdad de Dios" de Ro 3: 3–4.7; 1 Cor

1:18ss; Ro 15:8. Contrasta la verdad—fidelidad de Dios con la mentira de los ídolos que no salvan (cfr. Ro 1:25; 1 Tes 1:9).

2. *Verdad como sabiduría salvadora, como plan salvífico de Dios que revela a los santos.* Así se encuentra en los dos Testamentos

   - En el Antiguo Testamento, sobre todo en la literatura sapiencial y apocalíptica, como en Pr 23:23; 8:7; 22:21, o en Da 10:21; 9:13; 8:26; 10:1.

   - En el Nuevo Testamento, se aplica de modo diferente en San Pablo y en San Juan:

     - Para San Pablo, la sabiduría salvadora es la verdad del plan de Salvación y del Evangelio, como en Ef 1:13; 1 Tim 3: 15–16; Ef 4:21.

     - Para San Juan, la verdad–sabiduría es Cristo, el Verbo de Salvación, que se manifiesta en:

       * Verbo como Verdad (Jn 17:17; 8: 26.31–32.40.45).

       * Verdad que es plenitud con respecto al Antiguo Testamento (Jn 1:17).

       * El Espíritu Santo que conducirá a los discípulos a la verdad completa (Jn 16:13).

13.3.2 Concepto del Magisterio sobre el objeto formal de la verdad

El Magisterio ha defendido siempre la veracidad de la Biblia. Pero también ha destacado el objeto formal de la misma (la salvación), que ha de tenerse en cuenta cuando se hace exégesis bíblica aunque sin caer en los reduccionismos que se han propuesto por parte de la hermenéutica más moderna. En efecto:

- "La verdad íntima acerca de Dios y acerca de la salvación humana se nos manifiesta por la Revelación de Cristo".[5]

- "El Evangelio prometido antes por los profetas, lo completó Cristo y lo promulgó como fuente de toda verdad salvadora".[6]

- "La verdad que Dios quiso consignar en las sagradas letras para nuestra salvación".[7]

- "La Iglesia cree que los cuatro Evangelios, cuya historicidad afirma sin vacilar, comunican fielmente lo que Jesús, Hijo de Dios, viviendo entre los hombres, hizo y enseñó realmente para la salvación de ellos".[8]

13.4 Objeto y límites de la verdad histórica

Con relación a la interpretación de los textos históricos de la Biblia, es necesario tener en cuenta que el concepto de verdad histórica del positivismo histórico de los siglos XIX y principios del XX (según la cual la historia describiría de un modo totalmente objetivo los hechos pasados prescindiendo de todo elemento subjetivo, esto es, de toda experiencia humana que esos sucesos pudieran encerrar), está en crisis dentro de la propia ciencia histórica. Así lo hicieron notar R. Aron, H. I. Marrou o P. Ricoeur entre otros.

En efecto, todo suceso histórico tiene como parte esencial el subjetivismo humano, tanto en la experiencia y el sentido que a los hechos dieron los hombres que los experimentaron, como en el sentido que el

---

[5]*Dei Verbum*, I, 2 (D. H. 4202).

[6]*Dei Verbum* II, 7 (D. H. 4207).

[7]*Dei Verbum* III, 11 (D. H. 4216).

[8]*Dei Verbum* V, 19 (D. H. 4226).

historiador posterior da a los hechos acaecidos en el pasado. La descripción de los detalles tiene que estar subordinada a la experiencia vivida por los hombres cuya historia queremos conocer.

La verdad objetiva de la historia consiste más bien, pues, en captar la experiencia humana y ver las consecuencias que ha podido tener para los hombres de los tiempos que siguieron a esos acontecimientos. Por eso al historiador le interesan las causas que motivan los sucesos, la interpretación que dieron los testigos de los mismos, la confrontación de las distintas opiniones sobre tales sucesos y la valoración de los intereses envueltos. Y el historiador no debería olvidar nunca que la objetividad histórica tiene grandes limitaciones, como decía P. Ricoeur: "la historia es esencialmente el reino de lo inexacto. El método histórico no puede ser sino un método inexacto".

Por eso, la historia intentará, más que ir a los detalles, tratar de reconstruir la verdad de los conjuntos, la sinceridad de las reconstrucciones globales, desde donde los detalles cobran sentido. Por eso, no todos los detalles tienen la misma importancia, ni todos son afirmados por el historiador con el mismo grado de certeza.

En conclusión, la historia verdadera no es historia exacta en sentido positivista. Puede darse una historia verdadera con inexactitudes de detalle, si esas inexactitudes no afectan a la sustancia del relato. Y puede darse una historia exacta que no sea verdadera si, perdiéndose en los detalles, se pasa por alto lo esencial, o se da a los detalles una interpretación que no reproduzca la auténtica experiencia humana del pasado.

13.5   La verdad de la Historia bíblica

Además de las observaciones hechas por la historiografía moderna que se acaban de señalar, para comprender el concepto de verdad en la historia bíblica hay que tener en cuenta los siguientes criterios:

1. *La Biblia contiene verdaderas enseñanzas históricas*, pues la Revelación bíblica se produce dentro de una *Historia Salutis*.

2. *Pero la Biblia no ha sido escrita para darnos un conocimiento completo* del pueblo hebreo o de la primitiva comunidad cristiana como realidad social profana, sino que ha sido escrita para revelarnos el plan salvífico de Dios, plan que se ha realizado en esa Historia. La relación de los hechos de la *Historia Salutis* es lo que constituye el objeto de la enseñanza de los hagiógrafos, y en esa relación consiste principalmente su verdad.

3. *Son hechos históricos todos los hechos del Antiguo y del Nuevo Testamento que son parte de la "Historia Salutis".* Por tanto, hechos como el pecado original, la vocación de Abraham, la Alianza del Sinaí, la conquista de la Tierra Prometida, los profetas, la vida y milagros de Jesús, la fundación de la Iglesia, la muerte, resurrección y ascensión del Jesús a los cielos.

4. La historia del Pueblo Escogido del Antiguo y del Nuevo Testamento es por tanto *una historia sagrada, y en cuanto tal, es objeto de la enseñanza de los historiadores sagrados.* Por eso, no todos los elementos que la integran tienen el mismo valor porque no todos tiene la misma relación con el misterio de nuestra salvación ni todos son afirmados con el mismo grado de certeza.

5. *"Historia verdadera" no es lo mismo que "historia exacta".* La exactitud que reclama la historia positivista no es exigida ni por

la Biblia, ni por la Iglesia ni por la teología de la inspiración. De otro modo, la Biblia sería una mera fuente de información científica del pasado como pudiera ser cualquier otro documento profano.

6. Tanto en la historia bíblica como en la profana verdadera *hay que atender más a los conjuntos que a la materialidad de los detalles* para captar el verdadero sentido que el autor intenta proponer a nuestro asentimiento.

13.6 Los géneros literarios en la historia bíblica

13.6.1 Doctrina general de la Iglesia

La doctrina de la Iglesia aceptó este instrumento de interpretación para la Biblia con las condiciones ya señaladas antes:

> "Para descubrir la intención de los hagiógrafos, entre otras cosas hay que atender a 'los géneros literarios'. Puesto que la verdad se propone y se expresa de maneras diversas en los textos de diverso género: histórico, profético, poético o en otros géneros literarios. Conviene, además, que el intérprete investigue el sentido que intentó expresar y expresó el hagiógrafo en cada circunstancia según la condición de su tiempo y de su cultura, según los géneros literarios usados en su época. Pues para entender rectamente lo que el autor sagrado quiso afirmar en sus escritos, hay que atender cuidadosamente tanto a las formas nativas usadas de pensar, de hablar o de narrar vigentes

en los tiempos del hagiógrafo, como a las que en aquella época solían usarse en el trato mutuo de los hombres".[9]

13.6.2 Los géneros literarios en Historia

No hay género literario más complejo que la historia, pues esta se puede escribir de muchos modos diferentes dependiendo de la mentalidad, grado de cultura y tiempo de un pueblo. Como dice la *Dei Verbum*, "la verdad se propone y expresa de modos distintos en los textos de las varias maneras históricos".[10]

Algunos géneros literarios empleados en las literaturas orientales

Entre los géneros literarios históricos estudiados en las antiguas literaturas orientales y más o menos presentes en la Biblia destacan:

1. *Historias minuciosas y detalladas*, donde todos los datos han sido verificados.

2. *Crónicas*, redactadas por testigos oculares.

3. *Historias generales o particulares*, parecidas a nuestro modo de concebir la Historia.

4. *Historia patética*, una historia narrada desde la perspectiva apologética popular con el fin de fomentar la confianza del lector. Subraya intervenciones sobrenaturales, recurre a números de significación hiperbólica, etc. Este género se encuentra en historiadores judíos extrabíblicos de la época helenista. Puede verse un ejemplo en el Libro de Jasón, resumido en 2 Macabeos.

---

[9] *Dei Verbum* III, 12 (D. H. 4217–4218; cfr. Pio XII: *Divino Afflante Spiritu* (D. S. 3829–3830); *Catecismo de la Iglesia Católica*, n. 110.

[10] *Dei Verbum*, 12 (D. H. 4217).

5. *Narraciones etiológicas*, donde se explica una situación presente por un hecho pasado (las hay de muy variado estilo: etimológicas, culturales, etnológicas, geológicas, geográficas, sapienciales, naturalistas, etc.). Son abundantes en la Biblia.

6. *Historias de héroes epónimos*, que dan nombre a un pueblo, lugar o época.

7. *Narraciones folclóricas*, que recogen antiguos relatos sobre el origen de un rito, costumbre o tradición.

8. *Tradiciones populares*, donde un fondo histórico primitivo se encuentra agrandado y embellecido por la imaginación popular.

9. *Midrash haggádico*, comentario de un relato bíblico preexistente para subrayar su valor religioso y con fines de edificación. Es un género literario estrictamente judío. Ejemplos del mismo son el libro de las Crónicas o el de la Sabiduría (en su segunda parte).

10. *Historia épica*, comentario valorativo de hechos claves, concretándolo esquemáticamente en algunos hechos y personas. Es el caso de Josué, Jueces y tal vez Judith.

11. *Leyendas populares*, donde la realidad se halla encubierta con un velo de ficción.

No es fácil encontrar estos géneros en estado puro; lo normal es que haya mezcla de uno o varios géneros a la vez. Además, dentro de cada uno hay matices que hay que analizar en cada caso.

En principio los hagiógrafos pudieron utilizar cualquiera de estos géneros literarios históricos vigentes en el antiguo Oriente. El desafío consiste en saber *si, cuándo y cuánto* los usaron, para llegar a conocer su intención didáctica.

Características principales de la historiografía israelita

Hay que recordar que la historiografía israelita tiene, además, algunas peculiaridades que han de ser tenidas en cuenta cuando se leen los textos bíblicos. En efecto:

1. *Es completamente distinta de la historiografía actual*, diferenciándose tanto por el método como por la finalidad.

2. *El método del historiador bíblico no es el científico, sino el vulgar*, por lo que no hace la crítica de las fuentes y la elaboración de los contenidos de la historiografía actual. Pero sí tiene el sentido crítico natural que hace separar lo verdadero de lo falso.

3. Utiliza *procedimientos redaccionales peculiares*. Por ejemplo:

   - La *yuxtaposición de materiales* procedentes de distintas fuentes, sin preocuparse por su armonización cuando los relatos difieren entre sí, como los relatos del Diluvio o la historia de los Patriarcas, donde varios relatos coinciden en lo esencial y varían en los detalles. El autor definitivo no parece decidirse por ninguno.

   - *Grandes periodos de tiempo se esbozan en pocos rasgos* o se cubren con genealogías, como ocurre en las genealogías de los Patriarcas, el final de Génesis o el principio del Éxodo.

   - A veces, *acontecimientos lejanos* en el tiempo o en el espacio se relatan uno junto al otro dando la impresión de que se trata de acontecimientos contemporáneos, como ocurren con los discursos escatológicos de Jesucristo en los Sinópticos.

   - A veces *hechos insignificantes* se relatan con todo lujo de detalles, como puede ser la historia de un matorral o la construcción de una casa, o la forma y color de un vestido; mientras que acontecimientos importantes apenas solo se mencionan.

- El *orden cronológico* no siempre se respeta, dando origen a muchos problemas de adaptación y sincronización.

- Los *discursos* se compendian o ponen en boca de personajes importantes.

- Los *números* suelen tener sentido simbólico o un valor convencional solo aproximativo; otras veces, se agrandan desmesuradamente.

- Etc.

Todo lo cual indica una técnica histórica rudimentaria e imperfecta: la propia de su época.

4. El *pueblo israelita aventajó a las demás naciones orientales* en escribir bien la historia, tanto por la antigüedad como por la fiel relación de los hechos, como señala la *Divino Afflante Spiritu*;[11] y así se manifiesta al comparar la Biblia con otros libros históricos de otros pueblos orientales que van siendo descubiertos. Pero sería absurdo pretender que la historiografía bíblica fuera tan perfecta como la actual.

5. *La finalidad* del historiador bíblico difiere de la moderna: los hagiógrafos no cultivan la historia por la historia, sino siempre desde la perspectiva del fin religioso y edificante.

---

[11]D. S. 3830.

13.6.3 La Historia en el Antiguo Testamento: algunos casos concretos

Aplicando los criterios señalados es fácil descubrir la verdadera intención del hagiógrafo en los relatos más controvertidos. Por ejemplo:

1. Los relatos de Ge 1–11, entran dentro del género tradiciones populares, donde:

   - Se utilizan diversas fuentes orales o escritas, algunas de las cuales son muy antiguas.

   - Se utiliza el lenguaje simple y figurado, acomodado a la inteligencia de una humanidad menos avanzada.

   - Se relatan hechos y verdades fundamentales que tienen una gran importancia para la economía de salvación.[12]

2. Ge 37:1–50:26 (Historia de José), sería un relato histórico didáctico de orientación sapiencial y moralizadora.

3. Ex 5–14 (salida de Egipto), es una epopeya nacional, que será cantada también en poemas líricos como Ex 15: 2–7; Sal 77; Is 63: 8–13.

4. Jo 10: 12–13, sería un resto de poema épico.

5. Ju 2: 1–5 o Ge 34, son relatos etiológicos e historia de heroes epónimos.

6. I y II de Reyes es una historia donde el autor no intenta escribir una historia completa del Pueblo, sino mostrar que la suerte del Pueblo está ligada a la observancia de la Ley de Dios. Por eso,

---

[12]Cfr. Respuesta de la Comisión Bíblica Pontificia de 29 de junio de 1908 (D. S. 1512–1519).

de entre los muchos datos, escoge aquéllos que le sirven a su propósito, y deja otros, que tal vez fueran importantes para el historiador moderno.

7. I y II de Crónicas son libros donde el historiador tiene como propósito presentar la historia del culto, del Templo y de los levitas. Lo que no conduce a ese fin lo omite, aunque fueran hechos tan conocidos como el adulterio de David o la idolatría de Salomón.

8. Sabiduría 16–19 es un relato del Éxodo de tipo midrashico, donde el autor amplia datos antiguos con elementos maravillosos con el fin de hacer patente la bondad y el poder de Dios para con su Pueblo.

9. Job es un escrito didáctico con elementos de otros géneros literarios.

10. Jonás es una narración didáctica de contenido religioso edificante, dependiente de la existencia de ese profeta.

11. Tobías, Judith y Ester pertenecen al género de narración en forma de novela histórica, con fundamento en la realidad de esos personajes.

12. I Mac es una historia apologética y heroica, con formas literarias parecidas a los libros de los Jueces, Samuel y Reyes, y con influencias también de la historiografía helénica.

13. II Macabeos es una historia patética, un género literario de la época, que intenta edificar y conmover recurriendo a cosas maravillosas, a amplificaciones de estilo y a oratoria que agranda los rasgos significativos. Pero tanto I como II de los Macabeos

subrayan el sentido religioso de los acontecimientos y contienen un testimonio histórico de primera mano para una época turbulenta y oscura.

13.6.4 La Historia en el Nuevo Testamento

En general se encuentran géneros literarios históricos parcialmente distintos del Antiguo Testamento, porque es diferente el ambiente social, cultural y religioso.

Se encuentran así:

1. *Documentos de testigos oculares*, como las Epístolas de San Pablo y las secciones de Hechos en los que el narrador utiliza el pronombre personal "nosotros".

2. *Los Evangelios* son historias reales y verdaderas de Jesucristo, donde se recogen los hechos y enseñanzas del Maestro, manifestando que es el Salvador y el Hijo de Dios encarnado.[13]

---

[13]La *Dei Verbum*, n. 19 dice: "La Santa Madre Iglesia firme y constantemente ha creído y cree que los cuatro referidos Evangelios, cuya historicidad afirma sin vacilar, comunican fielmente lo que Jesús Hijo de Dios, viviendo entre los hombres, hizo y enseñó realmente para la salvación de ellos, hasta el día que fue levantado al cielo. Los Apóstoles, ciertamente, después de la ascensión del Señor, predicaron a sus oyentes lo que Él había dicho y obrado, con aquella crecida inteligencia de que ellos gozaban, amaestrados por los acontecimientos gloriosos de Cristo y por la luz del Espíritu de verdad. Los autores sagrados escribieron los cuatro Evangelios escogiendo algunas cosas de las muchas que ya se trasmitían de palabra o por escrito, sintetizando otras, o explicándolas atendiendo a la condición de las Iglesias, reteniendo por fin la forma de proclamación de manera que siempre nos comunicaban la verdad sincera acerca de Jesús. Escribieron, pues, sacándolo ya de su memoria o recuerdos, ya del testimonio de quienes 'desde el principio fueron testigos oculares y ministros de la palabra' para que conozcamos 'la verdad' de las palabras que nos enseñan (cfr. Lc 1: 2–4)" (D. H. 4226). Es necesario notar la ambigüedad de la frase "comunicaban la verdad sincera acerca de Jesús", que ha sido manipulada en sentido neomodernista por algunos teólogos.

Dan pues un conocimiento concreto y real de la persona de Jesús para alimento de nuestra fe y no para simplemente satisfacer nuestra curiosidad como sí intentaron los evangelios apócrifos.

3. Hechos 1–15 contiene variados *materiales de tipo histórico*.

13.6.5   El género literario "evangelio"

Es muy importante dejar claramente establecido que este género literario no puede ser entendido en absoluto como lo hace el método histórico–crítico racionalista (*Formengeschichte y de la Redactiongeschichte*), que considera que los evangelistas serían más redactores que autores. Separados del tiempo de Jesús por más de cuarenta años, no tendrían ningún conocimiento directo de lo que narran. Ya pre–existían narraciones, perícopas sueltas, creadas por la 'comunidad primitiva' para responder a las exigencias de predicación y de culto, en un momento en que se esperaba como inminente el fin del mundo y en el que, por lo tanto, no había ninguna preocupación de carácter histórico. Una tal tradición popular, que como todas las tradiciones de este género, se formó en el alma popular según las exigencias del ambiente, fue transmitida por numerosos intermediarios anónimos y en forma de innumerables fragmentos. Los tres Evangelios sinópticos serían una síntesis de estas hojas dispersas.[14]

Sin embargo, el sentido verdadero y exacto de la historicidad del género literario evangelio ya fue aclarado por la exégesis tradicional de un modo preciso, utilizando datos de crítica externa (testimonios de las fuentes históricas) que además eran corroborados por los testimo-

---

[14]En el fondo, la crítica racionalista considera que toda la Sagrada Escritura, en los libros que siempre fueron tenidos por históricos, no es sino una serie ininterrumpida de citas implícitas.

nios internos (estilo, contenido, pureza del lenguaje, detalles históricos y geográficos, etc.). Como dice Spadafora:

> "De hecho, el valor histórico de los Evangelios, además de ser para el católico una verdad de fe garantizada por el Magisterio de la Iglesia, es claramente cierto para el crítico, para el investigador digno de este nombre. Los autores de los Evangelios son conocidos: dos apóstoles, testigos oculares de la vida de Nuestro Señor (Mateo y Juan), y dos discípulos (Marcos y Lucas), que consignaron respectivamente la predicación de San Pedro y de San Pablo. Eso lo atestigua una tradición antiquísima e ininterrumpida que se remonta al siglo primero, y que ha sido confirmada por la filología (por ejemplo San Pablo, en las Epístolas a los Tesalonicenses, escritas hacia el año 51, cita el texto griego del Evangelio de San Mateo, que por tanto lo precede) y por la arqueología (por ejemplo, el papiro Rylands 457 para el Evangelio de San Juan y, recientemente, el fragmento de papiro de la séptima cueva de Qumrân —7Q5— para el Evangelio de San Marcos).

> Mientras que, a falta de argumentos decisivos, el exegeta es libre de pronunciarse en favor o en contra de la historicidad de diversos libros del Antiguo Testamento (si es total o parcial, o si se trata solamente de una composición didáctica), no sucede lo mismo por lo que al Nuevo se refiere: ¡tantas y tales son las fuentes que atestiguan su autenticidad e historicidad! (...)

> El valor histórico de los Evangelios es, incluso desde el simple punto de vista crítico, un valor histórico de primer orden, o mejor dicho, de primerísimo orden, dado que nin-

gún libro de historia profana puede gloriarse de igualarse a ellos en este punto".[15]

Véase, como ejemplo, el modo como la exégesis tradicional científica probaba la historicidad de los relatos del Evangelio de San Marcos, aceptando que utilizaba el género literario de "evangelio":

> "La tradición eclesiástica..., confirma los estrechos vínculos de apostolado de Marcos con Pedro. Papías (in Eus., Hist. Eccl. III, 39: P. G. 20, 300) lo llama 'ermeneutès Pétru'. Marcos no vio al Señor, ni escuchó sus discursos (Papías, Eusebio, Jerónimo). Los datos de la tradición antiquísima (Papías, hacia el a. 130), confirmados por el examen interno, señalan como autor del 2º Evangelio a Marcos, eco fiel de la catequesis de Pedro, casi diríamos que «taquígrafo» del príncipe de los Apóstoles para la comunidad cristiana de Roma (cf. Lagrange, págs. XVI-XXXII; Uricchio–Stano, págs. 1-42).
>
> 'Así como fue el colaborador de Pedro en la predicación del Evangelio, del mismo modo fue también su intérprete y su portavoz autorizado en la redacción de este Evangelio, y por medio de él nos transmitió la catequesis del príncipe de los Apóstoles tal como éste la predicaba a los primeros cristianos, especialmente de la Iglesia de Roma' (Vaccari).
>
> Los críticos reconocen unánimemente en Marcos el narrador popular por excelencia. El 2º Evangelio es —podríamos decir— como un riachuelo de agua límpida que brota de la fuente y corre luego libre y veloz, sin detenerse, como ansioso de llegar a su meta.

---

[15]F. Spadafora: *El triunfo...*, cit., págs. 82–84.

¿Qué plan se propone Marcos al escribir su Evangelio, tan espontáneo, tan distinto de los demás? Ninguno, si se quiere hablar de un verdadero plan que le sea propio, personal. Marcos quiso poner por escrito la Buena Nueva y la encontró como estereotipada en la narración de Pedro; escribió lo que había escuchado de Pedro (tal es el sentido del 'ermeneutès' con que lo califica Papías). Por consiguiente, si algún plan presidió a la composición del Evangelio, este plan no fue de Marcos, sino de Pedro; éste daba sus enseñanzas según la utilidad de sus oyentes, no como quien hace una historia propiamente dicha de los 'lòghia' (es decir, de los dichos y de los hechos) del Señor.

Marcos, pues, se limitó a fijar por escrito la narración de Pedro; no elaboró sus materiales, adaptándolos a un esquema personal, ni pretendió exponer 'su' teología (cf. A. Fernández, en la Introducción a su 'Vida de Jesús', Roma 1962).

Comprendemos así a Papías: Marcos no escribió con orden; es decir, no dispuso los materiales según un orden lógico, como lo hace Mateo, ni se preocupó del orden cronológico, como lo hace Lucas (1: 1–4). Marcos es simple e inmediato, con la rudeza del arte popular (J. Wellhausen), con su singular frescura, su vivaz originalidad (Huby). Tiene el don de animar a sus personajes, de hacerlos pasar delante de nosotros en vivísimos cuadros. Marcos narra a la manera de las personas sencillas, de la gente del pueblo, cuando tienen el don de ver las cosas; recoge los detalles pintorescos. Parece seguir los acontecimientos como si se desarrollasen ante sus ojos, en lugar de disponer las narraciones como hombre que domina sus recuerdos... Marcos nos trasmitió los recuerdos de un testigo ocular, la narración de Pedro, tal como la recogió de los labios del Apóstol.

Como le sucede a menudo a los pescadores, acostumbrados a espiar las menores señales de la presencia del pez, Pedro sabía 'ver'..., era capaz de observar los detalles plásticos de una escena: 'y estaba toda la ciudad agolpada a la puerta' (1:33); 'y Él estaba en la popa durmiendo sobre el cabezal' (4:38), etc. Al narrar la historia de Cristo, la vivía de nuevo... Bajo la influencia de esta realidad vivida, Pedro reproducía sin esfuerzo el desarrollo histórico del ministerio de Jesús con sus puntos sobresalientes.... Bien se comprende la seducción que produce el Evangelio de San Marcos en los críticos y exégetas modernos....

Respecto a Lucas, basta leer lo que él mismo escribió en su prólogo 1".[16]

En relación con los otros Evangelios, insistía el mismo exégeta:

"Mateo y Juan, ambos Apóstoles, escribieron sus respectivos Evangelios como testigos oculares, como era lógico; Marcos y Lucas tienen su fuente de información en el testimonio ocular de los Apóstoles. Mateo, Marcos (que refiere lo que escuchó repetidas veces de Pedro) y Juan escribieron según lo que recordaban (sin preocupaciones 'literarias'). Es el testimonio más antiguo de los Padres: San Justino da a los Evangelios el nombre de '*Memorabilia apostolorum*', '*Apomnemoneumata tòn apostòlon*', esto es, Memorias de los Apóstoles. San Lucas, en cambio, como él mismo lo atestigua en su célebre y elegante prólogo, después de haber recogido 'las informaciones más directas

---

[16]F. Spadafora: *El triunfo...*, cit., pág. 86.

(*ànothen*), más completas (*pàsin*) y más exactas (*acribòs*)»
(Devoldère) a partir de testigos directos ('qui ab initio ipsi viderunt et ministri fuerunt sermonis': Lc 1: 2-4; por
lo tanto, testigos oculares, convertidos luego en ministros
de la Palabra), relata estas informaciones *ex ordine* (*ca-
texsès*), es decir, según un orden cronológico, pero sobre
todo lógico. Nada más simple, pues, que la 'realidad de la
que nacieron nuestros Evangelios'. Sólo la 'Historia de las
formas' racionalista complicó premeditadamente el génesis de nuestros Evangelios para excluir de ellos los hechos
sobrenaturales, los milagros, presentándolos como añadidos póstumos de una 'tradición' que no habría conservado, sino más bien transfigurado y exagerado, los hechos
reales. Y todo eso porque, como pretende el racionalismo,
'no admite discusión... que los milagros... no son posibles'
(Harnack)".[17]

13.7 Apéndice: los nuevos métodos histórico–críticos y de las ciencias del lenguaje.

Una vez conocidos el valor de los géneros literarios para la interpretación de los textos bíblicos, es necesario comprobar si otros métodos surgidos posteriormente son de utilidad también para solucionar
los problemas que se pueden suscitar en torno a la verdad bíblica en
general, y en la información histórica en particular.[18]

---

[17]F. Spadafora: *El triunfo...*, cit., pág. 102.

[18]Cfr. M. A. Tábet: *Introducción general...*, cit., págs. 361–380. Cfr. J. M. Casciaro: *Exégesis Bíblica, hermenéutica y teología*, Navarra, Eunsa, 1983, págs. 19–39; J.
Caba: *Métodos exegéticos en el estudio actual del Nuevo Testamento*, en "Gregorianum" 73 (1992) 611–669; H. Hoplf: *Critique Biblique*, en "Dictionnaire de la Bible.
Supplement", 2 (1934) 175–239.

Como ya se señaló anteriormente, desde el campo de la teología protestante liberal y del racionalismo y subjetivismo kantiano a partir del s. XIX, se desarrollaron los llamados *métodos histórico–críticos* de la exégesis bíblica. Se criticaba desde ellos la exégesis tradicional católica y se atacaban las verdades de la fe al pretender dejarlas sin su fundamentación bíblica. A estos métodos, se unieron ya en el siglo XX otros varios métodos de interpretación que se sostenían sobre las ciencias y filosofías del lenguaje.

F. Spadafora hace ver que cuando se habla de los nuevos métodos histórico–críticos no se hace referencia a la verdadera y sana crítica científica y tradicional del texto bíblico, que ha de usarse siempre (el estudio de los datos externos al texto, históricos, objetivos, suministrados por la tradición, por la arqueología, por la filosofía y las demás ciencias auxiliares), sino a la alta–crítica que se basa únicamente en los criterios internos sacados del examen del texto que diseca y reduce los textos sagrados caprichosamente (señalando, por ejemplo, el comienzo y el final de las unidades textuales, grandes y pequeñas, verificando la coherencia interna de los textos; buscando duplicados, divergencias irreconciliables; tratando de probar el carácter compuesto de algunos textos, que se dividen en pequeñas unidades de las cuales se estudia la posible pertenencia a fuentes diferentes, etc.).[19]

Estos métodos histórico–críticos y de las ciencias del lenguaje fueron aceptados por una parte importante de los exégetas católicos, aunque, según decían, una vez depurados de sus insuficiencias y de la impronta ideológica que tuvieron en sus inicios. De ello juzgaremos en la sección correspondiente a la hermenéutica bíblica, donde se estudiarán con cierto detalle estos métodos y su posible valor para

---

[19]Cfr. Pontificia Comisión Bíblica: *La interpretación...*, cit., págs. 34–35); F. Spadafora: *El triunfo...*, cit., pág. 164.

el uso en la exégesis bíblica.[20] Baste por ahora adelantar una breve descripción de los principales métodos modernos:

1. *La escuela de la Historia de las Formas* (*formgeschichte*), que trata de estudiar la historia de la formación de los libros de la Biblia a partir de unas supuestas unidades —"formas"— previas hasta su estado definitivo final. Los hagiógrafos se limitarían a realizar una simple agrupación y transmisión del material precedente.

2. *La escuela de la Historia de la Redacción* (*redaktionsgeschichte*), frente a la posición de la *formgeschichte*, insistirá en la importancia de la labor de los redactores finales, quienes fueron verdaderos autores pues recibieron los datos de la tradición reelaborándolos según su propio modo de entender.

3. *La historia de las tradiciones* (*traditionsgeschichte*) trata de resaltar la corriente de tradición en que un texto se ha forjado y se ha transmitido hasta su integración en el libro final.

4. *Análisis retórico*, donde se intenta aprovechar el hecho de la presencia de la retórica en la Escritura, ya que según estos exégetas la Biblia no sería solo un conjunto de enunciados veraces,

---

[20]M. A. Tábet (*Introducción general...*, cit. pág. 381) aconseja algunas obras para el que desee conocer mejor estos métodos modernos: E. Betti: *Teoria generale dell'interpretazione*, 2 vols., Milano 1955; id.: *L'ermeneutica come metodica generale delle scienze dello spirito*, Roma, Città Nuova, 1987; J. Bleicher: *Contemporary hermeneutics*, London New York, Routledge and Kegan Paul, 1983; F. Grech: *Ermeneutica e teologia*, Roma, Borla, 1986; M. Ferraris: *Storia dell'ermeneutica*, Milano, Bompiani, 1989; W. G. Jeanrond: *Theological hermeneutics. Development and significance*, London, Macmillan, 1991; número monográfico "Filosofia e Teologia" 1 (1995) dedicado a *Ermeneutica filosofica e ermeneutica teologica*; A. C. Thiselton: *New horizons in hermeneutics*, London, Harper Collins, 1992; Id.: *The two horizons*, Exeter, Paternoster Press,1980; etc.

sino que es un mensaje dotado de una capacidad de comunicación. Se utilizan tres enfoques sobre el modo cómo la retórica puede ser útil en la exégesis: los métodos de la retórica clásica greco–latina; los de los pueblos semíticos; y en los de la nueva retórica.

5. *Análisis narrativo*, estudia el modo en que se relata la historia para hacer partícipe al lector de la trama de la narración. Sostiene un método de comprensión y comunicación del mensaje bíblico que corresponden a las formas del relato y del testimonio.

6. *Análisis semiótico o estructuralista*, que intenta examinar el significado de los textos a través de su forma o estructura tal como nos han llegado.

7. *Acercamiento canónico*, que consciente de las limitaciones del método histórico y crítico para alcanzar el nivel teológico de sus conclusiones, asume la tarea de interpretar el texto desde el marco explícito de la fe, esto es a la luz del canon de la Escritura, considerado como norma de fe de una comunidad de creyentes.

8. *Uso de las tradiciones interpretativas judías*, sobre la base de que el judaísmo anterior y posterior a la era cristiana fue el ámbito religioso y cultural en el que el Antiguo Testamento adquirió su forma definitiva, y también el marco vital en que se originó el Nuevo Testamento.

9. *Historia de los efectos del texto* (*wirkungsgechichte*), se centra en la idea de que un texto no se convierte en obra literaria si no hay lectores que le dan vida y se apropian de él, con la consecuencia de que esa apropiación ayuda a comprender mejor el texto en cuestión.

13.8 Conclusión

Cabría resumir los grandes puntos a tener en cuenta con respecto a la verdad de la Biblia, en:

1. La Escritura es Palabra de Dios, y por tanto verdadera y no contiene errores.

2. La verdad que hay que buscar en la Biblia es "la verdad que Dios quiso consignar en ella para nuestra salvación".

3. Esta verdad nos viene comunicada por los hagiógrafos en sus enseñanzas formales emitidas bajo el carisma de la inspiración.

4. Las enseñanzas formales de los hagiógrafos están condicionadas en su formulación por:

   • El desarrollo progresivo de la Revelación.

   • Los géneros literarios a través de los cuales vierten su pensamiento.

5. Para detectar la verdadera intención didáctica de los hagiógrafos es imprescindible analizar el género literario que utilizan.

6. La interpretación de un texto bíblico debe poner siempre de relieve:

   • La imposibilidad de que haya contradicciones reales en la Verdad de Dios, ya sea manifestada en la creación (revelación natural) o en la Revelación sobrenatural, o en el Magisterio de la Iglesia.

   • Su valor religioso.

   • Su posición en el conjunto de toda la Revelación.

   • El respeto al realismo histórico de la Revelación.

- Su finalidad esencialmente religiosa y salvadora.

Capítulo 14

Efectos de la inspiración II: la santidad de la Biblia

14.1 Introducción

Dios es el autor principal de la Biblia, actuando por el carisma de inspiración sobre el hagiógrafo. Como consecuencia el contenido del Libro Sagrado ha de ser verdadero (verdad de la Biblia) como ya se explicó, pero también ha de ser santo, con repugnancia hacia todo pecado (santidad de la Biblia) tema que se estudia ahora.[1]

---

[1]Cfr. M. A. Tábet: *Introducción General...*, cit., págs. 157–166; O. García de la Fuente: *Tratado de Inspiración, II*, en "Introducción general a la Sagrada Escritura", Madrid, Ed. Casa de la Biblia, cit., págs. 142–150; R. Rabanos: *Propedéutica...*, cit., págs, 101–106; H. Duesberg: *Les valeurs chrétiennes de l'Ancien Testament*, Maredsous 1948; H. Kruse: *De inferioritate morali Veteris Testamenti*, en "Verbum Domini", (1950) 77–78; A. Gelin: *Morale et Ancien Testament*, en "Problemes d'A. T.", París, 1952, págs. 71–92; E. Galbiati y A. Piazza: *Pagine difficili della Bibbia*, Milán, 5.a, 1956, págs. 307–332; J. Levie: *La Bible, parole humaine et message de Dieu*, París–

Esta cualidad aparece junto a la de verdad en el Magisterio al hablar de la Biblia. Así por ejemplo en la *Dei Verbum*:

> "Sin mengua de la verdad y de la santidad de Dios, la Sagrada Escritura nos muestra la admirable condescendencia de Dios".[2]

¿En qué sentido podemos decir que la Biblia es "santa"?; y si no fuera realmente santa, ¿podría considerarse que fue realmente inspirada por Dios?

Hay que hacer notar que el problema a tratar ahora se centra en la existencia de algunos datos concretos de los libros sagrados que parecen contradecir la santidad de la Biblia, porque en general la superioridad moral y espiritual de la Biblia sobre cualquier libro es evidente.

Louvain 1958, págs. 261–275; D. Daube: *Concessions to Sinfulness in Jewish Law*, en "Journal of Jewish Studies" 10 (1959) 1–13; P. Van Imschoot: *Théologie de l'Ancien Testament*, 2 vols., París 1958, 60; J. Dheilly: *L'Ancien Testament est-il "moraliste"?*, en "Catéchistes" 46 (1961) 99–109; J. Muilenburg: *The Way of Israel. Biblical Faith and Ethics*, New York, Harper Torchbooks, 1961; J. García Trapiello: *El problema de la moral del Antiguo Testamento*, Barcelona, Herder, 1977; Id.: *La preocupación social en el Antiguo Testamento*, "Revista de Derecho Público", 27 (2016) 11–39; M. Brandle: *Santidad e inspiración de la Escritura*, en "Selecciones de Teología" 2 (1963) 111–123; W. Plantz: *Monogamie und Polygynie im Alten Testament*, en "ZAW". 75 (1963) 3–27; Ch. Journet: *L'economie de la loi mosaique*, en "Revue Thomiste", 63 (1963) 5–36; 193–224; 515–547; J. M. Aubert: *Loi de Dieu, loi des hommes*, en "Le mystere chrétien", París 1964, págs. 116–150; J. G. Trapiello: *El problema moral del A. T.*, en "Verdad y Vida" 20 (1962) 95–112 (alguna de la bibliografía está sugerida por O. García de la Fuente, o. c., págs. 142–143).

[2] *Dei Verbum*, 13 (D. H. 4220).

14.2 El hecho de la santidad bíblica

Es conveniente partir con una definición de lo que es la santidad en general: conformidad de los actos humanos con la ley moral. Como señala Tábet:

> "La santidad bíblica significa que existe una conformidad entre la ley moral y el juicio explícito o implícito del hagiógrafo sobre los actos, palabras y sentimientos del personaje del que habla o del ambiente social que describe, de tal modo que siempre aprueba el bien y denigra el mal, como corresponde a las exigencias de la santidad de Dios, fuente de toda moralidad".[3]

No obstante, cuando se trata de la santidad en la Biblia hay que tener en cuenta que:

1. No nos referimos a que la conducta toda de cada uno de los personajes de la Biblia sea santa (ya que refleja la vida de seres humanos reales, con sus pecados y errores, con sus lacras y defectos), sino al juicio que merecen los actos humanos sea conforme al criterio de santidad: no se puede aprobar el mal ni reprobar el bien.

2. No se trata de que todos los juicios aprobatorios o condenatorios lo sean en grado máximo o nivel total, sino que basta con que lo sean en grado mínimo y a nivel parcial.

   En efecto, existen escalas de valores para la belleza o la santidad, pero siempre dentro de los límites de lo honesto; existe una moral mosaica y otra evangélica con diferencias de grado, nivel o mayor o menor perfección, pero que no son diferencias esenciales.

---

[3]M. A. Tábet: *Introducción general...*, cit., pág. 157.

14.3 Principios generales

Para abordar correctamente la realidad de la santidad bíblica, es necesario tener en consideración los siguientes criterios.

1. *El Antiguo Testamento es una larga preparación para el Nuevo Testamento.* En efecto, San Pablo nos recuerda que "la Ley ha sido nuestro pedagogo que nos condujo hasta Cristo" (Ga 3:24).

   En efecto, Dios tomó a los hombres de un ambiente moral y religioso pagano y los fue preparando para acoger la verdad sobrenatural. Pero Dios quiso actuar como:

   - *Sabio* pedagogo, para ir enseñando poco a poco.
   - *Exigente* pedagogo, para pedir y procurar la perfección de los seres humanos: basta con comparar las exigencias de la moral del Antiguo Testamento con la de los pueblos vecinos de Israel, para comprobar que es muy superior a la de todos los pueblos orientales.

   Dios preparó a su Pueblo escogido para que recibiera el Nuevo Testamento (Jesucristo). Como dice la *Dei Verbum*: "Estos libros expresan el sentimiento vivo de Dios y en ellos se encierran sublimes doctrinas acerca de Dios y una sabiduría salvadora sobre la vida del hombre, y tesoros de oración, y en ellos, por fin está latente el misterio de nuestra salvación".[4]

2. *El Nuevo Testamento "perfecciona y no abole" el Antiguo Testamento.* Jesucristo lo estableció así claramente: "No penséis que he venido a abolir la Ley o los Profetas; no he venido a abolirlos sino a darles su plenitud" (Mt 5:17); "Por eso, sed vosotros perfectos como vuestro Padre celestial es perfecto" (Mt 5:48).

---

[4]*Dei Verbum*, IV, 15 (D. H. 4222).

La moral del Antiguo Testamento tiene limitaciones e imperfecciones porque:

- Es una revelación en marcha, progresiva, intermedia entre
  la Ley Natural primitiva y la ley evangélica definitiva. Por
  eso, se encuentran limitaciones no solo en la práctica de la
  ley moral y religiosa, sino también en su misma formulación. Así lo señala la *Dei Verbum*: "Los libros del Antiguo
  Testamento manifiestan todos el conocimiento de Dios y del
  hombre y la forma de obrar de Dios justo y misericordioso
  con los hombres, según la condición del género humano en
  los tiempos que precedieron a la salvación establecida por
  Cristo. Estos libros, aunque contengan también algunas cosas imperfectas y adaptadas a sus tiempos, demuestran sin
  embargo la verdadera pedagogía divina".[5]

- Dios es un paciente pedagogo que se adapta a la inteligencia, situación concreta y personal de sus alumnos, para
  conseguir el objetivo querido con mayor seguridad. Por eso
  Dios condesciende con la fragilidad humana y tolera ciertos
  modos imperfectos de practicar la religión y la moral per-
  mitiendo provisionalmente alguna imperfección "por la dureza del corazón humano" (cfr. Mt 19:8). Es lo que se conoce con el término *sincatábasis*[6] (συνκαταβασις, formado de

---

[5]*Dei Verbum*, IV, 15 (D. H. 4222).

[6]El término fue usado por los Padres de la Iglesia para explicar la condescendencia
que Dios ha tenido con la humanidad buscando ser un Dios cercano y providencial,
que acompaña su creación bajando a ella, siendo parte de ella y comunicándose con
ella. Cfr. San Juan Crisóstomo: *In Gen 3, 8, Hom 17, 1* (P. G. 53, 134); Id.:*In Tit,
Hom III, 2*; San Gregorio de Nisa: *Hom. XV al Cantar de los Cantares*; etc. Cfr. *Dei
Verbum*, 13 (D. H., 4220).

συν=junto, con; κατα=bajo; βαινω=voy) que esencialmente significa "bajar con", "descender con", "condescender".

Así pues, la moral del Antiguo Testamento hay que juzgarla, por un lado, desde una perspectiva histórica y reconocer que solo penosa y gradualmente el hombre consigue la perfección; y, por otro lado, desde la unidad de toda la Biblia y la supremacía del Nuevo Testamento.

M. A. Tábet, al estudiar las diferencias entre la moral del Antiguo y del Nuevo Testamento señala que *no son esenciales* (no son dos vías diferentes de la moralidad), *sino solo de grado.*[7] En efecto las diferencias pueden ser clasificadas entre:

1. Diferencias con respecto al fin salvífico, esto es el modo cómo los hombres son llevados a la salvación por la gracia y el conocimiento de las verdades salvíficas:

   - En el Antiguo Testamento:
     - Dios revela un conjunto de verdades salvíficas.
     - Pero Dios no establece explícitamente las instituciones que podrían conferir la gracia de la justificación (la circuncisión y los demás ritos del Antiguo Testamento no operaban *ex opere operato*, sino que eran imágenes o figuras para reavivar la fe).
   - En el Nuevo Testamento:
     - Dios revela la plenitud de verdades salvíficas y el sentido verdadero del Antiguo Testamento.
     - Dios constituye los canales de la gracia *ex opere operato* (los sacramentos).

---

[7]M. A. Tábet: *Introducción general...*, cit., págs. 159–160.

2. Diferencias con respecto a los preceptos de la moral, porque, como manifiesta Santo Tomás,[8] Cristo perfecciona los preceptos del Antiguo Testamento de tres modos distintos:

- Declarando su significado verdadero, como el caso del homicidio o del adulterio (Mt 5: 22.28).

- Señalando el camino más seguro para cumplir los preceptos, como el mandato de no jurar nunca (Mt 5: 33–37).

- Mostrando el grado más alto de perfección, como el amar a los enemigos (Mt 5: 44–48), o el amar como Cristo nos amó (Jn 15:12).

14.4 Dificultades concretas contra la moral bíblica

Para aclarar el significado propio del rasgo de la santidad de la Biblia, es conveniente señalar varios ejemplos bien conocidos de dificultades sobre la moralidad que aparecen en la misma, y el modo en que han de ser interpretadas correctamente.

14.4.1 Faltas de sinceridad

En el Antiguo Testamento hay pasajes donde la falta de sinceridad no parece provocar ninguna reprobación por parte del hagiógrafo. Por ejemplo:

- Los engaños de Abraham en la corte del faraón (Ge 12: 10–13; 20: 1–8).

- Engaños de Jacob con su hermano Esaú (Ge 25: 29–34; 27: 1–40).

---

[8]Santo Tomás de Aquino: *Summ. Theol.*, Iª–IIª, q. 107, a. 2.

- Engaño de los israelitas al salir de Egipto (Ex 3:22; 12: 35–36).

Hay que tener en cuenta que los personajes tienen una mentalidad muy primitiva, y lo que esas estratagemas implican en realidad son medios de engañar a un enemigo de la nación (el Faraón), o de asegurar la supremacía de Israel (Jacob) sobre las naciones vecinas (Edón: Esaú).

14.4.2   Deseos de venganza e imprecaciones contra los enemigos

Las imprecaciones son frases que expresan el deseo de un mal contra uno mismo o contra otros, como pueden ser el castigo a los enemigos, los deseos de venganza o muerte, la maldición del día del propio nacimiento, etc. Son emblemáticos por ejemplo los casos de:

- Los salmos imprecatorios (Sal 35; 52; 59; 69; 109; 137: 8–9).

- Las sentencias de Jeremías (Jer 17:18 o 18: 18–23).

De nuevo hay que tener en cuenta las mentalidades primitivas que están envueltas en esas imprecaciones con elementos convencionales o literarios propios del tiempo. Pero, al mismo tiempo, hay que recordar que:

1. Jesús critica fuertemente esas actitudes.

2. Que esas acciones se enmarcan dentro de la concepción de la ley del talión, que siendo imperfecta, no se puede declarar como inmoral e injusta.

3. Nunca se desea el mal espiritual del enemigo, sino el material y temporal.

4. No se desea el mal en sí, sino en función de un bien (ser librados del malo, del opresor, etc.).

5. Se pide, en fin, que Dios ejercite su justicia: el castigo al malo es terreno porque hay que recordar que no había una idea clara de la retribución de ultratumba.

Santo Tomás de Aquino aducía varias razones que explicaban las imprecaciones: en realidad se pide a Dios que a través de los castigos temporales sea castigada la culpa, se convierta el pecador, se defienda al justo y se restablezca el Derecho.[9] En los Hechos de los Apóstoles aparecen como predicciones futuras (Hech 1:20, donde se aplica a Judas Iscariote el Sal 69:26 contra el traidor malo).

14.4.3 Actos de crueldad

Hay algunos actos de crueldad narrados en el Antiguo Testamento que aparecen como impuestos por Dios y ejecutados por los profetas o elegidos.[10] Son los casos, por ejemplo, de:

- La ley del *herem* (exterminio) de Jos 8: 8-22; 10: 28–31; 11: 10–15.

- La ejecución de los 450 profetas de Baal, narrada en 1 Re 18:40.[11]

Además de la consabida razón de que nos encontramos con mentes primitivas, hay que tener en cuenta que:

---

[9]Santo Tomás de Aquino: *Summ. Theol.*, IIª–IIª, q. 25, a. 6, ad. 3; q. 83, a. 8, ad 1.

[10]Cfr. M. A. Tábet: *Introducción general...*, cit. págs. 161–163; O. Bauernfiend y W. Foerster y G. von Rad: *Guerra e pace nel Nuovo Testamento*, Brescia, Paideia, 1993; O. García de la Fuente: *La santidad de la Biblia*, cit., págs. 146–147.

[11]Cfr. la muerte de 42 chicos de 2 Re 2:24.

1. Aplicando la realidad de los géneros literarios estudiados, se pueden encontrar exageraciones en las narraciones.

2. Los orientales atribuían a sus dioses el exterminio de los enemigos.

3. La idea religiosa de fondo no es directamente injusta o inmoral, porque se trata de:

   (a) Evitar la contaminación idolátrica o religiosa pagana (cfr. De 20: 16–18; 7: 2–4). Para salvar el bien espiritual de su pueblo, la justicia divina sacrificó el bien material de aquellas naciones que lo usaban para hacer el mal.

   (b) Los cananeos habían merecido por sus delitos ser castigados gravemente por Dios. Cometieron pecados colectivos (cfr. Le 18: 1–25; Sab 12: 3–12) que exigían un castigo público de Dios (que no suponía la salvación o condenación eternas, porque se castigaba con la pérdida de bienes materiales, prosperidad, la independencia nacional o incluso la vida terrena; estas pérdidas podían ser ocasión de lograr su arrepentimiento).

   (c) El *herem* había sido prescrito también contra Israel o una ciudad en caso de apostasía (De 13: 13–17), lo que manifiesta que Dios no es un Dios arbitrario que destruye a otros pueblos para favorecer a Israel.

14.4.4 Divorcio y poligamia

En el Antiguo Testamento aparecen las costumbres del divorcio y de la poligamia (Os 2: 21–22; Is 50:1; 54:5; 62: 4–5; Jer 2:2; Ez 16:8.60), lo que manifiesta la realidad de las mentes primitivas de aquellos hombres. Sin embargo, hay que tener en cuenta que fueron tolerancias "por la dureza del corazón" y que fueron abolidas por Cristo. Además:

- Nunca promulga la ley mosaica la licitud del divorcio o de la poligamia: da por supuesta su existencia en el ambiente oriental de corrupción moral, y se tolera y limita su aplicación. Estas excepciones se dan en una legislación matrimonial del Antiguo Testamento que es profundamente religiosa y responde plenamente a una ética honesta.[12]

- Limita la aplicación indiscriminada del divorcio en un ambiente ampliamente extendido de utilización. Se prohibe el divorcio algunas veces (cfr. De 22: 13–19. 28–29); se obliga a dar el libelo (De 24: 1–6) para proteger a la mujer (documento escrito y la prohibición de volverse a casar con la repudiada) que limitaba la libérrima voluntad del marido y que suponía un tiempo de pausa para la redacción del documento, lo que daba tiempo a realizar una posible reconciliación.

- La poligamia se cita, para limitarla de varios modos:

  - Evitar inconvenientes (Le 18:18).
  - Prohibición al rey de tener un gran número de mujeres (Le 17:17).
  - Se exige que el sumo sacerdote sea monógamo (De 21: 13–14).

Los Santos Padres sugerían varios motivos por los que Dios pudo permitirla, como, por ejemplo, que en época de los Patriarcas la generación de los hijos era conveniente para la con-

---

[12]M. A. Tábet: *Introducción general...*, cit., pág. 163.

servación y propagación del pueblo de Dios, que debía recibir y transmitir las promesas sobre Jesucristo.[13]

De todos modos, después de la Cautividad de Babilonia la Biblia no alude a la poligamia, que parece no practicarse en tiempos de Jesucristo.

14.4.5   Narraciones de culpas y libertad de lenguaje

Puede sorprender el encontrar en la Biblia la narración de ciertos pecados (cfr. el pecado de David en 2 Sam 11–12; la narración de la casta Susana en Da 13; etc.). Pero hay que considerar que:

- Cualquier relato puede convertirse en algo edificante.

- Con frecuencia hay una condena por parte del hagiógrafo, bien sea explícita (como el caso del pecado del Paraíso) o implícita (como el caso de los fraudes de Jacob).

- Cuando el hagiógrafo se limita a narrar hay que juzgar el hecho a la luz de la ley de Moisés y de la Ley natural (vgr. el pecado de las hijas de Lot).

- La mentalidad y sensibilidad de los antiguos no es como la nuestra.

- La Biblia describe al hombre y sus acciones tal como son y no como nos lo imaginaríamos.

---

[13]Cfr. San Agustín: *De nuptiis et concupiscentia*, 1, 13, 14 (P. L. 44, 422); Santo Tomás de Aquino: *Summ. Theol.*, *Suppl.*, q. 65, aa. 1–2.

Capítulo 15

Otros efectos de la inspiración III: unidad, perennidad y actualidad de la Biblia

15.1 Unidad de la Sagrada Escritura

Otra de las consecuencias de la inspiración es que todos los libros de la Sagrada Escritura, a pesar de su diversidad, la laboriosa historia de su composición y los amplios espacios de tiempo que separan a unos libros de otros, sin embargo forman una unidad, ya que todos tienen un único autor principal: Dios, Sabiduría infinita, en el que no puede haber contradicción.[1]

---

[1]Cfr. M. A. Tábet: *Introducción general...*, cit., págs. 131–136.

15.1.1 Concepto

La unidad en la Biblia consiste en la armonía mutua entre las verdades salvíficas contenidas en los textos bíblicos, en virtud de la cual, unos a otros se iluminan, sin que exista ni pueda existir ninguna oposición o contradicción entre ellos.

Hay que distinguir la unidad de la que se trata ahora, que clásicamente se denomina "analogía de fe bíblica", de la unidad de doctrina entre la Biblia y todas las verdades de la fe proclamadas por el Magisterio de la Iglesia ("analogía de fe católica").

La unidad no excluye el aporte peculiar de cada hagiógrafo (como causa instrumental respetada en su propia y peculiar naturaleza por el autor principal divino). Sin embargo, estas diferencias entre los hagiógrafos, por un lado necesariamente se armonizan, y por otro permiten un enriquecimiento recíproco del mensaje salvífico. Lo cual se explica porque "unidad" no es uniformidad, y la "unidad" impide considerar la Biblia como terreno de enfrentamiento de ideologías distintas.

La unidad de la Biblia ha de ser entendida también en relación con otras dos realidades: la unidad entre el Antiguo y el Nuevo Testamento, y el hecho de que el Nuevo Testamento es plenitud del Antiguo. Es necesario desarrollar estas ideas.

15.1.2 Unidad del Antiguo y Nuevo Testamento

Esta realidad es el aspecto más relevante que comporta la unidad en la Biblia.

El fundamento de la misma es la centralidad de la figura de Cristo (Logos, Palabra de Dios) en ambos Testamentos: es la misma Palabra de Dios la que se revela en ambos.

Como dice la *Dei Verbum*: los textos del Antiguo Testamento, "adquieren y manifiestan su significado pleno en el Nuevo y a la vez lo iluminan y explican".[2]

Tal unidad se puede comprobar por ejemplo, en:

1. El anuncio de las realidades del Nuevo Testamento por medio de las profecías del Antiguo Testamento.[3]

   - En general. Declaraciones sobre el conjunto de todos los eventos del Nuevo Testamento.
     - Lc 24:44. El misterio pascual anunciado en todo el Antiguo Testamento ("ley de Moisés, los profetas y los salmos").
     - Jn 5:39. "La Escritura da testimonio de mí".
     - 1 Pe 1: 10–11. "Sobre esta salvación investigaron e indagaron los profetas que vaticinaron sobre la gracia que recibiríais, buscando a qué momento y a qué circunstancias se refería el Espíritu de Cristo que moraba en ellos, y testificaba de antemano los padecimientos reservados a Cristo y su posterior glorificación".

   - En particular. Anuncios proféticos de eventos particulares de la vida de Jesucristo:
     - Nacimiento virginal (Mt 1: 22–23 > Is 7:14).
     - Abundantes referencias al Antiguo Testamento en los acontecimientos de los Evangelios de la infancia (Mt. y Lc.).
     - La pasión, muerte y resurrección de Cristo.
     - Etc.

---

[2] *Dei Verbum*, 16 (D. H. 4223).

[3] *Dei Verbum*, 15 (D. H. 4222).

2. La significación por medio de "figuras" (tipos) del Antiguo Testamento que se realizan en el Nuevo:

- En general. Todas las figuras en su conjunto: 1 Cor 10:11, "Todas estas cosas les sucedían como en figura; y fueron escritas para escarmiento nuestro, para quienes ha llegado la plenitud de los tiempos".
- En particular.[4] Algunos tipos en concreto:
  - Diluvio y Arca de Noé referidos al bautismo (1 Pe 3:21).
  - Nube y paso del Mar Rojo, referidos al bautismo (1 Cor 10: 1–2).
  - Roca con agua referida a los dones espirituales que emanan de Cristo (1 Co 10: 1–6).
  - Maná referido a la Eucaristía (Jn 6).

15.1.3 El Nuevo Testamento es plenitud del Antiguo Testamento

Para completar la idea de la unidad de la Biblia es necesario recordar el hecho de que el Nuevo Testamento es plenitud del Antiguo Testamento.

Cuando se habla de "plenitud" no se quiere decir que es una sucesión de dos fases parciales y complementarias de la Revelación que se unen para formar un todo al modo de la unión del alma y el cuerpo en el ser humano, o de los elementos del oxígeno y el hidrógeno en el agua. Se trata de que en el Nuevo Testamento se llega a desarrollar lo que el Antiguo se contenía en germen, como lo que ocurre entre la semilla y el árbol.

---

[4]Cfr. Catecismo de la Iglesia Católica, nº. 1094.

El fundamento bíblico de la mencionada "plenitud" se encuentra en el eminente lugar que ocupa la Encarnación del Verbo en el proceso de la Revelación sobrenatural, tal y como aparece en Heb 1: 1–2 y en Jn 1: 1–18.[5]

15.2 Perennidad y actualidad de la Biblia

Siendo Dios el autor principal de la Sagrada Escritura como consecuencia del carisma de la inspiración, se concluye que así como la divinidad vive en un eterno presente y no cambia, también la Biblia, como obra de Dios, tiene las notas de perenne actualidad y de inmutabilidad.

15.2.1 Perennidad

La Iglesia habla de que los libros de la Biblia "perennem valorem servant":

> "La economía de la salvación..., se conserva como verdadera palabra de Dios en los libros del Antiguo Testamento; por lo cual, estos libros inspirados por Dios, conservan un valor perenne (Ro 15:4)".[6]

Según esta doctrina:

1. El hecho: la Biblia tiene una perenne actualidad.

2. Su fundamento: el dogma de la inspiración bíblica.

---

[5]Cfr. el capítulo quinto, nº 2, de esta obra sobre Jesucristo como Mediador y plenitud de la Revelación.

[6]*Dei Verbum* 14 (D. H. 4221).

3. Su alcance: toda la Biblia, conforme a Ro 15:4, "Porque todas las cosas que ya están escritas fueron escritas para nuestra enseñanza, con el fin de que mantengamos la esperanza mediante la paciencia y la consolación de las Escrituras".

Es cierto que la inmutabilidad puede estar oculta por así decir, pues puede haber "cosas imperfectas y temporales",[7] que parecen haber perdido todo valor, como es el caso de las leyes rituales del Antiguo Testamento. Y sin embargo esos textos también tienen una perenne actualidad en cuanto gozan del valor tipológico y profético en relación con Cristo y el Reino mesiánico.

15.2.2 Inmutabilidad

La realidad de la perenne actualidad de la Biblia ha de entenderse en unión con su carácter de inmutabilidad, basado en el mismo fundamento: Dios es el autor principal de la Biblia, y Dios es, "Padre de las luces, en quien no hay cambio ni sombra de mudanza" (San 1:17). En efecto, la perenne actualidad de la Biblia ha de entenderse íntimamente unida a la inmutabilidad: la capacidad de los textos bíblicos de adaptarse a cada hombre y a cada situación se debe realizar mediante la simultánea reconducción de los hombres a la verdad eterna e inmutable enseñada por la Biblia.

En contenido de la Biblia es inmutable: no se puede relativizar vinculándolo a circunstancias cambiantes, como ha recordado el Magisterio:

"La Iglesia, siempre ha considerado y considera como la regla suprema de su fe, la Escritura unida a la Tradición puesto que inspirada por Dios y escrita de una vez pa-

---

[7]Cfr. *Dei Verbum* 15 (D. H. 4222).

ra siempre, nos transmite inmutablemente la palabra del mismo Dios..."[8]

La expresión de que la Iglesia "siempre ha considerado y considera" (pasado y presente, "habuit et habet") indica que la Biblia es regla firme de fe para todos los tiempos.

De nuevo se plantea el problema del Antiguo Testamento: ¿Es regla de fe inmutable?, ¿cómo entender la plenitud que trae Cristo? La solución a la aporía hay que buscarla en la relación entre el Antiguo y el Nuevo Testamentos estudiada antes, y no en el marcionismo que rechazaba el Antiguo Testamento en su totalidad como obra del dios malo.

15.2.3 Inmutabilidad y perennidad

Hay diferentes modos de relacionar la inmutabilidad con la perenne actualidad de la Biblia:

1. En primer lugar, por el uso acertado de la Biblia en las diferentes campos de la teología: liturgia, lectio divina, ministerio apostólico, ecumenismo, etc. Es la tarea de la proforística bíblica, parte de la ciencia bíblica que se ocupa de sistematizar los modos y métodos de exponer el sentido de los escritos sagrados. El término se hace derivar del verbo griego *proféro* (=sacar, extraer, deducir). En la selección del nombre parece haber influido el pasaje de Lc 6:45, "El hombre bueno, del buen tesoro de su corazón, saca (προφέρει) las cosas buenas".[9]

---

[8] *Dei Verbum* 21 (D. H. 4228).

[9] J. M. Casciaro: *Biblia I*, en Ger Vol V, 5.8. Cfr. Pío XII, *Divino afflante Spiritu*, EB (2R ed.) n. 538, 544, 545, 554, 566, 567; Benedicto XV, *Spiritus Paraclitus*, EB n. 475, 476, 477, 484; S. Pío X, Letras apostólicas *Quoniam in re biblica*, EB n. 162-180; íD, Letras apostólicas *Scripturae Sanctae*, EB n. 149-150; León XIII, *Providentissimus Deus*, EB n. 83-99.

2. Y en segundo lugar, por la actualización del mensaje bíblico a cada momento histórico, con respeto a los siguientes principios:

- Es algo posible porque Dios el autor principal de la Biblia es el ser vivo y eterno por excelencia.

- Es necesario hacerlo porque la Biblia contiene un mensaje de salvación dirigido a todos los hombres.

- Hay que respetar el dinamismo mismo de la Biblia (cfr. la relación entre el Antiguo y el Nuevo Testamento).

- Hay que realizarlo gracias al dinamismo de la Tradición de la Iglesia.

- "Actualización" no es manipulación de los textos.

15.2.4 La verdadera inculturización

La verdadera inculturización es la adaptación a todas las culturas (no solo a todos las épocas históricas) de la Biblia, sin traicionar su mensaje inmutable.[10]

Las reglas a seguir son las mismas que las mencionadas para la actualización.

Históricamente ha ocurrido así como lo prueba el hecho de que la Biblia ha sido predicada y traducida en todo el mundo (cfr. la relación con la nota de la catolicidad de la Iglesia).

---

[10]Cfr. M. A. Tábet: *Introducción general...*, cit., págs. 167–172; C. Larcher: *L'actualité chrétienne de l'Ancien Testament d'après le Nouveau Testament*, Paris, Cerf, 1962; P. Grelot: *Sens chrétien de l'Ancien Testament*, Paris, Desclée, 1962; B. Maggioni: *Il problema dell'ermeneutica biblica e dell'attualizzazione in prospettiva pastorale*, en G. Zevin (ed.), Incontro alla Bibbia, Roma 1978, 55–70; U. Vanni: *Esegesi ed attualizzazione*, en R. Latourelle, Vaticano II. Bilancio e prospettive venticinque anni dopo (1962-1987), Assisi, Cittadella, 1987, I 308–323; P. Beauchamp et al.: *Bible and inculturation*, Roma, Gregorian and Biblical press, 1983; Aa.Vv.: *Evangelii inculturatio: possibilitates et limites*, "Seminarium" 32/1 (1992), n. 1.

15.2.5 Conclusión. A. Gálvez

A modo de conclusión sobre la perennidad y actualidad de la Biblia, son profundas las consideraciones de A. Gálvez:

"Uno de los secretos de la eficacia de la predicación cristiana parece tener que ver con unas palabras del Señor que, con respecto a este propósito, no suelen ser suficientemente advertidas: *Todo escriba instruido en el Reino de los Cielos es semejante al padre de familia que saca de su tesoro cosas nuevas y viejas.*[11] Según lo cual, para el Señor, cualquier doctor instruido en el Reino de los Cielos sabe sacar de su tesoro *nova et vetera*. Dos elementos que, por lo visto, son a la vez tan necesarios como complementarios en toda instrucción catequética. Sólo resta determinar ahora, con la mayor exactitud posible, aquello a lo que se refiere Jesús cuando habla de cosas nuevas y cosas viejas. Con la mayor exactitud posible, desde luego, puesto que no es difícil presentir, ya antes de emprender cualquier exégesis, que la intencionada ambigüedad de las palabras del Maestro apunta a algo transcendental. Sin olvidar tampoco que, por muchos que sean los modernos avances de las ciencias exegéticas, jamás deberá prescindirse, en tarea tan importante, de una herramienta tan fundamental y corriente como es el sentido común.

Por lo que hace a la expresión *cosas viejas*, todo parece indicar que lo que aquí significa no es sino el conjunto de verdades que integran el *corpus* o contenido de la Revelación —*quod traditum est*—; tal como, siguiendo el mandato del Señor, han sido predicadas siempre a todas las gentes

---

[11]Mt 13:52.

(Mt 28:20). Un cuerpo de verdades cuyo contenido, por constituir un bloque granítico imposible de ser cambiado o modificado en lo más mínimo (Mt 9: 16–17; Mc 2: 21–22; Lc 5: 36–39), puede muy bien ser llamado *viejo* con toda propiedad.[12]

En cuanto al segundo elemento del *logion*, o el de las *cosas nuevas*, quizá tenga que ver con algo que, además de estar relacionado con el primero, lo complementa a su vez; a pesar de su aparente antagonismo. Y apunta seguramente a la necesidad de que el dato revelado, o el *quod traditum est*, sea transmitido a los hombres de cualquier época y de cualquier lugar de forma coherente y asequible. Lo cual habrá de hacerse utilizando un lenguaje comprensible y actualizado capaz de mostrar, tanto la perfecta concordancia del contenido revelado con los problemas de cada momento, como las soluciones allí contenidas para cada caso; además de adecuar el método catequético a las condiciones de los oyentes..., etc. Algo bien posible cuando se admite que la Palabra de Dios, por ser *viva y eficaz*, ha sido pronunciada para *todos* los hombres de *todos* los tiempos.

Ambos elementos del conjunto —las cosas nuevas y las cosas viejas—, puesto que son a la vez complementarios e intangibles, deben ser tenidos en cuenta y utilizados consecuentemente; como algo de lo que depende en buena

---

[12]Recuérdese el *nihil innovetur, nisi quod traditum est*, de San Vicente de Lerins. Las innovaciones más corrientes en este caso tienen lugar por substracción, escamoteo, y edulcoración (1 Cor 1:17; 2 Cor 4:2; 2 Tim 4:3; 1 Jn 4:5; Ap 22:19). Cuyo resultado suele ser el de desviar el contenido del *corpus* revelado hacia temas puramente marginales o incluso extemporáneos. No hace falta insistir en la frecuencia del fenómeno en la Iglesia actual.

parte la eficacia de la predicación cristiana. Lo cual, por desgracia y como todo el mundo sabe, no siempre sucede así".[13]

A. Gálvez concluye insistiendo en la importancia de la labor del Espíritu Santo en el exégeta que quiere ser fiel tanto a la perennidad como a la inmutabilidad de la Sagrada Escritura:

> "El apóstol necesita poseer un conocimiento profundo, tanto del dato revelado, como de los problemas de los hombres con quienes convive. Llamado a convertirse en un verdadero hombre de Dios (1 Cor 4: 1–2), está obligado a dedicarse al estudio, a la oración, y a someterse con docilidad a las inspiraciones del Espíritu Santo.
>
> El conocimiento y la comprensión de la Biblia requieren indudablemente un estudio serio; aunque, de todas formas, acaba descubriéndose como insuficiente si no se lleva a cabo bajo la inspiración y guía del Espíritu Santo (Jn 14:26; 16:13). Actividad del Espíritu que se despliega aquí en una doble dirección: hacia dentro, en cuanto que hace posible la comprensión profunda de la Palabra de Dios; y hacia fuera, en cuanto que el Espíritu Santo es el único capaz de otorgar un verdadero conocimiento, consecuente con un análisis profundo, de los problemas de los hombres de cada lugar y de cada momento histórico (1 Cor 2: 14–15).[14] No es necesario añadir que la correcta comprensión de la consonancia de ambas fuentes de datos también depende de Él".[15]

---

[13] A. Gálvez: *Comentarios al Cantar de los Cantares*, vol. II, págs. 365–366.

[14] Cf Jn 16:13

[15] A. Gálvez: *Comentarios al Cantar de los Cantares*, vol. II, págs. 368–369.

Parte III

El canon de la Sagrada Escritura

Después del estudio de la inspiración, es necesario conocer el modo en que los distintos libros que componen la Biblia fueron reconocidos como tales por la Iglesia hasta completar una colección a la que se denomina "canon bíblico". Este fue un largo proceso que ocurrió durante de los primeros siglos del cristianismo y fue guiado por el Espíritu Santo, quien antes fue el inspirador de esos mismos libros sagrados. El Espíritu Santo hacía cristalizar la Revelación en la Tradición Apostólica y en la Sagrada Escritura. De este modo se delimitaba y cerraba el contenido de la Revelación pública, que acaba con la muerte del último de los Apóstoles. Los Apóstoles entregaron a sus sucesores, a la Iglesia, esa revelación para que la custodiaran, explicaran y enseñaran a los hombres. La Escritura se consideró siempre la regla de vida de los cristianos.

Se trata ahora de conocer el camino seguido por el Magisterio de la Iglesia para determinar qué libros fueron realmente inspirados, y entraron oficialmente a formar parte de la Biblia.

Los temas a tratar son los siguientes: nociones, formación del Antiguo Testamento, formación del Nuevo Testamento, el Magisterio de la Iglesia sobre el canon bíblico, y las diferencias en el canon entre las confesiones cristianas.[16]

---

[16]Cfr. J. C. Ossandón: *Introduzione...*, cit., págs. 135–189; P. Battifol: *L'Eglise naissante et le canon du N. T.*, en "Revue Biblique" 12 (1903) 10–26, 226–233; R. Cornely y A. Merk: *Introductionis...*, cit., págs. 15–98; R. J. Foster: *The Formation and History of the Canon*, en "A Catholic Commentary on Holy Scripture", London 1953, págs. 11–18; A. Gelin: *Canon des livres saints*, en DTC, Tables Generales, París 1954, cols. 514–516; H. Höplf: *Canocité*, en "Dictionnaire Biblique Supplementum", I, 1928, 1022–1045; E. Jacquier: *Le N. T. dans l'Eglise chrétienne, I: Préparatión, formation et Définition du canon du N. T*, París, Gabalda, 1911; M. J. Lagrange: *Histoire ancienne du Canon du N. T.*, en "Etudes Bibliques", París, Gabalda, 1933; E. Mangenot: *Canon des livres saints*, en DTC, II, cols. 1550–1605; F. Vigoroux: *Canon des Ecritures*, en "Dictionnaire Biblique", II, 134–184; S. Zarb: *Historia Canonis utriusque Testamenti*, Roma, Institutum Angelicum, 1934; Id.: *Canone bíblico,*

Institutum Biblicum, Roma 1937; Ch. Theobald (ed.): *Le canon des Écrites, Etudes historiques, exégétiques et systématiques*, Paris, du Cerf, 1990; M. A. Tábet: *Introducción general...*, cit., págs. 175–237; J. M. Rovira Belloso: *Trento, una interpretación teológica*, Barcelona, Facultad de Teología de Barcelona (Sección San Paciano), 1979; R. E. Murphy y A. C. Sundberg y S. Sandmel: *A Symposium on the Canon of Scripture*, en "The Catholic Biblical Quarterly", 28 (1966) 189–207; L. M. McDonald: *The Formation of the Cristian Biblical Canon*, Nashville, Abingdon Press, 1988; M. Revuelta Sañudo: *Tratado de Canon*, en AA.VV. "Introducción General a la Sagrada Escritura", Casa de la Biblia, Madrid, 1966, págs. 151–210; V. Balaguer: *Introducción...*, cit., págs. 188–224; A. M. Artola Arbiza, *Biblia II. Canon bíblico*, en GER, vol. IV, págs. 144–148; M. Tuya y J. Salguero: *Introducción a la Biblia, I*, Madrid, BAC, 1967, págs. 319–381.

Capítulo 16

Conceptos fundamentales

16.1 Sentidos de "canon"

El concepto de "canon" en Sagrada Escritura hace referencia a la *colección (lista)* recogida bajo la autoridad de la Iglesia, de todos aquellos libros que, como inspirados por Dios y por tanto dotados de una autoridad infalible, contienen y constituyen la *regla de fe y costumbres* para su instrucción dogmática y moral.

Son elementos a considerar:

1. La palabra "canon" se predica de dos sujetos: una lista y unos libros.

2. La definición incluye el objeto que regula: la fe y las costumbres.

3. El lugar del conocimiento del canon: la tradición que cristaliza en el Magisterio de la Iglesia.[1]

---

[1] Cfr. PCB 2001; EB 1699; V. Balaguer: *Introducción...*, cit., pág. 189.

La palabra "canon" es la transcripción del griego κανών, que etimológicamente significa *caña o vara* y de ahí, *instrumento para medir, medida o regla*.

Originalmente, pues, tiene un doble sentido:

1. *Medida*, que se puede entender en tres sentidos:

   (a) Instrumento de medir: regla, nivel, plomada, utilizada para la construcción de paredes o casas. Así aparece, por ejemplo, en Ezequiel "Me hizo entrar allí y había un hombre cuyo aspecto era como el del bronce. Tenía en la mano una cuerda de lino y una caña de medir (κάλαμος μέτρου). Estaba de pie en la puerta... En el exterior del Templo había un muro, todo alrededor. El hombre tenía en su mano una caña de medir (κάλαμος τὸ μέτρον) de seis codos antiguos, de un codo y un palmo cada uno. Midió la anchura del edificio y era de una caña, y la altura era también de una caña" (Ez 40: 3.5).

   (b) Efecto de aplicar el instrumento de medir, y por tanto, cosa u obra regulada, medida, acotada. Es el caso de la región acotada de 2 Cor 10: 13–16, "Nosotros, en cambio, no nos gloriaremos desmedidamente, sino que tomamos por medida los límites (κανόνος) que Dios nos ha asignado, que también os deben alcanzar a vosotros... No nos gloriamos desmedidamente atribuyéndonos los frutos del trabajo ajeno, sino que tenemos la esperanza de que, creciendo vuestra fe, con vosotros nuestros límites se ampliarán cada vez más, hasta evangelizar a los que están más allá de vosotros, sin gloriarnos en campo (κανόνι) ajeno con trabajos ya realizados por otros".

(c) Ciencia de medir, esto es la que enseña cualquier arte de medir. En este sentido se habla de "canon de estilo" o "canon de belleza". Es el que se encuentra, por ejemplo, en Ga 6:16: "Para todos los que sigan esta norma (κανόνι), paz y misericordia, lo mismo que para el Israel de Dios". Los Santos Padres aplicarán la palabra canon a la fe, a las conductas y a las verdades.

2. *Lista*, catálogo, tabla, índice. Se aplica al conjunto de cosas, personas ("canon de los reyes") o de reglas especiales. En este último sentido tenemos muchos ejemplos: *Derecho canónico* (lista de normas de la Iglesia); *canonizar* (incluir a un cristiano en la lista de los santos como ejemplo para los otros bautizados); *canon de la Santa Misa* (lista de santos anterior y posterior a la consagración dentro de la parte fija de la Misa).

Cuando se habla del "canon de la Sagrada Escritura" se aplican los dos sentidos mencionados: regla de vida de los creyentes y lista de libros inspirados que la contienen.

16.2 Concepto de canonicidad

Es necesario precisar el concepto de "canonicidad", distinguiendo lo que se denomina "canonicidad intrínseca" (*quoad se*) de la "canonicidad extrínseca" (*quoad nos*).

- La primera, "canonicidad intrínseca", hace referencia a que un libro objetivamente está inspirado por Dios sirviéndose del hagiógrafo y es objetivamente regla de vida querida por Él para la comunidad de los creyentes, prescindiendo de que haya sido reconocido como tal por la Iglesia.

- La segunda, "canonicidad extrínseca", hace referencia al reconocimiento de la canonicidad intrínseca de un libro por la Iglesia: nosotros sabemos cuáles son los libros realmente inspirados por Dios por el Magisterio infalible de la Iglesia, quien los señala de entre los muchos que se escribieron en su tiempo.

  - La Iglesia es la única depositaria y maestra legítima de la Revelación.[2]
  - La Iglesia al señalar los libros verdaderamente inspirados, los "canoniza", los señala como regla de vida. Con ello:
    * No les otorga la inspiración (canonicidad intrínseca).
    * Sí los declara como inspirados.
  - De hecho la Iglesia señaló la lista de libros inspirados para que los fieles no dudaran ni erraran en algo de tan gran importancia. Los problemas que tenía que enfrentar eran:
    * Las herejías.
    * Los libros deuterocanónicos.
    * Los libros apócrifos.

El concepto de canonicidad en el tratado del canon se refiere a la canonicidad extrínseca.

16.3   Libros protocanónicos y deuterocanónicos

Entre los libros de la Biblia se distinguen los denominados "protocanónicos" de los "deuterocanónicos".

El origen de la distinción se encuentra en los trabajos de Sixto de Siena (1566).

---

[2] *Dei Filius*, II (D. S. 3006).

Y la causa de tal distinción estriba en que aunque un libro inspirado lo es desde el momento de su composición (canonicidad intrínseca), sin embargo su reconocimiento como tal por parte de la Iglesia (canonicidad extrínseca) se puede producir poco a poco.

De hecho, la Iglesia reconoció a unos libros como inspirados en un segundo momento, por lo que esos nuevos libros se denominaron "deutero–canónicos".

Tal distinción entre proto y deuterocanónicos no indica mayor o menor autoridad de unos con respecto a otros, sino solo hace referencia a la diferencia del momento en el tiempo de su reconocimiento por parte de la Iglesia.

La historia de la formación de canon definitivo es larga y compleja como se mostrara más adelante.

Son libros deuterocanónicos:

1. Antiguo Testamento:[3]

   (a) Siete libros: Tobías, Judit, Baruc, Sabiduría, Sirácida o Eclesiástico, y 1 y 2 de los Macabeos.[4]

   (b) Tres fragmentos: Siete últimos libros de Ester, Da 3: 24–90 (cántico de los tres jóvenes en el horno) y Da 13–14 (historias de Susana y de Bel y el dragón).

2. Nuevo Testamento:

   (a) Siete libros: Hebreos, Santiago, Judas, 2ª Pedro, 2ª y 3ª Juan, Apocalipsis.[5]

---

[3]Los siguientes libros y fragmentos son rechazados como inspirados por judíos y protestantes. Éstos los denominan como "apócrifos", y a los apócrifos verdaderos los llaman "pseudo–epigráficos".

[4]Posible regla nemotécnica: *to-ju-ba-sa-si-ma-ma*.

[5]Posible regla nemotécnica: *he-sa-ju-pe-jua-jua-apo*.

(b) Tres fragmentos: Mc 16: 9–20 (final del Evangelio de Mc), Lc 22:43ss (sudor de sangre) y Jn 7:53–8:11 (la mujer adúltera).

16.4   Criteriología del canon

¿Qué criterios siguieron el Pueblo israelita y la Iglesia para determinar (canonicidad extrínseca) los libros que fueron realmente inspirados (canonicidad intrínseca)? La respuesta a la pregunta se retrotrae al tema ya estudiado de los criterios de inspiración.

El proceso de determinación sigue, fundamentalmente, cuatro pasos:

1. Dios funda la Iglesia.

2. Dios comunica a la Iglesia la verdad de la inspiración.

3. La Iglesia recibe los libros inspirados como un sagrado depósito transmitido por la Tradición Apostólica.

4. La Iglesia está asistida por el Espíritu Santo con la infalibilidad en temas de fe y costumbres. La Iglesia declara el canon bíblico ante las vacilaciones o errores que se van produciendo a lo largo de la Historia por parte de algunos cristianos o de herejes.

Los protestantes rechazan tanto la Tradición como la infalibilidad de la Iglesia en su Magisterio, y buscan otros criterios para determinar la inspiración (lo que implica la canonicidad) de los libros sagrados. Han propuesto muchas criteriologías, como se estudió, pero ninguna convence.

En cambio, en la Iglesia católica el problema quedó resuelto con el doble criterio de la Tradición y la infalibilidad del Magisterio.

En cuanto al desafío de cómo determinar y encontrar el contenido de la Tradición Apostólica, los apologetas han propuesto diversos criterios:

- Algunos teólogos solo aceptan la pura Tradición, determinada por el Magisterio en base a las llamadas las "fuentes" de la misma.[6]

- Otros teólogos, añaden además, el criterio del origen apostólico de los libros del Nuevo Testamento, entendido en sentido matizado, que abarca no solo a los escritos que tienen un origen ciertamente apostólico, sino también los que tienen un origen indirectamente apostólico (vgr. Marcos, Lucas, Hechos, etc.).

---

[6]Cfr. supra cap. V, 5,3,2.

Capítulo 17

El canon del Antiguo Testamento

La historia de la determinación del canon del Antiguo Testamento hay que estudiarla tanto en el judaísmo como en la Iglesia católica.[1]

---

[1]Cfr. sobre todo A. M. Artola: *Canon bíblico*, en GER, vol. IV, págs.144–148; M. Revuelta Sañudo: *Tratado del canon*, en "Introducción General a la Sagrada Escritura", Madrid, Casa de la Biblia, 1966, págs. 161 187; P. Battifol: *L'Eglise naissante et le canon du N. T.*, en "Revue Biblique", 12 (1903) 10–26, 226–233; R. Cornely y A. Merk: *Introductionis in S. Scripturae libros Compendium*, París, CSS, 1934, págs. 15–98; L. Dennefeld: *Histoire des livres de l'Ancien Testament*, Paris, Bloud - Gay, 1929; R. J. Foster: *The Formation and History of the Canon*, in "Orchard, A Catholic Commentary on Holy Scripture", London, Thomas Nelson and Sons Limited, 1953, págs. 11–18; A. Gelin: *Canon des livres saints*, en DTC, Tables Generales, París 1954, 514–516; H. Höpfl: *Canocité*, en "Dictionnaire d'Bible Supplement", I, 1928, 1022–1045; E. Jacquier: *Le N. T. dans l'Eglise chrétienne, I: Préparatión, formation et Définition du canon du N. T.*, París, J. Gabalda, 1911; J. van Kasteren: *Le canon juif vers le commencement de notre ere*, en "Revue Biblique" 5 (1896) 408–415, 575–594; M. J. Lagrange: *Histoire ancienne du Canon du N. T.* (Etudes Bibliques), París, Lecoffre, 1933; Th. Mainage: *Les origines du canon chrétien de l'A.T.*, en "Revue des

17.1 La literatura israelita

Israel se caracterizó por la creación de una abundante y antigua literatura que recogía su Historia, sus tradiciones, sus leyes, el mensaje de sus profetas, etc. Tales obras se pueden encontrar dentro (y por tanto son inspiradas) y fuera del Antiguo Testamento (y por tanto, son simples escritos antiguos sin el carácter de inspiradas). En efecto:

1. Entre los libros de carácter histórico, los hay:

   (a) Bíblicos: como son el Pentateuco, Josué, Jueces, 1 y 2 de Samuel, 1 y 2 de Reyes, 1 y 2 de Crónicas, Esdras o Nehemías, 1 y 2 de Macabeos.

   (b) Extrabíblicos: como es el caso de algunos escritos que son citados en la misma Biblia, pero que no entraron en el canon:

      • "Libro de las guerras de Yahvéh", citado en Nú 21:4.

      • "Libro de Jaser" o "Libro del justo" citado en Jos 10:13.

Sciences Philosophiques et Théologiques" (1909) 262–293; E. Mangenot: *Canon des livres saints*, en DTC, vol. II, cols. 1550–1605; W. S. Reily: *Le Canon du N. T. et le critére de la Canonicité*, en "Revue Biblique" 30 (1921) 195–205; A. Tricot: *Le canon des Ecritures*, en A. Robert - A. Tricot "Initiation Biblique", 3, París, 1960; F. Vigoroux: *Canon des Ecritures*, en "Dictionnaire Biblique" II, 134–184; S. Zarb: *Historia Canonis utriusque Testamenti*, Roma, Pont. Istituto Angelicum, 1934; Id.: *Canone bíblico, Roma, Pont. Istituto Angelicum 1937*; J. D. Kästli - O. Wermelinger (eds.): *Le canon de l'Ancien Testament. Sa formation et son histoire*, Genève, Labor et Fides, 1984; Ch. Théobald (ed.): *Le canon des Écritures*, Paris, du Cerf, 1990; G. W. Anderson, Canonical and non Canonical, en P. R. Ackroyd - C. F. Evans: *The Cambridge History of the Bible*, Cambridge, Cambridge University Press, 1970, I, 113–159; J. A. Sanders: *Torah and Canon*, Philadelphia, Fortress Press, 1974; D. A. Carson - J. D. Woodbridge (eds.): *Hermeneutics, Authority and Canon*, Grand Rapids, Zondervan, 1986; L. M. McDonald: *The Formation of the Christian Biblical Canon*, Nashville, Abingdon Press, 1988.

- "Hechos de Salomón" citado en 1 Re 11:41.
- "Anales del Reino de Judá", citado quince veces entre 1 Re 14:29 y 2 Re 24:5.
- "Anales del Reino de Israel", citado 17 veces entre 1 Re 14:19 y 2 Re 15:31.
- "Libro de los cantos", citado en 1 Re 8: 12–13.

2. Entre los libros de carácter profético se encuentran:

   (a) Bíblicos: como las profecías de Elías y Eliseo contenidas en los libros históricos; los libros de los profetas escritores desde Amos (s. VIII) hasta Ageo, Zacarías, Malaquías, Jonás, Joel y Abdías (s. IV).

   (b) Extrabíblicos: como es el caso de los citados en 1 Cr 29:29, "Libro de Samuel, vidente", las "Crónicas de Natán, profeta", las de "Gad, vidente"; y también en 2 Cr 9: 29, "Libro de Natán, profeta"; "Libro de Ajías, silonita", y las "Profecías de Ido, vidente".

3. Entre los libros de carácter sapiencial, los hay:

   (a) Bíblicos: como los Salmos, Proverbios, Job, Cantar de los Cantares, Eclesiastés, Eclesiástico, Sabiduría, Tobías, Judith, Ester.

   (b) Extrabíblicos y algunos de tipo apocalíptico, que se pueden dividir en tres grupos:

      - Apócrifos del Antiguo Testamento, como es el caso de los libros de Henoc, Jubileos, Testamento de los doce Patriarcas, Asunción de Moisés, Salmos de Salomón, IV libro de Esdras, Apocalipsis de Baruc, etc.

- Literatura encontrada en Qumran: Regla de la Comunidad, Himnos, Guerras de los hijos de la luz contra los hijos de las tinieblas, Comentarios a Habacuc, etc.

- Escritos de la Escuela filosófico–teológica de Alejandría en torno a Filón.

El problema es determinar cómo se eligieron de entre toda esa literatura los libros que pertenecían al Antiguo Testamento. Esto ocurrió de modo diferente en los judíos y en el cristianismo.

La solución teológica es clara: solo los libros inspirados pertenecían a la Sagrada Escritura. Pero históricamente, el proceso fue largo y lleno de controversias.

17.2 El canon israelita

Los judíos fueron determinando el catálogo de los libros sagrados poco a poco. Normalmente ocurrió en momentos de graves crisis históricas del Pueblo elegido, donde luchaba por conservar su identidad. Fueron los casos del destierro de Babilonia, la restauración posterior y la crisis de los Macabeos. Con todo, la mayor crisis fue la causada por la destrucción del Templo en el año 70 d.C., y, poco después, la destrucción de Jerusalén con la prohibición de que entraran en ella los judíos (año 135 d.C.). Es en este momento cuando comienza a plantearse intensamente el tema del canon de los libros sagrados.

Es un hecho que en tiempos de Jesucristo existían varias concepciones sobre lo que podríamos denominar "canon" del Antiguo Testamento. Se aceptaban las distintas posiciones sin controversia, como se comprueba en el hecho de que autores contemporáneos como Flavio Josefo en Palestina y Filón en Alejandría, no mencionan disputa alguna al hablar del canon bíblico.

Se pueden atestiguar tres cánones en ese momento:

1. *Canon palestinense*: como se documenta por Flavio Josefo en el a. 95 d.C., y por el IV Libro de Esdras.[2]

   Contiene 22 libros, siguiendo el alefato hebreo, lo que se consigue considerando un solo libro a los siguientes pares:

   - 1 y 2 de Samuel.
   - 1 y 2 de Reyes.
   - 1 y 2 de Crónicas.
   - Esdras y Nehemías.
   - Ruth y Jueces.
   - Lamentaciones y Jeremías.

   Para esta tradición, la inspiración de los libros sagrados se cierra con la desaparición del profetismo (en torno al reinado de Artajerjes, a. 424), considerando que desde Esdras "no ha habido una sucesión cierta y exacta de los profetas".

   Fue el canon aceptado por la secta de los fariseos; por tanto no era una "opinión oficial" del judaísmo, sino solo de una escuela. Se basaba sobre tres principales criterios de canonicidad: que el libro tuviera un contenido conforme con la Ley; que fuera compuesto en Palestina y redactado en hebreo; y que fuera anterior a Esdras.

2. *Canon Alejandrino*: fue el seguido por los judíos de Alejandría, los cuales añadieron a los 22 libros del canon palestinense, los deteurocanónicos y algunos más.

   Se conoce por los códices más antiguos de la traducción griega de la Biblia griega de los LXX (s. IV d.C.).

---

[2]J. C. Ossandón Widow: *The Origins of the Canon of the Hebrew Bible: An Analysis of Josephus and 4 Ezra*, Leiden, Brill, 2019.

3. Posición de los saduceos: quienes reducían los libros sagrados a tan solo los de la *Torah*, el Pentateuco.

Los estudiosos discuten el motivo de la aceptación de estos tres cánones, y no hay una posición cierta y común entre ellos. Existen muchas teorías.[3] La que parece más aceptable sostiene que originalmente se aceptaba un canon largo común, pero por influencia del fariseísmo, se redujo en Palestina a los 22 libros mencionados. Esta opinión se basa en que parece que los libros traducidos al griego por los LXX estuvieron en la colección en hebreo, al menos en el momento de su traducción. Así, por ejemplo:

- Los capítulos 29–41 de Jeremías y el libro de Baruc fueron traducidos por la misma persona, y en la Biblia hebrea estaban juntos: Baruc tras Jeremías.

- Los fragmentos deuterocanónicos de Daniel, fueron traducidos con el resto del libro, por lo que en la Biblia hebrea aparecen juntos.

- Los comentarios judíos a los libros de la Biblia (Midrasim) explican también los de Judith y Tobías.

- El Eclesiástico es alabado y usado por los judíos con las mismas fórmulas que emplean para los libros canónicos.

Durante mucho tiempo los investigadores consideraron que el Sínodo de Jamnia (Jabne), entre los años 95–100 d.C., es el inicio de

---

[3]V. Balaguer (*Introducción...*, cit., pág 201), cita como posible y más actual la tesis de D. Barthélemy, quien explica la coexistencia de los cánones palestinense y alejandrino con la hipótesis de dos círculos concéntricos: "es decir, como dos colecciones que tienen el mismo núcleo, de las cuales una incluye a la otra y no se diferencia de ella más que por el hecho de que la más amplia se ha desarrollado algo más en la misma línea en la corta había iniciado su desarrollo".

la posición "oficial" del judaísmo.[4] Allí se aceptaron como sagrados los libros del canon palestinense, con los veintidós libros mencionados (excluyendo los deuterocanónicos). Tal decisión pudo deberse a la polémica contra los cristianos que utilizaban la Biblia griega, y/o por la influencia del fariseísmo, sobre todo tras la destrucción de Jerusalén.

Hoy se suelen aceptar las siguientes conclusiones:

- El judaísmo es resultado de una configuración progresiva del rabinismo de la escuela de Jamnia que surge de los fariseos tras la destrucción del Templo y de Jerusalén. En efecto el judaísmo que surge de Jamnia se ordena en torno a la Torah (Ley) y a los comentarios a la misma, esto es del resto de los libros del Antiguo Testamento, la Mishná y el Talmud.

  La Mishná recogía las tradiciones orales de las generaciones anteriores, que los judíos creían originarse en Moisés (se basaron en la creencia de que en el Monte Sinaí, Moisés recibió de Dios la Toráh escrita —el Pentateuco—, además de una explicación oral, conocida como la Torah oral —la Mishná—, que el profeta Moisés transmitió a su pueblo), y llegaban hasta Raban Gamaliel y su hijo Raban Simeon, ambos discípulos de Hillel y maestros en Jamnia. Estas tradiciones orales se pusieron por escrito por primera vez a comienzos del s. III d.C.

  El Talmud, desde el s. V d.C., recogía la Mishná como texto base y la Guemará, esto es las enseñanzas en comentarios y análisis de la Mishná, por parte de los rabinos más importantes.

- La centralidad de la Ley de Moisés se puede explicar porque el judaísmo de Jamnia, sin tierra y sin Templo, gira en torno a las

---

[4]El fariseo Yojanan Ben Zakkai, con el permiso de Roma, instaló una academia en Jamnia, donde se instaló la Gran Sinagoga, ejerciendo muchas funciones del Sanhedrin.

leyes de pureza ritual, que de modo ideal se habrían vivido en Babilonia durante el Destierro: el Templo es ahora el mundo; el culto, el cumplimiento de las obras de la Torah. El rabinismo de Jamnia sería una re–judaización del judaísmo.

Por eso, todavía no había una decisión unánime y clara dentro del judaísmo[5] ya que en el siglo I d.C. las escuelas de Shammai e Hillel discutieron sobre el carácter sagrado de algunos protocanónicos (Ezequiel, Proverbios, Cantar, Eclesiastés o Ester); todavía en el s. II d.C. algunas escuelas rabínicas muestran dudas sobre el protocanónico Ester. La Mishná manifiesta dudas sobre si el Cantar y el Qohélet "manchan las manos" y no deberían ser usados en la liturgia sinagogal. Se puede afirmar que no hay una preocupación por un canon cerrado en el judaísmo hasta el siglo IV, por influencia y en lucha contra el canon cristiano. Posteriormente, los comentarios talmúdicos a los profetas siguen conservando las mismas dudas, que además se amplían a Rut y Ester en el Talmud de Babilonia.

17.3 El canon del Antiguo Testamento en el cristianismo

Se suelen distinguir varios momentos en la determinación del verdadero canon del Antiguo Testamento por parte de los cristianos.[6]

17.3.1 Cristo y los Apóstoles

No existe en el Nuevo Testamento una declaración explícita sobre el canon completo del Antiguo Testamento. En efecto:

---

[5]Así se puede detectar examinando la Mishná y el Talmud.

[6]Cfr. M. Revuelta Sañudo: *Tratado...*, cit., págs. 177–188; Höpfl: *Canocité* cit, págs. 151–160; Perrella: *Introduzione...*, 137–154; Prado: *Introducción...*, cit., págs. 55–59; Ruwet: 125–143; Tricot: *Le canon des Ecritures*, cit. págs. 60–64.

1. No había entre el judaísmo y entre los primeros seguidores de Jesucristo una polémica al respecto. Se seguían diferentes cánones de un modo pacífico, como se señaló.

2. Cristo utiliza textos de la Sagrada Escritura, por lo tanto, al menos aceptaba el canon breve de Palestina.

3. Los Apóstoles citan el Antiguo Testamento siguiendo la Biblia griega de los LXX. Hay 350 citas del Antiguo Testamento en el Nuevo, y se toman tanto de los protocanónicos como de los deuterocanónicos. Hay que tener en cuenta que:

   - Incluso se sigue la Biblia griega en textos que difieren de la hebrea.

   - Utilizaban el Antiguo Testamento, según lo necesitaban, por lo que:

     – A veces no hay referencias a libros enteros del mismo, como Ruth, Esdras–Nehemías, Ester, Eclesiastés, Cantar, Abdías, Nahum.

     – A veces no citan los libros deuterocanónicos, de los que solo aparecen menciones de los libros de Sabiduría, Eclesiástico y 2 Macabeos.

Esos datos llevan a la conclusión de que, sin haber afirmado nada explícitamente sobre el canon del Antiguo Testamento, sin embargo con su uso práctico los Apóstoles sancionaron el valor inspirado y normativo del canon que usaron, que es el de la Biblia griega.

17.3.2 El canon del Antiguo Testamento aceptado y propuesto por la Iglesia

El Antiguo Testamento fue utilizado, obviamente, por la naciente Iglesia. En relación al tema que aquí se trata, el problema no se plantea en relación a los libros del canon corto palestinense, que con seguridad acogía el cristianismo ya que este canon era aceptado por el judaísmo dos siglos antes de Jesucristo, sino con relación a los libros deuterocanónicos que estaban en el canon de la Biblia griega y era la usada por los Apóstoles. La cuestión es si la Iglesia primitiva siguió el mismo canon que los Apóstoles o no.

Se pueden distinguir *grosso modo* cuatro épocas con relación al valor dado a los libros deuterocanónicos:

A.- Época de pacífica posesión, hasta finales del s. II

Desde el inicio de la Iglesia post–apostólica hasta finales del s. II, no se encuentran controversias sobre el canon y la Iglesia no hace declaraciones al respecto.

Sin embargo, la Iglesia sigue la Tradición de los Apóstoles de usar la Biblia griega según las necesidades del momento. Los Padres Apostólicos citan la Biblia de los LXX y conocen todos los libros proto y deuterocanónicos a los que consideran "Escritura". En las catacumbas también aparece el uso de imágenes tomadas de los libros deuterocanónicos, como episodios de la vida de Tobías, los tres jóvenes en el horno (Da 3), o el juicio a Susana (Da 13).[7]

Por tanto, con su uso sanciona implícitamente el canon de la Biblia griega. Basten algunos ejemplos de Santos Padres y escritores eclesiásticos de esta época que citan libros deuterocanónicos: San Clemente Romano (Judit, Sabiduría, Eclesiástico), El Pastor de Hermas (Eclesiástico, 2 Macabeos); San Hipólito (Daniel con partes deuterocanónicas, Sabiduría, Baruc, Tobías, 1 y 2 Macabeos), San Ireneo

---

[7]M. A. Tábet: *Introducción general...*, cit., pág. 192; E. Junod: *La formation et la composition de l'Ancien Testament dans l'Église grecque des quatre premiers siècles*, en "Ch. Theobald (ed.): Le canon de l'Ancient Testament", Genève, 1984, págs. 110–115; J. Wilpert: *La fede la Chiesa nascente*, Citta del Vaticano, 1938, págs. 121 ss.

(Baruc, Sabiduría, Daniel), Tertuliano (todos, excepto Tobías, 1 Macabeos y también Ester), La Didajé (Sabiduría, Eclesiástico), San Policarpo (Tobías), San Justino (Sabiduría), San Clemente de Alejandría (todos, excepto probablemente Judit).

Un testigo de excepción, por sus trabajos para preservar los textos mejores de la Sagrada Escritura, es Orígenes, quien usa todos los libros deuterocanónicos considerándolos inspirados, y expone la razón de su posición, por ejemplo: "Me he atrevido a usar este lugar de Daniel, no ignorando que en el hebreo no está puesto, pero se admite en las iglesias" (lo mismo afirma como criterio para Tobías, Judit y las partes deuterocanónicas de Ester). Incluso cuando omite algunos en las *Hexaplas*, lo explica "para no aducir, al disputar con los judíos, lo que falta en sus ejemplares".[8]

B.- Periodo de dudas hacia finales del s. II

Las primeras dudas sobre el canon surgen a fines del s. II al iniciarse las primeras controversias con los judíos, con lo que se empieza a enturbiar la Tradición Apostólica al no existir una declaración oficial sobre la lista de libros sagrados sino tan solo la práctica del uso de los mismos. Así, los Santos Padres Apologetas no citan los deuterocanónicos en sus controversias con los judíos (quienes no aceptaban los deuterocanónicos y seguían el canon palestinense), como se puede ver en San Justino, quien expresa en su Diálogo con Trifón la razón de elección: "Estableceré controversia sólo (partiendo) de aquellos que de común acuerdo se admiten entre vosotros".[9]

---

[8]Hay que tener en cuenta que Orígenes sigue un doble criterio de actuación con respecto al canon bíblico, como se expondrá más adelante: El canon amplio para las discusiones teológicas y el canon hebreo en las polémicas con los judíos.

[9]San Justino: *Diálogo con Trifón*, 120, (P. G. 6, 756).

El desuso de los deuterocanónicos favorece las primeras dudas y la influencia judía provoca que solo se acepte el canon corto palestinense en las dos primeras listas de libros sagrados de esta época, la de Melitón de Sardes[10] y la de Orígenes.[11]

La aparición de los apócrifos bíblicos en el s. III agrava la situación. Los libros "discutidos" se hacen aún más dudosos debido a la conveniente prudencia en tema tan delicado. Se afirmará que los libros dudosos no deben formar parte de las listas consagradas. Se puede detectar una doble tendencia.

- En Oriente se generaliza en estos momentos el uso del canon corto (Jerusalén, Asia Menor y Chipre). Pero los Santos Padres de estas Iglesias locales conocen y refieren la fe de otras Iglesias que siguen el canon largo; y ellos mismos, en su uso práctico, citan los libros "discutidos" como Escritura, con el mismo valor que los libros aceptados por todos.

- La Iglesia latina en Occidente y la de Alejandría, siguen siendo fieles al canon largo. Solo algunos Padres se dejan influenciar por

---

[10]Quien en respuesta al Obispo Onésimo, declara que "habiendo ido a Oriente, hasta el lugar mismo donde fueron predicadas y realizadas estas cosas, después de haber tomado cuenta con cuidado de cuáles son los libros del Antiguo Testamento, te envío el catálogo" (incluyendo solo los libros protocanónicos, excepto Ester). Cfr. la lista de Melitón en Eusebio de Cesarea: *Hist. Eccl.* 4, 26, 12–14 (P. G. 20, 396).

[11]Quien, cuando da la lista de libros inspirados —señalando solo los protocanónicos— dice que lo hace siguiendo el criterio de los hebreos, "como los hebreos lo transmiten" como se puede comprobar en su *Epist. ad Afr.*, 5 (P. G. 11: 60–61) o en su *De Oratione*, 14 (P. G. 11, 461). Pero conoce que algunas Iglesias aceptan los deuterocanónicos, y en sus escritos utiliza todos los libros como Escritura. Cfr J. Ruwet: *Les antilegomena dans les oeuvres d'Origène*, en "Biblica" 23 (1942) 18–24; 24 (1943) 18–58; Id.: *Les apocryphes dans les oeuvres d'Origène*, en "Biblica" 25 (1944) 143–166, 311–334; E. Junod: *La formation et la composition de l'Ancient...*, cit., págs. 116–124.

la posición de los orientales, sobre todo San Jerónimo cuando residió en Palestina.[12]

C.- Acuerdo unánime y consciente desde el s. IV

Ya desde el s. IV empieza a producirse un acuerdo unánime y consciente en torno al canon largo alejandrino. Se pueden señalar los siguientes datos:

- Muchos Santos Padres admiten la inspiración de los llamados libros "discutidos". Es el caso de:

  - Los orientales San Basilio (+379), San Gregorio Niseno (+ 395) y San Juan Crisóstomo (+407).

  - Los occidentales Lactancio (+325), San Ambrosio (+396), Orosio (+417), San Agustín (+430) y San León Magno (+461).

- Los códices más antiguos contienen todos los libros.

- Los concilios occidentales de la época dan el canon largo, según parece, para oponerse a la opinión de San Jerónimo:

  - I Concilio de Hipona (a. 393).[13]

  - III Concilio de Cartago (a. 397).[14]

  - IV Concilio de Cartago (a. 419), que tiene la particular importancia de declarar como criterio de canonicidad la

---

[12]Afirmaba que solo la "hebraica veritas" (texto original hebreo) se encuentra el verdadero canon bíblico. Pero San Jerónimo cita en sus obras unas doscientas veces a libros deuterocanónicos, considerando a algunos de ellos "Escritura sagrada". Cfr. M. A. Tábet: *Introducción general...*, cit., pág. 194.

[13]Cfr. E. B. 16–17.

[14]Cfr. D. S. 186.

Tradición de los Santos Padres: "De nuestros Padres hemos recibido estos textos, para que sean leídos en la Iglesia".[15]

- La Carta *Consulenti tibi* del Papa San Inocencio I a San Exuperio, obispo de Tolosa,[16] con un catálogo que repetirá, en su momento, el Concilio de Trento. Contiene también una condena de varios libros apócrifos.

- En oriente hay que esperar al Concilio Trullano del año 692 para la aprobación del canon largo para las Iglesias bizantinas;[17] canon que estableció el IV Concilio de Letrán para las Iglesias latinas. Esto se hace añadiéndolo al canon del Concilio de Laodicea. Además hay que recordar que:

  – Los primeros cismáticos siguen con el canon largo.

  – Solo rechazan el canon largo San Juan Damasceno (+754) y Leoncio de Bizancio (+543).

D.- Unanimidad absoluta

Después del s. VII la teología medieval prácticamente es unánime en aceptar el canon largo, con algunas excepciones menores de autores escolásticos que estaban influenciados por la posición de San Jerónimo.

Posteriormente los Concilios ecuménicos ratificarán el canon largo:

---

[15]Cfr. E. B. 20.

[16]E. B. 21–22.

[17]El Concilio no da una lista canónica identificando cada uno de los libros, sino que se remite a las listas de los cánones de los Apóstoles, al canon 60 del Concilio de Laodicea, el catálogo del III concilio de Cartago, y a los catálogos de San Atanasio, San Gregorio Nacianceno y San Anfiloquio.

1. Concilio de Florencia en su decreto de los Jacobitas (a. 1441) ratifica el canon del IV Concilio de Cartago para toda la Iglesia, sin distinguir libros, porque todos tienen a Dios por autor.[18]

2. El Concilio de Trento, contra los protestantes, define como dogma de fe el canon íntegro, siguiendo la lista del Concilio IV de Cartago.[19]

3. El Concilio Vaticano I ratifica el canon tridentino.[20]

---

[18]D. S. 1334–1336.
[19]D. S. 1501–1505.
[20]D. S. 3006.

Capítulo 18

El canon del Nuevo Testamento

18.1 Introducción

El canon del Nuevo Testamento lo componen 27 libros tanto en la Biblia católica como en la protestante. Fueron escritos en la segunda mitad del siglo primero en un período de cincuenta años.[1]

---

[1]Cfr. M. Revuelta: *Tratado de Canon*, cit., págs. 189–204; V. Balaguer: *Introducción...*, cit., págs. 188–224; A. M. Artola: *Biblia II. Canon bíblico*, en GER, vol. IV, págs. 144–148; Höpfl: *Canocité*, cit, págs. 166–179; Perrella: *Introduzione...*, págs. 155–165; Prado: *Introducción...*, cit., págs. 60–67; Ruwet: 147–166; Tricot: *Le canon des Ecritures*, cit, págs. 52–57; D. Farkasfalvy: *The formation of the New Testament canon*, New York, Paulist Press, 1983; B. S. Childs: *The New Testament as canon. An Introduction*, Philadelphia, Fortress Press, 1985; B. M. Metzger: *The Canon of the New Testament. Its origin, Development and Significance*, Oxford, Clarendon Press, 1988; A. Piñero: *La formación del canon del Nuevo Testamento*, Madrid, Cátedra de Teología Contemporánea C. M. Chaminade, 1989; J. M. Sánchez Caro: *El canon del Nuevo Testamento: problemas y planteamientos*, en "Salmanticensis" 29 (1982) 309–339.

El proceso de la fijación del canon del Nuevo Testamento fue largo, por varias razones:

1. Porque, a diferencia de lo que ocurría con el Antiguo Testamento, no existía una colección fija de libros que solo tuvieran que sancionar cuando vivía Cristo en la Tierra o en los inicios de la Iglesia.

   Los escritos van surgiendo poco a poco hacia mediados del siglo I durante la época apostólica y en diferentes lugares pero siempre dentro del seno de la Iglesia (por la Tradición y la labor del Magisterio).

   Poco a poco se va reconociendo la autoridad de los nuevos libros. Algunos son recibidos desde el principio sin mayores dificultades o cuestionamientos, como es el caso de los Evangelios, Hechos, Cartas de San Pablo, 1 de Pedro y 1 de Juan. Otros libros irán siendo reconocidos con más lentitud.

   Con la aparición de las primeras impugnaciones y herejías, el Magisterio empieza a declarar el canon definitivo.

2. Porque además, lo primero fue la Tradición oral y no los libros escritos: Cristo mandó a sus Apóstoles a predicar. Es lo que ellos hicieron. Poco a poco se ve la necesidad de fijar por escrito la historia y doctrina del Señor, a raíz de diferentes acontecimientos, con lo que van apareciendo los diferentes libros del Nuevo Testamento, junto con otros escritos cristianos que no eran inspirados.

Hay que señalar que todo el proceso de determinación y selección de los libros inspirados se produjo dentro de la Iglesia (vida y Magisterio de la Iglesia) y con la asistencia del Espíritu Santo: la Revelación, obra del Espíritu Santo, se plasma primero en la Tradición Apostólica, la cual se va expresando mediante la acción del mismo Espíritu, en la Escritura Sagrada, que, a su vez, es entregada a la Iglesia con el encargo de definir cuál es el canon y de distinguir los libros inspirados de otros semejantes que no lo son.

Por lo tanto, los datos que aporta el Nuevo Testamento sobre el número e identidad de los libros inspirados de la Nueva Ley son muy escasos: tan solo está el hecho de que se utilizan los nuevos libros que se van escribiendo considerándolos como Sagrada Escritura al mismo nivel que los del Antiguo Testamento; y, por lo mismo, se declaran que son inspirados. En efecto:

- 1 Tim 5:18, declara que son Sagrada Escritura tanto De 25:4 (Antiguo Testamento) como Lc 10:7 (Nuevo Testamento).

- 2 Pe 3: 15–16, considera los escritos de San Pablo como "Escritura".

- 2 Pe 1: 16–21, afirma el valor de Sagrada Escritura de lo allí afirmado.

- Ap 1: 1.19; 2:1; 19:9, describe cómo San Juan escribe por mandato de Dios.

En tiempos de los Apóstoles la colección de libros del Nuevo Testamento no está aún formada como una unidad. Cada Iglesia particular a la que se dirige un escrito apostólico sabía el origen y la autoridad normativa del mismo, por lo que lo guardaba fielmente. Luego, con el tiempo, los escritos se intercambiaban de unas Iglesias particulares a otras, como se ve en Col 4:16 o en 1 Tes 5:27; intercambio que es dirigido por la acción del Espíritu Santo, alma de la Iglesia. De este modo, poco a poco, se llega a la unidad de pensamiento en toda la Iglesia universal. Pero el proceso durará un largo tiempo.

18.2　Tres etapas de la fijación del canon del Nuevo Testamento

18.2.1　Época de pacífica y parcial posesión: hasta los Santos Padres Apologetas

En estos primeros momentos no hay listas expresas ni declaraciones magisteriales.

Pero sí se citan textos del Nuevo Testamento equiparándolos en valor a los del Antiguo, o se utiliza la expresión significativa de "así dice la Escritura" o "como está escrito". Es el caso de:

- San Ignacio de Antioquía, quien equipara varias veces los Evangelios y una vez "los Apóstoles" a los libros del Antiguo Testamento.

- San Clemente Romano, quien afirma que San Pablo escribió "bajo inspiración".[2]

- La Carta del Pseudo–Bernabé, que usa la forma "está escrito" al citar a Mt 22:14.

- San Policarpo, quien considera Escritura tanto al Sal 4:5 como a Ef 4:26.[3]

- La carta apócrifa de San Clemente Segunda a Corintios, que afirma que Mt 9:13 es "otra Escritura" y da el mismo valor a la enseñanza de "los Apóstoles" que a la de los libros del Antiguo Testamento.

- Etc.

---

[2]San Clemente Romano: *Ad Cor.*

[3]San Policarpo: *Carta a los Filipenses.*

Como señala Tábet, leyendo las obras de los Padres Apostólicos, "se pueden deducir los siguientes tres datos: citan o aluden a casi todos los libros que constituirán el canon bíblico (excepto 3 Juan); no ponen en duda la autoridad de ninguno de los libros inspirados; reconocen en estos libros una autoridad suprema".[4]

18.2.2 Época de consciente elaboración

Los Santos Padres Apologetas (a. 140–250) tienen que defender la religión cristiana frente a los ataques de los judíos, herejes y paganos.

Así, por ejemplo, enfrentan al hereje Marción (c. 150), quien elaboró la primera lista de libros del Nuevo Testamento conocida, lo que provocó que los Santos Padres se ocuparan con más detalle y cuidado de este tema.[5] El hereje sostenía que las únicas Escrituras auténticas eran las del Dios Amor que se manifestaba en el Nuevo Testamento, y afirmaba que eran sagradas solo diez cartas de San Pablo (no las pastorales y Hebreos) y el Evangelio de San Lucas, rechazando por tanto el resto del Nuevo Testamento y todo el Antiguo. Eliminó además de su propio canon todo aspecto que consideró veterotestamentario.

Al refutar semejantes doctrinas, la Iglesia católica aceleraría el proceso de canonización de los libros del Nuevo Testamento. Los Santos Padres necesitan apoyar sus doctrinas en escritos cristianos auténticos y empiezan a señalar el canon de los libros auténticos.

---

[4]M. A. Tábet: *Introducción...*, cit. pág. 197.

[5]Marción negaba toda comunicación entre la carne y el espíritu, y rechazaba al Dios de los judíos. Era un hombre práctico, rigorista en ética (vgr. se oponía al matrimonio, la carne, o el vino), dualista en teología, que rechaza el Antiguo Testamento. Sostenía un fuerte antijudaismo, contraponiendo el Dios de la justicia del Antiguo Testamento al Dios del amor del Nuevo Testamento. Para el hereje, Jesús tenía solo un cuerpo aparente. Cfr. Juan A. Jorge: *Apuntes de Patrología*, Shoreless Lake Press, New Jersey, 2022, págs. 180–182; B. Bardy: *Marcion*, en DBS 5, 862–877; J. Quasten: *Patrología*, vol. 1, cit., págs. 264–268.

San Justino (+165/167) afirma que en la liturgia eucarística se leían los Evangelios junto a los escritos de los profetas.[6] Taciano, por otra parte, en su *Diatessaron* presupone la existencia y el carácter normativo de los cuatro Evangelios.[7] San Ireno, finalmente, defiende explícitamente la canonicidad de los Evangelios, su número exacto en solo cuatro, y reconoce como Escritura todas las cartas de San Pablo y casi la totalidad de los otros libros del Nuevo Testamento.[8]

Por tanto se puede afirmar que en casi todas las Iglesias se reconocía la autoridad canónica a dos grandes colecciones parciales de libros sagrados: los *Evangelios* y el *Corpus Paulinum* (con Hebreos) a los que normalmente se le añaden otros escritos (Hechos, 1 Pedro, 1 Juan y Apocalipsis).

El primer canon auténtico que conservamos es el llamado "Canon de Muratori" (que lleva el nombre de su descubridor), que pertenece a la Iglesia romana y se data entre los años 180 al 200. Distingue cuatro clases de libros:

1. *Libros tenidos por todos como sagrados y leídos públicamente en las Iglesias*: los cuatro Evangelios, trece epístolas de San Pablo (no contiene Hebreos), 1 y 2 de Juan, Judas, 1 y 2 de Pedro (probablemente) y el Apocalipsis.

2. *Libros no tenidos por todos como sagrados, y que no se deben leer públicamente en las Iglesias.* Vgr. el Apocalipsis de San Pedro.

---

[6]Cfr. el testimonio de San Justino en *1 Apol.* 1, 66 y 67 (P. G. 6, 429) y en *Dial.* 103, 8 (P. G. 6, 717). G. M. Perella: *Introduzione,...*, cit., n. 138; J. Salguero: *La Biblia,...*, cit., págs. 308–315; M. A. Tábet: *Introducción general...*, cit., pág. 197.

[7]Cfr. H. von Campenhausen: *La formation de la Bible chrétienne*, Neuchâtel-Paris, Delachaux et Niesté, 1971, págs. 157; J. Quasten: *Patrología*, vol. 1, Madrid, BAC, 1978, págs. 219–226.

[8]Cfr. *Adv. Haer.*, 3. Cfr. W. L. Dulière: *Le canon néotestamentaire et les écrits chrétiens approuvés par Irénée*, en "La Nouvelle Clio", 6 (1954) 199–229.

3. *Libros de lectura privada que no es lícito leer en las Iglesias.*
   Vgr. el Pastor de Hermas.

4. *Libros que la Iglesia no puede recibir*: la literatura apócrifa y
   herética.

En resumen, a principios o mediados del s. III el canon del Nuevo
Testamento está casi completo. Son universalmente aceptados los protocanónicos. No hay universal acuerdo con los deuterocanónicos pero
todos son conocidos en una u otra Iglesia particular, y poco a poco se
logrará la uniformidad.

Los investigadores señalan varias causas y criterios que influyeron
en la formación del canon:[9]

1. La repercusión de la herejía de Marción, y tal vez, del mon-
   tanismo (al considerar como inspiración bíblica la que tuviera
   cualquier cristiano al acoger la acción del Espíritu Santo, con
   lo que se podría ampliar siempre el canon), y el gnosticismo
   (algunos de sus grupos afirmaban haber recibido un número in-
   determinado de evangelios, cartas de los Apóstoles, etc. de un
   modo secreto).[10]

2. La conciencia de la validez de varios criterios de tipo externo que
   avalaban la canonicidad de un escrito: la apostolicidad de los
   hagiógrafos, la ortodoxia doctrinal, la armonía con otros libros
   de la Escritura ya aceptados por la Iglesia, su carácter edificante
   y la universalidad.

---

[9]Cfr. M. A. Tábet: *Introducción general...*, cit., págs. 199–201, quien cita a K.
H. Ohlig: *Die Theologische Begründung des neutestamentlichen Kanons in der alten
Kirche*, Dusseldorf 1972; B. M. Metzger: o. c., págs.100–104.

[10]Cfr. M. A. Tábet: *Introducción general...*, cit, págs. 199–200; H. von Campenhausen: *o. c.*, págs. 199 ss.

3. La importancia dada a varios criterios eclesiales: la recepción de los libros por las Iglesias particulares, su citación como Escritura por los escritores antiguos, el empleo litúrgico y reconocimiento por parte de la autoridad de la Iglesia.

4. La información dada por los criterios internos: los ofrecidos por el mismo texto sagrado.

5. Otras causas histórico–culturales específicas de la época, como:

   - El hecho de las persecuciones, cuando se exigía por Roma la destrucción de los libros sagrados del cristianismo, lo que exigía a los cristianos saber qué libros eran considerados tales y, por tanto, dignos de morir por ellos.

   - El uso generalizado del libro en forma de códice en lugar del rollo, que permitía la fácil inclusión en un solo volumen de un nuevo libro en el códice ya compuesto (lo que era imposible con la forma de rollo).

   - La mentalidad del tiempo que tendía a hacer colecciones de libros de temas homogéneos y elencos de autores (tanto por los judíos que redactaron su canon propio, como en el mundo civil recogiendo colecciones de disposiciones jurídicas).

Con todo, como concluye M. A. Tábet:

"Aunque en la formación del canon bíblico pudieron influir más o menos esos criterios, la Iglesia universal, al exponer magisterialmente en los diversos momentos históricos los motivos de su aceptación de determinados libros bíblicos, se basó fundamentalmente sobre el criterio de 'apostolicidad', que se puede formular en estos términos: para que un escrito pueda ser retenido auténticamente eclesial, y por lo tanto canónico e inspirado, su origen divino debe ser atestiguado por una tradición que se remonte a los Apóstoles y haber sido reconocido como tal por la Iglesia apostólica. Origen apostólico del escrito, uso generalizado o catolicidad del escrito, aceptación tradicional del mismo, y conformidad con la *regula fidei* o fe la Iglesia confluyeron, a la hora de discernir, en la determinación del carácter canónico del libro en cuestión".[11]

18.2.3 Época de universal y consciente acuerdo

Hay un acuerdo consciente y universal en momentos distintos según se trate de las Iglesias de Occidente o de las de Oriente. En efecto:

1. En Occidente se recogen los 27 libros canónicos del Nuevo Testamento de un modo definitivo en:

   - Los Concilios de Hipona del año 393[12] y de Cartago de los años 357 y 419.
   - El Decreto Gelasiano o Damasino del año 382.[13]
   - La Carta de Inocencio I del año 405.[14]

2. En Oriente:

   - La Iglesia griega y alejandrina, tienen fijado el canon entero desde la segunda mitad del s. IV.
   - La Iglesia siria sufre un proceso de reconocimiento más lento. Hasta el s. VI no aparecen en las listas el Apocalipsis y cuatro de las epístolas católicas.

---

[11]M. A. Tábet: *Introducción general...*, cit. pág. 201.

[12]D. S. 186.

[13]D. S. 179. Cfr. nota a D. S. 352.

[14]D. S. 213.

- Se recogen los 27 libros del Nuevo Testamento para todas las Iglesias en el Concilio ecuménico Trullano o quinisexto del a. 692.

Las dudas sobre la aceptación de los deuterocanónicos neotestamentarios se deben a diferentes hechos históricos. Tábet menciona entre otros los siguientes:

1. Las dificultades de comunicación y las diferencias culturales entre las ciudades donde vivían las comunidades cristianas.

2. El hecho de que algunos libros eran dirigidos a una única persona (2 y 3 de Juan) o a una comunidad concreta (cfr. muchas cartas de San Pablo).

3. La difusión de libros apócrifos con la pretensión de ser tenidos como inspirados.

4. La falta de una decisión oficial por parte de la Iglesia.

5. Las controversias religiosas entre los cristianos que llevaban a considerar y valorar algunos libros más que otros.

6. La copia material de códices que a veces no recogían todos los libros canónicos.

7. Etc.[15]

Como causas más específicas de las dudas con relación a los diferentes libros deuterocanónicos neotestamentarios se pueden mencionar:

---

[15]M. A. Tábet: *Introducción General...*, cit., pág. 204.

- La Carta a los Hebreos y el Apocalipsis, que fueron admitidos al principio, sin embargo se comenzó a poner en duda su inspiración, y por tanto su canonicidad, posteriormente.[16] Por varias razones:

  - Algunos negaron su origen apostólico, que era considerado el criterio para la canonicidad de un libro. Y por este motivo algunos rechazaban el carácter canónico de la Carta de Santiago[17] y de la de Judas.[18]

  - La herejía milenarista en Egipto de la primera mitad del s. III, utilizaba el Apocalipsis para justificar sus ideas.[19] La herejía de los "alogos" por su parte rechazaba el Evangelio de San Juan y el Apocalipsis por rechazar que el Logos de Dios se hubiera encarnado.

  - La Carta a los Hebreos fue usada por herejías de tipo sacerdotal (Novaciana, melquisedeciana), montanista[20] y arriana[21] con el mismo propósito.

- Las cartas católicas menores (2 Pedro, 2 y 3 de Juan) siguieron un proceso más lento debido a su poco uso en las Iglesias y a que los antiguos escritores casi no las mencionaban.

---

[16]Con todo hay que señalar que la Carta a los Hebreos fue aceptada de un modo general en el Oriente cristiano mientras que se dudaba en el Occidente; con el Apocalipsis sucedía al revés: aceptado por Occidente y cuestionado en el Oriente.

[17]También se aducía que su doctrina de que la fe sin obras está muerta, era contradictoria con la de San Pablo de la salvación por la sola fe.

[18]Quien citaba el libro apócrifo de Henoc

[19]Interpretaban Ap 20 1–6, como el Reino terrenal de Jesucristo y sus elegidos de mil años antes de la Parusía

[20]Justicaban su rigorismo negando una segunda conversión después del bautismo en textos como Heb 6: 4–6.

[21]Interpretaban, por ejemplo, Heb 3:2, en sentido subordinacionista.

Capítulo 19

El canon bíblico desde el siglo VII

19.1 La teología católica

Tras las declaraciones magisteriales señaladas, la gran mayoría de la teología católica acepta el canon entero del Antiguo y Nuevo Testamento sin mayores discusiones hasta la llegada del Humanismo.

Con el Humanismo se desarrollan ciertos puntos de vista críticos sobre algunos libros deuterocanónicos. Es el caso de Erasmo quien plantea la duda sobre la autoría apostólica de los deuterocanónicos del Nuevo Testamento, aunque no niega su inspiración y canonicidad. Por su parte, el Cardenal Cayetano parece que negó la inspiración de los libros no apostólicos.

19.2   Las Iglesia separadas

19.2.1   Protestantismo

Con respecto al Antiguo Testamento, Carlostadio (1520) aceptaba el canon palestinense. Lutero sigue a Calostadio y en su traducción de la Biblia al alemán incluye los deuterocanónicos al final del Antiguo Testamento, a modo de apéndice, con el título de "Apócrifos".

En relación al Nuevo Testamento, se dan varias posturas:

- Lutero excluye el Apocalipsis, Hebreos, Santiago y Judas.

- Zwinglio excluye solo el Apocalipsis.

- Escolampadio excluye todos los deuterocanónicos.

- Calvino, Carlostadio y la Iglesia anglicana aceptan todo el canon del Nuevo Testament completo.

- Desde el s. XVIII el protestantismo acepta todos los libros del Nuevo Testamento por influencia del pietismo.[1]

19.2.2   Iglesias orientales ortodoxas

Con respecto al Antiguo Testamento hay una diferencia entre las distintas Iglesias ortodoxas:[2]

---

[1]Para la historia del pensamiento protestante sobre el canon desde el s. XVIII hasta la actualidad, cfr. J. C. Ossandón Widow: *Ortodoxia y herejía en los orígenes del cristianismo: explicar el canon bíblico en el siglo XXI*, en "Annales Theologici" 35 (2021) 291–325.

[2]M. A. Tábet: *Introducción General...*, cit., págs. 222–223; M. Jugie: *Histoire du canon de l'Ancient Testament dans l'Église grecque et l'Église Russe*, Paris, Beauchesne, 1909; V. Mannucci: *La Biblia como Palabra de Dios. Introducción a La Sagrada Escritura*, Bilbao, Desclée de Brouwer, 1997, págs. 211–223.

- El canon íntegro es aceptado por las Iglesias siria, copta, etíope y armenia.

- El canon palestinense es seguido por la Iglesia griega y rusa.

    En un principio aceptaron el canon largo, pero desde el s. XVIII se decantaron por el breve por influencia del protestantismo.

    En la actualidad, la Iglesia rusa sanciona solo el canon breve, mientras que la griega lo deja como cuestión libre.

Con respecto al Nuevo Testamento, salvo las Iglesias nestorianas y siriaca, todas aceptan el canon íntegro.

19.3 El Magisterio de la Iglesia

La Iglesia ha sancionado solemnemente en varios concilios ecuménicos la lista completa con el canon íntegro, incluyendo, por tanto, los protocanónicos y los deuterocanónicos.

1. El Concilio de Florencia,[3] sanciona el canon completo en base a los concilios anteriores que se refirieron a este tema, como ya se señaló. Se oponían de este modo a la posición de las Iglesias ortodoxas orientales separadas.

2. El Concilio de Trento, contra la postura de los protestantes, elevó a dogma la misma lista completa del Concilio de Florencia.[4]

3. El Concilio Vaticano I, recoge la doctrina de Trento al respecto, en contra de los racionalistas que rechazaban el carácter sobrenatural e inspirado de los libros sagrados.[5]

---

[3]D. S. 1335.

[4]D. S. 1502–1503.

[5]D. S. 3006. 3029.

Capítulo 20

Libros apócrifos del Antiguo y del Nuevo Testamento

Junto a los libros canónicos inspirados hay un conjunto de libros con temas y títulos parecidos que fueron considerados en algún momento como inspirados, pero que la Iglesia nunca los calificó oficialmente como tales. Su estudio presenta interés sobre todo como fuente de conocimiento histórico de la época y de las ideas del momento en que fueron redactados. Los apócrifos cristianos son menos valiosos que los judíos.

La lectura de los apócrifos da la satisfacción de ver la sabiduría de la Iglesia al excluirlos del canon. No resisten la comparación en ningún terreno con los canónicos.

Son importantes para conocer el llamado "periodo intertestamentario", el que abarca desde el tiempo de la redacción de los últimos libros del Antiguo Testamento al tiempo en el que aparecieron los primeros del Nuevo.[1]

20.1   Definición

La etimología de "apócrifo" es del latín *apocryphus*, y este del griego antiguo ἀπόκρυφος (apókryphos, "oculto"), y este de esconder u ocultar (apokrýpto), de ἀπό y κρύπτω. Significa por tanto una cosa sustraída a la vista, secreta, oculta o escondida.

Un libro se puede llamar "apócrifo" por variadas razones:

---

[1] Cfr. E. Martín Nieto: *Los libros apócrifos del Antiguo y del Nuevo Testamento*, en "Introducción General a la Sagrada Escritura" Casa de la Biblia, cit., págs. 211–222; M. A. Tábet: *Introducción General...*, cit. págs. 229–230; Mathias Delcor: *Apócrifos del Antiguo Testamento*, en GER, vol 2, págs. 473–477; D. Muñoz León: *Apócrifos del Nuevo Testamento*, en GER, vol. 2, págs. 477–481; J. P. Migne: *Dictionnaire des Apocryphes*, 1–2, París, 1856, 1858; A. Díez Macho: *Apócrifos del Antiguo Testamento*, 5 vols., Madrid, Cristiandad, 1990; A. de Santos: *Los Evangelios Apócrifos*, Madrid, BAC, 1954; I. B. Frey: *Apocryphes de l'A. T.*, en DBS I (1926) 354–460; D. Montero: *Literatura apocalíptica e intertestamentaria*, Madrid, PPC, 1992; J. Trebolé Barrera: *La Biblia judía y la Biblia cristiana*, Madrid, ed. Trotta, 1993, págs. 185–213; S. N. Sedgwick: *Story of the Apocrypha*, London, William Clowes And Sons, Limited,1906; B. J. Snell: *The value of the Apocrypha*, London, J. Clarke co., 1905; B. Metzger: *An introduction to the Apocrypha*, New York, Oxford University Press, 1957; E. Evans: *The Apocrypha: The Origin and Contents*, London, 1939; A. F. Findley: *Byways in early christian literature. Studies in the uncanonical Gospels and Acts*, Edinburgh, T. y T. Clark, 1923; C. C. Torrey: *The Apocryphal Literature*, New Haven, Yale University Press, 1945; H. F. D. Sparks: *The Apocryphal of the Old Testament*, New York, Oxford University Press, 1984; J. H. Charlesworth: *The Old Testament Pseudoepigrapha*, 2 vols., Garden City, 1983–1985; Id.: *The Old Testament Pseudoepigrapha and the New Testament. Prolegomena for the Study of Christian Origins*, Cambridge, Cambridge University Press, 1985; G. Aranda: *Apócrifos del Antiguo Testamento*, en "G. Aranda - F. García - M. Pérez: Literatura judía intertestamentaria", Estella, 1996, págs. 262–264; E. Amann: *Aprocryphes du Nouveau Testament*, en DBS I (1928) 46–533; M. F. Amiot Y D. Rops: *La Bible Apocryphe*, París, Arthème Fayard, 1952.

- Porque el *autor* verdadero permanece oculto.

- Porque el *argumento* es misterioso, místico, oculto.

- Porque no es apto para todo tipo de *lector*, sino que el libro ha de ocultarse a ciertas personas.

- Porque el libro *contiene errores* doctrinales bajo una apariencia de ortodoxia, aunque en algunos aspectos pudiera ser útil.

La definición real de apócrifo bíblico es la de unos escritos de autores desconocidos semejantes por el título y por el argumento a los libros sagrados, que incluso en algunos momentos llegaron a ser tenidos como inspirados, pero a los que la Iglesia universal nunca recibió oficialmente en el canon de los libros sagrados.

Las comunidades protestantes dan un significado distinto a los "libros apócrifos", porque para ellos son los deuterocanónicos del Antiguo Testamento, a los que añaden la Oración de Manases, el Libro 3 de Esdras y los libros 3 y 4 de los Macabeos. Y, por otro lado, denominan "pseudo–epigráficos" a los que la Iglesia católica llama "apócrifos". En relación a la nomenclatura del Nuevo Testamento, no hay diferencia entre las comunidades protestante y la Iglesia católica.

No hay que confundir los apócrifos bíblicos con otro tipo de libros estudiados por los investigadores de la Biblia:

- Los *libros santos o genuzim*,[2] que son los retirados del uso litúrgico en las sinagogas por contener errores o estar deteriorados.

- Los *agrapha* o *logia*, o palabras de Jesucristo que se recogen en la Tradición pero que no se escribieron en el Nuevo Testamento.

- Los *oráculos* greco–latinos de las Sibilas.

---

[2]El nombre judío proviene del lugar donde se depositaban "geniza" (tesoro) para guardarlos porque no se quería destruir por respeto a los mismos.

- Los *escritos mitológicos* de los paganos.

- Los *libros religiosos cristianos* que se leían públicamente para la edificación de los fieles, pero no en la liturgia (vgr. Pastor de Hermas, 1 carta de San Clemente a los Corintios, etc.).

Los apócrifos se han dividido siguiendo varios criterios. Por su autor, en judíos y cristianos. Por su materia, en históricos, didácticos y proféticos. Por su relación a la Biblia, en apócrifos del Antiguo Testamento y apócrifos del Nuevo Testamento. Por su doctrina, en piadosos, indiferentes y perversos (heréticos).

20.2 Época, finalidad y utilidad

20.2.1 Época

Los apócrifos surgen originariamente en las religiones paganas. Eran libros que trataban de mitos, astrologías, adivinaciones, etc.

De ahí tomaron el nombre los apócrifos bíblicos que se escribieron entre el s. II antes de Jesucristo y el IV después de Cristo, aunque algunos libros fueron de fecha aún posterior.

20.2.2 Finalidad

Hay que distinguir la finalidad de los apócrifos judíos del Antiguo Testamento, de la de los cristianos del Nuevo Testamento.

Los apócrifos judíos tenían varios propósitos:

- Finalidad moral: garantizar las prescripciones legales introducidas por los rabinos sobre la legislación propiamente veterotestamentaria.

- Finalidad moral: fomentar la piedad de los fieles con descripciones imaginativas de la narración bíblica.

- Finalidad apocalíptica: anunciar la venida del Mesías encargado de romper el yugo de la esclavitud judía.

Por su parte, los apócrifos cristianos tenían como propósitos:

- Finalidad herética: eran un medio por el cual los herejes podían garantizar públicamente sus doctrinas falsas.

- Finalidad piadosa: intentan saciar la curiosidad y piedad de los primitivos cristianos, llenando con la imaginación lagunas que habían dejado los autores inspirados acerca de Jesucristo, la Virgen o San José.

20.2.3 Utilidad

Algunos apócrifos son contemporáneos de las cosas narradas, por lo que ofrecen una información histórica interesante.

Con relación a los apócrifos veterotestamentarios, su utilidad principal es doble:

- Muestran la concepción teológica y ética, la expectación e inquietudes religiosas del mesianismo de la época en se escriben (desde el s. II a.C).

- Muestran la exégesis que se hacía de los textos sagrados por algunas de las escuelas rabínicas importantes de la época.

Los apócrifos neotestamentarios, como reflejo del ambiente literario de la época y sociedad en la que fueron escritos, son de utilidad porque:

- Son fuente importante de conocimiento como confirmación de la Revelación.

- Por el influjo que tuvieron en la formación de tradiciones religiosas populares.

- Muestran las creencias, vida y costumbres de las primitivas comunidades cristianas de la época en que se escribieron.

- Descubren muchas noticias sobre los herejes, interesantes para la historia de la Iglesia primitiva.

20.3 Principales apócrifos del Antiguo Testamento

Se pueden clasificar por su contenido entre los de carácter histórico, didáctico y profético. Son particularmente interesantes los siguientes:

1. Libros de contenido histórico:

   - *Libro de los Jubileos.* Historia del mundo desde la creación hasta la Ley mosaica del Sinaí, en periodos de "jubileos", esto es de 49 años. Recibe distintos nombres. Los escritores eclesiásticos antiguos le llaman *génesis* o *leptogénesis*, es decir "Pequeño Génesis" (en el sentido de que es un Génesis detallado: *tú leptá*, los detalles). Se le denomina también Apocalipsis de Moisés.

   - *Libro 3 de Esdras.* Historia del Templo desde el reinado del piadoso rey Josías hasta después del Exilio, con la restauración de Esdras.

   - *Libro 3 de los Macabeos.* No se ocupa de los Macabeos, sino de la persecución de Ptolomeo IV Filopator a los judíos de Egipto.

- *Ascensión de Isaías*. Obra mitad judía y mitad cristiana. Narra en primer lugar el martirio de Isaías; en segundo lugar contiene una apocalíptica cristiana con visiones sobre el Mesías, su encarnación, pasión, resurrección, ascensión, misión de los Apóstoles, el Anticristo y la Parusía; finalmente describe el viaje de Isaías por los siete cielos.

- Etc.

2. Libros de contenido didáctico:

   - *Testamento de los Doce Patriarcas*. Últimas palabras de los doce hijos de Jacob, parecidas a las que de este último se narran en el Génesis. El esquema de cada testamento es idéntico. En estos textos aparecen dos mesías: el uno salido de Judá, el otro de origen sacerdotal, como en Qumrán.

   - *Salmo 151 de David*, en el que se gloría de su triunfo sobre Goliat.

   - *Odas de Salomón*. Recoge cuarenta y dos odas, alabando a Cristo por los beneficios que aporta al fiel.

   - *Oración de Manasés*. Oración penitencial conmovedora del Rey Manasés encarcelado, quien llora sus pecados en Babilonia. Dios escucha su oración y le permite volver a Jerusalén.

   - *4 Libro de los Macabeos*. Exhortación a dominar las pasiones con el imperio de la razón.

   - Etc.

3. Libros de tipo profético:

   - *Los libros de Enoc* etiópico (única lengua en la que se ha conservado íntegramente), eslavo y hebraico. Muy interesante para conocer la concepción doctrinal y religiosa del pueblo judío en tiempos mesiánicos. El libro de Henoc es considerado el más importante apócrifo del Antiguo Testamento, y tiene cinco partes además de una introducción (I-V): 1ª, caída de los ángeles y asunción de Henoc (VI-XXXVI); 2ª, el libro de las parábolas (XXXVII-LXXI); 3ª, el libro del cambio de luminarias del cielo (LXXII-LXXXII); 4ª, el libro de los sueños (LXXXIII-XC); 5ª, el libro de la exhortación y de la maldición (XCI-CV); y, por último, un apéndice (CVI-CVIII).

- *4 Libro de Esdras* o *Apocalipsis de Esdras*. Diálogos con el Altísimo sobre la destrucción de Jerusalén, la esclavitud del pueblo, la venida del Mesías quien moriría después de cuatrocientos años, resurrección final, séptimo día, etc. La obra se divide en siete visiones. En las tres primeras Esdras plantea a Dios toda clase de cuestiones sobre los problemas religiosos que le atormentan, recibiendo la respuesta divina. Las otras tres encajan en el cuadro de los apocalipsis históricos como Daniel 7–12 y versan sobre la época del fin: visión de la mujer, del águila y del hombre. La séptima se refiere a la leyenda de Esdras y a sus revelaciones sobre los libros santos.

- Etc.

20.4　Principales apócrifos del Nuevo Testamento

Este conjunto de libros tienen muy diferente carácter, pues unos son ortodoxos, otros heterodoxos, algunos fueron tenidos en gran estimas por algunas Iglesias particulares mientras que otros fueron rechazados desde el principio. Casi todos los libros son pseudoepigráficos, esto es, con autoría de un escritor fingido.

Siguiendo la misma clasificación tripartita usada para los del Antiguo Testamento, se pueden señalar como más importantes los siguientes:

1. Libros de carácter histórico. Se pueden distinguir los Evangelios apócrifos y los Hechos apócrifos:

    (a) Los Evangelios apócrifos, son narraciones relativas a la vida de Jesús o de la Virgen que presentan diversa gama de géneros literarios: de corte sinóptico como el *Evangelio según los hebreos*, o amplificaciones noveladas como el *Protoevangelio de Santiago*. Unos se interesan sobre la infancia de Jesús o de la Virgen, otros sobre los misterios de la Resurrección o del más allá, en especial con motivo de la descripción de la bajada de Jesús a los Infiernos y de su Ascensión, como el *Evangelio de S. Pedro*. Finalmente, los hay de tendencia claramente gnóstica, como el *Evangelio de S. Felipe*.[3] Son de particular importancia:

        • *Evangelio según los Hebreos o de los nazarenos*. Tal vez se trate del mismo evangelio canónico de San Mateo reformado con adornos de leyendas.[4] La lengua fue probablemente el arameo, aunque escrito en caracteres hebreos. Su contenido es paralelo al de los sinópticos, aunque con desarrollo original. Solo se conservan refe-

---

[3]Cfr. L. Muñoz León: o. c.

[4]L. Muñoz León (o.c.) sostiene que está en estrecha relación, no fácil de determinar, con el Evangelio de San Mateo, a veces es confundido con él; pero tal identificación a todas luces parece imposible.

rencias de los Santos Padres (San Clemente de Alejandría[5], de Orígenes[6], de Eusebio y de S. Jerónimo).

- *Protevangelio de Santiago.* Trata sobre la vida de la Virgen María, su concepción milagrosa, su educación en el Templo, sus desposorios con San José, la concepción milagrosa de Jesús y la virginidad en el parto (s. III). Tuvo mucha fama en el Oriente cristiano y es origen de muchas tradiciones que han pasado a la piedad popular. Su finalidad fue satisfacer la curiosidad de los cristianos y ayudar a su edificación espiritual.

- *Evangelio de Tomás.* Contiene errores gnósticos. Habla de la infancia de Jesús y narra hechos milagrosos fingidos (s. II). Este escrito, forma parte de otros Evangelios gnósticos como el de San Matías, San Felipe, etc.

- *Dormición de la Bienaventurada Virgen María* o *Tránsito de María*, atribuido a San Juan Evangelista (s. IV–V).

- *Evangelio de San Pedro.* Se inspira en la tradición básica de los cuatro Evangelios canónicos, pero quiso destacar la divinidad de Jesucristo. Utiliza muchos elementos apocalípticos. Tiene una finalidad apologética.

- *El Evangelio de Nicodemo o Hechos de Pilato.* Los capítulos 1–16 se dedican a los acontecimientos entre juicio de Jesús, la crucifixión y la sepultura; los capítulos 17–27 se dedican a la narración de Simeón el Justo sobre la entrada de Jesús en los Infiernos, siguiendo las ideas de 1 Pe 3:19 y el Evangelio de San Pedro.

---

[5]San Clemente de Alejandría: *Stromata*, II, 9, 45; V, 14, 96.

[6]Orígenes: *Commentarium in Iohannem*, II, 12; *Com. in Mt*, XV, 14.

(b) Los Hechos apócrifos. El círculo donde van naciendo los Hechos de San Juan, San Pablo, San Pedro y San Andrés presenta un ambiente parecido; algo diferente, en cambio, los Hechos de S. Tomás. Focio considera todo el conjunto como una sola obra, atribuyéndola a Leucio Carino. Los gnósticos, maniqueos y priscilianistas han usado ampliamente estos escritos. La Iglesia los rechaza unánimemente. Los textos se han salvado gracias sobre todo a las versiones coptas, siriacas y etiópicas.

- *Hechos de Pedro*: tiene tres partes: su viaje a España, relación con Simón el Mago y su martirio en Roma que pasó a la tradición popular (s. II).[7] Tiene como fin la edificación de los cristianos y su doctrina son ortodoxas.

- *Hechos de Pablo*: trata de la conversión de Tecla en Iconio, su conversión y las pruebas que sufrió; la correspondencia apócrifa entre San Pablo y los corintios durante su estancia en Filipos, y la pasión de San Pablo en Roma con la conversión de Patroclo, la ira de Nerón y su decapitación (s. II). La obra contiene doctrina ortodoxa y combate el gnosticismo.

- *Hechos de San Andrés*: contiene el viaje de San Andrés de Jerusalén a Acaya; su predicación y reacción de Maximila, mujer del procurador Egeates; su martirio.

- *Hechos de Juan*: contiene errores gnósticos y relata los milagros de San Juan Evangelista en Éfeso, varios discursos sobre Cristo y el relato de su muerte (s. II). Se nota la impronta gnóstica, encratista y ribetes de docetismo.

---

[7]Cfr. Inspiró la novela *Quo vadis?* de Henryk Sienkiewicz.

- *Hechos de Santo Tomás*: tiene catorce secciones comenzando con la intervención milagrosa de Cristo antes de partir para la India hasta su martirio alanceado. Se intercalan cantos variados de origen gnóstico.

2. Libros de carácter didáctico:

- *Sermón del Señor a los discípulos*: contiene errores gnósticos y son cartas de los Apóstoles a todas las Iglesias narrando los últimos coloquios del Señor con los Apóstoles después de la Resurrección referidos a la suerte de la Iglesia, al Juicio y a la retribución (s. II-III).

- *Carta de San Pablo a los Laodicenses*: el autor se basa en la referencia a su existencia de Col 4:16 (s. IV). Recoge un conjunto de sentencias paulinas sin orden ni concierto.

- *Cartas que se cruzaron Pablo y los de Corinto*: el autor se apoya en 1 Cor 7:1 (s. II).

- Etc.

3. Libros de carácter profético:

- *Apocalipsis de Pedro*: los Apóstoles en el Monte de los Olivos preguntan a Cristo sobre los tiempos escatológicos (s. II). Se revelan el fin de los tiempos y los suplicios de los condenados. Los Apóstoles preferidos contemplan la ascensión de Cristo a los Cielos.

- *Apocalipsis de Pablo*: narra las visiones del Apóstol al ser arrebatado al tercer Cielo (cfr. 2 Cor 12: 2–4) (s. IV).[8] El Apóstol contempla el juicio particular de las almas; ve la morada de los justos y el lugar de castigo de los impíos

---

[8]Es una de las fuentes de inspiración de Dante en su *Divina Comedia*.

(la noche y el día del domingo hay una atenuación de los suplicios). Por último, le es dado ver el Paraíso con el árbol de la vida y el de la ciencia del bien y del mal y la presencia de María rodeada de una muchedumbre de ángeles y de justos del Antiguo Testamento.

- *Apocalipsis de la Virgen María* (dos versiones):

  – La Virgen ora en el Monte de los Olivos. Se presenta el arcángel San Gabriel y le muestra las penas de los cristianos condenados por no adorar a Dios, Padre, Hijo y Espíritu Santo. Los ángeles no pueden salvar a los condenados. La Virgen es arrebatada al Cielo y ora por ellos con los Apóstoles y los ejércitos celestiales y los salva (s. IV).

  – La Virgen ora en el Gólgota, junto al Santo Sepulcro. Es arrebatada hasta el tercer Cielo y ve a los condenados. Por intercesión de la Virgen los condenados sienten mitigación de sus penas desde la tarde del viernes hasta la mañana del lunes (s. VIII).

- Etc.

Parte IV

El tratado del texto

El carisma de la inspiración recae sobre los textos originales manuscritos; pero éstos se han perdido, como así ocurre con los originales de todas las obras clásicas antiguas, debido al material muy corruptible sobre el que se escribieron y al largo periodo de tiempo que los separan de las copias más antiguas que se conservan. En efecto, para transmitir las obras, se empleaban copias que pasaban de generación en generación. A unas copias, seguían otras cuando las primeras se deterioraban.

Esa realidad plantea el problema de que algunas veces las copias difieren un tanto unas de otras por distintos motivos. Al fin y al cabo los copistas eras seres humanos y podían cometer, y de hecho cometían, errores en sus trabajos, además de las lógicas deficiencias que se producen por el método de operación que utilizaban (generalmente la lectura en voz alta de una obra a varios copistas).

Para revertir el proceso desde las copias que se conservan más antiguas y fiables hasta los textos originales perdidos, hay toda una ciencia que tiene sus técnicas propias para hacer posible tal recuperación. Aparecen así las ediciones críticas de las obras antiguas. Conviene insistir que las mencionadas ediciones críticas se han de hacer con toda clase obras de literatura antigua, y no es algo que interese solo a los biblistas. Además, hay que advertir que la preocupación por la crítica textual no es algo relativamente moderno, sino que ya constituía una labor que enfrentaron algunos de los Santos Padres como Orígenes, San Ireneo o San Jerónimo.

Con todo, la Biblia presenta especiales desafíos debido a su naturaleza propia. En efecto, fue escrita en lenguas antiguas de hace muchos siglos. Los originales se perdieron y solo se conservan copias y versiones de los mismos. Las preguntas que se plantean son lógicas y tratan de dilucidar si el texto que llegó hasta nosotros era completo o incompleto, corrompido o mutilado, cambiado o sustancialmente íntegro. En el trasfondo de esta preocupación se encuentra el principio de que la inspiración se aplica a los escritos originales, y de ellos dependen la veracidad del contenido de la Revelación escrita.

Adelantemos que la ciencia de la crítica textual es capaz de reconstruir los originales con bastante precisión, y se puede tener certeza moral de que los textos críticos que tenemos son fiables de su adecuación con los originales.

Se van a estudiar sucintamente los principales datos de la reconstrucción de los textos del Antiguo y del Nuevo Testamento por parte de la crítica textual bíblica.[9]

---

[9]Cfr. J. F. Hernández Martín: *Tratado del Texto*, en "Introducción General a la Sagrada Escritura, Casa de la Biblia", cit., págs. 225–271; M. A. Tábet: *Introducción General...*, cit., págs. 233–297; V. Balaguer: *Introducción...*, cit., págs. 26–42; J. C. Ossandon: *Introduzione Generale...*, cit., págs. 107–134; N. Fernández Marcos: *Introducción a las versiones griegas de la Biblia*, Instituto de filología del CSIC, Madrid, 1998; M. Carrez: *Manuscrits et langues de la Bible*, Société biblique française, 1991; M. Trebolle: *La Biblia judía y la Biblia cristiana*, Madrid, Trotta, 1993; W. W. Hallo (ed.): *The Concept of Scripture. II. Monumental Incriptions and Archival Documents from the Biblical World*, Leiden-New York, K. Lawson Younger, 2000.

Capítulo 21

Indicaciones generales

Para entender el problema de la transmisión textual de libros antiguos cuyos manuscritos ya no existen, es necesario tener en cuenta algunos datos previos.

21.1 Diferencia entre autógrafos y copias

Hoy no se conserva ningún texto antiguo bien sea judío, griego o romano, ni en manuscritos ni en primeras ediciones.

Solo tenemos copias de esas obras, en las que las distancias de tiempo entre las primeras que se conservan y el original es con frecuencia de varios siglos.

Además los copistas introducían variantes al texto que copiaban. A veces eran involuntarias o accidentales por despiste visual o auditivo: el caso de la "diptrofía" —repetición de una letra—, la "haplografía" en la que se salta alguna palabra, la "confusión" de una letra por otra y la "trasposición" de dos letras en una palabra. Otras veces eran variaciones voluntarias realizadas por parte de algún copista culto que corrige en su copia lo que consideraba un error en la obra en la que está trabajando: pueden ser correcciones de tipo lingüístico —sustitución

de una palabra por otra que considera más comprensible—, o doctrinal
—para adaptarlo a la capacidad del lector y no desconcertarlo porque
pudiera parecer error teológico o moral, o cuando se armoniza el texto
con los lugares paralelos—.

Esto plantea el problema de saber si se puede llegar al texto autógrafo a través de las copias que se han conservado. El desafío se
da de un modo especial para el caso de la Biblia, debido a su naturaleza e importancia como fuente de Revelación, pues está en juego
la seguridad que se pueda tener de que el texto actual es verdaderamente el mismo que escribieron sus hagiógrafos originalmente bajo la
inspiración del Espíritu Santo.

21.2   Lenguas bíblicas

La Biblia fue escrita originalmente en tres lenguas (hebreo, arameo
y griego), que hoy ya nadie habla en la forma como se utilizaban hace
veinte siglos o más.

21.2.1   Hebreo

Es una lengua semítica, como el árabe. Era la lengua de los cananeos cuando fueron conquistados por los judíos. La mayor parte del
Antiguo Testamento está escrito en hebreo.

Su escritura es consonántica, con palabras que tienen una raíz
de tres letras, a las que se le añaden con prefijos y sufijos, las pre-
posiciones, artículos, género, número, tiempo verbal, y las categorías
gramaticales. Es rico en los modos verbales, pero poco preciso en aspectos gramaticales. Las nociones abstractas se derivan de lo concreto
(cielo y tierra, por cosmos, por ejemplo).

En sus orígenes se escribía con caracteres fenicios, para más tarde utilizar los signos lingüísticos del arameo, con su escritura cuadrada. Se escribe de derecha a izquierda.

21.2.2 Arameo

Es una lengua semítica también, que se hablaba en Babilonia en tiempos del Destierro del Pueblo judío.

Era la lengua diplomática internacional del Medio Oriente,[1] que se utilizaba en las relaciones entre los reyes de Asiria, Babilonia y Persia.

Después del destierro desplazó al hebreo en el uso común de Palestina, y el hebreo quedó como lengua culta y litúrgica.

Solo existen unos pocos versículos en arameo en el Antiguo Testamento, a saber Esd 7: 12–26 y Da 2: 4b–7.28.

Era la lengua hablada de Jesús y en el Nuevo Testamento se recogen más arameísmos que hebraísmos.[2]

El hebreo y el arameo son lenguas mucho más primitivas e imperfectas que el griego o el latín. Son lenguas semejantes y comparten algunas características:

- Tienen raíces de tres consonantes.

- La sintaxis es pobre.

- Las formas verbales son imprecisas.

- No hay grado comparativo en los adjetivos.

---

[1]Cfr. "Eliaquín, hijo de Helcías, Sobna y Joaj dijeron al copero mayor: 'Habla a tus siervos en arameo, que lo entendemos; no nos hables en judío delante de todo el pueblo que está en las murallas'" (2 Re 18:26).

[2]Se reconocen, entre otros parámetros, por la terminación –a (ej. "talitha qum" Mc 5:41).

21.2.3 Griego

El griego bíblico es el propio de la "lengua común" (ἡ κοινὴ διάλεκτος). Era un griego popular más sencillo que el clásico.

Alejandro Magno lo extendió por todo su Imperio. Y en el siglo I se hablaba incluso en Roma.

Los autores del Nuevo Testamento lo usaron porque era la lengua común de las gentes del imperio romano en el que predicaba la primitiva Iglesia. Los escritores clásicos evitaron utilizarlo en sus escritos, y preferían el griego clásico.

En el Antiguo Testamento se escribieron en griego el libro de la Sabiduría, 1 y 2 de los Macabeos y partes del de Ester y Daniel.

Todo el Nuevo Testamento está escrito en griego común, aunque parece que existió un primitivo Evangelio de Mateo en arameo que no se ha conservado, y que, como se explicó, mencionan algunos de los Santos Padres y escritores eclesiásticos.

No obstante, no todo el griego de los diferentes libros neotestamentario es de idéntica calidad. Así, por ejemplo, es un estilo muy sencillo el del Evangelio de San Marcos, desconcertadamente incorrecto el del Apocalipsis y cuidado y elegante el de la Carta a los Hebreos.

21.3 Recensiones

Son reediciones corregidas de las distintas copias que se van haciendo, intentando encontrar el texto más fidedigno, ya que las copias presentaban variantes en algunos puntos, fruto obvio del sistema de copia de libros por seres humanos durante muchos siglos.

Las mejores "recensiones" son "madres" de nuevas copias que se hacen a partir de ellas.

21.4 Rollos, códices, papiro y pergamino

La historia de la escritura muestra que se han utilizado diversos materiales como sustrato sobre el que se escribe:

- Piedra (cfr. la famosa *Piedra Rosetta*).[3]

- Planchas de metal.[4]

- Trozos de madera, cortezas de árboles o tablillas de cera, etc.[5]

- Tabletas de barro dejadas secar al sol (caso de la escritura cuneiforme de Asiria o Caldea).

- Papiro (de donde procede la palabra "papel"), que es un material extraído de la planta de ese nombre en Egipto. Es de muy corta duración.

- Pergamino (cuyo nombre procede de la ciudad de Pérgamo, que fue la primera que los usó), que son pieles curtidas de animales. Es un material muy caro pero dura más que el papiro. Se usa

---

[3]Fragmento de una antigua estela egipcia de granodiorita inscrita con un decreto publicado en Menfis en el año 196 a. C. en nombre del faraón Ptolomeo V. El decreto aparece en tres escrituras distintas: el texto superior en jeroglíficos egipcios, la parte intermedia en escritura demótica y la inferior en griego antiguo.

[4]Para escribir sobre metales se solía usar plomo y bronce. Sobre el bronce se trazaban textos legales. En Jordania se encontraron 70 libros de metal, no más grandes que una tarjeta de crédito. En él se encuentran imágenes, símbolos y palabras que parecen hacer referencia al Mesías y, posiblemente, a la crucifixión y resurrección. Cfr. http://bengar.com/blog/evolucion-de-los-soportes-de-escritura/.

[5]Mientras, en la antigua China, la variedad de soportes que contendrían escritura fue mucho más variada: desde plastrones de tortuga (parte ventral del caparazón) a huesos de diferentes animales grabados con cuchillos. También se utilizaban tiras de madera, normalmente de bambú, sobre las que se escribía con pinceles y tinta y se ataban con un cordel para mantener el orden. Estos libros primitivos reciben el nombre de "jiance" y fueron empleados en el siglo VI a.C. Cfr. *Ibidem*.

desde el siglo II y coexiste con el papiro. Un grupo especial de pergaminos son los "palimpsestos" (raspados otra vez para escribir), suyos textos se borraban con piedra pómez u otros instrumentos o lavados, para escribir encima otros textos; se hizo por motivos económicos, sobre todo en los s. VIII–XII sobre textos de los s. IV–VI. La técnica actual permite leer en muchos casos el texto primitivo.

Los libros del Medio Oriente antiguo se fabricaban con la forma de "rollos" o de "códices":

- El "rollo" se hacía con trozos de pergamino o de papiro unidos entre sí para formar largas tiras que se enrollaban.

- El "códice" se fabrica con trozos independientes que se cosen por el lado al estilo de los libros actuales. Se utilizan desde el s. II. Casi todos los códices más antiguos que se conservan son en pergamino.

21.5   Principios de la crítica textual

La labor de la crítica textual es restablecer el texto primitivo (autógrafo) donde haya sido alterado.[6] Es de gran utilidad para el servicio

---

[6]Cfr. V. Balaguer: *Introducción...*, cit., págs. 38–39; M. A. Tábet: *Introducción general...*, cit. págs. 293–307; J. Weingreen: *Introduction to the Critical Study of the Text of the Hebrew Bible*, Oxford, OUP Oxford, 1982; P. K. McCarter: *Textual Criticism. Recovering the Text of the Hebrew Bible*, Philadelphia, Fortress Press, 1986; D. Barthélemy: *Critique textuelle de l'Ancien Testament*, 3 vols., Frigourge–Göttingen, Éditions universitaires, 1982-1992; L. Vaganay – C. B. Amphoux: *Initiation à la critique textuelle du Nouveau Testament*, Paris, du Cerf, 1986; J. Duplacy: *Études de critique textuelle du Nouveau Testament*, Leuven, University Press, 1987; J. O´Callaghan: *Los primeros testimonios del Nuevo Testamento. Papirología neotestamentaria*, Córdoba, El Almendro, 1995.

de la fe y de la teología. Para conseguir su objetivo, examina todas las variantes presentes en las copias, intenta establecer sus causas, y trata de reconstruir el texto original. Con ello, se elabora un texto que sigue las normas de la crítica textual y se denomina "texto crítico".

Los especialistas suelen dividir sus técnicas de reconstrucción de los originales en principios externos e internos. El uso de los mismos es muy difícil y se puede incurrir en errores. No se pueden utilizar de un modo automático en todos los casos, sino que se debe de tener en cuenta la búsqueda de la mayor objetividad evitando subjetivismos o prejuicios, y utilizar la prudencia, la ciencia y el sentido común.

21.5.1 Principios externos

Están basados en las pruebas documentales y el valor que se asigna a cada una. Recoge los datos a favor de las posibles variantes y los organiza en recensiones o familias con el fin de establecer las posibles relaciones de dependencia entre los manuscritos de las copias. Son principios básicos en este sentido, los siguientes:

- Se prefiere la lectura de los textos y códices mejores, más antiguos y más variados.

- Se ha de tener en cuenta la influencia de los textos paralelos a un texto dado que se esté estudiando, porque los textos paralelos favorecen la tendencia a introducir variaciones en las nuevas copias. Por ello se suele preferir la dicción menos coincidente.

- Se ha de atender a la mutua relación que puede existir entre las copias cuando hay variantes, porque una corrección que se haya podido introducir no aparecerá en copias anteriores.

21.5.2 Principios internos

Son los derivados de la experiencia. Valoran las variantes según su significado intrínseco para buscar una respuesta que justifique su elección. En este sentido:

- La lectura más difícil se suele considerar la más segura sobre la base de que el copista pudo intentar aclarar o simplificar los conceptos del original que copia.

- Se prefiere la lección más breve, pues hay una tendencia a introducir notas marginales que alargan el texto: los copistas suelen tender a armonizar y completar, más que a omitir.

- Se favorece la versión que puede explicar la aparición de otras nuevas variantes. Es la regla de oro y casi no tiene excepciones.

- Se prefiere la versión que difiere de los textos paralelos, para evitar la posible tendencia de los copistas a la armonización de los mismos.

- La conjetura sobre las razones de la elección de una lectura concreta que no se apoya en ninguna prueba documental. Ha de ser realmente fundamentada.

Tábet ofrece un ejemplo de aplicación de la crítica textual que aclara el uso de los criterios estudiados:

"Podemos ejemplificar las consideraciones preferentes con el episodio de Marta y María (Lc 10: 38–42). Las lecturas divergentes en el versículo 42 son las siguientes: 'pero solo hay una cosa de la que hay necesidad' (P45, P47, A, K, muchos códices minúsculos, la *Vulgata*, etc.); otra suprime la frase (D, Vetus Latina); una tercera sustituye por 'pero pocas cosas son necesarias' (algunas versiones coptas, las versiones armenia y georgiana, etc.); por último, una cuarta lee: 'pero pocas cosas son necesarias, es más una sola' (P3, B, S). Según los críticos, la primera lectura parece la preferible, porque es la mejor testimoniada y explica el origen de las demás. La segunda parece que ha evitado la frase para aligerar el texto. La tercera parece un intento de unir el versículo 42 al 41, que habla de la cena y, en este sentido, se trataría de una interpretación ascética. La cuarta, finalmente, se presenta como un compromiso entre las diversas lecturas".[7]

---

[7] M. A. Tábet: *Introducción general...*, cit., págs. 296–297.

Capítulo 22

El texto hebreo del Antiguo Testamento

22.1 Textos hebreos más antiguos

Los principales son los textos del Qumran, el Pentateuco samaritano, los manuscritos de la "Gueniza" de El Cairo y el texto masorético.[1]

22.1.1 Textos del Qumran

Estos manuscritos se descubrieron a partir del año 1947 en varias cuevas del noroeste del Mar Muerto, preservados felizmente de la natural corrupción por varias causas: estar encerrados en ánforas

---

[1]G. Rizzi: *Le antiche versioni della Bibbia. Traduzioni, tradizioni e interpretazioni,* Cinisello Balsamo San Paolo, 2009; E. Tov: *Textual Criticism of the Hebrew Bible,* Minneapolis, Fortress Press, 2012; S. Babaglia (ed.): *Il testo biblico in tensione tra fissità e mobilità storica (Actas del XI Simposio de Estudios anticotestamentarios,* Torreglia, 6–8 settembre 1999), Bologna, 2001; A. Lemaire: *Inscriptions Hébraïques,* Paris, Éditions du Cerf, 1977.

selladas, estar en una zona con un clima desértico sin humedad, y por el hecho de no haber sido manipuladas por nadie desde su enterramiento debido a serlo en lugares bien escondidos. Los documentos recuperados guardan verdaderos tesoros de textos antiguos.[2]

La fecha de las ánforas data el s. I d.C., por lo que los manuscritos han de ser anteriores.

Proceden del monasterio del Qumran, de la secta de los esenios, ya que las jarras que contenían los rollos eran del mismo tipo que las encontradas en dicho lugar, de donde tuvieron que proceder. Fueron llevadas allí para salvar la Sagrada Escritura de la destrucción que habría ocurrido en torno al año 70 con la conquista de Tito de la zona de Palestina y la devastación de Jerusalén.

El movimiento esenio de los judíos procede de los movimientos religiosos que nacieron con ocasión de la revolución macabea. Después de que la dinastía macabea se corrompiera, entre los judíos se dieron dos tendencias: los *saduceos* que apoyaban el nuevo orden, mientras que los *hasideos* (hombres piadosos) lo rechazaban. Éstos se dividen a su vez en dos facciones: la de los *fariseos* que se asientan en las ciudades (bien conocidos por las historias de los Evangelios) y los *esenios* que huyen al desierto para vivir su fe con especial intensidad y sin contaminación. El movimiento esenio se caracterizaba porque:

- Era una comunidad de sacerdotes y laicos donde la autoridad la ejercían los primeros.

---

[2]Cfr. F. M. Cross – S. Talmon (eds.): *Qumran and the History of the Biblical Text*, Cambridge–Massachusetts–London, Harvard University Press, 1975; P. W. Skehan: *Qumran. IV. Lettérature de Qumran*, en DBS 9 (1979) 805–822; E. Tov: *Hebrew Biblical Manuscripts from Judean Desert. Their Contribution to Textual Criticism*, JJS 39 (1988) 5–37; S. M. Paul–R. A. Kraft–L. H. Schiffman–W. W. Fields (eds.) *Emanuel: Studies in Hebrew Bible. Septuagint and Dead Sea Scrolls in Honor of Emanuel Tov*, Leiden, Brill, 2003.

- Celebraban banquetes rituales y abluciones para el perdón de los pecados.

- Utilizaban un vestuario propio, con una obediencia estricta y riquezas solo comunitarias.

- El grupo central guardaba la continencia perfecta.

- Se consideraban a sí mismos como el "resto" de Israel, herederos de las promesas y beneficiarios de la Nueva Alianza anunciada por Jer 31: 31ss.

- Al no poder centrar su vida religiosa en el Templo, lo hacían en torno a la Sagrada Escritura.

- Se consideraban los protagonistas del combate espiritual entre la Luz y las tinieblas.

Se descubrieron once cuevas con manuscritos.[3] La más importante es la número cuatro, donde se encontraron fragmentos de más de cuatrocientas obras diferentes.

Se han rescatado un conjunto de fragmentos de diferente extensión y valor de unas seiscientas obras distintas, que pueden ser clasificadas del siguiente modo:

1. Manuscritos bíblicos: son unos ciento noventa. Ninguno de ellos con más del diez por ciento del texto hebreo del Antiguo Testamento. Hay fragmentos de todos los libros, menos del de Ester. El Deuteronomio, Isaías y los Salmos se encuentran repetidos debido a la importancia que se les otorgaba.

---

[3]La última cueva que contenía rollos que se encontraron, una vez más por los Ta'amireh, fue la cueva de Qumran 11 (11Q), descubierta a principios de 1956. En febrero de 2017, se anunció el descubrimiento de la cueva 12Q, cuyo contenido incluía frascos de almacenamiento completamente rotos y fragmentos de pergamino, pero no pergaminos en sí.

2. Apócrifos: *Henoc, Jubileos, Testamento de los doce Patriarcas.*

3. Escritos esenios: *Regla de la Comunidad, Regla de la guerra de los hijos de la luz contra los hijos de las tinieblas, Bendiciones,* etc.

4. Comentarios midráshicos a la Sagrada Escritura.

La importancia y significación de los textos del Qumran es incalculable, ya que:

- Los manuscritos de la Biblia ganan doce siglos de antigüedad con respecto a las que hasta esa fecha se conservaban. Además se está en presencia de textos anteriores a las "recensiones" sistemáticas que se hacen a partir del s. I d.C.

- Se han conocido los textos originales de Tobías (en arameo) y del Sirácida (en hebreo).

- Se han aclarado muchos puntos de interés histórico.

- Se han encontrado manuscritos en ocho lenguas distintas.

22.1.2 El Pentateuco samaritano

Los samaritanos[4] rechazaban las "recensiones" judías y seguían copiando el viejo volumen del Pentateuco sin tener en cuenta las recensiones que se habían hecho, por lo que se trata de un texto más próximo al original. Solo aceptaban la Torah, como libro sagrado, el denominado *Pentateuco Samaritano.* Está escrito en caracteres fenicios y presenta muchas variantes con respecto al texto masorético.

---

[4]Se originan los samaritanos de la mezcla de colonos asirios y los judíos originales de esa tierra, después de la destrucción del Reino del Norte en el 721 a.C. Se formó una religión sincretista pagano–jahvista. Es la causa del rechazo de los judíos ortodoxos a los samaritanos, que se refleja en varios acontecimientos de los Evangelios.

De los ejemplares que se conservan, el más antiguo es del s. XI d.C.: el *Rollo de Abisha*.[5]

22.1.3 Manuscritos de la "Gueniza" de El Cairo

Los judíos no se atrevían a destruir los volúmenes de la Sagrada Escritura que se habían deteriorado, por respeto al nombre de Dios en ellos escrito.

Por eso depositaban los volúmenes deteriorados por el uso o rechazados por tener "recensiones" más autorizadas, a una habitación dedicada a guardarlos, la "gueniza".

En 1890 se descubrió la "gueniza" de la antigua sinagoga de una secta caraíta de El Cairo.[6]

Los textos encontrados son el s. VII–VIII, anterior a la recesión definitiva de los masoretas.

22.1.4 El texto masorético

Después de la destrucción de Jerusalén el año 70, los rabinos se preocupan de tener un texto unificado del Antiguo Testamento para

---

[5]Cfr. J. D. Purvis: *The Samaritan Pentateuch and the Origin of the Samaritan Sect*, Cambridge–Massachusetts, Harvard University Press, 1968; F. Pérez Castro: *Séfer Abisa. Edición del fragmento antiguo del Rollo sagrado del Pentateuco hebreo samaritano de Nablus. Estudio, transcripción, aparato crítico y fascímiles*, Madrid, CSIC, 1959.

[6]La secta caraíta es el cisma más importante y perdurable en el tiempo que ha tenido el judaísmo. El iniciador Anán (s. VIII d.C.), sostenía que solo la palabra divina (Toráh, y los libros de los profetas) registrada podía sostenerse para deducir leyes y cada quien era libre para interpretarla. El Talmud o el Midrash se consideraban como una de las interpretaciones posibles de la Torah, pero no lo aceptaban como las únicas válidas. En el siglo IX sus practicantes comenzaron a ser denominados *karaim* ("los de las escrituras", en referencia a la lectura exclusiva de la Toráh), y varios de los grupos heterodoxos preexistentes se unieron al movimiento.

todas las comunidades judías de la diáspora. Los rabinos de Jamnia o Jabne deciden un primer canon para los judíos y proponen que se haga una buena "recensión" del texto hebreo.

La "recensión" definitiva se hará por la familia de Ben Asher en Tiberiades, durante tres generaciones (s. IX–X). Ellos redactaron el texto llamado *masorético* ("masora" es tradición, como un modo de cerco defensivo para proteger el texto).[7]

El modo de trabajo fue muy cuidado y con buenos criterios:

- Consultaron al menos tres manuscritos considerados óptimos. Si los tres o al menos dos coincidían, seguían esa lectura. Si los tres diferían, estudiaban el caso y optaban por el que les parecía más razonable.

- Además añadieron anotaciones ("masora" estrictamente dicha) de gran valor:

  - Masora numeral: al final de cada libro señalaron el número de versículos, palabras y letras que contenía. De este modo el copista sucesivo debería contar el número de los mismos, y si no coincidían, tendría que repasar la copia hasta encontrar el error, asegurando así la inmutabilidad del texto.

  - Masora textual: anotación de tipo lingüístico o exegético, señalando concretamente una palabra como exacta, aunque pudiera parecer al copista extraña, evitando que cayera en la tentación de corregirla.

- Añaden además signos para vocalizar, ya que el hebreo clásico es solo consonántico.

---

[7]El término hebreo *masorá* deriva de la raíz *masar* con el significado de "transmitir".

- Finalmente, puntúan, ponen acentos y señalan el fin de los versículos.

Debido a la perfección con que el texto masorético fue realizado, esta "recensión" se impuso sobre todas las demás. Se conservan aproximadamente 3000 códices manuscritos anteriores a la imprenta, todos con un texto uniforme. El más antiguo es de fines del s. IX.[8]

22.2 Valor del texto hebreo

La comparación del texto masorético con todos los otros manuscritos señalados, lleva a las siguientes conclusiones:

- El texto masorético es óptimo. Cuando hay discrepancias, los especialistas actuales dan la razón al texto masorético en un ochenta por ciento.

- Hay casos en que el texto aparece deteriorado. Se corrige lo mejor posible en base a todos los manuscritos que se han conservado. Las ediciones especializadas de la Biblia señalan las diferentes lecturas. Estos casos no tienen relevancia a nivel dogmático, aunque hay algún caso en que sí la tiene, como Job 19: 25–27 referente a la resurrección de los muertos.

- El texto hebreo que conservamos es, por lo tanto, fuente auténtica y genuina de Revelación. San Jerónimo recordaba que Jesús reprochó muchas cosas a los escribas y fariseos, pero nunca les acusó de corromper el texto de las Escrituras.

---

[8]Los manuscritos masoréticos más antiguos son el *Códice de El Cairo* (895 d.C), el *Códice de Profetas de San Petesburgo* (916 d.C., *Códice de Alepo* (910–930 d.C.) y el *Códice de Leningrado* (1008 d.C.).

22.3 Ediciones impresas

Basten tan solo algunos datos importantes, remitiendo a la bibliografía especializada para una consulta más detallada:

- La primera edición es la famosa de la *Biblia Políglota Complutense*, de Alcalá de Henares (1514–1521); a la que siguieron otras versiones. Contenía el texto en hebreo, griego y latín.

- La *Biblia Rabínica* de Jacob ben Hayyim (1525).

- Es importante y bien hecha la *Biblia Hebraica* de R. Kittel de 1906 sobre la base de la Biblia Rabínica. Posteriormente, en 1937, en conjunto con P. Kahle, utilizó el *Códice de Lenigrado* para su tercera edición (1937).

- La *Biblia Hebraica Stuttgartensia* (1977), de Elliger y Rodulph, es la edición hebrea que se usa corrientemente en la actualidad.

- La *Biblia de Göttingen*, es la edición moderna más corriente del texto griego del Antiguo Testamento, teniendo como base el Códice Vaticano (B 03).

Capítulo 23

El texto del Nuevo Testamento

23.1 Fuentes de conocimiento

El texto del Nuevo Testamento llega a nosotros desde tres fuentes distintas:[1]

1. Las citas de los Santos Padres y escritores eclesiásticos.[2] En las ediciones críticas se citan con el nombre abreviado del autor,

---

[1]Cfr. B. M. Metzger y B. B. Ehrman: *The Text of the New Testament: Its Transmission, Corruption, and Restoration*, Oxford, Oxford University Press, 2005; E. Porter: *How We Got the New Testament: Text, Transmission, Translation*, Grand Rapids, Baker Academic, 2013.

[2]*La Biblia Patrística* es una colección de referencias de citas de estos autores llevado a cabo por el Centro de Análisis y Documentación Patrística de Estrasburgo. Cfr. también G. Sacco: *La Koiné del Nuovo Testamento e la trasmissione del sacro testo*, Roma, Libreria editrice religiosa Francesco Ferrari, 1928, págs. 214–218; L. Vaganay: *Initiation à la critique textuelle néotestamentaire*, Paris, Bloud et Gay, 1934, págs. 39–42.

como por ejemplo, "Ir" para San Ireneo, "Or" para Orígenes, "Cr" para San Juan Crisóstomo, etc. En efecto:

- Citan el Nuevo Testamento con profusión.

- Se podría componer casi todo el Nuevo Testamento a base de sus citas.

- Sin embargo, con frecuencia las referencias se hacen en homilías donde se cita de memoria, por lo que no es un instrumento de gran precisión para la reconstrucción crítica del texto bíblico.

- Son muy valiosos como testimonios del texto bíblico en época relativamente cercana a su redacción.

- Son útiles tales citas para saber también qué libros se veneraban como inspirados.

- Entre los Santos Padres, son de particular importancia en este campo, por su antigüedad, extensión y carácter científico, las obras de San Ireneo, San Clemente de Alejandría, Orígenes, Tertuliano y San Cipriano.

2. Traducciones ("versiones") a otras lenguas (latín, siriaco, árabe, etc.), remontándose algunas a los siglos II y III.[3]

3. Copias manuscritas o "apógrafos". Es el texto clásico de la antigüedad que cuenta con manuscritos más abundantes, mejores y más antiguos que todos los otros textos de cualquier cultura de la época.

   Es el testimonio más importante del Nuevo Testamento porque lo atestiguan directamente y son el grupo más numeroso que existe.

---

[3]Cfr. infra el capítulo correspondiente a las versiones.

Son un total de 5488 manuscritos, que se han dividido en varios grupos, correspondientes a 98 papiros, 301 códices unciales, 2818 códices minúsculos, 2211 leccionarios, 25 ostracas y 9 talismanes con frases bíblicas:[4]

(a) Papiros. A pesar de lo inestable de este material, debido al clima de Egipto, se han conservado fragmentos que contienen el 65 por ciento de todo el Nuevo Testamento. Son de los siglos II al VIII.

   Se citan con la letra "P" y un número exponencial según la fecha de su descubrimiento.

   Los más importantes son:

   - *Papiro de Roberts o Rylands* (P 52), de Manchester, el más antiguo del Nuevo Testamento con unos versículos de Jn 18.

   - *Colección Chester Beatty* de Dublin, con tres papiros del siglo III. Es importante el P 45 que contiene fragmentos de los cuatro Evangelios y de los Hechos donde se comprueba que para inicios del s. III los cuatro Evangelios formaban parte de una única colección.

   - *Papiros de Bodner II* (P 66 y P 75) de Colonia–Ginebra, también del siglo III con fragmentos de los Evangelios de San Juan y San Lucas.

   - *Papiro P 67* de Barcelona, del siglo III con algunos versículos de San Mateo.

---

[4]Cfr. K. Aland y B. Aland: *The Text of the New Testament. An Introduction to the Critical Editions and to the Theory and Practice of Modern Textual Criticism*, Gran Rapids, Eerdmans-Brill, 1989. Contabilidad de la edición 27 del año 1993, que supera un poco a la de la edición segunda de 1989. Cfr. también, J. K. Elliot: *A Bibliography of Greek New Testament Manuscripts*, Leiden, Brill, 2015.

(b) Códices unciales. Copiados entre los siglos IV al IX. Se llaman "unciales" porque están escritos con letras mayúsculas, sin separación de palabras y sin signos de puntuación, lo que potencia la aparición de variantes textuales. Las letras conservan la misma distancia, 42 por línea, para saber cuánto trabajaba el copista al día y pagarle en consecuencia.[5]

Ninguno contiene el Nuevo Testamento completo.

Los primeros cincuenta y un manuscritos se les cita con una letra mayúscula del alfabeto latino o griego (por ejemplo, B. S.) y un número precedido del cero (vgr. 092, 0143). El resto, solo con un número precedido del cero. Los más antiguos e importantes son:

- *El Códice Vaticano* (B 03) originario de Egipto del s. IV, conteniendo casi todo el Antiguo (versión de los LXX) y Nuevo Testamento (faltan las Cartas a Timoteo, Tito y Filemón, el Apocalipsis y algunos capítulos de la Carta a los Hebreos). Está en la Biblioteca Vaticana.

- *El Códice Sinaítico* (S 01), del siglo IV o V y que contiene todo el Antiguo y Nuevo Testamentos, junto con la Carta de Bernabé y el Pastor de Hermas.

- *El Códice Alejandrino* (A 02), del s. V de Egipto, que reúne prácticamente completos el Antiguo y el Nuevo

---

[5]El copiado de las obras clásicas desde el s. II a.C. utilizaba el método llamado esticometría, esto es escribir por verso donde cada línea del folio debía contener las sílabas de un hexámetro de Homero. También se usó la colometría, que tenía en cuenta el sentido de la frase de modo que cada línea debía de contener una frase única con sentido completo.

Testamentos, incluyendo también dos cartas de San Clemente de Roma. Se conserva en la British Library.

- *Rescripto de Efrén* (C 04) del s. V, que recoge casi la mitad del Antiguo Testamento y dos terceras partes del Nuevo. Está en la Biblioteca Nacional de París.

- *Beza o Cantabrigensis* (D. 05) del s. V, que contiene parte del Nuevo Testamento, en bilingüe, latín y griego.

(c) Códices cursivos. Copiados a partir del s. IX. Se denominan "cursivos", por usar este tipo de letra, con mayúsculas y minúsculas. El trabajo se hace mucho más rápido y el número de copias conservadas aumenta.

Se citan con un número árabe (vgr. 1345, 1890) de tres o cuatro cifras.

(d) Leccionarios. Citados por la letra L, y un número árabe como exponente.

(e) Ostracas.[6] Citadas por la letra O y una cifra árabe como exponente.

(f) Talismanes. Citados por la letra T y una cifra árabe como exponente.

23.2 Ediciones impresas

Basten algunos datos más importantes:

- *Textus receptus* de Roberto Stephanus (1546). Es de un valor mediocre porque está hecho sobre manuscritos de calidad secundaria.

---

[6]Del griego: ὄστραχον, cuyo plural es ὄστραχα. Fragmentos de vasos cerámicos rotos que se aprovechaban para varios fines, entre ellos el de escribir con tinta sobre ellos notas de diversos caracteres. Tienen la particularidad de que se conservan muy bien en condiciones que no pueden ser resistidas por los papiros.

- Desde el s. XVIII se critica el *Textus receptus* en base a investigaciones más profundas y extensas sobre los manuscritos del Nuevo Testamento.

- La edición hecha por Nestle es muy usada, y contiene el texto en griego y latín.

- Son importantes las ediciones de Merk (Roma 1957) y de Bover (Madrid 1959).

23.3   Valor del texto del Nuevo Testamento

Debido a la cantidad de manuscritos que se conservan, se ha podido reconstruir unas 7/8 partes, aceptadas de un modo indiscutido. Aland sostenía que los estudios realizados del Nuevo Testamento han demostrado que su texto ha permanecido, a lo largo de los siglos, sustancialmente completo e inalterado.[7]

De la octava parte que resta, su contenido es en su mayoría sin importancia: errores ortográficos, palabras en orden diverso, partículas omitidas, etc.[8]

Solo doscientas variantes afectan en cierto modo al significado de los textos, y solo quince se refieren a puntos importantes de carácter dogmático. Sin embargo la verdad de los dogmas queda atestiguada por otros versículos que no son problemáticos a nivel textual. Las Biblias especializadas traen explicaciones al respecto. Ejemplos de textos a los que se hace mención son:

---

[7]Cfr. K. Aland y B. Aland: *The Text of the New Testament...*, cit. págs. 131–136; M. A. Tábet: *Introducción general...*, cit., pág. 260.

[8]Salvo por 200 variantes que influyen en el sentido del texto, el resto (la suma total de variantes son de 250.000) pertenecen a las categorías mencionadas.

- Mt 1:16, "Jacob engendró a José, el esposo de María, de la cual nació Jesús llamado Cristo".

- Mc 1:1, "Comienzo del Evangelio de Jesucristo, Hijo de Dios".

- Jn 1:18, "A Dios nadie lo ha visto jamás; el Dios Unigénito, el que está en el seno del Padre, él mismo lo dio a conocer".

- Jn 5: 3ss, "En éstos yacía una multitud de enfermos, ciegos, cojos, mancos, que esperaban el movimiento del agua, porque un ángel del Señor descendía de tiempo en tiempo a la piscina y agitaba el agua, y el primero que bajaba después de la agitación del agua quedaba sano de cualquiera enfermedad que padeciese".

- Hech 20:28, "Cuidad de vosotros y de toda la grey, en la que el Espíritu Santo os puso como obispos para apacentar la Iglesia de Dios, que Él adquirió con su sangre".

- 1 Cor 15:51, "Mirad, os declaro un misterio: no todos moriremos, pero todos seremos transformados".

- 1 Tim 3:16, "Unánimemente confesamos que es grande el misterio de la piedad: Él ha sido manifestado en la carne, justificado en el Espíritu; mostrado a los ángeles, predicado a las naciones; creído en el mundo, ascendido en gloria".

- Etc.[9]

En conclusión, el texto del Nuevo Testamento que ha llegado hasta nosotros es íntegro, incluso hasta la mayor parte de los mínimos

---

[9]Para otros textos y la explicación de los anteriores, se puede consultar la edición de la Biblia de Jerusalén.

detalles. Como dice Tábet, "por esta conservación providencial el Nuevo Testamento supera sin comparación todos los demás libros de la antigüedad que han llegado hasta nosotros".[10]

---

[10]M. A. Tábet: *Introducción general...*, cit., pág. 261.

Capítulo 24

Las *versiones* y la crítica textual

A la determinación del texto más cercano al original de los manuscritos bíblicos también ayudan las llamadas "versiones" de la Biblia, que son traducciones de la Biblia a una lengua diferente de la original. Las versiones antiguas tienen también una importancia fundamental desde el punto de vista de la crítica textual porque surgieron en un período anterior a los más antiguos manuscritos completos del texto original.[1]

24.1 Las versiones arameas o targumin

Son versiones del Antiguo Testamento que se hicieron antes de la aparición del cristianismo, cuando el hebreo empezaba a ser sustitui-

---

[1]Cfr. M. A. Tábet: *Introducción general...*, cit., págs. 264–292; E. Amann: *Versions de la Bible*, en DTC 15, 1950, 2700–2739; AAVV.: *Orientales de Bible (versions)*, en DBS, 6 (1960) 807–884; D. Barthélemy: *Critique...*, cit.; A. Passoni Dell'Acqua: *Il testo del Nuovo Testamento*, Leumann–Torino, Editrice Elle Di Ci, 1994.

do por el arameo como lengua popular. "Targum" procede del hebreo y significa traducción. Estas traducciones eran orales al principio y se utilizaban en las sinagogas. Eran explicaciones de las lecturas bíblicas que se leían al pueblo. Finalmente se pusieron por escrito. Por los descubrimientos del Qumran[2] se sabe que ya existían en el periodo neotestamentario. Hay targumim de todos los libros de la Biblia hebrea, excepto Esdras, Nehemías y Daniel.[3]

24.2 Versiones griegas del Antiguo Testamento

El Antiguo Testamento hebreo fue traducido al griego, siendo alguna de esas traducciones muy influyentes e importantes, como se vio en la sección dedicada al canon. También son útiles para intentar fijar el texto original. Destacan entre otras:

1. *La traducción de los LXX*[4] que se realizó tomando como base un texto hebreo diferente del canon palestinense, por lo que los

---

[2]Allí se encontraron los Targumim de Job y del Levítico, además de la traducción del Génesis al arameo.

[3]M. A. Tábet: *Introducción general...*, cit., págs. 270–271; R. Le Déaut: *Introduction à la Litterature Targumique*, Roma, Institut Biblique Pontifical, 1966; M. McNamara: *New Testament and Palestinian Targum*, Roma, Published by Pontifical Biblical Institute, 1966; A. Díez Macho: *El Targúm*, Consejo Superior De Investigaciones Científicas, Barcelona 1972; M. Pérez Fernández: *Tradiciones mesiánicas en el targúm palestinense*, Valencia, Institución San Jerónimo, 1981.

[4]Cfr. H. B. Swete: *An Introduction to the Old Testament in Greek*, Cambridge, University Press Publication, 1914; S. Jellicoe: *The Septuagint and Modern Study*, Oxford, Oxford University Press, Clarendon Press, 1968; B. Botte – P. M. Bogaert: *Septante et versions grecques*, en DBS (1992) 536–691; N. Fernández Marcos: *Introducción a las versiones griegas...*, cit.; S. P. Brook – Ch. T. Fritsch – S. Jellicoe: *A Classified Bibliography of the Septuagint*, Leiden, Brill, 1973; C. Dogniez: *Bibliography of the Septuagint / Bibliographie de la Septuante (1970–1973)*, Leiden, Brill, 1995.

libros de Daniel y de Ester, por ejemplo, son más largos en la versión griega que en la hebrea, o los de Jeremías y Job son más largos en ésta que en aquélla. Además la traducción de los LXX incluyen siete libros que no están en el código palestinense.

Se comenzó a realizar esta traducción hacia el s. III a.C. y estaba completa con toda seguridad en el s. I d.C. Se tenía la idea de que la realizaron setenta sabios en setenta días. De ahí recoge el nombre de los *Setenta* (*LXX*). Se quería para que pudiera figurar en la famosa biblioteca de Alejandría.

Fue la versión usada por la primitiva comunidad cristiana.[5] Entre los judíos se utilizó no solo en las comunidades de la Diáspora, sino también en Palestina (como se probó por los descubrimientos del Mar Muerto).

2. *Las versiones de Aquila, Símaco y Teodoción* (a. 130/150): traducciones al griego encargadas por rabinos en el s. II d.C. para revisar el texto de los LXX y poderlas contrastar con el texto hebreo del canon palestinense, donde con frecuencia se corrigen palabras o frases de la primitiva traducción de los LXX que habían sido utilizadas por los cristianos para probar el mesianismo de Jesucristo. Solo han llegado hasta nosotros escasos fragmentos y lo poco que queda en las *Hexaplas* de Orígenes.

3. *Las Hexaplas* de Orígenes de comienzos del s. III d.C., donde se reproducían los textos del Antiguo Testamento en seis columnas: texto hebreo, transcripción en griego, LXX, Aquila, Símaco y Teodoción. Solo se conservan pocos manuscritos fragmentarios.[6]

---

[5] Así la versión de los LXX en códices cristianos que incluyen el Nuevo Testamento: El Vaticano (B 03), el Sinaítico (S 01) y el Alejandrino (A O2) de los siglos IV y V d.C.

[6] La obra abarcaba unos cincuenta volúmenes entre los años 240–245. Su motivo fue superar las diferencias entre la traducción de los LXX y el texto hebreo, con el

24.3   Versiones antiguas latinas de la Biblia

Son principalmente:[7]

1. La *Vetus Latina*. Se designan con este nombre las traducciones
   latinas de la Biblia anteriores a la *Vulgata* de San Jerónimo. Fueron realizadas para difundir el cristianismo en Occidente cuando
   el uso del latín era general. Su latín es popular y poco literario
   por estar dirigido a la instrucción de gente sencilla. Dataría de
   los s. I–II d.C. Son muy escasos y fragmentarios los manuscritos
   conservados de la *Vetus Latina* del Antiguo Testamento; pero
   del Nuevo Testamento se conservan treinta y dos manuscritos
   (cuatro de las cartas paulinas, doce de los Hechos, y uno del
   Apocalipsis —s. IV al XII—). Las versiones más importantes
   son la que surge en el África proconsular en torno al 150 d.C.
   y la europea (probablemente de Roma) a la que San Agustín
   llama *Itala* y que consideraba superior a otras traducciones por
   su fidelidad al texto y claridad de expresión. Su valor para la
   crítica textual reside en que es una traducción directa del texto
   griego realizada con gran literalidad. Fue la base de la *Vulgata*.

---

fin de evitar el crticismo de los polemistas judíos que no aceptaban el uso dado por
los cristianos a la Biblia de los LXX para defender la doctrina de Jesucristo. Cfr.
G. Bardy: *Origène*, en DTC, vol. XI, cols 1495–1496; B. Mercati: *Psalterii Hexapli
reliquiae*, Roma 1958/1965.

[7]No se estudian aquí, las versiones gótica de Ulfilas (+383) ni la eslava de San
Cirilo y San Metodio (siglo IX). Cfr. M. A. Tábet: *Introducción general...*, cit., págs.
272–281; H. A. G. Houghton: *The Latin New Testament: A Guide to its Early History,
Texts, and Manuscripts*, Oxford, Oxford University Press, 2016; J. K. Elliot: *The
Translation of the New Testament into Latin. The Old Latin and Vulgate*, en "Aufstieg
Und Niedergang Der Römischen Welt" II, 26, Berlín–New York, 1992, págs. 198–245;
201-202; F. C. Bogaert: *Bulletin de la Bible Latine*, en "Revue Bénédictine Suppl."
(1964ss); L. Light: *Versions et révisions du texte biblique*, en P. Riché – G. Lobrichon
(eds.): "Le Moyen Age et la Bible, Paris", 1984, 55–93.

2. La *Vulgata*. El nombre significa "divulgada", común. Es la traducción latina de la Biblia realizada sobre todo por San Jerónimo por encargo del Papa San Dámaso, con el fin de controlar
la confusión que existía entre los códices latinos hasta ese momento que presentaban muchas lecturas diferentes. Se usó como
traducción oficial de la Iglesia católica hasta la aparición de la
Neovulgata (1979). El trabajo duró desde el año 383 al 404/406,
con una doble técnica: revisión y traducción. Se buscó la fidelidad a los textos bíblicos y una cierta elegancia en la forma. Los
especialistas están contestes en que fue la mejor traducción latina de la Biblia hasta ese momento. Durante siglos se utilizaban
tanto la *Vetus Latina* como la *Vulgata*, pero la perfección de la
última acabó por imponerse a partir del s. VIII y IX. Después de
su composición, la *Vulgata* tuvo muchas recensiones y ediciones
impresas desde la invención de la imprenta. Con la aparición
de diferentes traducciones a raíz del movimiento protestante, la
Iglesia decidió en el Concilio de Trento[8] considerar la *Vulgata*
como traducción auténtica:

> "Además, el mismo sacrosanto Concilio, conside-
> rando que podía venir no poca utilidad a la Iglesia de
> Dios, si de todas las ediciones latinas que corren de los
> sagrados libros, diera a conocer cuál haya de ser tenida
> por auténtica; establece y declara que esta misma an-
> tigua y *Vulgata* edición que está aprobada por el largo
> uso de tantos siglos en la Iglesia misma, sea tenida por

---

[8]Cfr. T. Stramare (ed.): *La Bibbia 'Volgata' dalle origini ai nostri giorni*, en
"Actas del Simposio Internacional en honor de Sixto V" (Grottamare 29-32-VIII-
1985), Roma, Librería Vaticana, 1987; J. M. Vosté: *La Volgata al Concilio de Trento*,
en "Biblica" 27 (1946) 301–319; Id.: *La Bibbia e il Concilio di Trento*, Roma, Pontificio
Istituto Biblico, 1947.

auténtica en las públicas lecciones, disputaciones, predicaciones y exposiciones, y que nadie, por cualquier pretexto, sea osado o presuma rechazarla".[9]

Trento determinó que se hicieran las ediciones de la *Vulgata* con la máxima exactitud, consciente de los avances que se habían producido en el campo de los estudios bíblicos: "que en adelante la Sagrada Escritura, y principalmente esta antigua y vulgata edición, se imprima de la manera más correcta posible".[10] El fruto fue la llamada Edición Sixto–Clementina (a. 1592).

3. La *Neovulgata*. Es la edición oficial actual, realizada sustancialmente sobre la base de la Vulgata, pero corregida en los puntos que se separaba de los textos originales y utilizando los verdaderos progresos de las ciencias bíblicas. Se quería oficialmente que su uso se extendiera a la liturgia y sirviera como base segura para los estudios bíblicos.[11] Se realizó teniendo en cuenta

---

[9]D. S. 1506. La Encíclica *Divino Afflante Spiritu*, explicaba el concepto de *autenticidad* de ese párrafo, en sentido jurídico, es decir, apto para dar fe en juicio, reconociendo en esa traducción toda la fuerza probatoria en materia de fe y costumbres, de modo que puede utilizarse públicamente: "En cuanto al hecho de que el Concilio de Trento quiso que la *Vulgata* fuera la versión latina, 'que todos usasen como auténtica', ello a la verdad, como todos saben, sólo se refiere a la Iglesia latina y al uso público de la Escritura, y, sin género de duda, no disminuye en modo alguno la autoridad y valor de los textos originales. Porque no se trataba en aquella ocasión de textos originales, sino de las versiones latinas que en aquella época corrían, entre las cuales el mismo Concilio decretó con razón que debía ser preferida aquella que 'ha sido aprobada en la Iglesia misma por el largo uso de tantos siglos'" (D. S. 3825). Cfr. M. A. Tábet: *Introducción general...*, cit. pág. 279.

[10]D. S. 1508

[11]Se publicó en 1979, por la Constitución Apostólica *Scripturarum Thesaurus* (25-abril-1979). Cfr. A. García–Moreno: *La Neovulgata, precedentes y actualidad*, Pamplona, Eunsa, 1986.

las mejores ediciones críticas existentes.[12] Es obra excelente y de obligado uso para los estudios bíblicos.

24.4 Versiones orientales

También son importantes para ayudar a la determinación del texto original bíblico por parte de la ciencia crítica textual.

Conviene conocer las que se consideran más importantes.

24.4.1 Versiones siriacas. La *Peshittâ*

El cristianismo se difundió en Oriente a través de la lengua siriaca. En las versiones siriacas confluyen diferentes tradiciones textuales. La más importante es la *Peshittâ* hecha por varios traductores, tal vez judíos o cristianos. El Antiguo Testamento se tradujo en el s. II d.C., sobre un texto hebreo diferente del masorético, aunque luego fue corregida con la traducción de los LXX. El Nuevo Testamento está formado por los cuatro Evangelios, que fueron traducción del obispo de Edesa Rabbula (411–435), y por el resto de los libros que provienen de una antigua versión siriaca revisada bajo la supervisión del mismo obispo.[13] Versión aceptable y fiel.

---

[12]Para el Antiguo Testamento se usó la *Biblia Hebraica Stuttgartensia*, la edición crítica de los LXX a A. Rahlfs y otras versiones griegas. Para el Nuevo Testamento se usó como base el texto griego publicado por K. Aland y la traducción latina de la *Vulgata Stuttgartensia*. Cfr. M. A. Tábet: *Introducción general...*, cit. pág. 281.

[13]Antes de la revisión de Rabbula había dos versiones siriacas de los Evangelios: la *Armonia Evangélica* o *Diatessaron* (ca. 170), y los Evangelios separados (hacia la mitad del s. IV). El primero fue rechazado a partir del s. V por la Iglesia siria, por los errores encratistas que contiene. Otras versiones siríacas posteriores son la *Filoxeniana* (ca. 508), la *Sirio–Hexeplar* (solo el Antiguo Testamento, ca. 615–617) y la *Sirio–Palestinense* (s. V–VI).

24.4.2 Versiones coptas

Es la antigua lengua de Egipto, donde se extendió el primitivo cristianismo muy pronto. Se hizo la traducción de la Biblia al copto entre el s. II y III. Se conocen cuatro versiones, siendo la más difundida la bohaírica, que se conserva en uso litúrgico copto hasta nuestros días.

24.4.3 Versión armenia

Fueron sus traductores, San Isaac el Grande y San Mesropio en el s. V. Tal vez se realizó sobre la versión siriaca y las Hexaplas de Orígenes. Se considera de gran valor literario.

24.4.4 Versión etiopica

Se piensa que esta versión se inició hacia el s. IV, aunque se hizo en el s. VI y VII a partir de los LXX y un texto parecido al Códice B. El Nuevo Testamento combina partes de gran literalidad con partes traducidas libremente.

24.4.5 Versión georgiana

Se data entre los siglos VI y VII, aunque el cristianismo empezó en el s. IV. Se suele pensar que se basó sobre el texto de las Hexaplas de Orígenes para el Antiguo Testamento, y el original griego o tal vez la versión armenia o siriaca para el Nuevo.

24.4.6 Versiones árabes

Se realizan a partir del s. VIII cuando se expande el Islam sobre territorios que habían sido cristianos. El Antiguo Testamento fue traducido al árabe desde los originales hebreos, los LXX y la *Peshittâ*. El Nuevo Testamento se tradujo desde los originales griegos con influencia de la versión siríaca.

Capítulo 25

Cambio de perspectiva actual sobre el tratado de texto

La presente sección del tratado de Introducción a la Sagrada Escritura ha sufrido un cambio de objetivo y perspectiva desde los años noventa del siglo pasado, por influencia de la moderna crítica textual y de la teología neomodernista y sus métodos.

Tal cambio ha sido muy bien descrito por J. Chapa:[1]

> "La cuestión del texto de la Biblia en los tratados de Sagrada Escritura no ocupa de manera habitual un lugar

---

[1] J. Chapa: *Texto autoritativo y crítica textual Algunas implicaciones derivadas del concepto "texto original" del Nuevo Testamento*, en "Revelación, Escritura, Interpretación. Estudios en honor del Prof. D. Gonzalo Aranda Pérez", edición a cargo de Fernando Milán, Pamplona, Ediciones Universidad de Navarra, S.A., págs. 153–177; Id.: *¿Qué texto? Pluralidad textual y ediciones críticas*, en S. Guijarro Oporto (Coord.): "La interpretación de la Biblia. XLVII Jornadas de la Facultad de Teología de la UPSA", Salamanca – Madrid, Universidad Pontificia de Salamanca, PPC, 2015, págs. 69–95.

prominente. Lo común hasta los años noventa es que se incluya dentro del tratado de "Introducción General a la Escritura", una vez estudiado el canon, y antes de entrar en cuestiones de hermenéutica bíblica.[2] La inspiración está vinculada al canon y le precede; y, a su vez, éste lleva consigo el estudio de la transmisión del texto. La finalidad subyacente a ese enfoque es mostrar que los libros canónicos se han trasmitido fielmente y deben considerarse por tanto dignos de crédito.[3] El recurso a la crítica textual viene dado entonces por la necesidad de poder disponer del texto más cercano posible al que escribieron sus autores. Para ello se estudian los antiguos manuscritos y el modo en que el texto se ha ido transmitiendo en esas copias.

En manuales de Escritura más recientes, en cambio, es frecuente considerar el estudio del texto como un paso previo a los tratados de inspiración, canon y hermenéutica. El texto se considera como un elemento unido a la

---

[2]Ver, por ejemplo, G. M. Perrella: *Introducción general a la Sagrada Escritura* (versión y adaptación esp. Juan Prado, Torino–Madrid: Marietti–Perpetuo Socorro, 1954), 193–277. La misma distribución aparece, entre otros, en J. E. Steinmueller: *Introducción general a la Sagrada Escritura* (versión esp. José Alfredo Jolly, 2ª ed., Buenos Aires: Desclée de Brouwer, 1947), 149–246 y E. Martín Nieto et al.: *Introducción general...cit.*, págs. 223–69; C. M. Martini — P. Bonatti:*Il messaggio della Salvezza: Introduzione generale (Corso completo di studi biblici 1)*, Leumann (Torino): Elledici, 1987, 154–223. De todas formas, esta disposición continúa en manuales recientes: por ejemplo, M. A. Tábet: *Introducción general...*, cit., págs. 233–97; G. Deiana: *Introduzione alla Sacra Scrittura alla luce della "Dei Verbum"*, Roma: Urbaniana University Press, 2009, 99–116.

[3]Perrella: *Introducción general*, 12: "La historia del Texto, tanto en su lengua original como en las versiones..., prueba que el texto inspirado ha llegado, al menos sustancialmente, íntegro hasta nosotros".

transmisión de la Palabra,[4] o como una de las cuestiones preliminares al estudio teológico de la Escritura, junto con la geografía, arqueología e historia bíblicas.[5] El texto es estudiado como un presupuesto del análisis teológico.

En el modelo tradicional se da importancia a la transmisión fiel del texto, porque se considera que ha salido de la mano de unos autores mediante los cuales Dios ha hablado. Al estar vinculado al tratado de inspiración y al problema del canon, el estudio del texto subraya la importancia de entender que los textos de la Biblia son Palabra de Dios en la Iglesia. En los modelos más recientes, aunque existe una gran variedad de acercamientos a la Escritura, predomina una perspectiva más centrada en el texto en sí. Se trata de un enfoque en el que se aprecia la influencia de la renovación bíblica y el peso de la exégesis originada en la tradición de la Reforma. Al hilo de los avances en los estudios histórico–críticos y el influjo de la teología de la Palabra se tiende a resaltar la importancia del texto como

---

[4]Por ejemplo, V. Manucci: *La Biblia como palabra de Dios. Introducción general a la Sagrada Escritura*, Bilbao: Desclée, 1988, 95–108 o R. Fabris et al.: *Introduzione generale alla Bibbia (Logos: Corso di studi biblici 1)*, Leumann (Torino): Elledici, 1994, 291–372, que trata el texto dentro de la sección filológica dedicada a la Biblia como literatura. En R. E. Brown, J. A. Fitzmyer, y R. E. Murphy, (eds.), *Nuevo Comentario Bíblico San Jerónimo*, Estella: Verbo Divino, 2005, 729–79, las cuestiones del texto se tratan dentro de los artículos temáticos después de la inspiración y canonicidad, pero separadas de estos dos temas por un artículo dedicado a los apócrifos, manuscritos del mar Muerto y otros libros judíos, siguiendo la misma disposición de la edición original.

[5]Cf. J. González Echegaray, et al.: *La Biblia en su entorno (Introducción al estudio de la Biblia 1)*, Estella: Verbo Divino, 1992, 433–574. Se mantiene en la nueva edición de I. Carbajosa, J. González Echegaray y F. Varo: *La Biblia en su entorno (Introducción al estudio de la Biblia 1)*, Estella: Verbo Divino, 2013, págs. 411–652.

fundamento y resultado de la comunicación de Dios con los hombres. El presupuesto del que se parte es la existencia de unos escritos en los que se contiene y testimonia la Palabra de Dios. Primero vienen los textos en cuanto documentos del pasado y luego las implicaciones teológicas que se desprenden de esos textos. En este marco se le da una importancia notable al texto original y al modo que se tiene de acceder a él mediante la crítica textual. Sin embargo, apenas se consideran las posibles implicaciones teológicas que se deducen de que la mayor parte de los libros de la Biblia son el resultado de un largo proceso de composición y no conservamos ningún original de esos libros. En otras palabras, pocas veces se hace referencia al hecho de que no sabemos con certeza cuál es el texto de la Biblia y de que, más que de "un texto", habría que hablar de "textos" de la Biblia".[6]

---

[6] *Ibidem* págs. 153–155. Son ejemplos del profundo cambio de perspectiva en el estudio del texto por parte de las nuevas concepciones de la crítica textual, los siguientes estudios: B. Nohgri: *God's Library: The Archeology of the Earliest Christian Manuscripts*, New Haven-Londres, Yale University Press, 2018; B. M. Metzger: *Manuscripts of the Greek Bible: An Introduction to Greek Paleography*, New York-Oxford, Oxford University Press, 1991; L. W. Hurtado: *Los primitivos papiros cristianos. Un estudio de los primeros testimonios materiales del movimiento de Jesús*, Salamanca, Sígueme, 2010; J. O'Callaghan: *Los primeros testimonios del Nuevo Testamento. Papirologia neotestamentaria*, Córdoba, El Almendro, 1995; D. C. Parker: *An Introduction to the New Testament Manuscripts and their Texts*, Cambridge, Cambridge University Press, 2008; H. Y. Gamble: *Books and Readers in the Early Church: A History of Early Christian Texts*, New Haven, Yale University Press, 1995; K. Haines–Eitzen: *Guardians of Letters: Literacy, Power and the Transmitters of Early Christian Literature*, Oxford-New York, Oxford University Press, 2000; J. Chapa: *La transmisión textual del Nuevo Testamento. Manuscritos, variantes y autoridad*, Salamanca, Sígueme, 2021; A. Passoni Dell'Aqua: *Il testo del Nuovo Testamento. Introduzione alla crítica testuale*, Turín, Leumann Editrice Elle di Cia, 1994; B. M. Metzger y B. D.

En el presente manual, seguimos la exposición clásica, porque la consideración del Tratado de Texto como ciencia positiva independiente de la dogmática acaba destruyendo el fundamento seguro bíblico de la Revelación y de las doctrinas de fe que allí se contienen, al no poder contar, según la nueva perspectiva, con un texto definitivo fiable y concorde con los manuscritos originales. La afirmación de tal fiabilidad fue demostrada por la ciencia bíblica clásica, y supone la perspectiva sobrenatural que considera la Biblia como un libro sagrado cuyo autor es Dios (que quiso revelarse en verdad y que es la Verdad infinita, que no puede equivocarse ni mentirnos) y cuyo intérprete auténtico es el Magisterio de la Iglesia.

La nueva perspectiva crítica sobre el estudio del texto de la Sagrada Escritura, introduce una serie de planteamientos que acaban minando la fe en la Sagrada Escritura como fuente de Revelación. En efecto: ¿Acaso no es relevante para entender la Escritura, y por tanto la Revelación, el hecho de que la Biblia esté compuesta de unos textos que, según los nuevos estudios, no sabemos cómo eran cuando se escribieron ni estamos absolutamente seguros de que fueran concebidos por sus autores como tales, es decir, como obras así queridas y acabadas por los que las concibieron? ¿No afecta a la comprensión de la Revelación el hecho de que la nueva crítica insista como fundamental en el hecho de que no haya un acuerdo sobre la literalidad de los textos de los libros sagrados? ¿Es lo más adecuado que se privilegie la perspectiva de que no haya originales y que en definitiva el texto bíblico sea, por decirlo de algún modo, un texto flexible? ¿Se equivocó

Ehrman: *The Text of the New Testament. Its Transmission, Corruption and Restoration*, New York–Oxford, Oxford University Press, 2005; V. Balaguer: *Introducción...*, cit., pág. 39; K. Aland y B. Aland: *The Text of the New Testament...*, cit.; B. M. Metzger: *Un comentario textual al Nuevo Testamento Griego*, Navarra, Verbo Divino, 2017; S. Cingolani: *Dizionario di critica testuale del Nuovo Testamento. Storia, canone, apocrifi, paleografia*, Ciniselo Balsamo, San Paolo, 2008.

la Iglesia y el Magisterio en la comprensión del valor de los textos bíblicos?

Finalmente conviene recordar que incluso especialistas que aceptan la nueva perspectiva de la crítica textual, mitigan muchos de sus excesos por medio de dos procedimientos:

1. Por un lado, subrayando los datos que manifiestan que existe la posibilidad de llegar a un texto inicial cercano o muy cercano a los autógrafos originales. Son muy expresivas las posiciones de Kurt y Barbara Aland, de indiscutible renombre en la crítica textual, quienes afirman que la transmisión de la tradición textual del Nuevo Testamento se caracteriza por una impresionante tenacidad, ya que una vez que una lectura aparece, persiste obstinadamente, por lo que la lectura original tiene que encontrarse en algún sitio de la tradición textual. Afirman que donde no hay gran profusión de variantes, el texto no habría sido alterado. Una vez que se ha determinado el texto más antiguo que se pueda recuperar, en la práctica este texto se identifica con el texto original. Por lo que se puede afirmar que el texto que aparece en los manuscritos del siglo III es esencialmente el mismo que el que publicó el autor.[7]

2. Por otro lado, recuerdan la importancia que tiene la Tradición como fuente de Revelación y el Magisterio de la Iglesia con relación a la interpretación y determinación de las verdades contenidas y transmitidas en la Sagrada Escritura. En efecto, ellos servirían para poder conocer el contenido de la fe aunque no se

---

[7]Cfr. K. Aland y B. Aland: *The Text of the New Testament: An Introduction to the Critical Editions and to the Theory and Practice of Modern Textual Criticisms*, Grand Rapids, William B. Eerdmans Publishing Company, 1995, p. 56; J. Chapa: *¿Qué texto? Pluralidad...*, cit.

pudiera llegar al conocimiento de los textos originales autógrafos de la Biblia.

Se añadiría así una nueva crítica al principio de la *sola Scriptura* protestante. J. Chapa suscribe tal medio de evitar los evidentes problemas que causa la nueva visión de la crítica textual:

> "La multiplicidad de textos testimonia una Palabra autoritativa que no se circunscribe a esos textos. Testimonia una Palabra que está en relación directa con la regla de fe. Si se hace recaer la autoridad del texto en su condición de texto original autográfico, entonces es razonable que se cuestione esa autoridad, dado que no sabemos cuál es el texto que escribió el autor. Si, en cambio, se entiende que esos libros han sido compuestos en una comunidad de fe que existía antes que los libros —Israel y la Iglesia—, la autoridad viene garantizada por la fe de esa comunidad creyente. A los cristianos que se bautizaban no les entregaban una Biblia, sino que con el bautismo hacían una profesión de fe y se alimentaban de la Palabra y de la eucaristía. Es significativo que la Iglesia no canoniza textos, sino libros, algo que todavía resulta más evidente en el caso del AT. Los Padres de la Iglesia eran conscientes de la multiplicidad de textos y no por ello se inquietaban. Lo que les importaba era que esos libros fueran interpretados según la fe de la comunidad que los transmitía. La fe de la Iglesia permite no empequeñecer la Escritura (circunscribiéndola a un

hipotético texto), sino dejar que esta —la Escritura—
sea lo que es y tenga la autoridad que tiene".[8]

---

[8] J. Chapa: *¿Qué texto? Pluralidad...*, cit., pág. 94; Id.: *Texto autoritativo y crítica textual...*, cit., págs. 172–175. Cfr. V. Balaguer: *La Sagrada Escritura 'una cum Sacra Traditione' ante el reto de la 'sola Scriptura'*, en "Scripta Theologica" 49 (2017) 171–192.

Parte V

La hermenéutica bíblica

Capítulo 26

Conceptos previos

Esta sección está dedicada al modo cómo debe interpretarse la Biblia correctamente. Es necesario hacer unas aclaraciones previas.[1]

26.1   Etimología

"Hermenéutica" procede del griego ἑρμηνευτικὴ τέχνη (ἑρμηνεύειν, interpretar): técnica o método de interpretación de textos. Asimismo, explicar o traducir: es el arte de la interpretación, explicación y

---

[1]Como bibliografía básica, cfr. W. G. Jeanrond: *Theological Hermeneutics. Development and Significance*, London, Macmillan, 1991; A. Rizzi: *Bibbia e interpretazione. L'incidenza del problema ermeneutico sugli studi biblici*, en "C. M. Martini - L. Pacomio (eds.), I Libri di Dio", Roma, Marietti, 1975, págs. 273–321; J. M. Casciaro: *Exégesis bíblica...*, cit., págs. 17–39. Cf los diversos artículos publicados en J. M. Casciaro (ed.): *Biblia y Hermenéutica, Actas del VII Simposio Internacional de Teología*, Universidad de Navarra, Pamplona 1986; G. Mura: *Ermeneutica e verità. Storia e problemi della filosofia dell'interpretazione*, Roma, Città Nuova, 1990; Documento de la PCB: *La interpretación de la Biblia en la Iglesia*, del 21-IX-1993 (EB 1259–1560).

traducción de la comunicación escrita, la comunicación verbal y, ya secundariamente, la comunicación no verbal.

Cuando se aplica la definición a textos escritos, el significado general es el de la ciencia que nos enseña a interpretar rectamente un libro. Cuando se aplica a la Biblia (hermenéutica bíblica), es la ciencia que enseña a interpretar rectamente la Biblia.

26.2   Partes de la hermenéutica bíblica

Tradicionalmente se consideraban cuatro partes:

1. *Noemática*: ciencia que estudia los sentidos que hay en la Biblia.[2]

2. *Heurística*: es la parte más importante de la hermenéutica bíblica y trata de dar las normas y criterios que hay que seguir para conocer concretamente el sentido auténtico de un pasaje bíblico.

3. *Proforística*: es la ciencia que analiza los diversos modos de exponer el texto bíblico, sobre todo el método científico de los expertos biblistas y los medios pastorales para explicarlo al Pueblo de Dios.

4. *Historia de la exégesis*: Ciencia que analiza el modo de hacer exégesis por los cristianos a lo largo de veintiún siglos.

En la presente obra nos centraremos en las dos primeras ciencias.

---

[2]Clásicamente se hablaba de sentido literal, *plenior* y típico, con muchas matizaciones y subdivisiones; la Pontificia Comisión Bíblica, en el documento *La interpretación de la Biblia en la Iglesia* (1993), señala solo tres sentidos: literal, espiritual y *plenior*. Cfr. infra.

26.3 Diferencia entre "hermenéutica" y "exégesis"

A menudo se toman como sinónimos. Pero la mayoría de los autores las distinguen: la hermenéutica es una ciencia, enseña reglas que el exégeta debe de tener en cuenta para interpretar rectamente un libro; la exégesis es más bien un arte, consistente en aplicar adecuadamente las reglas de la hermenéutica.

- "Hermenéutica", como ya se ha señalado procede del griego ἑρμηνευτικὴ. Basten los siguientes ejemplos:

  - Jn 1:42, "Y lo llevó a Jesús. Jesús le miró y le dijo: —Tú eres Simón, el hijo de Juan; tú te llamarás *Cefas* –que significa (ἑρμηνεύεται): Piedra–".

  - Jn 9:7, "Y le dijo: —Anda, lávate en la piscina de Siloé –que significa (ἑρμηνεύεται): 'Enviado'. Entonces fue, se lavó y volvió con vista".

  - Heb 7:2, "Su nombre (Melquisedec) significa (ἑρμηνευόμενος), en primer lugar, rey de justicia, y además, 'rey de Salem', es decir, rey de paz".

  - Lc 24:27, "Y comenzando por Moisés y por todos los Profetas les interpretó (διερμήνευσεν) en todas las Escrituras lo que se refería a él".

- "Exégesis" procede del griego ἐξήγησις, literalmente "guiar hacia fuera"; por extensión signifiva explicación, relato, y en definitiva interpretación, en especial de un texto dado. Así se puede ver en Jn 1:18, "A Dios nadie lo ha visto jamás; el Dios Unigénito, el que está en el seno del Padre, él mismo *lo dio a conocer*" ("θεὸν οὐδεὶς ἑώρακεν πώποτε? μονογενὴς θεὸς ὁ ὢν εἰς τὸν κόλπον τοῦ πατρὸς ἐκεῖνος *ἐξηγήσατο*)". En el mismo sentido:

- Lc 24:35, "Y ellos se pusieron a contar (εξηγουντο) lo que había pasado en el camino..."

- Hech 21:19, "Después de saludarles les narró (ἐξηγεῖτο) una por una las cosas que había obrado Dios en los gentiles por su ministerio".

26.4　Diferencia entre hermenéutica filosófica y hermenéutica bíblica.

Hasta el Iluminismo no se consideraba que existiera diferencia alguna entre ambas. Pero el Iluminismo rechazó los criterios teológicos de la hermenéutica bíblica y buscó unas reglas generales de interpretación, una hermenéutica filosófica, que se debería imponer también a la lectura de la Biblia.

Los autores más importantes que propugnaron las nuevas ideas fueron F. D. E. Schleirmacher (+1834); W. Dilthey (+1911) y M. Heidegger (+1976).

R. Bultmann (1884–1976) se inserta en esta corriente y propugna su "des–mitologización" de la Biblia.

Posteriormente la técnica y principios de la hermenéutica filosófica se profundizan por H. G. Gadamer y P. Ricoeur. En teología se aplicaron los criterios de la hermenéutica filosófica a la Biblia por parte de varias escuelas:

- La escuela de la *Nueva hermenéutica* de E. Fuchs y G. Ebeling.

- La *Hermenéutica histórica* de W. Pannenberg.

- La *Hermenéutica política* de J. Moltmann.

- La *Hermenéutica de P. Ricoeur*.

- El *análisis estructural* de la Biblia.

- Etc.

La pretensión de esta hermenéutica filosófica es globalizadora buscando incluir a todo texto, antiguo o moderno, y en general a cualquier forma de comunicación humana que utilice signos externos que necesiten un proceso interpretativo. Y, por tanto, también subsumir a la hermenéutica bíblica.

Sin embargo es absolutamente imposible considerar la hermenéutica bíblica como una parte especializada de la hermenéutica general porque el objeto peculiar de su estudio, la Biblia, exige que los principios de su interpretación no procedan de la sola razón, sino que han de estar impregnados por los principios teológicos, y, por tanto, proceder de la *ratio fidei illustrata*. La hermenéutica bíblica tiene así una especificidad propia, no subordinada a la hermenéutica general.

Esto no significa que la hermenéutica bíblica no pueda aprovechar algunos de los resultados de la hermenéutica filosófica general, como pueden ser las nociones de "precompresión", los aspectos "sincrónicos y diacrónicos" de la hermenéutica, la recuperación de la subjetividad como elemento de interpretación, etc. Pero siempre ha de hacerlo sin perder de vista su objeto formal propio y la naturaleza propia del objeto específico que estudia, la Biblia.

26.5 Importancia de la hermenéutica bíblica

Cualquier libro bien explicado se comprende mejor. A ello ayuda la ciencia hermenéutica. Pero en el caso de la Biblia, su recta interpretación es mucho más necesaria y fundamental que la de cualquier otro libro, porque conteniendo el mensaje de salvación revelado por Dios, está en juego la salvación de las almas y la misión evangelizadora de la Iglesia. En efecto, la hermenéutica bíblica se hace especialmente importante por un doble conjunto de motivos:

- Motivos de orden humano, ya que la Biblia fue escrita en un tiempo histórico, en medio de una cultura determinada y con el uso de lenguas antiguas diferentes de las actuales. Es necesario superar esas barreras para comprender bien el sentido real de lo que se comunica en los libros sagrados.

  En este sentido el exégeta enfrenta las mismas necesidades que aparecen, por ejemplo, en Mc 7: 3–4, donde el Evangelista aclara a los lectores (muchos de los cuales procedían de la gentilidad y desconocían las costumbres judías) el motivo de la controversia entre Jesús y los fariseos.

- Motivos de orden sobrenatural, ya que la Biblia es portadora de verdades sobrenaturales que han de ser necesariamente explicadas a los hombres. En efecto, transmiten la verdad divina por lo que son infinitamente superiores a lo que los seres humanos pueden alcanzar con las meras fuerzas de su razón natural.

  Es el caso de lo que hizo el diácono San Felipe en Hech 8: 26–40, cuando explica el sentido del pasaje de Is 53: 7–8 al etíope, funcionario de la Reina de Candaces, donde San Felipe ya no aclara las circunstancias históricas de ese evento, sino que interpreta su contenido, su significado más profundo.

Capítulo 27

Noemática

27.1 Definición y nociones previas

En la actualidad, la noemática bíblica se relaciona más estrechamente con otras partes del tratado de Introducción a la Sagrada Escritura. Como señala Ossandón:

> "Los tratados clásicos de Introducción a la Sagrada Escritura dedicaban una sección a la hermenéutica bíblica. Dentro de ella, se reservaba a los sentidos una disciplina específica, la noemática, distinta de la heurística y de la proforística. Sin embargo, en la actualidad hablar de los sentidos de la Biblia exige referirse a casi todas las nociones pertenecientes al tratado: a la historia de la exégesis, a la inspiración y al canon. Más aún, hoy no es posible aproximarse a una definición del sentido literal sin rebasar las fronteras de la ciencia teológica. No se puede hablar sobre los sentidos bíblicos sin pasar por otras áreas del saber, como la hermenéutica, la lingüística y la filosofía. El biblista del siglo XXI constata que lo que sus colegas cien años

atrás consideraban un concepto unívoco e incluso trivial
—el sentido— es problemático aun antes de su aplicación
a la Biblia. La pregunta acerca del sentido o significado de
un texto es de orden filosófico. Su estudio es inseparable de
los desarrollos recientes de la hermenéutica, que han des-
plazado el centro de atención desde la intención del autor
hacia los presupuestos de la comprensión".[1]

Sin embargo, en un estudio introductorio como el presente, es preferible distinguir bien la noemática de la sección de la heurística y
proforística, en mor de la claridad y precisión de conceptos.[2]

La noemática procede etimológicamente de la palabra griega
νόημα, significa "pensamiento" en tanto que objeto del pensar; en plural, νοημάτα, puede traducirse por "pensamientos". El noema es en
este sentido el término, más específicamente, el objeto intencional, de
la noesis como intelección o pensar; los noemas son simplemente las
ideas, las nociones, el contenido de lo pensado (o, en el vocabulario
posterior, el objeto formal). Es frecuente interpretar los noemas como

---

[1] J. C. Ossandón Widow: *Los sentidos de la escritura. Aproximación a una definición teológica del sentido literal*, en "Excerpta e Dissertationibus in Sacra Theologia",
Vol. XLIX, n. 1, Pamplona, Eunsa, 2006, pág. 11.

[2] Cfr. H. de Lubac: *Exégèse médiévale. Les quatre sens de l'Écriture*, 4 vols., Paris,
Aubier, 1951–1954; G. Dorival - M. Dulaey - P. Gibert - C. Théobald - P. M. Beau-
de: *Sens de l'Écritures*, DBS 12 (1992) 425–535; L. Alonso Schökel: *Il dinamismo
della Tradizione*, Rumania, Paideia, 2011, 26 ss; M. A. Tábet: *Il senso letterale e il
senso spirituale della Sacra Scrittura: un tentativo di chiarimento terminologico e
concettuale*, en "Annales Theologici", 9 (1995) 3–54; Ídem: *Ebraismo e cristianesimo:
una riflessione sul senso tipico della sacra scrittura*, "Annales Theologici" 9 (1995)
243–269; R. Vignolo: *Questioni di ermeneutica*, en "G. Ghiberti - F. Mosetto (eds.),
L'interpretazione della Bibbia nella Chiesa", Leumann-Torino 1998, 261–298; P. S.
Williamson: *Catholic Principles for Interpreting Scripture. A Study of the Pontifical
Biblical Commission's "The interpretation of the Bible in the Church"*, Roma, Biblical
Institute Press, 2001, 163–215.

"significaciones"; en este caso puede llamarse también "significativo" a lo noemático como lo que corresponde al noema o a los noemas.[3]

La ciencia de la noemática se puede definir como la parte de la hermenéutica que trata de averiguar *los sentidos* que hay en la Sagrada Escritura así como estudiar su naturaleza propia. Se puede aplicar a un texto, o a un conjunto de libros y se puede hablar de sentidos particulares de un texto y del sentido general o total relativo al conjunto.

Con el fin de precisar la definición es necesario distinguir entre *sentido* y *significación*:

- *Sentido*, en general, es el concepto determinado que el autor de una obra escrita intentó expresar y de hecho expresó.

  La Biblia tiene dos causas eficientes: Dios y el hagiógrafo. El sentido bíblico, por tanto, depende tanto de la causa principal, Dios, como de la instrumental, el escritor humano. Por tanto, "sentido bíblico" es el concepto que Dios ha querido expresar y de hecho expresó por medio de las palabras del hagiógrafo.

- *Significado* es la idea inherente a la palabra misma considerada independientemente de todas las circunstancias que la rodean.

La siguiente comparación puede ser útil:

Sentido:
1.- Es subjetivo.
2.- Tiende a ser único, ya que el autor, de entre todos los posibles significados de una palabra, elige siempre uno,

Significación:
1.- Es objetivo.
2.- Puede ser múltiple en principio, pero el significado de una palabra en

---

[3]Cfr. Diccionario Ferrater Mora.

que es el sentido concreto *hic et nunc*   un contexto determinado
que tiene la palabra o la locución.   tiende a ser único.

La labor del intérprete consiste en averiguar el sentido intentado
por el autor; no lo que el propio intérprete piensa, sino lo que pensaba
el autor cuyo texto explica.

Así pues el objeto de la noemática es el estudio del sentido, no
de los significados, aunque haya que atender a éstos para alcanzar el
recto entendimiento de aquél.

Con todo, hay que tener en cuenta que, aunque el sentido de un
texto literario tienda a ser uno, no quiere decirse que se descubra
siempre con facilidad, puesto que según la índole del escrito puede
haber *sucesivas capas de profundidad*. Esto no implica propiamente
diversos sentidos (plural), sino más bien, diversos niveles de sentido
(singular) que se relacionan mutuamente a partir del más obvio y
patente que constituye el punto de partida de acceso a los demás
niveles de ese concreto sentido.

A. Gálvez proporciona un buen ejemplo de estos niveles de sentido,
referido al Cantar de los Cantares:

> "De nuevo la poesía. Que en este caso pertenece a un Poe-
> ma incluido en la Sagrada Escritura. Y como poesía que
> es, admite como interpretaciones valederas multitud de ca-
> pas de variada profundidad, si bien todas ellas referidas al
> misterio del Amor. Aquí (Ca 1: 13–14) habla la esposa ha-
> ciéndose eco de las gracias del Amado, y de ahí que sus
> expresiones hayan de interpretarse como una forma poéti-
> ca de aludir a los encantos del Esposo: Es mi amado para
> mí *como* bolsita de mirra... Es mi amado para mí *como*
> racimito de alheña... Pero es evidente también que igual-
> mente es admisible la interpretación que entiende que aquí

se habla del Amado como prenda y posesión de la esposa:
Es mi amado *para mí* bolsita de mirra... Es mi amado *para
mí* racimito de alheña...".[4]

Un ejemplo, expuesto por J. M. Casciaro,[5] que puede ilustrar el
concepto de sentido, es el examen de la pintura de Velázquez llamada
"El cuadro de las lanzas" o "La rendición de Breda", donde se pueden
apreciar varios niveles del único sentido. En efecto:

1. *El primer nivel de sentido* es el de un cuadro que muestra la
   entrega de una plaza militar (simbolizada por la entrega de las
   llaves de la misma), de un jefe a otro de ejércitos enemigos,
   rodeados de sus respectivas tropas.

   En concreto se trata de la rendición de la plaza francesa de
   Breda al general español Spínola.

   Es el sentido obvio que se ve por los elementos pictóricos:
   guerreros, paisaje del fondo, ciudad, composición y colorido.

   En una obra literaria sería el "sentido literal" que es el que
   se desprende de un modo obvio de los elementos lingüísticos y
   de la circunstancias ambientales del escrito.

   Es un sentido que se da en toda obra literaria.

2. *El segundo nivel de sentido.* En la obra también se manifiesta
   la actitud caballeresca del general Spínola hacia un adversario
   vencido, mostrando magnanimidad y humanidad por su valen-
   tía. No hay odio o enemistad tras el final de la batalla entre
   ambos contendientes, sino respeto y admiración.

   En los textos literarios también es corriente que tras el primer
   nivel del sentido literal se encuentren otros niveles del mismo

---

[4]A. Gálvez: *Esperando...*, cit., pág. 219.

[5]J. M. Casciaro: *Noemática*, en GER, vol. 16, pág. 867.

sentido, queridos por el autor, pero que ha expresado de un modo velado por el primer sentido más superficial y obvio.

3. *El tercer nivel de sentido.* Tal vez Velázquez quiso expresar una idea general que sobrepasa las circunstancias concretas de la historia del cuadro: el valor de las actitudes nobles, caballerescas, humanitarias que poseen ambos guerreros deberían ser ejemplo para todos.

  En este nivel de sentido, el cuadro trasciende los límites de lugar y tiempo para adquirir un valor universal.

Se pueden pues considerar tres niveles del mismo sentido, conexos entre sí y apoyados en el primer sentido más obvio, el que se llama "literal" (que en un texto consiste en los elementos lingüísticos), o "histórico" (en un texto literario son las circunstancias ambientales del escrito).

Con todo, el peligro estriba en que cuanto más se profundiza a niveles inferiores, hay más peligro de aplicar al autor las propias ideas del intérprete. Por eso es importante que éste se someta a los principios hermenéuticos que garantizan lo más posible el acceso al sentido que el autor realmente quiso dar y de hecho dio a su texto, y no hacer de éste lo que el intérprete se imagine (a esto se dedica la ciencia bíblica de la heurística).

En la práctica, la Iglesia ha tendido a evitar dos extremos erróneos:

1. El subjetivismo incontrolado de cada lector, vicio en el que ha caído con frecuencia la exégesis protestante como consecuencia, entre otros, de sus principios del libre examen de la Biblia.

2. El cientifismo positivista esterilizante, que niega cualquier otro nivel de sentido que no sea el literal–histórico, y que se realiza sin fe.

A. Gálvez avisa de este problema con un claro ejemplo:

"Por eso mismo, es evidente que el texto de Mt 18:20 no puede interpretarse en el mismo sentido, estrictamente literal, que los que se refieren a la institución de la Eucaristía en la Última Cena; y dígase lo mismo del fragmento paulino de 1 Cor 11: 23–26, sobre el mismo tema.[6]Por lo demás, la misma ciencia exegética ha sostenido siempre que no todos los textos bíblicos pueden interpretarse en el mismo sentido; de donde la necesidad de no abandonar nunca la guía de la buena doctrina y, sobre todo, del Magisterio. Y así como, de una parte, existen textos que no pueden ser entendidos en sentido estrictamente literal (como los que se refieren, por ejemplo, a la conveniencia de extirparse un ojo o una mano para evitar el peligro del escándalo y del pecado), la Escritura contiene sin embargo otros cuyo sentido estrictamente literal, además de ser obvio, es exigido absolutamente por el Magisterio (y acerca de los cuales la Tradición no ha vacilado nunca).[7]

---

[6]*Hoc est corpus meum* (Mt 26: 26 y ss; Mc 14: 22 y ss; Lc 22: 19 y ss), es una expresión que el Magisterio ha entendido siempre en sentido estrictamente literal. La *presencia sacramental* de Cristo en la Eucaristía es tan real como que supone la actualización completa (y no simbólica), aquí y ahora, de la Humanidad del Señor (con su cuerpo y su alma, por lo tanto) y su Divinidad, a las que podríamos denominar con toda verdad *presencia real* si se tiene en cuenta su independencia con respecto a todos los accidentes, y singularmente al de la *quantitas*. Tal presencia real sacramental, según doctrina inconmovible del Magisterio perenne de la Iglesia, es distinta de la mera *presencia moral* o virtual, que es la que perdura en el sujeto que recibe el Sacramento después de la desaparición de las especies eucarísticas.

[7]La Reforma, como se sabe, es caso aparte. También debemos citar aquí, como rara excepción, a Berengario de Tours (1000–1088), que cometió la herejía de negar la transubstanciación y, según la mayoría siguiendo a Santo Tomás, también la presencia real.

Como los textos eucarísticos de los que estamos tratando.
Sin embargo, el riesgo aparece cuando se alinean conjunta-
mente textos que no pueden ser interpretados en el mismo
sentido, dado que en ese caso se abre la puerta al peligro
de la confusión".[8]

27.2 El sentido profundo de la Biblia

Las dificultades hermenéuticas de la Biblia son más graves y profundas que las que tiene cualquier texto profano por razón de su naturaleza divina–humana, esto es que tiene a Dios como "autor" principal
(causa eficiente principal) y al hagiógrafo como autor instrumental
(causa eficiente instrumental).

Por eso sus niveles más profundos de sentido solo se pueden alcanzar "con el mismo Espíritu con el que se escribió, teniendo en cuenta
la Tradición viva de toda la Iglesia y la analogía de la fe".[9]

Por lo tanto solo se alcanza el verdadero sentido profundo de la
Biblia, tanto en el Antiguo como en el Nuevo Testamento, si se posee
la entera fe cristiana. En efecto:

- Para el Antiguo Testamento, por una doble razón:

  - Porque el Nuevo Testamento es la plenitud de la Revela-
    ción, el cumplimiento de los vaticinios y figuras del Antiguo
    Testamento, por lo que se afirma que éste es como una *am-
    plia profecía y figura* ("typos") del Nuevo, como una *sombra*
    que precede e indica la inmediatez de la realidad del Nuevo.

  - Porque, por lo tanto, el sentido auténtico del Antiguo Tes-
    tamento solo se puede captar a la luz de la fe cristiana

---

[8]A. Gálvez: *Esperando...*, cit., págs. 264–265.
[9]*Dei Verbum* 12 (D. H. 4219).

(Nuevo Testamento). Así aparece claramente, por ejemplo, tanto en el episodio de Emaús de Lc 24: 44–45 ("Les dijo: Esto es lo que yo os decía estando aún con vosotros: que era preciso que se cumpliera todo lo que está escrito en la Ley de Moisés y en los Profetas y en los Salmos de mí. Entonces les abrió la inteligencia para que entendiesen las Escrituras"); como en el dicho de San Pablo de 2 Cor 3: 14–16 ("Pero sus entendimientos estaban velados y lo están hoy por el mismo velo que continúa sobre la lección de la Antigua Alianza, sin percibir que sólo por Cristo ha sido removido. Hasta el día de hoy, siempre que leen a Moisés, el velo persiste tendido sobre sus corazones; mas cuando se vuelvan al Señor, será corrido el velo").

- Para el Nuevo Testamento, porque es imprescindible la posesión del mismo Espíritu con el que se escribió.

  - Así aparece en 1 Cor 12: 3, "por lo cual os hago saber que nadie, hablando en el Espíritu de Dios, puede decir 'anatema sea Jesús', y nadie puede decir 'Jesús es el Señor', sino en el Espíritu Santo".

  - Solo la fe descubre todo el sentido. Pero se trata de una fe verdadera..., no imaginaria o subjetiva, para lo cual es necesario:

    * Que la guarda de la Sagrada Escritura esté en manos de la Iglesia, como aparece claramente en Mt 28:20 ("...enseñándoles a observar todo cuanto yo os he mandado. Yo estaré con vosotros siempre hasta la consumación del siglo"); y en Jn 16:13 ("...pero cuando viniere aquél, el Espíritu de verdad, os guiará hacia la verdad com-

pleta, porque no hablará de sí mismo, sino que hablará lo que oyere y os comunicará las cosas venideras").

* Que se tenga un conocimiento de la Tradición, tanto como la que puede aparecer en los escritos de los Santos Padres como en la liturgia antigua (*lex orandi, lex credendi*).

* Que se considere la teología de los santos doctores de la Iglesia.

* Que haya un respeto exquisito y fiel al auténtico Magisterio de la Iglesia.

27.3 La cuestión de los sentidos de la Biblia

La cuestión de los sentidos de la Biblia aparece ya reflejada en la doctrina de Jesucristo y de los Apóstoles en el Nuevo Testamento, para sufrir una evolución homogénea con la teología patrística y la teología escolástica.

27.3.1 Cristo y los Apóstoles

En el Nuevo Testamento ya se revela la realidad de los varios sentidos de la Biblia. En efecto:

1. Cristo mismo hace mención a los mismos de dos maneras:

   • De un modo general, afirmando el cumplimiento de las profecías del Antiguo Testamento en su persona: Lc 14: 16–21 (Cristo cumple la profecía de Isaías); Mc 1:15 (los tiempos se han cumplido); Jn 19:30 (en Cristo se cumple todo).

   • De un modo concreto, reconociendo que Cristo "cumple" las diferentes profecías y episodios del Antiguo Testamento: Mt 1:22 (Virgen y madre); Mt 2:15 (de Egipto...); Mt

2:17 (Raquel llora por sus hijos...); Mt 2:23 (le llamarán nazareno); Mt 4:14 (Galilea de los gentiles); Mt 8:17 (tomó nuestras flaquezas); Mt 13:35 (Abriré mi boca...); Mt 21:4 (entrada triunfal); Mt 26:54 (las Escrituras anunciaban su muerte); Mt 27:9 (treinta monedas de la traición); etc.

Así pues, sin Cristo no se puede alcanzar el sentido profundo del Antiguo Testamento.

2. San Pablo:

- Distingue entre "letra" y "espíritu". El "espíritu" significa el sentido de la Escritura a la luz de la fe en Jesucristo; el "espíritu de la Sagrada Escritura" solo es perceptible en el ámbito de la fe y bajo la moción del Espíritu divino. Así, por ejemplo, en 2 Cor 3: 13–14 (solo en Cristo desaparece el velo que cubre los corazones de los israelitas para no reconocer al Mesías); Ro 2:29; 7:26.

- Para el Apóstol el Antiguo Testamento contiene las "figuras" ("typos") que pre–anuncian a Cristo y significan oscuramente por adelantado la historia evangélica. En efecto:

  - Col 2: 16–17, "Que nadie os critique por la comida o bebida o por cuestión de fiestas, novilunios o sábados, que son una sombra de lo que tenía que venir, a saber, la realidad del cuerpo de Cristo".

  - 1 Cor 10: 6.11, "Estas cosas sucedieron como en figura para nosotros, para que no codiciemos lo malo como lo codiciaron ellos... Todas estas cosas les sucedían como en figura; y fueron escritas para escarmiento nuestro, para quienes ha llegado la plenitud de los tiempos".

  - Ro 5:14, "Adán, que es figura del que había de venir".

– Etc.

3. La Carta a los Hebreos muestra una gran riqueza de vocabulario para designar la misma realidad: "typos", "antitypos", "hipodeigma" (reproducción), "skia" (sombras), "parabolé", etc.

4. Los Hechos de los Apóstoles también insisten sobre la misma idea, como por ejemplo, en el discurso de San Pablo en la sinagoga de Antioquía de Pisidia: "También nosotros os anunciamos la buena nueva de que la promesa hecha a nuestros padres la ha cumplido Dios en nosotros, sus hijos, al resucitar a Jesús, como estaba escrito en el Salmo segundo: 'Tú eres mi Hijo, yo te he engendrado hoy'" (Hech 13: 26–33).

27.3.2 Exégesis patrística

Ya en la época patrística surge la cuestión de los "sentidos de la Sagrada Escritura", sobre la base de la enseñanza referida por parte de Jesucristo y los Apóstoles.

Pero la explicación se va haciendo más compleja debido a la influencia de categorías propias de las diferentes áreas culturales donde viven los Santos Padres. Se puede comprobar con claridad las diferentes perspectivas de:

- La Escuela de Alejandría, que, por un lado, aplica el principio de San Pablo del "espíritu" como sentido de la Sagrada Escritura, a cada texto, frase y palabra de la misma; y, por otro, lo asocia a una exégesis alegórica y tipológica.

  El defecto de este método es la producción de interpretaciones alegóricas exageradas y a veces muy alejadas del sentido literal. Así, por ejemplo, se interpretaban los cinco talentos de Mt 25: 14–23 como referidos a los cinco sentidos corporales; o los dos talentos, como el intelecto y la capacidad de realizar obras externas.

- La Escuela de Antioquía reacciona frente a tal tendencia alegorizante con la literalista, intepretando los textos según el modo de entender obvio de cualquier escrito. En este sentido se interpretaban los mencionados cinco talentos como simplemente monedas de gran valor.

Básicamente, los Santos Padres descubrieron que, junto al sentido obvio y verdadero de un texto, *el sentido literal* —llamado también "histórico" y "corporal" (somático)—, existía también *el sentido espiritual,* un nivel de sentido de mayor profundidad —denominado también "alegórico", "simbólico" o "típico"—. Además propusieron un tercer sentido que habría de añadirse a los anteriores que dependía de la finalidad concreta de cada texto: si era moralizante, se designaba como "sentido topológico"; si era anuncio de realidades celestiales, lo denominaban "sentido anagógico"; etc.

27.3.3 Exégesis escolástica

La cuestión sobre los sentidos de la Sagrada Escritura se profundizó y sistematizó más en la teología escolástica medieval.

Se resumió el problema en la conocida sentencia de Agustín de Dinamarca (s. XIII):

"Littera gesta docet; quid credas allegoria,
moralis quid agas, quo tendas anagogia".[10]

Santo Tomás de Aquino definirá claramente cada uno de los sentidos:

---

[10]Cfr. A. Vaccari: *Auctor versuum de quatuor Scripturae sensus,* en "Verbum Domini" 9 (1929) 212–214.

1. *El sentido literal*, es el usado por el Espíritu Santo claramente en los textos de la Sagrada Escritura y que se expresa por medio de palabras y construcciones del lenguaje humano. Será un defensor decidido del sentido literal, frente a las exageraciones místicas, alegóricas y acomodaticias. Tiene las siguientes características:

   - Existe siempre.

   - Es el único seguro para fundamentar científicamente los argumentos teológicos.

   - No puede contradecirse con ninguna otra posible interpretación de la Biblia.

   - Aunque a veces pueda ser difícil de captar debido a la impericia humana, sin embargo debe buscarse siempre por trabajoso que pueda resultar.

   El sentido literal es un sentido bíblico, y puede ser de dos clases:

   - "Propio", que no usa figuras del lenguaje, como cuando en el Evangelio se dice: "Jesús dijo a sus discípulos", donde cada término corresponde a una realidad bien conocida.

   - "Impropio", que usa figuras del lenguaje literarias, como pueden ser la comparación, metáfora, parábola, alegoría, etc. Es el sentido "figurado", como cuando se denomina a Jesús "el cordero de Dios" (Jn 1:29), donde "cordero" está tomado en su significación de víctima inocente ofrecida en sacrificio.

2. *El sentido espiritual*. Junto al sentido literal, los textos sagrados pueden tener una significación simbólica, ya que las cosas de la Tierra pueden ser símbolo de las sobrenaturales; además, los

episodios del Antiguo Testamento han sido dispuestos por Dios, dueño de la Historia, con vistas a pre–anunciar las realidades del Nuevo Testamento.

Pero esta significación simbólica se encuentra contenida en el sentido literal, bien en el mismo pasaje, bien en otros. Por tanto, la comparación de unos pasajes con otros tiene una importancia capital (este criterio se denominará posteriormente "analogía de fe bíblica"). Dado que no hay ninguna verdad contenida en el sentido espiritual que no se halle también en el literal, el Santo concluye que solo el sentido literal puede emplearse válidamente en la argumentación teológica.

El sentido espiritual es también un sentido bíblico (siempre junto al literal), que abarca:

- "Sentido típico", según el cual las cosas (*res*) del Antiguo Testamento preanuncian las del Nuevo Testamento.

- "Sentido topológico", cuando la Sagrada Escritura se aplica a la regulación de la vida moral.

- "Sentido anagógico", referido a la consumación en el más allá de las cosas de la Tierra.

- "Sentido místico", la interpretación de la Biblia que enseña sobre la unión del alma con Dios.

Hay que hacer notar que cuando el Aquinate se refiere al sentido literal y al espiritual, tal binomio no es equiparable al paulino de *letra* y *espíritu*, porque para Santo Tomás el sentido literal implica la inteligencia cristiana del Antiguo Testamento, es decir, una inteligencia de la Escritura según el Espíritu.

27.3.4 Los sentidos de la Biblia en la exégesis posterior

Desde el Renacimiento[11] el problema de los sentidos de la Biblia continuó estando vigente, siendo objeto de nuevas investigaciones y de declaraciones por parte del Magisterio (Trento, Pío XII y su *Divino Afflante Spiritu*, Vaticano II en la *Dei Verbum*, o el documento de la Comisión Bíblica Pontificia de 1993).

Hay que recordar que la existencia del doble sentido bíblico, literal y espiritual, es doctrina que el Magisterio ha señalado de modo explícito, considerándola como verdad de fe. Así se afirmará en el documento de la Pontificia Comisión Bíblica de 20 de agosto de 1941:

> "Es una proposición de fe que ha de tenerse como principio fundamental que la Sagrada Escritura contiene, además del sentido literal, un sentido espiritual o típico, como lo ha enseñado la práctica de Jesucristo y los Apóstoles".[12]

Es importante señalar que hasta el documento de la Pontificia Comisión Bíblica *La interpretación de la Biblia en la Iglesia* de 23 de abril de 1993, la Teología había creado un vocabulario técnico para los sentidos de la Sagrada Escritura ("literal", "plenior", "tipológico", "típico", "espiritual", etc.). Pero las definiciones de cada término tenían contenidos más o menos amplios con zonas donde confluían varios de ellos. Por eso no se había llegado a un consenso entre los biblistas.

El Magisterio, por su parte, aunque hablaba de dos sentidos ("literal" y "espiritual"), sin embargo no definía expresamente ninguno de ellos. De algunos documentos se podría deducir que el "espiritual"

---

[11]Donde se detecta un interés muy señalado por los métodos histórico–críticos de interpretación de la Sagrada Escritura, interés que ha llegado hasta la actualidad.

[12]D. S. 3792; también las tres encíclicas bíblicas inciden sobre el particular (D. S. 3828) y el Catecismo de la Iglesia Católica (nº 115–119). Cfr. M. A. Tábet: *Introducción general...*, cit. págs. 310–311.

coincide, de alguna manera, con el que la tradición teológica ha venido a incluir en el sentido "típico". Con relación al titulado "plenior", el Magisterio no se había pronunciado ni siquiera utilizado explícitamente.

27.4 Los sentidos de la Biblia hasta el documento de la CBP de 1993

Aun teniendo en cuenta la falta de consenso que existía entre los exégetas, conviene hacer una breve presentación de los principales sentidos de la Biblia tal y como se solían entender. De este modo se puede evaluar mejor las novedades introducidas por el Documento de 1993.

27.4.1 Sentido *literal*

Es el que responden a la *intención* del autor. Las frases, párrafos o palabras tienen un sentido que se identifica con la intención del que los ha escrito. Tal sentido se enmarca dentro de unas circunstancias religiosas, culturales, e históricas determinadas; también ha de investigarse el pensamiento, la personalidad del hagiógrafo de que se trate en particular.

La diferencia entre este concepto de "sentido literal" y el de Santo Tomás, es que el Aquinate concebía dentro del sentido literal otras capas de sentido que los autores modernos enmarcan dentro del sentido "típico" o "plenior".

Las variadas posiciones en torno al sentido literal posteriores a Santo Tomás se explican por el diferente concepto de autor de la Biblia que se sostuviera, bien se considerara al hagiógrafo un instrumento deficiente o un verdadero instrumento no deficiente con relación a Dios (causa eficiente principal).[13] En efecto:

- Si se considera que el autor humano es *instrumentum deficiens* con respecto al divino, se deduciría que el hagiógrafo no siempre alcanzaría a entender, en toda su profundidad y trascendencia, lo que Dios quiso que escribiera. Pero el sentido querido por Dios estaría ahí. Para estos autores "sentido literal" supondría el intentado por Dios y el hagiógrafo, por lo que contendría todos los niveles auténticos de significado. Esta posición sería cercana a la de Santo Tomás.

- Si se considera al hagiógrafo como *verdadero instrumento no deficiente* de Dios (quien por voluntad divina conserva las cualidades propias de su naturaleza humana), se reservaría el "sentido literal" solo para lo intentado por el autor humano. Por ello, estos autores considerarían que los otros niveles de sentido —

---

[13]Cfr. E. Marín Nieto: *Tratado de hermenéutica*, en Introducción General a la Sagrada Escritura, Madrid, Casa de la Biblia, págs. 277–282; S. Bartina: *Sentido literal*, en "Enciclopedia de la Biblia" Barcelona, Ediciones Garriga S.A., 1964, vol. IV, col. 1041–1053; A. Colunga: *¿Existe pluralidad de sentidos literales en la Sagrada Escritura?* en "Estudios Bíblicos" 2 (1943) 423–447; Id.: *Dos palabras aún sobre los sentidos de la Sgda. Escritura*, en "Ciencia Tomista" 64 (1943) 327–346; F. López López: *La multiplicidad de sentidos literarios en la Sagrada Escritura, según los autores españoles (1550–1560)* en "Arch Teol. Gran." 10 (1947) 395–419; E. Nácar: *Sobre la unidad o multiplicidad del sentido literal de las Sagradas Escrituras*, en "Ciencia Tomista" 64 (1943) 193–210; G. M. Perrella: *Unicitá del senso letterale bíblico*, en "Divus Thomas" (1946–47) 124–130; Id.: *Il pensiero de S. Agustino e S. Tommaso circa il numero del senso letterale nella S. Scrittura*, en "Biblica", 26 (1945) 277–302; P. Synave: *La doctrina de S. Thomas d'Aquin sur le sens litteral des Ecritures*, en "Revue Biblique" 35 (1926) 40–65; S. Zarb: *Unité ou multiplicité de sens littéraux dans la Bible*, en "Revue Thomiste" 35 (1932) 251–300; A. Fernández Truyols: *De mente St Augustini relate ad unitatem sensus litteralis*, en "Verbum Domini" 7 (1927) 278–284.

esto es queridos por Dios, pero que el autor humano no alcanzó plenamente—, serían el "sentido plenior" o "pleno".

El Magisterio hasta 1993 no entró en la polémica, pronunciándose tan solo sobre la importancia del sentido literal.[14]

27.4.2 Sentido *plenior*

Este sentido se refiere al que, estando *contenido de alguna manera en las palabras*, ha sido intentado por Dios, pero no por el hagiógrafo quien no lo conoció o solo lo conoció de un modo vago y confuso.

El término fue introducido en hermenéutica recientemente, hacia el año 1925, por A. Fernández. Se aplicaba solo a los hagiógrafos del Antiguo Testamento. A veces se le llamaba "sentido evangélico" porque es la interpretación que se hace del Antiguo Testamento a partir del Nuevo, bien sea directamente por el hagiógrafo del Nuevo Testamento o indirectamente por la Tradición y/o el Magisterio.

Este sentido fue ampliamente aceptado por los teólogos católicos, pero el Magisterio no llegó a pronunciarse sobre el mismo.[15]

Un ejemplo de este sentido es la interpretación de Ge 3:15, y donde se preanuncia al Redentor y donde se designa a la Virgen María según la bula *Ineffabilis Deus* de Pio IX. Aquí, el sentido fue intentado por

---

[14]León XIII, *Providentissimus Deus*, (E.B. 112); Benedicto XV, *Spiritus Paraclitus* (E. B. 485); Pio XII, *Divino Afflante Spiritu* (E. B. 550).

[15]A. Fernández: *Hermenéutica*, en "Institutiones Biblicae", Roma, Pont. Inst. Bibl., 1951, págs. 381–385; J. M. Casciaro: *Exégesis Bíblica...*, cit., págs. 155–180; J. Coppens: *Les harmonies des deux Testaments. Essay sur les sens des Ecritures et sur l'unité de la Révélation*, Tournai-Paris, Casterman, 1941; Id.: *Le problème du sens plénier*, en "Ephemerides Theologicae Lovanienses", 34 (1958) 1–20; R. E. Brown: *The Sensus Plenior of Sacred Scripture*, Baltimore, St. Mary's University, 1955; Id.: *The History and Development of the Sensus Plenior*, en "Catholic Biblical Quarterly" 15 (1953) 141–162; Id: *The Sensus Plenior in the Last ten years*, en "Catholic Biblical Quarterly" 25 (1963) 262–285.

Dios, el autor divino; pero no fue conocido, o lo fue muy oscuramente, por el hagiógrafo del Antiguo Testamento; sin embargo fue conocido a la luz de la Revelación del Nuevo Testamento.

El problema con este sentido estriba en saber si el "sensus plenior" es un sentido literal o no. La mayoría de los teólogos afirman que es "sentido literal plenior" siguiendo los postulados tomistas.

27.4.3 Sentido *típico*

Por él se designan *las cosas, personas o acontecimientos* que se mencionan en el Antiguo Testamento y que, más allá de su significación en la antigua economía de salvación, significan anticipadamente las realidades definitivas que habían de verificarse en el Nuevo Testamento. Se le ha llamado "sentido real" porque más que a las palabras se refiere a las cosas o acontecimientos relatados.

Nadie en la Iglesia negó la existencia del "sentido típico" del Antiguo Testamento porque su uso reiterado aparece tanto en la predicación de Jesucristo, como en los Apóstoles y en los Santos Padres. En efecto:

- En Jesucristo:

  - Mt 12: 39–40, refiriendo el episodio de Jonás en el vientre de la ballena a los tres días de Jesucristo en el sepulcro.

  - Jn 3:14, comparando la elevación de la serpiente en el desierto con la Cruz de Cristo.

  - Etc.

- Los Apóstoles:

  - 1 Cor 5:7; Jn 19:36, el cordero pascual es anuncio de Cristo crucificado.

- 1 Pe 3:21; 1 Cor 10: 1–11, el diluvio y el paso por el Mar Rojo son figuras del bautismo cristiano.

- Ro 5:14, Adán es figura de Cristo.

- Los Santos Padres lo utilizan con muchísima frecuencia.

La realidad parcial y anticipada del Antiguo Testamento se llama "typos" (tipo, figura, sombra); y la realidad plena del Nuevo Testamento se llama "anti–typos" (antitipo, realidad figurada).

El uso del "sentido típico" ha de hacerse con suma prudencia, dejando claro que la relación tipológica ha sido establecida por Dios (en el Nuevo Testamento, en la Tradición o en el Magisterio).

El "sentido típico" tiene un cierto paralelismo con el sentido pleno. Este se refiere al contenido más profundo de las proposiciones lingüísticas, mientras que aquél se refiere directamente al significado más profundo de las cosas, personas o acontecimientos.

El "sentido típico" se subdivide a la vez en:

- *Sentido alegórico*: se descubre principalmente en el Antiguo Testamento. Son las realidades, cosas, personas o acontecimientos de la antigua economía de gracia que son figura o alegoría de la realidad que ha tenido lugar en la historia evangélica y en la vida de la Iglesia.

- *Sentido anagógico*: la realidad descrita en la Biblia es tipo de los acontecimientos escatológicos o celestes. Así, por ejemplo, "la Tierra Prometida", significa Canaan para los Patriarcas del Antiguo Testamento, el Reino mesiánico de justicia, paz y abundancia para los profetas, y el Cielo, la patria celestial, para el Nuevo Testamento.

- *Sentido tropológico*: la historia y acontecimientos del Antiguo o Nuevo Testamentos tienen una repercusión moral indudable.

27.4.4 Sentido *espiritual*

Es un término muy usado en toda la tradición cristiana.[16]

Pero el contenido de este sentido bíblico es muy variable, según los diferentes teólogos y escuelas de Teología. Así, por ejemplo, para Santo Tomás indicaría el *sentido tipológico* descrito un poco más arriba.[17]

El Magisterio, al tratar de este sentido, parece aludir a una concepción semejante a la del Aquinate, pero un poco más ampliada. Así, por ejemplo, Pio XII en la *Divino Afflante Spiritu*,[18] parece indicar bajo el nombre de "sentido espiritual", tanto la interpretación tipológica, como la descrita por San Pablo como hecha "según el Espíritu" (lo que sería más o menos el "sensus plenior" de los tratadistas actuales).

En conclusión, el llamado "sentido espiritual" coincidiría con todo o parte de los niveles de sentido que los tratadistas modernos llaman "sensus plenior" y/o "sentido típico".

27.4.5 Sentidos no bíblicos de la Sagrada Escritura

Con esta denominación se conocen los sentidos dados a la Biblia por teólogos o intérpretes de la Sagrada Escritura que no son los intentados o queridos por Dios en la Biblia y puestos por escrito por los hagiógrafos.

Hay dos clases de sentidos no–bíblicos:

- El "sentido consecuente", que se obtiene mediante un raciocinio en el que la premisa mayor está inspirada en la Biblia y la menor en una verdad de razón. Coincide con las llamadas, en los lugares teológicos, "conclusiones teológicas ciertas". Por ejemplo, la

---

[16]Se deriva de San Pablo en 2 Cor 3:6; Orígenes lo usasará en terminología que es fluctuante (*De Princip.*, 4,11 en P. G. 11, 364 ss).

[17]Cfr. M. A. Tábet: *Introducción general*, cit., pág. 327; M. D. Malhiot: *La pensée de Saint Thomas sur le sens spirituel*, en "Revue Thomiste" 59 (1959) 613–663.

[18]D. S. 3828.

Biblia afirma que Cristo es hombre; pero el hombre tiene alma racional como constitutivo formal del ser humano; luego, Cristo tiene alma racional.

- El "sentido acomodaticio", que se obtiene cuando las palabras de la Sagrada Escritura se aplican a cosas diversas de las que pensó el autor sagrado. Se basa en una semejanza real de las cosas que expresan las palabras (como la aplicación a la Virgen María de las palabras de Cristo a María hermana de Marta, en Lc 10:42: "María ha elegido la mejor parte..."); o en la semejanza verbal debido a la asonancia material de las palabras (como el caso de la frase *mirabilis Deus in sanctis suis* del Salmo 68:36, que literalmente se traduce como "eres admirable, Dios, desde tu santuario" y que la liturgia las aplica a los santos).

  Es muy usado en la predicación y en la liturgia. Así se interpreta la actitud de la suegra de Pedro, curada milagrosamente por el Señor, de servir al Señor, como la actitud de generoso servicio a Dios; o Eclo 44:17 (Noé) y 44:20 (Abraham) son aplicados por la liturgia a los confesores de la Iglesia.

A. Gálvez avisa de la necesidad de evitar el uso de sentidos que pueden ser piadosos o edificantes, pero arbitrarios y no son los bíblicos queridos por Dios. Es necesario seguir los criterios de una exégesis seria. En concreto, con relación al Cantar de los Cantares dice el autor:

"(Con relación a la interpretación de unos versos del Cantar), aparte de advertir ya a primera vista su dificultad, y se quiere llevar a cabo además una exégesis seria,[19] habrá que partir de la consideración de que el género literario utilizado aquí es el poético.

Admitido lo cual, no resulta difícil aceptar que cabe encontrar aquí tantas interpretaciones cuantas se quieran buscar. Muchas de las cuales pueden ser correctas, aunque algunas se acerquen más que otras a la verdad. La razón de lo cual se encuentra en que la poesía es capaz, ya de por sí, de decir siempre algo nuevo y de mostrar aspectos distintos y profundidades diferentes; a lo que hay que añadir que, en este caso, se trata además de la Palabra de Dios, siempre *viva y eficaz*. De donde, una vez unidos ambos términos del conjunto —Palabra de Dios y poesía—, la conclusión se impone por sí sola.

Con la condición de partir de la base de que lo que Dios pretende aquí, como siempre, no es otra cosa que la de *comunicar algo* al hombre (Ro 15:4; 2 Pe 1: 20–21). Acerca de lo cual se puede estar seguro que tal comunicación tendrá por objeto cuestiones que habrán de ser tan *serias* como importantes.

Por desgracia, sin embargo, *El Cantar de los Cantares* ha tenido que soportar, a través de los siglos, un diluvio de

---

[19]Las exégesis *piadosas*, y hasta dulzonas y arbitrarias del *Cantar*, han abundado a través de los siglos. Sin embargo no está claro que el género poético sea incompatible con la seriedad; más aún cuando, como sucede en este caso, se trata de un libro sagrado cuyo tema es fundamental: y aun el más fundamental de todos, en realidad.

La arbitrariedad en los comentarios del *Cantar*, fruto de una piedad ingenua y pretendidamente edificante, es una debilidad en la que han incidido y reincidido los mismos Santos Padres y no pocos santos.

interpretaciones excesivamente alegorizantes.[20] A las que a veces resulta difícil encontrarles algún sentido por su falta de seriedad. Pues la alegoría se convierte en algo difuminado o etéreo, sentimental, empalagoso, cursi y arbitrario,[21] justamente cuando deja de *tocar tierra* y de referirse a los problemas reales de los hombres de este mundo. Dios no hace literatura por hacer literatura, sino que habla siempre para utilidad de sus creaturas racionales y en orden a su salvación".[22]

27.4.6 La cuestión del sentido literalista o fundamentalista

Distinto del sentido literal tal y como lo concibe la recta teología católica es el llamado "sentido literalista", o "lectura fundamentalista" que propone la lectura del texto sagrado literalmente en todos sus detalles, excluyendo todo intento de interpretación que utilice los mé-

---

[20]La alegoría es una figura retórica o literaria tan legítima como cualquiera otra. Y que la Biblia, desde luego, utiliza a menudo (1 Cor 10:11); como se hace aún más patente en libros poéticos, como *El Cantar*, o proféticos, como el *Apocalipsis*. La parábola —o alegoría, según muchos— del Buen Pastor (Jn 10) es un ejemplo de tal cosa entre otros que se podrían citar, utilizado además por el mismo Jesucristo. Aunque no debe olvidarse, sin embargo, que la alegoría no tiene nada que ver con interpretaciones puramente arbitrarias y carentes casi siempre de todo fundamento, por bien intencionadas que sean.

[21]Cualquier *posible* interpretación alegórica de un texto del *Cantar* habrá de mostrar un cierto nexo lógico, por leve que pueda parecer, entre el significante y el significado. De otro modo podrá ser tachada en justicia de arbitraria, y sin que la autoridad del comentarista pueda otorgarle más valor que el que quiera reconocerle la generosidad del lector.

[22]A. Gálvez: *Comentarios...*, vol. II, cit., págs. 369–370.

todos científicos correctos[23] para llegar al verdadero sentido del texto escrito por los hagiógrafos y de lo que Dios quiso realmente revelar por medio de ellos.

Se sigue la tesis de la naturaleza de la inspiración como un dictado palabra por palabra, como inspiración mántica o mecánica, en el que se rechaza el uso hecho por Dios de los hagiógrafos como instrumentos verdaderamente humanos y libres, sin prescindir de sus facultades y condicionamientos personales como escritores que utilizan un lenguaje y unos instrumentos de expresión que son los propios de la época en la que vivieron.

Entre los defectos de este modo de lectura de la Biblia, caben destacar:

- Rehúye la relación estrecha de lo divino y de lo humano en las relaciones con Dios. Rechaza admitir que la Palabra de Dios inspirada se ha expresado en lenguaje humano y que ha sido escrita, bajo la inspiración divina, por autores humanos, cuyas capacidades y posibilidades eran respetadas por Dios.

- Se convierte en histórico lo que no tenía ninguna pretensión de serlo.

- Se rechaza todo tipo de forma literaria o género literario que pudiera haber sido utilizado por los hagiógrafos.

- Se acepta como válida solo una traducción de la Biblia, antigua o moderna, porque tiene frecuentemente la tendencia a ignorar o negar los problemas que el texto bíblico presenta en la formulación hebrea, aramea o griega.

---

[23]No solo rechazan los métodos histórico–críticos modernos, que han sido empleados con frecuencia en un sentido heterodoxo, sino también los métodos científicos tradicionales y correctos utilizados para estudiar el texto escrito de la Biblia desde los Santos Padres.

- Se basa en el principio protestante de la "sola Scriptura", rechazando toda relación con la Tradición Apostólica, y negando toda autoridad a ningún pretendido Magisterio auténtico interpretativo.

- Se apoya sobre una lectura literalista de algunos textos de la Biblia para confirmar ideas políticas y actitudes sociales marcadas por prejuicios, y completamente contrarias al evangelio cristiano.[24]

- Etc.

En contraste con un buen número de seguidores de los métodos histórico–críticos actuales que se centran en la labor de los hagiógrafos y en los textos escritos, prescindiendo o incluso negando todo lo sobrenatural en la Biblia, el movimiento fundamentalista se centra solo en la realidad de la autoría divina sobrenatural de la Biblia, prescindiendo de la realidad de la obra de los hagiógrafos respetados y movidos por Dios como verdaderos instrumentos humanos. Se cae, por tanto, en el error contrario al de la exégesis histórico–crítica de tipo liberal racionalista.

Es necesario tener en cuenta que el sentido literalista acaba por perder el verdadero sentido del mensaje comunicado por Dios. Valga como ejemplo, el que aporta A. Gálvez en uno de sus escritos:

> "Es imposible tratar de interpretar el *ciento por uno* de modo que tenga algo que ver, ni siquiera de lejos, con cualquier sentido literal: cien haciendas por una hacienda, cien hijos por un hijo, etc. Incluso si se acepta como metáfora, habría que apuntar demasiado alto para aproximarse

---

[24]El documento de la CBP de 1993 (I, F), aduce como ejemplo la defensa de ideas racistas sobre este modo de lectura de la Biblia.

(y siempre de manera insegura) a una interpretación más
o menos aceptable de la locución. Es evidente que se trata de un tropo que contiene la idea de una extraordinaria
sobreabundancia, a tal punto que es imposible describirla
con palabras. El Señor promete aquí a los que abandonan
todo, en pos de su seguimiento, lo que no cabe en el pensamiento ni en la imaginación humanos (1 Cor 2:9). Bien
entendido que la promesa, si bien aguarda la plenitud de
su cumplimiento en el *todavía no* del eón futuro, ha co-
menzado a ser realidad en el *ya* del eón presente. Aunque
tal comienzo no debe ser considerado como mera iniciación, en cierto modo embrionaria e incipiente. Pues si bien
no se ha consumado aún en plenitud, su realidad posee ya
una entidad de inimaginable trascendencia".[25]

En conclusión, como dice Tábet:

"El error básico de esta corriente hermenéutica es la de
considerar que por 'interpretación literal' se debe entender una 'interpretación primaria, adherente a la letra', que
excluye cualquier esfuerzo científico de comprensión de la
Biblia".[26]

Así se esfuerza en la búsqueda de concordismos de todo orden
tanto con la ciencia (vgr. astronomía, geología) como también con las

---

[25] A. Gálvez: *Esperando a Don Quijote*, cit., pág. 185.

[26] M. A. Tábet: *Introducción General...*, cit., pág. 380. Cfr. M. van Treek Nilsson:
Del fundamentalismo a la lectura literaria de la Biblia, en "Revista Electrónica de
Educación Religiosa" 3 (2013) 1--21; F. Fernández Ramos: *Fundamentalismo bíblico*,
Bilbao, Desclée, 2008; Actas del Simposio: *Gli odierni fondamentalismi nella religione
del Libro*, Studia Patavina 39 (1992) 3–556; R. Fabris: *Lettura fundamentalista*, en G.
Ghiberti - F. Mosetto (eds.), L'interpretazione della Bibbia nella Chiesa, Leumann--
Torino, Elle di ci, 1998, págs. 243–260.

humanidades o ciencias sociales (vgr. arqueología, sicología, historiografía): los días de la creación han de ser interpretados como ciclos de 24 horas exactas, el Paraíso se encontraba geográficamente localizado exactamente donde aparece descrito en Génesis, la liebre es realmente un rumiante, el sol da vueltas alrededor de la tierra, considera conforme a la realidad una cosmología antigua superada, solamente porque se encuentra expresada en la Biblia, etc.

Este tipo de interpretación se origina con la Reforma protestante buscando el sentido más prístino de la Biblia; en la época del iluminismo se defendió como medio de protegerse contra la exégesis liberal. Posteriormente el término "fundamentalista" se vincula al Congreso Bíblico Norteamericano que tuvo lugar en Niágara (Nueva York) en 1895.[27]

27.4.7 Cuadro resumen

Como resumen, se puede establecer las siguientes clasificaciones del sentido de la Sagrada Escritura hasta el documento de CBP de 1993:

1. *Sentido literal* (tomado restrictivamente):

    (a) Sentido propio.

        i. Explícito, que resulta de la primera lectura de las palabras consideradas en su contexto inmediato. Ejemplo: Jn 1:14, donde "el Verbo se hizo carne" se interpreta explícitamente como la unión del Verbo con la naturaleza humana.

---

[27]Cuando la lectura fundamentalista de la Biblia se propagó en otras partes del mundo, dio origen a otros tipos de lecturas igualmente "literales", en Europa, Asia, África, y América del Sur. Cfr. Documento de CBP de 1993, I, F.

    ii. Implícito, que se descubre a través del examen detenido siguiendo las reglas de la hermenéutica. Ejemplo: Jn 1:14, donde "el Verbo se hizo carne" se interpreta implícitamente como que Cristo tenía verdadera naturaleza humana, esto es un cuerpo real con un alma humana, con inteligencia y voluntad.

(b) Sentido impropio.

2. *Sentido espiritual* (que sería también literal tomado ampliamente):

    (a) Sentido típico:

        i. Alegórico.

        ii. Tropológico.

        iii. Anagógico.

    (b) "Plenior".

27.5 Los sentidos de la Biblia en el documento *La interpretación de la Biblia en la Iglesia* de la CBP de 1993

27.5.1 Contexto

El documento de la Comisión Biblica Pontificia de 1993 centra el tema de los sentidos de la Sagrada Escritura en el capítulo II ("Cuestiones hermenéuticas") tras desarrollar un primer apartado dedicado a las hermenéuticas filosóficas.

Las hermenéuticas filosóficas actuales han influido mucho en las perspectivas de la reciente exégesis. Se centran en considerar la influencia del sujeto humano cognoscente en el proceso de entendimiento

y comprensión, especialmente en relación con el conocimiento histórico.

El documento hace una breve presentación de las principales posiciones de la hermenéutica filosófica actual:

- Bultmann, donde el proceso de entendimiento está influido por
  un pre–entendimiento, que a su vez depende de las relaciones
  vitales del lector. Bultmann parte de las ideas del análisis exis-
  tencial de Heidegger, pero las corrige.

- Gadamer, que propone su "círculo hermenéutico", que se desarrolla siguiendo las fases que van, en el lenguaje del autor, desde
  las "tradiciones" a las "pre–concepciones"; de éstas, al "texto"; de
  éste, a las "pre–concepciones"; y finalmente desde estas últimas
  de nuevo a las "tradiciones".

  Es necesario desarrollar una "pertenencia" entre el texto y el
  intérprete, crear una afinidad. Lo cual supone un proceso dia-
  léctico: el entendimiento de un texto siempre supone un entendimiento mejorado y ampliado de uno mismo.

- Ricoeur, que habla de la "necesidad del distanciamiento", en primer lugar entre el autor y su texto, y segundo lugar del texto y
  sus lectores sucesivos. El texto necesita ser actualizado, hacerlo
  presente.

Según el documento de la CBP la utilidad de estas teorías contemporáneas sobre la naturaleza de la interpretación puede ser positiva o
negativa:

- Positivamente: las hermenéuticas filosóficas actuales señalan la
  importancia de llegar en la Biblia a un:

- *Entendimiento verdaderamente real* del mensaje de Dios. La Biblia es la Palabra de Dios para todas las edades.

- Una *actualización verdadera* de la Palabra de Dios. El mismo proceso de escritura de la Biblia, tanto del Antiguo como del Nuevo Testamentos, es una actualización constante del mensaje de Dios hasta llegar a la plenitud de la Revelación.

- Es un buen reactivo contra las exageraciones del método histórico–crítico, basado solamente en criterios de las ciencias positivo–naturales.

- Negativamente. Sin embargo la aplicación de las hermenéuticas filosóficas a la Biblia se ha hecho incurriendo en errores que hay que evitar. A saber:

  - Ciertas hermenéuticas se basan en filosofías rechazables, y por ello, no pueden utilizarse como verdadera exégesis. Es el caso de las filosofías que rechazan por principio lo sobrenatural, como es el caso de Bultmann.

  - Algunas hermenéuticas tienden a vaciar la fe de contenido objetivo, dejándola como un puro fideísmo.

  - Algunas tienden a desmitologizar la Biblia de tal modo que queda reducida a un puro mensaje antropológico.

  - Se suele entender la fe como subjetivismo espiritual y religioso y no como encuentro con Cristo.

Para evitar estos errores es necesario:

- No olvidar la importancia del texto mismo (sentido literal), aunque sin caer en los excesos del método histórico–crítico.

- Tener en cuenta la importancia objetiva del acontecimiento de Cristo, que da sentido a toda la Historia, por lo que:

  - Las interpretaciones nuevas solo pueden ser desarrollo y profundización de ese Acontecimiento.

  - La pura razón no puede penetrar por sí sola en el Acontecimiento de Cristo en la Biblia. Es necesario, poseer la misma fe con que fue escrita e inspirada, lo que supone:

    * Dejarse guiar por el mismo Espíritu.

    * Pensar con los criterios de la misma comunidad de fe en que nació y que recibió la Biblia (Iglesia).

    * Ser fiel al control señalado por la voluntad divina como guía de la interpretación auténtica de la Biblia (Magisterio).

Por otro lado, el documento de 1993 hace una breve descripción de las diferentes concepciones de los sentidos bíblicos a lo largo de la Historia de la Iglesia.[28] Fundamentalmente recuerda cuatro etapas:

1. La *exégesis antigua* que daba a la Sagrada Escritura diferentes niveles de sentido, sin poseer, obviamente, la información actual al respecto. Se podría resumir su posición en la aceptación de dos sentidos básicos: el literal y el espiritual.

2. La *exégesis medieval* que distinguió dentro del sentido espiritual, cuatro aspectos diferentes, según el objetivo que tuviera. Los recogió en el famoso adagio: "Littera gesta docet, quid credas allegoria, moralis quid agas, quid speras anagogia".

3. La *exégesis histórico–crítica* que, frente a la multiplicidad de sentidos, defendió la tesis de la unicidad de sentido, que habría

---

[28]Historia a la que más arriba se ha hecho referencia en este escrito.

que encontrar con la ayuda de los métodos "científicos" adecuados. Por tanto, solo aceptaba el sentido literal, y éste entendido según el método que emplea cada intérprete.

4. La *exégesis basada en las teorías del lenguaje* contemporáneas, que volvió a descubrir la multiplicidad de sentidos.

Expuesto el contexto de su estudio, y teniendo en cuenta que tal pluralidad de puntos de vista hacía muy confuso en ocasiones la determinación concreta del contenido de cada sentido, el documento de 1993 propone reducir los posibles sentidos a tres (literal, espiritual y plenior), otorgándole a cada uno un contenido concreto que lo identificara y diferenciara más claramente.

27.5.2 Sentido literal

Definición: el sentido preciso de los textos tal y como fue producido por sus autores. Por tanto, es el sentido "que ha sido expresado directamente por los autores inspirados". Más que en la intención, se insiste en el documento de la CBP en el aspecto más objetivo: "lo que ha sido expresado".[29]

---

[29]Hay que distinguirlo del "sentido literalista", seguido por varias sectas protestantes, que propugna encontrar el sentido literal mediante la traducción de un texto palabra por palabra. Se rechaza pues la debida atención y uso de los "géneros literarios", así como de las convenciones literarias del tiempo cuando se escribieron los textos sagrados. Por ejemplo, la expresión "tened ceñida la cintura" de Lc 12:35, que es claramente una metáfora para indicar "estad preparados para la acción", es entendida en sentido literalista físico por esta tendencia exegética. Por otra parte, ciertas "historias" de la Biblia, que son un trabajo de ficción imaginativa para enseñar una lección, como es el caso de las parábolas, se entienden en sentido literalista. En otras palabras, este tipo de exégesis resucita el modo farisaico de entender los contenidos bíblicos, como era el caso de las prescripciones de la Ley sobre las filacterias, los lavados rituales o el cumplimiento de la santificación del sábado.

Ahora bien, como el hagiógrafo escribió inspirado por Dios, el sentido literal es también el querido por Dios como autor principal de la Biblia.

Su importancia estriba en que debe ser el inicio de toda exégesis. Como sabemos, Santo Tomás ya afirmó la importancia fundamental de este sentido.[30]

El procedimiento básico a seguir para descubrir el sentido literal tiene que tener en cuenta:

1. El análisis del texto en su contexto histórico y literario.

2. La utilización de los recursos de la investigación histórica y literaria correctas y no ideologizadas.[31]

3. La importancia del estudio de los géneros literarios antiguos.[32]

Se puede plantear el problema de determinar si hay un solo o varios sentidos literales. La norma general es que debería haber un solo sentido literal. Sin embargo, podría haber dos o más sentidos literales queridos por el autor y descubiertos por el análisis del texto en su contexto.[33] Hay cuatro razones que explican esta pluralidad de sentidos literales:

- Porque *un autor puede querer expresar varios niveles* de realidad/sentido, con una misma expresión. Es el caso del uso de la poesía o de la metáfora. Se ha de tener en cuenta que así se hace con frecuencia en el lenguaje literario (cfr. la expresión de "leer entre líneas"). Además, el carisma de la inspiración bíblica

---

[30]Santo Tomás de Aquino: *Summ. Theol.*, Iª, q. 1, a 10, ad 1.

[31]Cfr. *Divino Afflante Spiritu* (E. B. 550).

[32]Cfr. *Divino Afflante Spiritu* (E. B. 560).

[33]Esto parece coincidir en con los hallazgos de la hermenéutica filosófica moderna al probar la polisemia de los textos escritos.

utiliza las capacidades de la psicología y del lenguaje humano, como ya sabemos.

- Porque, incluso cuando el lenguaje humano tenga un solo sentido, *la inspiración divina puede guiar la expresión* de tal modo que cree más de un significado. El caso de Jn 11:50 donde el cálculo político inmoral de Caifás (vv. 49–50), y la sugerencia divina (v. 51) son ambos sentidos literales.

- Porque *muchos textos tiene un sentido dinámico evocando varias situaciones.* El autor sagrado puede referirse a la vez a eventos diferentes de acuerdo con el designio de Dios, de modo que un texto se pueda referir a una realidad que va más allá de las circunstancias históricas inmediatas. Un buen ejemplo son los salmos reales que evocan al mismo tiempo la institución real tal y como existía en el tiempo de la composición original, como la visión idealizada del Reino tal y como Dios quería que fuera. Las posibilidades del lenguaje profético se explican de esta manera también. Por eso es necesario rechazar las exageraciones de la crítica histórico–literaria positivista que reduce el significado al primero solamente.

- Porque *todo texto está abierto a nuevas relecturas.* Cualquier texto, al ser situado en circunstancias nuevas que lo iluminan de un modo diferente, tiene capacidad de adquirir nuevas determinaciones de significado. Este aspecto se resalta en el caso de la Biblia, que siempre es actual y válida para cualquier época histórica (Mt 24:35; Mc 13:31; Lc 21:33, "mis palabras no pasarán"; Heb 4:12, "es como espada de doble filo").

De hecho, las tradiciones se fijaron por escrito para evitar que se corrompieran por la simple transmisión oral y porque la comunidad tenía la convicción del valor de esas tradiciones para las futuras generaciones.

Por otro lado, la Biblia está llena de re–lecturas de textos y hechos anteriores realizadas en escritos posteriores.

Esta relectura no puede ser utilizada para traicionar el mensaje perenne de la Biblia, que no puede contradecirse de una época a otra.[34] Por el contrario, lo que aquí se subraya es la infinitud de significado que tiene la Palabra del Dios eterno y vivo, que se puede aplicar a cada época para iluminar los problemas y desafíos que pueden estar experimentando.

Conviene insistir que hay que evitar el peligro de caer en subjetivismos interpretativos, límite evidente a la tesis de la pluralidad del sentido literal. El doble o triple sentido tiene que estar en concordancia con el sentido expresado por el autor humano en el texto escrito. La razón es obvia: la Biblia es la Palabra de Dios que quiso comunicarse en un momento histórico concreto y a través de un hagiógrafo determinado y con un lenguaje preciso.

27.5.3 Sentido espiritual

La definición dada por el documento de 1993 es "sentido expresado por el texto bíblico cuando es leído bajo la influencia del Espíritu Santo en el contexto del Misterio Pascual de Cristo y de la nueva vida que fluye de éste".

De nuevo se insiste en el aspecto objetivo de este sentido: se trata de lo expresado en un texto bíblico. Lo peculiar del sentido espiritual frente al literal es que éste último fluye del contexto del Misterio de Cristo (y no de las circunstancias histórico–literarias del texto).

---

[34]Como sí afirma que ocurre la teología neomodernista.

La definición del contenido del sentido literal por la CBP es nueva, y se aplica a las realidades que antes se expresaban como "sentido tipológico".

El fundamento del sentido espiritual está en el hecho de la centralidad y plenitud del Misterio Pascual (muerte y resurrección del Señor) en la economía de la salvación. Lo cual hace que se cree un "contexto histórico" "radicalmente nuevo" que hace que los textos antiguos sufran un cambio de sentido.

Un buen ejemplo es la expresión "el trono de David durará para siempre", que es una hipérbole en 2 Sam 7:12–13 y en 1 Cr 17: 11–14, mientras que es una realidad en Hech 2: 30ss y Ro 6:9, porque Cristo no muere más.

Es un contexto real, no inventado por el intérprete. En efecto, por un lado, se encuentra en toda la Biblia ya que el Nuevo Testamento es plenitud y cumplimiento del Antiguo Testamento, y por otro, es el aspecto "dinámico" de los textos que mencionábamos antes. Pero es rechazado por los que siguen los prejuicios de la crítica histórico-literaria positivista.

Su relación con el sentido literal es doble:

- Al contrario de lo que se sostiene habitualmente, no necesariamente hay una distinción entre los dos sentidos: coinciden el sentido literal y el espiritual cuando un texto se refiere directamente al misterio Pascual de Cristo y a la nueva vida que proviene de Él. Es el caso de:

  – Normalmente, todo el Nuevo Testamento.

  – Cuando el Nuevo Testamento hace exégesis del Antiguo Testamento.

- Y algunos textos del Antiguo Testamento que se refieren al Mesías–Cristo, que tienen tanto un sentido espiritual como un sentido literal.

- Pero el sentido espiritual tiene que estar conectado con el sentido literal, porque si no, no se podría hablar de un "cumplimiento" de lo anunciado por el Nuevo Testamento. Por eso:

  - El sentido literal es la base; el sentido espiritual es la continuidad y la transición a un nivel más alto de la realidad.
  - Por eso, el sentido espiritual no se debe confundir con interpretaciones subjetivas que nacen a la imaginación o de la especulación intelectual.

Hay que subrayar que el sentido espiritual de la antigua exégesis (basada tanto en el uso de métodos rabínicos judaicos como de la alegoría helénica, y que llegaba a encontrar sentido espiritual hasta en los preceptos y detalles más insignificantes), no siempre coincide con el nuevo sentido espiritual de la CBP. Como ya subrayaba Pio XII en el *Divino Afflante Spiritu*:

> "Estos métodos alegóricos han sido de gran valor pastoral en el pasado, pero no tienen valor interpretativo auténtico para la moderna exégesis".[35]

Por lo que respecta a la relación con el sentido tipológico moderno, el documento aclara que es "uno de los aspectos posibles del sentido espiritual". Es más, se sostenía que el sentido tipológico hace referencia a las "cosas" más que a los textos, como ya señalábamos (Adán era figura de Cristo en Ro 5:14; el Diluvio es figura del bautismo en 1 Pe 3: 20–21; etc.). Pero la conexión entre las "cosas" se fundamenta

---

[35]E. B. 553.

normalmente en el modo como la Escritura describe (lo que es "texto")
la realidad antigua y no en la "cosa" o "realidad" misma (por ejemplo,
la voz de Abel en Ge 4:10, Heb 11:4 y Heb 12:24).

27.5.4 Sentido *plenior*

Es el sentido más profundo del texto querido por Dios pero no
claramente expresado por el autor humano.

De nuevo se subraya la perspectiva objetiva: es un sentido "no
claramente expresado por el autor humano" sin insistir en si era o no
consciente (que subrayaría lo subjetivo del sentido).

El sentido *plenior* se conoce cuando un texto determinado es estudiado, bien a la luz de otros textos bíblicos que lo utilizan, o bien
bajo la perspectiva del desarrollo interno de la Revelación (que se
manifiesta en una tradición doctrinal auténtica o en una definición
conciliar sobre un texto determinado). Estos criterios evitan el peligro de que se pudiera considerar sentido *plenior* lo que no fuera sino
una interpretación subjetiva privada de validez de algún exégeta.

Sirvan como ejemplos de este sentido los siguientes pasajes:

- Mt 1:23, donde se da un sentido *plenior* al texto de Is 7:14,
  utilizando la traducción de los LXX de "almah" por "παρθένον"
  (el contexto de San Lucas da un nuevo sentido al texto de Isaías).

- La enseñanza patrística y conciliar sobre el misterio de la Trinidad expresa el sentido *plenior* de los textos bíblicos sobre Dios
  Padre, Dios Hijo y Dios Espíritu Santo.

- La definición del Concilio de Trento sobre el pecado original
  da el sentido *plenior* a Ro 5:12–21 sobre las consecuencias del
  pecado de Adán sobre la humanidad.

- Etc.

La relación del sentido *plenior* con el literal y el espiritual estriba, como dice la CBP, en que "el sentido *plenior* es otro modo de indicar el sentido espiritual de un texto bíblico cuando el sentido espiritual es distinto del sentido literal". De este modo, el sentido *plenior* del documento de la CBP se parece al concepto homólogo de la hermenéutica tradicional, aunque se diferencia de él en que para la CBP no es "sentido literal" en ningún caso.

El fundamento de este sentido está en que el Espíritu Santo es el autor principal de la Biblia, y guía, por el carisma de inspiración, a los autores humanos a elegir expresiones que posteriormente expresarán una verdad cuya profundidad y máxima plenitud los hagiógrafos mismos no perciben.

Este sentido se aclara con el paso del tiempo bien sea a través de intervenciones divinas que clarifican el sentido de los textos, o bien por la inserción del texto en el canon de la Sagrada Escritura.

De este modo se crea un nuevo contexto que saca a la luz posibilidades de sentido ocultas en el contexto original.

Capítulo 28

Heurística bíblica

La heurística bíblica es la parte de la Hermenéutica bíblica que
estudia los principios que deben aplicarse para la adecuada interpretación de la Biblia.[1]

---

[1] Cfr. M. A. Tábet *Introducción general...*, cit., pág 337; P. Grelot: *Exégèse, théologie et pastorale*, en "Nouvelle Revue Théologique" 88 (1966) 3–13; 132–148; Ídem: *Que
penser de l'interprétation existentielle?*, en "Ephemerides Theologicae Lovanienses",
43 (1967) 420–443; Ídem: *L'exégèse biblique au carrefour*, en "Nouvelle Revue Théologique" 108 (1976) 417–434; 481–511; Ídem: *La pratique de la méthode historique
en exégèse biblique*, en "Les Quatre Fleuves" 7 (1977) 15–37; A. Feuillet: *Réflexions
d'actualité sur les recherches exégétiques*, en "Revue Thomiste", 2–3 (1971) 246–279;
Ídem: *Évangiles synoptiques. Vue d'ensemble sur l'histoire de leur exégèse*, EeV 48
(1976) 641–646; F. Dreyfus: *Exégèse en Sorbonne, exégèse en Église*, en "Revue Biblique" 82 (1975) 321–359; Ídem: *L'actualisation à l'intérieur de la Bible*, en "Revue
Biblique" 83 (1976) 161–202; Ídem: *L'actualisation de l'Écriture, I: Du texte à la vie*,
en "Revue Biblique" 86 (1979) 5–58; II: *L'action de l'Esprit*, en "Revue Biblique" 86
(1979) 161–193; III: *La place de la Tradition*, en "Revue Biblique" 86 (1979) 321–384;
H. I. Marrou: *Brève histoire de l'exégèse critique du Nouveau Testament*, en "Les
Quatre Fleuves" 7 (1977) 7–13; J. M. Casciaro: *Exégesis bíblica...*, cit., 17–108; Associazione biblica italiana: *Esegesi ed ermeneutica. Atti della XXI Settimana Biblica*

28.1 Metodología

El dogma de la inspiración de la Biblia supone que la Sagrada Escritura es obra de Dios (autor principal, o causa eficiente principal) y del hagiógrafo (escritor humano inspirado por Dios o causa eficiente instrumental).

Por tanto, la heurística bíblica tendrá que:

1. Por un lado, tratar de descubrir lo que realmente expresaron los hagiógrafos. Como dice la Constitución *Dei Verbum*: "Habiendo, pues, hablado Dios en la Sagrada Escritura por hombres y a la manera humana, para que el intérprete de la Sagrada Escritura comprenda lo que Él quiso comunicarnos, debe investigar con atención lo que pretendieron expresar realmente los hagiógrafos y plugo a Dios manifestar con las palabras de ellos. Para descu-

---

Italiana, Brescia, Paideia, 1972; Associazione biblica italiana: *La Bibbia, libro sacro, e la sua interpretazione, "Simposio per il XL dell'ABI, Milano, 2-4 giugno 1988"*, Bologna, Edizioni Dehoniane, 1990; I. de la Potterie (ed.), *L'esegesi cristiana oggi*, Casale Monferrato, editoriale di Luciano Pacomio, 1991; G. Segalla - I. de Sandre (ed.): *Convegno di studio: scienze umane e interpretazione della Bibbia*, en "Studia Patavina" 43 (1996) 15–105; L. Alonso Schökel: *Hermenéutica de la palabra*, 2 vols., Madrid, Cristiandad, 1986; L. Alonso Schökel - J. M. Bravo: *Appunti di ermeneutica*, Bologna, EBD, 1994; C. Coulot (ed.): *Exégèse et herméneutique. Comment lire la Bible?*, Paris, Cerf, 1994; M. A. Tábet, *Teologia della Bibbia. Studi su ispirazione ed ermeneutica biblica*, Armando Editore, Roma 1998; P. Beauchamp: *L'un et l'autre Testament*, 2 vols. Paris, Le Seuil, 1990–2000. Cf además los diversos artículos aparecidos en G. Ghiberti - F. Mosetto (eds.): *L'interpretazione della Bibbia nella Chiesa*, Leumann–Torino, Pontificia Commissione Biblica, 1998; G. Angelini: *La Rivelazione attestata*, Milano, Glossa, 1998; R. Fabris: *La Parola di Dio cresceva* (At 12, 24), Bologna, Edizioni Dehoniane, 1998; Aa.Vv: *L'interpretazione della Bibbia nella Chiesa. Actas del Simposio organizado por la Congregación para la Doctrina de la Fe*, Città del Vaticano, Libreria Editrice Vaticana, 2001.

brir la intención de los hagiógrafos, entre otras cosas, hay que atender a los géneros literarios..."[2]

2. Pero, por otro lado, siendo Dios el autor principal de la Sagrada Escritura, la heurística bíblica no puede ser una ciencia meramente histórica, sino netamente teológica. Por eso:

   (a) El intérprete no puede estudiar la Biblia de modo exclusivamente humano. Si lo hace así, no la entenderá jamás. Es un error en el que se cae muy comúnmente en la actualidad.

   (b) El intérprete tiene que tener en cuenta dos factores:

       - El hecho de que el texto sagrado es algo vivo, no arqueológico, plantado en la Tradición ininterrumpida de la Iglesia.

       - La necesidad de la fe, por lo que debe ponerse cuidadosa y humildemente a la escucha de Dios para entender la Sagrada Escritura. Se le exigirá siempre la obediencia.

   (c) El intérprete tendrá también que hacer el esfuerzo intelectual de usar la razón informada por la fe:

       "Y como la Sagrada Escritura hay que leerla e interpretarla con el mismo Espíritu con el que se escribió, para sacar el sentido exacto de los textos sagrados, hay que atender no menos diligentemente al contenido y unidad de toda la Sagrada Escritura, teniendo en cuenta la Tradición viva de toda la Iglesia y la analogía de la fe. Es deber de los exégetas trabajar según estas reglas..., porque

---

[2] *Dei Verbum*, 12 (D. H. 4217).

> todo lo que se refiere a la interpretación de la Sa-
> grada Escritura está sometido en última instancia
> a la Iglesia, que tiene el mandato y el ministerio
> divino de conservar y de interpretar la Palabra de
> Dios".[3]

Todo lo anterior supone que el intérprete debe manejar una doble metodología:

- Por un lado debe ayudarse de todos los auxilios racionales de las ciencias auxiliares positivas adecuadas y de la crítica histórico–literaria, que son principios, criterios o reglas racionales de interpretación. Son comunes a la hermenéutica general.

- Por otro lado ha de mantener siempre los principios o criterios dogmáticos o de fe. Estos son específicos de la hermenéutica bíblica.

Ambas metodologías deben ser distinguidas, pero no separadas al hacer la hermenéutica. Por consiguiente el exégeta debe aplicar a cada texto los dos tipos de criterios hermenéuticos mencionados: la mejor técnica de las ciencias positivas histórico–críticas y una actitud hermenéutica en la fe, con todo su complejo dispositivo doctrinal y espiritual.

En ningún caso puede el texto bíblico ser desligado de la entera vida de la Iglesia, en cuyo seno adquirió su redacción literaria a impulso de la divina inspiración y donde ha sido custodiada e interpretada.

Pio XII en su Encíclica *Humani Generis* condena el uso de los métodos racionales del texto sagrado que prescinden u olvidan los criterios dogmáticos:

---

[3] *Dei Verbum*, n. 12 (D. H. 4219).

"Mas no por esto puede la teología, ni la que llaman positiva, equipararse a una ciencia puramente histórica. Porque juntamente con estas fuentes, Dios dio a su Iglesia el magisterio vivo, aun para ilustrar y declarar lo que en el depósito de la fe se contiene sólo oscura e implícitamente. El divino Redentor no encomendó la auténtica interpretación de ese depósito a cada uno de los fieles ni a los mismos teólogos, sino sólo al magisterio de la Iglesia. Ahora bien, si la Iglesia ejerce esta función suya, como en el decurso de los siglos lo ha hecho muchas veces, ora por el ejercicio ordinario, ora por el extraordinario de la misma, es de todo punto evidente ser método falso el que trata de explicar lo claro por lo oscuro, y es preciso que todos sigan justamente el contrario. De ahí que enseñando nuestro predecesor, de inmortal memoria, Pío IX, que el oficio nobilísimo de la teología es manifestar como la doctrina definida por la Iglesia está contenida en las fuentes de la revelación, no sin grave causa añadió estas palabras: 'en el mismo sentido en que ha sido definida'".[4]

"Volviendo a las nuevas teorías que hemos tocado antes, muchas cosas proponen o insinúan algunos en detrimento de la divina autoridad de la Sagrada Escritura. Efectivamente, empiezan por tergiversar audazmente el sentido de la definición del Concilio Vaticano sobre Dios autor de la Sagrada Escritura y renuevan la sentencia ya muchas veces reprobada, según la cual la inmunidad de error en las Sagradas Letras sólo se extiende a aquellas cosas que se enseñan sobre Dios y materias de moral y religión. Es más, erróneamente hablan de un sentido humano de los Sagra-

---

[4]D. S. 3886.

dos Libros, bajo el cual se ocultaría su sentido divino que es el único que declaran infalible. En las interpretaciones de la Sagrada Escritura no quieren que se tenga cuenta alguna de la analogía de la fe ni de la 'tradición' de la Iglesia; de suerte que la doctrina de los Santos Padres y del sagrado magisterio debe pasarse, por así decir, por el rasero de la Sagrada Escritura, explicada por los exegetas de modo puramente humano, más bien que exponer la misma Sagrada Escritura según la mente de la Iglesia, que ha sido constituida por Cristo Señor guardiana e intérprete de todo el depósito de la verdad divinamente revelada".[5]

"Además, el sentido literal de la Sagrada Escritura y su exposición, elaborada por tantos y tan eximios exegetas bajo la vigilancia de la Iglesia, debe ceder, según sus fantásticas opiniones, a la nueva exégesis que llaman simbólica y espiritual, y por la que los Sagrados Libros del Antiguo Testamento, que estarían hoy ocultos en la Iglesia, como una fuente sellada, se abrirían por fin a todos. De este modo —afirman— se desvanecen todas las dificultades que solamente son traba para quienes se pegan al sentido literal de las Escrituras".[6]

"Nadie hay que no vea cuán ajeno es todo esto a los principios y normas hermenéuticas debidamente estatuidos por nuestros predecesores, de feliz memoria, León XIII, en su Encíclica Providentissimus Deus, Benedicto XV, en su Encíclica Spiritus Paraclitus, e igualmente por Nos mismo, en la Encíclica Divino afflante Spiritu".[7]

---

[5]D. S. 3887.

[6]D. S. 3888.

[7]D. S. 3889.

Por su parte, la Exhortación *Verbum Domini* ha señalado los efectos que se derivan de la desvinculación de la exégesis hitórico–crítica y la teología dogmática:

> "a) Ante todo, si la actividad exegética se reduce únicamente al primer nivel (histórico–crítico), la Escritura misma se convierte sólo en un texto del pasado: 'Se pueden extraer de él consecuencias morales, se puede aprender la historia, pero el libro como tal habla sólo del pasado y la exégesis ya no es realmente teológica, sino que se convierte en pura historiografía, en historia de la literatura' (...).
>
> b) La falta de una hermenéutica de la fe con relación a la Escritura no se configura únicamente en los términos de una ausencia; es sustituida por otra hermenéutica, una hermenéutica secularizada, positivista, cuya clave fundamental es la convicción de que Dios no aparece en la historia humana. Según esta hermenéutica, cuando parece que hay un elemento divino, hay que explicarlo de otro modo y reducir todo al elemento humano. Por consiguiente, se proponen interpretaciones que niegan la historicidad de los elementos divinos.
>
> c) Una postura como ésta no hace más que producir daño en la vida de la Iglesia, extendiendo la duda sobre los misterios fundamentales del cristianismo y su valor histórico (...).
>
> d) Todo esto resulta negativo también para la vida espiritual y la actividad pastoral: 'La consecuencia de la ausencia del segundo nivel metodológico[teológico] es la creación de una profunda brecha entre exégesis científica

y *lectio divina*. Precisamente de aquí surge a veces cierta perplejidad también en la preparación de las homilías".[8]

Como se examinará más adelante, los métodos histórico–críticos no son asépticos u objetivos como pretenden. Dicen explicar la realidad sin prejuicios, pero son deudores de las ideas filosóficas o culturales de su tiempo, de los paradigmas vigentes. Por eso hay tantos modelos de explicaciones histórico–críticas que se suceden y se contraponen, siempre en base a su pretendido carácter objetivo y científico.

El principio de contradicción ha se aplicarse por tanto aquí: una explicación no puede ser verdadera y falsa al mismo tiempo.

Por eso, hay que relativizar las propuestas que van apareciendo sobre los hallazgos "científicos" de los métodos histórico–críticos. Para

---

[8] *Verbum Domini* 35. Cfr. Un buen resumen de las aporías que la exégesis crítica plantea, recogiendo además la discusión precedente, puede hallarse en A. L. Nations: *Historical Criticism and the Current Methodological Crisis*, en "Scottish Journal of Theology" 36 (1986), 59–71. Por su parte, por ejemplo, I. Carbajosa (*De la fe nace la exégesis. La interpretación de la Escritura a la luz de la investigación sobre el Antiguo Testamento*, Pamplona, Verbo Divino, 2011), propone hacer una crítica de los métodos histórico–críticos utilizando su propio método diacrónico, siguiendo las propuestas de Ratzinger: "Una autocrítica del método histórico debería comenzar por una lectura diacrónica de sus propios resultados; debería, por tanto, renunciar a la apariencia de una certeza equiparable a la de las ciencias de la naturaleza, con la cual hasta ahora son generalmente presentadas sus interpretaciones. (...) La exégesis no puede seguir siendo estudiada unilateralmente de forma sincrónica, como se hace con los conocimientos obtenidos por las ciencias de la naturaleza, que no dependen de su historia, sino solo de la exactitud de las medidas efectuadas. La exégesis se debe comprender a sí misma como disciplina histórica. Su historia forma parte de ella misma; la integración crítica de sus diversas posiciones concretas en la totalidad de su historia le permitirá, por un lado, reconocer la relatividad de sus juicios y, por otro, mejorar su penetración en una real, aunque siempre imperfecta, comprensión de la palabra bíblica" (J. Ratzinger: *La interpretación bíblica en conflicto. Sobre el problema de los fundamentos y la orientación de la exégesis hoy*, "Escritura e Interpretación. Los fundamentos de la interpretación bíblica" (ed. J. Ratzinger et al.) Madrid, 2003, págs. 28. 53.).

lo cual es fundamental tener siempre presente que los criterios hermenéuticos teológicos sobrenaturales tienen que servir como contrapunto,
tanto inicial (como prevención frente a triunfalismos a priori) como
final (para contrastar la verdad de los resultados que se proponen), a
las propuestas de los métodos histórico–críticos.

A. Gálvez ha insistido muchas veces sobre el particular. En *Espe-rando a Don Quijote* dice:

> "A lo largo de los siglos, la Palabra de Dios dirigida a
> los hombres ha sido recibida por ellos de muy diversas ma-
> neras. Con buena voluntad y como camino indispensable
> de salvación, unas veces; o con escepticismo y actitud de
> rechazo, con una frecuencia mayor (Jn 12:48; 15:22). En
> cuanto al modo de interpretarla, los métodos han evolucio-
> nado desde los estrictamente literales a las más variadas
> formas de alegorismo, hasta llegar a los sistemas libera-
> les racionalistas, historicistas, de análisis de las formas,
> etc., puestos de moda estos últimos desde el Siglo de las
> Luces hasta nuestros días. La mayoría de ellos, sin em-
> bargo, tienen algo en común. Suelen dar de lado al hecho
> incuestionable de que la Palabra de Dios contenida en la
> Biblia, desde el primer versículo del Génesis hasta el últi-
> mo del Apocalipsis, es ciertamente la Palabra del Espíritu
> dirigida a los hombres; pero acerca de un tema único y
> central, cual es Cristo. Ya en nuestro tiempo, muchos de
> los que la aceptan y la utilizan de buena fe suelen hacerlo
> de manera superficial. Con todo, si partimos de la base de
> que la Palabra de Dios es la espada del Espíritu (Ef 6:17),
> viva y eficaz y más cortante que una espada de doble fi-
> lo (Heb 4:12), habremos de concluir que solamente puede
> ser leída, entendida e interpretada (hasta ciertas capas de

profundidad al menos), a la luz del Espíritu para dejarse conducir por Él (Jn 16: 12–13). El ejemplo de la famosa (y desgraciada) distinción racionalista liberal, hoy convertida en un lugar común de la Teología, entre el *Cristo histórico* y el *Cristo de la fe*, es esclarecedor. Cuando en realidad el Cristo histórico no puede ser entendido si no es desde el Cristo de la fe; mientras que, a su vez, el Cristo de la fe no es sino una voluta de humo si se prescinde del Cristo histórico".[9]

En otro lugar, A. Gálvez, reconociendo los logros de la buena exégesis científica, sin embargo señala los peligros que existen en gran parte de la exégesis actual, que lee la Escritura con unos criterios tan exageradamente "científicos" que acaban destruyendo la verdad del mensaje que comunican:

"Como he dicho ya, el pensamiento moderno lo cuestiona todo. No reconoce la existencia de la verdad absoluta. A nadie se le permite pretender que posee certezas y seguridades metafísicas o religiosas. La única certeza que se admite es la de que todo es dudoso, incierto, inseguro y, a lo sumo, probable. Por eso se pone en duda el Evangelio y las palabras del Señor son examinadas al microscopio en laboratorios de exégesis, con resultados lamentables. Y no me refiero aquí, como es lógico, a los éxitos conseguidos por la buena exégesis científica, que tanto ha hecho por profundizar en el conocimiento de la Palabra de Dios; sino a ciertas exégesis de laboratorio que, más animadas por un entusiasmo cientista que por la fe, manejan la Biblia

---

[9]A. Gálvez: *Esperando...*, cit. págs. 57–58.

como si fuera cosa puramente humana, consiguiendo resultados que no serían tan desastrosos si no hubiera tan gran número de tontos dispuestos a creerlos.

El problema se plantea cuando se olvida que la Biblia es un organismo vivo, un libro inspirado por el Espíritu Santo que contiene la auténtica Palabra de Dios dirigida a los hombres. Pretender diseccionarla a base de escalpelo, como si se tratara de trozos de un cadáver, es una locura. Un cadáver no es un hombre, y en él se puede encontrar cualquier cosa menos *la vida*, por lo que ya no sirve para estudiar lo que era verdaderamente el hombre al que pertenecía. Se debe estudiar la Biblia con el mayor bagaje científico posible, con tal que se haga *con fe* y sin olvidar que es la Palabra de Dios, viva y eficaz (Heb 4:12). Resulta curioso, por ejemplo, lo que ocurre con lo que se ha dado en llamar las *ipsa verba* del Señor. Lo que podía haber sido una pretensión legítima se ha convertido en una ridícula manía de neuróticos. Empeñados en llegar al filón más profundo de la autenticidad más genuina de las mismas palabras del Señor (lenguaje original, literalidad, y a ser posible hasta la propiedad del sonido mismo, incluidos al parecer los tonos y los timbres), llega un momento en que, por la lógica misma de las cosas, ya no son suficientes las *ipsa verba*. Hay que llegar a más, para lo que hay que buscar ahora las *ipsissima verba*, en un intento "científico" y desesperado por satisfacer, tanto a los inquietos por la ciencia más depurada, como a los preocupados por la piedad más genuina. Los cuales, como era de esperar, no se quedan nunca contentos con los nuevos hallazgos, obligando así a los desgraciados exegetas a seguir buceando desesperadamente en las fuentes para encontrar la última quintaesencia de lo auténtico. Todo se convierte entonces en la tarea de seguir añadiendo grados a los superlativos: "ipsa," "ipsissima," "más ipsissima todavía"..., lo que no deja de recordar el viejo chiste del café no adulterado, que pretendía ser café café pero sin llegar a ser café café café".[10]

Por eso, seguiremos en el estudio de los textos bíblicos los criterios señalados por el mismo autor, conforme a la tradición exegética más segura:

"La doctrina contenida en el Nuevo Testamento, interpretada y enseñada por la Iglesia durante veinte siglos, es indudablemente una doctrina revelada. Las buenas escuelas de exégesis, que tanto han contribuido al mejor conocimiento de la Biblia gracias a una ardua tarea de investigación, cumplen una misión importante y son insustituibles.[11] Pero los trabajos y avances de la exégesis no pueden ser un obstáculo que nos impida seguir creyendo, con toda tranquilidad, que la Biblia ha sido escrita *para que la gente la entienda* —y además sin necesidad de romperse la cabeza—, y que lo que en ella se contiene *es sencillamente la verdad.* Lo definitivamente cierto, en último término, es la palabra de Dios, *y no la de los eruditos.* En todo caso una Palabra de Dios interpretada por la Iglesia, cuando haya necesidad de hacerlo, por la sencilla razón de que es

---

[10]A. Gálvez: *El Amigo Inoportuno*, Shoreless Lake Press, New Jersey, 1995, págs. 74–75.

[11]De hecho, los avances de la verdadera exégesis, además de los logros conseguidos en la depuración del texto bíblico en los últimos años, son muy consoladores. Ahí están, por ejemplo, los trabajos que han concluido en el texto de la *Neovulgata*.

a ella a quien le corresponde esa tarea y la que tiene que decidir en última y suprema instancia.

Nada de lo cual está claro para estas teologías. Arrogándose el juicio último sobre la Revelación, y sustituyendo la doctrina de la Iglesia por la de los teólogos,[12] se han reconocido a sí mismas como la suprema instancia de toda exégesis...[13]

Y en otro lugar:

"De ahí que la única salida que nos queda a los cristianos es la de no prestarnos al juego. A poco que demos entrada en nuestra alma a la vacilación o la incertidumbre, sucumbiremos ante la mentira. Permitir un cuestionamiento de la Biblia, admitiendo —por ejemplo— que el Evangelio no contiene realmente las verdaderas palabras del Señor sino en todo caso su pensamiento, interpretado por San Juan, que es distinto a su vez del mismo pensamiento interpretado por San Pablo, quien creía que la parusía era inminente, mientras que el Señor, por otra parte, no estaba muy convencido de su divinidad..., y un largo etcétera, es tomar el camino que conduce a la locura o a la pérdida de la fe. Todo el mundo sabe que aceptar la lucha en el terreno elegido por el enemigo, con las armas y condiciones también elegidas por él, es firmar la derrota de antemano."[14]

Solo cuando se abre el corazón a la Palabra de Dios con estas disposiciones se llega a penetrar en la belleza y profundidad de su

---

[12] O sea, por la de los mismos que han elaborado esas teologías.

[13] A. Gálvez: *El Amigo...*, cit., págs. 92–93.

[14] A. Gálvez: *El Amigo...*, cit., págs. 75–76.

contenido, y se extraen de ella, hasta donde es posible para el ser humano, las verdades reveladas por Dios. No sin razón decía nuestro Señor: "Te doy gracias, Oh Padre, Señor del cielo y de la tierra, porque has ocultado estas cosas a los sabios y prudentes de este mundo y las has revelado a los pequeños. Sí, Padre, porque así te ha parecido bien" (Mt 11:25).

28.2 Principios de interpretación teológicos

Son los principios específicos de la hermenéutica bíblica, es decir, criterios teológicos o dogmáticos.[15] Se fundamentan en la verdad de la inspiración divina de la Biblia, que conlleva un doble conjunto de criterios, según se considere a Dios como autor de la Biblia (que exige tener en cuenta la analogía de la fe bíblica, el desarrollo progresivo de la Revelación, la armonía del Antiguo y del Nuevo Testamento, la unidad de la Biblia y sus relecturas de textos anteriores por hagiógrafos posteriores, y la acción viva interna del alma de la Iglesia que es el Espíritu Santo), o a la Iglesia como custodio e intérprete de la misma (que conlleva la consideración de los criterios de la interpretación auténtica del Magisterio de la Iglesia, la analogía de fe católica, el sentido de la Tradición y el testimonio de los Santos Padres).[16]

---

[15]Compendiadamente estos criterios aparecen en la *Dei Verbum* 12: "Para descubrir con exactitud el sentido de los textos sagrados, hay que atender no menos diligentemente al contenido y a la unidad de toda la Sagrada Escritura, teniendo en cuanta la Tradición viva de toda la Iglesia y la analogía de la fe" (D. H. 4219).

[16]Sigo las explicaciones claras y seguras de J. M. Casciaro: *Exégesis...*, cit., págs. 115–119; Id.: *Heurística bíblica*, en GER, vol II, págs. 746–749. Cfr. también, M. A. Tábet: *Introducción general...*, cit., págs. 405–430.

28.2.1 Criterios teológicos basados en el hecho de que Dios es el autor de la Biblia

1.- Analogía de la fe bíblica

Este criterio exige que se considere la íntima coherencia de las verdades religiosas contenidas en la Biblia. Tiene una doble aplicación: en sentido positivo, hay que tener en cuenta que unos textos arrojan luz sobre otros y sirven para ahondar en el auténtico significado de lo revelado; en sentido negativo, ningún texto puede realmente contradecir a otro.

Como consecuencia:

- Cualquier contradicción sería una falta de comprensión del lector, y no de la Revelación misma.

- La Biblia puede en varios textos señalar diferentes acentos y subrayar aspectos diversos de la misma verdad, lo que es lógico si se tiene en cuenta el desarrollo progresivo de la Revelación y el respeto de Dios por las características personales de los hagiógrafos.

- Puede haber un progreso en la revelación de ciertas verdades, pero no contradicción.

Fue un principio seguido por los Padres de la Iglesia, al comentar los textos de la Sagrada Escritura, apoyándolos unos en otros.[17]

Este principio fue sancionado por el Magisterio de León XIII, en la Encíclica *Providentissimus Deus*:

> "En los pasajes de la Escritura que todavía esperan una interpretación cierta y bien definida, o se busca una que

---

[17]Cfr., por ejemplo, San Agustín: *De doctr. christ.* 3, 2 (P. L. 34, 65); cfr. *Serm.* 7, 3; *Epist.* 82, 1, etc.

sea más detallada y profunda, se debe seguir la analogía de la fe y atenerse, como norma suprema, a la doctrina católica, que se recibe de la autoridad de la Iglesia. Al ser el mismo Dios autor de los libros sagrados y de la doctrina que la Iglesia tiene en depósito, no es posible que provenga de una legítima interpretación el sentido de un pasaje de la Escritura que discrepe de alguna manera con la doctrina de la Iglesia. Se sigue que hay que rechazar como inadecuada y falsa toda interpretación que, de algún modo, ponga a los autores sagrados en contradicción entre sí o que sea opuesta a la enseñanza de la Iglesia".[18]

2.- Desarrollo progresivo de la Revelación

La Revelación fue hecha por voluntad de Dios de un modo progresivo aunque homogéneo, puesto que decidió mostrar las verdades reveladas adaptándose (*sincatábasis* divina) a la realidad de los hombres de cada época de la Historia de la Salvación, de un modo pedagógico y progresivo. Las verdades reveladas no se comunicaron todas a la vez y en un solo momento.

Los textos bíblicos fueron apareciendo a lo largo de varios siglos, y Dios fue revelando la verdad progresivamente, por lo que es necesario ubicar los textos en sus circunstancias históricas y tener en cuenta el principio de analogía bíblica en su interpretación.

Por tanto, existen textos más antiguos que pueden ser mejor entendidos a la luz de textos más modernos.

---

[18]E. B. 109.

3.- Armonía interna de ambos Testamentos

No puede haber contradicción entre el Antiguo y el Nuevo Testamento, porque el autor principal de ambos es Dios, que no puede contradecirse. Este principio sustenta tanto la llamada "interpretación cristiana del Antiguo Testamento" (ha de ser leído desde la perspectiva de la plenitud de la Revelación que trajo Jesucristo), así como los sentidos pleno, típico y espiritual. San Agustín lo expresaba con su famoso adagio: *Novum Testamentum in Vetere latet et Vetus in Novo patet.*[19]

El Antiguo Testamento puede ser considerado como una preparación para el cumplimiento definitivo de la salvación y de la Revelación en el Nuevo Testamento. La Iglesia leerá el Antiguo Testamento a la luz del Nuevo, en especial del acontecimiento supremo de la muerte y resurrección de Jesucristo. A la luz de los acontecimientos de la Pascua y guiados por el Espíritu que el mismo Jesús había prometido, los autores del Nuevo Testamento releyeron el Antiguo Testamento, descubriendo su significado pleno, entendiendo que cuanto había sido revelado constituía una etapa predispuesta por Dios para manifestar gradualmente el misterio de Jesús y de su Reino.

Santo Tomás explicaba tal relación en los siguientes términos:

"Vel per cor Christi intelligitur sacra Scriptura, quae manifestat cor Christi. Hoc autem erat clausum ante passionem, quia erat obscura; sed aperta est post passionem, quia eam jam intelligentes considerant, et discernunt

"El corazón de Cristo designa la Sagrada Escritura, que hace conocer el corazón de Cristo. Este corazón estaba cerrado antes de la Pasión porque la Escritura era oscura. Pero la Escritura fue abierta después de la Pasión, porque los que en adelante tienen inteligencia de ella conside-

---

[19]San Agustín: *Quaestiones in Heptateuchum*, 2, 73.

quomodo prophetiae sint ex-
ponendae".[20]

ran y disciernen de qué manera deben ser interpretadas las profecías".

Un ejemplo de este modo de interpretar aparece en Lc 24: 44–47, cuando Jesucristo abrió la mente de los discípulos de Emaús para que entendieran las Escrituras: "Y les dijo: —Esto es lo que os decía cuando aún estaba con vosotros: es necesario que se cumpla todo lo que está escrito en la Ley de Moisés, en los Profetas y en los Salmos acerca de mí. Entonces les abrió el entendimiento para que comprendiesen las Escrituras. Y les dijo: –Así está escrito: que el Cristo tiene que padecer y resucitar de entre los muertos al tercer día, y que se predique en su nombre la conversión para perdón de los pecados a todas las gentes, comenzando desde Jerusalén".

4.- La unidad de la Biblia y las relecturas

La unidad interna de la Biblia a la que han hecho referencia los tres apartados anteriores, queda reforzada por lo que se denomina la "relectura" que hacen textos posteriores de la Biblia de textos o acontecimientos anteriores, bajo la influencia de la inspiración divina, con lo que a veces, se hace explícito por los mismos autores sagrados contenidos que hasta ese momento estaban implícitos en los textos más antiguos que se releen, o se producen significados diferentes del sentido primitivo, o se resalta el cumplimiento de las antiguas profecías, etc.[21] Por ejemplo:

- El tema de la Tierra prometida a Abrahán y a su descendencia (Ge 15: 7.18), fue interpretado posteriormente para indicar la entrada de Dios en el santuario (Ex 15:17), una participación en el descanso de Dios (Sal 132: 7-8) reservado para los creyentes

---

[20]Santo Tomás de Aquino: *Expositio in Psalmos* 21:11.

[21]M. A. Tábet: *Introducción general...*, cit., págs. 407–409.

(Sal 95: 8-11; Heb 3: 7–4.11), y también la llamada a entrar en el santuario celeste (Heb 6: 12. 18–20), la "herencia eterna" (Heb 9, 15).

- La profecía de Jeremías sobre los setenta años de castigo sobre Jerusalén y sobre Judá[22], es profundizado en el sentido del tiempo del nacimiento del Mesías en el profeta Daniel (Da 9: 24–27).

- Los escritos del Nuevo Testamento están llenos de alusiones al Antiguo y, a veces, contienen citas explícitas; incluso Jesucristo las interpreta con frecuencia de modo distinto a como las leían los fariseos, por ejemplo, las antítesis del Sermón de la Montaña (Mc 2: 27–28), su modo de relativizar los preceptos de pureza ritual (Mc 7: 1–23), su acogida de publicanos y pecadores (Mc 2: 15–17), su exigencia radical con respecto a los temas centrales de la vida cristiana (Mt 10: 2–12; 10: 17–27), etc.

Del hecho de las relecturas de los textos realizado por la misma Biblia, se pueden deducir tres consecuencias, según M. A. Tábet:[23]

1. La interpretación que la Sagrada Escritura hace de sí misma sobre puntos esenciales de la Revelación debe ser aceptada con un asentimiento de fe.

2. La interpretación de la Biblia debe constituir una guía para presentar el mensaje evangélico en cada época.

3. La variedad de interpretaciones que se encuentran en la Escritura implica, en la unidad de la fe, que ninguna interpretación particular debe considerarse exclusiva.

---

[22]Jer 25: 11–12; 29:10, recordado en 2 Cr 25: 20–23, que comprueba su cumplimiento.

[23]M. A. Tábet: *Introducción general...*, cit., págs. 408–409.

5.- Acción vivificante del Espíritu Santo

Para entender la Escritura es necesario leerla a la luz y con la gracia del Espíritu Santo quien ilumina el alma y la inteligencia del intérprete o lector, guiándole con la fe y el amor a Dios.

El fundamento de este criterio está en el hecho de que la Escritura ha de ser leída con el mismo Espíritu con el que se escribió.[24]

La ayuda del Espíritu se obtiene por la vida de la gracia recibida sobre todo en la oración y a través la práctica de las virtudes cristianas (santidad).

Con todo hay que evitar caer en el principio de la teología protestante del libre examen.

Sobre este criterio, se profundizará más adelante.

28.2.2 Criterios teológicos basados en el hecho de que la Iglesia es la custodia e intérprete autorizada de la Biblia

1.- Interpretación auténtica del Magisterio

Esta interpretación auténtica corresponde exclusivamente al Magisterio de la Iglesia quien puede declarar infaliblemente el sentido verdadero de un texto sagrado.

Es un principio que, proclamado en Trento, adquiere el carácter de dogmático en el Concilio Vaticano I:

> "Declaramos que su mente es que en materias de fe y costumbres que atañen a la edificación de la doctrina cristiana, ha de tenerse por verdadero sentido de la Sagrada Escritura aquel que sostuvo y sostiene la santa madre

---

[24]Cfr. *Dei Verbum* 12 (D. H. 4219).

Iglesia, a quien toca juzgar del verdadero sentido e interpretación de las Escrituras santas; y, por tanto, a nadie es lícito interpretar la misma Escritura Sagrada contra este sentido ni tampoco contra el sentir unánime de los Padres".[25]

Será repetido en múltiples documentos magisteriales[26] y finalmente en la Constitución *Dei Verbum*:

"El oficio de interpretar auténticamente la palabra de Dios escrita o transmitida ha sido confiado únicamente al Magisterio vivo de la Iglesia, cuya autoridad se ejerce en el nombre de Jesucristo".[27]

Se fundamenta en la institución del Magisterio eclesiástico infalible por el mismo Jesucristo (Cfr. Mt 16: 18–19; 28: 18–20; Jn 14: 16–25; 15: 16.26). Principio que se utilizó por los Santos Padres como criterio de verdad para la exégesis.[28]

Por eso, recuerda A. Gálvez que:

"Como sabe cualquier católico, las fuentes de la Revelación son únicamente dos: la Sagrada Escritura y la

---

[25]Constitución *Dei Filius*, 3 (D. S. 3007, cfr. 3011). En efecto, se propone en una constitución dogmática, se afirma de un modo positivo (declaramus) lo que en Trento era una prohibición, y finalmente, lo reduce a un corolario práctico del principio dogmático.

[26]Cfr. Encíclica *Humani Generis* (D. S. 3886).

[27]*Dei Verbum*, 10 (D. H. 4214). Cfr. G. Aranda: *Magisterio de la Iglesia e interpretación de la Escritura*, en "J. M. Casciaro (ed.), Biblia y Hermenéutica" cit., págs. 529–588; R. Fabris: *Bibbia e magistero. Dalla Providentissimus Deus (1893) alla Dei Verbum (1965)*, "Studia Patavina", 41 (1994) 315–340.

[28]Cfr. entre otros, las expresiones de San Jerónimo: *Epist.*, 15, 1,2,4; *In Dan.*, 3, 37.

Tradición Apostólica. La Iglesia no ha reconocido nunca la *interpretación subjetiva individual* de tales fuentes (que es en lo que consiste la herejía de Lutero, al preconizar la libre y personal interpretación de la Biblia y rechazar por completo la Tradición). Es la Iglesia como tal, y solamente Ella a través de su Jerarquía, la que goza de la asistencia del Espíritu Santo al objeto de interpretar con total garantía los datos de la Revelación. La Revelación escrita (Sagrada Escritura) quedó definitivamente cerrada con la muerte del último Apóstol. La Tradición Apostólica procede de los Apóstoles, y transmite lo que éstos recibieron de las enseñanzas y del ejemplo de Jesucristo, además de lo que aprendieron del Espíritu Santo.

Dado que, como hemos dicho, no existe en la Iglesia la posibilidad de la interpretación individual de la Revelación, la única a quien corresponde garantizar la seguridad y veracidad de los datos revelados y la encargada de su custodia, es la propia Iglesia. Cuya infalibilidad en este sentido está garantizada por la asistencia del Espíritu Santo, *a través del auténtico y legítimo Magisterio*. El cual ha ido profundizando en la Doctrina revelada a través de los siglos, *aunque manteniendo siempre la inmutabilidad del dato*, puesto que no puede el hombre añadir ni quitar nada a las palabras reveladas por Dios. Pero ahondar en el estudio del dato revelado no significa añadir, ni quitar, ni cambiar nada de él.

De ahí la importancia fundamental y transcendental del Magisterio Eclesiástico. El cual, asistido por el Espíritu, se ha mantenido incólume e inmutable a través de veinte siglos. Lo que lo constituye como *la única garantía que posee el cristiano de que lo enseñado por la Iglesia es exactamente el contenido fiel de la auténtica Revelación".*[29]

Ahora bien, la interpretación del Magisterio puede realizarse de modos diversos:

1. *Interpretación directa*, que es el criterio primero, más específico y concreto de la hermenéutica católica. Puede ser dividida, a su vez, en:

   - Positiva, cuando se declara el sentido auténtico de algún texto. Esto ha ocurrido en contadas ocasiones:
     - El Concilio Vaticano I sobre el primado del Papa en Mt 16: 16–19 y en Jn 21: 15–17.[30]
     - El Concilio de Trento, sobre la Eucaristía en Mt 26:26 y Lc 22:19.[31]
     - El Concilio de Trento, sobre la unción de los enfermos en San 5:14.[32]
     - El Concilio XV de Cartago (a. 418) sobre el bautismo como necesario para la salvación en Jn 3:5.[33]
     - El Concilio de Trento, sobre el agua como materia del bautismo en Jn 3:5.[34]
     - El Concilio de Trento sobre el orden sacerdotal en Lc 22:19 y 1 Cor 11:24.[35]

---

[29]A. Gálvez: *El inverno eclesial*, cit., págs. 249–251.

[30]D. S. 3050 ss.

[31]D. S. 1651-1661.

[32]D. S. 1601; 1716.

[33]D. S. 224.

[34]D. S. 1615.

[35]D. S. 1752.

- Negativa: cuando se declara errónea, temeraria, herética, etc., alguna interpretación personal de algún teólogo.[36]

Hay que tener en cuenta que el Magisterio no quiere agotar todas las posibilidades de interpretación de un determinado texto, pero sí fijar el sentido concreto que se quiere resaltar con relación a un dogma en concreto (presencia eucarística, la unción de enfermos como verdadero sacramento, el primado de San Pedro, etc.).[37]

2. *Interpretación indirecta*: cuando no es el texto en concreto el objeto directo de la declaración magisterial, sino que el texto o textos se aducen como apoyo de una declaración de una verdad de fe. Son casos muy numerosos y aparecen en casi todos los documentos magisteriales de la Iglesia.

No es fácil determinar el valor de esas citas, y el teólogo tendrá que examinar el grado de relación que existe entre la verdad dogmática proclamada y las citas que la acompañan. De todos modos, siempre será un criterio orientador del sentido de la cita bíblica en cuestión. Hay obligación de no contradecir el sentido en que el Magisterio auténtico ha utilizado el texto.

2.- Analogía de fe católica

Es la conexión, más o menos inmediata, que existe entre las verdades de fe que profesamos. León XIII se refería a la analogía de la fe como la coherencia de las verdades de la fe entre ellas y en conjunto del proyecto de Revelación:

---

[36]Fue el caso de la condena a la tesis de J. L. Isenbihel de que Is 7:14 no era un texto mesiánico.

[37]Por ejemplo, en el caso de Is 7:14, el Magisterio ha definido su sentido mesiánico, pero no ha entrado a determinar si es sentido literal, típico, espiritual, etc.

"En los demás puntos deberá seguir la analogía de la fe y tomar como norma suprema la doctrina católica tal como está decidida por la autoridad de la Iglesia; porque, siendo el mismo Dios el autor de los libros santos y de la doctrina que la Iglesia tiene en depósito, no puede suceder que proceda de una legítima interpretación de aquéllos un sentido que discrepe en alguna manera de ésta. De donde resulta que se debe rechazar como insensata y falsa toda explicación que ponga a los autores sagrados en contradicción entre sí o que sea opuesta a la enseñanza de la Iglesia".[38]

La *Dei Verbum* señala la analogía de la fe como uno de los contextos en el que deben ser leídos los libros sagrados:

"La Sagrada Escritura hay que leerla e interpretarla con el mismo Espíritu con que se escribió para sacar el sentido exacto de los textos sagrados, hay que atender no menos diligentemente al contenido y a la unidad de toda la Sagrada Escritura, teniendo en cuenta la Tradición viva de toda la Iglesia y la analogía de la fe".[39]

Como no puede haber contradicción entre las verdades reveladas por Dios en la Biblia, en la Tradición, y el carisma de infalibilidad del Magisterio,[40] la interpretación de un texto sagrado no puede contradecir la fe católica. Si se produjera una tal oposición, esto sería indicio de que el intérprete incurrió en un error y debe revisar su argumentación y/o conclusiones.

---

[38]*Providentissimus Deus* (D. S. 3283, E. B. 110).

[39]*Dei Verbum*, 12 (D. H. 4219).

[40]Cuando se cumplen las condiciones de la misma.

3.- La Tradición de la Iglesia

Es otro criterio a tener en cuenta basado en el fundamento que se acaba de mencionar.[41] La razón de este criterio, que exige que para conocer con exactitud el sentido de la Biblia es necesario tener en cuenta la Tradición de toda la Iglesia, tiene como fundamento el hecho de que por voluntad divina (Jn 14: 16–17; 15:26), el Espíritu Santo, que es el autor de la Sagrada Escritura y su intérprete verdadero, es el que también asiste a la Iglesia para que entienda el sentido verdadero de los textos sagrados. Por lo tanto, la Tradición ha de ser también guía y norma de la hermenéutica, pues muestra el modo en que la Palabra de Dios como fue recibida y vivida por la Iglesia en sus inicios y preservada a través de todos los siglos, manifestando y explicitando su inmensa virtualidad.

La Tradición se muestra por muchos medios: la predicación auténtica oficial de la Iglesia, la liturgia, la doctrina de los Santos Padres, los documentos arqueológicos, el arte, etc., y en particular es propuesta por el auténtico Magisterio de la Iglesia quien ensaña solo lo que ha sido transmitido.[42]

Es necesario tener en cuenta que se trata de la Tradición Apostólica correctamente entendida y no del falso concepto de tradición viva de la Iglesia que suele utilizar la teología modernista, como ya se señalaba en su lugar. En efecto, es la Tradición que tiene su origen

---

[41]Cfr. J. Gribomont: *La función hermenéutica de la Tradición de la Iglesia*, en J. M. Casciaro (ed.), Biblia y Hermenéutica..., cit., págs. 511–527; P. Grech: *El problema hermenéutico del siglo II*, en J. M. Casciaro (ed.), Biblia y Hermenéutica..., cit., págs. 591–600; I. de la Potterie: *La lettura della Sacra Scrittura 'nello Spirito'*, en "Communio" 87 (1986) 209–223; F. Dreyfus: *L'actualization de l'Ecriture*, en "Revue Biblique" 86 (1979) 5–58, 161–193, 321–384; A. Feuillet: *Réflexions d'actualité sur les recherches exégétiques*, Revue Thomiste 2–3 (1971) 246–279. Cfr. bibliografía en AA.VV.: *De Scriptura et Traditione*, Pontificia Accademia Mariana, Roma, 1963.

[42]*Dei Verbum*, 10 (D.H. 4214).

en los Apóstoles, que se expresa de un modo especial también en la Biblia y que se conserva hasta el final de la Historia a través de una sucesión continua. A través de ella, la Iglesia en su doctrina, vida y culto perpetua y transmite a lo largo de las generaciones todo lo que la Iglesia es y cree. Cuando se habla del progreso de la Tradición se entiende como crecimiento en la comprensión de la Revelación, conocimiento más profundo y más efectiva puesta en práctica en la vida de la Iglesia; no se puede entender como introductora de ideas innovadoras, revolucionarias o contradictorias con las verdades sostenidas y vividas en la Iglesia desde sus orígenes.[43]

Este criterio fue señalado en el Concilio de Trento[44] y también por la *Dei Verbum*, cuando se refiere a que "hay que tener en cuenta la Tradición viva de toda la Iglesia" para conocer con exactitud el sentido de los textos inspirados.[45]

4.- Testimonio de los Santos Padres

Además de ser testigos privilegiados de la Tradición Apostólica, la interpretación moralmente unánime de todos ellos sobre el sentido de un texto sagrado concreto, le da a ese sentido el valor de dogma de fe.

Este criterio fue proclamado en el Concilio de Trento:

---

[43]Cfr. *Dei Verbum*, 8–9 (D. H. 4209–4212).

[44]No es lícito interpretar la Escritura contra el "sensus quem tenuit et tenet sancta mater Ecclesia" (D. S. 1507). Cfr. G. M. Giurato: *Le tradizioni nella IV Sessione del Concilio di Trento*, Vicenza, 1942; E. Ortiguès: *Écriture et tradition apostolique au Concile de Trente*, en "Recherches des Sciences Religieuses" 36 (1949) 271–279; V. Cano Sordo: *Aspectos de la Tradición en el 'De Locis' de Melchor Cano*, Pamplona, Eunsa, 1991, págs. 58–63.

[45]*Dei Verbum* 12 (D. H. 4219).

"Que nadie sea osado a interpretar la Sagrada Escritura en materia de fe y costumbres...,[46] contra el unánime sentir[47] de los Padres".[48]

Se exigen pues dos condiciones: que sean afirmaciones de materia de fe y costumbres y que exista unanimidad moral entre ellos.

El presente criterio se recordó en el Concilio Vaticano I[49] y en las Encíclicas bíblicas posteriores. Es el caso, por ejemplo, de León XIII en la *Providentissimus Deus*:

"Ahora bien, los Santos Padres que, 'después de los Apóstoles plantaron, regaron, edificaron, apacentaron y alimentaron a la Iglesia y por cuya acción creció ella',[50] tienen autoridad suma siempre que explican todos de modo unánime un texto bíblico, como perteneciente a la doctrina de la fe y de las costumbres. De su unánime consenso, en efecto, aparece claramente que así ha sido transmitido por los Apóstoles según la fe católica".[51]

Con respecto al modo como los Santos Padres interpretaron los textos bíblicos hay que tener en cuenta los siguientes datos:

---

[46]Tal materia existe cuando los Padres vinculan explícita o implícitamente su interpretación con la doctrina revelada.

[47]No se trata de unanimidad numérica, sino moral, bastando que exista un número de Padres de entre los de mayor autoridad y más representativos de toda la Iglesia.

[48]D. S. 1507.

[49]"Por tanto, a nadie es lícito interpretar la misma Escritura sagrada..., contra el sentir unánime de los Padres" (D. S. 3007).

[50]Cfr. San Agustín: *Contra Iulianum Pelagianum*, 11, 10, nº 37 (P. L. 44, 700).

[51]D. S. 3284. Cfr. Pío XI: *Decreto dammantio operis Manuel biblique*, E. B. 501; Pio XII, *Divino afflante Spiritu*, E. B. 551; Pio XII, *Instructio, De Scriptura Santa docenda*, E. B. 597; Pio XII, Enc. *Humani Generis*, D. S. 3887.

1. En su exégesis aparecen dos perspectivas principales: la histórico–literal y la alegórica con conexiones de tipo tipológico (cfr. las escuelas de Antioquía[52] y de Alejandría[53] respectivamente).

2. La Biblia es, más allá de cualquier interpretación, un libro sagrado obra de un único autor principal.

3. La Biblia ha sido entregada a la Iglesia para su salvaguarda y recta interpretación.

4. El fin de la Revelación es encaminar a todos los hombres hacia la salvación.

5. La Biblia ha de ser leída teológicamente en el seno de la Tradición siempre actual y viva de la Iglesia, con espíritu verdaderamente cristiano.

28.3 Principales métodos de las ciencias positivas actuales

Dios es el autor principal de la Biblia y usó a los hagiógrafos como autores instrumentales guiados por el carisma de inspiración, respetando sus cualidades y condiciones humanas. El resultado es que la Biblia, además de sobrenatural por su autor divino, tiene todas las cualidades de un texto literario escrito por hombres que vivieron en una época determinada, con un lenguaje propio y unas condiciones ambientales, sociales, políticas y religiosas concretas.

---

[52]Cfr. las exégesis de San Juan Crisóstomo, Teodoro de Mopsuestia, Teodoreto de Ciro, etc.

[53]Cfr. San Clemente de Alejandría, Orígenes, San Cirilo de Alejandría, etc.

Al conocimiento de estos aspectos humanos de la Biblia se dirigen los principios metodológicos de las ciencias positivas que estudian los textos antiguos y que han de ser aplicados en su justa medida también en la hermenéutica bíblica.

Estos principios de las ciencias positivas suelen llamarse "reglas racionales de interpretación" y son las comunes a todo estudio histórico–literario de cualquier texto. Implican todas las cuestiones, por un lado, de carácter filológico y lingüístico (lexicografía, semántica, semiología, etc.); y, por otro lado, las cuestiones históricas y arqueológicas (circunstancias del autor, situación cultural del autor humano, destinatarios inmediatos, fecha de composición, fuentes histórico–críticas, género literario, etc.).

La investigación contemporánea ha alcanzado un desarrollo considerable en cuanto a las técnicas de "hermenéutica racional". Algunos métodos estaban imbuidos de prejuicios y errores de rechazo de lo sobrenatural y que se manifestaban en varias áreas (históricas, filológicas, filosóficas, teológicas, etc.); esos prejuicios viciaban los métodos y los hacían inservibles para el estudio de la Biblia, que tiene un carácter esencialmente sobrenatural.

Con todo, los críticos católicos de los últimos tiempos intentaron depurar esos errores con el fin de conseguir emplearlos con utilidad en la interpretación de la Sagrada Escritura. Esto supone dos importantes tareas previas:

1. En primer lugar, superar la unilateralidad de cualquiera de los métodos modernos propuestos, que tendían a creerse las únicas y definitivas técnicas de interpretación; sin embargo, nuevos métodos posteriores, que nacían con el mismo convencimiento de su único valor y exclusividad como métodos, proponían líneas de investigación completamente diferentes. Y así ocurría con los sucesivos métodos que se proponían. Era necesario, en conse-

cuencia, descubrir las falacias y los valores en que se basaban, así como aplicar las diversas perspectivas y métodos ya depurados para poder llegar a la real y verdadera interpretación de un determinado texto bíblico.

2. En segundo lugar, tener en cuenta los principios filosóficos y gnoseológicos que sustentaban los dichos métodos, basados frecuentemente en filosofías contemporáneas que no son compatibles con la verdad ni con la Revelación.

Hay que tener en cuenta que, con frecuencia, tales métodos fueron utilizados para negar o poner en duda verdades dogmáticas de la Iglesia, lo que se debía, en gran medida, a que el gran desarrollo de las técnicas de crítica racional no iba acompañado de un fruto paralelo desde el punto de vista de la profundización teológica. De hecho, un considerable número de investigadores olvidaron o rechazaron la necesidad de tener en cuenta los criterios y métodos teológicos y dogmáticos que se basaban en la aceptación de la fe verdadera, en el reconocimiento de la naturaleza íntegra divino–humana de la Sagrada Escritura y en la sintonía con la doctrina auténtica de la Iglesia.

Por eso, incluso los partidarios del uso de tales métodos, admiten los peligros que entrañan. Así, por ejemplo, en el documento de la Pontificia Comisión Bíblica de 1993, *La interpretación de la Biblia en la Iglesia*, se reconoce que los exégetas adversarios de los nuevos métodos "subrayan que la exégesis científica provoca la perplejidad y la duda sobre innumerables puntos, que eran admitidos hasta ahora pacíficamente, empujando a algunos exégetas a tomar posiciones contrarias a la fe de la Iglesia sobre cuestiones tan importantes como la concepción virginal de Jesús y sus milagros, e incluso sobre su resurrección y divinidad".[54] Por su parte la Exhortación Apostólica post–

---

[54]Pág. 29.

sinodal *Verbum Domini* del 30 de septiembre del 2010, también avisa de los peligros del uso que se hace de los métodos histórico–críticos: si la actividad exegética se reduce únicamente al primer nivel (método histórico–crítico), la Escritura misma se convierte sólo en un texto del pasado (VD 35). La causa de su inquietud —repetida en varios puntos de esta sección 33, 35, 36, 37, 47— es el peligro de una "hermenéutica secularizada" donde Dios no es tomado en cuenta, es excluido *a priori* de cualquier intervención en la historia y, como consecuencia, la Sagrada Escritura no podría ser el alma de la teología porque la exégesis no sería teología. La exégesis se centraría únicamente en la historicidad y, concretamente, "en la precisión de la explicación de lo que pasó reside tanto su fuerza como su limitación".

Por su lado, famosos teólogos y exégetas, que aceptan como "necesario" el uso de tales nuevos métodos, son conscientes de sus grandes limitaciones y peligros, y acaban relativizando su valor. Valgan como ejemplos el del exégeta alemán que se ha considerado quizás el más importante de la segunda mitad del siglo XX, Rudolf Schnackenburg, o el de J. Ratzinger.

En efecto, Schnackenburg percibió en sus últimos obras teológicas, el peligro que los nuevos métodos podrían suponer para la fe. Por eso, ante lo poco adecuadas que eran todas las imágenes 'históricas' de Jesús elaboradas mientras tanto por la exégesis, y tras toda una vida de investigación, Schnackenburg llega a la conclusión "de que mediante los esfuerzos de la investigación con métodos histórico–críticos no se logra, o se logra de modo insuficiente, una visión fiable de la figura histórica de Jesús de Nazareth" (p. 348); "el esfuerzo de la investigación exegética..., por identificar estas tradiciones y llevarlas a lo históricamente digno de crédito, nos somete a una discusión continua de la historia de las tradiciones y de la redacciones que nunca se acaba (p. 349)".[55]

Críticas más profundas hace Ratzinger al método histórico–crítico.[56]

Sin embargo, la opinión común hoy en día, incluso en documentos oficiales y en la opinión de los mencionados teólogos, es que los nuevos métodos son de uso indispensable o al menos muy conveniente, porque la Sagrada Escritura es Palabra de Dios en lenguaje humano que ha de ser justamente comprendido. Así, por ejemplo, el documento de la Comisión Biblica citado sostiene que "el método histórico–crítico es el método indispensable (pág. 32)..., los exégetas deben servirse del método histórico–crítico (pág. 97)..., la naturaleza misma de los textos

---

[55]R. Schnackenburg quiso en su última gran obra, *La persona de Jesucristo reflejada en los cuatro Evangelios* Barcelona, Herder, 1998), presentar la figura del Señor de un modo más directo desde la aceptación sencilla de la narración evangélica, para facilitar a los creyentes "a los que hoy la investigación científica... hace sentirse inseguros, para que conserven su fe en la persona de Jesucristo como redentor y salvador del mundo" (p. 6, citado por J. Ratzinger, *Jesús de Nazaret*, Ciudad del Vaticano, Libreria Editrice Vaticana, 2007, vol. 1, pág. 5). A la misma conclusión llegó Francois Mauriac en su famosa *Vida de Jesús* (Madrid, Plaza y Janés, 1963). Mauriac siguió fielmente durante muchos años las doctrinas modernistas de Loisy y del modernismo en general. Sin embargo pronto se desengañó de ese pensamiento que acababa por destruir la teología y la realidad del mismo Señor. Por eso escribió este pequeño libro, que tiene un encanto especial. Muestra la vida de Cristo en toda su belleza y realidad, con gran fe (algunos detalles podrían discutirse, pero pocos), y con una veneración y amor a Jesucristo muy profundos.

[56]"Es importante que se reconozcan los límites del método histórico–crítico mismo". Así entre otras insuficiencias, no agota el cometido de la interpretación para quien ve en los textos bíblicos la única Sagrada Escritura y la cree inspirada por Dios; deja la Palabra de Dios anclada en el pasado y no la puede hacer actual; olvida que la Biblia es palabra de Dios y no palabra humana en cuanto humana; considera cada uno de los libros en su momento histórico y luego lo subdivide en sus fuentes, y olvida la unidad de todos los libros sagrados como "Biblia"; etc. (Cfr. J. Ratzinger: *Jesús...*, cit., págs. 6–7).

bíblicos exige que, para interpretarlos, se continue empleando el método histórico–crítico (pag. 122, conclusión)". El mismo J. Ratzinger sostiene que "método histórico–crítico sigue siendo imprescindible a partir de la estructura de la fe cristiana", a pesar de sus deficiencias.[57]

Desde mi punto de vista, no parece que en principio su uso sea tan "necesario" e "indispensable" si se tiene en cuenta el hecho de que los nuevos métodos han sido utilizados para socavar el fundamento bíblico de dogmas fundamentales de nuestra fe no solo por los teólogos liberales y racionalistas protestantes y agnósticos, sino también por parte de muchos exégetas que se consideran católicos. A lo que hay que añadir que se han utilizado para negar la inerrancia de la Biblia así como la historicidad de muchos de sus relatos; que se sustentan en filosofías de signo racionalista y kantiano; que han sido utilizados separándolos por principio de toda conexión con la dogmática bíblica; que fueron el instrumento utilizado por la teología modernista y neomodernista para justificar sus posiciones;[58] etc.

Es verdad que la exégesis católica ha intentado depurarlos de esos defectos, para utilizarlos sin los peligros mencionados.[59] ¿Se puede

---

[57] J. Ratzinger, *Jesús...*, vol. 1, pág. 6.

[58] Métodos que se ajustaban también a los principios historicistas y relativistas de los dogmas de la fe católica, de su fideísmo, de su concepción sobre la Tradición viva de la Iglesia —siempre cambiante según los momentos históricos—, de rechazo a toda competencia del Magisterio en la interpretación oficial de la Revelación, de defensa de la entrega del *munus docendi* al pueblo de Dios a través de su *sensus fidelium*.

[59] Es claro en todo el documento de la Pontificia Comisión Bíblica: *La interpretación...*, cit. Se puede confirmar con muchos ejemplos de exégetas famosos como los mencionados de R. Schnackenburg o J. Ratzinger, o los de algunos ya mencionados que estudian los nuevos métodos (cfr. las explicaciones sobre el valor y los límites de los nuevos métodos en M. A. Tábet: *Introducción general...*, cit., págs. 339–394, y V. Balaguer: *Introducción...*, cit. págs. 259–262). En el mismo sentido, J. Ratzinger: *Jesús...*, cit., págs. 5–9.

conseguir tal purificación? Personalmente, reitero mis dudas sobre tal posibilidad.

Con todo, si se quisieran utilizar los nuevos métodos histórico–críticos sería necesaria una gran cautela y tener siempre en cuenta los siguientes principios:

1. Los descubrimientos que se hagan con los nuevos métodos sobre el *iter* de composición de los libros, se han de considerar fundamentalmente como parte de la "acceptio rerum" de la inteligencia del autor en el proceso de composición de un libro, que puede no caer bajo el carisma de inspiración; el "iudicium de acceptis" se haría bajo el carisma de inspiración con la inerrancia consiguiente.[60]

2. Dentro de sus límites, podrían ser de alguna utilidad para acercarse al conocimiento de la intención didáctica del hagiógrafo. Pero siempre que se utilicen en conjunto con otros posibles acercamientos al texto (no solo criterios internos propugnados por los métodos histórico—críticos, sino también con los criterios externos siempre utilizados por la exégesis científica clásica).

3. Se habrían de utilizar con las características del uso de las ciencias positivas en la exégesis bíblica. Como sostiene Tábet, se podría aplicar a la exégesis bíblica, según la naturaleza específica de cada ciencia positiva, lo que Santo Tomás atribuye a la función de las disciplinas del hombre en la teología: contribuir a la determinación del alcance del texto literal de los textos inspirados; ofrecer argumentos racionales que defiendan el ver-

---

[60]Cfr. la explicación de la inspiración de la inteligencia del hagiógrafo en las encíclicas bíblicas de fines del s. XIX y XX ya estudiadas.

dadero sentido de los textos bíblicos;[61] y demostrar todo lo que pertenece a los *preambula fidei*.[62]

4. Es necesario señalar su relatividad: cada vez aparecen nuevos métodos "científicos" con la pretensión de ser los definitivos y claves para la recta interpretación de la Biblia. Unos métodos pretenden reemplazar a otros con una disparatada rapidez. Esto ya señala sus limitaciones.

5. No pueden ser utilizados independientemente de los principios dogmáticos de interpretación de la Biblia, a los que no pueden contradecir, y con cuyas conclusiones han de coincidir. Algunos exégetas quisieron independizar la exégesis "científica" de la dogmática, acabando por negar el substrato bíblico de muchas de las verdades de fe. La Biblia es el único libro que tiene a Dios como Autor, y centrar la exégesis en la labor del hagiógrafo es condenarse a destruirla y a no entenderla.

6. No pueden negar los dogmas bíblicos señalados por el Magisterio (inspiración de la Biblia, inerrancia de toda la Sagrada Escritura e historicidad de los Evangelios; la Iglesia es la única depositaria e intérprete autorizada de la misma).

---

[61]Función que aparece con frecuencia en los Padres de la Iglesia que recurrían a las ciencias de su tiempo para proteger el verdadero sentido de los textos bíblicos (cfr. M. A. Tábet: *Introducción general...*, cit., pág. 371).

[62]Tábet señala que las investigaciones históricas y literarias pueden verificar o probar, con argumentos científicos, muchos datos de la Historia de la Salvación, las circunstancias del anuncio y del cumplimiento de las profecías, los aspectos humanos de los acontecimientos sobrenaturales que relata la Biblia, etc. De este modo las disciplinas humanas contribuyen a manifestar la veracidad de las profecías y de los milagros, signos evidentes de la verdad de la Revelación cristiana y así preparan a los no creyentes a recibir la fe (*Introducción general...*, cit. pág. 371).

7. Solo pueden aceptarse en la medida en que sean verdaderos y probados métodos, y no productos de la imaginación o de la manipulación.

8. En ningún caso pueden servir para rechazar la inspiración bíblica y sus efectos de verdad, santidad, unidad y actualidad.

9. No se puede aceptar las filosofías en que se sostienen en la medida en que sean contrarias al realismo y a la filosofía del sentido común.

Para un conocimiento básico de los modernos métodos hermenéuticos, se puede seguir la exposición hecha en el Documento *La interpretación de la Biblia en la Iglesia* de la CBP de 23 de abril de 1993,[63] que dedica toda la primera parte a la valoración de los diferentes métodos racionales en su aplicación a la Biblia, bajo el título de "Métodos y acercamiento para la interpretación". Trata de hacer un resumen de los diferentes métodos, así como de sus insuficiencias y aciertos. Los mencionados métodos se pueden dividir en cuatro grupos: histórico-críticos, de análisis literario, los basados en la Tradición, y finalmente, los que se acercan al texto bíblico desde otras ciencias humanas.

---

[63]Cfr. J. Caba: *Métodos exegéticos en el estudio actual del Nuevo Testamento,* "Gregorianum" 73 (1992) 611–669; G. Segalla (ed.), *Cento Anni di studi biblici (1893-1993): Actas del congreso celebrado en Padua el 17-18-II-1994. L'interpretazione della Bibbia nella chiesa,* cfr. Studia Patavina 41 (1994) 307–490; J. Fitzmyer: *The Biblical Commission's Document 'The Interpretation of the Bible in the Church'. Text and Commentary,* Roma, Pontificio Istituto Biblico, 1995; G. Ghiberti - F. Mosetto (eds.): *L'interpretazione della Bibbia nella Chiesa,* Leumann-Torino, Elle Di Ci, 1998; J. Duhaime - O. Mainville (eds.): *Entendre la voix du Dieu Vivant. Interprétations et pratiques actuelles de la Bible,* Montréal, Médiaspaul, 1994.

28.3.1 Método histórico–crítico

Incluye una variedad de métodos que intentan entender lo más exactamente posible la intención de los autores y editores de la Biblia, así como el mensaje que dirigieron a sus primeros lectores.

Entre estos métodos, son más conocidos los siguientes:

- *Teoría de los géneros literarios*, que ya hemos estudiado más arriba.

- Teoría de Hermann Gunkel, que relaciona el género literario con el *Sitz im Leben* de la comunidad.

- *Teoría de las formas* (*Formgeschichte*) desarrollada por Dibelius y Bultmann. Las "formas" son las fuentes literarias, históricas y de la comunidad, que están en el origen de cada texto definitivo, que no sería sino la amalgama hecha por el autor definitivo a partir de esas formas anteriores a él. En general este método sigue cuatro etapas: individuar la unidad formal y catalogarla de acuerdo a sus características; determinar el ambiente vital de cada unidad (*Sitz im Leben*); estudio de la evolución de las unidades formales hasta su integración en el libro sagrado; formulación de un juicio sobre el carácter histórico de la unidad que se está examinando.[64]

- *Teoría de la redacción* (*Redaktiongeschichte*) que se centra sobre el papel fundamental del redactor definitivo del texto. El

---

[64]Su origen está en H. Gunkel para corregir las tesis de Wellhausen; su aplicación al Nuevo Testamento, fue realizado por K. S. Schmidt, M. Dibelius y R. Bultmann. Cfr. M. A. Tábet: *Introducción general...*, cit., págs. 351–353; J. Caba: *De los evangelios al Jesús histórico. Introducción a la Cristología*, Madrid, BAC, 1980. Cfr. también la Instrucción de la PCB, *Sancta Mater Ecclesia. De historica evangeliorum veritate* del 21-IV-1964 (EB 644-659).

método estudiaba el texto sagrado desde el punto de vista de su redacción final; se consideraba a los hagiógrafos no como meros compiladores de unidades literarias formales anteriores, sino como verdaderos autores, teólogos que recibieron los datos de la tradición, reelaborándolos según su propio modo de entender. Se trataba de descubrir todos los elementos que afectaron al trabajo redaccional de un hagiógrafo, señalando su contribución personal y las orientaciones teológicas que dirigieron su trabajo (motivos que le movieron a estructurar su obra de un modo determinado, a insertar unos elementos y preterir otros, etc.).[65] Si se produce alguna creatividad en la elaboración de un texto sagrado, hay que buscarla, no en la comunidad primitiva y sus formas de transmisión del mensaje, sino por parte de los hagiógrafos al componer sus libros.[66]

- Historia de las tradiciones (*Traditionsgeschichte*). Este método trata de señalar la corriente de tradición (oral o escrita) en que un texto se ha forjado y transmitido hasta su integración en el libro sagrado final. Se aplicó por igual al estudio del Antiguo Testamento, en particular al Pentateuco,[67] como para el Nuevo Testamento.[68]

---

[65]Cfr. M. A. Tábet: *Introducción general...*, cit., págs. 353–354; N. Perrin: *What is Redaction Criticism?*, Philadelphia, Fortress Press, 1969.

[66]Los iniciadores de este método fueron H. Conzelmann, G. Bronkamm, W. Marxsen (protestantes) y W. Trilling (católico) a mediados del siglo XX.

[67]Destacaron los trabajos de G. Von Rad y M. North. Cfr. M. A. Tábet: *Introducción general...*, cit., págs. 355–356; W. E. Rast: *Tradition, History and the Old Testament*, Philadelphia, Fortress Press, 1972; R. Michaud: *Les Patriarches. Histoire et théologie*, Paris, Cerf, 1975; H. Cazelles: *A la recherche de Moïse*, Paris, Cerf, 1979

[68]Cfr. J. Jeremías: *Las parábolas de Jesús*, Navarra, Estella, Verbo Divino, 1971; B. Gerhardsson: *The Gospel Tradition*, Lund, Wallin and Dalholm, 1986.

La moderna crítica intenta eliminar las insuficiencias de cada uno de esos métodos, integrando sus valores, de tal modo que de cada texto bíblico se va haciendo una serie de estudios complementarios, a saber:

1. *Crítica textual*, intentando depurar el texto al máximo buscando la mejor edición de los manuscritos (papiros, códices, versiones, etc.) que se han conservado, para encontrar el texto más acorde con el original.

2. *Crítica literaria*, que se lleva a cabo, mediante:

   - El análisis lingüístico (morfología y sintaxis), así como semántico con la ayuda de la filología histórica. Con esto se procura determinar el inicio y final de las unidades de texto, la coherencia interna del texto, las unidades más pequeñas que puedan encontrarse, la determinación de la posible existencia de diferentes fuentes para esas secciones, etc.

   - La crítica del género literario, que busca identificar el género literario al que pertenece el texto, así como el *Sitz im Leben* en el que nació.

   - Crítica de la tradición, que busca ubicar el texto en la tradición socio–cultural–religiosa donde aparece, así como su evolución (por ejemplo, las cuatro posibles tradiciones del Pentateuco, o de las de los diferentes evangelios, etc.).

   - Crítica de las formas: búsqueda no ya de las grandes fuentes del texto, sino de las piezas menudas (formas) de que se compone o puede componer dicho texto (por ejemplo, si en un evangelio se recogerían piezas litúrgicas, kerygma, predicación, sentencias aisladas, relatos de milagros, etc.).

3. *Análisis del proceso editorial o redaccional*, para hallar cómo las distintas fuentes o formas fueron compiladas y usadas por el redactor definitivo, así como su personal influencia en el texto final (por ejemplo, la labor específica de San Mateo, San Marcos o San Lucas en la redacción de sus evangelios).

4. *Crítica histórica.* Se estudia el texto desde el punto de vista de la historiografía: circunstancias sociales, políticas, etc. del momento histórico donde nació el texto bíblico.

Por eso, el objetivo del método histórico–crítico es determinar particularmente de un modo diacrónico, el significado expresado por el autor y editores bíblicos. Los modernos exégetas consideran que si estos métodos se utilizan junto con otros métodos y acercamientos, pueden ser útiles para llegar al significado de los textos bíblicos.

28.3.2 Nuevos métodos de análisis literario

Entre los métodos de análisis literario que se han desarrollado recientemente, conviene destacar los siguientes:

1. *Análisis retórico.* La retórica es el arte de componer un discurso con el fin de persuadir. Los textos bíblicos lo son en cierta medida,[69] por lo que el conocimiento de la retórica puede ayudar al exégeta. Se utiliza con este fin la aplicación de los principios

---

[69]Cfr. M. A. Tábet: *Introducción general...*, cit., págs. 362–363; G. A. Kennedy: *New Testament Interpretation through Rhetorical Criticism*, Chapel Hill–London, The University of North Carolina Press, 1972; Ídem: *Classical Rhetoric and Its Christian and Secular Tradition from the Ancient to Modern Times*, Chapel Hill, The University of North Carolina Press, 1980; R. Meynet: *L'analyse rhétorique. Une nouvelle méthode pour comprendre la Bible. Textes fondateurs et exposé systématique*, Éditions du Cerf, Paris 1989.

de la retórica greco–latina, la semítica y también los de la nueva retórica.

Es un método sincrónico que manifiesta los límites de los métodos diacrónicos de naturaleza histórico–literaria. Se pueden descubrir perspectivas olvidadas que, con la ayuda de estos métodos, podrían enriquecer la exégesis.

Tiene también sus límites. A saber: ¿es el retórico el único estilo usado por la Biblia? ¿todos los hagiógrafos bíblicos tenían unos medios de expresión tan sofisticados? ¿siguieron los hagiógrafos las reglas de la retórica? ¿los hagiógrafos usaron las reglas de la retórica griega o de la semita? etc.

2. *Análisis narrativo.*[70] Teniendo en cuenta que la Biblia también se escribe como una forma de historia y de testimonios personales, la exégesis narrativa se centra en estudiar cómo un texto cuenta una historia de modo que el lector quede inmerso en el "mundo narrativo" y en el sistema de valores que en él se contienen.

Mientras que los métodos histórico–críticos consideran los textos como una "ventana" que permite acceder a uno u otro periodo, el método de análisis narrativo insiste en que el texto funciona también como un "espejo" que proyecta una cierta imagen ("el mundo narrativo") que ejerce una influencia sobre el lector de tal modo que le lleva a adoptar unos ciertos valores sobre otros. Este método potencia el valor "actualizador" de los textos: se hacen realidad actual para cada lector.

---

[70]Cfr. M. A. Tábet: *Introducción general...*, cit., pág. 363; R. Alter: *The Art of Biblical Narrative*, New York, Basic Books Inc., 1981; J. L. Ska: *Our fathers have told us. Introduction to the Analysis of Hebrew Narratives*, Roma, Pontificio Istituto Biblico, 1990; J.-N. Aletti: *L'approccio narrativo applicato alla Bibbia: stato della questione e proposte*, en "Rivista Biblica Italiana" 39 (1991) 257–275; Id.: *L'arte di raccontare Gesù Cristo. La scrittura narrativa del Vangelo di Luca*, Brescia, Queriniana, 1991.

Es un método sincrónico. También tiene sus insuficiencias al aplicarlo a la Biblia: subjetivización del mensaje bíblico, falta de substrato verdaderamente histórico en la interpretación actualizada que haga cada lector, falta de conexión con la tradición exegética de la Iglesia, etc.

3. *Análisis semiótico.* Este método aplica los criterios del estructuralismo (análisis del lenguaje de F. Saussure, Greimas y la escuela de París) a la exégesis bíblica.[71]

Centra su atención en el hecho de que el lenguaje es un sistema de relaciones entre elementos lingüísticos que obedece a leyes fijas. Para entender un texto bastaría con aplicar esas leyes fijas. El intérprete encuentra tres niveles de análisis en cualquier texto: el nivel narrativo, el nivel de discurso y el nivel lógico–semántico.

Es un método sincrónico. Presenta también sus insuficiencias para la exégesis bíblica: se basa en el *a priori* de que el autor individual no tiene importancia, cierra el texto a cualquier sentido histórico y teológico, es un método bastante críptico, etc.

---

[71]Cfr. J. M. Casciaro: *Exégesis bíblica, hermenéutica y teología*, Pamplona, Eunsa, 1983, págs. 26-30; 85–89; M. A. Tábet: *Introducción general...*, cit., pág. 363–365; J. Delorme: *Sémiotique*, en Dictionnaire de la Bible Supplément, tome XII, (1992) col. 281-333; Groupe D'Entrevernes: *Analyse sémiotique des textes. Introduction, Théorie, Pratique*, Lyon, Presses Universitaires de Lyon, 1979; AA.VV.: *Analyse structurale et exégèse biblique*, Neuchâtel, Delachaux y Niestle, 1971; AA.VV.: *Exégèse et herméneutique*, Roland Barthes; Association catholique française pour l'étude de la Bible. Congrès, Paris 1971; R. Lack, *Letture strutturaliste dell'Antico Testamento*, Roma, Edizione Borla, 1978; J. C. Giroud – L. Panier: *Semiótica. Una práctica de lectura y de análisis de los textos bíblicos* ("Cuadernos bíblicos" 59), Estella, Verbo divino, 1988; W. Egger: *Metodologia del Nuovo Testamento*, EDB, Bologna 1991, págs. 21–41; 75–124; A. Fossion: *Lire les Écritures*, Bruxelles 1980.

28.3.3 Métodos que se basan en la Tradición

Los métodos descritos hasta ahora (histórico–críticos y sincrónicos) estudian textos aislados. Pero no se puede olvidar que la Biblia es un todo. Los métodos que ahora se describen, intentan adoptar esta perspectiva "holística" que se había olvidado. Las perspectivas de estudio más importantes son las siguientes:

1. Perspectiva del *acercamiento canónico*. Se intenta interpretar el texto bíblico a la luz del canon de las Sagradas Escrituras, es decir, como conjunto de libros recibidos como norma de fe de una comunidad de creyentes.[72]

   Es una perspectiva que quiere complementar los métodos histórico–críticos. Con todo, también presenta debilidades: ¿cuándo se considera que el canon está formado? ¿cuál de los cánones —cristiano, judío, etc.— debemos seguir? ¿acaso los cristianos interpretan el Antiguo Testamento desde el Nuevo, y no desde el mismo Antiguo Testamento? etc.

2. Perspectiva que utiliza las *tradiciones judías de interpretación* del Antiguo Testamento. Se utiliza la exégesis judía antigua y moderna para ayudar a interpretar un texto dado (los LXX, Targums, Midrash, literatura inter–testamentaria, Qumrán, etc.).[73]

---

[72]Cfr. M. A. Tábet: *Introducción general...*, cit., pág. 366; J. Sanders: *Canon and Community. A Guide to Canonical Criticism*, Philadelphia, Fortress Press, 1984; B. Childs: *Biblical Theology in Crisis*, Philadelphia, Westminster Press, 1970; Ídem: *Introduction to the Old Testament as Scripture*, Philadelphia, Fortress Press, 1979; Ídem: *The New Testament as Canon*, Philadelphia, Fortress Press, 1985; Ídem: *Biblical Theology of the Old and New Testament*, Philadelphia, Fortress Press – London, SCM Press, 1992.

[73]Cfr. M. A. Tábet: *Introducción general...*, cit., págs. 366–367; R. Bloch: Midrash, DBS 5 (1957) 1263–1265; A. Díez Macho: *Targum y Nuevo Testamento*, en "Mélanges Eugène Tisserant" I, Écriture Sainte-Orient, Città del Vaticano 1964, 153–185; Ídem:

Es un recurso que se empleó ya desde la época de los Santos Padres.

Puede ser un método útil, pero con debilidades, por lo que ha de ser utilizado con criterio, porque en el judaísmo hay muchas escuelas de interpretación, con muchos siglos de separación entre las mismas, y ubicadas en diferentes lugares. Por otro lado, las perspectivas teológicas judía y cristianas son obviamente diferentes. Finalmente, el Nuevo Testamento tiene una importancia fundamental para el cristianismo, que no puede ser olvidada.

3. Perspectiva de la *historia de la influencia del texto* (*Wirkungsgeschichte*). Se basa este método en el hecho de que un texto solo adquiere valor literario en la medida en que encuentra lectores que le dan vida, haciéndolo propio ("apropiándoselo"); además, esta "apropiación" contribuye a un mejor entendimiento del mismo texto (por ejemplo, véanse los diferentes modo de interpretar el Cantar de los Cantares a lo largo de la Historia).[74]

No es un criterio absoluto porque ha habido interpretaciones erróneas de la Biblia (cfr. por ejemplo, las racistas o las milenaristas), por lo que se ha de usar con cuidado y prudencia.

Derás y exégesis del Nuevo Testamento, "Sefarad" 35 (1975) 37–89; R. Le Déaut: *La tradition juive ancienne et l'exégèse chrétienne primitive*, en "Revue d'Histoire et de Philosophie religieuses" 51 (1971) 31–50; M. Pérez Fernández: *Tradiciones mesiánicas en el Targum Palestinense*, Valencia-Jerusalén, Institución San Jerónimo, 1981; A. del Agua Pérez: *El método midrásico y la exégesis del Nuevo Testamento*, Valencia, Institución San Jerónimo para la Investigación Bíblica (Biblioteca Midrásica, 4), 1985; D. Muñoz León: *Derás. Los caminos y sentidos de la Palabra divina en la Escritura*, Madrid, CSIC, 1987; C. A. Evans - J. A. Sanders: *Paul and the Scripture of Israel*, Sheffield, JSOT Press, 1993; Ídem: *The Function of Scripture in Early Jewish and Christian Tradition*, Sheffield, JSOT Press, 1998.

[74]M. A. Tábet: *Introducción general...*, cit., pág. 367–368.

28.3.4 Acercamiento y perspectivas que utilizan las ciencias humanas

Estas perspectivas se fundamentan en el hecho de que la Palabra de Dios se enraizó en pueblos, psicologías y hombres determinados y concretos. Se quiere utilizar las ciencias correspondientes (sociología, psicología, antropología) para ayudar a entender los textos. Veamos las aproximaciones más importantes desde esta perspectiva.[75]

1. *Aproximación sociológica.* Los textos están sujetos a las relaciones recíprocas con las sociedades en las que se originan. La información histórica de esas condiciones sociales resulta útil para entender los textos. Pero la sociología ayuda a evaluar esta perspectiva histórico–sociológica.

   La debilidad de este acercamiento es que provee de una información fragmentaria y que privilegia lo económico e institucional antes que lo religioso y personal.

2. *Aproximación de la antropología cultural.* Intenta analizar en un texto los aspectos que estudia la etnografía (manifestaciones en la lengua, arte, religión, vestidos, ornamento, fiestas, etc.).

   Con todo, hay que tener en cuenta la existencia de varias escuelas de pensamiento antropológico, y rechazar aquéllas que rechazan el fenómeno de lo sobrenatural.

3. *Aproximación psicológica.* Se aplica al texto bíblico las experiencias de la vida y del comportamiento humano, para ayudar a su interpretación.

---

[75]M. A. Tábet: *Introducción general...*, cit., pág. 369–375; cf M. Pesce: *Approccio secondo le scienze umane*, en G. Ghiberti - F. Mosetto (eds.), "L'interpretazione della Bibbia nella Chiesa", Leumann (Torino), Elle Di Ci, 1998, págs. 195–221.

La limitada utilidad de esta aproximación, tiene que tener en cuenta también que una ciencia psicológica de tipo ateo y que rechace lo sobrenatural no puede aplicarse en modo alguno. Por ejemplo, no se puede explicar tan solo naturalmente y rechazar la realidad sobrenatural del pecado personal y de las consecuencias en la naturaleza humana de la caída de Adán y Eva; o confundir la religiosidad espontánea con la Revelación bíblica; etc.

Capítulo 29

Interpretación en el Espíritu

Para entender e interpretar correctamente la Sagrada Escritura es necesario hacerla aceptando y siguiendo el mismo espíritu con el que fue escrita, *sub lumine fidei*, con la ayuda divina.[1]

Acercarse a la Biblia es hacerlo a la Palabra Viva de Dios. Solo la cercanía y el intento serio de vivir cerca de Dios, de amarlo de verdad, de aceptar totalmente la fe en Él, nos permite entender su Palabra en toda su profundidad, belleza y verdad. Es lo que A. Gálvez ha señalado en multitud de ocasiones y que resumía con la frase de "meditar la Sagrada Biblia a la luz de la lámpara del Santísimo".

---

[1]Cfr. M. A. Tábet: *Introducción general...*, cit., págs. 395–405; D. Barsotti: *Sacra Scriptura eodem Spiritu quo scripta est etiam legenda et interpretanda*, en ABI, Costituzione, 303 ss; I. de la Potterie: *La lettura della Sacra Scrittura 'nello Spirito'*, en "Communio" 87 (1986) 25–41; M. A. Molina: *La interpretación de la Escritura en el Espíritu*, Burgos, Ediciones Aldecoa, 1987; F. Lambiasi: *Dimensioni caratteristiche dell'interpretazione cattolica*, en "G. Ghiberti - F. Mosetto (eds.), L'interpretazione della Bibbia nella Chiesa", 299–363.

Esto supone tres desafíos: en primer lugar, entender el significado del principio *Sacra Scriptura eodem Spiritu quo scripta est etiam legenda et interpretanda*; en segundo lugar, la necesidad de que el exégeta intente vivir seriamente su vida sobrenatural de santidad y cercanía a Dios; y, finalmente, determinar el correcto sentido del "sensus fidei" del pueblo de Dios.

Hay que tener en cuenta que esos desafíos han sido malentendidos con frecuencia, y más en concreto en los últimos tiempos. Así, por ejemplo, el verdadero significado de la "interpretación en el mismo Espíritu en que fue escrita" no puede ser entendido como el "libre examen" de la teología protestante, ya que "el Espíritu" es el de Cristo, Cabeza del Cuerpo Místico que es la Iglesia, con su Magisterio auténtico. Tampoco puede reducirse a ser expresión del criterio de inspiración de la teología protestante basado en el hecho de que un texto sagrado inspire espiritualmente al lector. Ni, finalmente, se trata de la libertad de interpretación subjetivista que justifica errores y herejías con la excusa de ser más adecuada a la "sabiduría" o "iluminación" propia de un exégeta o de una perspectiva o a un "espíritu" determinado (conciliar, sinodal, feminista, etc.).

Por otro lado, no se puede aceptar el concepto de "sensus fidei" distorsionado por la teología neomodernista. El "sensus fidelium" no es definidor ni intérprete de la Revelación, sino el propio de la Iglesia discente, receptora fiel y obediente a la Iglesia docente oficial.

29.1   Interpretación en el Espíritu con el que fue escrita la Biblia

La Sagrada Escritura no puede ser entendida solo con la luz de la razón natural del exégeta, sino que necesita la capacidad que proporciona el Espíritu de Dios que la inspiró para captar la verdad revelada.

Es lo que dice la *Dei Verbum*:

> "La Sagrada Escritura ha de ser leída e interpretada con el mismo Espíritu con el que fe escrita".[2]

Es un principio que vivió la Iglesia desde el principio y que fue utilizado por alguno de los más señeros Santos Padres. El Papa Benedicto XV lo recordaba en su encíclica *Spiritus Paraclitus* citando a San Jerónimo:

> "[Según San Jerónimo] En la interpretación de la Sagrada Escritura tenemos siempre necesidad de la ayuda del Espíritu Santo[3] y de que para la lectura y comprensión de los libros santos debemos atenernos al sentido que el Espíritu Santo intentó en el momento en que fueron escritos[4], este hombre santísimo invocaba con sus súplicas, reforzadas con las oraciones de sus amigos, el socorro de Dios y la luz del Espíritu Santo. También se cuenta que, al iniciar los comentarios de los libros santos, quiso encomendarlos a la gracia de Dios y a las oraciones de sus hermanos, y a esto atribuyó su éxito, cuando la obra estuvo realizada".[5]

Esto exige la llamada "obediencia a la integridad de la fe". La cual se justifica por tres razones:

En primer lugar, por la naturaleza de los libros sagrados. En efecto, siendo la Biblia un don sobrenatural de Dios, no es suficiente las fuerzas naturales de la inteligencia para acercarse a tales verdades sobrenaturales. Solo se puede comprender de verdad la Biblia por la fe,

---

[2] *Dei Verbum*, 12 (D. H. 4219).

[3] San Jerónimo: *In Mich*, 1: 10–15.

[4] San Jerónimo: *In Gal* 5: 19–31 (P. L. 26, 147).

[5] *Spiritus Paraclitus*, 15 (E. B. 469).

virtud teologal que no es algo meramente conveniente o complementaria, sino fundamental para la correcta exégesis. Como insiste Santo Tomás de Aquino:

"Licet ea quae sunt altiora hominis cognitione, non sint ab homine per rationem inquirenda, sunt tamen, a Deo revelata, suscipienda per fidem. Unde et ibidem subditur, plurima supra sensum hominum ostensa sunt tibi. Et in huiusmodi sacra doctrina consistit".[6]

"El hombre no debe analizar con sus solas fuerzas naturales lo que excede su comprensión; sin embargo, esto que le excede ha sido revelado por Dios para ser aceptado por la fe. De ahí que el texto aquel continúe diciendo: Te han sido mostradas muchas cosas que están por encima del hombre. En estas cosas se centra la doctrina sagrada".

En segundo lugar, por la condición actual del exégeta. La fe es necesaria también no solo por la sobrenaturalidad de los contenidos revelados, sino también por la consideración del estado de naturaleza caída en la que se encuentra el ser humano (el exégeta), estado de oscuridad, debilidad para conocer la verdad y para seguir el bien a los que está ordenado por su naturaleza.[7]

En tercer lugar, por la naturaleza de la fe misma. Es una luz que aumenta inmensamente las capacidades naturales de conocer y permite conocer las verdades sobrenaturales. La fe no es "oscuridad", sino luz firme que nos lleva hasta la verdad completa.

Por ello, sin fe no se puede comprender el verdadero sentido de los textos sagrados y se corre el riesgo de malinterpretarlos, empobrecerlos, deformarlos o de caer directamente en el error.

---

[6]Santo Tomás de Aquino: *Summ. Theol.*, Iª, q. 1, a. 1, ad 1.

[7]Cfr. Santo Tomás de Aquino: *Summ. Theol.*, IIª–IIªᵉ, q. 5, a. 1, ad 2; Iª–IIªᵉ, q. 109, a2, ad 1 y 3; *In I Ep. ad Tim*, c. 6, lect. 3, n. 279.

29.2 La santidad de vida del exégeta

Para que el hábito de la fe alcance su perfección, es necesario que el hombre posea las disposiciones éticas y sobrenaturales adecuadas. Es una obligación para el exégeta unir a su trabajo intelectual, el cuidado de su vida espiritual.[8]

Es una realidad recordada por el Magisterio de la Iglesia.[9]

Ya San Agustín señalaba la necesidad de la recta intención para poder comprender la Palabra de Dios:

> "Yo fui un tiempo engañado cuando por vez primera, siendo joven, me acerqué a la Sagrada Escritura, pues me acerqué no con la piedad del que busca con humildad, sino con la presunción del que quiere polemizar..., miserable de mí, pensaba que era idóneo para volar y abandoné el nido, cayendo antes de poder volar".[10]

Santo Tomás de Aquino trató en varias ocasiones sobre este particular y utilizaba la metáfora del conocimiento de una obra de arte para justificarlo: "La obra de arte se conoce de modo óptimo en el artífice".[11] Por eso, insistía el Santo en que "cuanto más cerca de Él se está, tanto más se puede gozar de sus dones".[12] Y también, "conoce

---

[8]M. A. Tábet: *Introducción a la Sagrada Escritura*, cit., págs. 70–82; Id.: *Introducción general...*, cit., págs. 402–405; R. García de Haro: *Historia teológica del modernismo*, Pamplona, Eunsa, 1972, págs. 352–367; A. Orozco: *La libertad en el pensamiento*, Madrid, Rialp, 1977, págs. 113–156.

[9]Cfr. Comisión Bíblica Pontificia en su documento de 13 de mayo 1950 *Modo de enseñar la Sagrada Escritura*: "El profesor de Sagrada Escritura debe destacar entre todos por las virtudes y la vida sacerdotales e, incluso, más que ningún otro, ya que está en contacto cada día con la Palabra de Dios".

[10]San Agustín: *Serm.*, 51, 6, (P. L. 38, 336).

[11]St. Tomás de Aquino: *In De Div. Nom.*, c. 3, lect. u, n. 229

[12]St. Tomás de Aquino: *In De Div. Nom.*, c. 3, lect. u, n. 231.

la voluntad de Dios quien vive santamente";[13] "el hombre que tiene el entendimiento iluminado y los afectos ordenados por el Espíritu Santo, posee un juicio recto sobre todo lo que se refiere a la salvación; por el contrario, quien carece de vida espiritual, además de tener el afecto desordenado sobre las cosas espirituales, tiene también la inteligencia oscurecida".[14] Para hacer una recta interpretación de la Sagrada Escritura, se requiere que además de seguir las reglas interpretativas correctas, se tengan las cualidades morales adecuadas, que permiten al exégeta cristiano ser *perfectus secundum intellectum et affectum.*[15]

En concreto, sobre la relación de vida en gracia del exégeta y la recta interpretación de la Sagrada Escritura, se expresaba así:

"Hoc enim habet sacrae Scripturae doctrina, quod in ipsa non tantum traduntur speculanda, sicut in geometria, sed etiam approbanda per affectum... In aliis ergo scientiis sufficit quod homo sit perfectus secundum intellectum, in istis vero requiritur quod sit perfectus secundum intellectum et affectum".[16]

"Esto es lo característico de la doctrina de la Sagrada Escritura: en ella se ofrecen verdades, no solo para ser consideradas por la razón, como en la geometría, sino también para adherir a ellas con la voluntad... Por esto, mientras que en las otras ciencias es suficiente que el hombre posea la perfección propia de su inteligencia, en esta es necesaria también la rectitud de sus afectos".

Entre las virtudes que aconsejaba cultivar Santo Tomás de Aquino al verdadero exégeta (en realidad, a todo teólogo que quiera estar en la verdad) están las siguientes:

---

[13]St. Tomás de Aquino: *In Ep. ad Colos.*, c. 1, lect. 3, n. 20.

[14]St. Tomás de Aquino: *In Ep. ad Cor.*, c. 2, lect. 3, n. 118.

[15]Santo Tomás de Aquino: *In Hebr.*, cap. V, lect. 2: "In aliis ergo scientiis sufficit quod homo sit perfectus secundum intellectum, in istis vero requiritur quod sit perfectus secundum intellectum et affectum".

[16]Santo Tomás de Aquino: *In Ep. ad Hebr.*, c. 5, lect. 2, n. 273.

1. La humildad. Es virtud fundamental para acercarse a la verdad de la fe,[17] porque aquélla dispone a ésta. El humilde tiene la disposición de aprender, mientras que el soberbio se aferra a su propio criterio.[18] El humilde se deja guiar por el Magisterio y por la Tradición, porque es consciente que el Espíritu Santo nos transmite la verdad a través de la Iglesia que, como dice la Encíclica *Providentissimus Deus*, es guía segurísima y maestra en leer y tratar de las palabras de las Escrituras pues enseña por su Magisterio que se desarrolla dentro de la incambiable Tradición.[19]

Por el contrario, el soberbio o presuntuoso, piensa que puede llegar a la verdad por sí solo, sobrevalorando sus propias capacidades, rechazando lo que no puede llegar a conocer por la luz de la razón.[20] El efecto es que el soberbio acaba cayendo en grandes errores.

Por eso, el Santo señalaba que la humildad es necesaria para poder aprender la enseñanza divina:

> "La condición de los que escuchan se representa con el símbolo de la tierra, que está impregnada por el agua, porque es la más baja, es estable y firme permaneciendo para siempre, y porque es fructífera (cfr. Pro 25:3, Ecle 1:4, Ge 1:11). De igual manera los que escuchan deberían ser tan humildes como la tierra (Prov. 11:2, donde hay humildad, hay también sabiduría), y por tanto firmes y fructíferos (Ef 4:14; Lc 8:15)...

---

[17]St. Tomás de Aquino: *In Ev. Ioann*, c. 4, lect II; *In Ep. ad Tim*, c. 6, lect. I.

[18]Santo Tomás de Aquino: De malo, q. VIII, a. 3, co.

[19]León XIII: *Providentissimus Deus* (E. B. 108).

[20]Cfr. Santo Tomás de Aquino: *De Pot.* q. IX, a. 5, c.; *In Boeth. De trinitate*, proem., q. II, a1, ad 2; *In Ev. Ioann*, c. 10, lect.1

Por tanto la humildad es exigida a los que buscan la enseñanza que proviene de escuchar (Eclo 6:34, 'Si eres amante de escuchar, aprenderás; si aplicas tu oído, serás sabio'); se requiere rectitud de los sentidos con relación al juicio de lo que se ha escuchado (Job 12:11, '¿No distingue el oído las palabras?'); el fruto proviene porque de las pocas palabras escuchadas, el que oye atentamente extrae muchas cosas (Prov 9:9, 'Da al sabio, y se hará más sabio; enseña al justo, y aumentará su formación')".[21]

2. La oración. Para poder penetrar en el verdadero sentido de la Palabra de Dios es necesaria la iluminación y la cercanía del Espíritu Santo, que es el que inspiró la Biblia y el que nos la puede verdaderamente interpretar. Esa cercanía se vehicula a través de una vida de oración seria, donde se pide la luz del Espíritu y donde se puede encender el amor a la Palabra de Dios. Por eso dice A. Gálvez:

"Un entendimiento en cierto modo profundo de la Escritura supone necesariamente la práctica de una sincera oración, sin la que todo quedaría reducido a un academicismo tan vacío como inútil".[22]

El buen exégeta debe ser un hombre de oración. Por eso Santo Tomás insiste en que "antes de nada, sobre todo en cues-

---

[21] Santo Tomás de Aquino: *Commendatio et divisio Sacrae Scripturae*, 3 (Translated by Ralph McInerny in "Thomas Aquinas, Selected Writings", Penguin, 1998 revised and html-edited by Joseph Kenny, O.P).

[22] A. Gálvez: *Esperando...*, cit., pág. 203.

tiones teológicas, conviene comenzar con la oración...".[23] Para
la oración se han de purificar los sentidos, la inteligencia y la
voluntad, con lo que el teólogo puede acercarse más a la Verdad divina.[24] La oración es el complemento indispensable para
la comprensión de lo estudiado.

3. Castidad y pureza de vida. "La pureza, pues, es necesaria para que nuestra mente se una a Dios. Porque la mente humana
se mancha al alearse con las cosas inferiores, como se ensucia
cualquier materia al mezclarse con otra más vil; por ejemplo, la
plata con el plomo. Es preciso, según esto, que nuestra mente se
separe de las cosas inferiores para que pueda unirse al ser supremo. De ahí el que sin pureza no haya unión posible de nuestra
mente con Dios." [25]

"De ahí que de la lujuria se origine la ceguera de
la mente, que excluye casi de manera total el conocimiento de los bienes espirituales; de la gula, en cambio, procede el embotamiento de los sentidos, que hace

---

[23]"Ante omnia, maxime autem theologica negotia, utile est nos incipere ab oratione,
non ita quod nos per orationem trahamus divinam virtutem, quae ubique praesens est
et nusquam concluditur, sed sicut per divinam commemorationem et invocationem
nos ipsos trahentes et ei unientes." (Santo Tomás de Aquino: *In de Div. Hom.*, 3,
lect. u.).

[24]"Sed ad hoc quod oratio nos faciat ei propinquos, tria requiruntur: primo, quod
sensualitas sit munda ab omnibus carnalibus et mundanis affectionibus, quibus illecti retrahimur inferius et hoc tangit cum dicit: castissimis orationibus; secundo, ut
intellectus noster non obumbretur caligine phantasmatum, quod accidit illis qui spiritualia non supra corporalia capere volunt, ut qui posuerunt Deum effiguratum figura
humani corporis, propter quod etiam impedimur ab ascensu in Deum et quantum ad
hoc, dicitur: revelata mente; tertio, ut voluntas nostra per caritatem et devotionem
sit ordinata in Deum, et hoc est quod subdit: et apti ad divinam unitionem" (Santo
Tomás de Aquino: *In de Div. Hom.*, 3, lect. u.).

[25]Santo Tomás de Aquino: *Summ. Theol.*, IIª–IIªᵉ, q. 81, a. 8, co.

al hombre torpe para captar las cosas. A la inversa, las virtudes opuestas, es decir, la abstinencia y la castidad, disponen extraordinariamente al hombre para que la labor intelectual sea perfecta. Por eso se dice en la Escritura: A estos jóvenes —es decir, a los abstinentes y continentes— les dio Dios sabiduría y entendimiento en todas las letras y ciencias (Dan 1:17)".[26]

4. El amor a la verdad: "La ceguera y embotamiento del hombre encadenado por el pecado pueden llegar hasta el odio a la verdad: 'no quieren que sea cierto lo que es verdadero', porque le acusa y recrimina su habitual decisión desordenada. En el plano teórico, su actitud se manifiesta en el esfuerzo desmedido por 'aprisionar la verdad en injusticia' (Ro 1:18), cuestionando, si no negando, toda verdad objetiva y llegando hasta propugnar los más burdos errores".[27]

Con el mismo propósito, y desde otro punto de vista, Santo Tomás de Aquino indicaba trece consejos que se debían seguir para la eficaz realización del trabajo teológico:

1. *Tardiloquum te esse iubeo, et tarde ad locutorium accedentem* (Te exhorto a ser tardío para hablar y lento para ir al locutorio).

2. *Conscientiae puritatem amplecti* (Abraza la pureza de consciencia).

3. *Orationi vacari non desinas* (No dejes de aplicarte a la oración).

---

[26]Santo Tomás de Aquino: *Summ. Theol.*, IIª–IIªᵉ, q. 15, a. 3, co.

[27]M. A. Tábet: *Introducción a la Sagrada Escritura*, cit., pág. 75. Cfr. *Summ. Theol.*, Iª–IIªᵉ, q. 29, a. 5, co.

4. *Cellam frequenter diligas, si vis in cellam vinariam introduci* (Ama frecuentar tu celda, si quieres ser conducido a la bodega del vino de la sabiduría).

5. *Omnibus amabilem te exhibeas, vel exhibere studeas, sed nemini familiarem te multum ostendas; quia nimia familiaritas parit contemptum et retardationis materiam a studio subministrat* (Muéstrate amable con todos, o, por lo menos, esfuérzate en este sentido; pero, con nadie permitas exceso de familiaridades, pues la excesiva familiaridad produce el desprecio y suscita ocasiones de atraso en el estudio).

6. *Et de factis et verbis saecularium nullatenus te intromittas* (No te metas en cuestiones y dichos mundanos).

7. *Discursum super omnia fugias* (Evita, sobre todo, la dispersión intelectual).

8. *Sanctorum et proborum virorum imitari vestigia non omittas* (No descuides el seguimiento del ejemplo de los hombres santos y honrados).

9. *Non respicias a quo, sed quod sane dicatur memoriae recommenda* (No mires a quien dijo, sino lo que es dicho con razón y esto, confíalo a la memoria).

10. *Ea quae legis fac ut intelligas, de dubiis te certificans* (Busca entender lo que lees y certifica de lo que es dudoso).

11. *Et quidquid poteris, in armariolo mentis reponere satage sicut cupiens vas implere* (Esfuérzate por abastecer el depósito de tu mente, como quien anhela llenar al máximo posible un cántaro).

12. *Altiora ne te quaeras* (No busques lo que está por encima de tu alcance).

13. *Illius beati Dominici sequere vestigia, qui frondes, flores et fructus, utiles ac mirabiles, in vinea Domini Sabaoth, dum vitam comitem habuit, protulit ac produxit* (Sigue las huellas de aquel santo Domingo que, mientras tuvo vida, produjo hojas, flores y frutos en la viña del Señor de los ejércitos).

En resumen, como concluye M. A. Tábet,[28] tales consejos consisten en la estrecha unión entre santidad de vida (*sanctorum et bonorum imitari vestigia non omittas*) y el estudio meditado de las verdades de fe (*ea quae legis et audis fac ut intelligas*).

Finalmente, el Aquinate subraya la necesidad de que se invoque uno de los dones del Espíritu Santo, el *donum intellectus*, que dice relación a la purificación de la mente para el conocimiento de Dios contenido en la Sagrada Escritura.[29] Este don se refiere, como indica su nombre, al *intelligere*, al conocimiento que penetra en la misma esencia de la cosa.[30] Este don permite una nueva perspicacia intelectual relacionada con los primeros principios de la fe, llegando allí donde no llega la sola razón.[31] Junto con el don de sabiduría, que perfecciona el juicio acerca de Dios,[32] el don de entendimiento está relacionado, para el Aquinate, con eludir los errores cuando el intelecto humano profundiza en los misterios de la fe. La fuerza que concede

---

[28] M. A. Tábet: *Introducción general...*, cit., pág. 402.

[29] P. Roszak: *Depravatio....* cit. pág. 38.

[30] Santo Tomás de Aquino: *Summ. Theol.*, IIª–IIªᵉ, q. 8, a. 1c.

[31] Santo Tomás de Aquino: *In Gal.*, cap. V, lect. 6: "cognoscere ea perspicue et supra humanum modum, pertinet ad donum intellectus".

[32] Santo Tomás de Aquino: *In Ps.* 54, n. 5: "Alia penna est sapientia; et pennis sapientiae veritas contemplatur, quia sine illis pennis de facili quis labitur in errores si contemplentur divina".

el Espíritu Santo con este don evita las trampas que acechan a la inteligencia cuando se dirige hacia lo que la supera.[33]

29.3 El *sensus fidei* del Pueblo de Dios

Dentro del estudio de la interpretación de la Sagrada Escritura en el mismo Espíritu con el que se escribió, hay que recordar el papel que corresponde al llamado "sensus fidei" del Pueblo de Dios.

El entendimiento clásico del mismo lo podemos encontrar en la proclamación de las definiciones de los dogmas de la Inmaculada Concepción[34] y de la Asunción de la Virgen en cuerpo y alma a los cielos.[35] También en la condenación de algunas doctrinas como extrañas al "sentido de la Iglesia".[36]

---

[33]Santo Tomás de Aquino: *In Iob*, cap. 10. Cfr. P. Roszak: *Depravatio....* cit. págs. 52–53.

[34]Así el Papa Pio IX, en la Bula *Ineffabilis Deus*, señalaba que había considerado también "cuál era la piedad y la devoción de los fieles con respecto a la Concepción Inmaculada de la Virgen María..., (la misma verdad) la ilustran y reconocen de un modo admirable el sentido perpetuo de la Iglesia, el ansia unánime y particular de los católicos, prelados y fieles".

[35]Pio XII, en la *Munificentissimus Deus*, aludía al sentido de fe que tenía el pueblo cristiano, como uno de los criterios para determinar la verdad de la Asunción: "Haec 'singularis catholicorum Antistitum et fidelium conspiratio' (Bulla Ineffabilis Deus, Acta Pii IX, p. I, vol. I, p. 5), qui Dei Matris autumant corpoream in Caelum Assumptionem ut fidei dogma definiri posse, cum concordem Nobis praebeat ordinarii Ecclesiae Magisterii doctrinam concordemque christiani populi fidem —quam idem Magisterium sustinet ac dirigit— idcirco per semet ipsam ac ratione omnino certa ab omnibusque erroribus immuni manifestat eiusmodi privilegium veritatem esse a Deo revelatam in eoque contentam divino deposito, quod Christus tradidit Sponsae suae fideliter custodiendum et infallibiliter declarandum (cfr. Conc. Vat. De fide catholica, cap. 4)" (https://www.vatican.va/content/pius-xii).

[36]D. S. 1980 (errores de Miguel Bayo), 2166 (errores sobre materia moral en Decreto del Santo Oficio de 4 de marzo de 1679), 2269 (errores de Miguel de Molinos), etc.

El *sensus fidei* del Pueblo de Dios fue un tema muy subrayado por la moderna teología y al que se alude varias veces en los documentos del Vaticano II. En efecto:

- La Constitución *Lumen Gentium*: "La totalidad de los fieles, que tienen la unción del Santo (cfr. 1 Jn 2: 20 y 27), no puede equivocarse cuando cree, y esta prerrogativa peculiar suya la manifiesta mediante el sentido sobrenatural de la fe de todo el pueblo cuando 'desde los Obispos hasta los últimos fieles laicos'[37] presta su consentimiento universal en las cosas de fe y costumbres. Con este sentido de la fe, que el Espíritu de verdad suscita y mantiene, el Pueblo de Dios se adhiere indefectiblemente 'a la fe confiada de una vez para siempre a los santos' (Judas 3), penetra más profundamente en ella con juicio certero y le da más plena aplicación en la vida, guiado en todo por el sagrado Magisterio, sometiéndose al cual no acepta ya una palabra de hombres, sino la verdadera palabra de Dios (cf. 1 Tes 2:13)".[38]

- La *Dei Verbum* habla de la "contemplación y estudio de los creyentes, y a la comprensión que estos alcanzan de la experiencia profunda de las cosas espirituales".[39]

Sin embargo el concepto no fue siempre bien entendido por la teología contemporánea. El tema ha sido tratado con extensión en el capítulo 5 de este tratado y allí nos remitimos tanto para comprender el verdadero y tradicional sentido de tal realidad, así como al abuso y errónea interpretación del mismo llevado a cabo por la teología neomodernista.

---

[37] Cfr San Agustín: *De praed. sanct.*, 14, 27 (P. L. 44, 980).

[38] *Lumen Gentium*, 12.

[39] *Dei Verbum* 8.

Bibliografía

.

Bibliografía

[1] AA.VV. «Actas del Simposio: Gli odierni fondamentalismi nella religione del Libro». En: *Studia Patavina* 39 (1992), págs. 3-556.

[2] AA.VV. *Analyse structurale et exégèse biblique.* Neuchâtel: Delachaux y Niestle, 1971.

[3] AA.VV. *Dictionnaire de Théologie Catholique, 30 vols.* Paris: en DVD, ed. Les éditions Letouzey et Ané, 2006, 1899-1937.

[4] AA.VV. «Evangelii inculturatio: possibilitates et limites». En: *Seminarium* 32/1 (1992).

[5] AA.VV. *Exégèse et herméneutique.* Paris: Roland Barthes, 1971.

[6] AA.VV. *Gran Enciclopedia Rialp, (GER), 24 vols.* Madrid: Rialp, 1979.

[7] AA.VV. *Introducción General a la Sagrada Escritura.* Madrid: ed. Casa de la Biblia, 1966-1968.

[8] AA.VV. *L'interpretazione della Bibia nella Chiesa. Simposio Internacional promovido por la Congregación de la Doctrina de la Fe, Roma, sept. 1999.* Vaticano: Editrice Vaticana, 2001.

[9] AA.VV. «Orientales de Bible». En: *DBS.* Vol. VI. Paris: Les éditions Letouzey et Ané, 1960, págs. 807-884.

[10] AA.VV. *Our Goal and our Guides*. Chicago: Mentzer, Bush y company, 1955.

[11] AA.VV. *The Catholic Encyclopedia, 15 vols*. New York: Robert Appleton Company; online Edition Copyright © 1999 by Kevin Knight, 1907-1912.

[12] M. Adinolfi. *Ispirazione e inerranza*. Roma: Paoline, 1962.

[13] A. del Agua Pérez. *El método midrásico y la exégesis del Nuevo Testamento*. Valencia: Institución San Jerónimo para la Investigación Bíblica (Biblioteca Midrásica, 4), 1985.

[14] M. Aillet. *Lire la Bible avec S. Thomas. Le Passage de la Littera á la Res dans la Summa Theologica*. Fribourg: Éditions Universitaires, 1993.

[15] K. Aland y B. Aland. *The Text of the New Testament: An Introduction to the Critical Editions and to the Theory and Practice of Modern Textual Criticisms*. Grand Rapids: William B. Eerdmans Publishing Company, 1995.

[16] M. Alesso (ed.) *Hermenéutica de los géneros literarios: de la Antigüedad al cristianismo*. Buenos Aires: Ed. Facultad de Filosofía y Letras, 2013.

[17] J. N. Aletti. «L'approccio narrativo applicato alla Bibbia: stato della questione e proposte». En: *Rivista Biblica Italiana* 39 (1991), págs. 257-275.

[18] J. N. Aletti. *L'arte di raccontare Gesù Cristo. La scrittura narrativa del Vangelo di Luca*. Brescia: Queriniana, 1991.

[19] L. Alonso Schökel. *Hermenéutica de la palabra, 2 vols*. Madrid: Cristiandad, 1986.

[20] L. Alonso Schökel–J. M. Bravo. *Appunti di ermeneutica*. Bologna: EBD, 1994.

[21]   R. Alter. *The Art of Biblical Narrative.* New York: Basic Books Inc., 1981.

[22]   E. Amann. «Aprocryphes du Nouveau Testament». En: *DBS.* Vol. I. Paris: Les éditions Letouzey et Ané, 1928, págs. 46–533 354-460.

[23]   E. Amann. «Versions de la Bible». En: *DTC.* Vol. 15. Paris: Les éditions Letouzey et Ané, 1950, págs. 2700-2739.

[24]   M. F. Amiot Y D. Rops. *La Bible Apocryphe.* París: Arthème Fayard, 1952.

[25]   G. W. Anderson. *Canonical and non Canonical.* Ackroyd - C. F. Evans, The Cambridge History of the Bible, I, pgs. 113-159. Cambridge: Cambridge University Press, 1970.

[26]   G. Angelini. *La Rivelazione attestata.* Milano: Glossa, 1998.

[27]   G. Aranda. *Apócrifos del Antiguo Testamento, en "G. Aranda - F. García - M. Pérez: Literatura judía intertestamentaria".* Estella, 1996.

[28]   G. Aranda. «Magisterio de la Iglesia e interpretación de la Escritura». En: *en "J. M. Casciaro (ed.), Biblia y Hermenéutica. Actas del VII Simposio Internacional de Teología"* (1986), págs. 529-588.

[29]   A. M. Artola. «Canon bíblico». En: *GER.* Vol. IV. Madrid: Rialp, 1979, págs. 144-148.

[30]   A. M. Artola. *De la Revelación a la inspiración. Los orígenes de la moderna teología católica sobre la inspiración bíblica.* Bilbao: Universidad de Deusto, 1983.

[31]   A. M. Artola. «Juicios críticos en torno a la inspiración bíblica del P. Rahner». En: *Lum* 13 (1964), págs. 384-408.

[32] A. M. Artola. *La Escritura inspirada. Estudios sobre la inspiración bíblica.* Bilbao: Mensajero, 1994.

[33] J. M. Aubert. *Loi de Dieu, loi des hommes, en "Le mystere chrétien".* París, 1964.

[34] S. Ausín. «La providencia divina en el libro de Job. Estudio sobre la 'Expositio in Iob' de Sto. Tomás de Aquino». En: *Scripta theologica* 8 (1976), págs. 477-550.

[35] G. Auzou. *La palabra de Dios.* Madrid: Fax, 1964.

[36] S. Babaglia (ed.) *Il testo biblico in tensione tra fissità e mobilità storica.* Bologna: Actas del XI Simposio de Estudios anticotestamentarios Torreglia, 6–8 settembre 1999, 2001.

[37] Ch. Baglow. «Rediscovering St. Thomas Aquinas as Biblical Theologian». En: *Letter and Spirit* 1 (2005), págs. 137-146.

[38] J. V. Bainvel. *De Magisterio vivo et Traditione.* París: Gab. Beauchesne, 1905.

[39] V. Balaguer. *Curso de Introducción a la Sagrada Escritura (notas para los alumnos).* Pamplona: Pro manuscripto, 2006.

[40] V. Balaguer. *Introducción a la Sagrada Escritura.* Pamplona: Eunsa, 2019.

[41] V. Balaguer. «La Constitución dogmática Dei Verbum y los estudios bíblicos en el siglo XX». En: *Anuario de Historia de la Iglesia* 10 (2001), págs. 239-251.

[42] V. Balaguer. «La Sagrada Escritura 'una cum Sacra Traditione' ante el reto de la 'sola Scriptura'». En: *Scripta Theologica* 49 (2017), págs. 171-192.

[43] L. Bañadares Parera. «Revelación y 'Lumen Propheticum' en Santo Tomás de Aquino». En: *Excerpta e Dissertationibus in Sacra Theologia* 4 (39), págs. 209-256.

[44] B. Bardy. «Marcion». En: *Dictionnaire de la Bible, Supplément.* Vol. V. Paris: L. Pirot y A. Robert et al., 1934, págs. 862-877.

[45] G. Bardy. «L'inspiration des Peres de l'Eglise». En: *Revue des Sciences Religieuses* 40 (1952), págs. 7-26.

[46] D. Barsotti. «Sacra Scriptura eodem Spiritu quo scripta est etiam legenda et interpretanda». En: *"Costituzione conciliare Dei Verbum", Paideia,* (1970), págs. 301-320.

[47] S. Bartina. *Sentido literal en "Enciclopedia de la Biblia", vol. IV, col. 1041–1053.* Barcelona: Ediciones Garriga S.A., 1964.

[48] P. Batiffol. «L'Eglise naissante, Le Canon du N. T.» En: *Revue Biblique* 12 (1903), págs. 10-26, 226-233.

[49] P. Battifol. «L'Eglise naissante et le canon du N. T.» En: *Revue Biblique* 12 (1903), págs. 10-26, 226-233.

[50] G. Baum. «Vatican II's constitution on revelation: history and interpretation». En: *Theological Studies* 28 (1967), págs. 51-75.

[51] A. Bea. *De inspiratione et inerrantia Sacrae Scripturae (Notae historicae et dogmaticae).* Roma: Pontificium Institutum Biblicum, 1947.

[52] A. Bea. *La doctrina del Concilio Vaticano II sobre la Revelación.* Madrid: Razón y Fe, 1968.

[53] P. Beauchamp. *L'un et l'autre Testament, 2 vols.* Paris: Le Seuil, 1990-2000.

[54] P. Beauchamp et al. *Bible and inculturation.* Roma: Gregorian y Biblical press, 1983.

[55] P. Benoit. «Inerrance biblique». En: *Catholicisme* 22 (1963), págs. 1539-49.

[56] P. Benoit. *Inspiration.* Tournai-Paris: Initiation biblique, 1954.

[57] P. Benoit. «Note complementare sur l'inspiration». En: *Revue Biblique* 63 (1956), págs. 416-422.

[58] P. Benoit. *St. Thomas d'Aquin. Somme Théologique: La prohétie.* Paris: Desclée et Cie, 1947.

[59] P. Benoit, M. E. Boismard y J. L. Malillos. *Sinopsis de Los Cuatro Evangelios.* Bilbao: Desclée de Brouwer, 1983.

[60] E. Betti. *L'ermeneutica como metodica generale delle scienze dello spirito.* Roma: Città Nuova, 1987.

[61] E. Betti. *Teoria generale dell'interpretazione, 2 vols.* Milano, 1955.

[62] U. Betti. *La Rivelazione divina nella Chiesa.* Roma: Città Nuova Editrice, 1980.

[63] U. Betti. «La transmissione della divina Revelazione, en U. Betti et al. (eds.) "Commento alla Costituzioni dogmatica sulla Divina Rivelazione Dei Verbum"». En: *Quaderni di Orientamento Pastorale, I documenti del Concilio commetantati* (1967).

[64] L. Billot. *De inmutabilitate Traditionis.* París: PUG, 1929.

[65] L. Billot. *De inspiratione Sacrae Scripture.* Roma, 1929.

[66] E. Bini. «La profezia nella Chiesa secondo S. Tommaso d'Aquino». En: *Divinitas* 1991 (36), págs. 38-51.

[67] J. Bleicher. *Contemporary hermeneutics.* London - New York: Routledge y Kegan Paul, 1983.

[68] R. Bloch. «Midrash». En: *Dictionnaire de l'Bible, Supplément.* Vol. V. Paris: L. Pirot y A. Robert et al., 1957, págs. 1263-1265.

[69] F. C. Bogaert. *Bulletin de la Bible Latine.* Años 1964 y ss. Revue Bénédictine Suppl.

[70] S. T. Bonino. «Le rôle de l'image dans la connaissance prophé-
      tique d'après saint Thomas d'Aquin». En: *Rthom* 89 (1989),
      págs. 533-568.

[71] B. Botte y P. M. Bogaert. «Septante et versions grecques». En:
      DBS. Paris: Les éditions Letouzey et Ané, 1992, págs. 536-691.

[72] D. Bourmaud. *Cien Años de Modernismo*. Buenos Aires: Fun-
      dación San Pio X, 2006.

[73] J. M. Bover. «Inspiración bíblica de la forma literaria». En: *La
      Ciencia* 10 (1945), págs. 389-397.

[74] M. Brandle. «Santidad e inspiración de la Escritura». En: *Se-
      lecciones de Teología* 2 (1963), págs. 111-123.

[75] S. P. Brook – Ch. T. Fritsch – S. Jellicoe. *A Classified Biblio-
      graphy of the Septuagint*. Leiden: Brill, 1973.

[76] Spicq C. *La seconda lettera di Pietro*. Roma: Città nuova, 1971.

[77] J. Caba. *De los evangelios al Jesús histórico. Introducción a la
      Cristología*. Madrid: BAC, 1980.

[78] J. Caba. «Métodos exegéticos en el estudio actual del Nuevo
      Testamento». En: *Gregorianum* 73 (1992), págs. 611-669.

[79] H. von Campenhausen. *La formation de la Bible chrétienne*.
      Neuchâtel–Paris: Delachaux et Niesté, 1971.

[80] F. Canals Vidal. «El 'lumen intellectus agentis' en la ontología
      del conocimiento de Santo Tomás». En: *Convivium* 1 (1956),
      págs. 102-136.

[81] V. Cano Sordo. *Aspectos de la Tradición en el 'De Locis' de
      Melchor Cano*. Pamplona: Eunsa, 1991.

[82] P Capelli e G. Menestrina. *Vademecum per il lettore della Bib-
      bia*. Brescia: Morecelliana, 2017.

[83] I. Carbajosa. *De la fe nace la exégesis. La interpretación de la Escritura a la luz de la investigación sobre el Antiguo Testamento.* Pamplona: Verbo Divino, 2011.

[84] M. Carrez. *Manuscrits et langues de la Bible.* Société biblique française, 1991.

[85] D. A. Carson y J. D. Woodbridge (eds.) *Hermeneutics, Authority and Canon.* Grand Rapids: Zondervan, 1986.

[86] L. Carvajal Puyana. *Doctrina de Santo Tomás sobre la Providencia en la 'Expositio super Iob ad litteram'. Tesis doctoral, pro manuscipto.* Pamplona: Universidad de Navarra, 1982.

[87] J. M. Casciaro. «Biblia I». En: *GER.* Vol. IV. Madrid: Rialp, 1979, págs. 137-143.

[88] J. M. Casciaro. *El diálogo teológico de Santo Tomás con musulmanes y judíos. El tema de la profecía y la Revelación.* Madrid: Editorial Instituto Francisco Suarez–CSIC, 1969.

[89] J. M. Casciaro. *Exégesis bíblica, hermenéutica y teología.* Pamplona: Eunsa, 1983.

[90] J. M. Casciaro. «Inspiración divina de la Biblia». En: *GER.* Vol. III. Madrid: Rialp, 1979, 148ss.

[91] J. M. Casciaro. «Veracidad y santidad de la Biblia». En: *GER.* Vol. IV. Madrid: Rialp, 1979, 138 ss.

[92] J. M. Casciaro (ed.) *Biblia y Hermenéutica, Actas del VII Simposio Internacional de Teología.* Pamplona: Eunsa, 1986.

[93] A. Caturelli. «La profecía como conocimiento del futuro histórico en Santo Tomás de Aquino». En: *Sapientia* 30 (1975), págs. 105-122.

[94] H. Cazelles. *A la recherche de Moïse.* Paris: Cerf, 1979.

[95]   J. Chapa. «¿Qué texto? Pluralidad textual y ediciones críticas». En: *S. Guijarro Oporto (Coord.): "La interpretación de la Biblia. XLVII Jornadas de la Facultad de Teología de la UPSA" Salamanca* (2015), págs. 69-95.

[96]   J. Chapa. *La transmisión textual del Nuevo Testamento. Manuscritos, variantes y autoridad.* Salamanca: Sígueme, 2021.

[97]   J. Chapa. *Texto autoritativo y crítica textual Algunas implicaciones derivadas del concepto "texto original" del Nuevo Testamento Revelación, Escritura, Interpretación. Estudios en honor del Prof. D. Gonzalo Aranda Pérez, edición a cargo de Fernando Milán.* págs. 153–177. Pamplona: Eunsa, 2014.

[98]   J. H. Charlesworth. *The Old Testament Pseudoepigrapha and the New Testament. Prolegomena for the Study of Christian Origins.* Cambridge: Cambridge University Press, 1985.

[99]   J. H. Charlesworth. *The Old Testament Pseudoepigrapha, 2 vols.* New York: Oxford University Press, 1983-1985.

[100] B. Childs. *Biblical Theology in Crisis.* Philadelphia: Westminster Press, 1970.

[101] B. Childs. *Biblical Theology of thc Old and New Testament.* Philadelphia: Fortress Press – London, SCM Press, 1992.

[102] B. Childs. *Introduction to the Old Testament as Scripture.* Philadelphia: Fortress Press, 1979.

[103] B. S. Childs. *The New Testament as canon. An Introduction.* Philadelphia: Fortress Press, 1985.

[104] S. Cingolani. *Dizionario di critica testuale del Nuovo Testamento. Storia, canone, apocrifi, paleografia.* Ciniselo Balsamo: San Paolo, 2008.

[105] T. Citrini. *Identità della Bibbia. Canone, interpretazione, is-
       pirazione delle Scritture sacre.* Brescia: Queriniana, 1982.

[106] A. Colunga. «¿Existe pluralidad de sentidos literales en
       la Sagrada Escritura?» En: *Estudios Bíblicos* 2 (1943),
       págs. 423-447.

[107] A. Colunga. «Dos palabras aún sobre los sentidos de la Sgda.
       Escritura». En: *Ciencia Tomista* 64 (1943), págs. 327-346.

[108] A. Colunga. «La inspiración divina de la Sagrada Escritura».
       En: *Ciencia Tomista* 42 (1930), págs. 58-77.

[109] Y. M. J Congar. «Inspiration des Écritures canoniques et Apos-
       tolicité de l'Église». En: *Revue des Sciences Philosophiques et
       Théologiques* 45 (1961), págs. 32-42.

[110] Y. M. J. Congar. «Inspiration des Ecritures canoniqes et Apos-
       tolicité de l'Eglise». En: *Revue des Sciences Philosophiques et
       Théologiques* 45 (1961), págs. 32-42.

[111] J. Coppens. «Le problème du sens plénier». En: *Ephemerides
       Theologicae Lovanienses* 34 (1958), págs. 1-20.

[112] J. Coppens. *Les harmonies des deux Testaments. Essay sur les
       sens des Ecritures et sur l'unité de la Révélation.* Tournai-Paris:
       Casterman, 1941.

[113] J. Corluy. «Y a-t-il dans la Bible des propositions non inspi-
       rées?» En: *Science–catholique* 7 (1893), págs. 481-507.

[114] R Cornely y A. Merk. *Introductionis in S. Scripturae Libros
       Compendium.* Paris: Lethielleux, 1934.

[115] R. Cornely y A. Merk. *Introductionis in S. Scripturae libros
       Compendium.* Paris: CSS, 1934.

[116] A. Cornely–Merk. *Introductionis in Sacrae Scripturae libros
       compendium.* París, 1934.

[117] C. J. Costello. «St. Augustine's concept of inspiration». En: *Rev. Uni. Ott.* 4 (1934), págs. 1-91.

[118] C. J. Costello. *St. Augustine's doctrine on the inspiration and canonicity of Scripture.* Washington D. C.: The Catholic University of America, 1930.

[119] C. Coulot (ed.) *Exégèse et herméneutique. Comment lire la Bible?* Paris: Cerf, 1994.

[120] G. Courtade. «Inspiration». En: *Dictionnaire de la Bible, Supplément* 4 (1949), págs. 491-493.

[121] G. Courtade. «Inspiration et inerrance». En: *Dict. de la Bible suppl.* Vol. IV. Paris: Les éditions Letouzey et Ané, 1949, págs. 482-559.

[122] J. H. Crehan. *Inspiración e inerrancia de la S. Escritura, en AAVV. Verbum Dei: Comentario a la Sagrada Escritura.* Barcelona, 1956.

[123] F. M. Cross – S. Talmon (eds.) *Qumran and the History of the Biblical Text.* Cambridge–Massachusetts–London: Harvard University Press, 1975.

[124] Groupe D'Entrevernes. *Analyse sémiotique des textes. Introduction, Théorie, Pratique.* Lyon: Presses Universitaires de Lyon, 1979.

[125] G. Dahan. *Lire la Bible au moyen âge: Essais d'herméneutique médiévale.* Geneve: Droz, 2009.

[126] J. H. Dalmais. *La liturgia y el depósito de la fe en A. G. Martimort, "La Iglesia en oración", págs. 259–267.* Barcelona: Herder, 1967.

[127] D Daube. «Concessions to Sinfulness in Jewish Law». En: *Journal of Jewish Studies* 10 (1959), págs. 1-13.

[128]   P. De Ambroggi. *Le epistole cattoliche di Giacomo, Pietro, Giovanni e Giuda.* Torino: Marietti, 1949.

[129]   I. De la Potterie. «La lettura della Sacra Scrittura 'nello Spirito'». En: *Communio* 87 (1986), págs. 25-41.

[130]   I. De la Potterie (ed.) *L'esegesi cristiana oggi.* Casale Monferrato: Editoriale di Luciano Pacomio, 1991.

[131]   H. De Lubac. *Exégèse médiévale. Les quatre sens de l'Écriture, 4 vols.* Paris: Aubier, 1951-1954.

[132]   H. De Lubac. *La révélation divine.* Lyon: La Bonté, 1966.

[133]   G. De Rosa. «De apostolatu qua canonicitatis et inspirationis criterio animadversiones». En: *Divus Thomas* 44 (1941), págs. 53-64.

[134]   G. De Virgilio. «Ispirazione ed efficacia della Scrittura in 2 Tm 3, 14–17». En: *Rivista Biblica Italiana* 38 (1990), págs. 485-494.

[135]   P. De Vooght. «Écriture et Tradition d'aprés des études catholiques récentes». En: *Istina* 3 (1958), págs. 183-196.

[136]   D. Decker. «Die Analyse des Offenbarungsvorganges beim Hl. Thomas im Lichte vorthomistischer Prophetietraktate». En: *Angelicum* 16 (1939), págs. 195-244.

[137]   G. Deiana. *Introduzione alla Sacra Scrittura alla luce della "Dei Verbum".* Roma: Urbaniana University Press, 2009.

[138]   M. Delcor. «Apócrifos del Antiguo Testamento». En: *GER.* Vol. 2. Madrid: Rialp, 1979, págs. 473-477.

[139]   F. J. Delitzsch. *De inspiratione S. Scripturae quid statuerint Patres Apostolici et Apologeae saec. II.* Leipzig, 1872.

[140]   J. Delorme. «Sémiotique». En: *Dictionnaire de l'Bible, Supplément.* Vol. XII. Paris: L. Pirot y A. Robert et al., 1992, págs. 281-333.

[141] L. Dennefeld. *Histoire des livres de l'Ancien Testament*. Paris: Bloud - Gay, 1929.

[142] A. Desroches. *Jugement practique et Jugement speculatif chez l'Ecrivain inspiré (Dis. Ángel. Roma)*. Ottawa, 1958.

[143] J. Dheilly. «L'Ancien Testament est-il "moraliste"?» En: *Caté-chistes* 46 (1961), págs. 99-109.

[144] H. Dieckmann. «De essentia inspirationis quid Concilium Vaticanum definierit et docuerit». En: *Gregorianum* 10 (1927), págs. 72-84.

[145] A. Díez Macho. *Apócrifos del Antiguo Testamento, 5 vols.* Madrid: Cristiandad, 1990.

[146] A. Díez Macho. «Derás y exégesis del Nuevo Testamento». En: *Sefarad* 35 (1975), págs. 37-89.

[147] A. Díez Macho. «Targum y Nuevo Testamento. I, Écriture Sainte–Orient, Città del Vaticano». En: *Mélanges Eugène Tisserant* (1964), págs. 153-185.

[148] A. Díez–Macho y S. Bartina. *Enciclopedia de la Biblia, 6 vols.* Barcelona, 1965.

[149] C. Dogniez. *Bibliography of the Septuagint / Bibliographie de la Septuante (1970–1973)*. Leiden: Brill, 1995.

[150] U. Domínguez del Val. «Revelación y tradición». En: *Salmanticensis* 14 (1967), págs. 245-280.

[151] G. Dorival et al. «Sens de l'Écritures». En: *Dictionnaire de l'Bible, Supplément*. Vol. XII. Paris: L. Pirot y A. Robert et al., 1992, págs. 425-535.

[152] F. Dreyfus. «Exégèse en Sorbonne, exégèse en Église». En: *Revue Biblique* 82 (1975), págs. 321-359.

[153] F. Dreyfus. «III: La place de la Tradition». En: *Revue Biblique* 86 (1979), págs. 321-384.

[154] F. Dreyfus. «L'action de l'Esprit». En: *Revue Biblique* 86 (1979), págs. 161-193.

[155] F. Dreyfus. «L'actualisation à l'intérieur de la Bible». En: *Revue Biblique* 83 (1976), págs. 161-202.

[156] F. Dreyfus. «L'actualisation de l'Écriture, I: Du texte à la vie». En: *Revue Biblique* 86 (1979), págs. 5-58.

[157] H. Duesberg. *Les valeurs chrétiennes de l'Ancien Testament.* Maredsous, 1948.

[158] J. Duggan. «Num sententia Card. Newman de inerrantia S. Scripture defendí possit?» En: *Verbum Domini* 18 (1938), págs. 219-224.

[159] J. Duhaime - O. Mainville (eds.) *Entendre la voix du Dieu Vivant. Interprétations et pratiques actuelles de la Bible.* Montréal: Médiaspaul, 1994.

[160] A. Durand. «Inerrance biblique». En: *Dictionnaire apologétique de la Foi Catholique.* Vol. II. Paris: Les éditions Letouzey et Ané, 1911, págs. 752-787.

[161] A. Durand. «Inspiration de la Bible». En: *Dictionnaire Apologétique de la Foi Catholique.* Vol. 2. Paris: Les éditions Letouzey et Ané, 1911, págs. 908-911.

[162] W. Egger. *Metodologia del Nuovo Testamento.* Bologna: EDB, 1991.

[163] J. K. Elliot. *A Bibliography of Greek New Testament Manuscripts.* Leiden: Brill, 2015.

[164] J. K. Elliot. «The Translation of the New Testament into La-
       tin. The Old Latin and Vulgate». En: *Aufstieg Und Nieder-
       gang Der Römischen Welt, II (Berlín–New York), 1992* 26 (),
       págs. 198-245, 201-202.

[165] J. Enciso. «El modo de la inspiración pro]ética según el testi-
       monio de los Profetas». En: *Estudios Bíblicos* 6 (1947), 447ss.

[166] J. Enciso. «El modo de la inspiración profética según el tes-
       timonio de los Profetas». En: *Estudios Bíblicos* 9 (1950),
       págs. 5-37.

[167] E. M. Estévez. «Acción de la inspiración en el entendimiento».
       En: *Estudios Bíblicos* 5 (1946), págs. 271-280.

[168] E. Evans. *The Apocrypha: The Origin and Contents.* London,
       1939.

[169] C. A. Evans - J. A. Sanders. *Paul and the Scripture of Israel.*
       Sheffield: JSOT Press, 1993.

[170] C. A. Evans - J. A. Sanders. *The Function of Scripture in Early
       Jewish and Christian Tradition.* Sheffield: JSOT Press, 1998.

[171] R. Fabris. «Bibbia e magistero. Dalla Providentissimus Deus
       (1893) alla Dei Verbum (1965)». En: *Studia Patavina* 41 (1994),
       págs. 315-340.

[172] R. Fabris. *La Parola di Dio cresceva (At 12, 24).* Bologna:
       Edizioni Dehoniane, 1998.

[173] R. Fabris. *Lettura fundamentalista, en G. Ghiberti - F. Mosetto
       (eds.), L'interpretazione della Bibbia nella Chiesa, págs. 243–
       260.* Leumann–Torino: Elle di ci, 1998.

[174] R. Fabris. «Lo Spirito e le Scritture in 2 Tm e in 2 Pt». En:
       Richerche Storico–Bibliche 12 (2000), págs. 302-307.

[175] C. Fabro. *El viraje antropológico de Karl Rahner*. Buenos Aires: Ediciones CIAFIC, 1981.

[176] C. Fabro. *La Aventura de la Teología Progresista*. Interesante sitio en la web: /www.corneliofabro.org. Navarra: Eunsa, 1976.

[177] D. Farkasfalvy. *The formation of the New Testament canon*. New York: Paulist Press, 1983.

[178] A. Fernández. *Institutiones Biblicae*. Roma: Pont. Inst. Bibl., 1951.

[179] F. Fernández Galiano et al. «Versiones de la Biblia». En: *GER*. Vol. IV. Madrid: Rialp, 1979, págs. 169-197.

[180] N. Fernández Marcos. *Introducción a las versiones griegas de la Biblia*. Madrid: CSIC, 1998.

[181] F. Fernández Ramos. *Fundamentalismo bíblico*. Bilbao: Desclée, 2008.

[182] A. Fernández Truyols. «De mente St Augustini relate ad unitatem sensus litteralis». En: *Verbum Domini* 7 (1927), págs. 278-284.

[183] M. A. Ferrando. *Iniciación a la lectura de la Biblia*. Madrid: Ediciones S.M., 1976.

[184] M. Ferraris. *Storia dell'ermeneutica*. Milano: Bompiani, 1989.

[185] A. Feuillet. «Évangiles synoptiques. Vue d'ensemble sur l'historie de leur exégèse». En: *EeV* 48 (1976), págs. 641-646.

[186] A. Feuillet. «Réflexions d'actualité sur les recherches exégétiques». En: *Revue Thomiste* 2-3 (1971), págs. 246-279.

[187] J. Filograssi. «Tradizione divinoapostolica e Magisterio della Chiesa». En: *Gregorianum* 33 (1952), págs. 135-167.

[188]   A. F. Findley. *Byways in early christian literature. Studies in the uncanonical Gospels and Acts.* Edinburgh: T. y T. Clark, 1923.

[189]   J. Fitzmyer. *The Biblical Commission's Document 'The Interpretation of the Bible in the Church'. Text and Commentary.* Roma: Pontificio Istituto Biblico, 1995.

[190]   J. A. Fitzmyer. *An Introductory Bibliography for the Study of Scripture.* Roma: Biblical Institute Press, 1990.

[191]   E. Forit. *Ispirazione bíblica.* Roma, 1951.

[192]   A. Fossion. *Lire les Écritures. Théorie et practique de la lecture structurale.* Bruxelles: Lumen Vitae, 1980.

[193]   R. J. Foster. *The Formation and History of the Canon, in Orchard, "A Catholic Commentary on Holy Scripture".* London: Thomas Nelson y Sons Limited, 1953.

[194]   J. B. Franzelin. *Tractatus de Divina Traditione et Scriptura.* Romae: Typographia polyglotta S. C. de Propaganda Fidei, 1882.

[195]   I. B. Frey. «Apocryphes de l'A.T.» En: *DBS.* Vol. I. Paris: Les éditions Letouzcy et Ané, 1926, págs. 354-460.

[196]   J. Frey. «La révélation d'après les conceptions juives au temps de Jésus–Christ». En: *Revue Biblique* 13 (1916), págs. 472-510.

[197]   G. G. Courtade. «Inspiration–Inerrance». En: *Dictionnaire de la Bible. Supplément.* Vol. IV. Paris: Les éditions Letouzey et Ané, 1949, págs. 520-550.

[198]   E. Galbiati y A. Piazza. *Pagine difficili della Bibbia.* Milán, 1956.

[199]   A. Gálvez. *Apéndice a las Notas sobre la Espiritualidad de la Sociedad de Jesucristo Sacerdote.* Murcia: memorándum, 2009.

[200]   A. Gálvez. *Comentarios al Cantar de los Cantares*. Vol. I. New Jersey: Shoreless Lake Press, 1994.

[201]   A. Gálvez. *Comentarios al Cantar de los Cantares*. Vol. II. New Jersey: Shoreless Lake Press, 2000.

[202]   A. Gálvez. *Disputationes Sobre el Amor Divino–Humano*. Murcia: Memorandum, 2009.

[203]   A. Gálvez. *El Amigo Inoportuno*. New Jersey: Shoreless Lake Press, 1995.

[204]   A. Gálvez. *El Invierno Eclesial*. New Jersey: Shoreless Lake Press, 2011.

[205]   A. Gálvez. *El Misterio de la Oración*. New Jersey: Shoreless Lake Press, 2014.

[206]   A. Gálvez. *Esperando a Don Quijote*. New Jersey: Shoreless Lake Press, 2007.

[207]   A. Gálvez. *Florilegio*. New Jersey: Shoreless Lake Press, 2013.

[208]   A. Gálvez. *Homilías*. New Jersey: Shoreless Lake Press, 2008.

[209]   A. Gálvez. *Los Cantos Perdidos, 3a. edición*. New Jersey: Shoreless Lake Press, 2013.

[210]   A. Gálvez. *Siete Cartas a Siete Obispos, Vol 1*. New Jersey: Shoreless Lake Press, 2009.

[211]   A. Gálvez. *Sociedad de Jesucristo Sacerdote. Notas y Espiritualidad*. New Jersey (USA): Shoreless Lake Press, 2022.

[212]   A. Gálvez. *The Importunate Friend*. New Jersey: Shoreless Lake Press, 1998.

[213]   H. Y. Gamble. *Books and Readers in the Early Church: A History of Early Christian Texts*. New Haven: Yale University Press, 1995.

[214] R. García de Haro. *Historia Teológica del Modernismo*. Pamplona: Eunsa, 1972.

[215] R. García de Haro. «Modernismo teológico». En: *GER*. Vol. XVI. Madrid: Rialp, 1979, págs. 139-147.

[216] J. García Trapiello. *El problema de la moral del Antiguo Testamento*. Barcelona: Herder, 1977.

[217] J. García Trapiello. «La preocupación social en el Antiguo Testamento». En: *Revista de Derecho Público* 27 (2016), págs. 11-39.

[218] A. García–Moreno. *La Neovulgata, precedentes y actualidad*. Pamplona: Eunsa, 1986.

[219] J. R. Geiselmann. *Sagrada Escritura y Tradición*. Barcelona: Herder, 1968.

[220] A. Gelin. «Canon des livres saints». En: *DTC*. Vol. Tables Generales. Paris: Les éditions Letouzey et Ané, 1954, págs. 514-516.

[221] A. Gelin. «Morale et Ancien Testament». En: *Problemes d'A. T.* 1952 (), págs. 71-92.

[222] B. Gerhardsson. *The Gospel Tradition*. Lund: Wallin y Dalholm, 1986.

[223] G. Ghiberti - F. Mosetto (eds.) *L'interpretazione della Bibbia nella Chiesa*. Leumann-Torino: Elle Di Ci, 1998.

[224] A. Ghisalberti. «Il lessico della profezia in S. Tommmaso d'Aquino». En: *Cristianesimo nella storia* 17 (1996), págs. 349-368.

[225] C. Giroud – L. Panier. *Semiótica. Una práctica de lectura y de análisis de los textos bíblicos ("Cuadernos bíblicos" 59)*. Estella: Verbo divino, 1988.

[226] G. M. Giurato. *Le tradizioni nella IV Sessione del Concilio di Trento.* Vicenza, 1942.

[227] E. Granelli. «De inspiratione verbali S. Scripturae brevis dissertatio». En: *Divus Thomas Pi.* 23 (1902), págs. 211-223, 321-340, 433-445.

[228] F. Grech. *Ermeneutica e teologia.* Roma: Borla, 1986.

[229] P. Grelot. «Contenu et portée au texte conciliaire». En: *Etudes* 324 (1966), págs. 233-246.

[230] P. Grelot. «Exégèse, théologie et pastorale». En: *Nouvelle Revue Théologique* 88 (1966), págs. 3-13, 132-148.

[231] P. Grelot. «L'exégèse biblique au carrefour». En: *Nouvelle Revue Théologique* 108 (1976), págs. 417-434, 481-511.

[232] P. Grelot. «La Constitution sur la Révélation. I. La préparation d'un schema conciliaire». En: *Etudes* 324 (1966), págs. 99-113.

[233] P. Grelot. «La pratique de la méthode historique en exégèse biblique». En: *Les Quatre Fleuves* 7 (1977), págs. 15-37.

[234] P. Grelot. «Que penser de l'interprétation existentielle?» En: *Ephemerides Theologicae Lovanienses* 43 (1967), págs. 420-443.

[235] P. Grelot. *Sens chrétien de l'Ancien Testament.* Paris: Desclée, 1962.

[236] T. Mc. Guckin. «Saint Thomas Aquinas and Theological Exegesis of Sacred Scripture». En: *Louvain Studies* 16 (1991), págs. 99-120.

[237] K. Haines–Eitzen. *Guardians of Letters: Literacy, Power and the Transmitters of Early Christian Literature.* Oxford–New York: Oxford University Press, 2000.

[238] W. W. Hallo (ed.) *The Concept of Scripture. II. Monumental Incriptions and Archival Documents from the Biblical World.* Leiden-New York: K. Lawson Younger, 2000.

[239] L. Harrington y L. Walsh. *Vatican II on Revelation.* Dublin: Scepter Publisher, 1967.

[240] W. Harrington. «The Inspiration of Scripture». En: *Irish Theological Quaterly* 29 (1962), págs. 3-24.

[241] B. W. Harrison. «Los estudios bíblicos católicos: la Leyenda Áurea». En: *Glaudius* 69 (2007), págs. 35-62.

[242] J. F. Hernández Martín. *Tratado del Texto en "Introducción General a la Sagrada Escritura, Casa de la Biblia".* págs. 225-271. Madrid: Casa de la Biblia, 1966.

[243] H. Höpfl. «Canocité». En: *Dictionnaire d'Bible, Supplément.* Vol. I. Paris: Les éditions Letouzey et Ané, 1928, págs. 1022-1045.

[244] H. A. G. Houghton. *The Latin New Testament: A Guide to its Early History, Texts, and Manuscripts.* Oxford: Oxford University Press, 2016.

[245] P. E. Hughes. «The Inspiration of Scripture in the English Reformers Illuminated by John Calvin». En: *Westminster Theological Journal* 23 (1961), págs. 129-151.

[246] L. W. Hurtado. *Los primitivos papiros cristianos. Un estudio de los primeros testimonios materiales del movimiento de Jesús.* Salamanca: Sígueme, 2010.

[247] A. Ibáñez Arana. «Las cuestiones 'de Prophetiis' en Santo Tomás y la inspiración bíblica». En: *Scriptorium Victoriense* 1 (1954), págs. 256-312.

[248] A. Ibáñez Araya. *Inspiración, inerrancia e interpretación de la S. Escritura en el Concilio Vaticano II*, Vitoria: Eset, 1987.

[249] A. Ibáñez Araya. «Las cuestiones *De prophetia* en Santo Tomás y la inspiración bíblica». En: *Scriptorium Vict.* (1954), págs. 256-312.

[250] Associazione biblica italiana. *Esegesi ed ermeneutica. Atti della XXI Settimana Biblica Italiana*. Brescia: Paideia, 1972.

[251] Associazione biblica italiana. *La Bibbia, libro sacro, e la sua interpretazione, "Simposio per il XL dell'ABI, Milano, 2-4 giugno 1988"*. Bologna: Edizioni Dehoniane, 1990.

[252] A. Izquierdo. *Scrittura ispirata (Actas del Simposio internacional sobre inspiración promovido por el Ateno Pontificio, Regina Apostolorum, 18–20 de noviembre de 2001*. Vaticano, 2002.

[253] C. Izquierdo. «Cómo se Ha Entendido el "Modernismo Teológico." Discusión Historiográfica». En: *Anales de Historia de la Iglesia* 16 (2007), págs. 35-75.

[254] E. Jacquier. *Le N. T. dans l'Eglise chrétienne, I: Préparatión, formation et Définition du canon du N. T.* París: Gabalda, 1911.

[255] W. G. Jeanrond. *Theological Hermeneutics. Development and Significance*. London: Macmillan, 1991.

[256] S. Jellicoe. *The Septuagint and Modern Study*. Oxford: Oxford University Press, Clarendon Press, 1968.

[257] J. Jeremías. *Las parábolas de Jesús*. Navarra, Estella: Verbo Divino, 1971.

[258] J. A. Jorge. *Apuntes de Patrología*. New Jersey: Shoreless Lake Press, 2022.

[259] J. A. Jorge. *Dios Uno y Trino*. New Jersey: Shoreless Lake Press, 2018.

[260] J. A. Jorge. *El Espíritu Santo Y La Polémica Sobre La Naturaleza Del Amor, Lección Inagural del Curso 1998, Seminario de San Bernardo*. Santiago de Chile: Memorandum, 1998.

[261] J. A. Jorge. *Estudios sobre el Amor en A. Gálvez*. Santiago de Chile: Memorandum, 2009-2010.

[262] Juan A. Jorge. *Cristología. 3 vols*. Santiago de Chile: Shoreless Lake Press, 2016.

[263] Juan A. Jorge. *Escatología*. New Jersey: Shoreless Lake Press, 2018.

[264] J. A. Jorge García–Reyes. *Creación y Elevación. 2 vols*. New Jersey, 2021.

[265] Ch. Journet. «L'economie de la loi mosaique». En: *Revue Thomiste* 63 (1963), págs. 5-36, 193-224, 515-547.

[266] M. Jugie. *Histoire du canon de l'Ancient Testament dans l'Église grecque et l'Église Russe*. Paris: Beauchesne, 1909.

[267] E. Junod. *La formation et la composition de l'Ancient Testament dans l'Eglise grecques des quatre premiers siècles*. Genève: Ch. Theobald, Le canon de l'Ancient Testament, págs. 116–124, 1984.

[268] J. F. X. Kanassas. «Esse as the Target of Judgement in Rahner and Aquinas». En: *The Thomist* 51 (1987), págs. 222-245.

[269] J. van Kasteren. «Le canon juif vers le commencement de notre ere». En: *Revue Biblique* 5 (1896), págs. 408-415, 575-594.

[270] J. D. Kästli y O. Wermelinger (eds.) *Le canon de l'Ancien Testament. Sa formation et son histoire*. Genève: Labor et Fides, 1984.

[271] G. A. Kennedy. *Classical Rhetoric and Its Christian and Secular Tradition from the Ancient to Modern Times*. Chapel Hill: The University of North Carolina Press.

[272] G. A. Kennedy. *New Testament Interpretation through Rhetorical Criticism*. Chapel Hill–London: The University of North Carolina Press, 1972.

[273] J. King. «Thomas Aquinas and Prophecy». En: *Pneuma* I (1979), págs. 50-58.

[274] P. Kozak. «Depravatio Scripturae. Tomás de Aquino ante los errores hermenéuticos en la exégesis bíblica». En: *Scripta Theologica* 49 (2017), págs. 31-58.

[275] H. Kruse. «De inferioritate morali Veteris Testamenti». En: *Verbum Domini* 1950 (), págs. 77-78.

[276] R. Lack. *Letture strutturaliste dell'Antico Testamento*. Roma: Edizione Borla, 1978.

[277] M. J. Lagrange. *Études sur les Religions Sémitiques*. Paris: Libraire Victor Lecoffre, 1905.

[278] M. J. Lagrange. *Histoire ancienne du canon du Nouveau Testament*. París: Gabalda et Cie, 1933.

[279] M. J. Lagrange. «Inspiration des livres saints». En: *Revue Biblique* 5 (1896), págs. 199-220.

[280] M. J. Lagrange. «L'inspiration et les exigences de la critique». En: *Revue Biblique* 5 (1896), págs. 496-518.

[281] M. J. Lagrange. *La méthode historique*. Paris: V. Lecoffre, 1904.

[282] M. J. Lagrange. «Une pensée de Saint Thomas sur l'inspiration scripturaire». En: *Revue Biblique* 4 (1895), págs. 563-571.

[283] F. Lambiasi. «Dimensioni caratteristiche dell'interpretazione cattolica». En: *G. Ghiberti - F. Mosetto (eds.), L'interpretazione della Bibbia nella Chiesa* (1998), págs. 299-363.

[284] C. Larcher. *L'actualité chrétienne de l'Ancien Testament d'après le Nouveau Testament.* Paris: Cerf, 1962.

[285] R. Latourelle. «La Révélation et sa transmission selon la Constitution 'Dei Verbum'». En: *Gregorianum* 47 (1966), págs. 5-40.

[286] C. Lattey. «De extensione et intensione inspirationis». En: *Verbum Domini* 9 (1929), págs. 225-235.

[287] R. Le Déaut. «La tradition juive ancienne et l'exégèse chrétienne primitive». En: *Revue d'Histoire et de Philosophie religieuses* 51 (1971), págs. 31-50.

[288] A. Lemaire. *Inscriptions Hébraïques.* Paris: Éditions du Cerf, 1977.

[289] E. Lévesque. «Questions actuelles d'Écriture Sainte». En: *Revue Biblique* 4 (1895), págs. 420-428.

[290] J. Levie. *La Bible, parole humaine et message de Dieu.* París–Louvain, 1958.

[291] L. Light. *Versions et révisions du texte biblique. En P. Riché – G. Lobrichon, Le Moyen Age et la Bible,* Paris: Beauchesne, 1984.

[292] F. López López. «La multiplicidad de sentidos literarios en la Sagrada Escritura, según los autores españoles (1550–1560)». En: *Arch Teol. Gran.* 10 (1947), págs. 395-419.

[293] H. Lusseau. «A propos d'un 'Essai sur la nature de l'inspiration scripturaire'». En: *Biblica* 13 (1932), págs. 28-48.

[294] H. Lusseau. *Essai sur la nature de l'inspiration écrituraire.* París, 1930.

[295]   H. Lusseau. «L'inspiration et l'intelligence». En: *Biblica* 10 (1929), págs. 421-444.

[296]   B. Maggioni. *Il problema dell'ermeneutica biblica e dell'attuali-zzazione in prospettiva pastorale.* en G. Zevin (ed.), Incontro alla Bibbia, págs. 55–70. Roma, 1978.

[297]   Th. Mainage. «Les origines du canon chrétien de l'A.T.» En: *Revue des Sciences Philosophiques et Théologiques* (1909), págs. 262-293.

[298]   A. Malachi Martin. *The Jesuits.* New York: Touchstone edition, 1988.

[299]   M. D. Malhiot. «La pensée de Saint Thomas sur le sens spiri-tuel». En: *Revue Thomiste* 59 (1959), págs. 613-663.

[300]   E. Mangenot. «Canon des livres saints». En: *DTC.* Vol. II. Pa-ris: Les éditions Letouzey et Ané, 1903-1925, págs. 1550-1605.

[301]   E. Mangenot. «Inspiration». En: *D. B.* Vol. III. Paris: Les édi-tions Letouzey et Ané, 1912, págs. 887-911.

[302]   E. Mangenot. «Inspiration de l'Ecriturae». En: *DTC.* Vol. VII. Paris: Les éditions Letouzey et Ané, 1903-1925, págs. 2068-2266.

[303]   V. Mannucci. *La Biblia como Palabra de Dios. Introduccion a La Sagrada Escritura.* Bilbao: Desclée de Brouwer, 1997.

[304]   F. Marín–Sola. *La Evolución Homogenea del Dogma Católico.* Madrid: BAC, 1952.

[305]   H. I. Marrou. «Brève histoire de l'exégèse critique du Nouveau Testament». En: *Les Quatre Fleuves* 7 (1977), págs. 7-13.

[306]   E. Martín Nieto. *Los libros apócrifos del Antiguo y del Nuevo Testamento, en "Introducción General a la Sagrada Escritura" Casa de la Biblia.* Madrid: Casa de la Biblia, 1966.

[307]   B. Martín Sánchez. *Manual de Sagrada Escritura*. Madrid: Palabra, 1976.

[308]   O. Mas Herrera. «Algunos aspectos de la teoría del conocimiento en Santo Tomás de Aquino. Introducción a la doctrina de iluminación de la inteligencia en el sistema tomista». En: *Revista de Filosofía de la Universidad de Costa Rica* 13 (1975), págs. 57-71.

[309]   B. McCarthy. «El modo del conocimiento profetico y escriturístico en Santo Tomas de Aquino». En: *Scripta Theologica* 9 (1977), págs. 425-484.

[310]   L. M. McDonald. *The Formation of the Christian Biblical Canon*. Nashville: Abingdon Press, 1988.

[311]   T. McGuckin. «Saint Thomas Aquinas and Theological Exegesis of Sacred Scripture». En: *Louvain Studies* 16 (1991), págs. 99-120.

[312]   C. Mendoza. «Logros y tareas a 40 años de la promulgación de la Constitución Dogmática sobre la Divina Revelación». En: *Revista de la Facultad de Teología de la Pontificia Universidad Católica Argentina* 88 (2005), págs. 557-572.

[313]   B. M. Metzger. *An introduction to the Apocrypha*. New York: Oxford University Press, 1957.

[314]   B. M. Metzger. *Manuscripts of the Greek Bible: An Introduction to Greek Paleography*. New York–Oxford: Oxford University Press, 1991.

[315]   B. M. Metzger. *The Canon of the New Testament. Its origin, Development and Significance*. Oxford: Clarendon Press, 1988.

[316]   B. M. Metzger. *Un comentario textual al Nuevo Testamento Griego*. Navarra: Verbo Divino, 2017.

[317] B. M. Metzger y B. B. Ehrman. *The Text of the New Testament: Its Transmission, Corruption, and Restoration*. Oxford: Oxford University Press, 2005.

[318] R. Meynet. *L'analyse rhétorique. Une nouvelle méthode pour comprendre la Bible. Textes fondateurs et exposé systématique*. Paris: du Cerf, 1989.

[319] R. Michaud. *Les Patriarches. Histoire et théologie*. Paris: Cerf, 1975.

[320] A. Michel. «Tradition». En: *DTC*. Vol. 15. Paris: Les éditions Letouzey et Ané, 1903-1925, págs. 1252-1350.

[321] J. P. Migne. *Dictionnaire des Apocryphes 1–2*. París, 1856-1858.

[322] M. A. Molina. *La interpretación de la Escritura en el Espíritu*. Burgos: Ediciones Aldecoa, 1987.

[323] E. Moliné. *Los Padres de la Iglesia. Una Guía Introductoria*. Madrid: Palabra, 1982.

[324] J. M. Monforte. *Conocer la Biblia*. Madrid: Rialp, 2002.

[325] D. Montero. *Literatura apocalíptica e intertestamentaria*. Madrid: PPC, 1992.

[326] H. D. Morris. «The concept of inspiration in the Roman Catholic Church teaching and developments since the Concil of Trent». En: *Australian biblical review* 1 (1951), págs. 113-133.

[327] G. Mortari. *La nozione di causa instruméntale e le sue applicazioni alia questione del'inspirazione verbale*. Verona, 1928.

[328] J. Muilenburg. *The Way of Israel. Biblical Faith and Ethics*. New York: Harper Torchbooks, 1961.

[329] D. Muñoz León. «Apócrifos del Nuevo Testamento». En: *GER*. Vol. 2. Madrid: Rialp, 1979, págs. 477-481.

[330] D. Muñoz León. *Derás. Los caminos y sentidos de la Palabra divina en la Escritura.* Madrid: CSIC, 1987.

[331] G. Mura. *Ermeneutica e verità. Storia e problemi della filosofia dell'interpretazione.* Roma: Città Nuova, 1990.

[332] E. Nácar. «Sobre la unidad o multiplicidad del sentido literal de las Sagradas Escrituras». En: *Ciencia Tomista* 64 (1943), págs. 193-210.

[333] A. L. Nations. «Historical Criticism and the Current Methodological Crisis». En: *Scottish Journal of Theology* 36 (1986), págs. 59-71.

[334] M. Nicolau y I. Salaverry y I. Dalmau. *Sacrae Theologiae Summa IB. De Ecclesia Christi. De Sacra Scriptura.* Madrid: BAC, 1955.

[335] P. Nieto. *Introducción al Estudio de la Sagrada Escritura.* Madrid: Imprenta Regina, 1934.

[336] I. B. Nisius. «Die Encyclica 'Providentissimus' und die Inspiration». En: *Zeitschrift für katholische Theologie* 18 (1894), págs. 627-686.

[337] B. Nohgri. *God's Library: The Archeology of the Earliest Christian Manuscripts.* New Haven–Londres: Yale University Press, 2018.

[338] D. Norton. *A History of the English Bible as Literature.* Cambridge: Cambridge University Press, 2000.

[339] O. O. García de la Fuente. «Consecuencias de la inspiración». En: *Introducción General a la Sagrada Escritura.* Madrid: Ed. Casa de la Biblia, 1966, págs. 93-142.

[340]   J. O'Callaghan. *Los primeros testimonios del Nuevo Testamento. Papirologia neotestamentaria.* Córdoba: El Almendro, 1995.

[341]   F. Ocáriz Braña y A. Blanco. *Revelación, fe y credibilidad. Curso de teología fundamental.* Madrid: Palabra, 1998.

[342]   F. Ogara. «Notae quaedam praeviae et de apostolatu ut criterio inspirationis». En: *Gregorianum* 16 (1935), págs. 577-585.

[343]   J. Orlandis. *Historia de la Iglesia.I . Antigua y Medieval.* Madrid: Palabra, 1995.

[344]   E. Ortiguès. «Écriture et tradition apostolique au Concile de Trente». En: *Recherches des Sciences Religieuses* 36 (1949), págs. 271-279.

[345]   J. C. Ossandón Widow. *Introduzione Generale alla Sacra Scrittura.* Roma: Edizioni Santa Croce, 2018.

[346]   J. C. Ossandón Widow. «La interpretación bíblica según Santo Tomás». En: *Isidorianum* 34 (2008), págs. 227-271.

[347]   J. C. Ossandón Widow. «Los sentidos de la escritura. Aproximación a una definición teológica del sentido literal». En: *Excerpta e Dissertationibus in Sacra Theologia,* 49 (2006), págs. 9-103.

[348]   J. C. Ossandón Widow. «Ortodoxia y herejía en los orígenes del cristianismo: explicar el canon bíblico en el siglo XXI». En: *Annales Theologici* 35 (2021), págs. 291-325.

[349]   J. C. Ossandón Widow. *The Origins of the Canon of the Hebrew Bible: An Analysis of Josephus and 4 Ezra.* Leiden: Brill, 2019.

[350]   S. Parenti. «Il Senso Litterale della Scrittura Secondo S. Tomasso». En: *Sacra Doctrina* 77 (1975), págs. 69-92.

[351] París. *De Sacra Traditione.* Billot, L.: PUG, 1904.

[352] D. C. Parker. *An Introduction to the New Testament Manuscripts and their Texts.* Cambridge: Cambridge University Press, 2008.

[353] A. Passoni Dell'Aqua. *Il testo del Nuovo Testamento. Introduzione alla critica testuale.* Turín: Leumann Editrice Elle di Ci, 1994.

[354] S. M. Paul–R. A. Kraft–L. H. Schiffman–W. W. Fields (eds.) *Emanuel: Studies in Hebrew Bible. Septuagint and Dead Sea Scrolls in Honor of Emanuel Tov.* Leiden: Brill, 2003.

[355] Th. M. Pègues. «Une pensée de Saint Thomas sur l'inspiration scripturaire». En: *Revue Thomiste* 3 (1895), págs. 95-112.

[356] C. M. Perella. «Nuovi argomenti contra l'inspirazione verbale». En: *Divus Thomas R.* 33 (1930), págs. 189-197.

[357] F. Pérez Castro. *Séfer Abisa. Edición del fragmento antiguo del Rollo sagrado del Pentateuco hebreo samaritano de Nablus. Estudio, transcripción, aparato crítico y fascímiles.* Madrid: CSIC, 1959.

[358] F. Pérez Castro. «Versiones modernas». En: *GER.* Vol. 25. Madrid: Rialp, 1979, págs. 185–197. 246-251.

[359] M. Pérez Fernández. *Tradiciones mesiánicas en el Targum Palestinense.* Valencia–Jerusalén: Institución San Jerónimo, 1981.

[360] G. Pérez Rodriguez y O. García de la Fuente. *Introducción general a la Sagrada Escritura. Tratado de Inspiración.* Madrid: Ed. Casa de la Biblia, 1966.

[361] C. M. Perrella. «Ispirazione profetica e inspiratione scritturale. Origine e natura». En: *Divus Thomas -Piacenza-* 36 (1933), págs. 121-143.

[362] G. M. Perrella. «De apostólico et prophetico munere ut inspirationis et canonicitatis criterio altero pro N. altero pro V. T.» En: *Divus Thomas* 35 (1932), págs. 49-61, 145-176.

[363] G. M. Perrella. «Il pensiero de S. Agustino e S. Tommaso circa il numero del senso letterale nella S. Scrittura». En: *Biblica* 26 (1945), págs. 277-302.

[364] G. M. Perrella. «In margine alia questione dell'apostolato come criterio d'ispirazione». En: *Divus Thomas* 37 (1934), págs. 510-516.

[365] G. M. Perrella. «La nozione dell'ispirazione scritturale secondo i primitivi documenti cristiani». En: *Angelicum* 20 (1943), págs. 32-52.

[366] G. M. Perrella. «Unicitá del senso letterale bíblico». En: *Divus Thomas* 47 (1946), págs. 124-130.

[367] G. Perrella y L. Vaggagini. *Introduzione alla Bibbia - Volume I: Introduzione Generale.* Turin: Marietti, 1960.

[368] N. Perrin. *What is Redaction Criticism?* Philadelphia: Fortress Press, 1969.

[369] M. Pesce. «Approccio secondo le scienze umane». En: *G. Ghiberti - F. Mosetto (eds.), "L'interpretazione della Bibbia nella Chiesa"* (1998), págs. 195-221.

[370] C. Pesch. *De inspiratione Sacrae Scripturae.* Freiburg: Herder, 1925.

[371] A. Piñero. *La formación del canon del Nuevo Testamento.* Madrid: Cátedra de Teología Contemporánea C. M. Chaminade, 1989.

[372] W. Plantz. «Monogamie und Polygynie im Alten Testament». En: *ZAW* 75 (1963), págs. 3-27.

[373] E. Porter. *How We Got the New Testament: Text, Transmission, Translation.* Grand Rapids: Baker Academic, 2013.

[374] R. Potter. «Prophecy as Revelation, en Prophecy and other Charisms». En: *Vol. 45 of "Summa Theologiae" (II-II, q. 171-178), London,* (1970).

[375] F. Prat. *La Bible et l'histoire.* Paris: Bloud y Cie, 1904.

[376] V. Proaño Gil. «Escritura y tradiciones». En: *Burgense* 3 (1960), págs. 9-67.

[377] V. Proaño Gil. «Tradición (Teología)». En: *GER.* Madrid: Rialp, 1979.

[378] V. Proaño Gil. «Tradición, Escritura e Iglesia». En: *Burgense* 5 (1964), págs. 287-400.

[379] G. Proulx. *Tradition et Protestantisme.* París, 1929.

[380] J. D. Purvis. *The Samaritan Pentateuch and the Origin of the Samaritan Sect.* Cambridge–Massachusetts: Harvard University Press, 1968.

[381] J. Quasten. *Patrología, 3 vols.* Madrid: BAC, 1978.

[382] R. Rábanos. «La función del entendimiento del hagiógrafo en la inspiración según San Agustín». En: *Estudios Bíblicos* 5 (1946), págs. 73-93.

[383] R. Rábanos. *Propedeútica Bíblica. Introducción General a la Sagrada Escritura.* Madrid: Ed. La Milagrosa, 1960.

[384] S. Ramírez. *Teología Nueva y Teología.* Madrid: Ateneo, 1958.

[385] W. E. Rast. *Tradition, History and the Old Testament.* Philadelphia: Fortress Press, 1972.

[386] W. S. Reily. «Le Canon du N. T. et le critére de la Canonicité». En: *Revue Biblique* 30 (1921), págs. 195-205.

[387] M. Revuelta Sañudo. *Tratado del canon en Introducción General a la Sagrada Escritura, págs. 151–210.* Madrid: Casa de la Biblia, 1966.

[388] J. Richard. «Le processus psychologique de la révélation prophétique selon saint Thomas d'Aquin. Commentaire historique et doctrinal de II-II, q. 173, a.2». En: *Laval Théologique et Philosophique* 23 (1967), págs. 42-75.

[389] A. Rivera. «Imposibilidad de admitir en los autores sagrados un sentido humano sujeto a error». En: *XII SemBibEsp.* Madrid, 1952, págs. 3-28.

[390] A. Rizzi. «Bibbia e interpretazione. L'incidenza del problema ermeneutico sugli studi biblici». En: *C. M. Martini – L. Pacomio (eds.), I Libri di Dio"* (1995), págs. 273-321.

[391] G. Rizzi. *Le antiche versioni della Bibbia. Traduzioni, tradizioni e interpretazioni.* Cinisello Balsamo: San Paolo, 2009.

[392] A. Robert y F. Feuillet. *Introducción a la Biblia, I y II.* Barcelona: Herder, 1965.

[393] A. Romeo. «La encíclica "Divino Afflante Spiritu" y las "opiniones novae"». En: *Divinitas* 4 (1966), págs. 378-456.

[394] P. de Rosa. «Rahner's Concept of 'Vorgriff': an Examination of its Philosophical Background and Development». Tesis doct. Oxford: Oxford University, 1988.

[395] P. Rosak. «Depravatio Scripturae. Tomás de Aquino ante los errores hermenéuticos en la exégesis bíblica». En: *Scripta Theologica* 49 (2017), págs. 31-58.

[396] B. Roussel. *L'autorité de l'Écriture. Les responses confessionnelles Des Protestantes.* Paris: Beauchesne: Bible de tous les temps, 1989.

[397]   J. Ruwet. «De criterio inspirationis Novi Testamenti». En: *Verbum Domini* 21 (1941), págs. 89-99.

[398]   J. Ruwet. «Les antilegomena dans les oeuvres d'Origène». En: *Biblica* 23 (1942), págs. 18-24.

[399]   J. Ruwet. «Les antilegomena dans les oeuvres d'Origène». En: *Biblica* 24 (1943), págs. 18-58.

[400]   J. Ruwet. «Les apocryphes dans les oeuvres d'Origène». En: *Biblica* 25 (1944), págs. 143-166, 311-334.

[401]   G. Sacco. *La Koiné del Nuovo Testamento e la trasmissione del sacro testo.* Roma: Libreria editrice religiosa Francesco Ferrari, 1928.

[402]   F. Sagredo Fernández. «La Biblia en el Arte». En: *GER.* Vol. IV. Madrid: Rialp, 1979, págs. 202-203.

[403]   J. Salaverri. «El argumento de tradición patrística en la Iglesia antigua». En: *Revista Española de Teología* 5 (1945), págs. 107-119.

[404]   M. Sales. «Doctrina S. Thomae de inerrantia biblica». En: *Divus Thomas* 3 (1924), págs. 84-106.

[405]   J. Salguero. «El Concilio Vaticano I y la doctrina sobre la inspiración de la Sagrada Escritura». En: *Angelicum* 47 (1970), págs. 308-343.

[406]   J. Salgueró. *La Biblia. Diálogo de Dios con el hombre.* Madrid: Studium, 1968.

[407]   J. M. Sánchez Caro. «El canon del Nuevo Testamento: problemas y planteamientos». En: *Salmanticensis* 29 (1982), págs. 309-339.

[408]   J. Sanders. *Canon and Community. A Guide to Canonical Criticism.* Philadelphia: Fortress Press, 1984.

[409] J. A. Sanders. *Torah and Canon*. Philadelphia: Fortress Press, 1974.

[410] A. de Santos. *Los Evangelios Apócrifos*. Madrid: BAC, 1954.

[411] J–I. Saranyana. *Por qué sufren los buenos y triunfan los malos. Comentario literal de Tomás de Aquino al libro de Job (capítulos 1–3)*. Pamplona: Servicio de publicaciones de la Universidad de Navarra, 2010.

[412] J. A. Sayés. *La Esencia del Cristianismo. Diálogo con Karl Rahner y H. U. von Balthasar*. Madrid: Ed. Cristiandad, 2005.

[413] K. Schelkens. *Catholic Theology of Revelation on the Eve of Vatican II – a redaction history of the schema De fontibus revelationis (1960-1962). Brill's series in Church History*. Boston: Leiden, 2010.

[414] K. Schmidt. «De Protestantium exegesi "pneumática"». En: *Verbum Domini* 25 (1947), págs. 12-22, 65-73.

[415] R. Schnackenburg. *La persona de Jesucristo reflejada en los cuatro Evangelios*. Barcelona: Herder, 1998.

[416] E. Schweizer. «theópneustos». En: *Grande Lessico del N. T.* Vol. X. Torino: Claudiana, 1975, págs. 790-796.

[417] F. Sebastián. *Interpretación teológica de la inspiración, en "XIV Sem. Bíblica Española"*. Madrid, 1954.

[418] S. N. Sedgwick. *Story of the Apocrypha*. London: William Clowes y Sons, Limited, 1906.

[419] G. Segalla - I. de Sandre (ed.) «Convegno di studio: scienze umane e interpretazione della Bibbia». En: *Studia Patavina* 43 (1996), págs. 15-105.

[420] G. Segalla (ed.) «Cento Anni di studi biblici (1893-1993): Actas del congreso celebrado en Padua el 17-18-II-1994. L'interpretazione della Bibbia nella chiesa». En: *Studia Patavina* 41 (1994), págs. 307-490.

[421] L. Ska. *Our fathers have told us. Introduction to the Analysis of Hebrew Narratives.* Roma: Pontificio Istituto Biblico, 1990.

[422] P. W. Skehan. «Qumran. IV. Lettérature de Qumran». En: *DBS.* Vol. IX. Paris: Les éditions Letouzey et Ané, 1979, págs. 805-822.

[423] R. Smyth. «The Criterion of N. T. Inspiration». En: *The Catholic Biblical Quaterly* 2 (1940), págs. 229-244.

[424] B. J. Snell. *The value of the Apocrypha.* London: J. Clarke co., 1905.

[425] F. Spadafora. *Diccionario Bíblico.* Madrid: ed. Litúrgia Española, 1959.

[426] F. Spadafora. *El triunfo del modernismo sobre la exégesis católica.* https://studylib.es/doc/6398210/el-triunfo-del-modernismo-sobre-la-exégesis-católica.

[427] F. Spadafora. *La Resurrezione di Gesú.* Rovigo: Istituto Padano di Arti Grafiche, 1978.

[428] F. Spadafora. *La Tradizione contro il Concilio.* Roma: ed. Volpe, 1989.

[429] F. Spadafora. *Leone XIII e gli Studi biblici.* Rovigo: Istituto Padano di Arti Grafiche, 1976.

[430] F. Spadafora. «Origen apostólico e historicidad de los Evangelios en la *Dei Verbum*». En: *Palestra del Clero* 15–16 (1972).

[431] H. F. D. Sparks. *The Apocryphal of the Old Testament.* Oxford, 1984.

[432] C. Spicq. *Les Épîtres pastorales II, Excursus X: Écriture sainte, inspirée et utile au pasteur*. Paris: Gabalda, 1969.

[433] C. Spicq. *Note di lessicografia esegetico del Nuovo Testamento*. Brescia: Claudiana, 1995.

[434] C. Spicq. «Saint Thomas d'Aquin Exégète». En: *D.T.C.* Vol. XV-1. Paris: Les éditions Letouzey et Ané, 1946, págs. 694-738.

[435] T. Stramare (ed.) *La Bibbia 'Volgata' dalle origini ai nostri giorni*. Actas del Simposio Internacional en honor de Sixto V (Grottamare 29-32-VIII-1985). Roma: Libreria Vaticana, 1987.

[436] J. Straubinger. *La Santa Biblia. Traducción directa de los Textos Primitivos*. La Plata: Universidad Católica de la Plata, 2007.

[437] E. Sweeney. *Divine Revelation in the commentary of St. Thomas Aquinas on St. John's Gospel*. Pamplona: Tesis Doctoral, pro manuscripto, Universidad de Navarra, 1972.

[438] H. B. Swete. *An Introduction to the Old Testament in Greek*. Cambridge: University Press Publication, 1914.

[439] W. Swiezawski. «L'Exégèse Biblique et la Théologie Speculative de S. Thomas d'Aquin». En: *Divinitas* 18 (1974), págs. 138-153.

[440] P. Synave. «La doctrina de S. Thomas d'Aquin sur le sens litteral des Ecritures». En: *Revue Biblique* 35 (1926), págs. 40-65.

[441] P. Synave y P. Benoit. *La prophétie*. Paris: Somme Théologique, 1974.

[442] M. A. Tabet. *Introducción General a la Biblia*. Madrid: Palabra, 2019.

[443] M. A. Tabet. *Una Introducción a la Sagrada Escritura*. Madrid: Rialp, 1981.

[444] M. A. Tábet. «Ebraismo e cristianesimo: una riflessione sul senso tipico della sacra scrittura». En: *Annales Theologici* 9 (1995), págs. 243-269.

[445] M. A. Tábet. «Il senso letterale e il senso spirituale della Sacra Scrittura». En: *Annales Theologici* 9 (1995), págs. 3-54.

[446] M. A. Tábet. *Introducción al Antiguo Testamento I. Pentateuco y libros históricos*. Madrid: Palabra, 2008.

[447] M. A. Tábet. *Introducción al Antiguo Testamento II. libros proféticos*. Madrid: Palabra, 2009.

[448] M. A. Tábet. *Introducción al Antiguo Testamento III. Libros poéticos y sapienciales*. Madrid: Palabra, 2007.

[449] M. A. Tábet. *Le trattazioni teologiche sulla Bibbia: Un approccio alla storia dell'esegesi*. Cinisello Balsamo: San Paolo, 2003.

[450] M. A. Tábet. *Teologia della Bibbia. Studi su ispirazione ed ermeneutica biblica*. Roma: Armando Editore, 1998.

[451] J. Taylor. «The Jerusalem Bible: Past and Future». En: *Angelicum* 86 (2009), págs. 975-984.

[452] Ch. Théobald (ed.) *Le canon des Écritures*. Paris: du Cerf, 1990.

[453] A. C. Thiselton. *New horizons in hermeneutics*. London: Harper Collins, 1992.

[454] A. C. Thiselton. *The two horizons*. Exeter: Paternoster Press, 1980.

[455] C. C. Torrey. *The Apocryphal Literature*. New Haven: Yale University Press, 1945.

[456] D. Torrijos–Castrillejo. «Santo Tomás como exégeta bíblico en su Comentario al Evangelio de San Juan». En: *Fortunatae* 30 (2019), págs. 225-256.

[457] E. Tov. «Hebrew Biblical Manuscripts from Judean Desert. Their Contribution to Textual Criticism». En: *JJS* 39 (1988), págs. 5-37.

[458] E. Tov. *Textual Criticism of the Hebrew Bible*. Minneapolis: Fortress Press, 2012.

[459] J. G. Trapiello. «El problema moral del A. T.» En: *Verdad y Vida* 20 (1962), págs. 95-112.

[460] M Trebolle. *La Biblia judía y la Biblia cristiana*. Madrid: Trotta, 1993.

[461] M. van Treek Nilsson. «Del fundamentalismo a la lectura literaria de la Biblia». En: *Revista Electrónica de Educación Religiosa* 3 (2013), págs. 1-21.

[462] A. Tricot. *Le canon des Ecritures, en A. Robert - A. Tricot "Initiation Biblique", 3*. París, 1960.

[463] S. Tromp. *De Sacrae Scripturae Inspiratione*. Roma, 1945.

[464] L. Vaganay. *Initiation à la critique textuelle néotestamentaire*. Paris: Bloud et Gay, 1934.

[465] W. G. B. M. Valkenberg. *Words of the Living God. Place and Function of Holy Scripture in the Theology of St. Thomas Aquinas*. Leuven: Peeters, 2000.

[466] M. A. Van Den Oudenrign. *De prophetiae charismate in populo israelítico libri quattuor*. Roma, 1927.

[467] P Van Imschoot. *Théologie de l'Ancien Testament. 2 vols*. París, 1958.

[468]   U. Vanni. *Esegesi ed attualizzazione.* En R. Latourelle: Vaticano II. Bilancio e prospettive venticinque anni dopo (1962–1987), págs, 308–323. Assisi: Cittadella, 1987.

[469]   O. T. Venard. *Le sens littéral des Écritures.* Paris: Cerf, 2009.

[470]   O. T. Venard. *The Cultural Backgrounds and Challenges of La Bible de Jérusalem.* London–New York: Philip McCosker (editor), "What is it that the Scripture Says?: Essays in Biblical Interpretation, Translation y Reception in Honour of Henry Wansbrough OSB", págs. 111–134, 2006.

[471]   R. Vignolo. «Questioni di ermeneutica». En: *G. Ghiberti–F. Mosetto (eds.), L'interpretazione della Bibbia nella Chiesa* (1998), págs. 261-298.

[472]   F. Vigoroux. «Canon des Ecritures». En: *Dictionnaire Biblique.* Vol. II. Paris: Les éditions Letouzey et Ané, 1903-1925, págs. 134-184.

[473]   M. J. Villagrán. *La doctrina tomista de los sentidos bíblicos a la luz de Lc 24 y aplicada en el Salmo 22.* Roma: Facultad de Teología. Angelicum, 2014.

[474]   W. Vogels. *Three Possible Models of Inspiration, en A. Iquierdo (a cura di) "Scrittura ispirata: atti del Simposio internazionale sull'ispirazione promosso dall'Ateneo pontificio* Regina Apostolorum". Città del Vaticano: Libreria Editrice Vaticana, 2002.

[475]   J. M. Voste. «Inspiratio biblica iuxta testimonium ipsius S. Scripturae et definitiones Ecclesiae». En: *Angelicum* 3 (1926), págs. 23-45.

[476]   J. M. Vosté. *De divina inspiratione S. Scripturae.* Roma: Coll. Angelico, 1932.

[477] J. M. Vosté. *La Bibbia e il Concilio di Trento*. Roma: Pontificio Istituto Biblico, 1947.

[478] J. M. Vosté. «La Volgata al Concilio de Trento». En: *Biblica* 27 (1946), págs. 301-319.

[479] J. M. Vosté. «Utrum amanuenses quibus hagiographi usi sunt fuerint inspirati?» En: *Angelicum* 7 (1930), págs. 61-64.

[480] P. S. Williamson. «Catholic Principles for Interpreting Scripture. A Study of the Pontifical Biblical Commission's». En: *Biblical Institute Press* (2001), págs. 163-215.

[481] P. S. Williamson. *Catholic principles of the Bible in the Church*. Roma: Biblical Institute Press, 2001.

[482] R. W. Wiltgen. *El Rin desemboca en el Tiber*. Madrid: Criterio, 1999.

[483] J. A. Witmer. «Biblical Evidence for the Verbal–Plenary inspiration of the Bible». En: *Bibliotheca Sacra* 121 (1964), págs. 243-252.

[484] E. J. Young. «The Verbal–Plenary inspiration of Scriptures». En: *Bibliothcca Sacra* 121 (1964), págs. 117-124, 236-242, 303-310.

[485] D. Zanecchia. *Divina inspiratio Sacrarum Scripturarum ad mentem Sancti Thomae Aquinatis*. Roma: F. Pustet, 1898.

[486] S. Zarb. *Canone bíblico*. Roma: Pont. Istituto Angelicum, 1937.

[487] S. Zarb. «De criterio inspirationis et canonicitatis Sacrae Scripturae Librorum». En: *Divus Thomas* 34 (1931), págs. 147-186.

[488] S. Zarb. *Historia Canonis utriusque Testamenti*. Roma: Pont. Istituto Angelicum, 1934.

[489] S. Zarb. «Num hagiographi sibi conscii fuerint charismatis divinae inspirationis». En: *Angelicum* 11 (1934), págs. 228-244.

[490]   S. Zarb. «Unité ou multiplicité de sens littéraux dans la Bible».
        En: *Revue Thomiste* 35 (1932), págs. 251-300.

[491]   S. M. Zarb. «Le fonti agostiniane del trattato sulla profezia di
        S. Tommaso». En: *Angelicum* 15 (1938), págs. 169-200.

[492]   S. Zarh. «S. Thomas et l'inspiration biblique». En: *Revue tho-
        miste* 41 (1936), págs. 367-382.

[493]   Χρήστος Τερεζής. *Πλάτων «Απόκρυφοι Διάλογοι-Περί Δικαίου»*.
        Αθήνα: ΖΗΤΡΟΣ, 2004. ISBN: 960-8437-12-1.

Índice General

Índice general